10至13世纪中国史国际学术研讨会暨中国宋史研究会第十七届年会

宋史研究论文集

(2016)

包伟民 曹家齐 主编

中山大学出版社
·广州·

版权所有　翻印必究

图书在版编目（CIP）数据

宋史研究论文集（2016）/包伟民，曹家齐主编. —广州：中山大学出版社，2018.7
ISBN 978-7-306-06374-8

Ⅰ.①宋… Ⅱ.①包…②曹… Ⅲ.①中国历史—宋代—文集 Ⅳ.①K244.07-53

中国版本图书馆 CIP 数据核字（2018）第 134069 号

宋史研究论文集（2016）
SONGSHI YANJIU LUNWENJI (2016)

| 出版人：王天琪
| 策划编辑：吕肖剑
| 责任编辑：王延红
| 封面设计：刘　犇
| 责任校对：罗雪梅
| 责任技编：何雅涛
| 出版发行：中山大学出版社
| 电　　话：编辑部 020-84111946，84111996，84111997，84113349
| 　　　　　发行部 020-84111998，84111981，84111160
| 地　　址：广州市新港西路 135 号
| 邮　　编：510275　传　真：020-84036565
| 网　　址：http://www.zsup.com.cn　E-mail：zdcbs@mail.sysu.edu.cn
| 印刷者：佛山市浩文彩色印刷有限公司
| 规　　格：787mm×1092mm　1/16　25.125 印张　560 千字
| 版次印次：2018 年 7 月第 1 版　2018 年 7 月第 1 次印刷
| 定　　价：98.00 元

如发现本书因印装质量影响阅读，请与出版社发行部联系调换

开幕词（代序）

包伟民

尊敬的各位学界同仁：

由中国宋史研究会、中山大学联合主办，中山大学历史学系承办的"10 至 13 世纪中国史国际学术研讨会暨中国宋史研究会第十七届年会"，今天在中山大学怀士堂召开了。首先，请允许我代表中国宋史研究会所有参会的会员，向出席这次学术研讨会的海内外学界朋友表示热忱的欢迎，向大力支持这次研讨会召开的中山大学的领导与师生们，表示衷心的感谢。

1980 年 10 月上旬，60 多位国内宋史学界的学者聚集于上海师范大学，宣布成立中国宋史研究会，并召开了第一次年会。36 年来，中国宋史研究会每两年召开一次年会的传统从未中断，会员从最初的 60 余人，发展到今天登记在册的正式会员 437 人；第一次年会收到论文近 60 篇，到今年的第 17 届年会，正式参会代表 231 人，共收到论文 223 篇，评论 205 篇。这些数据，至少从表面上告诉我们，36 年来，我们对宋代历史的研究有了显著的进步。当然，数据的增长并不能完全说明问题。1992 年，本会的首任会长邓广铭教授曾在于开封召开的第五届年会开幕词中指出，史学研究的进步需要解放思想，"一是要从教条主义的束缚中解放出来，二是要从大量的史料所带给我们的陈旧观点的束缚中解放出来"。在 20 多年以后的今天，应该说，解放思想仍然是我们深入理解宋代历史的首要任务。尤其是在大多数议题对于相关的历史资料似乎已经竭泽而渔的前提下，如何走出简单的堆砌资料、铺陈资料，做到"学贵心悟"，从对资料的比较和分析中发现问题，仍然知易行难。

正因为认识到了 21 世纪以来新一代宋史学人所肩负的学术使命，所以，我们尤其重视发挥两年一次的年会作为学术交流平台的作用，推进不同年龄、不同观点、不同领域（包括不同断代、不同学科）、不同国籍学者之间思想观点的碰撞与交流。近几届年会，我们还参照国际学界惯例，强调由志趣相同、议题相近的学者组织专题性的论坛，借此深化对某些学术问题的探讨，取得了较好的效果。这次年会也将继续坚持这些行之有效的取向与方法，努力使我们对宋代历史的认识达到一个新的高度。

一代人有一代人的学术。一方面，这是因为我们得以站在巨人的肩膀之上，前人所留下的丰厚学术积累，成为我们向前推进的起点。另一方面，也因为任何一个时代的史学研究，都必然回应时代的关怀。史家所关心的议题，观察问题的取向，与其在分析中所持的立场，都必然会受到时代的影响。例如，近年来，与认为赵宋是中国古代最为积弱不振的王朝的传统看法针锋相对，关于宋代是中国古代经济文化发展顶峰的看法，得到了越来越多人的认同，这就是近二三十年以来中国大陆经济发展、国人文化自信心增强的一种反映。当今中国，经济扩张乏力，文化转型艰难，社会改革遭遇瓶颈，人们思想迷茫，机遇与挑战并存，我们如何通过反思历史，以获取批判现实与改造现实的精神动力与思想要素；同时，通过解剖现实社会，反过去加深对宋代社会的体悟，也应该成为这次年会的一个重要任务。

当然，所谓一代人有一代人的学术，更重要的还在于学术队伍的新陈代谢。新一代研究者以其不受传统束缚的锐气，与对新时代新思想本能的敏感，从来都是学术进步的主要动力。宋史研究领域也是如此。在这次参会的 231 位正式代表中，青年学者占了大多数。例如，这次年会总共设有 24 个论坛，41 场分组讨论，绝大部分是由青年学者发起并主持的。他们所提出的议题与所提交的论文，虽然不免参差不齐，与前几届的相比较，总体水平进步是明显的。

盛夏之季，我们将在绿树成荫、生气勃勃的中大校园度过紧张而又充实的两天，祝大家在思想交锋中满载而归。

目 录

宋代宗正寺简史 …………………………………………………… 龚延明（1）
再论宋代县丞的设置及其迁转 …………………………………… 赵 龙（15）
定州开元寺塔碑刻题名中的北宋州县公吏考 …………………… 王晓薇（35）
宋代《礼》学与礼制策问研究 …………………………………… 方笑一（48）
宋代转运使之"模范"
　　——兼谈"熙丰"政治对地方统治的影响 …………… 〔日〕小林隆道（58）
宋代"举遗逸"考论 ………………………………………………… 王 丽（74）
新兴边地将门与北宋中后期政治
　　——以种氏将门为中心 ……………………………………… 姜 勇（86）
白豹城与北宋环庆路东部的疆土开拓 …………………………… 尚 平（106）
北宋后期党争与史学
　　——以神宗评价及哲宗继位问题为中心 …………………… 梁思乐（122）
宋哲宗即位求言诏探微 …………………………………………… 高柯立（136）
蔡元定谪贬道州原因探析 ………………………………………… 顾宏义（151）
金代"词赋状元即授应奉翰林文字"制度的形成及其对后世的影响 … 闫兴潘（160）
宋代枢密院司法事权考述 ………………………………………… 张 明（174）
宋《天圣令》"因其旧文，参以新制定之"再探 ………………… 戴建国（186）
论宋代"审计"的法制内涵 ……………………………………… 肖建新（205）
宋明时代的"诉讼生态"与社会、家族秩序
　　——以"莫氏别室子"案的文本演绎为核心的观察 ……… 赵 旭（215）

宋代的资本与社会 …………………………………… 李华瑞（227）
北宋募役法改革前特殊户役探析 ……………………… 吴树国（239）
宋元福建槟榔消费初探 ………………………………… 黎志刚（249）
论两宋时期禁谶与应谶的矛盾性 ……………………… 赵瑶丹（258）
汉仪昭彰：南宋女装"大袖"形制特征及符号价值考 …… 张　玲（272）
宋代水上信仰的神灵体系及其新变 …………………… 黄纯艳（285）
五代沙陀贵族婚姻探析 ………………………………… 刘广丰（302）
宋代敕榜研究 …………………………………………… 杨　芹（319）
《劝学诗》的形成过程及作伪原因考述 ……………… 廖　寅（334）
题材与体裁所见北宋前期的物类书写 ………………… 吴雅婷（346）
既葬之后：从李纲《钱勰墓志》看宋人墓志书写的时点与理念 ………… 刘静贞（360）
陈亮"六达帝廷"说试考
　　——兼论《永乐大典》所载《元一统志·陈亮传》的真实性 ……… 王　宇（373）
《说郛》本王易《燕北录》名实问题发覆 …………… 苗润博（382）

编后记 ……………………………………………………………（396）

宋代宗正寺简史

龚延明

宗正寺，为宋代九寺之一。宋初甚重宗正寺，特升宗正卿为正四品，宗正丞为从五品，其杂压在御史中丞、给事中、中书舍人之上。此与宗正寺沿唐以来之制，管皇室事务有关。然自仁宗景祐三年（1036），将管理皇族事务划归新建的大宗正司之后，宗正寺地位降低，御史中丞、给事中、中书舍人升位在宗正卿之上，其职事主要管玉牒、族谱等事。从宋代宗正寺所掌职事与地位之变化，可以看出，宋代宗室政策因没有沿袭唐代"五世而斩"带来的严重后果，致宗室成员日益膨胀，管理日益困难，导致新的更具有权威性的大宗正司的产生，宗正寺则因此边缘化。

一、宋代宗正寺沿革及其职掌演变

宗正为古官，秦汉有宗正，属九卿之一。南朝梁天监七年（508），宗正带卿字，即称宗正卿，为春卿之一。① 北齐有宗正寺之称，置卿、少卿、丞、主簿，② 是为唐、宋宗正寺之根。唐高宗龙朔二年（662）曾改称司宗寺，武则天光宅元年（684），又改名司属，中宗神龙初（705）复宗正寺旧名。③

宗正寺，北宋沿置。初在延祐坊，大中祥符八年（1015）二月，宗正寺着火，于福善坊新建宗正寺。④ "国初，宗室尚少，隶宗正寺。"⑤ 随着仁宗即位以后，宗室成员日益增加，"皇族狃习富贵，或弗能以礼法饬其下。"⑥ 坐享爵禄的皇族，凭恃优越的地位，目空一切，越来越难管理。宗正寺已难以承担宗室族群事务管理一职。仁宗景祐三年（1036）七月乙未（十七日），特增置大宗正司，以皇兄宁江军节度使允让知大宗正事。"时诸王子孙众多，既聚居睦亲宅，故于祖宗后各择一人，司训导、纠违失。凡宗族之政令，皆关

---

① 〔汉〕班固：《汉书》卷一九上《百官公卿表上》，中华书局1962年版，第730页；〔唐〕魏征等：《隋书》卷二六《百官志上》"梁武"段，中华书局1973年版，第724页。
② 《隋书》卷二一七《百官志》中"后齐制官"段，第755页。
③ 〔唐〕李林甫等撰，陈仲夫点校：《唐六典》卷一六《宗正寺》，中华书局1992年版，第465页；《新唐书》卷四八《宗正寺》，第1251页。
④ 〔清〕徐松辑，刘琳、刁忠民、舒大刚、尹波等校点：《宋会要辑稿》职官二〇之三《宗正寺》，上海古籍出版社2014年版（同版本第一次注明，下文略。全书同），第3564页上栏。
⑤ 〔宋〕王栐撰，诚刚点校：《燕翼诒谋录》卷四，中华书局1981年版，第33页；〔宋〕李焘《续资治通鉴长编》卷一一九，景祐三年七月乙未，第2796页。
⑥ 《宋会要辑稿》职官二〇之一九《大宗正司》，第3573页下栏。

掌。奏事毋得专达，先详视可否以闻。"① 宗正寺与大宗正司并存，二者共为宗室管理机构，而分工不同。北宋初期，宗正寺职事俱存，掌皇族事务，奉宗庙、诸皇陵荐享，司皇族之属籍玉牒等。仁宗景祐三年（1036），大宗正司建立之后，宗正寺不管皇族事务，仅管奉宗庙、诸皇陵荐享，以及玉牒、属籍、类谱撰修等事务，职事大为减少。

北宋前期，宗正寺属员：有室长、斋郎，无常员。

属吏：有楷书四人，府史二人，驱使官九人，庙直官一人。

所辖：太庙宫闱令一人，后庙宫闱令一人，以入内内侍省官充。陵台令一人，以京官知永安县兼陵台令史。

玉牒所，掌修皇帝玉牒，序宗派，纪族属，岁撰宗室子名以进。修玉牒官，无定员。典三人，楷书四人。②

元丰新制　宗正寺不管皇族族群事务，因"宗司设立后，宗寺原先参预议定有关宗室政令的职能也移于宗司，此后，宗司、宗寺长期并存，在管理宗室事务方面，发挥作用的是宗司"。③

元丰新制，宗正寺主要是领修帝籍玉牒、皇亲属籍、宗室类谱等图籍。修玉牒属籍，朝廷差修玉牒官，或置玉牒所，宗正寺官"凡宗正卿、少而下，悉与修纂。"④ 宗寺所领修纂皇帝玉牒，皇亲谱、图、籍，其别有五：一、帝籍《玉牒》，凡编年以纪帝系，而载其历数，朝廷政令、赏罚、封域、户口、丰凶祥瑞之事及因革。二、皇亲《宗枝属籍》，序同姓之亲，而第其五属之戚疏者。三、《宗谱》，具其官爵、功罪、生死及宗妇族姓与男若女者。四、《宗藩庆系录》推其所自出，至于子孙而列其名位者。五、《仙源积庆图》，考定世次、枝分派别，而归于本统者。《玉牒》《宗谱》《宗枝属籍》十年一修；《仙源积庆图》，三年一修；《宗藩庆系录》一年一修。凡宗子生，应授官者，撰名以上吏部司封司。⑤

修谱、牒，要收集宗室家状，宗室、宗女生卒、迁转、出适，宗妇成礼及夫为何官位与姓名，宗室官爵及叔伯弟侄儿孙等，同宗室三代名衔、生亡年月日时等第一手资料，需取会在京和在州、军、县、镇寄居、待阙、现任宗室官或宗室，逐一开具报明。这也是非常烦琐的事务。⑥

此外，宗正寺职掌宗室赐名之依条拟选，即负责宗室训名。据《宗室条制》，修纂《玉牒》《属籍》，三祖以下共分十九宫院，其训名之辈分各有规定：一、太祖皇帝下，以"德、惟、从、世、令、子、伯、师"等字；二、太宗皇帝下，以"元、宗、仲、士、

---

① 《燕翼诒谋录》卷四，第33、34页。
② 《宋会要辑稿》职官二〇之一《宗正寺》引《两朝国史志》，第3563页上栏。
③ 汪圣铎：《宋朝宗室制度考略》，载《文史》第三十三辑，第172页。
④ 《宋会要辑稿》职官二〇之五六《修玉牒官》，第3595页下栏。
⑤ 《宋会要辑稿》职官二〇之一《宗正寺》引《神宗正史·职官志》，第3565页下栏；《宋史·职官志四·宗正寺》，中华书局1977年版，第3887页。
⑥ 《宋会要辑稿》职官二〇之九、十《玉牒所》，第3595页下栏。

善、汝"等字；魏王廷美下，以"德、承、克、叔、之、公、彦"等字，各依昭穆次序，分位增广秩数。以上用以排行的字，随着宗室后裔瓜瓞绵延，已不够用，宗正寺还得提出新排行字，如：

（南宋绍兴七年七月）宗正寺言："太祖皇帝下……'希'字子欲作'与'字；太宗皇帝下'崇'字子欲连作'多'字；棣华宅'卿'字子欲作'必'字；魏王下'夫'字子欲连作'时'字。"从之。①

宗室取名，最易重名，为了防止同名，宗正寺既要考虑宗室赐名，必须二字，其中一字取自昭穆次序所排到之某字，如德、仲、善字等，与下一名字相连，所以别源派，序昭穆，定专名。② 宗正寺草拟名字后，是否有宗室同名，尚需申吏部、学士院看定，然后，咨报中书省进呈取旨施行。这一套程序，也颇为烦琐。如英宗名仲实，属"仲"字辈，为太宗帝系之宗室，一看就清楚。又如高宗是太祖后裔，他之前的真、仁、英、神、徽、哲、钦宗诸皇帝，皆是太宗皇帝子孙。高宗一子，南渡初夭折。时金人南下，中原未有息肩，臣僚认为"太祖舍其子而立弟，此天下之大公……今有天下者，独陛下一人而已。属者椒寝未繁，前星不耀，孤立无助，有识寒心……仰违天监，太祖莫肯顾歆？"为此，上虞县丞娄寅亮提醒高宗："天其或者深戒陛下，追念祖宗公心"，从太祖后裔中挑选皇位继承人。③ 娄寅亮之建言，居然被处于战祸围困的高宗采纳，遂对执政言："此事不难行，朕于'伯'字行中选择，庶几昭穆顺序。"④ "伯"字行，即太祖皇帝下之七世孙。结果从民间找到了赵伯琮与赵伯浩，养育于宫中。赵伯琮父为进士出身、原嘉兴县丞赵子偁，其排行"子"，系太祖六世孙。⑤ 最后，高宗通过一个细节的考察，选中了赵伯琮：

（绍兴二年五月辛未）诏左文林郎赵子偁令赴都堂审察。时集英殿修撰、知南外宗正事令懬奉诏选宗子伯琮、伯浩入禁中。伯浩丰而泽，伯琮清而癯。上初爱伯浩，忽曰："更子细观。"乃令二人并立，有猫过，伯浩以足蹴之，伯琮拱立如故。上曰："此儿轻易乃尔，安能任重矣！"乃赐伯浩白金三百两罢之。后四日，以子偁为左宣教郎。⑥

细节决定命运。伯浩因在皇帝前随意一脚踢猫，在与伯琮竞争皇位继承人选中，被淘

---

① 《宋会要辑稿》职官二〇之一三《宗正寺》，第3570页上栏。
② 《宋会要辑稿》职官二〇之九《宗正寺》，第3567页下栏、3568页上栏；同前书二〇之十一，第3569页上栏。
③ 《宋史》卷三九九《娄寅亮传》，第12132页。
④ 《宋史》卷三三《孝宗纪一》，第616页。
⑤ 〔宋〕李心传撰，胡坤点校：《建炎以来系年要录》卷十，建炎元年十月丁丑，中华书局2013年版，第267页；并参《宋史》卷二四四《宗室一》《秦王德芳·附秀王子偁》，第8686、8687页。
⑥ 《建炎以来系年要录》卷五四，绍兴二年五月辛未，第1112页。

汰出局。伯琮则因在皇帝面前拱立，不受突如其来的事物干扰，赢得高宗的青睐。绍兴三年（1133）二月，伯琮被擢为贵州防御使，赐单名瑗，瑗即受高宗禅位之孝宗。

可见，宗正寺所修《玉牒》《属籍》，在维护赵氏皇室统治地位中之作用。

宗正寺别称宗寺、司宗、麟寺。

神宗元丰改制后，宗正寺依《唐六典》，官复原职：

宗正卿一人，正四品；少卿一人，从五品；丞一人，从七品；主簿一人，从八品。分案二：属籍案，知杂案。①

职事（吏）六人：胥长一人，胥佐二人，楷书二人，贴书二人。②

所辖：玉牒所，元丰官制行，分隶宗正寺。官制既行，修玉牒职归卿、丞矣。③

掌修纂皇帝玉牒、皇亲属籍、类谱、图籍之事。修玉牒官，无定员。④

南宋建炎三年（1129）四月，因宋金战争，南宋朝廷立足未稳，寺监省并。宗正寺归太常寺。太常少卿兼宗正少卿，丞、簿并罢。如绍兴二年（1132），太常少卿兼宗正少卿李易。宗正寺所掌四书《玉牒》《宗枝属籍》《仙源积庆图》《宗藩庆系录》，《玉牒》如帝纪，特详于"国书"，最为严重，建炎南渡，为不致金人掠去，举四书而逸于江浙，则扔于江中。为此，李易建请重修《玉牒》。绍兴五年（1135）六月修成《玉牒》进呈。可见，宗正寺职事归太常寺兼管。⑤ 又如绍兴三年，太常博士兼权宗正丞赵霈。⑥

绍兴三年六月，复置宗正少卿；五年闰二月辛未，复置宗正寺。⑦

绍兴二十年（1150），在临安府旧车辂院新建宗正寺。⑧

二、宗正寺设官分职

关于两宋宗正寺官的职守与编制，并非一成不变，要注意北宋前期、元丰改制、南宋之制的时段性及其演变脉络，下面做简要论述：

判宗正寺

北宋前期，宗寺官罕正除，太祖开宝二年（989）正月曾以千牛卫将军赵崇济为宗正少卿，⑨ 以后未见置，而置判寺、同判事二人掌宗正寺吉，判事以两制以上朝官充。如阙，

---

① 《宋会要辑稿》职官二〇之一《宗正寺》引《神宗正史·职官志》，第3565页下栏
② 《宋史》卷一六四《职官志四·宗正寺》，第3887页。
③ 〔宋〕洪迈：《容斋随笔》卷五《史馆玉牒所》，上海古籍出版社1996年版，第71页。
④ 《宋史》卷一六四《职官志四·宗正寺·玉牒所》，第3890页；《宋会要辑稿》职官二〇之四二《玉牒所》，第3588页下栏-3595页下栏。
⑤ 《建炎以来系年要录》卷五六，绍兴二年七月丁亥，第1148页。
⑥ 《建炎以来系年要录》卷七〇，绍兴三年十一月壬子朔"庚申"，1361页。
⑦ 《建炎以来系年要录》卷二二，建炎三年夏四月戊申朔"庚申"，第551、552页。
⑧ 〔宋〕潜说友纂：《咸淳临安志》卷六《行在所录·诸寺·玉牒所宗正寺》，《宋元方志丛刊》本第四册，中华书局1990年版，第3408页上栏。
⑨ 〔宋〕王应麟：《玉海》卷一三〇《咸平宗正寺》，江苏古籍出版社、上海书店1987年版，第2408页。

则以朝官以上宗姓为知宗正丞事。主簿一员，以京官充。① 如景德二年（1005），太常博士、同判宗正寺赵湘，殿中丞、同判宗正寺赵稹。② 或以朝官、京官兼任宗正卿、少、丞，如大中祥符八年，以兵部侍郎赵安仁兼宗正卿。九年定制：丞郎以下兼宗正卿，给舍以下兼少卿，京官兼丞。③ 九年定兼职之制：丞郎以下兼宗正卿，给舍以下兼少卿，京官兼丞。④ 天禧元年（1017）十月，赵安仁以尚书右丞兼宗正卿。⑤ 或置知宗正寺差遣官——知宗正寺、知宗正寺丞、知宗正寺主簿等，如大中祥符九年（1016），度支员外郎赵世长知宗正寺。太宗朝，虞部员外郎、知宗正丞事赵咸一。⑥ 真宗天禧元年十一月，卫尉寺丞兼宗正寺主簿赵鼎。⑦ 以上诸宗正差遣官虽为国姓（姓赵），而非宗室。《石林燕语》谓："唐宗正卿皆以皇族为之，本朝踵唐故事，而止命同姓。"⑧ 北宋宗正寺少卿赵崇济、同判宗正寺赵湘、赵稹，兵部尚书兼宗正卿赵世长、知宗正寺赵世长知宗正寺，判宗正寺赵概等，皆非宗室赵姓，无非姓赵（国姓）而已。但不用非赵姓官充宗正寺官。

唯一以宗室为知宗正寺者，乃皇储赵宗实（濮王赵允让子）。仁宗嘉祐六年（1061）十月，以宗室赵宗实（后来的英宗）为泰州防御使、知宗正寺，管勾宗正寺事，特缮修宗正寺廨宇，在太庙南旧开封府司（司录参军官廨）⑨。此乃宗实继皇帝位的台阶，属特例。

宗正寺卿

秦置宗正，两汉宗正为九卿之一。西汉平帝时曾改名宗伯。后汉仍称宗正，卿一人，但不连称宗正卿⑩。南朝梁武帝萧衍天监七年（508），始称宗正卿，位视列曹尚书，主皇室、外戚之籍；后齐以宗正为寺，始有"宗正寺卿"之名。⑪ 唐、宋沿置。

北宋前期不除，或为兼官。神宗元丰官制，宗正卿一人，正四品。卿掌叙宗派属籍，以别昭穆而定其亲疏。徽宗大观三年（1109），诏宗正卿、少卿兼提举诸王宫大、小学。⑫

元丰新制正名，然宗正寺长贰，神宗朝虚而不除，专以丞听寺事。⑬ 徽宗朝置宗正卿、少卿。

---

① 《宋会要辑稿》职官二〇之一《宗正寺》引《两朝国史志》，第 3563 页上栏。
② 〔宋〕李焘撰，上海师范大学古籍整理研究所、华东师范大学古籍整理研究所点校：《续资治通鉴长编》卷六〇，景德二年五月甲戌，中华书局 2004 年第 2 版，第 1342 页。
③ 〔宋〕孙逢吉：《职官分纪》卷一八《宗正·卿》，中华书局 1988 年版，第 430 页下栏。
④ 《职官分纪》卷一八《宗正·卿》，第 430 页下栏。
⑤ 《续资治通鉴长编》卷九〇，天禧元年十月庚午，第 2083 页。
⑥ 《宋史》卷二五四《赵晁传》第 8899 页。
⑦ 《宋会要辑稿》职官二〇之四《宗正寺》，第 3565 页上栏。
⑧ 〔宋〕叶梦得：《石林燕语》卷六，第 92 页。
⑨ 《续资治通鉴长编》卷一九五，嘉祐六年十月壬辰，第 4727 页。
⑩ 〔唐〕杜佑撰，王文锦、王永兴、刘俊文、徐庭云、谢方点校：《通典》卷二五《宗正卿》，中华书局 1988 年版，第 703 页；《后汉书》卷二六《百官志三·宗正》，第 3589 页；
⑪ 《隋书》卷二六《百官志》上《梁武之制》，第 724 页；《隋书》卷二六《百官志》中《后齐制官》第 755 页。
⑫ 《宋史》卷一六四《宗正寺·卿》，第 3887 页；〔宋〕谢维新：《古今合璧事类备要·后集》卷三三《九卿门·宗正卿·历代沿革》，《四库类书丛刊》本，上海古籍出版社 1992 年版，第 78 页下栏、79 页上栏。
⑬ 《宋会要辑稿》职官二〇之九《宗正寺·宣和五年七月十一日》，第 3568 页上栏。

南宋不除宗正卿。元丰新制之后，宗正寺官专用国姓（赵姓）官之制有所突破，非赵姓之庶姓，也在选用之列，因别有大宗正司统管皇族。唐代"宗正寺官员，悉以宗子为之"①，宋代对唐代宗正寺官必任以皇族予以改革。陆游《老学庵笔记》言："宗正卿、少卿，祖宗因唐故事，必以国姓为之，然不必宗室也。元丰中，始兼用庶姓。"② 神宗元丰六年（1083）九月十一日诏："除长贰外，自今不专用国姓。《志》：大宗正司统皇族，故【宗正】寺长贰不专用国姓。"③ 如元丰六年九月，以监察御史杨畏为宗正寺丞。至南宋，宗正寺长贰也用非赵姓官员。如绍兴四年宗正少卿范冲、宗正丞孙纬。④

宗正卿别称宗卿、冷卿。

宗正寺少卿

北魏孝文帝太和中，设宗正卿等六卿，置少卿。⑤ 北齐以宗正为寺，始以宗正寺少卿为名。⑥ 唐、宋沿置。神宗元丰官制，宗正少卿一人，从五品。辅正卿掌叙宗派属籍，以别昭穆而定其亲疏。然宗正寺长贰，神宗朝虚而不除，专以丞听寺事。徽宗大观三年，与宗正卿同提举诸王宫大、小学。⑦

南宋初，少卿以太常少卿兼。绍兴三年（1133），复置宗正少卿一人。宁宗嘉定九年（1216），宗学归隶宗正寺，"自此寺官又复预校试之事。"⑧

宗正少卿别称少宗正，亦称冷卿。

宗正寺丞

秦、汉宗正属官有丞。后齐始有宗正寺丞之设。⑨ 唐、宋沿置。北宋前期不除，为所带阶官，如太宗太平兴国三年五月，宗正丞、充两浙西南路转运副使赵齐，宗正丞定其月俸，月二十千。⑩ 但有知宗正丞事差遣，如仁宗景祐二年（1035）四月，集贤校理、知宗正丞事。⑪

元丰新制，宗正丞一人，从七品。神宗朝，宗正卿、少卿，虚而不除，以宗正丞掌寺事。宗正丞、与太常丞、秘书丞号为"三丞"：

---

① 《唐会要》卷六五《宗正寺》，第1349页。
② 〔宋〕陆游撰，李剑雄、刘德权点校：《老学庵笔记》卷六，中华书局1979版，第73页。
③ 《玉海》卷一三〇《咸平宗正寺》，第2408页下栏、2409页上栏。
④ 《宋会要辑稿》职官二〇之六《宗正寺·元丰六年九月十一日》，第3566页上栏；《建炎以来系年要录》卷五六，绍兴五年闰二月辛未，第1653页。
⑤ 《魏书》卷一一三《官氏志》，中华书局1974年版，第2979、2980页。
⑥ 《隋书》卷二六《百官志上》"梁武之制"段，第724页；《隋书》卷二六《百官志中》"后齐制官"段，第755页。
⑦ 《宋史》卷一六四《宗正寺·卿》，第3887页；〔宋〕谢维新：《古今合璧事类备要·后集》卷三三《九卿门·宗正卿·历代沿革》，第78页下栏、79页上栏。
⑧ 《宋史》卷一六四《宗正寺·少卿》，第3887页。
⑨ 《隋书》卷二七《百官志中》"后齐制官"段，第755页。
⑩ 《续资治通鉴长编》卷一九，太平兴国三年五月丙戌，第428页。
⑪ 《续资治通鉴长编》卷一一六，景祐二年四月己未，第2726页。

元丰董正治官，虚长贰不除，专以丞听寺事。盖与太常、秘书号为"三丞"。且其选甚清，自来率用馆阁英俊，以重属籍之寄。①

宋代"三丞"是台谏候选人，其资望较高。如仁宗朝重台谏之选，规定"三丞以上尝历知县人，除御史里行，二年后除御史"。②宗正丞例参预编修宗籍图书。

　　（哲宗元祐元年）九月十九日，宗正寺言："……其编纂图书乞依旧例，丞纂修。"从之。③

宗正寺主簿

宗正置主簿，始于南朝梁武帝天监七年（508），"凡十二卿，皆置丞、功曹、主簿。"北朝后齐始称宗正寺主簿。④唐宋沿置。北宋前期不除，为差遣所带寄禄阶官。如仁宗庆历二月，著作佐郎、宗正寺主簿、加崇文院检讨赵师民为宗正丞、崇文院说书，宗正寺主簿、与宗正丞，皆非职事官，为所带寄禄阶官。主簿月俸五千钱。⑤

元丰新制正名，宗正寺主簿一人，从八品，专以钩考簿书为职。《容斋四笔》云："自元丰官制行，九寺、五监各置主簿，专以掌钩考簿书为职，它不得预。如《玉牒》修书，主簿不预，见于王定国《旧录》。"⑥

哲宗元祐之后，主簿参预图书编修，并许与丞通管寺事：

　　（哲宗）元祐元年，宗正寺言："既许主簿通管寺事，窃恐亦合依太常寺、国子监例正通管杂务，其编纂图书乞依旧例丞专修。"从之。⑦

南渡后，凡寺监主簿率多与寺丞同签押文书，与丞平行。岳珂《愧郯录》谓：

　　南渡而后，官失其守，凡寺监主簿率多预尾书，再考典故，元丰六年七月庚申，诏寺监主簿，止是专掌簿书，其公事自当丞以下（上）通议施行。⑧

---

① 《宋会要辑稿》职官二〇之九《宗正寺·宣和五年七月十一日》，第3568页上栏。
② 《燕翼诒谋录》卷四，第34页。
③ 〔宋〕潘自牧：《记纂渊海》卷三一《宗正卿·宗正寺簿》，第687页下栏。
④ 《隋书》卷二六《百官志上》，梁武之制"天监七年"，第724页；《隋书》卷二七《百官志中》"后齐制官"段，第755页。
⑤ 《续资治通鉴长编》卷一三五，庆历二年二月丙戌，第3323、3224页；参《宋史》卷二九四《赵师民传》，第9823页。
⑥ 〔宋〕孙逢吉：《职官分纪》卷一八《总叙卿·宗正·主簿》，第431页下栏。
⑦ 《记纂渊海》卷三一《宗正卿·宗正寺簿》，《四库类书丛刊》本，上海古籍出版社1992年版，第687页下栏。
⑧ 〔宋〕岳珂撰，许沛藻、刘宇整理：《愧郯录》卷六《寺监簿职守》，见戴建国等主编《全宋笔记》第七编第四册，大象出版社2016年版，第65、66页。

三、玉牒所

玉牒所为宗正寺所属机构。

何谓玉牒？玉牒源于汉武帝封禅时一种秘书——"玉牒书"，埋于"封"之下，玉制书简，通于神明。① 宋真宗泰山封禅所用玉牒，即实以条状玉编缀成册书，今藏台北故宫博物院。② 从唐朝开始，还有一种《玉牒》，即在宗正寺设修玉牒官，将编修好的皇帝谱牒名为《玉牒》。《新唐书·艺文志》著录有开成二年（837）李衢、林宝撰《皇唐玉牒》110 卷等书目，唯具体状况已不可考。③ 宋代沿唐之制，在宗正寺编修皇帝《玉牒》，但已非实指的那种玉条连缀成册之玉牒，而是宋代皇帝叙帝系撰写在纸上的《玉牒》，每一朝皇帝，都有一部《玉牒》，宗正寺下还有专门的编修《皇帝玉牒》的机构——玉牒所。

玉牒全称是皇帝玉牒，与家谱有别，皇室家谱称《仙源类谱》。皇帝玉牒，就是帝籍。一朝皇帝一牒。如《真宗皇帝玉牒》《仁宗皇帝玉牒》《神宗皇帝玉牒》《哲宗皇帝玉牒》《徽宗皇帝玉牒》《至尊寿圣皇帝（孝宗）玉牒》等。④ 某一《玉牒》，就是某一个皇帝生平与执政的实录。宋代史家林駉对皇帝玉牒的表述是：

> 《玉牒》之书何记乎？记大事也。以纪帝系，以载历数，以籍昭穆。盖将绵天地古今为不朽传也。以书政令，以记户口，以别封域，盖将以理乱兴衰之大验，固与之为消长也。有大制诰，有大册命，凡关于事之大者，皆录之，又将使进退取舍予夺废置，揆之人情雨安布之册书而信也。呜乎，亦重矣！⑤

《四朝国史志》对玉牒的表述是：

> 玉牒，以编年之体，叙帝系，而记其历数，凡政令、赏罚、封域、户口、丰凶、祥瑞之事载焉。⑥

宋制，皇帝玉牒，从皇帝登基之年的生日起，即着手编修。以《光宗皇帝玉牒》为

---

① 〔汉〕司马迁：《史记》卷二八《封禅书》，中华书局 2013 年版，第 1671 页；（汉）班固撰，〔清〕王先谦补注：《汉书补注》卷二五上《郊祀志》，书目文献出版社 1995 年版，第 530 页上栏；仓修良主编：《汉书辞典》"玉牒书"，山东教育出版社 1996 年版，第 160 页。
② 王瑞来：《宋代玉牒考》，载氏著《文献可征》，山西教育出版社 2015 年版，第 271 页。
③ 何兆泉：《两宁波宗室研究》第二章《谱牒与人口》第二节《皇族谱牒的编修》二《玉牒》，上海古籍出版社 2016 年版，第 94 页。
④ 《宋会要辑稿》职官二〇之四二、五一《玉牒所》第 3588 页下栏、3589 页上栏、3593 页下栏。
⑤ 〔宋〕林駉：《古今源流至论·前集》卷五《玉牒》，《四库类书丛刊》本，上海古籍出版社 1992 年版，第 45 页。
⑥ 《宋史》卷一六四《职官志四·宗正寺》，第 3887 页；《古今源流至论·前集》卷五《玉牒》注文，第 45 页。

例，光宗于淳熙十六年（1189）二月壬戌（二日）继位，其诞辰之日为绍兴十七年（1147）九月乙丑（四日）。为此闰五月一日，就下诏右丞相留正提举编修《玉牒》，开始筹备，期以九月四日得以按时举行开局修今上皇帝《玉牒》的仪式。是年闰五月二十四日，玉牒所即着手就开编首册内容所需材料部署征集工作：

> 恭睹今年上皇帝登宝位，本所合自皇帝诞圣之后编修《玉牒》，申请下项：一、今年来编修今上皇帝《玉牒》，合书注诞圣以后符瑞，及听读圣德、初封冠礼，并纳夫人及节次加封食邑，册立皇太子至登庸位应干麻制、册文、典礼，及辞免、批答等事迹，欲乞朝廷割下随龙官属等逐一取降，编类申【玉牒】所。①

此后，即逐年边征集与修《光宗皇帝玉牒》有关的事迹实录材料，一边归纳按年、月、日编撰。《玉牒》后面附有皇后事迹。②

可见，《玉牒》内容十分丰富而重要，关乎一朝皇帝生平事迹、政令因革、户口增减、版图大小，乃治理国事的大事记。

宋朝所有国史中，奉为国之宝藏，装帧最奢华精致的，当推《皇帝玉牒》。因《皇帝玉牒》秘而不宣，"士大夫罕有知其制度者"，甚至北宋元祐宰相司马光、南宋初宰相赵鼎都想当然地以为"玉牒用玉简刊刻如册""（玉牒）不过刻玉如册耳！"③ 发生这样的错误，根子在于："玉牒所事干国体，最为机密，今检准御宝，令漏泄玉牒宗枝，并依军法！"④ 故尔，南宋绍兴十二年五月，吏部差玉牒官杨愿修玉牒，因南渡初废玉牒官，"莫有知其体者"。⑤ 可见，除了玉牒官，百官对《玉牒》讳莫如深，不敢议、不敢问，也不想知。所以，由于神宗朝与南渡初，均未修成《玉牒》，不曾举行隆重的《皇帝玉牒》奉安玉牒殿礼，宰相司马光、赵鼎也无缘目睹《玉牒》实物，也就怪不得其无知了。实际上，《玉牒》虽装帧奢华，但其文字并非刻在玉条上为玉册，而是书写在罗纸上。《皇帝玉牒》，用绣金花的红色罗锦裱糊装潢，书轴用黄金。如真宗朝修《玉牒》，"凡《玉牒》书，以销金花白罗纸、金轴、销金红罗标带，褆（安放于）黑漆金饰匣、红锦裹、金锁钥"。至神宗皇帝阅先帝《玉牒》，以黄金书轴重，而不便披阅，诏改以黄金梵夹（用黄金作薄板上、下夹书，形如梵文贝叶经）。《玉牒》统用黄金匣存放，黄金锁、黄金钥匙。南宋乾道时，有所节约，《玉牒》装订改用镀金银梵版、销金罗纸匣袱。统由文思院制办。

---

① 《宋会要辑稿》职官二〇之四三、四四《玉牒所》，第 3590 页上栏。
② 王盛恩：《宋代官方史学研究》第六章《宋代官修当代史的资料来源及史书形成》五《会要》及其他当代史书修撰概述》4《玉牒》，人民出版社 2008 年版，第 246 页；《续资治通鉴长编》卷一〇三，天圣三年正月乙巳，第 2374 页。
③ 〔宋〕王巩撰，戴建国点校：《闻见近录》，戴建国等主编《全宋笔记》第二编第六册，大象出版社 2006 年版，第 28 页；《建炎以来系年要录》卷一四五注引朱胜非《闲居录》，绍兴十二年（1142）五月辛丑，第 2732 页。
④ 《宋会要辑稿》职官二〇之五九《修玉牒官·绍兴十二年七月十二日》，第 3600 页上栏。
⑤ 《建炎以来系年要录》卷一四五，绍兴十二年五月辛丑，第 2732 页。

《玉牒》修成，于内殿行隆重进呈仪式，然后奉安（储藏）于太庙南宗正寺玉牒殿。守玉牒殿官每日进香敬奉，以及防范《玉牒》泄漏。①

玉牒所与修玉牒官

《玉牒》之修，始于唐，唐朝称《皇唐玉牒》，本属宗正寺职事。唐文宗太和二年（828），于宗正寺外，别置修玉牒官。②北宋修玉牒职事，归宗正寺负责。寺专设属籍案。太宗淳化六年（995），始修玉牒，以"皇宋玉牒"为名，设局置官，建玉牒殿。③此"设局"，盖指开修玉牒的专门编纂处，并非已建玉牒所，或借秘阁厅纂修《玉牒》④；建玉牒殿，用以藏皇帝《玉牒》，藏书之所而名之以"殿"，足见宋代皇帝对《玉牒》之珍重。真宗咸平初，于宗正寺建属籍楼（专藏皇亲属籍《宗枝属籍》之类，与藏皇帝《玉牒》之玉牒殿有别），督修《玉牒》。差翰林学士、知制诰梁周翰，与宗正卿赵安易同为兼修玉牒官，领其事。大中祥符八年（1015），于大火后新建的宗正寺内建玉牒殿、属籍堂；⑤九年（1016），专设宗正寺修玉牒官一员或二员，首除知制诰刘筠、夏竦为修玉牒官。仁宗康定元年（1040），有宗正寺玉牒所之名，⑥可见宗正寺专门置局纂修玉牒。仁宗朝始，《玉牒》冠以"皇帝"，若为当朝皇帝，则称《今上皇帝玉牒》。⑦南宋初未及置，至高宗绍兴十二年，"袭旧制，始建玉牒所。"⑧绍兴二十年（1150），在临安府旧车辂院新建宗正寺、玉牒所。⑨玉牒所与宗正寺，名虽为二，然宗正寺职事"独以玉牒重。"故宋人视"玉牒所、宗正寺同一官府。"⑩

玉牒所，是掌修皇帝玉牒、皇亲属籍，序宗派，纪族属，岁撰宗室子名以进呈的专门修史机构。玉牒所，以修《皇帝玉牒》为主，同时纂修皇亲属籍、类谱《仙源积庆图》《宗藩庆系录》《仙源类谱》等。其纂修年限，《玉牒》《宗枝属籍》《仙源类谱》每年添修、十年一兑换，《仙源积庆图》三年一修、《宗藩庆系录》一年一修。⑪

神宗熙宁三年（1070），玉牒所于旧三班院置局，后徙编修院。南宋绍兴十二年，始

---

① 《闻见近录》，第 28 页；〔元〕马端临：《文献通考》卷五五《职官考九·宗正卿·宋玉牒所》引朱胜非《秀水闲居录》，中华书局影印本 1986 年版，第 502 页中栏；《职官分纪》卷一八《修玉牒官》，第 432 页上栏；《宋会要辑稿》职官二〇之六二《修玉牒官》，第 3603 页下栏。
② 《唐会要》卷六五《宗正寺》，上海古籍出版社 1991 年版，第 1351 页。按：《职官分纪》卷一八《修玉牒官》："唐本宗正之职，开成后始别置玉牒官。"第 431 页。
③ 《宋史》卷一六四《职官志四·玉牒所》，第 3890 页；《咸淳临安志》卷六《行在所录·玉牒所宗正寺》引乾道三年宗正寺主簿季裦《玉牒所宗正寺记题名》，第 3408 页上栏。
④ 《宋会要辑稿》职官二〇之五五《修玉牒官·真宗咸平初》，第 3595 页下栏。
⑤ 《宋会要辑稿》职官二〇之五五《修玉牒官》，第 3596 页上栏。
⑥ 《宋会要辑稿》职官二〇之五六《修玉牒官》，第 3596 页下栏、3597 页上栏。
⑦ 王善军：《宋代皇族谱牒考述》，载《历史档案》1999 年第 3 期，第 80 页。
⑧ 《宋会要辑稿》职官二〇之五五《修玉牒官》引《中兴会要》，第 3595 页上栏。
⑨ 《咸淳临安志》卷六《行在所录·诸寺·玉牒所宗正寺》，第 3408 页上栏。
⑩ 《咸淳临安志》卷六《行在所录·诸寺·玉牒所宗正寺》，第 3408 页下栏。
⑪ 《宋会要辑稿》职官二〇之五八《宗正寺》，第 3565 页下栏。

建玉牒所于太庙南。①

北宋前期，修玉牒官无定员，除宗正寺官参与之外，临时差遣侍从官知制诰，或翰林学士典领，"祖宗以来，编修皇帝《玉牒》，除就差宗正寺官外，亦有选差侍从兼领"。如仁宗景祐元年（1034）以知制诰李淑为修玉牒官；熙宁中，以翰林学士范镇为修玉牒官，② 典三人，楷书四人。③

元丰改制，修玉牒职归宗正寺，以侍从官提举修《玉牒》；徽宗朝必充宰臣兼提举修《玉牒》。

南宋绍兴间，增重修玉牒的地位，以宰相一人提举修玉牒，修玉牒官一人，以侍从官兼，又有玉牒所检讨官；宗正卿、少卿、丞、主簿以及吏人，悉参与修纂。《容斋随笔》云：

> 官制既行，【修玉牒】职归卿、丞矣。而绍兴中复差侍从为修牒，又以他官兼检讨，是与本寺为二也。④

实际上，宗正寺掌修玉牒职为主，北宋以来一直不变，玉牒所与宗正寺实为一府，所不同的是，典领官不任以寺官，而由宰执官或侍从官提举，以增重其事。故洪氏所谓玉牒所与宗正寺一分二，并不的确。以绍兴十二年纂修《高宗皇帝玉牒》为例：

诏宰臣秦桧提举编修玉牒所，就差宗正少卿、丞、簿三员为额，另差修书官，同共编修玉牒文字。编修官如试起居舍人兼充修玉牒官杨愿。又有点检文字官王亨。"在京玉牒所人吏，系就差宗正寺人吏"，即差宗正寺吏胥，之外从别处另差职级、手分五人以供祗应。其中一名祗应，指定差殿直官充玉牒所承受，其任务是请内外朝廷降高宗皇帝诞圣、后来授官、冠礼、出阁、节次转官、除拜、差遣，并皇后生年月日、纳夫人年月日、封册皇后制诰，并皇子赐名、授官、冠礼、出阁、出宫、节次转官，及皇女生年月日、下降年月日事迹，并主管进呈《玉牒》最后成书定稿时，排办奉安玉牒殿一应事务。另指定三名通引官充玉牒所祗应，其任务是，专一负责投送三省、枢密司等中央、地方诸官司供撰写《今上皇帝玉牒》所需的文字，并限期催取，以交玉牒所。此项事务十分繁重而棘手。⑤显然，《皇帝玉牒》之第纂修，基本队伍还是宗正寺官吏。

孝宗乾道后，参知政事、枢密使副提举修《玉牒》，提举不专系于宰相。如孝宗乾道元年（1165），以参知政事钱端礼、签书枢密院事蒋芾权提兴修《玉牒》事。

宁宗朝，则以宰相监修《玉牒》、侍从兼纂修《玉牒》官、京朝官兼玉牒所检讨官；

---

① 《咸淳临安志》卷六《行在所录·诸寺·玉牒所》，第3408页上栏。
② 《宋会要辑稿》职官二〇之五八《修玉牒官》，第3599页上栏；《续资治通鉴长编》卷三九〇，元祐元年十月己酉，第9491页："《宗正寺条例》，《皇帝玉牒》十年一进，修玉牒官并以学士典领。"
③ 《宋会要辑稿》职官二〇之一《宗正寺》引《两朝国史志》，第3563页上栏。
④ 〔宋〕洪迈：《容斋随笔》卷五《史馆玉牒所》，第71页。
⑤ 《宋会要辑稿》职官二〇之五八《修玉牒官》，第3599页上、下栏。

宗正寺卿、丞、主簿皆参预纂修。①

玉牒殿北宋真宗大中祥符八年，建玉牒殿、属籍堂。②绍兴二十六年（1156），高宗于新建玉牒殿，御书"玉牒之殿"、"玉牒殿门"、殿门外"祖宗属籍堂"，字涂以金，安奉储藏历帝《玉牒》，书卷浩瀚，专差管理人员和防护兵士。南宋时，玉牒殿设主管玉殿所玉牒殿香火官四员，差内侍三员、武臣一员充。孝宗乾道八年（1172），改作干办玉牒殿所玉牒殿，所有行移文字，用"干办玉牒所印"。干办官负责敬事玉牒殿烧香火、开殿点检殿内财物、封锁保管与掌握钥匙。此外，专知一人、专副一人，掌管玉牒殿《玉牒》与财物。③开禧元年（1205），所差防护兵士多达102人，日夜巡警，防窃、防风烛。若遇不测大风雨和火灾，殿前司另派200人准备搬移、抢救役使。此亦可见，宋朝廷对皇帝玉牒的重视程度。

然其时虽专设玉牒殿密藏《皇帝玉牒》，后因火灾及数度战火浩劫，两宋《皇帝玉牒》未能有一部完整地留传后世，皆已灰飞烟灭。今仅能从南宋官员刘克庄的《后村先生大全集》中窥见修玉牒官起草的《宁宗皇帝玉牒》初草稿二卷，内容多是宁宗皇帝上朝朝政处理和日常活动大事记，也没有什么神秘之处，举例如下：

> 嘉定十一年正月癸酉朔　御大庆殿，群臣朝贺。
>
> 癸未　吏部引见某人等三十九人，诏并改合入官。
>
> 四月癸亥　阁门舍人熊武轮对，上谓武曰："卿是东宫官，太子如何？"武奏曰："殿下贤明仁孝，勤俭节用。人之才否、事之是非，无不尽知。每日讲论之暇，无他嗜好，手不释卷。且动如节度，又不喜饮酒。臣每轮当宿直，绝不闻宴饮之乐。"上曰："此天赋也！"
>
> （六月）庚戌　月入氐。　辛亥　……有流星大如太白。④

其内容大量是朝政活动，也记录天象。至于对太子的考察，算是机密，但东宫官讲的都是是美言美语，似乎也用不着保密。

属籍堂，淳化间称玉牒楼。真宗大中祥符八年改名玉堂楼。南宋绍兴间，玉牒殿、属籍堂共建于玉牒所内。玉牒所，以修《皇帝玉牒》为主，并修《宗枝属籍》《仙源积庆图》《宗藩庆系录》《仙源类谱》。除《皇帝玉牒》特藏于玉牒殿之外，其余四书均藏于属籍堂。

（1）皇亲《宗枝属籍》，序宗姓赵氏之亲，而排其五服戚疏之次者；后妃也列入《属籍》。属籍是以某王或某公、某侯为世系之五服亲疏名籍，然卷首还得先列宣祖皇帝之子

---

① 《古今源流至论》卷四《玉牒·玉牒民之本末》，四库类书丛刊本，第46页上栏。
② 《宋会要辑稿》职官二〇之五五《宗正寺》，第3596页上栏。
③ 《宋会要辑稿》职官二〇之五九、六一《玉牒所》，第3600页下栏、3602页下栏、3603页上栏。
④ 〔宋〕刘克庄：《后村先生大全集》卷八二《玉牒初草·宁宗皇帝·嘉定十一年》，四部丛刊本，第1、3、5页。

（太祖匡胤或太宗光义或魏王廷美）。① 如英宗父濮安懿王允让，为太宗孙，哲宗元祐二年（1087），宗正寺"被旨纂修濮安懿王以下属籍，故例以宣祖皇帝之子为卷首（按：太宗为卷首，次即以宗。），（按：即濮王）从高下为之序。今若以濮王为卷首，则先后不伦。"宗正寺之所以强调属籍不能以王、公、侯宗主为首，是遵惯例，针对有人修《濮王宗籍》，因濮王系英宗皇帝之父，欲突出其地位，略去原首卷太宗之籍而言。②《属籍》用料材质与制作工艺，亲王《属籍》要降《皇帝玉牒》一等，如所用纸不用销金花罗纸而用销金白绫纸，轴用银不用金之类；公、侯《属籍》再降一等，如轴，不用金、银，而用象牙，所用白绫纸无销金："属籍诸王，书以销金白绫纸、银轴头、红锦褾、带红罗复黑漆举涂银饰匣、锦裹、银锁钥。公、侯以下白绫纸、牙轴，余如诸王。"③

（2）《仙源类谱》《宋史·职官志》定义为："序男、女、宗妇族姓婚姻及官爵、迁叙而著其功罪、生死。"④《神宗正史·职官志》定义为："具其官爵、功罪、生死及宗妇族姓与男若女者，为谱。"⑤ 这就是宋代宗室《宗谱》，其体例是，按宣祖皇帝以后宗派，即每世皇子、皇女立为一秩（宗派），历载宗派成员姓名、男女、生卒、官爵、功罪，编修成族谱，宗妇也收入，但只称姓不称名。如南宋孝宗淳熙五年（1178）进呈《三祖下第六世仙源类谱》，宁宗嘉定六年（1213）进呈《第七世仙源类谱》等。⑥ 由此可知，《仙源类谱》不但要记载宗室男、女，而且对宗妇也加以记载。对官爵、事迹的记载，基本上是为每一个入谱成员立一小传。现存北京图书馆善本室的南宋修《仙源类谱》残卷，为我们提供了实证。⑦ 有人把《仙源类谱》视为《玉牒》，这是出于对两者体式不辨，牵强附会。⑧

（3）《宗藩庆系录》，是一种简明的表示宗子出自哪一支宗派，由派主至于子孙而列其名位的宗室名录，内容没有类谱详。如淳熙十三年（1186）十月修成《三祖下第六世宗藩庆系录》，北京图书馆现存有南宋纂修《宗藩庆系录》残卷。⑨

（4）《仙源积庆图》是图表，将世系绘成一张宣祖、三祖（太祖、太宗、魏王）而下

---

① 〔宋〕罗大经撰，王瑞来点校：《鹤林玉露》卷三丙编《玉牒》，中华书局1983年版，第292页；《宋会要辑稿》职官二〇之五《宗正寺》，第3565页下栏；《宋会要辑稿·职官》二〇之五五《修玉牒官》，第3596页上栏。
② 《宋会要辑稿》职官二〇之五五《修玉牒官》，元祐二年五月二十五日，第3598页上栏。
③ 《宋会要辑稿》职官二〇之五五《修玉牒官》，咸平四年正月，第3595页下栏、3596页上栏。
④ 《宋史》卷一六四《职官志四·宗正寺》，第3887页；
⑤ 《宋会要辑稿》职官二〇之五《宗正寺》引《神宗正史·职官志》，第3565页。
⑥ 《宋会要辑稿》职官二〇之五三《修玉牒官》，嘉定六年二月二十五日，第3595页上栏。
⑦ 王善军：《宋代皇族谱牒考述》，第81页。
⑧ 中国文明网2009年8月7日转载《光明日报》文章《家谱：连绵不断的家族史》："上海图书馆馆藏家谱精品展上，一件玉牒格外引人注目，它就是宋代皇室家谱《仙源类谱》。"此材料转引自王瑞来《宋代玉牒考》下下注，载氏著《文献可征》，山西教育出版社2015年版，第272页页下注1。
⑨ 《宋会要辑稿》职官二〇之四三《玉牒所》，嘉定三年十月九日，第3589页下栏；《宋代皇族谱牒考述》，第81页。

世次、枝派源流线性示意图。其特点"于便坐张之",即可以张挂浏览。①

余 论

唐、宋两朝宗室制度相较,宋代明显加强了宗室管理制度。其根本原因在于,唐代宗室身份限制严,局限于五等亲:皇帝袒免亲以外,一律不列入"天子族亲属籍"。② 这就使唐代宗室人数有限,不至于无限制扩大。相反,宋代,关于宗室身份宽泛,其属籍范围,北宋初,除天子太祖赵匡胤、太宗赵光义子孙是宗室外,非天子太祖上三祖、魏王廷美子孙也属宗室:"修纂《玉牒》《属籍》,至徽宗朝,自祖宗以来每朝皇子、皇女及亲贤、棣华宅各为一秩,三祖以下十九宫院,太祖皇帝以下德、惟、从、世、令、子、伯、师,太宗以下元、允、宗、仲、士、不、善、汝,魏王以下德、承、克、叔、之、公、彦,各依昭穆次序,分位增广秩数。"其宗室人数已上万。③ 显然,宋代宗室政策因没有沿袭唐代"五世而斩",并且不限于皇帝子孙,这就使宋代宗室呈几何级数增长。到仁宗朝,宗室人数已很多,管理日益困难,导致新的更具有权威性的大宗正司的产生,宗正寺职能与权力因而减弱,日趋边缘化。

此外,唐代宗正寺"官属,皆以皇族为之"。④ 宋代不同,虽制度规定"凡寺官皆宗姓为之",但执行过程中,宗正寺官,并非如此。陆游记载:"宗正卿、少卿,祖宗因唐故事,必以国姓为之,然不必宗室也。元丰中,始兼用庶姓。"⑤ 庶姓,则非国姓赵姓,张姓、王姓也可。如熙宁中,以都官员外郎张稚圭为知宗正丞。诚如王安石所说:"前代宗正固有庶姓者。"神宗应道:"此虽无前代(如唐代)故事,行之何害?"⑥ 可是,"皇族狃习富贵,或弗能以礼法饬其下。"庶姓为宗正寺长官,要去管理皇族,岂能服众?因此,自仁宗大宗正司建立,由皇帝兄弟或叔为判、知大宗正司直接管理皇族之后,宗正寺,不能参预管理宗室事务,仅限于管理修纂皇帝《玉牒》和皇族《属籍》等工作。总之,宋代宗寺与宗司并存,是宋代特殊的宗室政策的产物。在中国古代宗室史上,实属空前绝后。

[作者单位:浙江大学古籍所暨浙江省重点研究基地宋学研究中心。本文为浙江省哲学社会科学重点课题"宋代官制简史"(09JDSX001Z)的阶段性成果]

---

① 《宋史》卷二四〇《艺文志三·谱牒类·宋仙源积庆图》,第5151页;〔宋〕江少虞:《宋朝事实类苑》卷三三《典故沿革·仙源积庆图》,上海古籍出版社1981年版,第422页。
② 《新唐书》卷四八《宗正寺》,中华书局1975年版,第1250页。
③ 《宋会要辑稿》职官二〇之九《宗正寺》,第3567页下栏3568页上栏。
④ 《通典》卷二五《宗正卿》,第705页。
⑤ 《老学庵笔记》卷六,第73页。
⑥ 《宋史》卷一六四《职官志四·宗正寺》,第3888页。

再论宋代县丞的设置及其迁转

赵 龙

赵宋立国后,一方面强化中央集权,一方面又强调县的重要性。"天下之民事皆领于县,则奉朝廷之法令,而使辞讼简,刑狱平,会计当,赋役均,给纳时,水旱有备,盗贼不作,衣食滋殖,风俗敦厚必自县始。"① 以京朝官出任县长官,是为"知县事",或以选人充任,称为"县令";又据县等,设置县丞、主簿及县尉等佐官,形成宋代官僚集团中执掌基层政权的一股重要政治力量。县丞与知县(县令)同掌"字民、治赋、平决讼诉之事,主簿为之佐。尉掌盗贼、伤杀"。② 在县级行政系统中,县丞、主簿与县尉共同辅佐知县(县令)治理一县事务,形成一个有机体。

学界目前对宋代县丞的研究,大都散见于相关专著中;③ 专文论述宋代县丞的,以陆敏珍《宋代县丞初探》、祁琛云《北宋县丞任职资格与迁转途径述论——以开封府赤畿县丞为例》等文为代表。陆文认为,宋代县丞在继承前代的基础上有其自己的时代特点,其设废与一县之人口、县政等有较为密切的关系。文章还指出,县丞的职掌因其与知县(县令)的职权相冲突而时常废弛;由于县丞监督职能的存在,一定程度上加剧了知县(县令)与佐贰官之间的复杂关系。④ 祁文则重点讨论了北宋开封府所属赤畿县丞的任职资格及迁转,认为赤畿县丞的任职资格明显高于普通县丞、升迁优于普通县丞;在实际操作中,权贵势力的介入,也会影响到县丞的选拔结果。⑤ 上述二文论述了宋代县丞的设置、职掌、地位、任职资格及迁转层面的若干问题,亦提出了各自独到的见解。然而,这些研究成果对宋代县丞更多面向的揭示尚待深入,如县丞的设置、赤畿县丞与普通县丞迁转途径的比较等问题,讨论并不充分。本文拟就这些问题略陈管见,以求教于方家。

---

① 〔宋〕吕祖谦:《宋文鉴》卷九〇,中华书局1992年版,第1278页。
② 〔清〕徐松辑:《宋会要辑稿》职官四八,上海古籍出版社2014年版,第4321页。
③ 如朱瑞熙《中国政治制度通史(第六卷)》(人民出版社1996年版,第299、310-311、471页),简要论了宋代县丞的编制、来源及职掌。龚延明《宋代官制词典》(中华书局1997年版,第554-555页),从职源与沿革、职掌、品位、编制、简称、赤丞、县丞厅、知县丞事等方面考述了宋代县丞。张希清、包伟民也有相关论述,分别见《宋朝的典章制度》(吉林文史出版社2001年版,第71页)、《宋代地方财政史研究》(上海古籍出版社2001年版,第129-136页)。
④ 陆敏珍:《宋代县丞初探》,载《史学月刊》2003年第11期,第31-37页。
⑤ 祁琛云:《北宋县丞任职资格与迁转途径述论——以开封府赤畿县丞为例》,载《北方论丛》2013年第3期,第76-80页。

一、宋代县丞的设置及其变动原因

关于县丞的设置之始，学界至今尚无定论。《史记·秦本纪》载，秦孝公十二年（前350），"并诸小乡聚，集为大县，县一令，四十有县"①。《史记·商君列传》："集小乡邑聚为县，置令、丞，凡三十一县。"② 宋人高承据此认为："县丞，秦官也。"③ 邹水杰认为，县丞的设置，最早可以追溯至战国时期秦国立县制之时，但其依据是前引《史记·商君列传》的记载，而《史记》中的《秦本纪》与《商君列传》的记载有出入；此外，亦无其他文献可以佐证，其结论尚待推敲。④《汉书·百官公卿表》曰：

> 县令、长，皆秦官，掌治其县。万户以上为令，秩千石至六百石。减万户为长，秩五百石至三百石。皆有丞、尉，秩四百石至二百石，是为长吏。百石以下有斗食、佐史之秩，是为少吏。大率十里一亭，亭有长。十亭一乡，乡有三老、有秩、啬夫、游徼。三老掌教化。啬夫职听讼，收赋税。游徼徼循禁贼盗。县大率方百里，其民稠则减，稀则旷，乡、亭亦如之，皆秦制也⑤。

陆敏珍据上引"皆有丞、尉，秩四百石至二百石，是为长吏"语，认为县丞作为一县的副长官，始于西汉时期。然而，上述引文后续句曰："县大率方百里，其民稠则减，稀则旷，乡、亭亦如之，皆秦制也。"似可印证宋人高承所言为确，故"始于西汉"一说亦待商榷。张玉兴推断秦代的县中已有县丞之设，且他将县丞的始设时间断定在秦统一以后。笔者以为这一结论是较为可信的。⑥

诸种史料记载表明，北宋立国初期，县级官员中并未置县丞之职。究其原因，似与北宋初所奉行的政策倾向有关。宋太祖认为州县"吏员猥多，难以求其治，俸禄鲜薄，未可责以廉。与其冗员而重费，不若省官而益俸"⑦。换而言之，北宋开国之初，就州县官设置而言，统治者奉行裁减原则。如开宝三年（970），诏令"西川管内州县官，宜以户口为率，差减其员"。县千户以上，循旧制置令、尉、主簿各一员；不满千户者，只置令、尉各一员，由县令兼任主簿；不满四百户的县份，只置主簿、县尉，以主簿兼知县事；不满二百户的县份，不设县令，只置主簿，并以主簿兼县尉事⑧。是年七月，太祖颁布诏令，

---

① 〔汉〕司马迁：《史记》卷五《秦本纪第五》，中华书局 2014 年版，第 257 页。
② 《史记》卷六八《商君列传第八》，第 2712 页。
③ 〔宋〕高承：《事物纪原》卷六，景印文渊阁四库全书本，第 920 册，台湾商务印书馆 1987 年版，第 169 页。
④ 邹水杰：《秦汉县丞尉设置考》，载《南都学坛》，2006 年第 2 期，第 14 - 18 页。
⑤ 〔汉〕班固：《汉书》卷一九上《百官公卿表第七上》，中华书局 1962 年版，第 742 页。
⑥ 张玉兴：《唐代县官与地方社会研究》，天津古籍出版社 2009 年版，第 75 页。
⑦ 〔宋〕李焘：《续资治通鉴长编》卷一一，开宝三年七月壬子，中华书局 2004 年版，第 247 页。
⑧ 《续资治通鉴长编》卷一一，开宝三年七月壬子，第 247 页。

要求"天下州县官宜依西川例"设置，其原则仍然是"省减员数"①。开宝四年（971），太祖又诏裁撤岭南地区司仓、司户参军、县丞、捕贼等官②。

北宋初期，在"先南后北"方略的指导下，太祖、太宗先后灭掉南平、南汉及北汉，至太宗太平兴国四年（979），除燕云地区未收复外，基本完成统一。太祖、太宗两朝的统一战争，不仅结束了唐末五代以来的混乱割据局面，同时也消弭了统治内部的隐患，为北宋的繁荣夯下坚实的基础。至仁宗朝，北宋境内社会安定，人口迅速增长，州县政务繁多，太祖、太宗朝奉行的裁撤州县官的政策已不适应时代的发展。特别是开封府所属开封、祥符两赤县，因"簿、尉多差出外勾当，而本县阙官"，祠部员外郎苏耆奏言在此二县添设官员，仁宗同意了他的建议，并于天圣四年（1026）七月二十一日下诏："开封府开封、祥符两县各置丞一员，在簿、尉之上，仍于有出身幕职、令录内选充。"③李焘《续资治通鉴长编》中，亦保存有相似内容，其云："置开封、祥符县丞各一员，仍令吏部铨注幕职、令录有出身人。时两赤县簿、尉多差出在外，县事颇失经理故也。"④ 上述令文，一般被视为宋代县级官员中正式有县丞之职的开始。然祁琛云所引《续资治通鉴长编》中的另外一条材料，应当引起研究者足够重视。为讨论之便，特将《续资治通鉴长编》之文引录如下：

> 御史台自薛奎后，中丞阙久不补，侍御史知杂事韩亿独掌台务逾年。壬午，始命权知开封府王臻权御史中丞。臻建言："三司、开封府诸曹参军及赤县丞、尉率用贵游子弟，骄惰不习事。请易以孤寒登第、更仕官书考无过者为之。"又言京百司吏人入官，请如《长定格》，归司三年。皆可其奏。依《长定格》，元年五月，李孝若已有此奏请，不知臻何故复言之，当考。⑤

因引文中出现"赤县丞"，祁文据此推测在仁宗诏令颁布实施之前，开封府所属赤县已设有县丞之职，并对《续资治通鉴长编》同卷内两段引文似乎存在"自相抵牾"的情况提出了自己的解释：或因为编年体修史手法造成的，或是赤县本就有县丞之设，天圣四年诏令是为增设而已，由于研究者的误读造成《续资治通鉴长编》文字"自相抵牾"。讨论的焦点集中于宋初是否设立县丞之职，若设立，应在何时。祁文认为研究者关于宋初县不设丞的观点，其史料支撑应出自《宋史·职官志》：

> （县丞）初不置，天圣中，因苏耆请，开封两县始各置丞一员，在簿、尉之上，

---

① 《续资治通鉴长编》卷一一，开宝三年七月，第247页。
② 《续资治通鉴长编》卷一二，开宝四年十一月戊戌，第273页。
③ 《宋会要辑稿》职官四八，第4351页。
④ 《续资治通鉴长编》卷一〇四，天圣四年七月，第2413页。
⑤ 《续资治通鉴长编》卷一〇四，天圣四年三月，第2403页。

仍于有出身幕职、令录内选充。①

《宋史·职官志》之语，应源出《宋会要辑稿·职官》：

> 仁宗天圣四年七月二十一日，诏开封府开封、祥符两县各置丞一员，在簿、尉之上，仍于有出身幕职、令录内选充。时两赤县簿、尉多差出外勾当，而本县阙官，祠部员外郎苏耆以为言，乃命增置。②

前引诸种史料中的"仍于""增置"等关键词需引起注意，祁文认为这些关键词表明诏令未颁以前，赤县已有县丞，并存在从有出身选人中宣堡赤县丞的成例，从而出现"有出身幕职、令录内选充"的令文表述；史料中的"增置"，似应理解为在已有县丞的基础上再增设一名。祁文认为："虽然尚未发现仁宗之前存在县丞的史例"，"但天圣四年七月诏令之前，两赤县应已设有县丞，这道诏令并非北宋县丞制度创设的标志，只是增设而已。"

笔者认为令文中的"增置"是针对原有知县、主簿及县尉设置而言的，不应理解为在原有已设县丞基础上再增加。"仍于有出身幕职、令录内选充"，是吏部铨注，适用于赤畿县官选任，并非仅仅针对赤县丞而言，更非"因为存在从有出身选人中选拔赤县丞的成例"，才会出现这样的规定。《续资治通鉴长编》卷一二：太祖开宝四年十一月戊戌，"罢岭南诸州司仓、司户参军、县丞、捕贼等官"③，表明岭南诸州上述官员应是前代遗制。换而言之，宋初在局部县域，仍有县丞之职，又因局势变化而裁撤。因此，宋代诸种文献多云"国初不置丞"。如《群书考索》："（县丞）国初不置，天圣中，因苏耆请，开封两县始各置丞一员，在簿、尉之上，仍于有出身幕职、令录内人充。"④宋谢维新《古今合璧事类备要》引马永易《唐职林》："国初不置丞，天圣中，因苏耆请，开封两县始各置丞一员，在簿、尉之上，仍于有出身幕职、令录内选充。时两赤县簿、尉多差出外，本县阙官，故耆有此请。"⑤高承《事物纪原》："天圣四年七月，诏开封两县各置丞一人，在簿、尉之上，先两县簿、尉多差出，至是苏耆上言，乃命增置。此国家置丞之初也。"⑥至于御史中丞王臻的建言究竟是不是发生在天圣四年三月，可从《续资治通鉴长编》卷一百所载李孝若的建言中找到答案。其云：

---

① 〔元〕脱脱等：《宋史》卷一六七《职官七》，中华书局1977年版，第3977页。
② 《宋会要辑稿》职官四八，第4351页。
③ 《续资治通鉴长编》卷一二，开宝四年十一月戊戌，第273页。
④ 〔宋〕章如愚：《群书考索》后集卷一四《官制门》，景印文渊阁四库全书本，台湾商务印书馆1987年版，第937册，第188页。
⑤ 〔宋〕谢维新：《古今合璧事类备要》后集卷八〇《县官门》，第940册，第380页。
⑥ 《事物纪原》卷六，第169页。

诏吏部流内铨人自今出官者,并依长定格令归司。初,殿中侍御史大名李孝若言,百司吏频经庆恩,多减放选限,出官甚速,请加条约。因令翰林学士晏殊等与流内铨南曹同详定,而降是诏。四年三月,王臻又有此奏请,不知何故,当考。①

引文内明确标注天圣四年三月王臻有上奏请。王臻的建言,亦可从《宋史·王臻传》中得到印证。"以右谏议大夫权御史中丞。建言：'三司、开封府诸曹参军及赤县丞、尉,率用贵游子弟,骄惰不习事。请易以孤寒登第,更仕宦书考无过者为之。'又言在京百司吏人入官,请如《长定格》,归司三年。皆可其奏。未几卒。臻刚严善决事,所至有风迹。"② 无论王臻关于赤县丞的建言是否早于诏令颁布时间,天圣四年七月,宋廷因为开封府属县政务的新情况,而于佐贰官中设置县丞的这一史实应无异议。

至迟至庆历八年（1048）,开封府所属赤、畿县均已设置县丞之职,并且"不许他处奏辟"③。后因为任职赤县丞者,"用选人一年无过迁",导致"岁迁者甚众",因此,皇祐三年（1051）三月诏开封府赤县丞,"自今并除新改京官人,任满与免远官。"④

神宗即位后,进一步提高京畿县丞的选任要求。熙宁元年（1068）十月诏,"京畿县丞、簿、尉,除举官外,令审官院、流内铨精加选择"⑤。次年二月,王安石被任命为参知政事,负责变法事宜,著名的熙宁变法由此拉开序幕。为保证变法的顺利实施,四年三月五日,神宗"令诸路转运司具州军繁剧,县分主户二万户以上,增置县丞一员,以幕职官或县令人充"⑥。此为北宋诸路普设县丞之始。

元祐元年（1068）,哲宗登基,其时年仅十岁,由高太后听政。高太后任命守旧派大臣司马光为相,废止新法,轰轰烈烈的熙宁变法以失败而告终。是年四月十二日诏："应系因给纳、当平、免役置丞、簿,并行省罢,内县丞如委是事务繁剧,难以省罢处,委转运司存留,保明以闻。"⑦ 元符元年（1098）,规定县丞须"日赴长官厅议事及签书文檄"⑧。

徽宗即位后,又重行王安石新法之措施。崇宁二年（1103）三月,宰臣蔡京言：

熙宁之初,修水土之政,行市易之法,兴山泽之利,皆王政之大者,追述绎熙,当在今日。农田如荒闲可耕凿,瘠卤可变膏腴,陆可为水,水可为陆之类；水利如陂塘可修,灌溉可复,积潦可泄,圩堤可兴之类；山泽如铜、铅、金、银、铁、锡、水银坑冶,及林木可养,斤斧可禁,山荒可种植之类,县并置丞一员,以掌其事。⑨

---

① 《续资治通鉴长编》卷一〇〇,第2323页。
② 《宋史》卷三〇二《王臻传》,第10010页。
③ 《宋会要辑稿》职官四八,第4351页。
④ 《宋会要辑稿》职官四八,第4351页。
⑤ 《宋会要辑稿》职官四八,第4351页。
⑥ 《宋会要辑稿》职官四八,第4351页。
⑦ 《宋会要辑稿》职官四八,第4351页。
⑧ 《宋会要辑稿》职官四八,第4351页。
⑨ 《宋会要辑稿》职官四八,第4351页。

蔡京主张在上述地区设置县丞，以"修水土之政，行市易之法，兴山泽之利"。徽宗批准了这一奏言，随即全国普设县丞。四月十九日，中书省、尚书省言："检会三月二十四日敕，诸路除已置县丞处外，余并置丞一员……今欲承务郎以上知县去处，差置县丞。"① 其后还就县丞作了一系列规定。同年九月规定："诸州县丞，除差判司、簿、尉、资序人已有条不差，年六十以上外，其余应入人未有限隔，诏应差县丞，并不注年六十以上人。"尽管徽宗诏令天下普设县丞，但具体的实施情况并不理想，"诸路创置县丞，见今未差注去处尚多"。为此，徽宗诏令"如两月以上无本等合入人愿就，并未有奏举别官，并许不拘资序、考第权入，仍支与县丞请给"②。大观三年（1109）八月再一次诏令：

> 昨增置县丞内，除系旧额及万户以上县分，委是事务繁冗，并虽非万户，实有山林、川泽、坑冶之利，可以兴修，不可阙官去处，依旧存留外，余令逐路转运、提举常平司同共相度闻奏。③

在这一诏令中，规定除万户以上，及有山林、川泽、坑冶之利，不宜阙官之县份外，其余县份由"逐路转运、提举常平司同共相度闻奏"。两浙路及江南西路转运、提举常平司关于本路县丞设废的奏请即反映了这一诏令的实施情况。四年三月三日，两浙转运、提举常平司言：

> 杭州钱塘、仁和、临安县丞，系熙宁年旧置，去处疆界阔远，词讼最多，委是难治，合依旧存置。湖州乌程、归安、安吉、长兴四县，各系万户以上，事繁，旧有县丞，合行存置。德清、武康县，不系事繁，元旧不曾置县丞，合行减罢。④

同日，江南西路转运、提举常平司言：

> 照对本路南昌等四十八县内，除一十二县旧有县丞外，洪州分宁等一十九县，各系万户以上，委是事务冗繁，实有山林、川泽、坑冶，合行依旧存置；洪州奉新等一十七县，虽及万户以上，事务不至繁冗，亦无山林、川泽、坑冶，合行废罢。⑤

传世宋代方志所载县丞的设废情况也证实⑥，北宋后期，若一县事务繁剧，讼诉颇多，难以治理的话，可设县丞；若主户数达万户以上，有山林、川泽、坑冶之利的县份亦可置

---

① 《宋会要辑稿》职官四八，第 4351 页。
② 《宋会要辑稿》职官四八，第 4351 页。
③ 《宋会要辑稿》职官四八，第 4351-4352 页。
④ 《宋会要辑稿》职官四八，第 4352 页。
⑤ 《宋会要辑稿》职官四八，第 4352 页。
⑥ 参阅陆敏珍《宋代县丞初探》相关论述。

设县丞以掌其事。反之,则可以撤废县丞。

北宋时创设的有关县丞的基本原则,至南宋时,仍多有保留,并逐渐形成定制。首先,主户数过万的县份可置丞一员。高宗建炎元年(1127)六月十四日,诏:"诸县县丞如系嘉祐以前员阙并及万户处存留一员,余并罢。"①绍兴二十年(1150),肇庆府高要、潮州揭阳、新州新兴、德庆府端溪、泷水县各置丞一员。其理由是"先有诏,县及万户者许置丞"②。其次,县域内事务冗繁者可置丞,反之则可省。如绍兴三年(1133),臣僚建言:"淮东诸州县累经兵火,人户外移,为全复业,见今事务比之往时实为减省,若仍旧差置官属人吏,委是猥冗。"于是高宗诏令:"淮东诸县县丞专管农田水利等,今来职事甚少,可权行解罢。"宁宗嘉泰四年(1204),江都县"所管户口年来增进,事绪繁夥,阙官协助",权知扬州郑挺奏请添置县丞一员获准③。复次,经过不断的政策调整后,嘉定元年(1208)四月二十四日,诏:"省罢兴元府城固县丞一员,令主簿兼领。"至此,小县不设丞"永为定例"④。三年三月,从四川制置大使司之请,"金州洵阳、汉阴两县丞,候见任人满日省并,更不差人"⑤。

二、宋代县丞的迁转途径

为进一步讨论县丞在宋代管理体系中的地位及其所扮演的角色,有必要厘清县丞的迁入与迁出途径,以此分析宋代县丞迁转的实际运作。祁琛云已就北宋开封府所属赤畿县丞迁转作了深入探讨。指出尽管存在权贵势力的干扰,但赤畿县丞在迁转方面的优势是普通县丞所无法比拟的。众多县丞一生改官无望,而一旦出任赤畿县丞,便可优选为京官。⑥那么普通县丞的迁转实际情形又如何?为此,笔者翻检散落于诸文献中有关县丞的资料⑦,并将其中迁转途径比较清楚的人员进行归类统计,分析这一群体的迁入与迁出途径,力图呈现其迁转特征。

表一 宋代县丞迁入、迁出官职一览表

迁入官统计				迁出官统计			
级别	迁入官	人数	总计	级别	迁出官	人数	总计
中央	国子监教授	1	2		置学制局	1	
	监太医局熟药所	1			国子监	2	

---

① 《宋会要辑稿》职官四八,第4352页。
② 《宋会要辑稿》职官四八,第4352页。
③ 《宋会要辑稿》职官四八,第4353页。
④ 《宋会要辑稿》职官四八,第4353页。
⑤ 《宋会要辑稿》职官四八,第4353页。
⑥ 参阅祁琛云《北宋县丞任职资格与迁转途径述论——以开封府赤畿县丞为例》。
⑦ 参阅本文附表《文献所载部分宋代县丞一览表》。

续表一

级别	迁入官统计			级别	迁出官统计		
	迁入官	人数	总计		迁出官	人数	总计
路	江西安抚司书写机宜文字	1	2	中央	御史台	2	17
	利西安抚司干办公事	1			太学	3	
府州军监	参军	16	42		枢密院	1	
	推官	5			《九域图志》所编修官	1	
	判官	3			编修国朝会要所检阅文字	1	
	监州军酒税	2			广亲北宅宗子博士	1	
	教授	5			监编佑折钞香药局	1	
	户曹	1			秘书省	2	
	监四明作院	1			太常寺主簿	1	
	监明州大嵩盐场	1			广亲北宅宗子博士	1	
	监潭州南岳庙	4		路	提举干办公事	6	7
	监洪州丰城市易务	1			江南东路提点刑狱司检法官	1	
	狱掾	2		府州军监	通判	7	38
	监绍兴府税	1			监温州天富北监盐场	1	
县	知县（县令）	14	69		提点南康军	1	
	主簿	29			襄州司刑曹事	1	
	县尉	26			教授	11	
其他	监泊头场盐税	1	7		签判	2	
	监镇税	2			参军	4	
	监镇	2			户曹	1	
	监成都府郫县犀浦镇酒税	1			士曹	1	
	监潘封激赏酒库	1			监常州酒	1	
			122		知州军	3	
					推官	3	
					辟庆元穿山盐官	1	
					监庆元府三石桥酒库	1	
				县	知县（县令）	46	64
					县丞	14	
					县尉	2	

说明：在本文附表《文献所载部分宋代县丞一览表》中，有一部分县丞是经由科举或恩荫及其他途径，经过铨选直接任官的；还有一部分史料未能明载或阙载其出任县丞的迁入官职，这部分人与笔者所论之主旨并无太多关联，故未列入统计表内。

续表一

迁入官统计				迁出官统计			
级别	迁入官	人数	总计	级别	迁出官	人数	总计
				县	如皋县买纳盐场	1	
					监汉汁邟县酒税	1	
				其他	监湖州梅溪镇	1	26
					监万岁院石炭场	1	
					致仕	4	
					贬、罢官	2	
					卒	18	
							152

从上表统计来看，宋代县丞的迁转具有以下特点。

第一，从迁入官系统来看，无一例是由府州级长官迁入为县丞的，换句话说，担任过府州长官的官员一般不会再担任县佐官的县丞，即使是品秩较高的赤县丞也不例外，这也是笔者翻阅史料时未能见到此类官员的原因。在迁出官系统中，有3人是迁出为知州军的。

第二，在迁入官系统中，由知县（县令）、主簿、县尉迁入为县丞者，占了已知迁入官总人数的一半以上，为56.6%，其中，知县（县令）14人，县主簿29人，县尉26人，三者共计69人。可见在县级地方政权中，县级主、佐贰官之间的相互迁转是县级官员的一大特色，这一点在下文对县主簿、县尉的相关研究中也可以相互佐证。与此相对应，在迁出官系统中，笔者少见有县丞迁出为县主簿和县尉的。笔者在统计中未见有县丞迁出为县主簿的，即使是县尉也只有2人。究其原因，笔者以为，县丞在县衙中地位相对较高，仅次于知县（县令），因此他们更多的迁出为地位较高的知县（县令），而不是迁出为比自己地位更低的县主簿与县尉，即使是所出任的官职品秩高于现任官也不例外。另一方面，县主簿与县尉在没有更好的升迁途径的情况下，他们升为地位较高的县丞则更乐于接受，这也是笔者在统计中出现巨大反差的另一个原因。

第三，在县丞的迁转系统中，府州军监的佐贰官是县丞迁入与迁出的重要途径。在迁入官系统中，由参军、推官、判官等迁入为县丞的有24人，占统计总数的19.7%；在迁出官系统中，由县丞迁出为通判、签判、参军、推官、各曹官的共有20人，占统计总数的13.2%。这一现象与唐代县丞的迁转比较相似。据有关研究，在唐代县丞的迁转系统中，府州的参军、从事迁入或者迁出为县丞的比例都比较高。此种迁转途径的出现，与县丞本身的职责又密切关联。作为县级佐官，县丞辅佐知县（县令）通判县事，熟悉县政事务。在没有迁出为县级长官的条件下，到等级更高的府州出任佐官，应是比较好的选择。

第四，从县丞与中央官员的相互迁转情况来看，由中央官员迁入为县丞，在统计中，只有 2 人是由中央官员迁入为县丞的；但由县丞迁出为中央官员的有 17 人，占统计总数的 11.3%。在这一层面上，与唐代县丞与中央官员之间的相互迁转情形大相径庭。在唐代，中央御史台的官员是县丞迁转的重要途径，在中央官员中的比例较高。张玉兴认为造成这一现象的原因，主要是因为县丞是县级重要佐官，熟悉县政运作，了解基层情况。由他们出任御史台官员，监督国家行政运行是十分合适的。①

总之，在县丞与中央官员之间的互相迁转中，无论是迁入官还是迁出官，其成分比较复杂，并无太多规律可循。不过总体而言，绝大部分县丞都迁出为中央各省、寺、监中品秩较低的官员。在县丞与州县官员之间的相互迁转中，无论是迁入还是迁出，州县官员与县丞之间的迁转都占据多数。换而言之，州县地方政权中的各类官员，是县丞迁出的主要去向。在县丞的迁入官系统中，一方面，县级机构的县主簿、县尉和府州佐官，是县丞迁入的主要来源；另一方面，县丞迁出的主要去向是担任县级机构中的知县（县令），以及府州佐官。

附表 文献所载部分宋代县丞一览表

姓名	籍贯	出身	迁入官	本官	迁出官	资料来源
赵不恳		进士	保义郎	金华丞	永州通判	《宋史》卷二四七《宗室四·赵不恳传》，P8757
张汝明	庐陵	进士	杭州司理参军	鹿邑丞	置学制局	《宋史》卷三四八《张汝明传》，P11026－11027
辛次膺	莱州	进士		单父丞	知浦城县	《宋史》卷三八三《辛次膺传》，P11800－11801
葛邲	吴兴	荫		上元丞	国子博士	《宋史》卷三八五《葛邲传》，P11827
李彦颖	湖州德清	进士	余杭主簿	建德丞	富阳丞	《宋史》卷三八六《李彦颖传》，P11864
				富阳丞	御史台主簿	
彭龟年	临江清江	进士	宜春尉	安福丞	太学博士	《宋史》卷三九三《彭龟年传》，P11995
詹体仁	建宁浦城	进士	浮梁尉	晋江丞	太学录	《宋史》卷三九三《詹体仁传》，P12018
方信孺	兴化军	荫	番禺尉	萧山丞	枢密院检详文字	《宋史》卷三九五《方信孺传》，P12059

---

① 张玉兴：《唐代县官与地方社会研究》，第 106－107 页。

续表

姓名	籍贯	出身	迁入官	本官	迁出官	资料来源
娄寅亮	永嘉	进士		上虞县丞	监察御史	《宋史》卷三九九《娄寅亮传》，P12132－12133
汪大猷	庆元府鄞县	进士	江山尉	金华丞	建德丞	《宋史》卷四〇〇《汪大猷传》，P12143
			建德丞		知昆山县	
安丙	广安	进士	利西安抚司干办公事	曲水丞	知新繁县	《宋史》卷四〇二《安丙传》，P12188
贾涉	天台	荫	高邮尉	万安丞	通判真州	《宋史》卷四〇三《贾涉传》，P12207
张运	信州贵溪	赐同上舍	蓝山丞	攸县尉		《宋史》卷四〇四《张运传》，P12219－12220
			新淦丞	通判鼎州		
吕午	歙县	进士	乌程主簿	当涂丞	监天富北监盐场	《宋史》卷四〇七《吕午传》，P12296－12297
高定子	邛州蒲江	进士	郪县主簿	中江丞	丹棱令	《宋史》卷四〇九《高定子传》，P12317
杜杲	邵武	荫	闽县尉	江山丞	知六安县	《宋史》卷四一二《杜杲传》，P12381
赵善湘		进士	承事郎	金坛丞	知余姚县	《宋史》卷四一三《赵善湘传》，P12400
袁韶	庆元府	进士		吴江丞	知桐庐县	《宋史》卷四一五《袁韶传》，P12451
罗必元	隆兴进贤	进士	抚州司法	崇仁丞	贬道州	《宋史》卷四一五《罗必元传》，P12460
陈仲微	瑞州高安	进士	莆田尉	海盐丞	知崇阳县	《宋史》卷四二二《陈仲微传》，P12618
程迥	应天宁陵	进士	泰兴主簿	德兴丞	知进贤县	《宋史》卷四三七《程迥传》，P12949－12950
刘清之	临江	进士	建德主簿	万安丞	知宜黄县	《宋史》卷四三七《刘清之传》，P12953
张耒	楚州淮阴	进士	寿安尉	咸平丞	太学录	《宋史》卷四四四《张耒传》，P13113

续表

姓名	籍贯	出身	迁入官	本官	迁出官	资料来源
周彦沾	常州晋陵	进士	鄢陵尉	临海丞	监万岁院石炭场	《丹阳集》卷一三《奉议郎致仕周公墓志铭》
滕庚	应天府宋城	进士	新息尉	商水丞	《九域图志》所编修官	《文忠集》卷二九《权太常少卿赠银青光禄大夫滕公庚神道碑》
李邴	济州巨野	进士	平原尉	鄄城县丞	编修国朝会要所检阅文字	《文忠集》卷六九《李文敏公邴神道碑》
范仲熊				河内丞	怀州通判	《靖康要录》卷九
陆惇彦	开封	辞赋	瀛州防御推官	濮阳丞	监解州解县盐池	《景迂生集》卷一九《承议郎陆公墓志铭》
傅察	孟州济源	进士	青州司法	永年丞	淄川丞 提点南康军	《刘忠肃集》卷下《宋故朝散郎尚书吏部员外郎赠徽猷阁待制傅公行状》
张端礼	处州龙泉	进士	秀州军事判官	长社丞	襄州司刑曹事	《梁溪先生文集》卷一六九《宋故朝请郎主管南京鸿庆宫张公墓志铭》
张彦直	晋陵	太学上舍	贞州司理	陈留丞	上饶丞 太平州州学教授	《鸿庆居士集》卷三七《宋故左朝请大夫直秘阁致仕张公墓志铭》
蒋彝	常州宜兴	荫	金坛主簿	陈留丞	崇德令	《北山小集》卷三〇《蒋公墓志铭》
盛允	建德	荫	酸枣主簿	昆山丞	签判杭州	《沈忠敏公龟溪集》卷一二《盛公行状》
李文渊	建州松溪	荫	湖城主簿	荥泽丞	富阳丞 知鄞县	《南涧甲乙稿》卷一九《右朝请大夫知虔州赠通议大夫李公墓碑》
王彦隆	江州德安	荫	监无为军酒税	永宁丞	知河南县	《东牟集》卷一四《右朝奉郎王公墓志》
周宪之	浦城	进士	益都主簿	金华丞	泗州录参	《龟山集》卷三六《周宪之墓志铭》

续表

姓名	籍贯	出身	迁入官	本官	迁出官	资料来源
刘拱	归安	特奏名	汉阳尉	高密丞	通判饶州	《苕溪集》卷四九《叔父朝请墓志铭》
沈季长	杭州钱塘	进士	南京国子监教授	掖县丞	国子监直讲	《王魏公集》卷七《沈公墓志铭》
黄升	东平	进士	真定主簿	南阳丞	顺安军司户曹事	《文定集》卷二〇《黄公墓志铭》
				仙源丞	知真定县	
江衮	衢州开化	进士	保州教授	彭城丞	广亲北宅宗子博士	《斐然集》卷二六《左朝散郎江君墓志铭》
傅凝远	兴化仙游	上舍	顺昌尉	安溪丞	南安丞	《渭南文集》卷三三《傅正议墓志铭》
					知晋江县	
李周南	平阴	进士	河南府军巡判官	堂邑县丞	卒	《学易集》卷八《堂邑县丞李正雅墓志铭》
赵鼎	解州闻喜	进士	同州户曹	河东丞	洛阳丞	《忠正德文集》卷一〇《自志笔录》
					开封士曹	
王震	开封	上舍	均州司法参军	阳曲丞	坊州教授	《斐然集》卷二六《左朝请大夫王公墓志铭》
孙杞	常州晋陵	上舍	运城主簿	文水丞	丰阳令	《鸿庆居士集》卷三三《孙公墓志铭》
袁木叔	庆元鄞县	特奏名	录事参军	乐平丞	卒	《絜斋集》卷二〇《亡弟木叔墓志铭》
葛书思	江阴	进士	和州防御推官	涟水丞	监常州酒	《丹阳集》卷一五《朝奉郎累赠少师特谥清孝葛公行状》
葛次仲	江阴	进士	海陵尉	宜兴丞	吉州州学教授	《丹阳集》卷一五《太中大夫大司成葛公行状》
张汝永	金坛	进士	监潘封激赏酒库	溧阳丞	卒	《漫塘文集》卷三一《故溧阳县丞张承直墓志铭》
江褒	信安	进士	衡阳尉	宜兴丞	太湖丞	《北山小集》卷三一《承议郎信安江君墓志铭》

续表

姓名	籍贯	出身	迁入官	本官	迁出官	资料来源
董观	吉州永丰	进士	知南康县	新淦县丞	朝奉郎、知浔州	《卢溪文集》卷四四《董公墓志铭》
孙泝	镇江丹徒	进士	仙居尉	常熟丞	卒	《漫塘文集》卷三一《故常熟县丞孙承直墓志铭》
莫廷芬	湖州乌程	上舍	成武主簿	黄冈县丞	平江府录事参军	《茗溪集》卷四九《莫国华墓志铭》
王葆	昆山	进士	丽水主簿	仁和丞	江阴军教授	《文忠集》卷九〇《左朝请大夫王公葆墓志铭》
陆宷		荫		宁海丞	仁和尉	《渭南文集》卷三二《右朝散大夫陆公墓志铭》
赵侯		进士	监蕲州酒税	余杭丞	知建昌县	《西山先生真文忠公文集》卷四四《赵邵武墓志铭》
钱即	毘陵	进士	博州防御推官	临安丞	福州观察推官	《龟山集》卷三三《钱忠定公墓志铭》
叶份成	平江	荫	陈留主簿	临安丞	知考城县	《筠溪集》卷二四《龙图阁直学士右通奉大夫致仕叶公墓志铭》
朱彦美		荫	郴州司理参军	于潜丞	监编估折钞香药局	《鸿庆居士集》卷三四《宋故右中奉大夫直秘阁致仕朱公墓志铭》
姜柄	庆元府	进士		于潜丞	知钟离县	《攻媿集》卷一〇六《知锺离县姜君墓志铭》
杨元定	婺州金华	特奏名	晋陵主簿	于潜丞	定海丞卒	《鲁斋集》卷二〇《定海县丞杨公墓志铭》
黄珪	侯官	进士	杭州州学教授	盐官丞	汾州教授	《横浦集》卷二〇《黄吏部墓志铭》
王珏	抚州	荫		盐官丞	提举两浙西路常平茶盐公事	《新刊嵩山居士文全集》卷五四《王少卿墓志铭》

续表

姓名	籍贯	出身	迁入官	本官	迁出官	资料来源
娄机	嘉兴	进士	含山主簿	于潜丞	江东提举司干办公事	《宋史》卷四一〇《娄机传》，P12335；《攻媿集》卷九七《资政殿大学士致仕赠特进娄公神道碑》
朱权	徽州休宁	进士	连山尉	会稽丞	如皋县买纳盐场	《洺水集》卷一一《朱惠州行状》
黄涣	徽州休宁	荫	德化主簿	诸暨丞	庆元穿山盐官	《洺水集》卷一〇《黄运干墓志铭》
赵善待		荫	监四明作院	昆山丞	知江阴县	《絜斋集》卷一七《朝请大夫赠宣奉大夫赵公墓志铭》
赵炳	江州德安	进士		昆山丞	长寿令	《昌谷集》卷一九《奉新知县赵公明墓志铭》
纪极	丹阳	荫	剑浦尉	昆山丞	知乐平县	《漫塘文集》卷三三《纪通判行述》
王万枢	德安	荫	昆山尉	崇德丞	知来安县	《漫塘文集》卷二八《故知吉州王公墓志铭》
曹中德	沙阳	进士	上元尉	永嘉丞	秘书省正字	《斐然集》卷二六《左朝奉郎曹君墓志铭》
林和叔	婺州永康	进士	乌程主簿	贵池丞	知金溪县	《攻媿集》卷九八《林公神道碑》
李宗质	明州鄞县	荫	监明州大嵩盐场	新建丞	遂昌令	《攻媿集》卷一〇一《朝散郎李公墓志铭》
				长兴丞	知萧山县	
邢邦用	会稽	进士	都昌令	金华丞	卒	《东莱吕太史文集》卷一二《邢邦用墓志铭》
孟导	无锡		监昆山镇	金华丞	干办浙东提举司公事	《叶适集·水心文集》卷二五《孟达甫墓志铭》
郑噩	温州平阳	进士	天台尉	武义丞	临江军录事参军	《叶适集·水心文集》卷一五《郑仲西墓志铭》

续表

姓名	籍贯	出身	迁入官	本官	迁出官	资料来源
林箫一	台州黄岩	进士	奉化主簿	定海丞	知侯官县	《叶适集·水心文集》卷一七《林伯和墓志铭》
姜周臣	睦州建德	进士	监洪州丰城市易务	象山丞	罢官	《丹阳集》卷一四《文林郎姜公墓志铭》
卫藻	嘉兴华亭	进士	仁和主簿	无锡丞	余干丞 知繁昌县	《后乐集》卷一八《侄孙朝散大夫前知武冈军墓志铭》
詹靖之	遂安	荫	监南岳庙	金华丞	宜兴丞 浙东提举常平司干办公事	《渭南文集》卷三九《詹朝奉墓表》
周枢	济南临邑	荫	太平州狱掾	宜兴丞	知上虞县	《文忠集》卷六二《周公枢神道碑》
林大声	福州侯官	上舍	知武义县	永嘉丞	知建章军事	《鸿庆居士集》卷三七《林公墓志铭》
傅瑾	信州铅山	荫	舂陵判官	永嘉丞	卒	《克斋集》卷一二《傅县丞墓志铭》
黄虎	诸暨会稽	进士	司雪川狱	永嘉丞	致仕	《鹤林集》卷三五《黄虎墓志铭》
周彦沾	常州晋陵	进士	泗州司法参军	临海丞	监万岁院石炭场	《丹阳集》卷一三《奉议郎致仕周公墓志铭》
赵深甫	小溪	进士	临海尉	西安丞	知桐庐县	《攻媿集》卷一〇四《赵深甫墓志铭》
程天秩	衢州开化	荫	武义令	建德丞	卒	《北山小集》卷三一《儒林郎睦州建德县丞程君墓志铭》
刘仪□		荫	滑州司法参军	青溪县丞	卒	《彭城集》卷三八《季弟青溪县丞墓志铭》
周自强	衢州江山	荫	靳州司法参军	桐庐丞	江东提点刑狱司检法官	《南涧甲乙稿》卷二二《龙图阁待制知建宁府周公墓志铭》

续表

姓名	籍贯	出身	迁入官	本官	迁出官	资料来源
丁安议	湖州德清	荫	监南岳庙	海盐丞	通判韶州	《苕溪集》卷四九《丁居中墓志铭》
孙畋	宜兴	上舍	监太医局熟药所	南陵丞	知钱塘县	《鸿庆居士集》卷三五《宋故左朝请大夫致仕孙公墓志铭》
王侨卿		进士	运城尉	休宁丞	临安府教授	《诚斋集》卷一二二《右司王侨卿墓表》
黄简	闽	荫	镇江府江口镇税	休宁丞	知会稽丰城县	《后村集》卷一四九《黄柳州简》
赵时佐	金坛	荫	含山尉	彭泽丞	监庆元府三石桥酒库	《漫塘文集》卷三二《故宁国通判朝奉赵大夫墓志铭》
徐叔川	西安	荫	建德主簿	铜陵丞	龙阳丞	《西山先生真文忠公文集》卷四四《徐济叔墓志铭》
					知晋江县	
赵德蕴	清江	进士	徽州司户参军	鄱阳丞	柳州州学教授	《攻媿集》卷一〇二《益阳县丞赵君墓志铭》
				益阳县丞	卒	
姜处度	淄川		南康尉	鄱阳丞	知随县	《叶适集·水心文集》卷二五《朝奉大夫知惠州姜公墓志铭》
汪义和	徽州黟县	荫	江阴主簿	余干丞	知新建县	《絜斋集》卷一八《侍御史赠通议大夫汪公墓志铭》
王居正	扬州江都	上舍		安仁丞	荆南府府学教授	《东莱吕太史文集》卷九《赠左通议大夫王公行状》
赵彦真		进士	抚州录事参军	弋阳丞	建宁府观察推官	《渭南文集》卷三四《知兴化军赵公墓志铭》
程天民		进士	知西安县	贵溪丞	卒	《陶山集》卷一六《贵溪县丞程君天民墓表》
马随	濮州鄄城	荫	定海主簿	贵溪丞	卒	《鸡肋集》卷六六《贵溪县丞马君墓志铭》

续表

姓名	籍贯	出身	迁入官	本官	迁出官	资料来源
江琦	建州建阳	进士	高安主簿	永丰丞	邵武军教授	《斐然集》卷二六《左宣教郎江君墓志铭》
李绅		进士	山阳令	当涂丞	卒	《漫塘文集》卷三四《李通直行述》
赵彦堪	处州严水	进士	监南岳庙	芜湖丞	卒	《南涧甲乙稿》卷二二《芜湖县丞赵君墓表》
季复	临川	进士	巴渠令	建昌丞	知崇阳县	《溪堂集》卷一〇《故朝奉大夫渠州使君季公行状》
彭叔度	吉水	特科	融州司法参军	建昌丞	致仕	《文忠集》卷七三《通直郎彭叔君墓志铭度》
吴彦申	处州龙泉	进士	宣城主簿	南昌丞	卒	《梁溪先生文集》卷一六九《故南昌县丞吴君墓志铭》
彭合	吉州庐陵	荫	清江主簿	兴国丞	知信丰县	《文定集》卷二二《户部郎中总领彭公墓志铭》
赵叔达	密州诸城	进士	顺昌主簿	永丰丞	太常寺主簿	《攻媿集》卷九八《龙图阁待制赵公神道碑》
晏防	抚州临川	荫	都昌令	万载丞	卒	《溪堂集》卷九《故通仕郎晏宗武墓志铭》
赵善俊		荫	忠翊郎	南城丞	签书昭信军节度判官厅公事	《文忠集》卷六三《中大夫秘阁修撰赐紫金鱼袋赵君善俊神道碑》
欧阳蟠然		进士	阙	攸县丞	卒	《卢溪文集》卷四三《故欧阳县丞墓志铭》
朱蒙正	邵武	进士	都昌令	茶陵丞	知安喜县	《梁溪先生文集》卷一六七《宋故朝请郎朱公墓志铭》
虞刚简		荫	监成都府郫县犀浦镇酒税	华阳县丞	成都府路都钤辖司干办公事	《鹤山先生大全集》卷七六《朝请大夫利州路提点刑狱主管冲佑观虞公墓志铭》

续表

姓名	籍贯	出身	迁入官	本官	迁出官	资料来源
苏在镕	郫县	进士	监永康军味江镇	魏城丞	果州学官	《鹤山集》卷八六《苏和父墓志铭》
宇文师献	成都	荫	监南岳庙	德阳丞	绵竹丞	《新刊南轩先生文集》卷四一《宇文史君墓表》
					监汉汁邡县酒税	
叶文炳	浦城	进士	剑浦令	闽县丞	筠州录参	《西山先生真文忠公文集》卷四六《通判和州叶氏墓志铭》
曾庠	建昌军南丰县	进士	常宁令	福清丞	致仕	《曾巩集》卷四六《秘书省著作佐郎致仕曾君墓志铭》
范机	延平	荫	池州司法参军	怀安丞	知崇德县	《西山先生真文忠公文集》卷四三《宋通直范君墓志铭》
宋晋之	永嘉	进士	汀州司户参军	长溪丞	临海令	《攻媿集》卷一〇九《朝散郎致仕宋君墓志铭》
王遇		进士	蕲州教授	怀安丞	长乐丞	《勉斋集》卷三七《朝奉郎尚书吏部右曹郎中王公行状》
					通判赣州	
季观国	平阳	进士	邵州教授	宁德丞	知嵊县	《攻媿集》卷一〇〇《知嵊县季君墓志铭》
郑伯英	永嘉	进士	泉州推官	宁德丞	福建提刑司干官	《叶适集·水心文集》卷二一《郑景元墓志铭》
方扩	莆田	进士	保昌尉	建安丞	知闽县	《艾轩先生文集》卷九《巴陵史君方公墓志铭》
李处道	福唐	进士	德化令	浦城丞	始兴令	《张耒集》卷六〇《李参军墓志铭》
陈璹	建州建阳	进士	洪州观察推官	崇安丞	监湖州梅溪镇	《文定集》卷二一《左朝散大夫直徽猷阁陈公墓志铭》

续表

姓名	籍贯	出身	迁入官	本官	迁出官	资料来源
汪穀	婺源	进士	知金坛县	晋江丞	太平州军事推官	《浮溪集》卷二四《奉议公行状》
林孝泽	莆田	进士	监建阳县麻沙镇税	晋江丞	知南康军	《诚斋集》卷一二五《林运使墓志铭》
石子重	台州临海	进士	桂阳主簿	同安丞	知武进县	《晦庵先生朱文公文集》卷九二《知南康军石君墓志铭》
陈士宏		进士	揭阳县令	惠安丞		《艾轩先生文集》卷八《惠安县丞陈君行状》
陈汝楫	泉州同安	上舍	汀州司法参军	宁化丞	致仕	《晦庵先生朱文公文集》卷九七《朝散郎致仕陈公行状》
何镐	邵武军	荫	江西安抚司书写机宜文字	上杭丞	善化令	《晦庵先生朱文公文集》卷九四《知县何公圹志》
林埏	福清	荫	监绍兴府税	漳浦丞	福建提举司干办公事	《后村集》卷三七《林沅州墓志铭》
谢源	临川	进士		邵武丞	建昌教授	《晦庵先生朱文公文集》卷九一《邵武县丞谢君墓碣铭》
			江州教授	南昌丞	卒	
林景温		进士	江山主簿	仙游丞	知阳朔县	《后村集》卷三九《朝请郎直焕章阁林公墓志铭》

(作者单位:上海师范大学图书馆)

定州开元寺塔碑刻题名中的北宋州县公吏考

王晓薇

21世纪以来，宋代地方政治史研究日受关注，"地方政治制度特别是路级区划及其职官制度备受研究者重视，成果较多。但是对宋代州、县基层行政制度的研究，特别是地方行政体制的具体运作等问题的研究，还是相当薄弱的"①。而在宋代方志、金石、碑刻中，地方政治史的相关资料相对丰富，有待我们深入挖掘。定州开元寺塔现存北宋碑刻31段，时间起自宋真宗咸平四年（1001），迄至仁宗至和二年（1055），主要为定州开元寺僧俗修塔记并题名。②题名者包括官吏、军士、僧俗邑众等，为我们深入了解北宋河北地方政治的实际情况提供了第一手的可靠资料。本文在对现存31段定州开元寺塔碑刻题名编号、录文整理的基础上，结合正史、方志等相关文献记载，来考证分析北宋中期的州、县两级公吏的状况。如有错漏，恳请方家不吝赐教。

一、题名公吏所属州军

宋代地方行政区划分为路、府（州、军、监）、县三级。定州开元寺塔碑刻题名中的州级公吏，主要来自使院和州院。使院、州院之称，源于唐。唐中期以后确立了节度使制度，节度使往往兼任观察使及州治所在的州刺史，这样，在一州之中就出现了节度观察使原有属官机构和州刺史原有属官机构并存的状况。宋代节度观察使原有的属官衙门被称为"使院"；州刺史原有的属官体制被保留，办事机构称为"州院"。③

碑刻题名中的州级公吏，主要来自河北路和京西路。

属河北路的有：

1. 定州。定武军节度，后置定州路安抚使，徽宗政和三年（1113）升为中山府。"中山府，次府，博陵郡。建隆元年，以易北平并来属。太平兴国初，改定武军节度。本定州。庆历八年（1048），始置定州路安抚使，统定、保、深、祁、广信、安肃、顺安、

---

① 苗书梅：《宋代地方政治制度史研究述评》，载包伟民主编《宋代制度史研究百年（1900—2000）》，商务印书馆2004年版，第133—164页。

② 〔清〕陆继辉：《八琼室金石补正续编》卷四二《定州开元寺僧俗修塔记并题名八段》，续修四库全书本，第900册，第335—342页。除《建浮屠记残刻》外，其余7段录文均见于现存碑刻。因现存碑刻较清代又加漫漶，所以陆氏录文对正确释读现存碑刻仍多有裨益。

③ 苗书梅：《宋代的"使院"、"州院"试析》，载《宋代文化研究》第17辑，四川大学出版社2009年版，第171—185页。

永宁八州。政和三年，升为府，改赐郡名曰中山。"① 碑19首题"在州使院邑众等"，后列定州使院公吏职级和姓名。

2. 祁州。团练州。"端拱初，以镇州鼓城来属。景德元年，移治于定州蒲阴，以无极隶定。熙宁六年，省深泽县为镇，入鼓城。"②

3. 雄州。防御州。"本唐涿州瓦桥关。政和三年，赐郡名曰易阳。"③

4. 天雄军。天雄军所在的大名府在唐代曾置魏博节度使，代宗广德初赐号天雄军。五代唐改为兴唐府，晋曰广晋府，后又为天雄军，汉曰大名府，周因之，亦曰天雄军。宋初仍称天雄军或天雄军府，庆历二年（1042）建天雄军（大名府）为北京④。天雄军使院衙吏的身份有前行、行首，如题名者刘守素为"天雄军使院前行、充都部署司勾押官"。

5. 安肃军。"本易州遂城县。太平兴国六年，建为静戎军，析易州遂城三乡置静戎县隶焉。景德元年并县，改安肃军。"⑤ 军治在安肃县，今河北徐水县。

6. 广信军。同下州。太平兴国六年（981），改易州遂城县为威勇军。景德元年（1004），改广信军。⑥

7. 乾宁军。唐代置，军在沧州北一百里，晋天福初入辽，置宁州，后周收复，仍曰乾宁军，并置永宁县为治，宋初军废，太平兴国七年（982）复置，并改永安县曰乾宁，治今沧州青县。"清州，下，本乾宁军。幽州芦台军之地，晋陷契丹。周平三关，置永安县，属沧州。太平兴国七年置军，改县曰乾宁，隶焉。"⑦

属京西路的有：

1. 泰宁军。泰宁军节度，本兖州。宋太宗曾领泰宁军节度使。"大中祥符元年，升为大都督。政和八年，升为（袭庆）府。"⑧

2. 镇安军。治所在陈州，今周口市淮阳县。"淮宁府，辅，淮阳郡，镇安军节度。本陈州。"⑨

表一　题名公吏所属州、军

州、军	所属路	治所	州格	资料依据	备注
定州	河北路	定州	节度	《宋史》卷八六《地理志二》第2127页	政和三年升为中山府

---

① 〔元〕脱脱等：《宋史》卷八六《地理志二》，中华书局1985年版，第2127页。
② 《宋史》卷八六《地理志二》，第2129页。
③ 《宋史》卷八六《地理志二》，第2124页。
④ 《宋史》卷八六《地理志二》，第2121页。
⑤ 《宋史》卷八六《地理志二》，第2130页。
⑥ 《宋史》卷八六《地理志二》，第2130页。
⑦ 《宋史》卷八五《地理志二》，第2125页。
⑧ 《宋史》卷八五《地理志一》，第2110页。
⑨ 《宋史》卷八五《地理志一》，第2116页。

续表一

州、军	所属路	治所	州格	资料依据	备注
祁州	河北路	蒲阴	中/团练	《宋史》卷八六《地理志二》第2129页	景德三年移治于定州蒲阴
雄州	河北路	涿州瓦桥关	中/防御	《宋史》卷八六《地理志二》第2124页	
天雄军	河北路	大名	节度	《宋史》卷八六《地理志二》第2121页	庆历二年大名府建为北京
安肃军	河北路	安肃县	同下州	《宋史》卷八六《地理志二》第2130页	
广信军	河北路	遂城	同下州	《宋史》卷八六《地理志二》第2130页	
乾宁军	河北路	沧州永安县	下	《宋史》卷八五《地理志一》第2125页	
泰宁军	京西路	兖州	节度	《宋史》卷八五《地理志一》第2110页	政和八年升为袭庆府
镇安军	京西路	陈州	节度	《宋史》卷八五《地理志一》第2116页	

在此，还需对州、县公吏题名情况略做说明：

其一，每段碑刻题名均既有官吏、军士，又有城乡僧俗邑众。同一碑刻中的官吏、军民、僧俗等各类群体虽非单独题名，却相对集中。以公吏题名较多的碑19和碑22为例：碑19首行题为"在州使院邑众等"，后列州、使院公吏题名，次为"神卫右弟一军第三指挥"和"云翼右弟二指挥"的军士邑人题名，再次为定州的附郭县安喜县押司录事等吏人题名，最后是北平县村邑人等题名；碑22中前列州、使院公吏题名，之后是"新乐县清化乡累头村法花经邑众"题名，并有明确纪年"至和元年七月日"，然后是"□□州□□□□指挥使邑人等"军士题名。这两段碑刻中的公吏题名均在碑首，在禁军指挥军士或乡村邑人之前。其他碑刻中的公吏题名，一般依等级排在路、州级官员或属官之下。

其二，题名公吏主要来自定州州院、定州使院、乾宁军使院、安肃军使院、天雄军使院，分属河北路、京西路，题名军士也多来自河北路、京西路、河东路，[①] 来源地大略相同。

[①] 王晓薇：《定州开元寺塔碑刻题名中的禁军、厢军、乡兵指挥考》，载《宋史研究论丛》第19辑，河北大学出版社2016年版，第148—174页。

二、题名州级公吏职名、员数

宋代使院、州院公吏名目繁多，前后多有变化，相关记载却有限且模糊。据载，宋仁宗、英宗两朝史事的《两朝国史志》："府院置孔目、勾押司、开拆官、行首、杂事、前行，其余州府使院置都孔目官、都勾押官各一人，又节度、观察有孔目、勾押、勾覆、押司官、前后行之名。衙前置都知兵马使、左右都押衙、都教练使、押（衙）、左右教练使、散教练使、押衙军将，又有中军、子城、鼓角、宴设、作院、山河等使，或不备置。又客司置知客、副知客、军将，又通引司置行首、副行首、通引官。其防御、团练等州使院衙职，悉约节镇而差减焉。"[①] 苗书梅先生综合史籍所载，将宋代州府公吏划分为四大群体：其一是被列为公人的衙前，其二是人吏，其三是散从官、人力、院虞侯等追催公事的督办各种具体政务的吏人，其四是专知官、斗子、库子、掐子、拣子、秤子及拦头等杂职吏人。[②] 定州开元寺塔公吏题名，印证了《两朝国史志》所载州府使院公吏职级名目，并补充丰富了相关内容。下面笔者将题名吏人职名列表，统计员数，并略加考察分析。

表二 题名公吏职名表

州、军	吏人职名	题名者	碑刻	人数
泰宁军	随使知客	李德泽	碑1	1
	随使教练使	任晏	碑1	1
	随使勾押官	郑居义	碑1	1
镇安军	随使押衙	张光裔	碑1	1
不详	前教练使	李谦	碑2	1
	前府州子城使	田麓泽	碑1	1
	前节度孔目官	高岳	碑1	1
	前押司	邵东、田谦	碑2	2
	使院勾押官	杨□象、吴节、张进明、韩幌	碑5	5
	书表勾押官	田成	碑5	
祁州	右教练使勾当中军	务士元	碑1	1
雄州	三司大将、随军指使	俞庆	碑5	1
	屯田司指使	李屿	碑5	1
	监甲仗库	乐正	碑5	1

---

① 〔清〕徐松辑：《宋会要辑稿》职官四七之二，上海古籍出版社2014年版，第4265页。
② 苗书梅：《宋代州级公吏制度研究》，载《河南大学学报》2004年第6期，第101－108页。

续表二

州、军	吏人职名	题名者	碑刻	人数
雄州	三司军将、屯田勾押官	张安	碑5	1
	屯田司前行	张昭庆	碑5	1
乾宁军	衙前	傅周	碑6	1
	右都押衙	王超、李均	碑6	2
	右教练使	许召、刘恕	碑6	2
	子城使	魏武、李眷、刘文、丁友	碑6	4
	行首	王则、刘遵	碑6	2
	通引官	臧澄、李嗣、张进、王绪、董宁、张演、韩睿、刘琏、任进、刘浚、朱美	碑6	11
	都勾押官	奋凝	碑2	1
	孔目官	王演	碑6	1
	勾押官	傅玉、柳文、王祚	碑6	3
	押司	张绪、杜璘	碑6	2
	前行	孙节、梁兴、卫兴、朱勋、刘将、傅周、程赟、李矩、杨琏、常绪	碑6	10
安肃军	右都押衙	牛琪（特授银青光禄大夫、太子宾客兼监察御史、武骑尉）	碑5	1
	都押衙	李美	碑5	1
	都勾押官	马佐	碑5	1
	节度孔目官	郑勋	碑5	3
	观察孔目官	周旻	碑5	
	开拆孔目官	李璘	碑5	
	勾押官	董新	碑5	4
	观察勾押官	袁琪	碑5	
	知印勾押官	李旻	碑5	
	开拆勾押官	杨永	碑5	
	开拆官	田素	碑5	1
广信军	教练使	许新	碑10	1
	都勾押官	王遥	碑10	1

续表二

州、军	吏人职名	题名者	碑刻	人数
定州	都知兵马使	李崇	碑27	1
	衙前押衙	王聿	碑19	5
	右都押衙	杨贞	碑19	
	右知客押衙	赵宗	碑19	
	都押衙	孙从、赵宗	碑22	
	客司军将	张澄	碑19	1
	通引官	严俊	碑19	2
		杨勋	碑27	
	使衙杖院行首	李旻、赵晏素、郭竮	碑22	6
	药院行首	庞晏、和则、赵固	碑22	
	前都孔目官	樊峻	碑19	10
	都孔目官	郑勋	碑19	
		郝信、张元、庞元、杜帘、杨遂、李化隆、刘秀、张则	碑27	
	孔目官	李方	碑22	13
	知勾孔目官	周旻	碑19	
	节度孔目官	□□	碑19	
		郎旻	碑22	
	观察孔目官	梁吉（银青光禄大夫、检校国子祭酒兼监察御史、武骑尉）	碑19	
	勾覆孔目官	马睿	碑22	
		袁守琪	碑19	
	开拆孔目官	李均、张伦、高习	碑22	
		薛子芮	碑19	
	上计孔目官	李密	碑22	
	曹使孔目官	马福	碑22	
	使院勾押官	李璘（点检州司公事）	碑1	28
	勾押官	郎览、郝旻	碑22	
	副勾押官	赵斌	碑22	
	知印勾押官	杨永	碑19	
		秦琼	碑22	

续表二

州、军	吏人职名	题名者	碑刻	人数
	节度勾押官	韩悦	碑19	
	观察勾押官	杨思旻	碑19	
		张悦	碑22	
	书表勾押官	李旻	碑19	
		孟万	碑22	
	上计勾押官	宋旻	碑22	
	守阙勾押官	（当直司守阙勾押官）张化	碑19	
		王素、朱旻、张旻、纫玉、赵旻、赵隐、李从、张广、张□、贾澄	碑22	
	粮草案勾押	韩俊	碑19	
	商税案勾押官	张颜	碑19	
	户口案勾押官	李祚	碑19	
	磨勘司勾押官	成真、王绪	碑19	
	前行	李习、崔斌、李橹、樊忠、王和、李吉、牛化、刘吉、田化、孙昌、旁化	碑22	
		刘裔	碑27	
	差科案前行	康白	碑19	16
	开拆司前行	贾清	碑19	
	兵案兼机密司前行	王清	碑19	
	曹案前行	李守一	碑19	
	押司	王秀、郝元、吴吉、盖遥、葛元	碑27	5
	贡吏	梁俊、赵达、燕忠顺		3
天雄军	（通引司）行首	张珪、王进	碑19	2
	使院前行	刘守素（充都部署司勾押官）、王贞	碑19	
	州院前行	刘信	碑19	4
	修造案前行	宋璘	碑19	

总体来看，题名州级公吏属四大吏人群体的前两类，即被列为公人的衙前和分布于使院诸司（案）的人吏，而未见后两类，即散从官、人力、院虞侯等督办各种具体政务的吏人和专知官等杂职吏人。

（一）题名的衙前和人吏

1. 衙前

唐代已有衙前之称，五代时承袭唐制，宋代衙前又有所创新①。学者将宋代的衙前分为两大类：一类是承自唐五代旧制的衙前将吏，又称"公人"②；另一类是宋代新创的职役，即里正、乡户衙前。定州开元寺塔碑刻题名者，主要是衙前将吏或称公吏。宋代州府公吏名目，主要沿用了唐末五代使衙中兵将武吏的称谓。唐后期使院的衙前将吏包括：主管军事的马步军都指挥使、都知兵马使、指挥使，参与军事、财政和民政的都押衙、押衙、都孔目官、孔目官等，负责司法和治安的都虞侯、镇将，负责外交的客将等。晚唐五代以后，藩镇军将职级越来越低，都知兵马使、兵马使被都指挥使、指挥使代替，虞侯、押牙、教练使在北宋成为地方上衙前差役名目，使院衙前将校等逐步从重要的职位演变为专管州县具体事务的吏人。

北宋州、使院的衙前职级③，主要依据前引《两朝国史志》所载，分为三个职次：第一等"衙前职员"，包括都知兵马使、左右都押衙、都教练使、押衙、左右教练使、散教练使、押衙军将，还包括中军、子城、鼓角、宴设、作院、山河等使，主典府库或是负责押运官物；第二等"客司"，置知客、副知客、军将等，为官府提供迎来送往招待役使，还负责城厢内的司法缉捕等各项杂差；第三等"通引司"，置行首、副行首、通引官。

题名衙前 51 人：

① 泰宁军：随使教练使 1，随使知客 1；
② 镇安军：随使押衙 1；
③ 祁州：右教练使勾当中军 1；
④ 雄州：三司大将雄州随军指使 1，屯田司指使 1，三班奉职雄州监甲仗库 1；
⑤ 乾宁军：衙前 1，右都押衙 2，右教练使 2，子城使 4，行首 2，通引官 11；
⑥ 广信军：教练使 1；安肃军：右都押衙 1，都押衙 1；

---

① 唐代衙前之称，主要有"衙前将校""衙前小将""衙前虞侯""衙前都兵马使""衙前兵马使"等。参见张国刚《唐代藩镇军将职级考略》，载《学术月刊》1989 年第 5 期，第 71—76 页；荣新江《唐五代归义军武职军将考》，载《中国唐史学会论文集》，三秦出版社 1993 年版，又收入《敦煌学新论》，甘肃教育出版社 2002 年版，第 52—64 页；唐刚卯《衙前考论》，载《宋史论集》，中州书画社 1983 年版，第 124—144 页。对宋代衙前的研究，则自 20 世纪中叶持续至今。主要成果有：〔日〕宫崎市定《宋代州县制度的由来及其特色——特别是有关衙前的变迁》，载《史林》第 36 卷第 2 号，1953 年；〔日〕周藤吉之《五代节度使的统治体制》《宋代州县的职役和胥吏的发展》，载氏著《宋代经济史研究》，东京大学出版会 1962 年版；顾士敏《北宋"衙前"考》，载《云南师范大学学报》，1986 年第 4 期，第 26—33 页；王曾瑜《宋衙前杂论（一）》《宋衙前杂论（二）》，原刊于《北京师范大学学报》1986 年第 3 期、1987 年第 2 期，后以《宋衙前杂论》为题，收入氏著《涓埃编》，河北大学出版社 2008 年版，第 452—479 页；魏峰《论衙前在北宋的转化》，载《宁夏社会科学》2002 年第 6 期，第 87—91 页。等等。

② 谢深甫等纂修，戴建国点校：《庆元条法事类》卷五十二《公吏门》，黑龙江人民出版社 2002 年版，第 729 页。

③ 〔宋〕赵彦卫：《云麓漫钞》卷十二，衙前"职次曰客司，曰通引官；优者曰衙职"，中华书局 1996 年版，第 215 页；〔宋〕陈耆卿：《嘉定赤城志》卷十七《吏役门》，衙职"自都知兵马使至第六名教练使，凡十三阶"，《宋元方志丛刊》本，第 7 册，第 7415 页。

⑦定州：都知兵马使1，衙前押衙1，右都押衙1，右知客押衙1，都押衙2，客司军将1，通引官2，使衙杖院行首3，药院行首3；

⑧天雄军：行首2；

⑨不详州军者：前教练使1，前府州子城使1。

五代及北宋中叶以前，衙吏还可带"宪衔"，通常带"银、酒、监、武"衔，"银谓银青光禄大夫，酒谓检校国子祭酒，监谓监察御史，武谓武骑尉"①。定州开元寺塔碑刻刻石于北宋真宗、仁宗时期，衙吏带宪衔者仅见2人：碑5"安肃军右都押衙、特授银青光禄大夫、检校太子宾客兼监察御史、武骑尉牛琪"，碑19"（定州）观察孔目官、银青光禄大夫、检校国子祭酒兼监察御史、武骑尉梁吉"。"观察孔目官"属人吏，比属"右都押衙"的衙前低一级，也被授予宪衔。

2. 人吏

宋代人吏是在沿用唐末五代使院、州院旧制基础上又有所创新的吏人团体，主要由职级、手分、贴司、杂职及祇候典等组成。宋初人吏"自都孔目官至粮料押司官，凡十阶，谓之职级；其次曰前行，曰后行；又其次曰贴司，募有产而练于事者为之"②。即人吏大体上包括三等：第一等职级，第二等前、后行，第三等贴司。第一等职级又分为十阶：都孔目官、副都孔目官、都勾押官、节度孔目官、观察孔目官、勾押官、勾覆官、开拆官、粮料官、押司官③。

题名人吏117人：

①泰宁军：随使勾押官1；

②雄州：三司军将屯田勾押官1，屯田司前行1；

③乾宁军：都勾押官1，孔目官1，勾押官3，押司2，前行10；

④安肃军：都勾押官1，孔目官3，勾押官4，开拆官1；

⑤广信军：都勾押官1；

⑥定州：都孔目官10，孔目官13，勾押官28，前行16，押司5人，贡吏3人；

⑦天雄军：前行4；

⑧不详州军者：前节度孔目官1，前押司2，勾押官5。

题名公吏合计168人（衙前51人、人吏117人），大部分来自州、军使院，其中定州使院公吏（90人）占半数以上，州院公吏则相对较少。定州使院吏人规模，也可与同一时期的福州使院相参照。宋初福州最多时衙吏达540人，北宋中期逐步减少为200多人、100多人不等④。

---

① 《云麓漫钞》卷三，第38页。
② 《嘉定赤城志》卷十七《吏役门》"人吏"条，第7416页。
③ 〔日〕周藤吉之：《宋代州县的职役和乡役的发展》，载氏著《宋代经济史研究》，东洋文库，1969年。
④ 苗书梅：《宋代的"使院"、"州院"试析》，载《宋代文化研究》第17辑，第178页。

（二）题名州级公吏所属司案

总体来看，题名州级公吏所属定州、雄州、安肃军、乾宁军、天雄军等州、军使院，包括了承自五代使院的衙前将吏和宋代新创人吏两大群体。有部分州、军使院公吏还注明了所隶属的司、院、案。

表三　州级公吏所属司案

州、军	所属司（院）	所属案
定州	开拆司 书表司 当直司 磨勘司 机密司 客司 使衙杖院 药院	曹案 兵案 差科案 户口案 粮草案 商税案
不详	书表司	
雄州	屯田司	甲仗库
安肃军	开拆司	
乾宁军	开拆司	
天雄军	通引司	修造案

地方州衙使院所设开拆司、书表司、机密司等，主管公文收发、书表进呈，并确保文书机密；当直司、磨勘司，则负责常务和人员管理；通引司、客司，负责接待来使和礼仪事务；使衙杖院、药院，似分别负责甲杖与医药，具体职能不详。因地处河北军事防御区，吏人所属司、院机构也具有明显的军事因素。如定州开元寺塔碑刻题名所见，有雄州"屯田司判管""雄州屯田司指使""雄州屯田勾押官""屯田司前行"等官吏，负责军事屯田事务。

地方使院所设诸案，更直接表明了其偏重军事兵务，如列表中的天雄军设"修造案"和雄州设"甲仗库"。但从定州使院所设诸案来看，使院不仅掌军事，而且设有曹案、差科案、户口案、商税案，负责一方民政。

三、碑刻题名中的县级公吏

定州开元寺塔碑刻中县级公吏的题名，集中于碑19和碑30。碑19题名共41行，县吏题名在第27～33行；碑30题名共36行，县吏题名在第3～8行。为方便论述，现将两碑中的相关部分著录如下：

碑19：

27. 安喜县押司录事刘璘，录事史李斌，录事史田信。勾司房勾司贾缕。
28. 差科案高显，户口案贾超，司功案石赟，监案耿绪，上司户案王洪，下司
29. 户案王玉，司事案吕政，兵案杜众，法案刘赞，勾司房□□，户口案杨荣
30. 商税务都维那头崔荣，左教练使、勾当商税务李□，商税务都勾押苗□
31. 商税务前行刘宗，商税务前行马源，商税务节级张美，柜前节级孟斌，商税
32. 务梁贞，监务节级甄赞，商税务当柜张节，商税务前行王旻，教练使、勾当监
33. 务张赞，北平塞云翼弟十六副指挥使冉均。

碑30：

3. 安喜县都押成基，录事马望，次录事杨璘
4. 差科案刘凛，户口案申□，司功延□，监钱李迁
5. 上仓案石坚，下仓案王素、高振，兵案杨靖，司士案
6. 孙则，司法案刘志，尉司朱昌、梁坚、王和、吴宁。书手张
7. 元、张闰、左素、刘方、高能、□□、高齐、段真、赵和、张锡
8. 手力郑级、刘遵、安普、刘辛、吕辛、王辛、刘坚。医全佺。

两则碑刻中的61名县级公吏，均来自安喜县。安喜置县较早，西汉时称安险，东汉章帝更名安意，又称安喜，故城在今定州市区东。唐宋时期的安喜县，为定州的附郭县，即定州州治所在①。安喜县还是太祖之母昭宪杜太后的出生地②，神宗熙宁时期有户万余③。按照宋代县望等级十级的划分，安喜县为第六级"紧"④。也许是附郭县的缘故，县吏中出现了级别较高的"都押（衙）"和"左教练使勾当商税务"。

安喜县县吏名目有：

---

① 〔宋〕乐史：《太平寰宇记》卷六二《河北道十一》，中华书局2007年版，第1267 - 1268页。宋初定州领11县：安喜、义丰、唐县、陉邑、北平、望都、新乐、曲阳、无极、深泽、博野。太平兴国以后，领8县：安喜、蒲阴、唐县、陉邑、北平、望都、新乐、曲阳。〔宋〕王存：《元丰九域志》卷二《河北路》，台湾文海出版社1980年版，第98页。"景德元年以蒲阴县隶祁州，以无极县隶州。康定元年发陉邑县入安喜。庆历二年，以北平寨建军，四年复隶州，即北平县治，置军使隶州"。定州领县和安喜县域前后有所变化，但安喜一直属定州附郭县。

② 《宋史》卷二四二《后妃上》，第8606页。

③ 《续资治通鉴长编》卷三六四，元祐元年春正月戊戌，第8704页。监察御史王岩叟上奏："安喜户一万三千有余，而第四等之家乃逾五千。"又据《宋史》卷三四二《王岩叟传》，第10891页。王岩叟于神宗熙宁年间知定州安喜县。

④ 《宋史》卷八六《地理二》，第2127页。

1. 都押（衙）。1人。
2. 勾当。左教练使勾当商税务1人，教练使勾当监务1人。
3. 都勾押。商税务都勾押1人。
4. 押录。押司录事1人。
5. 录事。1人。
6. 次录事。1人。
7. 录事史。2人。
8. 勾司。勾司房勾司1人。
9. 前行。商税务前行3人。
10. 节级。商税务节级1人，柜前节级1人，监务节级1人。
11. 书手。10人。
12. 手力。7人。
13. 当柜。商税务当柜1人。

以上县吏名目共计13种，34人。此外，还有27名县吏仅列明了其所隶属房、务、案。

表四 安喜县吏所属房、务、案

房	务	案
勾司房	商税务	差科案 户口案 司功案 上司户案 下司户案 上仓案 下仓案 司事（士）案 兵案 司法案（法案）

安喜县设有勾司房、商税务和诸案。安喜县诸案之设，在此需要进一步探讨。唐代各州府佐治三官分为六曹，即功曹、仓曹、户曹、兵曹、法曹、士曹。又被称为六司，即司功、司仓、司户、司兵、司法、司士。但宋初州级诸曹官主要指录事参军、司理参军、司法参军、司户参军，司功、司仓、司田、司兵、司士诸参军皆不再置。① 直到崇宁四年（1105）闰二月，宋徽宗根据蔡京等人的奏请，诏各州县仿《尚书》士、户、仪、兵、

---

① 参见苗书梅《宋代州级属官体制初探》，载《中国史研究》2002年第3期，第111—126页。

刑、工六曹，分设六曹六案。州设六曹，县设六案。视其职责，协助地方行政长官处理府县各项事务①。据史籍所载，宋初州府不再有六曹之设，州设六曹、县设六案，是直到徽宗崇宁二年（1103）才开始的。

然而，由定州开元寺塔碑刻中的州级吏人题名来看，定州使院中即有兵案、曹案、差科案户口案、粮草案、商税案。安喜县吏人所属"差科案"负责管理差役和赋税，"户口案"掌管州县户口升降、民间立户分财、科差人丁等，合起来似对应州级六曹中的"户曹"；"上仓案、下仓案"合起来对应州级六曹中的"仓曹"。"差科案、户口案""上仓案、下仓案""司功案""（司）兵案""司士案""司法案"合在一起的话，便组成了完整的县级六案②。碑刻题名所见，北宋中期州设司、案，县设房、务、案，补充了相关史志的记载，使我们对北宋中期州县组织和吏人情况的认识更为具体。定州使院中的"贡吏"，安喜县的"柜前""当柜""监务""监钱""尉司"吏人等，也丰富了我们对北宋地方治理中介于官民之间吏人群体的认识。

结　语

定州开元寺塔碑刻题名的州级公吏，主要来自河北路、京西路的使院和州院。包括列为公人的衙前和分布诸司（案）的人吏两大群体，计168人。题名的安喜县吏，包括勾司房、商税务和诸案吏人等，计61人。碑刻所见州县公吏群体，为史料不太丰富的北宋前中期州县吏人规模、组织状况等提供了可靠的实物资料，为北宋地方政治史的研究提供了有益的参考。

［作者单位：河北大学宋史研究中心。本文系2014年度省部共建人文社会科学重点研究基地项目"定州塔宋代石刻整理与研究"（14JJD770003）阶段性研究成果］

---

① 《文献通考》卷四七《职官考一》，中华书局2011年版；《宋史》卷一六一《职官一》，第3770页。
② 王晓薇：《定州塔〈兵马监押赵威记等题名〉考释》，载《宋史研究论丛》第15辑，河北大学出版社2014年版，第533－544页。

宋代《礼》学与礼制策问研究

方笑一

《礼》学与礼制策问就是专以三《礼》之学或礼乐制度为对象的策问。众所周知，在宋代科举以及其他各种类型的考试中，有一种十分重要的考试方式——试策。由试策所产生的大量试策题，就是策问。出于应付考试或教学的需要，文人也创制了数量庞大的策问。所有这些策问，分散留存于宋代的史籍、文集、笔记等文献中，总共有1600多道。通常人们按内容将宋代策问分为经史策和时务策两类，前者考察关于经书史籍学术知识的掌握，后者检视分析与处置实际政务的能力。宋代的《礼》学与礼制策问，则兼有"经史"和"时务"的双重性质。古代礼制见载于礼书，尤其三《礼》，讨论礼制离不开《礼》学，商研《礼》学又必然落实到礼制，所以，本文将《礼》学与礼制策问视为一个整体来讨论。

宋代《礼》学与礼制策问，共有89道。其中总论礼乐的有20道，关于祭祀之礼的有21道，关于《周礼》的有12道。除了这三项最大宗的内容，其余策问的主题涵盖《仪礼》《礼记》、乐、宗庙、巡狩、乡饮、射礼、冠礼、礼器等，每一道策问围绕一个或多个"礼"的问题展开，而不仅止于引用礼书中的三言两语。较之宋代其他的礼学文献，这些策问具有不容忽视的意义。首先，策问是针对广大考生或学生的，因此，其展示的并不仅仅是策问创制者的一己之见，而是当时人比较普遍关注的"礼"的问题。因此，通过这些策问，可以发现当时人们对《礼》学与礼制的关注热点。其次，通过策问，可以很直观地发现发问的视角和方式，这反映了人们对"礼"的哪些层面特别关注，即关于礼的方方面面，宋人认为哪些才构成问题。再次，策问中引述和阐释的三《礼》文本，与所涉及的宋代礼制有密切的关系，透过这层关系，可以观察宋代的礼制实践与三《礼》所载古代礼制间的异同。鉴于目前学术界对宋代《礼》学与礼制策问尚缺乏应有的关注和讨论，本文拟从以下三个主要方面展开对这一类策问的解读和分析。

一、总论礼乐

宋人的《礼》学与礼制的策问，可以分为两类：一类是就"礼乐"的总体性、宏观性的特点发问，另一类是就某一个或几个具体的《礼》学或礼制的问题发问。前者共有20道，反映了当时人对于"礼"的总体看法，故而先来加以分析。从时间看，最早就礼的总体性问题发问的，是欧阳修的《武成王庙问进士策二首》之二，它询问了"礼乐"的问题：

> 问：礼乐，治民之具也。王者之爱养斯民，其于教导之方，甚勤而备。故礼，防民之欲也周；乐，成民之俗也厚。苟不由焉，则赏不足劝善，刑不足禁非，而政不成。大宋之兴八十余岁，明天子仁圣，思致民于太平久矣。而天下之广，元元之众，州县之吏奉法守职，不暇其他，使愚民目不识俎豆，耳不闻弦匏，民俗顽鄙，刑狱不衰，而吏无任责。夫先王之遗文具在，凡岁时吉凶聚会，考古礼乐可施民间者，其别有几？顺民便事可行于今者有几？行之固有次第，其所当先者又有几？礼乐兴而后臻于富庶欤？将既富而后教之欤？夫政缓而迂，鲜近事实；教不以渐，则或戾民。欲其不迂而政易成，有渐而民不戾者，其术何云？儒者之于礼乐，不徒诵其文，必能通其用；不独学于古，必可施于今。愿悉陈之，无让。①

这一道策问是庆历二年（1042）欧阳修担任别头试的知举官时所作。别头试是为了回避考生与考官的亲戚子弟关系而举行的特别考试，北宋前期的别头试常在武成王庙举行。这道策问从一开头到"而政不成"，简述了礼乐对统治国家不可或缺的作用。接着从"大宋之兴八十余岁"到"而吏无任责"，指出宋朝建立至今对于推行礼乐尚无暇顾及。以上是策问中的陈述部分，接下来是提问的部分，一连提出六个问题：从古代文献的记载中，古代礼乐在不同场合能用于民间的有多少？能施行于当今的又有多少？哪一种礼乐应该率先施行？礼乐兴盛能导致百姓富庶吗？还是等百姓富庶了再教以礼乐？用什么办法才能做到为政不迂，教民有渐？提问之后，是总结儒者对于礼乐的态度："不徒诵其文，必能通其用；不独学于古，必可施于今。"这就说明，礼乐对于宋儒而言，不仅是写在经籍中的条文，而且是应当施用于现实生活中的制度，不仅是古代遗留下来的学问，而且是能够在今天实践的仪式。在这里，"文"与"用"、"古"与"今"构成了宋人看待和思考"礼"的两个最重要的维度，礼的原则与应用、礼的古今之变，毫无疑问是宋代《礼》学与礼制策问中的核心问题。

欧阳修的这道策问，可以看作省试策问中涉及"礼"的代表。在更高层级的考试，也就是进士科的殿试中，也有从总体上探讨《礼》学与礼制的策问。比如神宗元丰五年（1082）三月十一日的殿试策问：

> 朕闻礼以辨上下，法以定民志。三王之时，制度大备，朝聘乡射，燕享祭祀，冠昏之义，隆杀文质，高下广狭，多少之数，尺寸铢黍，一有宜称，贵不以偪，贱不敢踰，所以别嫌明微，释回增美。制治于未乱，止邪于未形，上自朝廷，下迨闾里，恭钦撙节，欢忻交通，人用不偷，国以无事。降及后世，陵夷衰微，秦汉以来，无足称者。庶人处侯宅，诸侯乘牛车。贫以不给而废礼，富以有余而僭上。宫室之度，器服之用，冠昏之义，祭飨之节，率皆纷乱苟简，无复防范。先王之迹，因以熄焉。传曰：礼虽未之有，可以义起也。后之学者多以为非圣人莫能制作。呜呼！道之不行也

---

① 洪本健：《欧阳修诗文集校笺》，上海古籍出版社2009年版，第1189页。

久矣，斯文之不作也亦久矣！抑将恣其废而莫之救欤，将因今之材而起之也？①

由于是殿试策问，按惯例用皇帝口吻书写，从"三王之时"到"国以无事"，描绘了上古礼制大备时，从朝廷到百姓欢欣和乐的状态，从"降及后世"到"因以熄焉"，则历数后世礼制废弛、纷乱苟简之状，最后引用《礼记·礼运》"礼虽先王未之有，可以义起也"，提出当今是否可以根据已有的条件，兴起先王未有之礼制？这道策问对于礼制衰落的描绘，并没有出人意料之处，仍然不出前述欧阳修策问中的"古""今"对照的思路，但这道策问的亮点在于最后的问题。它巧妙地运用《礼记》里礼、义关系的论述话语，为考生设置了一个无限开放性的问题，对于礼，可以"因今之材而起之"，怎样"起之"，运用何种方法和手段，或是制定何种礼制条规，这全要凭考生的见识作答。

目前留存下来的从总体上问礼的进士殿试策问，还有徽宗大观三年（1109）三月六日的一道：

> 昔者先王治定而制礼，功成而作乐，以合天地之化。礼之数五，施之七教，形之八政，有典有职，定亲疏，决嫌疑，别同异，明是非，然后小大贵贱之分定；乐之数六，文之五声，播之八音，有序有政，和邦国，谐万民，悦远人，作动物，然后神示人物以和。朕嗣承祖宗休烈，述而作之，以追先王之绪，而继神考之志。子大夫以谓如之何而可以臻此？礼废乐坏久矣，去古悠远，矫拂其俗，非常之元，黎民惧焉。或曰：三王不相沿袭；今乐犹古之乐，无事于改。则先王事神治人，移风易俗，终不可几欤？今乐成而人未化，礼议而制未颁，其考古验今，为朕详言之，毋隐。②

策问中先讲述了先王制礼作乐所具备的功能，然后指明礼废乐坏已久的现实。于是问题出现了，今天诚然应该追步先王，制礼作乐，但究竟是把古代的礼乐制度照搬过来，还是根据今天的需要进行改易？徽宗面临的一种意见是"今乐犹古之乐，无事于改"，所以他用此策问征询考生的意见，礼乐制度要不要改？这一道策问，充分反映了宋徽宗对于礼乐制度的重视。这需要结合当时的历史背景来分析。大观元年（1107）正月庚子，朝廷设议礼局，隶属尚书省，徽宗御笔："议礼局依旧于尚书省置局，仍差两制二员详议，属官五员检计，应缘礼制，可据本末，议定取旨。"③ 二月壬戌，"议礼局言：'臣等伏以功成作乐，治定制礼，国家承祖宗积累之基，陛下以盛德大业，缉熙太平，视六服承德之世，可谓并隆矣。乃者既成雅乐，于是又置官设局，讲修五礼。臣等窃闻孔子称商因于夏礼，周因于商礼，所损益可知。然则礼不可以不因，亦不可以无损益。因之所以稽古，损益所以趋时。今去唐虞三代为甚远，其所制作，恐当上法先王之意，下随当今之宜，稽古而不

---

① 〔清〕徐松辑：《宋会要辑稿》选举七之二三，中华书局1957年版，第4357页。
② 《宋会要辑稿》选举七之三二，第4371页，"作动物"原作"动物"，"作"字据《周礼·春官》补。
③ 〔清〕黄以周等辑：《续资治通鉴长编拾补》卷二七，中华书局2004年版，第905页。

迁，随时而不陋，取合圣心，断而行之。庶几有以追治世之弥文，善天下之习俗，以成陛下圣治之美意，一代之盛典。'从之。"① 议礼局并不是主张固守旧时礼乐制度，在"因之所以稽古，损益所以趋时"的表述中，重点在于后者。徽宗也同意这样的说法。到了当年十一月癸亥，徽宗十分明确地对议礼局表达了自己的态度："议礼局礼当追述三代之意，适今之宜，《开元礼》不足为法。今亲制《冠礼沿革》十一卷，付议礼局，余五礼令视此编次。"② 这段话的关键在于"适今之宜"四字，徽宗非但认为礼制要改，而且让议礼局新编礼书。到了大观二年（1108）六月，徽宗诏付议礼局："承平百五十年，功成治定，礼可以兴，而弥年讨论，尚或未就。稽古之制，适今之宜，而不失先王之意斯可矣。防民范俗，在于五礼，可先次检讨来上。朕将裁成损益，亲制法令，施之天下，以成一代之典。"③ 通过这些记载可以发现，在大观三年的这道殿试策问里，实质性的仍然是"古""今"问题，即古礼是否施行于今日。策问中"考古验今"一语正说明了徽宗的这一关注点。而"稽古之制，适今之宜"的核心在于"适今之宜"，徽宗出这道策问，说明他对于礼制的变革已有自己的看法和立场，考生成功的关键在于把握时势，摸清徽宗"考古验今"表述之下对礼制因革的真实态度。

徽宗的策问说明，在总论礼乐之时，礼乐制度究竟是尊古还是便今，策问中其实可能是有比较明确的立场的。也就是说，策问中或许已经给予考生某种暗示，对这一问题应当采取怎样的态度和说辞。比如哲宗元祐六年（1091）进士殿试策问为刘挚所拟定，其中有这样的表述："是礼乐之于天下，不可一日缓也。今颇欲考古今之宜，剖经史之义，立为婚姻丧祭之文，器服宫室之制，隆《雅》《颂》之声，斥优侏之音，使习俗知节，谬戾不作，建中和之极，以述成先皇帝鸿业。而其损益先后之序，朕不敢知，固以待周询而博访焉。子大夫以为如之何而可？或谓解今之法而更张之，民将骇而难从；姑因循其旧而徒加厉禁，又终不足以合乎先王之法度。然则考古便今，必有中制。"④ 虽然坦承"朕不敢知"，又问"子大夫以为如之何而可"，但策问中的立场其实是鲜明的，即"考古便今，必有中制"，既反对因循守旧，又不主张贸然更张，相信一定有中间的做法和立场，需要考生详细阐述的也正是基于"中制"思维的观点。为什么必有"中制"？因为"中制"可以通过"考古便今"设想总结出来。这就要求考生，以古代文献记载的原则为基础，并充分考虑在当时的适用性与可操作性。

宋人在策问中总论礼乐时，还会涉及编纂官方礼书，建立礼制典范的问题。早在元丰时期，苏颂就曾回顾过宋初以来官方礼书的编纂情况，并主张修《大宋元丰新礼》，以便使神宗的礼制更革成果"与六经并行，为万世矜式也"⑤。到了南宋，或许是对礼的研究更为深入，士人在策问中提出要建构一种能够统合古今礼制的新典范。朱熹的弟子陈宓在

---

① 《续资治通鉴长编拾补》卷二七，第 906 – 907 页。
② 《续资治通鉴长编拾补》卷二七，第 926 页。
③ 《续资治通鉴长编拾补》卷二八，第 947 – 948 页。
④ 〔宋〕刘挚：《元祐六年御试进士制策》，《忠肃集》卷一，中华书局 2002 年版，第 3 页。
⑤ 〔宋〕苏颂：《请重修纂国朝所行五礼》，《苏魏公文集》卷一八，中华书局 2004 年版，第 245 页。

《安溪县试诸生策问》之二中说:"功成作乐,治定制礼,今边事宁息,年偲丰登,则有其时矣。伊欲酌古御今,上自天子,下至庶人,由冠昏丧祭以达于郊祀宗庙,立为定式,作宋一经,使天下日用而世守之,以大复于先王之旧,而一扫数千年之陋习,如之何而可?"① 前文的"考古验今""考古便今",在这里被表述为"酌古御今",这说明南宋人仍然在"古""今"这一时间维度里来思考"礼"的问题,但与之前不同的是,作为下层官员的陈宓,也发出了重建礼制典范的呼声,要求"立为定式,作宋一经,使天下日用而世守之"。陈宓少师朱熹,后从黄干,在写作这道策问的时候,官职不过是安溪的知县。但他的呼声折射出宋人对《礼》学与礼制的最高追求,就是要重新建立礼的轨范,并形诸文字,为后世所效法。当然,这种新轨范是建立在人们对古与今、经典文本与实际操作这两点上求得充分平衡的基础之上,可以看作宋人追求礼制实践的总目标。这也正是晁补之在策问《礼乐》中所强调的"中和之用":"论礼乐,则虽制作设施小不备,而中和之用在人者犹是也。革而化之,借使先王未之有者,便则为用,其谁曰不然?"②

二、祭祀之礼

更多的宋人《礼》学与礼制策问,询问和探讨的是具体的礼制。比如乡饮、射礼、冠礼、巡狩、祭祀、宗庙、服制,等等。提出的问题也是五花八门。最简单直接的一种,是问这种礼制有没有必要在今天实行。比如邹浩《策问》四二云:"问:乡饮酒之礼,先王所以善民俗而成治道者也,废而不讲,不知几年矣。今欲举而行之,可不可邪?详著于篇。"③ 问题虽然简单,可从"详著于篇"的提示要求来看,答案绝不能停留在"可"或者"不可"的表态上,而是应当详细说明理由。同时,因为策问通常关注与国家统治有关的事务,因此涉及个人的某些礼制,如婚礼,宋代就没有专门的策问涉及,有的也只是对帝王元服、纳后之制的探讨。从内容看,宋代《礼》学与礼制策问询问最多的是祭祀之礼,共有21道。宋代祭祀之礼的情况十分复杂,前人也多有研究,这里仅就策问涉及祭祀之礼的情况,通过一些例子来分别说明这类策问的特点。

最简单的一种,就是对历史上一个关于祭祀的事实提出问题,如苏辙《私试进士策问二十八首》之十一:"问:舜受天下于尧,故郊礿宗尧不敢废尧之祀。禹受天下于舜,而其郊宗皆其祖考。夫推舜之心以及于禹,则禹必将兼祀尧舜而后可。今也不然,不独废尧而且忘舜,何也?夫受其成业而黜其祀,虽少恩者不为,而谓禹行之乎?其故安在?"④ 策问以人之常情来推断,认为历史上记载的禹不祀尧、舜的行为好像是"少恩者"所为,不应该是禹这样的圣王做出来的,因此询问禹祭祀时"不独废尧而且忘舜"是何原因。

---

① 〔宋〕陈宓:《复斋集》卷七,曾枣庄、刘琳主编《全宋文》,上海辞书出版社、安徽教育出版社2006年版,第305册,第192页。
② 〔宋〕晁补之:《鸡肋集》卷三七,《全宋文》,第126册,第197页。
③ 〔宋〕邹浩:《道乡集》卷三〇,《全宋文》,131册,第301页。
④ 〔宋〕苏辙:《苏辙集》,中华书局1990年版,第360-361页。

比上述例子更为复杂的情形，是古代文献中关于祭祀之礼的记载有矛盾之处，宋人策问往往抓住这些扞格的地方穷追不舍，对学生加以考问。比如南宋胡寅《零陵郡学策问》之十五：

  问：事莫大乎祀，祀莫重于天。周监于二代，其文备而可考矣。惟明堂之礼，学者疑焉。《孝经》载仲尼答曾子之言曰："昔者周公宗祀文王于明堂，以配上帝。"而《周颂·我将》则其诗也。然以其礼属之周公欤，是严父也。严父则武王所当为。周公事武王时，未尝摄政，胡为而严父？以其礼在摄政之时欤，是摄成王也。摄成王则武王乃当祭，而文王为祖矣，礼未闻严祖。其曰："周公其人也。"又考之《戴记》，则明堂者乃周公负斧扆朝诸侯之地也。考之《孟子》，则明堂者乃王者之堂，行王政之所也，皆不及宗祀之事。是皆可疑者，幸辨明之。①

这道策问问的是周代的明堂祭祀之礼。根据《孝经·圣治章第九》中孔子所言周公"宗祀文王于明堂，以配上帝"②，则周公在明堂祭祀文王，以配祀上帝。《诗经·周颂·我将》正是描绘祭祀文王之诗。《孝经》还说："孝莫大于严父，严父莫大于配天，则周公其人也。"③"严父"指尊敬父亲，这里的"父"指文王。但在胡寅看来，周公来"严父"，行祭祀文王之礼，显然是有问题的。因为文王纵然是周公的父亲，但也是周武王的父亲，武王此时是最高的统治者，这个显示"严父"的祭祀之礼理应由武王来主持完成，怎么可以由周公来行此礼呢？那么《孝经》的记载就有问题了。胡寅接着给出一种假设，如果此事发生在周公摄政之时，那么由周公来祭祀倒也可以，但周公摄政是摄成王之政，"严父"的话应该来祭祀成王之父武王，而不是成王之祖文王。而经典中记载的礼制并没有"严祖"之说，因此，周公祭祀文王不可能发生在他摄政之后。那么在当时的情况下，行明堂祭礼的应当是武王。以上是从事理来揭示《孝经》记载的问题，接下来又通过多种文献的比较，来说明记载明堂功能的矛盾之处。策问用《礼记·明堂位》"昔者周公朝诸侯于明堂之位，天子负斧依南乡而立"的记述，④说明明堂是周公朝见诸侯之处，与祭祀无关。又以《孟子·梁惠王下》"夫明堂者，王者之堂也，王欲行王政，则勿毁之矣"的说法，⑤证明明堂是行王政之所。虽然《礼记》和《孟子》记述的明堂功能有所不同，但都没有提到明堂是用来祭祀祖宗的。关于明堂的功能，自古以来就有多种说法，我们这里不是要探究明堂到底用来做什么，而是注目于胡寅发问的方式。从古代文献对于同一祭祀之礼记载的矛盾之处入手，又辅以人情常理的推断，来发现这一礼制记载中间存在的诸多疑点和问题，请答策者分析之。这样的发问思路和方式，在宋代的礼制策问中是比较常见的。

---

① 〔宋〕胡寅：《崇正辩　斐然集》，中华书局1993年版，第634页。
② 〔唐〕李隆基注、〔宋〕邢昺疏：《孝经注疏》卷五，《十三经注疏》，中华书局1980年版，第2553页。
③ 《孝经注疏》卷五，《十三经注疏》，2553页。
④ 〔汉〕郑玄注、〔唐〕孔颖达疏：《礼记正义》卷三一，《十三经注疏》，第1487页。
⑤ 〔汉〕赵岐注、〔宋〕孙奭疏：《孟子注疏》卷二上，《十三经注疏》，第2676页。

胡寅的这道策问仅仅涉及古代的礼制记载，而没有触及当代的礼制实践，古代的祭礼究竟应该怎样在当代施行，目前所施行的是否合于古制，这些皆是礼制策问中的热点问题。在文本与实践、古与今这样两个维度之中，以上问题经常被提出来。在涉及祭礼的策问中也是如此。如苏轼的《私试策问八首》之四《庙欲有主祭欲有尸》：

> 问：三代之祭礼，其存者几希矣，其全固不可以一日而复。然今天下郡县通祀社稷、孔子、风伯、雨师与凡山川古圣贤之庙，此其礼尤急而不可阙者也。武王伐商，师渡盟津，有宗庙，有将舟。将舟，社主在焉。则是社稷有主也。古者师行载迁庙之主，无迁庙则以币玉，为庙不可一日虚主也。一日虚主犹不可，若无主而为庙，可乎？是凡庙皆当有主也。今郡县所祭，未尝有主，而皆有土木之像，夫像安出哉。古者祭莫不有尸，《诗》有灵星之尸，则祭无所不用尸也。祭而不用尸者，是始死之奠也。不然，则是祭殇也。今也举不用尸，则如勿祭而已矣。儒者治礼，至其变，尤谨严而详。今之变主为像与祭而无尸者，果谁始也？古者坐于席，故笾豆之长短，簠簋之高下，适与人均。今土木之像，既已巍然于上，而列器皿于地，使鬼神不享，则不可知，若其享之，则是俯伏匍匐而就也。鬼神不能谆谆与人接也，故使尸嘏主人。今也无尸，而受胙于虚位，不亦鄙野可笑矣！夫今欲使庙皆有主，祭皆有尸，不知何道而可？愿从诸君讲求其遗制，合于古而便于今者。①

庙有主，祭有尸，这是古代典籍中明确记载的礼制，苏轼所问的并不是这些礼制存不存在，记载有何矛盾，而是指斥今天礼制的施行：庙虚主，祭无尸。而且，苏轼十分形象地说，今天祭祀中以土木之像代替尸，祭品列在地上，土木之像非常高大，鬼神来享用祭品，难道还要匍匐在地上来吃吗？所以古代祭礼一定要用尸来代替死者享用祭品，如今没有尸，难道要空着的位子来享受祭品吗？

苏轼的问题非常尖锐，他的着重点其实并不是证明古代祭礼应当如何如何，而是批评今日祭礼的荒唐透顶。批评的目的是为了改变，最后要让答题者设计出"合于古而便于今"的方案。苏轼的问题，仍然在"古/今"这一思维框架之内，但其目的很明显是为了纠正或者改造今天的祭祀之礼。

更加直接针对当今礼制实践的策问，往往明确指出目前施行中的某些困难，要答策者表明态度，做出决断。这类策问关注的"礼"，完全就属于"时务"了。仍以祭礼为例，陈师道《策问十五道》之三云："政莫大于祭，天地又祭之大者，学者详焉。古者祀天于南，祭地于北，王者临之，父母之义也。国家三岁一郊而不及地，于是合祭焉。元丰之间，罢合祭而议北郊之礼，而未及行，今复合天地于太坛，而礼官以为非；欲修方丘之祭，而有司议其费。然则何施而可也？其详著之。"② 北郊祭地要不要施行，南郊祭天和

---

① 〔宋〕苏轼：《苏轼文集》，中华书局1986年版，第203页。
② 〔宋〕陈师道：《后山居士文集》，上海古籍出版社1984年版，第509－510页。

北郊祭地到底分开举行，还是合二为一？① 遵循古制和节省费用，哪一个才是考虑的重点，这些问题丝毫回避不得，答策者只能毫不含糊地说出意见并阐明理由。

以祭祀之礼为例来看宋代具体的《礼》学与礼制策问的特点，可以发现，这些策问仍然在文本与实践、古与今这两个视域之内向考生或者学生发问，其中既有对历史记载真实性的追问，又有对文献记载矛盾的探究，而更复杂的策问，往往最终指向宋代的礼制实践，此时，礼制在策问中不再仅仅是纸上之条文，而真正化为当下国家层面的实践。

三、质疑《周礼》

谈到文本与实践、古与今这两个维度，宋代关乎《周礼》的策问就尤其值得关注。这里有两个原因：一是从现存的宋代《礼》学与礼制策问来看，关于《周礼》的策问明显应该作为一个独立的类别来讨论，它们涉及的内容与一般的"礼"不同，这与《周礼》本身的内容有关；二是对《周礼》的尊信或怀疑是宋代经学史上的一个重要关节，策问中问及《周礼》的相关问题，大多涉及这个关节。

在89道宋代《礼》学与礼制策问中，专门询问《周礼》有关内容的有12道，这些策问不仅仅涉及礼仪制度，而且更为广泛地涉及了《周礼》中其他制度，比如官制、财政、贡赋等。针对《周礼》的策问，就数量而言，远远超过了专门针对《仪礼》《礼记》的，所以有必要对这部分策问单独进行讨论。

策问中频频显现出对《周礼》内容的质疑，其理由是：《周礼》所载的制度在周代和当今均无法施行。欧阳修留下的三道《礼》学与礼制策问中，有两道是针对《周礼》的。《问进士策三首》之一先肯定《周礼》在经书中"其出最后，然其为书备"，"为治之法，皆有条理"，又说"周之治迹所以比二代而尤详见于后世者，《周礼》著之故也"。不过假如考生认为欧阳修的态度是赞赏《周礼》，那就全错了。策问接着说："然今考之，实有可疑者。"可疑者之一是《周礼》记载六官之属大约有五万人，这些人还不包括下层官员和士兵。王畿千里之地哪里容得下这五万人，这些人的供给又如何保障？可疑者之二是汉代以来历代多因袭秦制，它们不用《周礼》的制度，是不是因为其难以施行？极少数施行《周礼》者如王莽、后周皆以之取乱，证明《周礼》其实不能施行。策问最后提出的问题是："然其祭祀、衣服、车旗似有可采者，岂所谓郁郁之文乎？三代之治，其要如何？《周礼》之经，其失安在？宜于今者，其理安从？"② 可见欧阳修并没有断然否定《周礼》，而是认为它有缺陷、有问题，而询问考生如何认识这些问题，如何有选择地施行《周礼》。我们看这道策问中欧阳修对《周礼》的两点质疑，第一点是从《周礼》文本和制度实践的维度质疑的，他认为文本记载的内容是难以在现实中兑现的；第二点是从《周礼》所记

---

① 关于北宋时期天地分祭与合祭之争，参见朱溢《从郊丘之争到天地分合之争——唐至北宋时期郊祀主神位的变化》，载《汉学研究》第27卷，2009年第2期。

② 以上引文皆引自《欧阳修诗文集校笺》，第1192－1193页。

载的古制是否能施行于后世这一角度质疑的。那么这道策问仍然脱不开我们所强调的文本与实践、古与今的关系这两个维度。推而广之，从宋人针对《周礼》的策问来看，其中对《周礼》的质疑，多缘于其记载的制度在现实中不合情理，无法实施。如欧阳修关乎《周礼》的另一道策问《南省试进士策问三首》之二，其核心是说《周礼》记载的种种礼制，极为繁复，祭祀、巡狩、畋猎等活动相当频繁，如果真照此施行，则"疑其官不得安其府，民不得安其居，亦何暇修政事、治生业乎"①，整天按照《周礼》的文本搞各种活动都忙不过来了。欧阳修策问质疑《周礼》的这种思路，就是发现文本中记载的东西无法施行，或者不可能实现，在其他人的《周礼》策问中也时有所见。如苏颂《南庙策问》之一，言周仅有千里之畿，而"官府之给，六军之众，封赏之地，皆在其中"，照样足以供给。而当今"四乡万里，皆为郡县"，供养的官员比《周礼》记载的要少得多，而财用未见盈余，所以，作者不禁怀疑《周礼》文本的真实性："昔周以千里用而足，今以天下用而无余，其故何也？岂今之经制，不得其道耶？将《周官》之载为虚文耶？"② 不是今天施行的制度不对，就是《周礼》的记载不实，他请答策者发表看法。如果说，苏颂的策问还没有断定《周礼》为"虚文"，而是希望考生发表意见，那么南宋理宗朝方大琮的《策问周礼疑》则总结了前人和宋人对《周礼》的种种质疑：

> 问：《周礼》，周之旧典礼经也，其疑比他经特甚。郑众按《书序》"成王既黜殷命，还归在丰，作《周官》"，谓为此官。贾公彦以"五年营成周，六年制礼作乐"，谓为此礼。所作果何时？公岂不能身致太平，何为自苦思虑，忧及来世，作为此书，以遗后世纷纷之论欤？孟氏谓公思兼三王，有不合者，仰而思之，坐以待旦，其精神心术尽在是与？诸侯恶其害己而去其籍，一厄也；始皇绝灭《诗》《书》，而搜求其籍烧之独悉，再厄也；至汉而其书始出，武帝不之信，不以寘之学官，又一厄也。三厄之余，所谓阙文者往往于是失之欤？所幸者未尽亡于世，而疑信者半也。何休"六国阴谋"之诋，林孝存"渎乱不验"之排，所非果何见？唐太宗读之，则曰真圣作也；王通叹啨作之备，则曰千载之上未有如周公者，所是果何据？折以"吾从周"之言，夫子岂欺我哉？王莽尝从之矣，而有列肆井区之扰；荆公尝从之矣，而有青苗、保甲之说。岂繁密琐碎必有公而后能行，而后世不敢一尝试欤？姑舍是而论，尤有可疑者。什一定赋，古制也，而或十而一，十而三，二十而五；用民不过三日，古制也，而丰年旬用三日，几十倍于前，古不足稽欤？周之兴也，关市讥而不征，而廛人有五布之敛；泽梁无禁，而玉府入渔人之征，文王不足法欤？《酒诰》之戒商民也，曰"勿庸杀之"，而掌戮则有搏戮之政；《无逸》之戒成王也，曰"无淫于田"，而司马致禽馌兽之法特加详焉，《书》与《礼》异经欤？夫家之征，所以重闲民之禁也，而转移执事又以一职任焉；伪饰有禁，所以杜侈靡也，而王之金玉玩好则有掌焉，一

---

① 《欧阳修诗文集校笺》，第1198页。
② 《苏魏公文集》，第1092页。

经亦不必同旨欤?

噫!公之书能信于孔、孟、文中子,而不能信于何休、林孝存之流;能行于周,而不能行于王莽、荆公之时;能使太宗之叹服,而不能释武帝之疑,何欤?疑之而轻议者,行之而背驰者,其为不知等耳,于公何损?本朝名儒不为不知公者,复雠之事,伊川疑之;盟诅之设,横渠疑之;欧阳公疑征役,苏黄门疑封建,胡五峰疑宫闱。岂其非公全书,或有得以杂之欤?诸公之疑其非者,乃所以深信其是欤?果然,则公之心其能安于千载之下欤?若是者皆难通,试讨论焉。①

值得注意的是,方大琮虽然列出了历来对《周礼》的种种质疑之声,但从最后提出的几个问题看,他本人还是推崇《周礼》的。所以,在这道策问里,种种对《周礼》的质疑变成了考问学生的重点,你们对这些质疑之声怎么看,那些质疑《周礼》的人,他们对于该书的态度究竟如何?这些都构成了问题。假如答题者对于《周礼》文本和《周礼》学史没有充分的了解,恐怕是很难回答这道策问的。

方大琮的策问显示了一个很有意思的现象,质疑《周礼》在宋代已经成为不可忽视的一种学术倾向,其实对尊信《周礼》者造成了一种压力。在策问中,这种压力化为询问考生的问题,答题者被要求回答:为什么会有这些质疑?你对这些质疑怎么看?也就是说,这些策问不是质疑《周礼》,而是要求答题者对这些质疑做出恰切的响应,这反而成为考察他们学术水平的一种方式。比如尊信《周礼》、作《周礼致太平论》的北宋学者李觏,其《策问六首》之五开头就说:"《周礼》,周公致太平之迹也。"但提出的问题是:"若《春秋》旧凡亦曰周公之制而弑君之例存焉,岂成王时有是也哉?故学者疑《周官》凡例,皆不出于周公,二三子以为如何?"② 可见,质疑本身就是策问的问题所在。

宋人的89道《礼》学与礼制策问,在总共1600多道的策问中只占有很小的一个比重。但它们内容丰富,涉及了《礼》学与礼制的诸多根本问题。尤其值得注意的是,这些策问集中反映了宋人对礼经上记载的礼制和当下现实中施行的礼制究竟怎样看待,也体现了他们将试图将古代礼制改造后施用于今时今日的不懈努力,通过本文总结的文本与实践、古与今这两个维度来观察,这些策问就不仅仅是关于《礼》学和礼制知识的考察,而是包含丰厚的礼学思想,从中可见宋人如何来思考"礼"这一儒家文化的核心范畴,又如何来对待古代的制度与文化遗存。

[作者单位:华东师范大学古籍研究所。本文为国家社科基金青年项目"宋代试策与策文研究"(11CZW033)、上海市浦江人才计划"策论与经义:宋代科举考试文体比较研究"(14PJC028)阶段性成果之一。修订时参考了华中科技大学历史研究所陈文龙先生的意见,谨致谢意]

---

① 〔宋〕方大琮:《铁庵集》卷二九,《全宋文》,第322册,第256-257页。
② 以上引文皆引自《李觏集》,中华书局1981年版,第336页。

宋代转运使之"模范"
——兼谈"熙丰"政治对地方统治的影响

〔日〕小林隆道

元丰末年,有一位官员被司马光称为"诸路转运使模范",即鲜于侁(字子骏)。史载:

> 朝议大夫鲜于侁为京东转运使。熙宁末侁已尝为京东转运使,于是司马光语人曰:"今复以子骏为转运使,诚非所宜。然朝廷欲救东土之弊,非子骏不可。此一路福星也,可以为诸路转运使模范矣。"又曰:"安得百子骏布在天下乎!"侁既至,奏罢莱芜、利国两监铁冶,又乞海盐依河北通商,民大悦。①

按:鲜于侁在熙宁年间就已经担任过京东路转运使,这次元丰末年的就任是第二次。那时司马光将鲜于侁称为"一路福星""诸路转运使模范"。依据《宋史》本传,司马光本来认为"以侁之贤,不宜使居外",即使如此,为了救"东土之弊",他仍进行了这一人事调动②。"东土之弊"指元丰年间在新法党政权下京东路转运使吴居厚施行的政策。

宋代地方统治制度上,路位于中央和地方(州县)之间。故乍一看来,宋代的路似乎是最高地方行政机构。但是,路有以转运使司、提点刑狱司、提举常平司为中心的监司,这些机构虽然互相关联,但是独立运行,没有总管一路的长吏。如很多研究所提,路原则上是"监察"区,并不是"行政"区,因此,宋代的地方统治体制是秦汉以来传统的"郡县制"(州县制)。不过,路的实际作用随着时间的推移向行政方面倾斜。可以说,宋代路制的展开是在郡县制下出现三级制地方统治的过程。

路制在北宋熙宁、元丰年间发生了很大的变化。渡边久考察,监司职责的基准本来是人物的德义、见识这样主观的内容,但在新法时期,转变为法令条文中规定的事项;渡边认为,这是路的作用从监察变为行政的体现;而元祐时期,旧法党又停止其改革而恢复以前的监司职责基准。③

以新法实行为目的的路制改革跟"中央—地方"的财政关系有密切联系。特别是新法

---

① 〔宋〕李焘:《续资治通鉴长编》卷三六一,元丰八年十一月丁酉,中华书局2004年版,第8636—8637页。
② 〔元〕脱脱等:《宋史》卷三四四《鲜于侁传》,中华书局1977年版,第10938页。
③ 参见〔日〕渡边久《北宋监司をめぐって》,《龙谷史坛》第119、120期,2003年,第25—89页。

中的免役法（募役法），宫崎市定认为其目的在地方财政确立。① 但是，古松崇志认为，免役法没有确立地方财政，反而促进确立"司农寺—提举常平司"这一系统的中央财政，中央控制地方行政经费。② 不过，岛居一康考察宋代上供的构成，指出路有一定程度的财政权。③ 还有，高聪明认为，地方官将"羡余"献上中央的现象说明实际上有中央财政和地方财政的区别。④

何为中央或者地方财政？这一问题，包伟民已经提出过，关键是将路及监司在地方统治上置于什么位置。包伟民从地方财政研究的角度认为，诸路转运使本来是中央计司的派出机构，但是北宋末到南宋时期变为地方财政管理机构，代表地方财政的利益。⑤ 还有，青木敦考察"羡余"，指出地方官的财政活动对应于社会经济的变化，增加了宋朝财政运作的灵活性。⑥

如上所述，路制变化的关键时期是熙宁、元丰年间，路制的展开应该关联到新法党和旧法党的统治构思。在这种背景下，鲜于侁就任京东路转运使虽只是一个地方官的人事调动而已，但他在熙宁、元丰的新法政权结束之后不久被旧法党领袖司马光称为"转运使模范"，就是一个值得探讨的问题。⑦ 可以从中分析路制在宋代统治中的运作方式。

本文首先要考察开篇提出的《续资治通鉴长编》记述形成、流传的政治背景，其次要探讨"熙丰"政治在北宋后期如何影响到宋代转运使及路的运作。

一、鲜于侁的事迹

鲜于侁的详细事迹恐怕不是众所周知的，故略述如下。

---

① 参见〔日〕宫崎市定《宋代州县制度の由来とその特色—特に衙前の变迁について—》，载《史林》36-2，1953年，第1—27页，后收录于《宫崎市定全集》10，岩波书店1992年。还有，八木充幸从"役法改革＝地方财政确立"的观点来考察宋代地方财政。参见八木充幸《北宋后期における役法・保甲法と地方财政》，《集刊东洋学》40，1978年，第69—81页及同《南宋地方财政の一检讨》，《集刊东洋学》44，1980年，第37—49页。

② 参见〔日〕古松崇志《宋代における役法と地方行政经费—财政运营の一研究—》，《东洋史研究》57-1，1998年，第29—66页。

③ 参见〔日〕岛居一康《宋代上供の构成と财政运用》，载《社会システム论集：岛根大学法文学部纪要社会システム学科编》1，1996年，第1—22页。

④ 参见高聪明《从"羡余"看北宋中央与地方财政关系》，载《中国史研究》4，1997年，第98—105页，后收录于河北大学宋史研究中心《宋史研究论集》，河北大学出版社1999年版，第199—213页。

⑤ 参见包伟民《宋代地方财政史研究》，上海古籍出版社2001年版。

⑥ 参见青木敦《南宋の羡余と地方财政》，《东洋学报》73-3・4，1992年，第65—94页。

⑦ 方诚峰据此记述认为其人事与司马光对王安石变法的看法有关，说："司马光希望树立鲜于侁这样的循吏作为路级官员典型，纠正王安石变法以来的问题。"参见方诚峰《走出新旧：北宋哲宗朝政治史研究（1086—1110）》，北京大学历史系2009年博士学位论文，第106—107页。

（一）鲜于侁行状作成始末

鲜于侁的传记，主要见于秦观《鲜于子骏行状》①、范镇《鲜于谏议侁墓志铭》②及《宋史》卷三四四本传。其中，行状是其他两则材料的来源。

但是，其行状有些问题。现行鲜于侁行状收录于秦观《淮海集》。但是，本文开头引用的《续资治通鉴长编》李焘注说："此据李豸所作侁行状及范镇墓志。"李豸即李廌（字方叔）。李廌虽没有科举登第，但是苏轼门下六君子之一。苏轼给李廌写书信，说："足下之文，过人处不少，如《李氏墓表》及《子骏行状》之类，笔势翩翩，有可以追古作者之道。"③ 又说："承示新文，如子骏行状，丰容隽壮，甚可贵也。"④ 故李焘、苏轼都认为鲜于侁行状系李廌之作。

鲜于侁在元祐二年（1087）五月辛未逝世。他有五个儿子。长子已经去世，所以请求撰写行状的是次子颉（河南府偃师县尉）："以某年某月某日葬于颍昌府阳翟县大儒乡高村之原。前期颉以书走汝阳，请状公之行义，将乞铭于知公者。"⑤ 因为颉在埋葬之前请求行状，所以行状作者那时还不知道埋葬时间。不过，墓志铭说"是岁八月辛丑，葬于颍昌府阳翟县大儒乡高村之原"⑥，已经写到埋葬时间。从此可知，颉为了请求撰写行状"以书走汝阳"的时期是在元祐二年五月到八月之间。那时行状作者由于"被遇最厚、又尝辱荐于朝"，慨允撰写行状。

此时期，秦观担任蔡州教授而居于汝阳，故秦观撰写行状是有可能的。⑦ 但是，鲜于

---

① 〔宋〕秦观：《淮海集》卷三六《鲜于子骏行状》，四部丛刊初编缩本，台湾商务印书馆1967年版，第127－130页。
② 〔宋〕杜大珪编：《名臣碑传琬琰集》卷二四，〔宋〕范镇：《鲜于谏议侁墓志铭》，宋史资料萃编第二辑，台湾文海出版社1969年版，756－760页。
③ 〔宋〕苏轼：《苏轼文集》卷四九《与李方叔书》，孔凡礼点校，中国古典文学基本丛书，中华书局1986年版，第1420页。
④ 《苏轼文集》卷五三《答李方叔十七首五》，第1578页。
⑤ 元祐二年（1087）制科恢复的时候，秦观受到苏轼和鲜于侁的推荐。参见徐培均《秦观年谱》，《淮海集笺注》，上海古籍出版社1994年版，第1683页。而且，关于秦观和鲜于侁的关系，可以参见《淮海集》卷三七《与鲜于学士书（第一书）》（系元祐二年1087），第136－137页。这封书信上，秦观写到他在元丰三年（1080）受教于鲜于侁。元丰二年（1079），鲜于侁为知扬州，很有可能在那里跟扬州高邮人秦观认识。参见《淮海集笺注》，第1684页。另外，那封书信题目里，对鲜于侁的敬称是"学士"（"学士"指馆职。参见《梦溪笔谈》卷一，《今三馆职事皆称学士》）。由此可知，那封书信在鲜于侁得到"集贤殿修撰"的元祐二年（1087）三月以后寄出。（参见《续资治通鉴长编》卷三九六，元祐二年三月丙寅条。）其两个月后的五月，鲜于侁逝去。另外，《淮海集》卷三七《与鲜于学士书（第二简）》（第137页）以为鲜于侁在世，恐怕鲜于侁逝去之后家人收到。参见《秦观年谱》，第1684页。据此可以想象，鲜于侁的家人在侁逝去前后收到秦观的书信，那些书信成为次子颉想向秦观请求撰写行状的主要动机。
⑥ 〔宋〕范镇：《鲜于谏议侁墓志铭》，第760页。
⑦ 参见徐培均《秦观年谱》，第1684－1686页。

佺葬于颍昌府阳翟县，而李廌正是阳翟人。① 虽然不能确定当时李廌所在，但是即使他不在阳翟县而居于科举落第后定居的颍昌府长社，② 也近于阳翟县。将这些事实和苏轼给李廌的书信综合在一起考虑的话，或许可以推测如下：关于撰写行状，次子颉试探秦观的意向的时候，秦观介绍了阳翟人李廌，最终李廌担任秦观的代笔。

当然，现在没有确凿的材料，故此问题仍属存疑。③ 今鲜于佺行状收录于秦观《淮海集》，故本文暂时将其视为秦观之作。

（二）鲜于佺的官历

现按照行状确认鲜于佺的官历。鲜于佺，字子骏，阆州人。父亲号称"隐居先生"，是蜀中名儒。鲜于佺于景祐五年（1038）登进士第，调京兆府栎阳县主簿，数月后服丧。除服，为江陵府右司理参军。其后，又任歙州黟县令、权婺源令；继而改官著作佐郎而知河南府伊阙县事，又迁秘书丞、通判黔州，未行，改通判绵州。通判绵州时，被赵抃推荐于朝廷而转屯田员外郎、赐五品服。英宗朝，鲜于佺转都官员外郎、通判保安军，被何郯辟为签书永兴军判官厅公事，改职方员外郎，覃恩转屯田郎中。神宗即位，诏中外直言阙失，鲜于佺应诏言十六事，神宗爱其文。

熙宁初，鲜于佺受到范镇的推荐而就任利州路转运判官，又升转运副使，兼提举常平，岁满有旨再任，转都官郎中。其后，就任京东西路转运副使，赐三品服而迁司封郎中。时京东东路和西路合为一路，鲜于佺升任转运使，这是他第一次任京东路转运使。元丰二年（1079）知扬州。元丰官制改革施行，司封郎中换为朝请大夫。不久降为朝散大夫，后复朝请大夫、管勾西京留守司御史台。那时，范纯仁领台事，司马光提举崇福宫，都在西京河南府，故他们三个人有深交。

元丰八年（1085），哲宗即位，司马光为门下侍郎，范纯仁为环庆路经略使（知庆州），鲜于佺再任京东路转运使。其后，召还为太常少卿。元祐元年（1086）九月任左谏议大夫，④ 二年（1087）正月兼权给事中。⑤ 乞外任，拜集贤殿修撰、知陈州。有旨满岁除待制，但同年五月辛未逝于陈州，享年六十九岁。累勋柱国，赐爵清源县男。同年八月辛丑，葬于颍昌府阳翟县大儒乡高村。

以上主要罗列了鲜于佺的官位和差遣。首先应该关注的是以荐举为中心的人际关系。他受到赵抃、何郯、范镇这样跟四川有关的人物的荐举。而且，依据《宋史》本传，他推

---

① 〔宋〕李廌：《德隅斋画品》，《四库全书》提要（文渊阁四库全书本，子部八，艺术类一，第812册，第937页）云："臣等谨案《德隅斋画品》一卷，宋李廌撰，廌字方叔，阳翟人。"另外，王称撰《东都事略》卷一一六《秦观传》（《宋史资料萃编》第一辑，台湾文海出版社1967年版，第1794页）提及"又有李廌者，字方叔，阳翟人也。"这样的记载出现在秦观传记中，笔者认为暗示他们两者的关系，但是详细不明，待后考。
② 《宋史》卷四四四《李廌传》，第13117页，"中年绝进取意，谓颖为人物渊薮，始定居长社"。
③ 曾枣庄《宋文通论》（上海人民出版社2008年版，第973页）也论及这一问题，但是没有下判断。
④ 行状写"右谏议大夫"。但是，《续资治通鉴长编》卷三八七，元祐元年九月丁卯（第9426页）及《宋史》本传写"左谏议大夫"。行状可能有误。
⑤ 《续资治通鉴长编》卷三九四，元祐二年正月己卯，第9610页。

举的人物是：刘挚、李常、苏轼、苏辙、刘攽、范祖禹等。他们都是元祐旧法党政权之中枢人物。关于荐举，鲜于侁曾经说道："吾有荐举之权，而所列非贤，耻也。"① 另外，行状也写到他对推举的态度。他推举的人由于受贿被问罪，他也连坐而降为朝散大夫的时候，有人劝他辩解。但是，他说道："吾专刺举十二年，所任吏四百余人，宁尽保其往耶？然既已荐之于朝，岂可反覆为自全计！"因而拒绝辩解。由此可知，他推举的人数很多，而且对推举的态度严谨正直。在此也可以看出他在官界有深厚的人际关系。

再次，依据梅原郁的研究，② 考察鲜于侁的官阶迁转。他历官从京兆府栎阳县（次畿）主簿开始，以著作佐郎改官，然后沿着秘书丞—屯田员外郎—都官员外郎—职方员外郎—屯田郎中—都官郎中这一右曹较上端的系列。那是北宋前半期有出身者的一般路线。但是，出任利州路转运使之后就任京东西路转运使，晋级为司封郎中。左曹"祠部—度支—司封"系是进士出身者的高升之路，有着优迁的特殊意义。③ 其后，元祐年间，晋级为太常少卿、右谏议大夫，就任知陈州的时候，赐集贤殿修撰。总之，晋级为司封郎中的时候以及从利州路转运使调任京东西路转运使的时候，都是他作为官僚的转机。在其前后，他的经历发生了明显的差异。由此可知，其转机是由于利州路转运判官和副使的业绩得到了很高的评价。④

元丰末年，司马光以鲜于侁再任京东路转运使的原因，如《续资治通鉴长编》和其他史料所举，当然是因为鲜于侁熙宁年间担任过京东路转运使而熟悉当地的情况，还有即司马光、范纯仁、鲜于侁三人在西京之深交。但是，作为鲜于侁被称为"转运使模范"的主要因素，应是他业绩很突出，对于荐举的态度很正确，因为荐举是监司的重要职责；⑤ 另外，还应和熙宁年间他在利州路转运判官、副使任上的业绩有关。

（三）鲜于侁在利州路的业绩

鲜于侁熙宁年间作为利州路转运判官、副使的活动涉及许多方面。利州路的事迹在行状中占了20%多的篇幅，其末尾的综合评价如下：

> 深计远画，公私便之，而人所不及者，盖不可悉数。十余年，使者有欲变其法者，父老泣曰："老运使之法，何可变也。"盖公之犹子师中，尝使利路，故民以老运使别之。公奉使九年，阆为名郡。⑥

---

① 《宋史》卷三四四《鲜于侁传》，第10937页。
② 参见梅原郁《宋代官僚制度研究》，《第一章宋代の文阶—寄禄官阶をめぐって》及《第四章宋代の馆职》，京都：同朋舎，1985年，3-98页，329-422页。
③ 参见邓小南《宋代文官选任制度诸层面》，河北教育出版社1993年版，第188页。
④ 《东都事略》卷九二《鲜于侁传》，第1417-1419页，除了元丰八年（1085）的京东路转运使再任之外，举出在利州路作为转运判官和副使的业绩，但是不写熙宁时期的京东路转运使初任。
⑤ 渡边久指出，元祐年间有将转运使的主要职能从行政官回到监察官的动向。参见上述渡边久《北宋监司をめぐって》，第76页。
⑥ 《淮海集》卷三六《鲜于子骏行状》，第128页。

鲜于侁为利州路转运判官之后,又于熙宁四年(1071)十月晋级为转运副使兼提举常平,岁满有旨再任,一共九年间,一直在利州路。如上述所说,他的本贯是利州路阆州,行状也写道:"阆为名郡"。总之,他在自己本贯所在地长期担任转运判官、副使。① 考虑到行状的性质,其表述肯定有夸张,但纵使减去那些夸张,在利州路的业绩亦得到了非常高的评价。

他在利州路的活动中,最重要的是关于免役法的一件事。朝廷有诏算定诸路免役钱额,利州路转运使李瑜定路内免役钱额四十万缗。但是,当时担任利州转运判官的鲜于侁提出异议。他主张,利州路民庶贫穷,四十万缗的负担太大,减半二十万便可。双方意见相持不下,最终奏上各自主张之利害而请求神宗裁断。神宗以鲜于侁的意见为是。由于这一件事,李瑜被罢免转运使,鲜于侁晋级为转运副使。② 又,就任转运副使之后,他虽然因在利州路不施行青苗法而被王安石逼问,但是一直不从,其态度也受到称赞。这是从保护利州路之民的观点来描述鲜于侁对抗王安石新法的情形。应该注意的是,对他作为转运使的评价,在跟以前不同的认识框架中形成。如苏辙《栾城集》卷二三《京西北路转运使题名记》所描述,新法时期转运使为地方财政奔走;担任利州路转运判官、副使的鲜于侁也不例外。他需要管掌新法实务,免役钱额算定与执行及青苗法施行,等等。当时,转运使的职能不仅仅是对官员的监察,并且包括行政方面。

州县官作为亲民官需要回避本贯。但是,因为鲜于侁为转运使,所以不需要回避,可以长期在自己本贯所在的利州路,利用行政方面的职能来对抗新法而保护民众。因此,鲜于侁被以司马光为首的旧法党政权称扬为"转运使模范"。可见,元祐年间虽然有将转运使回到监察官的动向,但是仍然重视转运使作为行政官的职能。

二、新旧两党的"转运使模范":吴居厚与鲜于侁之对立结构的确立

(一)元丰年间的京东路

鲜于侁在旧法政权下作为"转运使模范"就任京东路转运使。这一人事任命以救"东土之弊"为目的。"东土之弊"主要指元丰年间新法党政权下京东路转运使吴居厚在

---

① 关于转运使的本贯回避,谢兴周《宋代转运使之任用制度》(《新亚学报》第17期,1994年,第459—510页)认为,宋初没有回避,从太平兴国七年(982)限于地域逐渐施行,至政和三年(1113)全国施行。
② 《续资治通鉴长编》卷二二七,熙宁四年十月庚申,第5525—5526页,有两个记载。一是跟鲜于侁行状同样的。另外一个是,关于李瑜罢免,跟行状不一样的。其记载的内容是:虽然利州路内使用的免役钱一年九万六千六百,但是李瑜算定的免役钱额是"二十三万",宽剩钱太多了。为此李瑜被邓绾弹劾。在此李瑜算定的免役钱有差异。还有,关于李瑜算定的免役钱额,《宋史》卷一七七《食货志上五·役法上》(第4306页)的记载写道"三十三万",《宋史》卷三二九《邓绾传》(第10598页)写道"三十万"。每个材料表示不同的额。其问题的主要原因在各种材料的来源。别稿讨论。

路内实施的"榷铁法"。关于吴居厚的"榷铁法",古林森广曾经研究过。① 此处引述《石林燕语》的记载,以说明旧法党系士人如何评价吴居厚的活动:

> 范侍郎纯粹,元丰末为陕西转运判官。当五路大举后,财用匮乏,屡请于朝。吴枢密居厚时为京东都转运使,方以冶铁鼓铸有灶,即上羡余三百万缗,以佐关辅。神宗遂以赐范。范得报,愀然谓其属曰:"吾部虽窘,岂忍取此膏血之余耶!"力辞,讫弗纳。②

元丰年间,为了补给对西夏之战线,范纯粹作为陕西转运判官在路内奔走,但是路内财政困窘,于是神宗赐给他三百万缗。但是,范纯粹知道那些支援源自吴居厚的羡余,便谢绝接受③。此记载说明范纯粹对吴居厚的反感,而其记载流传的事实本身,可能说明旧法党方面对吴居厚的评价。虽然吴居厚考虑陕西路需要支援而提供羡余,但是从旧法党方面的观点来看,那只是在京东路施行暴政而被视为"东土之弊"。

但是,元丰年间与西夏战争期间,从当权的新法党一方的观点来看,吴居厚是非常能干的地方官。吴居厚的做法,不仅仅考虑自己管辖的京东路财政,也考虑向陕西路的补给。那是当时中央财政的最大困难,而吴居厚的政策正能通观大局。因此,神宗极力赞扬他,说"居京东而恤他路,干国器也"④,"内外理财之臣,未有出其右者"⑤。而且,如古林森广所论,元丰年间以吴居厚在京东路的业绩为标准,也有人因不如他而被左迁。如邻路京西路权转运使向宗旦和权判官唐义问,被跟吴居厚比较,由于理财无能被冲替处分。⑥还有,前任京东路转运使刘攽,跟后任吴居厚直接比较,最终甚至降为衡州监当官。⑦

总之,元丰时期,京东路支持国家财政,特别是承担对西夏战争的补给。其转运使吴居厚可以说在新法党政权下被视为"转运使模范"。然后,旧法党夺取政权,司马光将鲜于侁作为"转运使模范"委派当京东路转运使。如此,元丰年间新旧两党的"转运使模范"都在京东路出现。

(二) 元丰八年东京路转运使人事变迁

关于元丰八年的京东路转运使人事变动,南宋时期成书的《东都事略·鲜于侁传》记

---

① 参见〔日〕古林森广《北宋京东路の榷铁法》,载《宋代产业经济史研究》,国书刊行会,1987年,第261–300页。
② 〔宋〕叶梦得撰,宇文绍奕考异,侯忠义点校《石林燕语》卷七,唐宋史料笔记丛刊,中华书局1984年版,第102页。
③ 此事在《续资治通鉴长编》所载的范纯粹上奏也可以看到。《续资治通鉴长编》卷三四四"元丰七年三月癸丑"条,第8258–8260页。还有,此条的李焘注说:"叶梦得云,三百万缗,盖误也。"
④ 〔宋〕葛胜仲:《丹阳集》卷一二《枢密吴公墓志铭》,文渊阁四库全书本,集部四,别集类三,第1127册,第515页。
⑤ 《续资治通鉴长编》卷三三九,元丰六年九月戊申,第8161页。
⑥ 《续资治通鉴长编》卷三三二,元丰六年正月辛丑,第8006页。
⑦ 《续资治通鉴长编》卷三三九,元丰六年九月戊辰,第8172页;《宋史》卷三一九《刘攽传》,第10388页。

述如下：

> 又为京东转运使。所代吴居厚，以掊敛虐下，侁继之，务行宽大。司马光尝谓苏轼曰："子骏福星也。京东人困甚，且令子骏救之。然安得百子骏布之天下乎！"①

主要内容与本文开头举出的《续资治通鉴长编》基本一致。但是，《东都事略》载司马光讲述的对象为苏轼。还有，"所代吴居厚"一语，说明吴居厚和鲜于侁为连续的两任京东路转运使，吴居厚的苛政和鲜于侁的宽大政策的对比更加明显。

但是，关于元丰八年的京东路转运使人事变动，《续资治通鉴长编》所载与《东都事略》不同。首先，四月八日吴居厚被罢免。② 然后，四月十二日范纯粹就任权发遣京东路转运使，③ 十一月三日改知庆州（环庆经略使）④。之后，十一月七日鲜于侁才再任。总之，吴居厚和鲜于侁并非连续的两任，其中隔着范纯粹。

如上述所说，范纯粹谢绝源自吴居厚苛政的支援。可以说，他最适合作为吴居厚的后任。《宋史·范纯粹传》写到他作为京东路转运使的业绩，说："哲宗立，居厚败，命纯粹以直龙图阁往代之，尽革其苛政。……复代兄纯仁知庆州。"⑤ 还有，他在京东路在任时期，徐州宝丰下监废止，铁钱铸造也停止。⑥ 但是，《东都事略·范纯粹传》写道："擢陕西转运判官，升副使。进直龙图阁，为京东路转运使。知庆州。"⑦ 略过了其京东转运使任上的具体业绩。

范纯粹担任京东路转运使的时间不到七个月。可以推测，范纯粹开始改革吴居厚的苛政，鲜于侁就任之后，那些改革才结束。但是，除了《宋史·范纯粹传》以外，别的记述都将京东路改革的业绩归于鲜于侁。如果这种忽视只限于鲜于侁的行状、本传的话，本没有什么问题；但是，《东都事略·范纯粹传》仍忽视了传主的业绩。

目前无法得知《东都事略》的省略是否有意为之，可能只是单纯的删繁就简，或者范纯粹的业绩埋没于吴居厚和鲜于侁的鲜明对比。总而言之，多数材料忽略了同为元丰八年京东路转运使的范纯粹的业绩，突出了新旧两党"转运使模范"的替换或吴居厚和鲜于侁的对立结构。

（三）对外政策和京东路转运使人事

范纯粹、鲜于侁在元丰八年职任，还与对西夏战争有关。

---

① 《东都事略》卷九二《鲜于侁传》，第 1418 页。
② 《续资治通鉴长编》卷三五四，元丰八年四月辛未，第 8470 页。
③ 《续资治通鉴长编》卷三五四，元丰八年四月乙亥，第 8474－8475 页。
④ 《续资治通鉴长编》卷三六一，元丰八年十一月癸巳，第 8636 页。
⑤ 《宋史》卷三一四《范纯粹传》，第 10280 页。其传在这记载之前有跟上列《石林燕语》内容的记载。从此可推，虽然这两条记载本来一个故事，但是《石林燕语》载入一方记载而已。
⑥ 《续资治通鉴长编》卷三五六，元丰八年五月是月，第 8525 页。
⑦ 《东都事略》卷五九《范纯粹传》，第 893 页。

如上述所说，范纯粹就任京东路转运使之前，担任陕西转运判官，为对西夏战争的补给业务奔走。而且担任京东路转运使之后，很快又改为知庆州、环庆经略使，赴前线指挥。① 此后，范纯粹在元祐年间再任知庆州、环庆经略使，经由户部侍郎就任知延州。他始终与对西夏战争有很密切的关系。

范纯粹对于对西夏战争的意见，首尾如一，主张将从西夏夺取的领土、城寨放弃归还（"弃地"）而缩小战线。他上奏哲宗："固尝长驱而无功，亦已进筑而失利。众说并试，一无所成，徒致关辅疮痍，公私困弊，百姓流徙，国兵残耗。……尽关辅公私之力，曾不足以自支。故日烦朝廷自内应副，而边防衅隙，日有可忧。"② 他强调神宗时期对外积极政策引起弊害，诉说国内补给体制已经达到了极限。

这样，范纯粹的认识和意见便跟元祐旧法党政权的方针一致。范纯粹兄纯仁担任知庆州、环庆经略使的时候建议撤兵，③ 后执政，元祐年间又作为熟悉环庆、鄜延地域状况的人进言停战。④ 这种停战的论调在旧法党系士人中比较普遍，其发端于司马光。元丰末，西夏提出返还领土的要求，但遭宋朝拒绝。其时，许多臣僚建议返还领土，主要都是根据司马光的意见。⑤ 由此可知，司马光关于西夏战线的缩小、停战这样的政治构思在元丰末已经成型。

考虑这些情况，司马光元丰八年使鲜于侁就任京东路转运使的人事安排是对西夏战线缩小构思的一个环节。元丰年间京东路由于转运使吴居厚的努力，成为对西夏战线的重要补给基地。但是，战线缩小后，就不需要从京东路勉强补给。可以说，司马光委派鲜于侁作为"转运使模范"掌京东路，就意味着取消这一补给基地，显示其对外政策上的构思。由此可见当时对外政策的变化影响到内地转运使的人事变动。

但是，此人事记载省略了范纯粹的业绩，引起去除对外政策这一因素。因此，吴居厚的政策被抹去对外政策上的意义，变为"苛政"。鲜于侁就任转运使的人事被抹去跟对外政策的关系，只强调内政方面的"善政"。元丰八年京东路转运使人事变动，本来是国家政策上的问题，但是被一般化为"苛政"和"善政"的对比。

那么，对于鲜于侁的评价，是否自元祐年间始终一致？本文前面举出的《续资治通鉴长编》记载有李焘注如下：

> 此据李豸所作侁行状及范镇墓志。侁传载侁事极疏略，亦不载侁再为京东漕也。⑥

---

① 《续资治通鉴长编》卷三六一，元丰八年十一月癸巳，第 8636 页。
② 〔宋〕赵汝愚编，北京大学中国中古史研究中心校点整理：《宋朝诸臣奏议》卷一三九《边防门·辽夏一一》，范纯粹《上哲宗乞以弃地易被虏之人》，上海古籍出版社 1999 年版，第 1561 页。
③ 《宋朝诸臣奏议》卷一三八《边防门·辽夏一〇》，范纯仁《上哲宗缴进后汉光武诏书》，第 1552 页。
④ 《宋朝诸臣奏议》卷一三八《边防门·辽夏一〇》，范纯仁《上哲宗答诏论西事》，第 1555 – 1556 页。
⑤ 参考对于《宋朝诸臣奏议》卷一三八《边防门·辽夏一〇》，司马光《上哲宗乞还西夏六寨》附加的注，第 1555 页。
⑥ 《续资治通鉴长编》卷三六一 "元丰八年十一月丁酉" 条及李焘注，第 8637 页。

编纂《续资治通鉴长编》时李焘参照的《鲜于侁传》没有写到如现行《宋史·鲜于侁传》所载的元丰八年京东路转运使再任。由此可知,至少到南宋初期在中央官方记录上,对于鲜于侁再任的评价已经不见。

因此,值得考察对吴居厚的评价,因为对他和鲜于侁的评价在对立结构中有对应的关系。接下来,本文将考察对吴居厚和鲜于侁的对比评价在元祐以后如何展开、如何流传。

三、哲宗亲政期与徽宗朝的吴居厚评价:
吴居厚与鲜于侁之对立结构的利用、强化

(一)吴居厚墓志铭和元祐年间以降的升黜

元丰八年,鲜于侁已经六十七岁,而吴居厚四十五岁,正当壮年。鲜于侁在两年之后的元祐二年逝去,享年六十九岁;吴居厚逝于政和三年(1113),享年七十七岁①。吴居厚逝去的时候,他的官位、差遣是光禄大夫、知枢密院事,可以说他达到了官僚的最高层。

因此,吴居厚墓志铭系官撰。撰者是当时史臣葛胜仲,《丹阳集》中就收有《枢密吴公墓志铭》②。《吴公墓志铭》里关于吴居厚私人关系的记述极少。他的晋级都出自跟皇帝或者宰执的垂直关系。相比之下,鲜于侁行状及墓志铭是由于密切的私人关系而作成,且写到很多私人关系,两者对比极为鲜明。

元丰八年罢免吴居厚京东路都转运使而降为知庐州之后③,不久为成州团练副使、黄州安置。④ 他的墓志铭讲到其不遇时期,只说"元祐中,公摈不用且十年,荣悴一不婴意"而已;绍圣年间哲宗亲政而新法党再当权,吴居厚就恢复了地位。据墓志铭:"绍圣初,哲宗躬断,以前所坐非罪,亟召用之。"因此,他被召为知鄂州、知苏州,馆职也恢复集贤殿修撰。不久,由于宰相章惇的安排,吴居厚就任江、淮发运使。⑤ 后又任户部侍郎、户部尚书、龙图阁学士知开封府。其中,从户部侍郎晋级到尚书之前,"哲宗命以元祐责告悉纳尚书省,燔弃之",哲宗再次确认吴居厚元丰年间业绩的正当性。

绍圣年间哲宗两次亲自恢复吴居厚的名誉,值得关注。其第二次名誉恢复引起一连串

---

① 关于他的享年,《宋史》卷三四三《吴居厚传》说:"卒,年七十九。"但是,他的墓志铭《枢密吴公墓志铭》(葛胜仲《丹阳集》卷一二)说:"享年七十有七。"考虑到墓志铭说到"大观初,以年臻七十累求致仕"(大观元年为1107年),应该以墓志铭为是。故本稿据墓志铭记载的享年。
② 《丹阳集》卷一二《枢密吴公墓志铭》,第513—517页。
③ 《续资治通鉴长编》卷三五四,元丰八年四月辛未,第8470页。
④ 《续资治通鉴长编》卷三六〇,元丰八年八月丁丑,第8608—8609页。
⑤ 《宋史》卷三四三《吴居厚传》,第10921页。另外,《枢密吴公墓志铭》说:"为江淮荆浙等路发运使,俄复天章阁待制。"但是,曾布说到以前叶祖洽缴奏给吴居厚待制除授的词头和哲宗从听而中止除授。还有,御史蔡蹈也以同样事实为前提陈述自己的意见。参看《续资治通鉴长编》卷四八八,绍圣四年五月辛未,第11577—11585页。从此可推,天章阁待制实际上没有正式除授。

的论争，其焦点就是如何评价吴居厚元丰年间在京东路施行的政策，中书舍人、给事中、御史及宰执都参与了议论。旧法党加以严厉批评的吴居厚的政策，在新法党内如何评价？

（二）绍圣四年新法党内对吴居厚的评价

1. 议论的发端——沈铢缴奏词头

绍圣四年（1097）五月九日（壬戌），除户部侍郎吴居厚权户部尚书，但是起居郎兼中书舍人沈铢缴奏其词头，十一日（甲子）再缴。① 中书舍人若判断除授有问题的话，可以论奏而封还词头，② 跟门下省给事中一样，有封驳之权。沈铢封驳的理由是："居厚顷使京东，坐聚敛罢，不可以长地官。"③ 他认为吴居厚不适合担任户部尚书，因为他元丰年间在京东路施行苛政。但是，沈铢被要求辩明而不能回答，同月十八日（辛未）被罚铜二十斤。④

沈铢，据《宋史》本传，是王安石的妹婿，少从安石学，高第进士。⑤ 从此可知，这并不是从旧法党一方的责难，而是在新法党内的批评。这点十分值得关注。

2. 议论的展开——蹇序辰肯定吴居厚和诏榜

"吴居厚除权户部尚书"的词头，五月十五日（戊辰）再付中书舍人蹇序辰。同月十八日（辛未），蹇序辰草拟制词⑥。他的意见主要是，否定神宗承认的人物等于否定神宗，不能非难从"公"施行政策的人。

蹇序辰父蹇周辅，在元祐年间被弹劾。其理由是：蹇周辅元丰年间在江西、福建施行的盐法太苛刻。⑦ 蹇序辰认为那是从"公"施行的政策而没有问题。⑧ 但是，侍御史刘挚弹劾数次，元祐元年（1086）二月辛巳，刑部侍郎蹇周辅落职降为知和州，承议郎司封员外郎蹇序辰也降为签判庐州。⑨ 蹇序辰批评元祐年间的政治的时候，常常举出刘挚。这不

---

① 《续资治通鉴长编》卷四八八"绍圣四年五月辛未"条及李焘注，第11577－11585页。
② 《宋史》卷一六一《职官一》，中书，舍人，第3785页，"四人，旧六人。掌行命令为制词，分治六房，随房当制，事有失当及除授非其人，则论奏封还词头"。
③ 《续资治通鉴长编》卷四八八"绍圣四年五月辛未"条及李焘注"壬戌除居厚，铢缴词头，甲子再缴，戊辰改付序辰、辛未罚金"（第11579页）。
④ 《续资治通鉴长编》卷四八八"绍圣四年五月辛未"条及李焘注，第11579页；〔清〕徐松辑：《宋会要辑稿》职官三之一六"绍圣四年五月一八日"条，台湾新文丰出版社1976年版，第2391页；以及《宋史》卷三五四《沈铢传》，第11157－11158页。
⑤ 《宋史》卷三五四《沈铢传》，第11157－11158页。
⑥ 《续资治通鉴长编》卷四八八"绍圣四年五月辛未"条及李焘注，第11577－11578页。
⑦ 参见上述〔日〕渡边久《北宋监司をめぐって》，第62－64页。他举出元丰年间活跃而元祐年间被左迁的监司，论及蹇周辅、序辰父子。
⑧ 元丰八年七月，下命御史宇文昌龄查明蹇周辅在福建路施行的政策。但是，那时担任右司谏的蹇序辰进言说：因为宇文昌龄是蹇父周辅同乡的人，所以应该派不相干的官员去。参见《续资治通鉴长编》卷三五八，元丰八年七月甲午，第8559－8560页。这说明蹇序辰完全相信盐法是从"公"的政策而没有问题。
⑨ 《续资治通鉴长编》卷三六六，元祐元年二月辛巳，第8798－8799页。

仅仅是因为刘挚当时担任御史,① 也是因为他本身被刘挚弹劾。刘挚当时举出吴居厚而弹劾蹇序辰。从此可知,蹇序辰拥护吴居厚,也是为他本身和父亲蹇周辅辩护,恢复吴居厚的名誉等于恢复他们父子两人的名誉。

蹇序辰肯定吴居厚之后,朝廷诏在朝堂榜示。其中评论近来朝廷的人才说:

> 鲜知事君之义,崇乡原以为善士,造虚誉以进无能;以交私合党相先,以奉法守公为讳。材智胜任,则阘茸共嫉;趣向至正,则颇侧深仇。②

此诏批评最近官界的潮流:"以奉公守法为讳"。其诏认可蹇序辰的意见,宣言以吴居厚从"公"施行的政策为是。同时,此诏也有以元丰年间贡献于国家财政的蹇周辅、蹇序辰父子为是而恢复他们名誉的意义。

3. 议论意图的复杂性——蔡卞对于诏榜的政治意图

上一诏榜由蹇序辰和尚书左丞蔡卞共同谋划。③ 但是,他们两个人的意图却有差异。绍圣初,尚书右丞蔡卞并不是以神宗亲政期的元丰时期政治为是,而是以王安石主持的熙宁政治为是。不过,因为哲宗对其有反感,所以他不得不变更他的政治态度。④ 于是,蔡卞利用吴居厚就任户部尚书的问题,跟蹇序辰一起图谋将诏书榜于朝堂,宣言以元丰之政为是。

因此,诏榜是蹇序辰的个人意愿和蔡卞的政治意图合力的结果。在此背景下,从王安石学的沈铢缴还词头,就是对当时政治方针从"熙宁"变为"元丰"的抵抗。

诏榜批评的"崇乡原以为善士,造虚誉以进无能;以交私合党相先,以奉法守公为讳",明显指旧法党政权下的状况。如第一部分所考察,旧法党的"转运使模范"鲜于侁在利州路拒绝执行王安石新法,而且跟四川系官僚有密切的人际关系,其行为被称赞。诏榜的文字具体批评以鲜于侁为代表的元祐旧法党的政治。

但是,诏榜的目的不仅仅是批判旧法党。哲宗亲政期,反旧法党是大前提,不能对此提出异议。因此,即使对于吴居厚(或者元丰之政)有反感的人也不能否定吴居厚,因为那样的话就等于承认代表旧法党的鲜于侁。从此可以解释,神宗元丰路线派利用这一说法,使吴居厚作为京东路转运使的业绩正当化,压制新法党内的王安石熙宁路线派⑤。

---

① 平田茂树以当时担任言路官的刘挚为在元祐时期政治中实质上的中心人物。参看〔日〕平田茂树《第三部第一章宋代的言路》,载《宋代政治构造研究》,日本汲古书院2012年版,第211－247页。
② 《续资治通鉴长编》卷四八八,绍圣四年五月辛未,第11578页。
③ 《续资治通鉴长编》卷四八八,绍圣四年五月辛未,第11579页:"及蔡卞与序辰谋共作诏榜……(中略)……于是从序辰所请降诏榜云。"
④ 《续资治通鉴长编》卷四八八"绍圣四年五月辛未"条之后有关于丙子的记述,对此李焘注云:"卞,绍圣用事之初,专述熙宁,及哲宗既怒常立,然后骤述元丰,始与序辰谋作盖抹之事矣"(第11582页)、"盖卞之初意,讥薄神考元丰之政,专务绍述安石熙宁之事"(第11583页)。
⑤ 为了方便,本文暂时将注重熙宁政治的群体称为"熙宁路线(派)",将注重元丰政治的群体称为"元丰路线(派)"。

一般将"熙宁""元丰"这两个新法党执政时期结合起来称为"熙丰",而这容易忽视熙宁时期和元丰时期的差异。如上所述,在吴居厚评价问题上,熙宁路线和元丰路线的差异很明显,新法党内对于吴居厚的评价包含多重政治意图。① 正因为新法党内部有熙宁对元丰的政治方针对立,故吴居厚和鲜于侁的对立结构被利用而更强化,可以说,当时政治状况单纯从"新旧"这样的二元对立的角度不能解释。②

(三) 吴居厚的晋级和北宋末的羡余

吴居厚除户部尚书的议论发端于绍圣四年五月九日(壬戌),又经哲宗和曾布的讨论,随后还有御史蔡蹈的进言。③ 同年六月,曾布和章惇在哲宗的面前讨论关于吴居厚的登用是"当进"还是"弃瑕录用"④。同年十一月,沈铢除授中书舍人兼侍讲之际,给事中徐铎又缴还其词头。那时,曾布言及诏榜而再次说到吴居厚在京东路的施策,而且御史中丞邢恕也认为,徐铎缴还词头的原因在于沈铢之缴还。⑤

哲宗在这一系列的议论过程中一直坚持吴居厚政策的正当性。邢恕建议哲宗结束这一争议。一方面,邢恕斟酌吴居厚元祐年间已经废过十年左右,认为再次废吴居厚太过头,沈铢缴还词头不当。但是,另一方面,邢恕也反对诏榜朝堂而承认吴居厚在京东路施行的政策,即考虑了沈铢的立场。哲宗以邢恕的意见为是,故再次除沈铢中书舍人。⑥ 因为邢恕的调停,从绍圣四年五月开始、持续半年的围绕吴居厚评价的论争才算结束。

绍圣年间的议论之后,吴居厚为知开封府。哲宗逝去之际,他任永泰陵桥道顿递使,坐道路修治不完备,降为知和州。⑦ 但是,经过陕西都转运使之后,吴居厚于崇宁元年(1102)被召还再任知开封府,然后再为户部尚书。之后,他顺利地晋级;崇宁二年为尚书右丞⑧,崇宁三年为中书侍郎⑨,崇宁五年为门下侍郎⑩。到大观初,吴居厚以岁七十请

---

① 《续资治通鉴长编》卷四八五,绍圣四年四月乙未,第11531页:"以为元丰之政,多异熙宁"。从此可知,当时的官僚也认识到"熙宁"和"元丰"的政治不同。另外,方诚峰认为,熙宁和元丰面临不同问题,而且双方的政治架构不同。参看上述《走出新旧》第一章第一节《神宗朝的政治遗产》,第15-32页。

② 方诚峰认为"宋哲宗一朝,在'新'与'旧'旗号下的政治运动,所针对的问题非新旧本身。所谓的'新'与'旧'之争,必有超出其字面之深意"。参看上述《走出新旧·全文结语》,第163页。

③ 《续资治通鉴长编》卷四八八,绍圣四年五月辛未翌日及后数日,第11579-11585页。

④ 《续资治通鉴长编》卷四八九,绍圣四年六月丙戌,第11597-11599页。

⑤ 《续资治通鉴长编》卷四九三"绍圣四年十一月癸丑"条云:"上问恕,曰:'徐铎缴还沈铢词头何如?'恕言:'此盖缘沈铢缴吴居厚词头,今既出牓朝堂,以元丰末居厚在京东事为是,则自然以沈铢为非也。……'"(第11694-11695页)

⑥ 《续资治通鉴长编》卷四九三,绍圣四年十一月癸丑,第11695页。

⑦ 《宋会要辑稿》职官六七之三一至三二,元符三年十月二日,第3889页;礼三七之一五,元符三年十月二日,第1313页。

⑧ 《宋史》卷一九《徽宗本纪一》:"(崇宁二年四月)戊寅,以赵挺之为中书侍郎,张商英为尚书左丞,户部尚书吴居厚为尚书右丞。"(第367页)

⑨ 《宋史》卷一九《徽宗本纪一》:"(崇宁三年)九月乙亥,以赵挺之为门下侍郎,吴居厚为中书侍郎。"(第370页)

⑩ 《宋史》卷二〇《徽宗本纪二》:"(崇宁五年正月)甲辰,以吴居厚为门下侍郎。"(第375页)

求致仕。以后，经历宫观官、外任，再除门下侍郎，遂除知枢密院事。政和三年（1113），以武康军节度使知洪州，卒。

吴居厚在中央晋级的崇宁年间有值得关注的动向，就是诸路转运使进羡余①。这一动向和吴居厚的晋级同时出现并非偶然。徽宗朝继续了绍圣四年对吴居厚的评价。可以推测，明了这种中央政治动向的许多官僚会企图利用跟吴居厚同样的方法晋级。而且，徽宗给吴居厚赏赐御批曰："漕臣不营职业，惟以干叩朝廷为事。曩者卿任京东，未尝告乏。盖材与不材所致也"，还有赐予"亲篆墓隧之碑首，曰：'旧德褒贤之碑'。"②在徽宗朝，吴居厚仍是其他官僚的模范。北宋末的"转运使模范"不是鲜于侁，而是吴居厚。

北宋末，在"吴居厚对鲜于侁"的对立结构中，随着对吴居厚的评价越来越高，对鲜于侁的评价越来越低。因此，北宋末的一些材料没有写到他再任东京路转运使的事。但是，到了南宋时期，旧法党再度占据优势，他们两个人的评价遂又逆转，鲜于侁得到了远比事实为高的评价。

结　论

回到本文前言举出的《续资治通鉴长编》记载有李焘注说："侁传载侁事极疏略，亦不载侁再为京东漕也。"李焘编纂《续资治通鉴长编》的时候看的"侁传"到底是什么？关于《续资治通鉴长编》编纂过程，周藤吉之曾经研究过。③据他的研究，现行《续资治通鉴长编》中自太祖建隆至哲宗元符的记载，到乾道三年（1167）左右已经完成。而且，乾道三年三月开始编辑《四朝国史》，翌年（1168）李焘为国史编修官。从此推测，李焘看的鲜于侁传应该是《四朝国史》以前的史书中的传。

《四朝国史》以前编纂的史书中，适合的是《哲宗实录》和《哲宗正史》。南宋绍兴年间，《哲宗正史》已经缺纪、志、传，④而且因为其在北宋时期由于新法党编辑，所以"绍兴初，以其是非褒贬皆失实，废不用。"⑤《哲宗实录》有两种；旧录在大观年间由于新法党编纂，新录在绍兴年间旧法党编纂。两书李焘都可以看到。从此可知，连旧法党编纂的新录也没有写到鲜于侁再任京东路转运使的事。⑥还有，南宋绍兴九年（1139）王铚

---

① 《宋史》卷二八五《梁子美传》："累迁直龙图阁、河北都转运使，倾漕计以奉上，至捐缗钱三百万市北珠以进。崇宁间，诸路漕臣进羡余，自子美始。"（第9625页）另可参见青木敦《南宋的羡余与地方财政》。
② 〔宋〕葛胜仲：《丹阳集》卷一二《枢密吴公墓志铭》，第514、516页。
③ 参见〔日〕周藤吉之《南宋の李燾と〈续资治通鉴長編〉の成立》，载《宋代史研究》，东洋文库，1969年，第469－512页。
④ 参见〔日〕周藤吉之《宋朝国史の编纂と国史列伝─〈宋史〉との关连に於いて─》，载《宋代史研究》，东洋文库，1969年，第513－565页。
⑤ 〔宋〕洪迈：《容斋三笔》卷四《九朝国史》，载《容斋随笔》，孔凡礼点校，唐宋史料笔记丛刊，中华书局2005年版，第468－469页。
⑥ 绍兴年间改编《哲宗实录》的重点不在新法党和旧法党的政策对立，而在对于宣仁皇太后的辩诬。参见平田茂树《〈哲宗实录〉编纂始末考》，宋代史研究会报告第五集《宋代の规范と习俗》，日本汲古书院1995年版，第29－66页。

重加添补《七朝国史》列传①，其中的《鲜于侁传》也很可能没有写到京东路再任的业绩。

从此可知，乾道年间编纂《续资治通鉴长编》之际，李焘在鲜于侁的行状、墓志铭中"发现"他在京东路的业绩，将其编入《四朝国史》。结果，淳熙年间（1174—1183）进呈的王称《东都事略》也有鲜于侁再任京东路的记述，流传到现行《宋史》。总之，南宋乾道年间之前，官方记录上没有写到鲜于侁再任京东路转运使而受到司马光的赞赏之事。

但是，这不能说明鲜于侁的事迹完全被遗忘。四川地区，特别是鲜于侁本贯所在的利州路内，对他的评价一直极高。南宋淳熙年间，杨王休担任知洋州（利州路内）的时候，"郡有丹渊（文同）、二苏（苏轼、苏辙）、鲜于子骏（鲜于侁）四贤绘像，旦望必率子弟拜。"② 四贤都是四川出生的北宋文人、官僚，都受到本地的尊敬。虽不能确定这一习惯从什么时候开始，但是，考虑到鲜于侁跟四川士人很密切的人际关系的话，可以推测，他的事迹在利州路或者四川地域流传。③

北宋绍圣以降，鲜于侁的名声限于四川地域。但是，到南宋乾道年间四川眉州丹稜人李焘将他的事迹发现而编入中央官方记录，也由于被司马光称为"转运使模范"，鲜于侁作为转运使的名声在南宋淳熙以降便全国化，开始在各种材料上记载。其结果之一，有南宋末牟巘《贺朱漕启》里的一句"鲜于侁之号福星，尝闻迂叟之语"。④ 这说明，南宋末的许多官僚一听"转运使"（漕臣）这一差遣名就想起鲜于侁。中央官方记录到南宋乾道、淳熙年间才记载作为"转运使模范"的鲜于侁，到底说明了什么？

本文第二部分提到，元丰八年京东路转运使人事变化的背景，是新旧两党对于西夏战争方针的差异。新法党政权进行对外积极策而将京东路变为向前线的补给基地。但是旧法党政权企图缩小战线，将鲜于侁作为"转运使模范"委派京东路。本文第三节还考察了哲宗亲政期新法党政权在多重的政治意图中再评价吴居厚的业绩，凸显了"王安石熙宁路线对神宗元丰路线"这一新法党内的政治方针对立。可以说，对于转运使的评价都跟该时期的国家政治形势有密切的关系。

北宋末吴居厚得到的"转运使模范"的美誉，于南宋乾道、淳熙年间被鲜于侁再度夺回。南宋初期，由于战乱，难以进行编纂事业。这点当然需要考虑。但是，南宋初期对金防卫以战费之筹措成为至上课题。相对来说，南宋初期，虽然总领所担任筹措军费，但是中央亦不得不期待转运使仿效吴居厚的方法（羡余）补给中央或者前线。不过，经过隆兴和议之后，乾道、淳熙年间战线稳定。鲜于侁到此时才能夺回"转运使模范"这一位置。

---

① 当时，由于秦桧妨碍，《七朝国史》只有列传而已。参见上述周藤《宋朝国史の编纂と国史列传》。
② 〔宋〕楼钥：《攻媿集》卷九一《文华阁待制杨公行状》，四部丛刊初编缩本，台湾商务印书馆1967年版，第848页。
③ 后世，魏了翁称赞鲜于侁作为利州路转运判官的业绩，将他举出作为绵州通判经历者之一。参见魏了翁《鹤山先生大全文集》卷三九《绵州通判厅二贤祠堂记》，四部丛刊初编缩本，台湾商务印书馆1967年版，第337-338页。
④ 〔宋〕牟巘：《陵阳集》卷一九《贺朱漕启》，文渊阁四库全书本，集部四，别集类三，第1188册，第173页。"迂叟"是司马光的自称。另外，虽然《陵阳集》写到"吴兴牟巘"，但是牟巘本来是成都府路井研人。

从此可推,以战线安定为转机,国家运营机制内转运使变为地方性机构。

吴居厚代表中央权力介入地方秩序,对他的反动便引起重视地方自律性的动向;鲜于侁的声誉在南宋的提高,可以说是体现了南宋时期重视诸路转运使的地方性。因此,尽管制度同一,但如果运作不一样的话,发挥的实际作用就不同。

北宋后期到南宋时期,随着当时的政治状况变化,执政者将"转运使模范"为讨论之材料,不断探索转运使或路的位置。此过程并不是单纯直线展开的,而是在不断摸索中央和地方之均衡点中进行。换言之,此是三级制地方统治导入于中国传统统治体制"郡县制(州县制)"的中途过程。

(作者单位:日本神户女学院大学文学部。本文原载氏著《宋代中国の統治と文書》,汲古书院2013年版,第445–481页)

宋代"举遗逸"考论

王 丽

科举制度在宋代日臻完善，科举考试成为最受认可的入仕途径。除科举之外，赵宋朝廷还通过多种方式广收人才，"其他教官、武举、童子等试，以及遗逸奏荐、贵戚公卿任子亲属与远州流外诸选，委曲琐细，咸有品式"①。虽然相对于科举制度，"举遗逸"的制度性不强，即"咸有品式"，但并非全无规则，在举荐的责任主体、对遗逸的征选录用程序及封赏等方面都有诸多准制度性惯例。举遗逸是荐官与举士分途后，举士的一种。赵宋朝廷通过"举遗逸"，选拔、吸纳了许多学问、道德为世人所推举的读书人。据笔者统计，两宋被举遗逸者两百余人，其中不乏邵雍、程颐、陈师道等名儒、名臣。举遗逸不但具有人才选拔的功能，弥补了科举取士的不足，而且具有重要的政治宣传功能。朝廷通过"举遗逸"调和、缓解了科举制度造成的竞进、唯权力是图等的浮躁风气，对形成和谐稳定的良好风尚起到了积极的作用。目前，学界对宋代举遗逸的关注不多。②本文将从考证、分析举遗逸的制度性特征入手，研究举遗逸及其发挥的社会作用。

一、何谓"遗逸"与"举遗逸"

（一）"遗逸"的两种概念

"遗逸"从字面上解，是遗漏、弃而不用的意思。在中国古籍中，"遗逸"一般有两种指代。一是指散佚的图书，如裴松之注《三国志》时，即"上搜旧闻，旁摭遗逸"③，唐令狐德棻等撰《孝义传》时，也"博采异闻，纲罗遗逸，录其可以垂范方来者，为《孝义篇》云"④，这些"遗逸"都是指图书等文字材料的意思。另一种，也就是本文讨论的主体，是指那些具有高尚道德、高深的学问和才能而未做官的人。如，晋代曾发布"若

---

① 〔元〕脱脱等：《宋史》卷一五五《选举一》，中华书局1985年版，第3604页。
② 有关宋代"举遗逸"研究的成果主要有：胡坤《宋代荐举制度研究》（河北大学2009年博士学位论文）简要介绍了宋代"举遗逸"，认为"举遗逸"是荐士的一种，与有宋一代相始终。金中枢《宋代的敦遣制度》（《宋代的学术与制度研究7》，台湾稻乡出版社2009年版）认为"敦遣"是与"举遗逸"比较相似的两种不同的制度，但并未说明两者的联系与区别。
③ 〔西晋〕陈寿撰，裴松之注：《三国志》附裴松之《上三国志注表》，中华书局1985年版，第1471页。
④ 〔唐〕令狐德棻等：《周书》卷四六《孝义传》，中华书局1971年版，第826页。

能举遗逸于林薮,黜奸佞于州国,……,兴利除害损益昭然者,给谷五百斛"① 的奖励条令。宋代之前,指人的遗逸并不多,北宋真宗朝开始,遗逸的使用频率迅速提高,但其概念宽泛而复杂,"行义文学之士""行义为乡里推重者""节行才识学术之士""节行才识学术素为乡里推重,不求闻达者""草茅才德之士"等多种说法都可与遗逸互通。如《宋史·颜复传》记颜复在嘉祐年间被举之事:"嘉祐中,诏郡国敦访遗逸,京东以复言。"② 而对此事的记载,《续资治通鉴长编》则记为:"诸路敦遣行义、文学之士赴京师者二十三人。"③ "敦访遗逸"与"敦遣行义文学之士"指同一事。再如《宋史》刘蒙本传中说:"举遗逸,召试第一,知湖阳县。"④ 同书又说:"诸路搜访行义为乡里推重者,凡二十有九人。至,则馆之太学,而刘蒙以下二十二人试舍人院,赐官有差。"⑤ 而《续资治通鉴长编》记述刘蒙等受封赐,云:"先是,南郊赦书访求节行、才识、学术之士,诸路监司以蒙等应诏。"⑥ 在这里,三处记载说法虽然不同,但"举遗逸""行义为乡里推重者","节行、才识、学术之士"实际是同一内容。

需要指出的是,指人的遗逸与隐士、隐逸有一定的相通处,但两者的区别也十分明显。隐士、隐逸是主观上主动退出政治、社会的士人,侧重文化、心理层面;而遗逸则是因制度的不完善造成的人才遗漏,更突出客观原因与制度性原因。应该说,宋代遗逸比隐士、隐逸的范畴大,遗逸指没有官僚身份的读书人,是未被科举制度和现行官僚制度收纳的人才。

(二)宋代"举遗逸"及其历史渊源

宋代"举遗逸"是一种人才选拔方式,包括地方官司、公卿大臣向朝廷举荐遗逸,朝廷考核、录用及赏赐遗逸等一系列活动。"科目既设,犹虑不能尽致天下之才,或韬晦而不屑就也,往往命州郡搜罗,而公卿得以荐言"⑦,"举遗逸"的目的是弥补科举之不足,通过州郡官搜寻或公卿推荐,将那些不愿俯身科举的才能之士罗致于统治体系。可以说,举遗逸与科举制关系密切。

---

① 〔唐〕房玄龄等:《晋书》卷三九《王沈传》,中华书局1974年版,第1144页。
② 《宋史》卷三四七《颜复传》,第11009页。
③ 〔宋〕李焘:《续资治通鉴长编》卷一九三,嘉祐六年四月庚辰,中华书局1992年版,第4667页。
④ 《宋史》卷三三一《张问传附刘蒙》,第10665页。
⑤ 《宋史》卷一五六《选举二》,第3654页。
⑥ 《续资治通鉴长编》卷二〇七,熙宁三年十一月己丑,第5271页。
⑦ 《宋史》卷一五六《选举二》,第3654页。

科举制初立的隋唐时期并无"举遗逸"之名①，但唐代荐举制中已孕育着举遗逸的萌芽。荐举制是一种由下而上推荐人才的选官方式，其历史悠久。先秦两汉的荐举，不管是选举里选，还是察举制，都是"举士"与"选官"的统一体，正如马端临说："古人之取士，盖将以官之，然则举士之与举官，并非二途也。"②隋唐确立科举制后，举士归之礼部，举（选）官归之吏部，荐官与举士正式分途。唐以后的荐举，一般指狭义的荐官。③但传统的举士与荐官合一的荐举并未完全消失，还有一定保留，只是这种荐举的使用范围非常有限。唐代，只有个别人在特定情况下才有这样的举士权力。拥有这种举士资格的人包括两类，一是中央派往地方的各类使职。唐代派往地方的巡察使、安抚使、黜陟使等都负有荐才、举淹、搜遗、黜陟的职能。如刘晏"大历中为盐铁转运使，荐越州人孔述睿有颜闵之行，游夏之学，授太常寺协律郎"④；唐德宗建中年间，黜陟使赵赞"荐袁滋起处士，授校书郎"⑤。二是奉特诏荐举的中央或地方州郡长吏。唐代皇帝多次下达求贤访能的诏、制、敕文，这种特诏又分为专门荐举人才的诏令，如唐玄宗即位之初，先天二年（712），诏"天下诸州，有怀才隐逸、跅弛不调，及失职冤人等事，并令诸道检察使博访，具以名闻，副朕饥渴之怀，庶广搜扬之义"。⑥以及一些改元、即位赦书里的搜扬人才诏令。如《改元天宝赦》⑦《改元永泰赦》《改元大历赦》⑧《改元建中敕》⑨《改元开成赦》⑩ 等敕文中都有搜访晦迹丘园之士贡送朝廷的内容。无论是特诏"搜扬怀才隐逸"，还是各使职的"搜访遗滞"，都与宋代的举遗逸的实质相同。但由于唐代的科举制及荐举制都尚未稳定，这些荐举数量有限，且许多举荐受到门第阀阅的影响，并未对当时的政治制度造成大的影响。

---

① 笔者认为，举遗逸正式确立在宋代。虽然，唐代也有关于"举遗逸"的记载，但仅两条。其中一条是《新唐书》中有关崔圆的记载，"开元中，诏举遗逸，以钤谋对策甲科"（《新唐书》卷一四〇《崔圆传》，中华书局1975年版，第4641页）；而《唐会要》记：开元二十三年，"智谋将帅科张重光、崔圆、李广琛及第"（《唐会要》卷七六《制举科》，中华书局1955年版，第1388页），《玉海·唐制举》"智谋将帅崔圆三人"（《玉海》卷一一五，江苏古籍出版社、上海书店1987年版，第2130页）等史料则说明，开元时，崔圆是以制举科目入仕，而非宋代意义上的"举遗逸"。另一条则是《玉海》卷一一五《举遗逸》条下列有崔圆、袁滋、窦群、李渤、孔述睿、李源等（《玉海》卷一一五，第2125页），但与这些人相关的唐代记载并未见他们被"举遗逸"。从史源上讲，这两条"举遗逸"的史料均出自宋人之手（《新唐书》的编撰者欧阳修是宋仁宗朝人，而《玉海》由南宋学者王应麟修撰）。据此，笔者推断，举遗逸之名自北宋始有。
② 〔宋〕马端临：《文献通考》卷三六《选举考九》，中华书局2011年版，第1049页。
③ 参见宁欣《论唐代荐举》，载《历史研究》1995年第1期。
④ 〔宋〕王钦若等编：《册府元龟》卷六五八《奉使部》，中华书局1982年版，第7880页。
⑤ 《玉海》卷一一五，第2125页。
⑥ 〔宋〕宋敏求编：《唐大诏令集》卷一〇二《搜扬怀才隐逸等敕》，商务印书馆1959年版，第521页。
⑦ 《唐大诏令集》卷四《改元天宝赦》第21页。
⑧ 《唐大诏令集》卷四《改元永泰赦》《改元大历赦》，第24页。
⑨ 《唐大诏令集》卷五《改元建中敕》，第26页。
⑩ 《唐大诏令集》卷五《改元开成赦》，第30页。

（三）被举"遗逸"者的人才特点

"举遗逸"的关注点是"遗"才。虽然，宋代科举取士数量庞大，且常举之外有制举、武举等取士方式，但还是有一些才能突出却未进入统治系统的读书人，这些人要么是不习科举之业，如刘蒙"耻为词赋，不肯举进士，习茂才异等，又不欲自售"①；要么是屡试不第之后绝意科举，如李心传"庆元元年荐于乡，既下第，绝意不复应举，闭户著书"②；或者是不慕名利，沉潜道德学问之人，如邵雍，以求道自任。这些人除了具有道德高尚、学问高深而未入仕等特征外，还具有年高、善行等特点。

被举遗逸者都是年长学者。一方面，宋人认为"过壮未仕，实为遗才"③，那些安贫守道者，只有过了壮年还未入仕，才能算是遗才。另一方面，能够被举遗逸，一定需要形成了相当的社会影响，而这种社会影响的形成，是靠长时期的积累、营造而成的。因此，可以看到，宋真宗朝的刘选，仁宗朝的任时、孔皎等都是被举后赐官致仕，可以推知他们被举遗逸时的年龄都已老迈。其他可以查到具体年龄的遗逸，如：王昭素被荐"时年七十七"④，赵宗万被郡守康戡举遗逸时62岁，周启明被举遗逸时"年踰七十"⑤，孙胄被举遗逸时"年七十余"⑥。而田述古被举遗逸后，朝廷除授其为襄州司法参军，田述古推辞说："老矣，不任为吏"⑦；胡铨举邓璋、王绘遗逸，"绘已老，不愿行"。⑧ 当然，并非所有被举遗逸者都是老迈到不任事的年龄，但举遗逸多是人过中年、学有所成的学者，"果多游学成名者"⑨，则是不争的事实。

宋代非常注重被举遗逸者的学问、品德，以及他们服务社会、教化乡里的贡献。如赵宗万"杂居丘园之中，独得乡曲之誉，论其德行，则可以训俗，富其文辞，则可以教人"⑩；兰融"以讲说训里中，……有乡里之誉"⑪；孙复屡试不第，32岁后退居泰山，专心讲学授徒近二十年，其门下石介、文彦博、范仲淹等皆一代名士；高安因讲学精审，被举遗逸，"讲学甚精，实有文行故也"⑫；谢震"素习经典，实有文行故也"⑬；宋堂著述累篇，"颇究时务，数为近臣所荐"⑭；布衣胡大壮"行成于身，理于家，信于乡党，达于远

---

① 《宋史》卷三三一《张问传附刘蒙》，第10665页。
② 《宋史》卷四三八《李心传传》，第12984页。
③ 《续资治通鉴长编》卷三九九，元祐二年四月己巳，第9726页。
④ 《宋史》卷四三一《王昭素传》，第12808页。
⑤ 〔清〕徐松辑，刘琳等点校：《宋会要辑稿》选举三四，上海古籍出版社2014年版，第5927页。
⑥ 《宋会要辑稿》选举三四，第5927页。
⑦ 〔宋〕刘跂：《学易集》卷八《田明之行状》，"丛书集成初编"本，中华书局1985年版，第106页。
⑧ 〔宋〕胡寅撰，容肇祖点校：《斐然集》卷二五《先公行状》，中华书局1993年版，第520页。
⑨ 〔宋〕刘攽：《彭城集》卷十三四《送焦千之序》，"丛书集成初编"本，中华书局1985年版，第459页。
⑩ 〔宋〕华镇：《云溪居士集》卷二九《越州跋鼇先生赵万宗传》，文渊阁四库全书，第1119册，第608页。
⑪ 《宋会要辑稿》选举三四，第5927页。
⑫ 《宋会要辑稿》选举三四，第5927页。
⑬ 《宋会要辑稿》选举三四，第5927页。
⑭ 《续资治通鉴长编》卷一八四，嘉祐元年十月辛未，第4451页。

迹。邦人敬爱，咸慕其道德"①。王庭珪隐居卢溪，"公虽不仕，常怀经世心，事苟宜民，必告于当路"②。这些人本身具备高尚的道德品格，他们平时以自己的言行举止表率感化了周围居民，教化了乡里民风；同时，他们还教授生徒，传播文化知识，在一定程度上改变了乡里的人文环境，促进了乡民的文化素养的提高，用自己的学术、学问造福一方，受到官民尊敬。

（四）宋代举遗逸的历史变迁

宋代举遗逸可分为三个阶段。北宋初到真宗朝是第一阶段。这一时期，新朝初立，百废待兴，对个别大臣的私荐的隐遗之士，如王昭素、种放及万适等人，朝廷以爵禄、名号等加以收束，尚没有系统的制度。真宗到神宗熙宁中期是第二阶段，举遗逸规范化并迅速发展。这一时期举遗逸表现出四个特点：一是诏书举遗逸与大臣荐举并行，以诏书举遗逸为主。诏书举遗逸比较频繁，且规模较大。嘉祐四年（1059）28 人应举③，嘉祐六年（1061）16 人应举④，熙宁三年（1070），29 人应举⑤，这样的规模在两宋是仅有的。二是不管是对监司郡守等地方官，还是两制台谏等近臣，"举"的责任明确。三是对被举遗逸者召试，并以召试结果确定赐科名、官职及官阶等。四是这一时期出现了将举遗逸制度化、纳入国家科举考试体系等的呼声与讨论，如郑獬《论举遗逸状》⑥、苏颂《论贡举法》⑦，说明这一时期举遗逸选拔人才的作用突显。熙宁中期到南宋末是第三阶段。这一时期，诏令举遗逸与大臣举遗逸并存，但由于滥举滥选之弊，不再有大规模集中的举遗逸，对遗逸以考察为主，直接封赏为辅，很少召试遗逸。

二、举遗逸的举主

宋代荐举制度十分完善，在选官取士的许多环节，如注授差遣、选人改官、磨勘关升、荫补等都需要举主举荐，且对举主的品级、职任都有具体规定。举遗逸是向朝廷举荐布衣百姓，相对于其他类型的荐举来说，对举主的要求来说更严格。一般来说，举遗逸的举主有两类，一是宰臣执政、侍从官等皇帝近臣，二是监司郡守或帅臣等地方官。

（一）宰臣执政、侍从官等公卿大臣

北宋初，主要通过大臣引荐、皇帝垂询等方式访求遗逸于民间的人才，具有私荐的性

---

① 〔宋〕卫泾：《后乐集》卷一二《奏举布衣胡大壮乞赐褒录状》，文渊阁四库全书，第 1169 册，第 633 页。
② 〔宋〕王庭珪：《卢溪文集》附录，周必大子充撰《行状》，文渊阁四库全书，第 1134 册，第 344 页。
③ 〔宋〕祝穆：《古今事文类聚》前集卷三三《召邵康节》，文渊阁四库全书，第 925 册，第 534 页。
④ 《续资治通鉴长编》卷一九三，嘉祐六年四月庚辰，第 4667 页。
⑤ 《宋史》卷一五六《选举二》，第 3654 页。
⑥ 〔宋〕郑獬：《郧溪集》卷一二，文渊阁四库全书，第 1097 册，第 225 页。
⑦ 《苏魏公文集》卷一五《议贡举法》，第 213－217 页。

质。推荐遗逸的大臣并无身份限定。如，王昭素"穆荐之朝，诏召赴阙，见于便殿"，① 王昭素是由李穆推荐而获宋太祖召见的。推荐王昭素时，李穆是地方官②。再如，淳化中，宋太宗询问韩丕推荐隐居嵩山的遗逸，韩丕即举荐万适、杨璞及田诰，"上悉令召至阙下"③。当时韩丕为翰林学士。

北宋中后期以至南宋，宰臣执政、侍从官举遗逸的情况可分三类。一是根据朝廷诏令，按规定举荐人才，如建炎元年（1127），赦书举遗逸，"布衣有材略者，令禁从、监司、郡守限十日各举一员"④。二是根据朝廷需要，向皇帝举荐有特殊才能的人才。如皇祐时，朝廷修订礼乐，三司使田况、侍读学士宋祁均向朝廷推荐布衣房庶懂音律，并"上其《乐书补亡》三卷"⑤，朝廷召其进见，参与大乐的修订。三是根据自己的知见所及，推荐布衣百姓中的才能之士。如哲宗时，副相吕公著、司马光等人共推荐程颐"年踰五十，不求仕进，真儒者之高蹈，圣世之逸民。望擢以不次，使士类有所矜式"⑥，程颐由布衣处士被授予汝州团练推官，后又受命为崇政殿说书之职。

公卿大臣举遗逸需提交奏状，但状内似不需结罪担保。为证明被举荐人的德行才识，一般要随奏状进呈诗词文章等佐证材料，如范仲淹举荐李觏，除奏状内对李觏一番夸赞外，还"仍索所著文字进呈，则见非常儒之学"⑦。随奏状录送李觏所著文章，以供皇帝或近臣审查。李觏被特授将仕郎、试太学助教，其告词："敕：建昌军草泽李觏，藩臣仲淹以觏所著文二十四篇来上，予俾禁掖近侍详较，皆曰：学业优、议论正，有立言之体……可特授将仕郎、试太学助教，不理选限。"⑧ 从告词中可知，范仲淹的举荐及所附李觏文章是朝廷召用李觏的不可或缺的要素。

（二）监司、帅司及知州等地方官

监司、帅司及知州等地方官只能依据赦书、特诏等诏令的规定进行举荐，且要求严格。如果没有赦书或特诏，监司、帅司等地方官不得擅自举遗逸。

1. 州郡地方官举遗逸的赦书、诏令类别

郊祀大礼时赦书举遗逸。朝廷大礼时，诏令各级官员举荐人才，是古代皇帝显示其德政的传统。唐代之前，大礼赦书要求"各举所知"，主要是指对有官人的举荐。宋朝皇帝每三年亲自主持一次南郊大礼或明堂大礼，每次大礼必有赦书，举遗逸是大礼赦书的重要

---

① 《宋史》卷四三一《王昭素传》，第12808页。
② 太祖召见王昭素为开宝三年，据《宋史李穆传》记载，开宝五年，李穆"以太子中允召。明年，拜右拾遗知制诰"，在之前，李穆历任洋州、陕州通判（《宋史》卷二六三，第9105页）。
③ 《宋史》卷四五七《万适传》，第13427页。
④ 〔宋〕李心传撰，胡坤点校：《建炎以来系年要录》卷五，建炎元年五月庚寅，中华书局2013年版，第133页。
⑤ 《宋史》卷七一《律历四》，第1611页。
⑥ 《宋史》卷四二七《程颐传》，第12719页。
⑦ 〔宋〕范仲淹著，李勇先等点校：《范仲淹全集》之《范文正公政府奏议》卷下《奏为荐胡瑗李觏充学官》，四川大学出版社2002年版，第615页。
⑧ 〔宋〕李觏：《盱江外集》卷一，文渊阁四库全书，第1095册，第336页。

内容,"国家三岁一讲大礼,每以举遗逸为先务,累朝所得遗逸多所补益"①。由于史料记载有缺,加之史料散佚等原因,笔者搜集到明确记载"举遗逸"的大礼赦有14次,它们分别是:皇祐二年(1050)明堂赦文②,嘉祐四年(1059)袷飨赦书③,熙宁元年(1067)南郊赦书,元祐二年(1087)南郊赦书,元祐七年(1092)明堂赦书④,绍兴二十八年(1158)、绍兴三十一年(1161)明堂赦书⑤、乾道元年(1165)、乾道三年(1167)、乾道六年(1170)、乾道九年(1173)南郊赦书⑥,淳熙十五年(1188)明堂赦书⑦,嘉定八年(1215)明堂赦书⑧,嘉定十四年(1221)明堂赦书⑨等。兹将北宋、南宋两个大礼赦书举遗逸的内容比较如下:

熙宁元年(1068)南郊赦书:"应天下士人,有节行才识之懿,济以学术,素为乡里所推重者,委转运、提点刑狱臣僚同加搜访,每路三两人。仍与本处长吏具从来所为事实、所通学术,连衔结罪保明闻奏,即不得以常材备数。委中书门下再加询察,如非妄举,当议召试擢用。"⑩

绍兴二十八年(1158)明堂礼,举遗逸的赦文:"应天下士人有节行、才识之懿,文学术业为乡里所推重,不求闻达者,委监司帅臣同加搜访,每路一二人,仍与本处长吏具从采所为事实、所通学术连衔结罪保明闻奏,即不得以常材备数,三省再加询察,如非妄举,当议召试擢用。"⑪

可以看出,两宋赦书的结构、对举遗逸的责任主体(举主)的要求等基本一样。

封禅、新帝登基或册立皇太子的赦书举遗逸。如大中祥符元年(1008),真宗要封禅前,大赦天下,即要求举遗逸⑫。"英宗即位,搜访遗逸"⑬;"神宗初即位,诏天下举遗逸"⑭;"哲宗嗣位,搜访遗逸"⑮;"值钦宗登极,下诏搜访遗逸"⑯;"高宗即位,诏举草

---

① 〔宋〕度正:《性善堂稿》卷五《权夔宪举夏亞夫遗逸奏状》,文渊阁四库全书,第1170册,第186页。
② 〔宋〕司马光撰,李文泽等点校:《司马光集》卷七七《清逸处士魏君墓志铭(嘉祐八年作)》,四川大学出版社2010年,第1560页。
③ 《宋会要辑稿》选举三四,第5933页。
④ 《续资治通鉴长编》卷四八一,元祐八年二月辛未,第11450页。
⑤ 《宋会要辑稿》选举三四,第5932页。
⑥ 《宋会要辑稿》选举三四,第5936页。
⑦ 〔明〕杨世奇:《历代名臣奏议》卷一四四,赵汝愚奏,上海古籍出版社1989年版,第1890页。
⑧ 〔宋〕真德秀:《西山文集》卷一二《因明堂赦荐赵监狱蕃》,"丛书集成初编"本,中华书局1985年版,第4页。
⑨ 《性善堂稿》卷五《权夔宪举夏亚夫遗逸奏状》,文渊阁四库全书,第1170册,第186页。
⑩ 《宋会要辑稿》选举三四,第5936页。
⑪ 《宋会要辑稿》选举三四,第5932页。
⑫ 《宋史》卷七《真宗本纪》,第138页。
⑬ 〔明〕解缙等纂:《永乐大典》卷八五七〇,生字部,上海辞书出版社2003年版,第19094页。
⑭ 〔宋〕邵伯温撰,李剑雄等点校:《邵氏闻见录》卷一八,中华书局1983年版,第197页。
⑮ 《学易集》卷八《田明之行状》,第106页。
⑯ 〔宋〕王明清:《挥麈后录》卷八《江子我》,中华书局1964年版,第184页。

泽才德之士"①；咸淳十年（1274），宋恭帝即位，"命州郡举遗逸"②。乾道元年（1165）、乾道七年（1171）册皇太子赦书③也有举遗逸的内容。这些举遗逸也都是要求州郡地方官负责举荐，举荐要求大致如大礼赦。

因天象异常，朝廷发布举遗逸的诏令。如政和中，"太史奏少微星见，朝命举遗逸士"④。星象学上，少微星是处士，此星出现，朝廷应天象而发布举遗逸赦书。绍兴四年（1134），"以日蚀来年正旦，命公卿讲求阙政，察理冤狱，询问疾苦，举遗逸，求直言"⑤。因天气异象而发布的诏令不同于赦书举遗逸，其对举主的要求有时不限于州郡等地方官。

为弥补科举取士之不足，特诏地方官员举遗逸。宋仁宗认为"科举取人，拘以条式，敦朴有道之士或至弃遗"，为了拓宽朝廷求才之路，嘉祐六年（1061），"乃诏诸路州郡，访求遗逸，敦遣诣阙，试而官之"⑥。南宋孝宗时，"天子益厌拘挛，稍于科举之外擢士"⑦。隆兴元年（1163），"诏求遗逸"⑧，其特诏内容："部刺史、二千石为朕搜罗，其有怀瑾握瑜，埋光铲采，迹其行实，咸以名闻。朕将厚礼特招，虚怀延纳。"⑨ 宁宗嘉定五年（1212），有大臣向上奏："然山林畎亩之间，怀德抱道不求闻达者，岂无其人？愿俾监司守臣博加采访，具以名闻，无为文具"，根据此奏议，朝廷即下诏举遗逸。

2. 监司、帅司及知州等地方官举遗逸的规定

监司、帅司及知州等地方官要严格按照诏令要求举遗逸。这些特诏有的限定特殊区域，如，大中祥符元年（1008），真宗封禅前，赦书举遗逸，"令开封府及所过州军考送服勤词学、经明行修举人，其怀材抱器沦于下位，及高年不仕德行可称者，所在以闻"⑩，赦书将举遗的地域范围及人才类型界定得非常明确。有的限定举荐名额，如仁宗嘉祐四年（1059）举遗逸，赦书要求："应天下士人，素敦节行，兼通学术，又为乡里所推者，委转运使、提点刑狱臣僚同加搜访，每路各三两人。仍与本处长吏具从来所为事实及所通学术，连书结罪保举闻奏"⑪。又如上文所引熙宁元年南郊赦书，绍兴二十八年、绍兴三十一年明堂礼赦书等都将举遗逸的数量、责任等作了明确要求。除了要按诏书规定举荐外，监司郡守依诏令举遗逸一般要在荐举状中要申明结罪联保，并提供相关佐证材料。

---

① 《宋史》卷四四五《朱敦儒传》，第13141页。
② 《宋史》卷四七《瀛国公》，第921页。
③ 《宋会要辑稿》选举三四，第5936页。
④ 〔清〕纪昀等：《钦定四库全书总目》卷四八《少微通监节要五十卷》，中华书局1997年版，第653页。
⑤ 《建炎以来系年要录》卷八三，第1580页。
⑥ 〔宋〕苏颂著，王同策等点校：《苏魏公文集》卷六一《朝请郎辛君墓志铭》，中华书局1988年版，第938页。
⑦ 〔宋〕刘克庄：《后村集》卷二三《张尚书集序》，文渊阁四库全书，第1180册，第243页。
⑧ 《宋史》卷三三《孝宗本纪》，第622页。
⑨ 佚名撰，李之亮点校：《宋史全文》卷二四，黑龙江人民出版社2004年版，第1629页。
⑩ 《宋史》卷七《真宗本纪》，第138页。
⑪ 《宋会要辑稿》选举三四，第5933页。

三、举遗逸的程序

侍从官或监司郡守向朝廷呈送奏状或举状后，朝廷一般会将举遗逸的文书案卷交近臣审查核实，如果所举属实，符合举遗逸的标准，则朝廷或者经过一定的考试、考察后对被举荐者录用封赏。"夫州郡推择之，公也。有司考试之，明也。方将为国得贤，必且精心慎虑，拔士于千万，岂有崇虚徇名？"① 即地方推举、有司考试，被认为是保证举遗逸选拔真正才能之士而非崇尚虚名的必要程序。当然，对一些名儒，或者举主受朝廷器重与信任的举遗逸，或者举荐文本及附奏材料充实者，朝廷常常会直接封赐被举荐人。

（一）考试后封赏

对于大多数被举"遗逸"者来说，需要"诣阙"即赴京城接受朝廷考察、考试；对于个别名儒，朝廷会令地方官"敦遣"② 赴阙，即以一定的礼节恭送入京城，以核实其才德。举遗逸的考试多是在舍人院进行的召试。召试的规模可大可小，现存史料中规模比较大的召试举遗逸有三次。第一次是嘉祐年间举遗逸。嘉祐五年（1060）十月，各地举行义文学之士23人，朝廷令地方敦遣赴阙。嘉祐六年（1061）五月，赴京的16人"舍人院试策论"，他们分别获得赐出身、赐官等封赏。③ 由于这次举遗逸活动历时长，选召录用的人数多，引起人们对举遗逸选拔人才的批评，"如闻沽饰名誉徼进者，多非所以厚风俗也，其罢之"④，因有人质疑这种举遗逸选才的效果，朝廷下令停止此类举遗逸。第二次是熙宁三年（1070）举遗逸。敦遣29人赴阙，刘蒙等21人"送舍人院试而命之以官"⑤。第三次是建炎初举遗逸。建炎元年（1027），高宗即位赦书，召禁从官、监司郡守举遗逸，"得昭、烈、彦、至、朱敦儒等五人，令中书省策试"⑥，共有胡昭、何烈、王彦、詹至及朱敦儒5人被举，由于朱敦儒拒绝应举，中书省对4人进行考试录用。除这三次大规模召试外，其他举遗逸召试多是个别、单独举行。如大中祥符四年（1011），京兆府草泽李遂良因"苦心文学，不求闻达"，召试中书，命其"为秘书省校书郎、复州军事推官"⑦。熙宁三年，陈知彦以枢密副使吴充、翰林学士承旨王珪荐，王辅知以太原府敦遣赴阙，"并

---

① 《彭城集》卷三四《送焦千之序》，第459页。
② 关于"敦遣"的成果，金中枢《宋代的敦遣制度》（《宋代的学术与制度研究7》，台湾稻乡出版社2009年版）认为"敦遣"是与"举遗逸"比较相似的两种不同的制度，但并未说明两者的联系与区别。笔者不认同金先生的说法，"敦遣"只是以礼恭送的意思。朝廷要求地方官府对"举遗逸"者"以礼敦遣赴阙"，或者如皇祐二年令应天府"敦遣"已致仕的杜衍、任布赴京配祀明堂礼，又或者是另梓州"敦遣"丁母忧的太常博士任伯传"赴阙，与堂除差遣"，其"敦遣"的意思都是非常明确、一致的。
③ 《续资治通鉴长编》卷一九三，嘉祐六年四月庚辰，第4667页；《宋会要辑稿》选举三四，第5933页。
④ 《宋会要辑稿》选举三四，第5933页。
⑤ 《续资治通鉴长编》卷二一七，熙宁三年十一月己丑，第5271页。
⑥ 《建炎以来系年要录》卷一三，建炎二年二月丁卯，第330页。
⑦ 《宋会要辑稿》选举三四，第5926页。

试于舍人院中等也"①，考试合格，陈知彦赐进士出身、试衔知县，王辅同进士出身、试衔大郡判司大县簿尉。

（二）考察后封赏

除了召试举遗逸者外，朝廷对有些应举遗逸者进行审查或考察，通过考察来核实被举遗逸者的学识、品德，以确定是否或如何录用及封赏。这种考察一般多由皇帝亲自召见询问。如，乾道中，地方守臣与当朝宰相都荐魏掞之，魏掞之"乃以布衣入见，极陈当时之务，大要劝上以修德业、正人心、养士气为恢复之本。上嘉纳之，赐同进士出身，守太学录"②。被举遗逸后，魏掞之受到皇帝的接见，其言论得到皇帝嘉许，并得到封赏。南宋著名理学家李郁受举遗逸，"以布衣入见，所陈皆当世要务"③。有时宰相负责考察应遗逸者，如，崇宁五年（1106），诏天下举遗逸，地方官府以吴国华应诏，敦遣入京后，"今相太师公见而说之，授将仕郎、太晟府审验音律"④。吴国华应遗逸之诏赴京，得到宰相的赏识，被授予官职。

（三）直接封赏被举荐者

如果举遗逸时提供了相当可靠的佐证，是可以证明所举遗逸的品德学识的，如范仲淹举荐李觏例，朝廷未召李觏赴阙，根据近臣对李文章的审查评判，直接授官。或者被举者名望才德非常大，朝廷多次召用而不肯应召，如嘉祐四年（1059）、嘉祐六年（1061），河南府两次举遗逸均荐邵雍，邵雍称病不起，朝廷依然命以官⑤。又如，政和中，有司荐江贽应遗逸之举，"贽辞不赴。赐号少微先生"⑥。为表彰这些人不慕名利的德行、显示朝廷的胸怀，不经考试、考察，朝廷直接封赏、录用。

（四）多样化的封赏内容

宋代对举遗逸的封赏内容比较丰富，大致说来有赐科名、授官、赐尊号及钱物等几种。

赐科名的情况不多，一般要经过召试考试。如嘉祐六年、熙宁三年两次规模较大赦书举遗逸，朝廷对经舍人院召试合格者分别给予赐进士出身、同进士出身及试衔职官等三种封赏。授官是对举遗逸常见的封赏，而授官又有分别，"臣窃观祖宗之时，待遗逸之士固有等级，其上则不次擢用，其次则处之太学，又其次则处之州县之职"⑦，根据考试、考

---

① 《续资治通鉴长编》卷二一八，熙宁三年十二月丁卯，第5302页。
② 《宋史》卷四五九《魏掞之传》，第13468页。
③ 《建炎以来系年要录》卷七三，绍兴四年二月乙巳，第1404页。
④ 〔宋〕杨时：《龟山集》卷三〇《吴国华墓志铭》，丛书集成初编，中华书局1985年版，第1125册，第390页。
⑤ 《续资治通鉴长编》卷一九〇，嘉祐四年十一月己亥，第4598页。
⑥ 《钦定四库全书总目》卷四八《少微通监节要五十卷》，第653页。
⑦ 《性善堂稿》卷五《权夔宪举夏亚夫遗逸奏状》，文渊阁四库全书，第1170册，第186页。

察结果分层次授官：特别优秀者居上，可以不受资格限制，因才擢用；其他则或为太学学官，或到州县地方任职。到地方任职的多是试衔官或学官，个别情况也有实任地方官的，如冯京在嘉祐初年被举遗逸，"得校书郎，为湖阳、赤水二县令"①，冯京举遗逸得到初品官阶和地方实职官。而大多数被举遗逸者获得的是"命以官秩，使教学于乡里"②的待遇，即成为官僚体制内的教学人员和学者。赐钱帛、名号是举遗逸的另一重要结果。这种封赏在南宋较多。为了限制举遗逸入官之途，高宗采纳大臣建议，对被举遗逸严加审查，"取其上焉者官使之，次则锡以处士之名，下焉者量赐束帛"③，即根据考察情况，对被举遗逸者分别给予赐官、赐名号与赐钱物的赏赐。

与唐代征聘隐士所授官多为谏官、散官④相比，宋代举遗逸所授官职以学官、试衔官为主。宋代被举遗逸者多已在乡间讲学多年，被举后，"命之一官，试之行事。其勉于从政，以效声闻之美"⑤，因举荐而获得朝廷官职，作为学官任教一方，在人尽其才的同时，还具有劝勉世人修道从学的社会效果。

四、两宋举遗逸的历史意义

（一）举遗逸对宋代政治、社会的裨益

1. 举遗逸是赵宋政权政治宣传与舆论引导的重要方式

举遗逸是皇帝标榜自己礼贤下士、开明仁厚以至天下归心的方式，朝廷通过举遗逸征聘一些游离于政权组织之外的名士、名儒，对政权的正当性具有非常好的政治宣传效果，正如宋人所说："幽隐必达，治世之盛也"，"尊儒重道、振举遗逸，使天下归心，固圣朝之所宜为也"⑥，也是朝廷宣传其统治合法性的一种宣传。

2. 举遗逸的过程是宣传、推进封建政治意识形态的过程

首先，举遗逸的诏令设定了朝廷的政治导向，比如奖励节行、孝行、才识学术、行义文学等，实际具有宣传朝廷文教政策、引导社会舆论的政治功能。其次，通过乡举里选式的地方推荐，或者公卿大臣举荐，一些在地方文化教育事业上有影响，或者学术、思想上的名士被吸纳进官僚体制，被官方认可，这实际是朝廷大臣、监司郡守、州县乡党等不同层面人士对现行政治意志、政治导向的体认过程。

---

① 《宋史》卷三三一《张问传附冯京》，第10665页。
② 〔宋〕欧阳修著，李逸安等点校：《欧阳修全集》卷一一〇《举布衣陈烈充学官札子（嘉祐元年）》，中华书局2001年版，第1672页。
③ 《建炎以来系年要录》卷七七，绍兴四年六月己亥，第1463页。
④ 李红霞：《唐代隐逸兴盛成因的社会学阐释》，载《史学月刊》2005年第2期。
⑤ 〔宋〕苏辙著，曾枣庄等点校：《栾城集》卷二七《吴师仁可越州司法充杭州教授尹才皃州司户田述古襄州司法苏晌邠州司户》，上海古籍出版社2009年版，第570页。
⑥ 《续资治通鉴长编》卷三七三，元祐元年三月辛巳，第9031页。

3. 举遗逸是对科举取士的补充与调节

宋代，科举考试已经成为进入官场的最重要途径，士人读书以科举考试为终极目标，而科举是"先辞华而略实行"，造成读书人"率皆纯用文词为去取，而于行实则所不问"①的现象，即只注重文章辞采，忽略道德行止。这与宋代儒家倡导的重视经术、重视道德实践相冲突。被举之遗逸大多是因科举考试失利，或者不愿屈己以就科举考试而隐身乡野。这些人都具有高尚品德和儒家济世情怀，对他们的举荐与征聘，是朝廷表彰德行与学问的姿态，"举有道之士不事科目者而旌用之，则竞科目、逐利禄者，亦可以少弭矣。""夫治天下者，进恬退之人，固可以风奔竞之士"②，通过举遗逸来消弭科举带来的竞进浮躁之风，能振举人们践行实学的信心，达到"振清节、厉颓俗"的目的。两宋通过举遗逸表彰、旌赏了一批学问、道德杰出的民间学者，北宋如孙复、程颐、邵雍等，南宋如谯定、尹焞、胡宪等。即使有些被举遗逸者以各种借口"辞不赴""辞不起"或"召不至"，但通过"举"与"征召""赐"等活动，还是达到了举遗逸的政治目的，使那些沉潜学问道德者的价值得到社会的认可与表彰。

（二）举遗逸的弊病

举遗逸虽然为读书人拓宽了进取空间，但相对于科举用完备、规范的制度来保证考试录用的公平、公正来说，举遗逸的弊病是显而易见的。首先，举遗逸缺乏客观的举荐标准，各地、各人所举差别非常大，对于所举失实的举主也不能惩戒，造成"应诏者多失实，而朝廷亦厌薄之"③的局面。其次，举遗逸易启奔竞之风。一旦被举遗逸，就会得到朝廷的认可或奖赏，"荣利启心，请托成俗，往往贪竞之流多与计偕还而思之，又不若科举之为公也"④，一些贪鄙无德之人到处奔竞请托，以获得举荐为能事，而真正才德兼备的学者则不能或不屑于被举荐，其公正性远不如科举考试。举遗逸本为得才，"收器而立堂下"，确"则不过为终南捷径之求"。最后，因为被举遗逸者多是年龄较大的学者，这些人虽才高德邵，但多自视清高，不适合在官僚体系内任职，因此其选拔人才的功能微弱。

（作者单位：河南大学社科处）

---

① 〔宋〕袁说友：《东塘集》卷一二《举遗逸实材状》，文渊阁四库全书，第1154册，第286页。
② 〔宋〕姚勉：《雪坡集》卷七《癸丑廷对》，文渊阁四库全书，第1184册，第46页。
③ 《宋史》卷一五六《选举二》，第3654页。
④ 〔宋〕林季仲：《竹轩杂著》卷三《策问·科举》，文渊阁四库全书，第1140册，第338页。

新兴边地将门与北宋中后期政治
——以种氏将门为中心

姜 勇

在北宋初期尚着意于"先南后北",无暇顾及西北局势的战略下,府州折氏、丰州王氏、麟州杨氏、金明寨李氏等边地将门凭借五代以来割据一方的势力,获得了世袭继承的特权,成为北宋王朝与西夏之间可资倚仗的屏障。其所倚仗的主要是一种在地优势,即对如麟、府这种特殊的边疆地区的控制,对当地复杂人文、地理环境的熟悉,以及对招抚蕃落的独特地位。

然时至北宋中期,唯有府州折氏家族,名将辈出,长盛不衰。麟州杨氏因为杨琪幼小、难以接任而丧失了在麟州的特权。金明寨李氏所属蕃部叛变,最终在西夏的进攻下家族败落。丰州王氏虽然子孙众多,但由于拘泥于父子世袭的惯例,导致州政败坏,蕃落不附,最终在仁宗中期被元昊攻破,家族也因此失势。这使得仁宗朝中期宋夏之间的缓冲力量大为减弱。

也正是在这个背景之下,新的边地将门逐渐兴起,并在宋夏之间不断的战争中发展壮大。如陇干姚氏、长安种氏以及河西高氏等。这些新兴将门与宋初的边地将门相比,虽然不再能够获得世袭的特权,但是他们仍可通过种种方式建立在地优势,让家族世代延续,长盛不衰。这些将门,在北宋中后期的政治活动中非常活跃。同时,也不可避免地被卷入剧烈的政治变动之中,尤以种氏为最。

关于边地将门,目前学界已有不少相关的研究。如陈峰《北宋武将群体与相关问题研究》,对武将分门别类作了概述。曾瑞龙《拓边西北——北宋中后期对夏战争研究》一书中亦有相当的篇幅涉及对种氏将门的研究,但着眼点聚焦于军事行动与北宋政治的关系,对于边地将门与北宋政治的互动,则并未深究。曾氏《北宋种氏将门之形成》是种氏将门研究的专著,主要从种氏将门家族延嗣的角度来对北宋的文武关系进行探讨。对于种氏与中央政治的关系,曾氏虽然指出自种世衡至种师道,三代都有政治派系的支持,并无沿袭的政治立场,[①] 但并未进行展开论述。近期,亦有研究提出北宋后期西北武将势力的抬头,对中央决策的影响力逐渐提高,已经具备左右朝廷决策的能力。[②] 凡此种种,均属北宋中后期复杂的政治局势变动所呈现出的诸多侧面。新兴边地将门的政治角色与地位,仍需进

---

① 曾瑞龙:《北宋种氏将门之形成》,香港中华书局2010年版,第3页。
② 雷家圣:《北宋后期的西北战争与武将势力的兴衰——以王韶、种谔家族为例》,载《史学汇刊》第33期,第67-92页。

一步探究。

由于史料方面的限制，目前学界的研究主要集中于前述几种论著。陇干姚氏与河西高氏，目前研究较少，只有寥寥数篇述评或考证性文章，兹不一一开列。故本文的讨论，仍以种氏为中心开展，探讨这些新兴边地将门在北宋中后期政治变动中所扮演的角色。

一、新兴边地将门发展概略

长安种氏本为典型的文官家族，种世衡"曾祖存启，河南寿安令。祖仁诩，京兆长安令，赠太常博士。父昭衍，登进士第，累赠职方员外郎"①。家族最初主要活动于河南洛阳，直至其季父种放隐于终南山三十余年，居长安豹林谷，家族的活动空间才转移到了陕西。真宗时，种放还曾"于长安广置良田，岁利甚博，亦有强市者，遂至争讼，门人族属依倚恣横"②。后来，虽然徙居嵩山天封观侧，但"犹往来终南，按视田亩"③。种世衡"少孤，依之，服勤左右，以力学称"④，应该是自幼跟着种放在陕西长大，对西北山川形势等应颇为了解，其修筑青涧城的建议也体现了这一点。种世衡也借修青涧城的机会，从签书同州鄜州判官事迁内殿崇班、知城事，从文官转为武将。

据墓志记载，种世衡娶刘氏，"男八人：长曰古，文雅纯笃，养志不仕，有叔祖明逸之风；次曰诊，试将作监主簿；曰咏，同州澄城尉；曰咨，郊社斋郎；曰谔，三班奉职；皆有立。䜣、记、谊三子尚幼。一女，适西头供奉官田守政"⑤。其长子种古，在世衡卒后，被录为武职，历环庆、永兴军路钤辖。种谊，熙宁初补为三班奉职。种䜣和种记则没有相关的入仕记载。但从其他诸子的仕进来看，种世衡子辈中最初是文武兼有，但后期以武将为主。

种世衡的孙辈中，知名者有三人。种朴，种谔之子，"以父任右班殿直，积劳，迁至皇城使、昌州刺史，徙熙河兰会钤辖兼知河州，安抚洮西沿边公事"⑥。种师道与弟师中，均为种记之子，二人都是在抗金之战中赫赫有名的将领。种师道曾在钦宗朝任同知枢密院，种师中也在此时任河北制置副使。

种世衡曾孙辈中，仅有五人见诸史籍。种师道二子，浩为迪功郎，溪为保义郎、阁门祗候，皆已官而卒。其从子洌，承议郎；湘，知叙州，卒于任；另一从子浤，官职不详，朝廷令其奉祀师道。种师道之孙彦崇死于兵，另一孙彦崧早夭。

陇干姚氏家族起家者姚宝，好学知书，长于骑射。累立战功，获仁宗召对便殿，擢左

---

① 〔宋〕范仲淹著，李勇先、王蓉贵校点：《范仲淹全集》所收《范文正公文集》卷一五《东染院使种君墓志铭》，四川大学出版社2002年版，第358页。
② 〔元〕脱脱等：《宋史》卷四五七《种放传》，中华书局1977年版，第13426页。
③ 《宋史》卷四五七《种放传》，第13427页。
④ 《宋史》卷四五七《种放传》，第13427页。
⑤ 《范文正公文集》卷一五《东染院使种君墓志铭》，第359页。
⑥ 《宋史》卷三三五《种朴传》，第10749页。

侍禁、陇干都巡检。仁宗庆历二年（1042），他与葛怀敏同陷于西夏军队的包围，并殁于定川寨之战。"朝廷恻伤，优制赠某卫将军，厚恤其家，官诸子弟者几人。"① 姚宝娶同郡杜氏，生三子：次子姚熙，早卒；长子姚兕与三子姚麟，兄弟二人俱有威名，关中号称"二姚"。

姚兕，字武之，因父荫补为右班殿直，为环庆巡检。先后在兰浪、荔原堡、大顺城等战役中立功，神宗召入觐，"试以骑射，屡中的，赐银枪、袍带。迁为路都监，徙鄜延、泾原"②。后攻河州、交趾有功，又与种谊合兵讨鬼章于洮州，破六逋宗城，真拜通州团练使，卒于鄜延总管任上。

姚麟，字君瑞，也曾参与河州之役，积功至皇城使，为秦凤副总管，后从李宪讨生羌，擒获冷鸡朴，转东上阁门使、英州刺史。灵州之战，因高遵裕败还，降为皇城使。元祐初，擢威州团练使、龙神卫四厢都指挥使，历步军司、殿前司都虞侯，步军司、马军司副都指挥使，寻拜武康军节度使、殿前司副都指挥使。徽宗时，进殿前司都指挥使。

据《姚宝神道碑》记载："二子以才略相继取贵仕，七孙皆用战多补官。"③ 但其孙辈中仅姚兕二子姚雄和姚古见于史籍。姚雄字毅夫，"少勇鸷有谋，年十八即佐父征伐"④。金汤、荔原、安南、泸川之役，皆在军中。后又策援章楶于平夏城，解王赡邈川之围，加复州防御使。后因议弃河湟，停官，光州居住。会贺州团练使、知鄯州高永年死于敌，起为权经略熙河、安辑复新边使，累迁步军副都指挥使、武康军节度使，知熙州。"熙河十八年间，更十六帅，唯雄三至，凡六年。"⑤ 其弟姚古，亦以边功，官至熙河经略。靖康元年（1126），金兵入侵，姚古与种师中及折彦质、折可求等勒兵勤王。后任为河东制置使，与种师中援太原，但因失期不至，导致种师中兵败而死，姚古也遭弹劾，广州安置。

姚宝的曾孙辈中，仅姚平仲较为知名。据陆游所撰《姚平仲小传》记载："姚平仲，字希晏，世为西陲大将。幼孤，从父古养为子。年十八，与夏人战臧底河，斩获甚众，贼莫能枝梧。"⑥ 应该是一员骁勇善战的猛将，时有"小太尉"的称呼。后跟随童贯平定睦州方腊起义，"平仲功冠军"。钦宗即位，金人入侵，都城受围，平仲欲夜劫金营，失利后，"一昼夜驰七百五十里，抵邓州，始得食。入武关，至长安，欲隐华山，顾以为浅，奔蜀至青城山上清宫"⑦，直至逃入蜀中大面山，"度采药者莫能至"，才安下心来。南宋乾道、淳熙之间，方敢出山。

河西高氏，世居绥州。自宋初高文岯，"始为本州衙校，以计破叛羌逆谋，杀其爱将，

---

① 〔宋〕苏颂著，王同策、管成学、颜中其等点校：《苏魏公文集》卷五四《陇干姚将军神道碑铭》，中华书局1988年版，第827页。
② 《宋史》卷三四九《姚兕传》，第11058页。
③ 《苏魏公文集》卷五四《陇干姚将军神道碑铭》，第828页。
④ 《宋史》卷三四九《姚雄传》，第11059页。
⑤ 《宋史》卷三四九《姚雄传》，第11060页。
⑥ 〔宋〕陆游：《渭南文集》卷二三《姚平仲小传》，《四部丛刊》景明活字本。
⑦ 《渭南文集》卷二三《姚平仲小传》。

卒完城以归于本朝。太宗嘉叹，委以边任，终汝州防御使，累赠定国军节度使"①。在他卒后，虽然因"久在石州"，而由其长子继升继领父任，但高氏家族已经散居在延安、绥德、平阳等地。

文岯第三子高继嵩，"字惟岳，以将家子，结发从戎，有志于功名。故历任未尝不在边要，而所至有威声，治状可述"②。先后任秦州、环州、晋州、原州等巡检，累立战功。仁宗召见，授昭州刺史、知庆州。并受到龙图阁学士王博文及韩琦、范仲淹的推荐。继嵩有八子：永信、永友、永诚、永坚、永洙、永奇、永亨、永容，均袭武职，其中永亨与从子永能较为知名。

据《宋史·高永能传》载："高永能字君举，世为绥州人，初伯祖文岯，举州来归，即拜团练使。已而弃之北迁，其祖文玉，独留居延川，至永能，始家青涧。"③ 永能先后参加过绥州、米脂等战役，后战死永乐城，其子世才，永坚子子通、选，永洙子逢等均在此役战殁。永能子高世亮，后为皇城使、忠州刺史，孙右班殿直昌朝为右侍禁，借职昌祚并为右班殿直，孙昌裔等继续在军中任职。永能从子洵，大观年间任皇城使、晋州兵马钤辖。

纵观以上诸边地将门的发展历程，种氏由文官转化而来，自种世衡起，三世为将，经历六朝。种氏将门的重要成员几乎全凭家世而晋身④，是其家族延嗣的特点。而且，族孙三代基本都是在西北边疆地区出任武职。姚氏为典型的武将世家，祖孙四代多自幼便生长军中，惯于战斗，基本都以军职在宋夏边疆征战，家族也主要依靠军功延嗣。高氏与姚氏类似，祖先事业虽不太显，但宋夏战争也使得家族有了发展的机遇，高永能一支逐渐在青涧城发展壮大。虽然高氏各支居住分散，但这并未阻碍他们在军事上的共同进取。

总而言之，虽然上述边地将门起家有早晚之分，进入边地将门的方式也各有不同，但发展过程却无大的差别。他们都是在北宋与西夏的战争中崛起的，其家族的发展延嗣也基本与宋夏战争相始终，种氏、姚氏家族在宋末抗金的战争中还扮演过相当重要的角色。而与之同时起家的其他将门，如狄青、郭逵等，子孙多已默默无闻了。这些边地将门世代在边疆统兵，一方面是受宋夏战争影响，另一方面，与这些家族本身的在地优势也是高度相关的。

在地优势是北宋统治者羁縻西北边疆各边围蕃落的最主要的原因，也是各边地将门赖以生存和长期延嗣的根基所在。但是，这种优势也随时面临威胁。失去所据之地后，家族的发展就会完全呈现另一种光景。如麟州杨氏，其家族向文官的转化即是在失去世代固守之麟州的背景下发生的。仁宗朝以来，新兴的边地将门并不具备父子世袭的特权，但他们世居边陲，根据时势需要，利用自身条件，也可以建立自己家族的地方基础。

如姚氏家族，在真宗景德年间，便已经在陇干地区进行开拓。当时正值曹玮守镇戎

---

① 〔清〕胡聘之：《山右石刻丛编》卷一六《高继嵩碑》，清光绪二十七年刻本。
② 《山右石刻丛编》卷一六《高继嵩碑》。
③ 《宋史》卷三三四《高永能传》，第10725页。
④ 《北宋种氏将门之形成》，第70页。

军,"规画于要害之地立堡寨"。而姚兕的祖父"少以武健称,其挽强中远,盖有绝于人者,故乡里皆以硬弓目之,羌戎与相遇,辄慴栗不敢校"①,应该是当地豪强中较为尚武的家族。曹玮知其可用,便建议他:"若知六盘山西良田万顷,久陷虏疆,若能以力开拓归中原,则世为边圉将,不亦善乎!"②"于是,发私财募五原子弟千余人,大城陇干,遂辟其西境四十里,筑垒其傍,土人谓之姚氏堡。"③虽然姚兕的祖父仅得到四寨民兵巡检的差使,但却为其家族后续的发展建立了根据地,正所谓"功显名晦,必将有后"。

姚兕父姚宝,"好学知书,长于骑射,以翘(骁)勇继父任"④。虽然没有进一步开拓疆土,修筑城寨的活动,但姚宝在对周围蕃部招徕或作战的过程中,为姚氏积累了不少人脉和声誉。他曾前后降党留生羌,破烟景云等蕃部,功名居最。康定元年(1040)春,募死士在东沿川伏击西夏军队,"其获生口,悉留不杀,亦不自言功。由是边人叹服,而谓有阴德"⑤。而姚宝在战场上也表现出过人的勇气,往往身先士卒。平日自誓之志:"凡被坚执锐者,望敌闻声,便当奋击,何暇自营顾虑,而以躯命为计乎!苟不负国家,虽死寇仇,吾得其所矣。"⑥这点似乎是姚氏的家训,在其子孙身上也多有体现。子姚兕、姚麟均战功卓著,孙姚雄、姚古,也勇鸷有谋,以边功仕进。苏颂在其神道碑中评价也颇高:"古人所谓援枹鼓立于军门,使百姓皆加勇焉者,其将军之谓乎!"⑦而这对提高姚氏家族的声望,影响是显而易见的:"朝那故里,泾水之浼。丘坟在焉,过者必止。陇人有言,姚为壮门。功名才武,父子弟昆。定川之殿,众怀忿怨。视彼雠方,终期荡殄。请碑道旁,以警诸羌。忠义所激,人思奋扬。"⑧

通过以上诸种经营,姚氏逐渐获得了西北豪杰的广泛认同。据陆游所记,姚古之子姚平仲曾与童贯不协,而导致童贯的不悦,并因此"抑其赏"。但这并不影响姚氏家族在地方上的势力,"然关中豪杰皆推之,号'小太尉'"⑨,足以看出姚氏家族在西北边疆的影响与优势所在。这种影响与在地优势,反过来又会对其家族及其成员的发展产生推动,正如《姚古昭庆军节度使加食邑实封制》中所言:"世禀山西之气,众推河右之功……系执豪酋,荡平种落,坐据襟喉之地,潜销疆场之忧。"⑩正因为如此,姚氏才成为世代为北宋朝廷所倚重的边地将门。

高氏世为绥州人,高继嵩在蕃部中也享有很高威望,在其徙任原州驻泊都监兼沿边巡检使时,"先是,环州招降吐蕃酋豪数十族,闻公来,竞越境奔走,持物以献……其威惠

---

① 《苏魏公文集》卷五四《陇干姚将军神道碑铭》,第 826 页。
② 《苏魏公文集》卷五四《陇干姚将军神道碑铭》,第 826 页。
③ 《苏魏公文集》卷五四《陇干姚将军神道碑铭》,第 826 页。
④ 《苏魏公文集》卷五四《陇干姚将军神道碑铭》,第 827 页。
⑤ 《苏魏公文集》卷五四《陇干姚将军神道碑铭》,第 827 页。
⑥ 《苏魏公文集》卷五四《陇干姚将军神道碑铭》,第 827 页。
⑦ 《苏魏公文集》卷五四《陇干姚将军神道碑铭》,第 828 页。
⑧ 《苏魏公文集》卷五四《陇干姚将军神道碑铭》,第 828 页。
⑨ 《渭南文集》卷二三《姚平仲小传》。
⑩ 佚名:《宋大诏令集》卷一〇二《姚古昭庆军节度使加食邑实封制》,中华书局 1962 年版,第 377 页。

感人心如此"①。其名望也使得羌人往往望风而逃，边境清肃，"民立生祠，至今奉祀不息"。② 其从子高永能，虽然始家青涧，但"所领多故部曲，抚之有恩惠，遇敌则身先之。下有伤者，载以己副马，故能得其死力"③。他也颇为边人所喜爱，远近之人喜言其事，称呼他为"老高"，"及死，边人无不痛惜"④。

种氏虽然自种放开始便主要活动于陕西，却并没有姚氏"开斥土境，隶我中华"的根基，也没有高氏这种亲旧部曲。种世衡作为自文臣改秩的武官，通过亲冒矢石的拼杀来博取功名也并不现实。不过，种氏可以通过其他方式来营造类似的在地优势。北宋的边防政策调整就是种氏家族建立地方基础可资利用的条件。

二、招抚蕃部与种氏的经营

仁宗时宋夏战争中的三次重大失利激起了北宋朝野的广泛议论，关于如何加强边防以防御西夏，较为关键的政策有两点，即大力修筑沿边城寨及加强对沿边蕃落的招抚，以为屏障。其实，城寨自从太宗时与夏州关系恶化后即已开始修筑，只是并未给以足够重视，以至以往旧城也多废弃，造成西夏进攻之时，多数要冲却无城守，造成极为被动的局面。城寨既可作为防御西夏的壁垒，又可安辑和保护沿边的蕃汉民户，在反攻时还可作为前沿阵地，成为与西夏争夺领土的保障。即范仲淹在陈《陕西八事》中所建言"如进兵攻讨，则据险修寨，以夺其地，就降其众"⑤。李华瑞对修筑堡寨曾有分析，认为："由于宋对修筑城寨的战略意义有了清醒的认识，加之城寨堡在抵御西夏进攻中起了巨大作用，因而自庆历年间至北宋灭亡，宋在陕西沿边掀起了三次修筑城寨的高潮，即庆历至嘉祐，熙宁至元丰，绍圣至崇宁。"⑥

与西夏争夺沿边蕃户也尤为迫切，正如夏竦所言："缘边熟户，号为藩篱，除延州李金明、胡继谔二族与贼世仇，受国厚恩，势必向汉，自余熟户如二族者十无一二。羌戎之性，贪利畏威，若不结以恩信，惮以威武，而欲仓卒驱之御敌，汉强则助汉，贼盛则助贼必矣……国家非不知其若此，所宜速见良画，深破贼计，及早羁束，以固藩篱，此西陲之急务也。"⑦ 而宋夏交界地区蕃部是宋夏双方的重要兵源，韩琦、范仲淹等在《上仁宗和守攻备四策》中已经指出：

> 元昊巢穴，实在河外。河外之兵，懦而罕战，惟横山一带蕃部，东至麟、府，西

---

① 《山右石刻丛编》卷一六《高继嵩碑》。
② 《山右石刻丛编》卷一六《高继嵩碑》。
③ 《宋史》卷二三四《高永能传》，第10726页。
④ 《宋史》卷二三四《高永能传》，第10726页。
⑤ 〔宋〕李焘：《续资治通鉴长编》卷一五〇，庆历四年六月辛卯，中华书局2004年版，第3624页。
⑥ 李华瑞：《宋夏关系史》，河北人民出版社1998年版，第173页。
⑦ 〔宋〕夏竦：《文庄集》卷一四《陈边事十策》，景印文渊阁四库全书本。

至原、渭，二千余里，人马精劲，惯习战斗，与汉界相附，每大举入寇，必为前锋。故西戎以山界蕃部为强兵，汉家以山界属户及弓箭手为善战。以此观之，各以边人为强，理固明矣。①

对这些蕃部的争夺事关相互之间力量的对比，而且是此消彼长的关系。据田况的奏议，宋夏在战前对横山蕃部的处理措施是有很大差异的：

> 昊贼弄兵，侵噬西蕃，开拓封境，僭叛之迹，固非朝夕，始于汉界缘边山险之地三百余处，修筑堡寨，欲以收集老弱，并驱壮健，为入寇之谋。初贡嫚书，亦未敢扰边，范雍在延州，屡使王文思辈先肆侵掠，规贪小利，贼遂激怒其众，执以为辞，王师伐叛吊民之体，自此失之。刘谦、高继嵩等破庞青诸族，任福袭白豹城，皆指为有功者也，无不杀戮老弱，以为首级，彼民皆诉冤于贼，以求复仇，此皆吾民受制远方，而又使无辜被戮，毒贯人灵，上下文移皆谓之打掳，吁可愧也。②

战前北宋边臣对待横山蕃部的措施有严重失误，而这点恰好被元昊所利用。这就造成了双方人心向背及力量对比的转化，使得在开始的几次战斗中，北宋均处于不利的地位。故在宋夏关系紧张的时候，北宋再次明确了招抚蕃部的重要性，并于庆历元年（1041）五月诏："诸路各置招抚蕃落司，以知州、通判或主兵官兼领之。"③ 一方面更加明确政策及边郡长官的职责，同时，也使得对蕃族的招抚工作更加有组织性。

这两项政策，也是范仲淹在陕西任内着意贯彻的。在知延州期间，就命种世衡修筑青涧城，并大兴营田，听民互市，互通有无。第二年，"又请修承平、永平等砦，稍召还流亡，定堡障，通斥候，城十二砦，于是羌汉之民，相踵归业"。④ 后又修大顺城、筑细腰、胡芦诸砦。调任环庆路经略安抚、缘边招讨使后，针对某些属羌反复无常的情况，范仲淹"至部即奏行边，以诏书犒赏诸羌，阅其人马，为立约条：'若仇已和断，辄私报之及伤人者，罚羊百、马二。已杀者斩。负债争讼，听告官为理，辄质缚平人者，罚羊五十、马一。贼马入界，追集不赴随本族，每户罚羊二，质其首领。贼大入，老幼入保本砦，官为给食；即不入砦，本家罚羊二；全族不至，质其首领。'诸羌皆受命，自是始为汉用矣。"⑤ 取得了初步的成果。

战争的形势及北宋边防政策的调整与实施，为种氏家族的崛起提供了机遇。种世衡在范仲淹麾下建言修筑青涧城，从而获得了转为武官的机会。据记载，种世衡最初是以其叔

---

① 〔宋〕赵汝愚编，北京大学中国中古史研究中心校点整理：《宋朝诸臣奏议》卷一三四《上仁宗和守攻备四策》，上海古籍出版社1999年版，第1497页。
② 《续资治通鉴长编》卷一三二，庆历元年五月甲戌，第3129-3130页。
③ 《续资治通鉴长编》卷一三二，庆历元年五月己酉，第3123页。
④ 《宋史》卷三一四《范仲淹传》，第10270页。
⑤ 《宋史》卷三一四《范仲淹传》，第10271页。

父种放的恩荫得官，为将作监主簿，五迁至太子中舍。曾通判凤州，因得罪章宪刘太后姻亲王蒙正，而遭冤狱流窦州，徙汝州。其弟种世材"上一官以赎"，种世衡才重新获得任用，为孟州司马。后经李纮、宋绶及狄棐为其辩诬，获除卫尉寺丞。至仁宗康定年间，仅获得签书定国军节度判官事的差遣。可见，其作为文官的仕途并不顺利。

西北战事，给他提供了一次很好的展示才识的机会。种世衡自幼在陕西长大，对西北山川形势等十分了解。青涧城的修筑，正体现了他在这方面的优势。其本传记载："西边用兵，守备不足。世衡建言，延安东北二百里有故宽州，请因其废垒而兴之，以当寇冲，右可固延安之势，左可致河东之粟，北可图银、夏之旧。朝廷从之，命董其役。夏人屡出争，世衡且战且城之。然处险无泉，议不可守。凿地百五十尺，始至于石，石工辞不可穿，世衡命屑石一畚酬百钱，卒得泉。城成，赐名青涧城。"① 种世衡寻找泉水的方法，在西北城寨当中普及开来，"大蒙利焉"。朝廷也因此对其进行嘉奖，将他从签书定国军节度判官事迁改为内殿崇班、知青涧城事。种世衡自此从文官转向武将，也为其家族在边疆的发展奠定了基础。

筑城与招徕蕃部的工作是齐头并进、相辅相成的。在青涧城筑成之后，种世衡一方面"开营田二千顷，募商贾，贷以本钱，使通货赢其利，城遂富贵"②。另一方面，不断招抚周边蕃落部众。针对当时"塞下多属羌，向时汉官不能恩信，羌皆持两端"的情况，种世衡"乃亲入部落中，劳问如家人，意多所周给，常自解佩带与其酋豪可语者。有得房中事来告于我，君方与客饮，即取坐中金器以奖之。属羌爱服，皆愿效死"。③

正是因为种世衡在青涧城的优异表现，范仲淹才坚决请求将他调任知环州，以解决"患属羌之多而素不为用，与夏戎潜连，助为边患"④ 的问题。当时，范仲淹试图笼络这些蕃部，曾召蕃官慕恩及诸族酋长八百人，"与之衣物""谕以好恶，立约束四"，但蕃族"悍滑之性，久失其驭，非智者处之，虑复为变"⑤。因此，尽管遭到鄜延路经略使庞籍的反对，范仲淹仍以"非世衡则属羌不可怀"这一强硬的理由，将之调任环州。种世衡到任后，立即采取了与在青涧城类似的策略，"周行境内，入属羌聚落，抚以恩意"⑥，不久便收服牛家族的奴讹，史载：

> 有牛家族首奴讹者，倔强自处，未尝出见官长，闻君之声，始来郊迎。君戒曰："吾诘朝行劳尔族。"奴讹曰："诺。"是夕，大雪三尺。左右曰："此羌凶诈，尝与高使君继嵩挑战，又所处险恶，冰雪非可前。"君曰："吾方与诸羌树信，其可失诸。"遂与士众缘险而进。奴讹初不之信，复会大雪，谓君必不来。方坦卧帐中，君已至，

---

① 《宋史》卷三三五《种世衡传》，第10741页。
② 《宋史》卷三三五《种世衡传》，第10742页。
③ 《范文正公文集》卷一五《东染院使种君墓志铭》，第355页。
④ 《范文正公文集》卷一五《东染院使种君墓志铭》，第356页。
⑤ 《范文正公文集》卷一五《东染院使种君墓志铭》，第356页。
⑥ 《范文正公文集》卷一五《东染院使种君墓志铭》，第356页。

蹶而起之。奴訛大惊曰:"我世居此山,汉官无敢至者,公了不疑我耶!"乃与族众拜伏,喧呼曰:"今而后惟父所使。"自是,属羌咸信于君。①

既以恩信收服了牛家族,随后,种世衡又利用女色将号称部落最强的羌酋慕恩诱致麾下:"羌酋慕恩部落最强,世衡尝夜与饮,出侍姬以佐酒。既而世衡起入内,潜于壁隙中窥之。慕恩窃与侍姬戏,世衡遽出掩之,慕恩惭惧请罪。世衡笑曰:'君欲之耶?'即以遗之。由是得其死力。诸部有贰者,使讨之,无不克。有兀二族,世衡招之不至,即命慕恩出兵诛之,其后百余帐皆自归,莫敢贰。"② 种世衡对蕃部的招抚的确颇有成绩,所以,范仲淹在《奏边上得力材武将佐等第姓名事》中将他与狄青、王信同列为第一等:"环庆路权钤辖、知环州种世衡,足机略,善抚驭,得蕃汉人情。"③

由于蕃兵实际上以部族为单位④,故得到了属羌的效忠就相当于基本上控制了蕃部的武装力量。不仅可以像对待兀二族这样,利用慕恩部族的力量来招抚蕃部,还可以进一步组织他们对抗西夏,这一策略在种世衡知青涧城时便曾尝试过。范仲淹在其墓志中说:"青涧东北一舍而远距无定河,河之北有虏寨,虏常济河为患。君屡使属羌击之,往必破走,前后取首级数百,牛羊万计,未尝劳士卒也。故功多而费寡。"⑤ 考之《续资治通鉴长编》,庆历二年(1042)三月壬戌,"茭村族三班殿侍折马山为三班奉职。马山领众,攻西贼所置新寨,斩首级甚众,特迁之"⑥。几日之后,种世衡又"请募蕃兵五千,左手虎口刺忠勇二字,令隶折马山族。从之"⑦,使得蕃部武装逐渐壮大。上引范仲淹所作种世衡墓志中所遣属羌应当就是茭村族。在环州羌属"无复敢贰"之后,种世衡将他们有效组织起来:"戒诸族各置烽火,夏戎时来抄掠,则举烽相告,众必介马而待之。"⑧ 结果,破贼者数四,取得了不错的效果。此后不久,定川寨战败,西夏军队侵入渭州,范仲淹率领庆州蕃汉兵支援邠城,又命种世衡支援泾原,"羌兵从者数千人"。至此,范仲淹认为招抚属羌的努力初步达至,故称"属羌为吾用,自此始"⑨。

除了修筑青涧城之外,种世衡还与蒋偕一起修筑了细腰城。时为庆历四年(1044)十二月,目的是切断明珠、密藏、康奴三族属羌与西夏的交通之路。而细腰城位于环州与原州之间的河谷地带,于是,范仲淹命知环州种世衡与知原州蒋偕共其事。为了顺利筑城,种世衡颇动了些脑筋:一方面,"先遣人以计款敌,敌果不争。又召三族酋长犒之,谕以

---

① 《范文正公文集》卷一五《东染院使种君墓志铭》,第356-357页。
② 《宋史》卷三三五《种世衡传》,第10742页。
③ 《范仲淹全集》所收《范文正公政府奏议》卷下《奏边上得力材武将佐等第姓名事》,第616页。
④ 王曾瑜:《宋朝兵制初探》,中华书局1983年版,第80页。
⑤ 《范文正公文集》卷一五《东染院使种君墓志铭》,第355页。
⑥ 《续资治通鉴长编》卷一三五,庆历二年三月壬午,第3228页。
⑦ 《续资治通鉴长编》卷一三五,庆历二年三月丁卯,第3229页。
⑧ 《范文正公文集》卷一五《东染院使种君墓志铭》,第357页。
⑨ 《范文正公文集》卷一五《东染院使种君墓志铭》,第357页。

官筑此城，为汝御寇"。① 另一方面，"以钱募战士，昼夜板筑"②，确保尽快完工。而"三族既出不意，又无敌援，因遂服从。"③ 当时，种世衡已经抱病，在细腰城筑成后不久，即第二年正月七日甲子便即去世。"及卒，羌酋朝夕临者数日，青涧及环人皆画象祠之"④，种世衡在属羌中的影响力可见一斑。而种氏家族在西北边陲的世代统兵也就是建立在这个基础之上。

种氏子孙的仕进之路，虽然多有文官经历，但成就其功名的仍是边陲的武将职位。种古，虽然"少慕从祖放为人，不事科举，父世衡欲乞荫补官，古辞以推诸弟，杜门读书，时称'小隐君'"。⑤ 但种古的抗志不仕，只是为了博取名誉⑥。最终并没有取得预期的效果，后期仍是通过"犹以父功"而获得朝廷补官，"录古为天兴尉，累转西京左藏库副使、泾原路都监、知原州。"⑦ 先后知宁州、镇戎军、鄜州、隰州，历环庆、永兴军路钤辖，并大破环州折薑会，斩首二千级，获迁西上阁门副使。

另一子种谊，虽然"少力学，举进士"⑧，但熙宁初也同样因"神宗问其家世，命谊以官"⑨，补为三班奉职。后从高遵裕复洮、岷，又平山后羌，使青唐，擒鬼章，进熙河钤辖、知兰州，迁东上阁门使、保州团练使。

种世衡去世时，唯一荫补为武职的儿子是种谔，也是在边疆最为活跃的一个。虽然曾一度换为文秩，但很快便又受冯京的推荐，继任武职。后受陆诜的推荐，知青涧城，擅取绥州，城啰兀，收洮州，下逋宗、讲珠、东宜诸城，迁东上阁门使、文州刺史，知泾州，徙鄜延副总管。后攻打米脂、谋取横山，迁凤州团练使、龙神卫四厢都指挥使。

另外，种诊、种詠后来也换为武官，种诊除洛苑副使充环庆路监押，与种古一起攻破环州折薑会。在年齿已高、筋力疲曳之时，泾原路经略安抚使司仍奏乞差为本路都钤辖兼第一将。种詠也曾任庆州兵马监押。

种世衡的孙辈中，种师道为种记长子，虽然一度为文官，但最终还是回归到武将的序列，并在抗金之战中担任了重要角色。金人入寇，召为京畿、河北制置使，后任同知枢密院。其弟师中，也是"以世荫尝历秦州司户参军"⑩，即以文官入仕。绍圣四年（1097），因孙路的推荐而换授内殿承制。"历知环滨邠州、庆阳府、秦州，侍卫步军马军副都指挥使、房州观察使、丰宁军承宣使"⑪，后在与金的太原之战中死难。

---

① 《续资治通鉴长编》卷一五三，庆历四年十二月乙卯，第3728页。
② 〔宋〕司马光撰，邓广铭、张希清点校：《涑水纪闻》卷九，中华书局1989年版，第174页。
③ 《续资治通鉴长编》卷一五三，庆历四年十二月乙卯，第3728页。
④ 《宋史》卷三三五《种世衡传》，第10744页。
⑤ 王称：《东都事略》卷六一《种古传》，清振鹭堂影宋刻本。
⑥ 《北宋种氏将门之形成》，第69页。
⑦ 《宋史》卷三三五《种古传》，第10744页。
⑧ 《东都事略》卷六一《种谊传》。
⑨ 《宋史》卷三三五《种谊传》，第10748页。
⑩ 〔宋〕徐梦莘：《三朝北盟会编》卷四七，靖康元年五月九日甲戌，上海古籍出版社1987年版，第354页。
⑪ 《宋史》卷三三五《种师中传》，第10754页。

如前所述，种世衡八子，其中较为知名的就是久在边任的种古、种谔、种诊、种詠和种谊五人。而种诰，虽然在世衡去世时均荫补为文官，但其后均默默无闻。种世衡的几个儿子从文官转为武职，"程序上是出于高官的推荐"①，但长期在西北边地任职将帅，所凭借的还有更重要的条件。

一方面与其自幼生活在西北边疆地区，习知疆事，通晓蕃情有关。如种谊出使青唐时，负责迎接的鬼章"取道故为回柱，以夸险远"，但种谊"固习其地理"②，一眼便识破了鬼章的伎俩，使其"卒改途"。再如种师道攻打佛口城时，军中缺水，"师道指山之西麓曰：'是当有水。'命工求之，果得水满谷"③。在西北边地，水源是制约宋军的一大问题，而寻找水源似乎是种氏家族的技术专长，青涧城就是因种世衡掘地得泉而得名。"永乐依山无水泉，独种谔极言不可"④，最终永乐城之败，很大程度上也是因为缺水所致。

然而，更重要的还是种世衡在西北为家族的世代延续奠定的基础。冯京推荐种诊和种谔的理由是："殿中丞种诊、国子博士种谔并是世衡亲子，倜傥有材，知虑深远。"其中"世衡亲子"应是最重要的原因，所谓"倜傥有材，知虑深远"更像是荐举中必备的套话。如郭逵就曾评价种谔："谔狂生耳，朝廷以家世用之，过矣。"⑤ 司马光更是一针见血地指出，"擢古、诊、谔皆为将帅，官至诸司使"，是因为"朝廷藉其父名"⑥。即"非世衡则属羌不可怀"所造就的种氏家族在西北蕃部的威望成为其家族延嗣的一种在地优势。

种氏第三代的发展也因此颇为受益，如种朴及种师道均是因种谔的荫补而得官。种朴继承了积极开拓的家族传统，苏辙曾就其"妄兴边事，东侵夏国，西挑青唐，二难并起"之事，大加弹劾，并将之与种谔在边地的"轻脱诈诞，多败少成"对比，指出"今谊、朴为人，与谔无异"⑦。

种师道在文官与武将之间的数次换易，最终官至同知枢密使，与其父祖打下的根基也是息息相关的。种师道最初跟随伯父种谔在西北从军征战，以种谔的郊祀恩补三班奉职，后在文武之间数次更易，更是获得了徽宗的青睐。但是，并未见种师道在武职上建立过卓越的功勋。能在文武之间能数次更易，且获得如此殊荣，其家世背景应是主导因素。当时，"朝廷方欲图功于远"，徽宗正在为新一轮的开边活动做准备，此时重用在西北有着巨大影响的种氏子弟，无疑是策略的首选。

纵观种氏家族在北宋中后期的活动，种世衡以文官换为武将，虽然并没有其他边地将门那种先天的在地优势，但却利用北宋中期以来的朝廷政策，进筑城寨，招抚蕃落，并不

---

① 《北宋种氏将门之形成》，第90页。
② 《宋史》卷二三五《种谊传》，第10748页。
③ 《宋史》卷二三五《种师道传》，第10750－10751页。
④ 《宋史》卷四八六《夏国传》，第14011页。
⑤ 〔宋〕范祖禹：《范太史集》卷四〇《检校司空左武卫上将军郭公墓志铭》，景印文渊阁四库全书本。
⑥ 《涑水记闻》卷九，第176页。
⑦ 〔宋〕苏辙著，陈宏天、高秀芳点校：《苏辙集》所收《栾城集》卷四三《再论熙河边事札子》，中华书局1990年版，第764页。

断开拓进取,逐步建立了自己家族在西北地区的深远影响。这种地方基础也为种氏家族后世的延续提供了巨大的帮助,种氏的子孙虽然在文官序列中并不成功,但作为武将,却为北宋统治者所倚重。虽然没有世袭的特权,但形式上,自仁宗中期开始,终北宋之世,种氏家族呈现出世代守边的格局。

三、西北拓边与种氏的进取

北宋对西夏的政策,在太宗朝收复的尝试之后,至英宗朝,基本处于守势。随着宋神宗的即位,北宋对西夏的政策也开始出现转折,逐渐由战略防御向战略进攻转变。在内政方面,神宗起用王安石等进行变法,改革弊政、富国强兵。但熙宁新法遭到了保守派的强烈反对。对西夏的经略作为变法的重要目标之一,也面临着同样的境遇。虽然如此,神宗朝仍然展开了对西夏的大规模进攻。熙宁初年,北宋便围绕横山一线与西夏进行过一系列争夺。熙宁五年(1072),在"欲取西夏,当先复河湟"的战略下,宋廷任命王韶为管勾秦凤路经略司机宜文字,主持熙河开边,从侧后方威胁西夏。元丰四年(1081),北宋五路大军并进,攻打灵州。此后的两年之内,双方又在永乐城、兰州展开数次交锋。虽然多以北宋的失败而告终,但西夏也遭受重创,北宋西北边境大为拓展。

边地将门作为神宗开边的先锋力量,在这一时期的军事政治活动中扮演了重要的角色。种氏、姚氏、高氏等家族势力在这一时期迅速发展壮大,对政治斗争的参与也日益深入。

种世衡在边疆进筑城寨,招抚蕃部以建立自己家族地方基础的策略,被其子孙继续承袭。种古在知原州任上曾"筑城镇戎之北,以据要害"[1]。种谊知兰州时,也曾"请城李诺平,以扼冲要"[2]。对待属羌,种谊也是恩威并施,"岷羌酋包顺、包诚恃功骄恣,前守务姑息。谊至,厚待之。适有小过,叱下吏,将置法,顺、诚叩头伏罪,愿效命以赎,乃使输金出之,群羌畏惕。"[3] 种谔在这方面最为积极,在知青涧城时,便请接纳夏酋令唛的内附。为图绥州,种谔又诱使绥州部落鬼名山归降:"其弟夷山先降,谔使人因夷山以诱之,赂以金盂,名山小吏李文喜受而许降,而名山未之知也。谔即以闻,诏转运使薛向及陆诜委谔招纳。谔不待报,悉起所部兵长驱而前,围其帐。名山惊,援枪欲斗,夷山呼曰:'兄已约降,何为如是?'文喜因出所受金盂示之,名山投枪哭,遂举众从谔而南。得酋领三百、户万五千、兵万人。"[4]

但此时的政治形势已经与其父种世衡时有所不同。当时以范仲淹的稳守政策为主导,故种世衡基本以招抚属羌为主,并借以加强边防、抵御西夏的进攻。但英宗治平三年(1066)年底,薛向便重提谋取横山的建议,当时身为皇子的赵顼"见而奇之"。第二年

---

[1] 《宋史》卷三三五《种古传》,第 10744 页。
[2] 《宋史》卷三三五《种谊传》,第 10749 页。
[3] 《宋史》卷三三五《种谊传》,第 10749 页。
[4] 《宋史》卷三三五《种谔传》,第 10745 页。

年初，神宗即位，便开始部署此事，对西夏的政策由防守转为主动进攻。种氏对蕃部的招抚随之逐渐由属羌扩及至横山一带的西夏境内。在神宗即位半年之后，种谔就上奏："谅祚累年用兵，人心携贰，横山首领嵬名山结绥、银州人数万，共谋归顺，乞朝廷早令向化。"① 这个提议显然非常符合神宗的心思，故随后不久，便有了种谔绕开延帅陆诜的节制，擅取绥州，招纳嵬名山的举动，"西方用兵，盖自此始矣"②。其后，种谔又筑城啰兀，攻取米脂，仍然是"谋据横山之志未已"③。

正是因为如此，种谔受到了广泛的批评。治平四年（1067）十一月，翰林学士郑獬即提出质疑："臣伏见十月二十四日，召两府大臣入议。外言窃皆传种谔已提兵入据绥州，横山豪酋挈族内附。审如是，是岂朝廷之福耶？"④ 进而指出："种谔不顾国家始末之大计，乃欲以一蝼蚁之命，以天下为儿戏，苟贪微功，以邀富贵。此正天下之奸贼，若不诛之，则无以厉其余。"⑤ 十二月，知杂御史刘述也以"种谔不禀朝命，擅兴兵马，城西界绥州，有违誓诏，为国生事"，上奏"乞并同谋人枷送下狱，从朝廷差官制勘，依军法施行"⑥。知谏院杨绘亦上奏论列："切闻高遵裕诈传圣旨，与种谔等纳西夏叛人首领近三十人，仍深入虏界，地名绥州，筑城以居之……彼邀功生事，高遵裕、种谔实当其名。"⑦ 二十年后，司马光在其《遗表》中还不忘抨击种谔："谔等苟营一身之官赏，不顾百姓之死亡、国家之利病，轻虑浅谋，发于造次，深入自溃，仅同儿戏，使兵夫数十万暴骸于旷野，资仗巨亿弃捐于异域。"⑧《宋史》本传中总结其边事活动："自熙宁首开绥州，后再举西征，皆其兆谋，卒致永乐之祸。议者谓谔不死，边事不已。"⑨

对种谔的攻击，多以其邀功生事、贪图私利为出发点。不可否认，种谔在横山的开拓活动，的确对其家族是十分有利的。根据曾瑞龙对种谔四次战役的考证⑩，其主要的拓边活动，基本是围绕延州至银州一线进行的，中间的绥德军青涧城又是种世衡起家的地方，故种谔的活动无疑可以使得其家族势力和影响在这一地区更加壮大。种谔"前死数日，陈奏尤多，未知出于何人裁处"，引发了神宗的注意，经过范纯粹的彻查，发现乃是"种谔死鄜延，其属有徐勋者，盗用经略使印，调发兵马，奏举官吏，几何而不为乱也"⑪。据苏辙对此事的描述："种朴昔因永乐覆师之后，父谔权领延安之日，与其亲戚徐勋矫为谔

---

① 《宋朝诸臣奏议》卷一三六《上神宗论纳横山非便》，第1529页。
② 《宋史》卷三三六《司马光传》，第10763页。
③ 《宋史》卷三三五《种谔传》，第10747页。
④ 〔宋〕郑獬：《郧溪集》卷一一《上神宗论种谔擅入西界》，景印文渊阁《四库全书》本。
⑤ 《郧溪集》卷一一《上神宗论种谔擅入西界》。
⑥ 《宋朝诸臣奏议》卷一三七《上神宗论种谔擅入西界》，第1532页。
⑦ 《宋朝诸臣奏议》卷一三七《上神宗论种谔擅入西界》，第1533页。
⑧ 〔宋〕司马光：《温国文正公文集》卷五七，《四部丛刊》景宋绍兴本。
⑨ 《宋史》卷三三五《种谔传》，第10748页。
⑩ 《北宋种氏将门之形成》，附录三《种谔的四次战役》，第145 – 171页。
⑪ 《续资治通鉴长编》卷三三八，元丰六年八月甲午，第8151页。

奏，妄自保明劳效，仍邀取诸将赂遗，并奏其功。"① 这个徐勋不仅仅是种谔的部属，还是种氏的亲戚。而种谔之子种朴也牵连其中。这一事件背后隐含着种氏家族势力的种种非法作为。因此，此事不仅引起了神宗的"早坐震怒"，还引发了他对种氏家族的防范。而在神宗给接替种谔知延州的刘昌祚的诏书中，也明确反映出种谔在鄜延路的势力延伸："鄜延小大政事，为种谔所坏，举皆玩弊，朋私蒙蔽，盗窃朝廷名器、财用者，不可胜数。卿擢自诸将，总帅一道，视事之始，其惩创前人之愆，以公灭私，痛改其俗，凡百毁誉，置之勿恤，当有殊擢，以须成功。"② 种家在鄜延路结党营私，加之屡次擅自兴兵，不受安抚使节制，不能不引发神宗的猜疑。自此之后，除种谊后来曾往援延州之外，种氏将门在延州已不见有任何重要活动③，也说明北宋朝廷已经对种氏家族在鄜延一路的势力有意识地进行限制了。

但是，种氏家族在西北的活动，并非仅仅从其家族利益考虑，同时也是神宗朝以来主战派的共同利益选择。前述对种谔的论列，大都指责其在绥州擅自兴兵，或诈传圣旨。但多处记载均显示，其实种谔是在得到神宗密旨的情况下行动的。《宋史·高遵裕传》记载："横山豪欲向化，帝使遵裕谕种谔图之，谔遂取绥州。"④ 种谔本传中也记载："会侯可以言水利入见，神宗问其事，对曰：'种谔奉密旨取绥而获罪，后何以使人？'帝亦悔，复其官。"⑤ 郑獬也指出："然种谔之夺绥州，若不奉陛下之风指，安敢一日不俟上报，径驱数千卒直捣虏境乎？不然，则擅兴有罪，陛下何为而不行诛？"⑥ 可见，这次行动，并非种谔个人所擅兴，而是"薛向、杨定、张穆之、高遵裕、王中正辈，表里相结，诳惑圣聪，妄兴边事"⑦，"其所由首恶者，乃向也"⑧。从种种迹象来看，所谓"诳惑圣聪"不过是为帝王开脱而已。取绥州当是由神宗皇帝密旨指挥，中央与地方监司长官共同参与的军事行动。反战派自然不便直接攻击神宗皇帝，参与其事的边将便成为他们重点讨伐的对象。

如啰兀城之战，时主战派韩绛宣抚陕西，"召谔问计策，除知青涧城兼鄜延路钤辖，专管勾蕃部事。折继世言于谔，请筑啰兀城，且曰：'横山之众，尽欲归汉。大兵出界，河南地可奄有。'谔遂与绛议，由绥德进兵取啰兀城，建六寨以通麟府，包地数百里，则鄜延、河东有辅车之势，足以制贼。上是其议，故令入见。"⑨ 在啰兀筑城的计策是种谔得自折继世，并得到了神宗认同的。而战前，韩绛还曾奏请将持反对意见的鄜延路马步军都总管、经略安抚使、判延州郭逵"诏召还朝"。最终，啰兀城之战失利，神宗所言：

---

① 《苏辙集》所收《栾城集》卷四三《再论熙河边事札子（贴黄）》，第 765 页。
② 《续资治通鉴长编》卷三三四，元丰六年三月壬戌，第 8049 页。
③ 《北宋种氏将门之形成》，第 97 页。
④ 《宋史》卷四六四《高遵裕传》，第 13575 页。
⑤ 《宋史》卷三三五《种谔传》，第 10746 页。
⑥ 《郧溪集》卷一一《上神宗论种谔擅入西界》。
⑦ 《宋朝诸臣奏议》卷一三七《上神宗论种谔擅入西界》，第 1532 页。
⑧ 《宋朝诸臣奏议》卷一三七《上神宗论种谔、薛向》，第 1534 页。
⑨ 《续资治通鉴长编》卷二一六，熙宁三年十月甲子，第 5254 页。

"绥麟通路，在理可为，但种谔仓猝，故不能终其事尔。"① 只是责备了种谔的仓促行事，而对这一军事行动本身并没有什么异议。

种古讼范纯仁一案，在种古本传里记载为："然世衡受知于范仲淹，因立青涧功。而古以私憾讼纯仁，士论少之。"② 从史家的语气来看，范仲淹对种世衡有知遇之恩，则范、种两个家族成员应以维持两个家族的友好交往为宜。所以，种古对范纯仁的诉讼才引起了士论的不平。范纯仁也曾自咎："先人与种氏上世有契义，纯仁不肖，为其子孙所讼，宁论曲直哉。"③ 因此，在哲宗朝，他还荐举种古为永兴军路钤辖，后又荐他知隰州。可见，此案所反映的，并非是简单的二人不合，也非种氏与范氏两个家族之间的矛盾。

案件的大致经过如下：

> 环州太守（种古）劾熟羌为盗。狱具，朝廷贷其命，流南方。罪人声冤帅府曰："我实非为盗者。"公（范纯仁）送他州辨治，果非盗。环守避罪，讼公挟私情以变狱，意欲朝廷不按治而逐公。神宗遣台官就宁州置狱，劾治甚峻，卒无私状可推，环守自坐诬告抵罪。④

事情的处理本应以种古冤枉熟羌开始，以诬告范纯仁抵罪而结束。但最终的结果却令人诧异，"古以诬告谪，亦加纯仁以他过，黜知信阳军。"⑤ 之所以会出现这种结局，主要是因为"是时高平公（范纯仁）坐言事去，执政有恶之者，欲中以危法久矣。"⑥ 而种古讼范纯仁的案件，正是打击范纯仁的一个机会。秦观在其《送冯梓州序》中记载甚详：

> 此狱之起，人皆为惧。及冯侯召对，神宗曰："帅臣不法，万一有之，恐误边事。然范纯仁有时名，卿宜审治，所以遣使者，政恐有差误耳。"即赐绯衣、银鱼。冯侯拜赐出，执政谓曰："上怒庆帅甚，君其慎之。"冯侯曰："上意亦无他。"因诵所闻德音，执政不悦。及考按连逮熟羌之狱，实不可变，而古所言高平公七事皆无状，附置以闻，执政殊失望。会史籍有异词，诏遣韩晋卿覆治，执政因言："范纯仁事亦恐治未竟，愿令晋卿尽覆。"神宗曰："范纯仁事已明白，勿复治也。"狱具如冯侯章，于是籍、古皆得罪，而高平公独免，执政大不快。未几，高平公复为邻帅所奏，谪守信阳，而冯侯失用事者意，亦竟罢去。⑦

---

① 《续资治通鉴长编》卷二二一，熙宁四年三月庚寅，第5373页。
② 《宋史》卷三三五《种古传》，第10745页。
③ 《宋史》卷三一四《范纯仁传》，第10287页。
④ 《续资治通鉴长编》卷二八四，熙宁十年八月壬午，第6947页。
⑤ 《宋史》卷三一四《范纯仁传》，第10285页。
⑥ 〔宋〕秦观撰，徐培均笺注：《淮海集笺注》卷三九《送冯梓州序》，上海古籍出版社1994年版，第1278页。
⑦ 《淮海集笺注》卷三九《送冯梓州序》，第1278页。

据李焘《续资治通鉴长编》所载:"(熙宁七年十月)癸巳……工部郎中、直集贤院、新知邢州范纯仁直龙图阁、权发遣庆州。"① 可知,范纯仁知庆州,是在熙宁七年(1074)十月。据《宋史》本传记载:

> 其所上章疏,语多激切。神宗悉不付外,纯仁尽录申中书,安石大怒,乞加重贬。……命知河中府,徙成都路转运使。以新法不便,戒州县未得遽行。安石怒纯仁沮格,因谗者遣使,欲据摭私事,不能得。……后竟坐失察僚佐燕游,左迁知和州,徙邢州。未至,加直龙图阁、知庆州。②

可见,此前"坐言事去,执政有恶之者",应是指范纯仁上书反对新法之时触怒王安石之事。如此看来,种古与范纯仁的讼案,不仅仅是二人的私憾,背后还牵扯着变法派与保守派的较量。据元丰元年(1078)狱竟后的处理结果,"纯仁坐不追捕作过熟户蕃部",而遭"夺职,知信阳军"③。可知,这一案件还反映出主战派与反战派在边疆的政见分歧。

范纯仁在自邢州去庆州上任前,与神宗的对话较为鲜明地体现了他对边事的看法:

> 纯仁过阙入觐,上见之甚喜,曰:"卿父在庆州甚有威名,卿今继之,可谓世职也。"纯仁顿首谢曰:"臣不肖,何足以继先臣,但以陛下过听,误使承乏耳。"上问曰:"卿兵法必精?"对曰:"臣素儒家,未尝学兵法。"又问:"卿纵不学兵法,卿久随侍在陕西,必亦详熟边事?"对曰:"臣随侍时年幼,并不复记忆,兼今日事体与昔时不同。"纯仁度必有以开边之说误上者,因进言:"臣不才,陛下若使修缮城垒,爱养百姓,臣策疲驽不敢有辞。若使臣开拓封疆,侵攘夷狄,非臣所长,愿别择才帅。"上谕曰:"以卿之才,何所不能,但不肯为朕悉心耳。"对曰:"臣子之于君父,若有可展报效处,杀身不避,岂有不尽心力耶?但陛下所责,非臣所长,不敢面谩欺罔以对。"纯仁辞益坚,上卒不许。④

神宗对范纯仁十分期许,先以父子在庆州世职这一荣耀加以引诱,后以精兵法、熟边事加以恭维,再以"不肯为朕悉心"进行激将,但范纯仁始终不为所动,且"辞益坚",自己反战的政见始终没有改变。范纯仁这种坚定的反战立场,与种氏家族此时所采取的顺应时势,积极进取的策略显然是南辕北辙,其冲突在所难免。

---

① 《续资治通鉴长编》卷二七五,熙宁七年十月癸巳,第6281页。
② 《宋史》卷三一四《范纯仁传》,第10284页。
③ 《续资治通鉴长编》卷二八九,元丰元年四月戊戌,第7080页。
④ 《续资治通鉴长编》卷二七五,熙宁七年十月癸巳,第6281页。

四、政治动荡与转向保守

元丰八年（1085），神宗病逝，年仅十岁的哲宗赵煦即位，太皇太后高氏垂帘听政。随即便起用司马光，实行"以母改子之政"的元祐更化。王安石制定的各种新法逐渐被废除，改革派也遭到了全面的打击。在此期间，对西夏的政策也转为妥协退让。范纯仁、韩维和司马光等保守派大臣"弃地和戎"的政见成为主导，并最终决定将米脂、浮图、葭芦和安疆四寨割让给西夏。但这并未阻止西夏对北宋的不断侵扰。

元祐八年（1093），高太后去世，哲宗亲政，改元绍圣，重新起用章惇、曾布等变法派，并对元祐诸保守派大加打击。同时，恢复了神宗时的对夏政策，进筑堡寨，拓边西北，并在元符元年（1098）平夏城战斗中取得重大胜利。直至元符二年（1099），西夏被迫求和。同时，又任命王赡和王厚继续经营河湟地区。但此二人统驭无方，引起降附的吐蕃诸部的叛乱，并导致了鄯、湟二州的危机和宋廷弃守二州的争论。

徽宗即位之初，鉴于元祐党人和绍圣党人两派的纷争，采用"无偏无党"的方针，参用元祐和绍圣大臣，企图"建中靖国"。但不到一年，徽宗就改变了初衷，改元崇宁，意在崇尚熙宁。并起用蔡京、童贯等人，对内以恢复新法为名，大力打击政敌，将其列为"元祐党人"；对外继续开边。王厚很快收复鄯、湟、廓等州，并在兰州和横山一带继续对西夏进行开拓。因辽朝的干预，宋夏之间在崇宁五年（1106）至政和三年（1113）之间保持了几年的和平局面，但政和四年（1114）开始，双方又不断发生摩擦，并引发了统安城之战这样大规模的会战。直到宣和元年（1119），西夏请和，北宋拓边活动才基本结束。

围绕着变法派与保守派的政治斗争，北宋中后期的政治形势反复无常。这一政治形势影响到了北宋对西夏的攻守与和战政策。边地将门也在这种反复的政治局势中起伏。

为徐勋盗印案所牵连，种朴仅以身免。之后又因与青唐的和战问题，复遭苏辙抨击："臣近以熙河帅臣范育与其将吏种谊、种朴等妄兴边事，东侵夏国，西挑青唐，二难并起，衅故莫测，乞行责降。"[①] 苏辙将熙河边衅归咎于种谊、种朴狂妄觊幸功赏所致，并乞加贬责，种朴亦因之被改知泾原路镇戎军，种氏的活动趋于沉寂。

但绍圣年间哲宗亲政之后，种氏又开始了进取之路。绍圣四年（1097），种师中即由宣德郎换为武官内殿承制，充熙河路第一副将，开始了自己的武将生涯。种朴亦发挥自己的家族优势，为泾原帅章楶调查绘图，谋划进筑。史载：

> 泾原路经略使章楶言：勘会臣到本路条上进筑之策，朝廷幸听其计，于三月二十三日会合四路兵建筑平夏城、灵平寨，如期了当，寻将逐处军马分屯放散去讫。缘臣所陈后石门、葫江川两处形势所系，利害尤重。控扼好水、西山诸谷贼马来路，占据得要害之处，比趋九羊谷、白草原尤为快便。俯逼天都巢穴，平夏、灵平所占耕地，

---

① 《续资治通鉴长编》卷四四四，元祐五年六月辛酉，第10689页。

遂免抄掠之患，与葫芦河川东西形势相为表里。本司近指挥缘边安抚、知镇戎军种朴，量带人马，照管平夏、灵平两处官吏修缉次第，因令由打破贼堡于后石门、𥟖江川子细按视山川形势，道路险易，有无水泉，当如何措置修筑。今据种朴彩画到地图，签贴圆备。臣寻将前所进藁，照验得委实尤为精确。又缘夏贼点集频并，其力劳弊，四月十一日举国十余万众蓦来奔突，诸将力战，贼遂败去。度其势未能再有啸聚，若不乘此机会进筑了当，却宽岁月，其力稍全，则是资寇养患，边防之忧未艾也。今不避小有烦扰，再举师徒，全补藩篱，以成暂劳永逸之功。臣仰荷国恩，当此委寄，不敢迁延，复将重责遗与后人。①

据材料所记，后石门、𥟖江川等地山川形势均为种朴所调查筹划。其实，不仅如此，平夏城、灵平寨等城的进筑之策，亦出自种朴之手②。此后，"种朴在环州筑灰家觜，只用两万余兵，亦有成功。"③ 可知，种氏在哲宗朝仍旧积极参与拓边的活动。

元符二年，种朴在知河州任上为羌人所杀。史载："朴以贼锋方锐，且盛寒，姑徐之，而宗回檄日五七下，朴不得以而行。"④ 可知，导致种朴死难的直接因素无疑是熙河主帅胡宗回的逼迫出兵，而深层因素则是王赡进军青唐导致"河南蕃部叛"。吊诡的是，进取青唐地的策略，则又是范育早已提出，种谊、种朴初步实施过的。这种命运的轮回似乎影响到了此后种氏对西北拓边的策略选择。

之后，种氏在拓边的活动上便不见了此前的进取，而渐趋于保守。如被徽宗称为"唯卿朕所亲擢也"的名将种师道，当徽宗向他询问边事之时，他给出的建议却是："无为可胜，来则应之，毋妄动以生事，此其大略也。"⑤

之所以出现如此转变，当与种氏面临的政治局势有密切的关系。据载，种师道最初跟随伯父种谔在西北从军征战，后以种谔的郊祀恩补三班奉职。因少从张载学，后来"试法，易文阶，为熙州推官、权同谷县"⑥。但在文官的任上，仕途并不顺利，徽宗时，"议役法忤蔡京旨，换庄宅使，知顺德军"⑦。根据《宋史》本传中这段记载，我们并不清楚他从文官换为武职的具体原因。其行状中曾记有"言者论公诋诬先政，复换朝奉大夫放罢，隶名奸党"⑧之语，由此推论，种师道换官庄宅使，应是希望能以武臣的身份来躲避党锢之祸，但最终并未能够逃脱。在被划入元祐党籍，坐废十年之后，种师道始任主管华州西岳，不久便再次改为武资，换武功大夫、忠州刺史、泾原路钤辖、知怀德军兼管内安

---

① 《续资治通鉴长编》卷四八七，绍圣四年五月己未，第11564－11565页。
② 《北宋种氏将门之形成》附录五《种朴事迹拾补》，第184－185页。
③ 《续资治通鉴长编》卷四九六，元符元年三月乙丑，第11799页。
④ 《续资治通鉴长编》卷五一七，元符二年十月己未，第12304页。
⑤ 《三朝北盟会编》卷六〇，靖康元年十月二十九日辛酉，《种师道行状》，第446页。
⑥ 《宋史》卷三三五《种师道传》，第10750页。
⑦ 《宋史》卷三三五《种师道传》，第10750页。
⑧ 《三朝北盟会编》卷六〇，靖康元年十月二十九日辛酉，《种师道行状》，第446页。

抚使。政和二年（1112），又获徽宗器重，除秦凤路提举弓箭手。后随童贯伐燕，因持反战态度，被童贯"密劾其助贼"① 而遭责为右卫将军致仕。可见，种师道虽然能为徽宗所亲擢，但与当政者关系并不融洽。经历了多次政治磨难之后，对于朝廷对外拓边政策的履行已不像其父祖辈那样具有积极性了。

姚氏家族在神宗朝的发展策略并没有太多记载，但应当与种氏类似。据《姚兕传》记载："兕幼失父，事母孝，凡图画器用，皆刻'仇雠未报'字。"② 可见其对西夏仇恨之深。姚麟在元丰西讨时，"以泾原副总管从刘昌祚出战，胜于磨移隘，转战向鸣沙，趋灵州"③，亦是对西夏作战的一支重要力量。

但从家族主要成员的传记资料来看，其家族活动的主要战场却是在面向青唐羌的熙河兰会路。也许正是这个原因，姚氏家族的政治立场在神宗朝之后较为倾向于保守。如姚麟本身对哲宗绍圣时期熙河的拓边活动并不太支持，王赡取青唐，"麟以为朝廷讨伐方息肩，奈何复生此大患。已而赡果败"④。姚雄虽然三次知熙州，长期在西边任职，但建中靖国初"议弃湟州，诏访雄利害"时，姚雄却同意放弃此地。因此，在随后蔡京当政的一段时间内，姚雄被列入元祐党籍。姚氏家族与蔡京、童贯等徽宗朝当权派关系并不融洽。姚古之子姚平仲亦曾遭童贯"抑其赏"。当时的形势亦无法支撑姚氏将门积极参与当时的拓边活动。

随着边地将门的发展壮大，其参与政治的机会也越来越多。从神宗熙宁开边到哲宗绍圣及徽宗崇宁、政和，北宋中后期的拓边过程，本应是边地将门发展的契机，但他们对于边事的立场却逐渐由积极进取转到倾向保守。与这一过程同步的是，中央朝廷党派纷争的日益激烈，政治主导势力的频繁轮换，以及对外政策的反复不定，这些都势必会影响到边地将门的策略选择。优先保证家族在边疆地区长期驻守，而以保守的姿态从激烈的政治斗争中抽身而出，不失为一种较为稳妥的发展策略。

结　语

在北宋强干弱枝以及抑制武将参政等政策的影响下，长期在西北边地延续的边地将门，似乎与政治的联系应较为稀疏。但实际上，相对于文职官员与文官家族，武将及其家族受到国家军政大局的影响更为深切直接。

在北宋的集权体制下，军事决策基本来自中央朝廷。职在备战戍边的武将，是政治博弈中供驱策的棋子。麟州杨氏、金明李氏等边地将门的盛衰生涯即是明显例证。种氏家族中，在神宗及当时主战派的支持下，种古、种谔及种谊等成为经略西夏的急先锋，从而亦成为反战派集中讨伐的对象。其起伏既取决于自身的延嗣策略，也取决于国家的边地战略

---

① 《宋史》卷三三五《种师道传》，第10751页。
② 《宋史》卷三四九《姚兕传》，第11058页。
③ 《宋史》卷三四九《姚麟传》，第11058页。
④ 《宋史》卷三四九《姚麟传》，第11059页。

与战事。

　　随着政治局势的动荡，边地将门也被不同程度地卷入朝廷激烈的党派纷争之中。姚雄仅因为同意放弃湟州，就被划入元祐党籍。种师道因论役法而忤蔡京意，虽然迅速改为武资，但终究也没能躲避党祸。虽然长期远在边陲，边地将门真正想从政治的纷争中抽身而出，却也并不容易。这也促使边地将门的策略逐步趋向保守。

　　可见，就武将而言，无论对朝政纷争采取介入或疏离的态度，都难以从根本上摆脱政治大局的左右，这一点可以说与当时的文臣颇为类似。

（作者单位：浙江工商大学历史系）

白豹城与北宋环庆路东部的疆土开拓

尚 平

宋夏战争及宋代西北地区寨堡地理问题在宋史、西夏史和历史地理研究领域有较多研究，如史念海、吕卓民、鲁人勇、王天顺、李华瑞、曾瑞龙等学者都有不同角度的讨论[①]，这些研究多涉及环庆路的战争和地理。白豹城临近宋夏边境，位置特殊，两国围绕白豹城发生的军事活动非常频繁，但未见个案性研究成果。本文试联系环庆路东部寨堡的地理、交通及疆土开拓过程等问题对其历史进行梳理和分析。

一、白豹城与环庆路东部的地理和交通

宋代环庆路所覆盖的地域主要包括今甘肃省庆阳地区的环县、庆城县、华池县、合水县和陕西省定边县、吴旗县部分地区。谭其骧版《中国历史地图集》第六册的永兴军图中对北宋晚期环庆路的大部分寨堡都有标注，但仍存在缺漏，该地图对于地形和交通信息不能直接反映。迄今为止，在过去的考古活动中这一地区发现了较多的宋、西夏时期的寨堡和烽火台遗址，其成果介绍，已经汇集在《中国文物地图集》甘肃、陕西等省的分册中。此外，吕卓民等学者结合文献，对陕西境内的宋代寨堡进行了考订。虽然目前仍有少部分宋代寨堡的名称尚待确定，但利用这些成果，结合卫星地图中的高精度高程数据和影像信息，利用 ArcGIS 软件，可以改绘环庆路宋代寨堡地图。

环庆路的军城、寨堡基本设立在河谷中，或者临近河谷的地方（见图一）。洪德寨[②]、环州城（位于今环县县城）、木钵镇[③]、马岭镇[④]和庆阳府城（在今庆城县县城）位于环

[①] 史念海、王天顺等从军事地理的角度对陕北地区宋代寨堡和宋夏沿边寨堡进行过宏观性的论述，参见《陕西军事历史地理概述》（陕西人民出版社 1985 年版）、《西夏战史》（宁夏人民出版社 1993 年版）；鲁人勇、吕卓民、王天顺对宋夏沿边重要寨堡的地理位置进行了考订，参见鲁人勇等《宁夏历史地理考》（宁夏人民出版社 1993 年版）王天顺、鲁人勇等《西夏地理研究》（甘肃文化出版社 2002 年版），其中吕卓民《宋代陕北城寨考》一文对环庆路北部寨堡的考证最为细致（该文收入《西北史地论稿》，中国社会科学出版社 2011 年版）。李华瑞《宋夏关系史》从宋夏关系和战争角度对包括环庆路在内的宋夏沿边寨堡及战争进行过较为系统的分析（河北人民出版社 1998 年版）。曾瑞龙曾对宋哲宗元祐七年（1092）的洪德寨之战进行了深入挖掘，所撰《北宋对外战争中的弹性战略防御：以宋夏洪德城战役为例》一文是北宋战争史及环庆路西部地区战事的个案研究的力作，该文收入曾氏论文集《拓边西北——北宋中后期对夏战争研究》（香港中华书局 2006 年版）。
[②] 洪德城址，在今甘肃省环县洪德乡洪德城村东。据国家文物局主编《中国文物地图集·甘肃省分册（下）》，测绘出版社 2011 年版，第 383 页。
[③] 木钵城址：在今甘肃省环县木钵镇木钵村。据《中国文物地图集·甘肃省分册（下）》，第 383 页。
[④] 马岭故城：在今甘肃省庆城县马岭镇马岭村北 500 米。据《中国文物地图集·甘肃省分册（下）》，第 373 页。

白豹城与北宋环庆路东部的疆土开拓　107

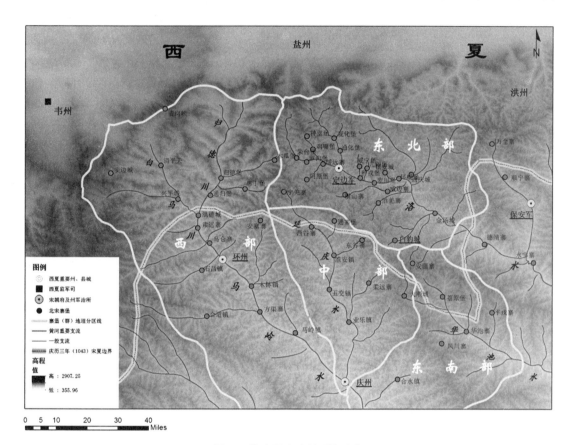

图一　北宋环庆路地理与寨堡

江、马莲河（泾河上游重要支流，宋朝名为马岭水）河谷①。马莲河支流河谷中最为重要的是柔远川河谷（宋时名为延庆水），而元城川是柔远川西北的一条支流河谷。环庆路东部泾河流域的寨堡集中在柔远川河谷中，如在文物地图集中介绍的宋代寨堡遗址中，城壕城址②、怀远故城（淮安镇）③、通塞堡故城④、木瓜城址（宁羌寨址⑤）、吕沟嘴城址⑥、

---

① 本文所用现代河流等地名，参考《中国分省系列地图集·甘肃省地图集》《中国分省系列地图集·陕西省地图集》，星球地图出版社 2009 年版。
② 城壕城址在今甘肃省华池县五蛟乡上城壕村北 150 米。据《中国文物地图集·甘肃省分册（下）》，第 396 页。
③ 怀远故城在今甘肃省华池县怀安乡。据《中国文物地图集·甘肃省分册（下）》，第 393 页，笔者据史籍有关里程记录推断，即宋淮安寨。
④ 通塞堡城址在今甘肃省华池县乔川乡将台坪村西 500 米。据《中国文物地图集·甘肃省分册（下）》，第 396 页，但吕卓民认为宋通塞堡位置在"今定边县南与甘肃省华池县邻界处元城川东岸铁角城村古城址"，见《宋代陕北城寨考》，《西北史地论稿》，中国社会科学出版社 2011 年版，第 88 页。
⑤ 木瓜城故城在今陕西省定边县张崾岘乡冯阳庄村西 500 米。此据《中国文物地图集·陕西省分册》，第 740 页，吕卓民认为此处古城址为宋宁羌寨遗址。见《宋代陕北城寨考》，《西北史地论稿》第 88 页。
⑥ 吕沟嘴城址在今甘肃省华池县元城镇吕嘴村北 50 米。据《中国文物地图集·甘肃省分册（下）》，第 396 页。

东谷寨址①都位于元城川河谷。元城川河谷在今悦乐镇②与柔远川河谷汇合。悦乐镇北向的柔远川河谷中分布着柔远寨故城③。柔远川最东面的一条支流名为城壕川，在城壕川中分布有上寨城址④、绥远寨故城⑤。在今天子午岭和分水梁之间有一支洛水的支流——二将川、葫芦河河谷（宋时名为华池水），此河谷位于柔远川河谷的东北方向，二将城（大顺城）⑥、荔原堡⑦、平戎寨址⑧、崖寨寨址⑨、太白寨址⑩，也都位于河谷中。北宋中前期，这些河谷流域的寨堡都属于宋朝管理。以定边军军城为中心的寨堡大部分分布在洛水上游干流头道川和支流二道川、三道川和白豹川等河谷中，如矜戎堡⑪、定边军⑫、通庆城⑬、金汤城⑭、白豹城、威边寨⑮等。洛水上游寨堡群长期属于西夏，直到北宋哲宗元符元年（1098），宋军攻取西夏安州（定边军），并渐次占领了洛河上游流域的一系列寨堡，后设置了定边军进行管理。

对于北宋的寨堡、战区与地形（分水岭）之间的总体关系，曾瑞龙也认为"根据各支河道的分水岭，北宋陕西前沿分为鄜延、环庆、泾原和秦凤四路"⑯。就环庆路内部而言，其境内的寨堡若按照泾河、洛河支流河流流域和地形划分，可分为四个部分。一是白马川和归德川流域的寨堡群，主要分布在环庆路的西部；二是元城川、柔远川（延庆水）支流流域的寨堡，分布在环庆路中部；三是洛河的葫芦河支流，即华池水上游相关寨堡，分布在环庆路东南部；四是洛水上游支流的寨堡群，分布在环庆路东北部。这些支流流域

---

① 东谷寨在今甘肃省华池县怀安乡小城子村北。据《中国文物地图集·甘肃省分册（下）》，第396页。
② 悦乐堡故城在今甘肃省华池县悦乐镇上堡子村西北。据《中国文物地图集·甘肃省分册（下）》，第396页。笔者据史籍有关里程记录推断，此为宋业乐镇所在地。
③ 柔远寨故城在今甘肃省华池县城。据《中国文物地图集·甘肃省分册（下）》，第396页。
④ 上寨寨址在今甘肃省华池县城壕乡城壕圪子村南1公里。《中国文物地图集·甘肃省分册（下）》，第396页。
⑤ 绥远寨故城甘肃省华池县城壕乡石咀子村西150米。据《中国文物地图集·甘肃省分册（下）》，第396页。
⑥ 二将城（大顺城）址在今甘肃省华池县山庄乡二将城子村。据《中国文物地图集·甘肃省分册（下）》，第396页。
⑦ 荔原堡地理位置尚未见考订，今甘肃省华池县南梁乡附近有荔园堡，以里程推断，当是。《宋史·地理志》云：德靖寨，东至保安军80里，西至庆州荔原堡60里，南至庆州平戎镇50里，北至金汤城60里，第2148页。
⑧ 平戎寨址在今甘肃省合水县太白镇周家嘴村西北500米。据《中国文物地图集·甘肃省分册（下）》，第407页。
⑨ 崖寨寨址在今甘肃省合水县太白镇崖寨村东200米。据《中国文物地图集·甘肃省分册（下）》，第407页。
⑩ 太白寨址在今甘肃省合水县太白镇瓦川口西南300米。据《中国文物地图集·甘肃省分册（下）》，第407页。
⑪ 矜戎堡址即今陕西省吴旗县西新寨乡所在地古城址。据吕卓民《宋代陕北城寨考》，《西北史地论稿》，第89页。
⑫ 定边军城址即今陕西省吴旗县西铁边城镇古城址。据吕卓民《宋代陕北城寨考》，《西北史地论稿》，第89页。《中国文物地图集·陕西省分册（下）》名为铁边城故城，第949页。
⑬ 通庆城址即今陕西省吴旗县被岩梗村古城址。据吕卓民《宋代陕北城寨考》，《西北史地论稿》，第66页。《中国文物地图集·陕西省分册（下）》名洛源乡城崖根村西北300米古城址为城崖根城址，第949页。或为同一城址。
⑭ 金汤城址即今陕西省志丹县金鼎乡金汤城村。据吕卓民《宋代陕北城寨考》，《西北史地论稿》，第66页。《中国文物地图集·陕西省分册（下）》亦名为金汤故城，第934页。
⑮ 威边寨址即今陕西省吴旗县庙沟乡荞麦城村古城址。据吕卓民《宋代陕北城寨考》，《西北史地论稿》，第88页。《中国文物地图集·陕西省分册（下）》，名为荞麦城址，第951页。
⑯ 曾瑞龙：《北宋对外战争中的弹性战略防御：以宋夏洪德城战役为例》，《拓边西北——北宋中后期对夏战争研究》，第53页。

分别由分水岭隔开，环庆路寨堡进筑和疆土开拓的重点和方向是由中部、东南部向东北部推进，这三个区域与西部相对照，可以整体上看作是环庆路的东部地区。

环庆路属于黄土高原地区，沟峁纵横是黄土高原的地貌特征。河谷地带在黄土高原的经济、交通方面具有极为重要的作用。首先，环庆路绝大多数地区属于梁、峁、原地形，因干旱少雨，不利于耕种和居住。狭长的河谷地带则是农业条件最好，重要支流河谷谷地比较开阔，多有1～200米宽。由于靠近水源，便于灌溉，河谷是优质的谷物耕种区，人口密集。第二，沟峁纵横的地形、地貌对交通路线的选择产生了非常明显的制约。庆历四年（1044），范仲淹与韩琦向仁宗建议制夏方略时指出："沿边山阪重复，彼（西夏）之重兵必循大川而行，先求速战，既胜，则方敢散兵掳掠，过越险阻，更无顾虑。"① 在两条或者多条河谷交汇的地带，人口更密集，交通地位也更加重要，如泾河上游的庆州、淮安镇、业乐镇、木钵镇和洪德寨，洛河上游的金汤城、通庆城、定边军。由于重要的河谷也是重要寨堡群集中的地区，宋夏之间的攻守、争夺也大多围绕重要的河谷和其中的寨堡群展开。这一特征在西北沿边是一个普遍现象。北宋环庆路的寨堡进筑和疆土拓展主要集中在东部，白豹城地处白豹川谷地，在陕西省吴旗县西南白豹镇西侧仍有城址残存。②

宋朝和西夏长期在柔远寨和白豹城之间对峙，在地形上，白豹城的西北及东南方向分布着一条洛水上游支流与泾河支流之间的分水岭。因而，在环庆路东部，西夏控制的洛河上游干流河谷流域与宋朝控制着泾河支流河谷及靠近庆州的二将川、葫芦河的洛河支流河谷流域，实际上也是长期以这条分水岭作为两国的边界。由于白豹城是环庆路两大流域河谷网络的最重要的连接点，而宋夏寨堡几乎都依赖河谷交通形成联系网络，所以白豹城自然也是西夏洛河上游河谷寨堡群与北宋柔远川寨堡群之间重要的连接点。

环庆路的军事活动除了宋夏双方对重要河谷的争夺外，西夏所在的游牧区与陕西关中农业区交通和贸易也加重了这些河谷和寨堡的重要性。一方面，西域通往中原的长途贸易通道多经过环庆路，另一方面，水草丰茂的毛乌素沙地西部地区与关中农业区的贸易往来多经过环庆路，白豹城同时位于盐州、宥州与庆州之间的贸易通道上。

五代至宋初时，原来中原与西域各国联系的丝绸之路上的贸易中转转移至灵州。据长泽和俊的研究，灵州的贸易非常发达。③ 可知当时西域及西北很多商人从灵州沿灵环大路进入中原。如开宝二年（969），段思恭知灵州时，"回鹘入贡，路出灵州，交易于市，思恭遣吏市硇砂，吏争直，与之竞"。④

灵环大路由庆州出发、经木钵镇、环州，"北至洪德寨八十里，寨北即蕃界"。"青冈

---

① 〔宋〕李焘：《续资治通鉴长编》卷一四九，庆历四年五月壬戌朔，中华书局2004年版，第3599页。
② 《中国文物地图集·陕西省分册（下）》："白豹故城（白豹乡白豹城子村西北500米·北宋）：城址平面呈不规则长方形，南北长约550米。东西宽约500米。夯筑城墙，残高2～3米，基宽0.7～1米，夯层厚10～14厘米。城内采集有耀窑系豆绿釉瓷片，器形有碗、碟、罐等。"西安地图出版社1999年版，第949页。
③ 〔日〕长泽和俊著，钟美珠译：《唐末、五代、宋初之灵州》，载《丝绸之路史研究》，天津古籍出版社1990年版，第274页。
④ 〔元〕脱脱等：《宋史》卷二七〇《段思恭传》，中华书局1977年版，第9273页。

峡、清远军、积石、浦洛河、耀德镇、清边寨、灵州共七程","沙碛远无邮传，冬夏少水"①。这条路是沿着洪德寨西北上行的，为"入灵武大路，号青冈峡"②，所以，有时又被称为青冈峡路。

西夏控制的盐州、宥州位于毛乌素沙地西部，这里盛产青白盐，水草条件优良，经济发达，人口密集。而庆州虽然地处黄土高原，但开阔平坦的董志原是黄土高原区同一纬度农业条件最好的塬原，而且距离关中很近，交通便利，所以从关中、黄土高原南部而来的粮食、布帛、铜钱等物资由此北上销往西夏，同时，盐州附近优质的青白盐、马、羊、药材等南下经环庆路输入中原，环庆路的贸易往来很频繁。

在西夏国计民生中占有突出地位的青白盐产地在盐州附近。太宗时期，李继迁占据此地，并利用青白盐与农业区交易粮食，"先是戎人以青白盐博米麦充食，转运副使郑文宝建议以李继迁聚徒为寇，平夏之北里千里不毛，徒以服青白盐籴粟麦以充食，愿禁之"③。太宗皇帝接受郑文宝建议，封锁青白盐贸易，结果引发了沿边蕃部的激烈反应，"羌戎乏食，四十二族首领盟于杨家族，引万余骑寇环州石昌镇"④。由此可见，环庆路地区围绕青白盐进行的贸易量是非常可观的。

如宋初知庆州的姚内赞，以"庆州刺史兼青白两池榷盐制置使"⑤。当时盐州以南尚属于宋朝管辖，以庆州刺史兼任青白盐生产、贸易的官员，说明青白盐的运销经过的地区主要在庆州与盐州之间。熙宁十年（1077），宋神宗曾对新任庆州知州的高遵裕说："元昊不于环庆作过，非为险阻，盖以乌池在彼，藉青盐以助费。今但谨备，不可专恃险固。"⑥ 所以，盐池与庆州之间的道路是宋夏之间非常重要的物资交流、贸易通道。

盐州与环州、庆州联系的通道中，归德川路和车箱峡路是其中重要的通道。

自环州洪德寨东北行至盐州有一条归德川河谷大路。"（洪德寨）东至盐州路，号归德川。"⑦ 这条道路的具体情况为："至洪德寨东北，入归德川上，过西界虾蟆寨、骆驼会，取双堆峰至盐州，约三百余里。洪德寨至骆驼会，系归德川奖水谷，甚为险狭，多泥泞。自骆驼会至盐州路，路平，人、马易行。"⑧ 咸平五年（1002），陕西转运使反映："访闻迁贼蕃部于赤沙、橐驼路各置会贸易，深虑诱熟户叛涣，请令本路部置潜军讨之。"真宗答复说："边界市易往来，若不戒而杀，是暴也。宜先谕民以条约，如有违者，即严谴之。"⑨ 既然是"置会"，是定期，或者固定的集市。

---

① 《武经总要》前集卷一八上"环州"条，台湾商务印书馆1986年版，文渊阁四库全书，第726册，第524页。
② 〔宋〕曾公亮等：《武经总要》前集卷一八上"洪德寨"条，文渊阁四库全书，第726册，第525页。
③ 〔清〕徐松辑：《宋会要辑稿》食货二三之二二、二三，中华书局1957年版，第5185－5186页。
④ 〔宋〕彭百川：《太平治迹统类》卷二《太祖太宗经制西夏》，文渊阁四库全书，台湾商务印书馆1990年版，第408册，第63页。
⑤ 《宋史》卷二七三《姚内斌传》，第9340页。
⑥ 〔宋〕李焘：《续资治通鉴长编》卷二八四，熙宁十年九月壬戌，第6962页。
⑦ 《武经总要》前集卷一八上"洪德寨"条，第525页。
⑧ 《武经总要》前集卷一八上"灵盐路"条，第526页。
⑨ 《续资治通鉴长编》卷五一，咸平五年春正月甲子，第1112页。

白豹城与北宋环庆路东部的疆土开拓 111

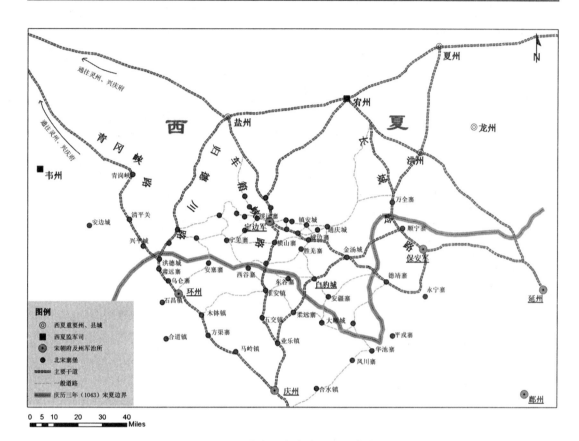

图二　北宋环庆路地区交通路线

从环庆路庆州淮安镇出发，也有通往盐州的大路，车箱峡路就是其中之一。"车箱峡路，自淮安西北入通塞川，经大胡泊、静边镇、香柏寨，取车箱峡路，过庆州旧蕃戎地（今为建安州），北入盐州，约五百里。此路山原川谷中行，不至艰险。国初，淮安至盐州蕃部并内附。至道中五路出师，丁罕从此路进军，至盐州"。① 据吕卓民分析，此处的建安州，即后来的定边军军城。② 车箱峡路也是西夏进攻环庆路所经常选择的进攻路线。咸平六年（1003），鄜延部署马知节等言，李继迁调集诸族会于盐州，"谋取橐驼、车箱峡等路入寇环庆"。③

宥州位于无定河谷，地势平坦，水草丰茂，是西夏农业、畜牧业发达的地区，宝元二年（1039），鄜延路副总管兼鄜延、环庆路同安抚使的刘平指出："且灵、夏、绥、银地不产五谷，人不习险阻，每岁资粮，取足洪、宥。而洪、宥州羌户劲勇善战，夏人恃此以

---

① 《武经总要》前集卷一八上"车箱峡路"条，文渊阁四库全书本，第726册，第524页。
② 吕卓民：《宋定边军考》，《中国历史地理论丛》，1995年第1期，第225页。
③ 《续资治通鉴长编》卷五五，咸平六年秋七月癸未，第1216页。

为肘腋。"① 由于元昊集结军队的策源地是宥州一带，虽然觊觎、打击的对象为延州，但延州正北沿塞门寨一路，道路难行，故常在保安军左右进入宋地。康定元年（1040），元昊的军队"出入常在保安、镇戎等军，往返环、庆而窥延州。"②

《元丰九域志》中记录庆州北向的道路有两条，一是"北至安州三百六十里"，一是"东北至宥州四百六十里"。另外，该书记录保安军通往庆州有两条道路，通往宥州有三条道路。"自界首至庆州二百里。……北至宥州二百八里。……自界首至庆州一百八十里。东北至宥州二百二十里。西北至宥州二百七十里。"③ 由此可知，庆州与宥州之间的交通通道也有两条以上，而庆州与保安军之间的道路多经过白豹城。据《宋史·地理志》记载，白豹城与洛水流域的重要军镇，如保安军、德靖寨、通庆城、定边军都有道路相接，南距柔远寨70里，经业乐镇与庆州相通。由于白豹城位于白豹川，柔远寨位于柔远川，除了交界地区的分水岭外，沿途皆为川谷平道，所以交通地位极为重要。（《宋史·地理志》《武经总要》和《元丰九域志》等文献中对环庆路的军城、寨堡之间的里程多有记录，加之这一地区已经发现了数量较多的宋夏古寨堡遗址，而且吕卓民等学者对其中很多寨堡的宋代名称进行了考订④，笔者据已有成果，绘制了环庆路交通路线图。）

由于白豹城、金汤城是庆州与宥州之间道路多取道的城寨，加之宋夏贸易往来频繁，这里也自然成为宋夏沿边交易的重要地点。庆历元年（1041），知庆州范仲淹言："庆州东北百五十里有金汤、白豹寨，皆贼界和市处也，镇戎兵马可以攻戬章，鄜延可以侵金汤、白豹、环庆路出兵牵制，唯此两处。"⑤ 白豹城就处于宋夏重要贸易通道的连接点上。本文所说的环庆路东部寨堡群即是指由庆州往北，经怀安寨，西北向取道通塞川的车箱峡路到达盐州的道路沿线及其以东与鄜延路相接地区的寨堡。

环庆路东部柔远川等河谷的寨堡最为密集，兵力部署也最多，相对而言，是环庆路军防经营的重点，其背景也与这一区域之间宋夏贸易封锁、道路控制有关。据李华瑞先生关于宋夏关系背后的经济依赖和贸易因素的分析，可知这一地区的贸易、交通和军事与寨堡修筑、疆土开拓之间存在着较为密切的关系。⑥ 大中祥符二年（1009），环庆路都钤辖曹玮在庆州边界地区开挖壕堑，引起西夏皇帝赵德明致牒询问此事，这件事情引起赵德明关注的原因是"盖德明多遣人赍违禁物窃市于边，间道而至，惧壕堑之沮也。朝廷方务绥纳，庚辰，诏玮罢其役"⑦。熙宁四年（1071）有诏书称："近虽令陕西、河东诸路止绝蕃、汉百姓不得与西贼交易，访闻止是去冬及今春出兵之际，略能断绝，自后肆意往来，所在无复禁止。"同时，所举的例子就是大顺城附近的蕃部贸易情况，"有大顺城管下蕃部

---

① 《宋史》卷三二五《刘平传》，第10502页。
② 《宋会要辑稿》兵八之二一，第6897页。
③ 〔宋〕王存等著，王文楚点校：《元丰九域志》卷三，中华书局1984年版，第120页。
④ 吕卓民：《宋代陕北城寨考》，载《西北史地论稿》，第88页。
⑤ 《续资治通鉴长编》卷一三四，庆历元年十月乙巳，第3195页。
⑥ 李华瑞：《贸易与西夏侵宋的关系》，载《宁夏社会科学》1997年第3期，第51页。
⑦ 《续资治通鉴长编》卷七一，大中祥符二年三月己卯，第1599页。

数持生绢、白布、杂色罗锦被褥、䋏、茶等物至西界辣浪和市，复于地名黑山岭，与首领岁美泥、咩㕽悖讹等交易，博过青盐、乳香、羊货不少"①。正因为如此，宋夏之间在环庆路东部地区的争夺更为激烈，其对双方国家利益的影响也更为重要。

白豹城不仅交通位置关键，由于其位于洛水上游河谷交汇地带，耕地较多，"金汤、白豹据横山之麓，环以良田千顷"②，农业条件也较为优越。此外，白豹城外围蕃部众多，且可据山险之利，对宋朝鄜延路、环庆路边面构成威胁。白豹城东南方向地势高耸，白豹川海拔在1400米以下，而距离白豹城不远的安疆寨附近最高海拔超过1700米。宋仁宗庆历初期以前，大顺城、荔原堡和安疆寨所在地都由西夏控制，这里蕃部众多，大顺城、荔原堡和安疆寨作为白豹城东面的外围寨堡，地势险要，形成白豹城的屏障，而且隔断了环庆路与鄜延路、保安军之间的联系。庆历二年（1042）正月，范仲淹在其"攻近而利"

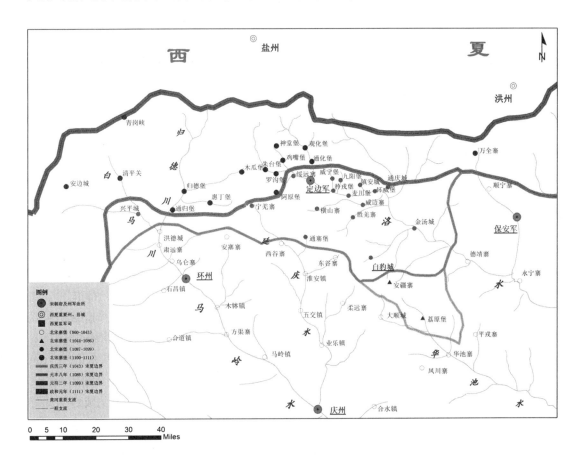

图三　北宋环庆路地区寨堡与宋夏边界

---

① 《宋会要辑稿》食货三八之三一，第5482页。
② 《续资治通鉴长编》卷四九四，元符元年春正月甲寅，第11727页。

的建议中就指出："在延安、庆阳之间，有金汤、白豹之阻，本皆汉寨，没为贼境，隔延、庆兵马之援，为蕃汉交易之市，奸商往来，物皆丛聚，此诚要害之地。"①

环庆路地区宋夏疆域的变化实际上是随着宋朝在这一地区的寨堡进筑而发生的（见图三）。从时间段来看，大体上分为四个阶段：第一阶段是仁宗庆历三年（1043）以前，即《武经总要》所反映的寨堡和疆域情况；第二阶段是庆历四年（1044）至元丰八年（1085），基本上为宋神宗时期，即《元丰九域志》所反映的疆域情况；第三阶段是宋哲宗元符二年以前（1086—1099），这一时期是宋朝大力推行横山战略，寨堡进筑最为集中的时期；第四阶段是元符三年至政和元年（1100—1111），基本上是《宋史·地理志》中所反映的徽宗时期宋代疆域的情况（也是谭其骧版《中国历史地图集》第六册"永兴军路"地图所对应的时间）。从真宗时期开始直到哲宗元符元年以前，环庆路的军事防御和疆土开拓的重点都集中在白豹城、金汤城方向。

二、宋真宗、仁宗时期白豹城与环庆路的寨堡修筑

为了应对西夏自盐州、宥州经白豹城向南的压力和威胁，宋朝在真宗时期（998—1022）基本建立起了以庆州、环州、业乐镇、淮安镇、柔远寨、木钵镇、洪德寨为中心城寨的寨堡群。至范仲淹主持环庆路军政时，他将经略白豹、金汤外围作为宋朝制夏政策的要点，并修筑了大顺城等寨堡。

白豹城原在宋境内，元昊即位前后，包括白豹城及其以北的地区被西夏占据。宋太宗后期，李继迁叛宋时，李继迁势力中心尚在银夏地区，庆州、环州以北、灵州、盐州以南地区的蕃部仍接受宋朝统治。宋太宗在至道二年（996）发动的进讨失败后不久去世，即位的宋真宗采取了退让的态度，将夏、银、绥、宥、静五州交给李继迁管理，希望他能放弃对灵州的觊觎。这一做法却促使李继迁加快了对灵州外围地区的围攻活动。咸平五年（1002），灵州失陷。西夏控制的疆域大为扩展，宋夏战事不再局限于银夏和环灵地带，盐州和宥州以南也成为李继迁攻取的方向。因此，宋朝环庆路的军事防御区的重心也由灵环大路开始向东偏移，白豹城以南临近的淮安镇、柔远寨等地的军事防御不断加强。

咸平五年（1002）八月，六宅使刘承珪建议说："庆州淮安镇，尤为冲要，屯兵甚众，而部署在环州，每有警急，则道出庆州，信宿方至。若自木波（钵）镇直抵淮安，才八十里，路不甚险，环庆路部署张凝遣戍卒开修已毕。望量益木波（钵）镇兵，以为诸路之援。"请求被准允。② 第二年，柔远寨、业乐镇的蕃部都被张凝招降，"领兵离木波（钵）镇，由新开路径至八州原下寨，招降得岑移等三十三族，又从淮安镇入分水岭，招降得麻谋等三十一族，又至柔远镇，招降得巢迷等二十族，遂抵业乐，招降得孳树罗家等

---

① 《续资治通鉴长编》卷一三五，庆历二年正月壬戌，第3217页。
② 《续资治通鉴长编》卷五二，咸平五年八月丙戌，第1148页。

百族，合四千八十户，第给袍带物彩，慰遣还族帐。"① 景德二年（1005），即有大臣提出进一步向北推进"缮治金汤、白豹等镇，以处投降蕃族"，但被真宗制止。② 大中祥符年间，"因蕃族内附，时筑业乐、凤川、柔远三城。"庆历年间编修的《武经总要》中所记录的环庆路寨堡中，除上述三城外，合水镇，"即唐之合川县。宋祥符中，修理废县为镇。"③ 景德四年（1007）时，"环庆诸军多分屯淮安、洪德寨"。④ 天禧三年（1019），曹玮在环庆路沿边开挖边壕，"后皆以为法。"⑤

景祐四年（1037），元昊称帝前，西夏设十八监军司（《宋史》作十二监），"委酋豪分统其众。……河南洪州、白豹、安盐州、罗洛、天都、惟精山等五万人，以备环、庆、镇戎、原州；左厢宥州路五万人，以备鄜、延、麟、府"。⑥ 这时的白豹城，已经成为元昊防御和进攻宋朝边境的重要前沿军镇。景祐五年（1038）二月，环庆路总管司言："访闻北界金汤等阅兵誓众，计欲侵疆。"⑦ 白豹城与金汤城同属白豹川，相距仅40里。康定元年（1040）九月，宋将任福派环庆路东部三支军队分别从西谷寨、业乐镇（经柔远寨）和华池寨出发，在切断白豹城西、北、东三面的来援之路后，迅速在约定时间向白豹城进行了四面合击。任福突袭白豹城前后仅用三天，以很少的伤亡，"悉焚其伪署、李太尉衙署、酒税务、粮仓、草场及民居室，四十里内禾稼聚积。诸将分破族帐四十一，擒伪署张团练，杀首七人，斩获二百五十有余级，虏牛马羊橐驼七千余头，器械三百余事，印记六面，伪宣敕告身及番书五十通"⑧。对白豹城的攻击从黎明开始，"是日晚还军。"⑨ 可见，虽然获得了很大的战果，但当时宋军仍不具备长期占领白豹城的条件。

庆历元年（1041），知庆州的范仲淹在反对对西夏采取贸然进讨的同时，建议先行占据金汤城、白豹城及其周围，以解除其对宋朝环庆路和鄜延路边面的威胁，并以此作为进一步牵制、攻取夏境的要地。庆历二年（1042）正月，范仲淹将自己的想法进一步概括为"攻近而利"复奏与仁宗皇帝。范仲淹认为：

> 臣谓攻近而利者：在延安、庆阳之间，有金汤、白豹之阻，本皆汉寨，没为贼境，隔延、庆兵马之援，为蕃汉交易之市，奸商往来，物皆丛聚，此诚要害之地；如别路入寇，数百里外，应援不及，则当远为牵制，金汤、白豹等寨可乘虚取之，因险设阵，布车横堑，不与驰突，择其要地，作为城垒，则我无不利之虞。至于合水、华

---

① 《续资治通鉴长编》卷五四，咸平六年三月乙卯，第1186页。
② 《续资治通鉴长编》卷六〇，景德二年五月丙辰，第1139页。
③ 《武经总要》前集卷一八，第726册，第524页。
④ 《续资治通鉴长编》卷六六，景德二年五月丁巳，第1486页。
⑤ 《续资治通鉴长编》卷一〇九，天圣八年正月甲戌，第2534页。
⑥ 《续资治通鉴长编》卷一二〇，景祐四年是岁，第2845页。
⑦ 《宋会要辑稿》兵二七之二五，第7259页。
⑧ 〔宋〕司马光撰，邓广铭等点校：《涑水纪闻》卷一二，中华书局1989年版，第224页。
⑨ 《宋会要辑稿》兵一四之一七、一八，第7001页。

池、凤川、平戎、柔远、德靖六寨，兵甲粮斛，可就屯泊，固非守备之烦也。①

在这一思想的指导下，庆历二年三月，范仲淹经过谨密的布置，亲自驻兵柔远寨，先派蕃将攻取马铺寨，遂令其子范纯祐进驻"以率众"，并"亦亲往劳士"②，旬日之间，筑成大顺城。"大顺既城，而白豹、金汤皆不敢犯，环庆自此寇益少。"③

范仲淹的贡献还在于，他在经理环庆路防务的时候，于庆历二年提出了宋朝制夏战略思想上影响深远的横山之策。由于庆历三年（1043）元昊称臣，宋夏议和，范仲淹的设想未能得以施行，但从更长远的角度来看，环庆路的疆土开拓和寨堡进筑，基本遵循着这一思路在进行。

三、白豹城与北宋中后期环庆路的军事行动

神宗时期（1068—1085），宋朝西北沿边获得大幅度开拓，尤其是在熙河地区和绥德军以北无定河河谷地带，虽然环庆路的边面变化不大，但攻取的方向和思路仍与范仲淹主政时很相似。宋朝继大顺城之后，占据了白豹城外围的另两处寨堡——荔原堡和安疆寨。哲宗元符初，宋朝在沿边各路对西夏进行"浅攻"，环庆路向洛河上游谷地的开拓加快，路线也转向横山寨和定边城，一年多后，白豹城也被宋朝占领。

1. 神宗时期宋夏针对白豹城外围寨堡的争夺

宋英宗治平三年（1066），西夏国主谅祚率军七八万，从金汤、白豹出发，围攻大顺城、柔远寨，被宋军击溃。第二年，奋勇有为的神宗即位，宋朝对西夏的态度转向强硬和主动，环庆路的寨堡修筑和疆土开拓渐渐受到重视。

治平四年（1067）三月，环庆路经略使蔡挺在华池镇马兰平修筑一寨堡，赐名荔原堡。由于"庆州大顺城、荔原堡，保安军德靖寨，去虏境甚迩"，④而且柔远寨、大顺城、荔原堡和保安军的德靖寨彼此连通（柔远寨距大顺城40里，德靖寨距荔原堡60里），这样一来，宋朝在金汤、白豹城的东南方向对其构成了威胁。

熙宁三年（1070），宋夏在环庆路发生了大规模的战事。四月，夏国兵二万侵绥德城，"筑八堡，近者四里"⑤。可能与此同时，西夏也在白豹城以东，针对环庆路东部边面，在荔原堡以北展开筑城以阻止宋朝的进逼，"贼又筑堡于庆州荔原堡北，曰纳干，在境外二十余里"⑥。当时"夏人十万筑垒于其境，不犯汉地"，蕃兵出战不利后，但环庆路主将李

---

① 《续资治通鉴长编》卷一三五，庆历二年正月壬戌，第3217页。
② 〔宋〕杜大珪：《名臣碑传琬琰集》中卷一二，富弼《宋范文正公仲淹墓志铭》，文渊阁四库全书本，第450册，第301页。
③ 《宋史》卷三一四《范仲淹传》，第10271页。
④ 《宋会要辑稿》兵五之六，第6842页。
⑤ 《续资治通鉴长编》卷二一四，熙宁三年八月辛未，第5208页。
⑥ 《续资治通鉴长编》卷二一四，熙宁三年八月辛未，第5208页。

复圭"贪边功,遣大将李信帅兵三千,授以陈图,使自荔原堡夜出袭击,败还。复圭斩信自解。又欲澡前耻,遣别将破其金汤、白豹、西和市,斩首数千级"①。宋方此举激怒了西夏,"后七日,秉常举国入寇"②,"攻围大顺城、柔远寨、荔原堡、淮安镇、东谷寨、西谷寨、业乐镇,兵多者号三十万,少者二十万,围或六七日,或一二日"。③ 夏军屯驻地"据庆州四十里……游骑至庆州城下,积九日乃解围去"④。

环庆路东部地区在四五年内经历了两次西夏的大规模入寇,但主要寨堡皆能据守不失,说明其寨堡之间的协同防御能力已经很强。熙宁四年(1071)颁行的陕西各路防秋之策,体现了环庆路军事防御策略已经很成熟:

> 贼若寇东、北两路,并以正兵万人屯业乐,扼淮安东西谷、柔远、大顺之会。贼若自华池川路深入,则移业乐兵于大顺、北两路,断其归路;庆州别出兵至合水,与荔原、大顺兵相首尾。贼若寇环州,即移业乐之兵截山径路,趋马岭,更相度事势,进兵入木波,与相望,据诸寨中,又可扼奔冲庆州大路。其沿边城寨只留守兵,不责以战。自余军马并屯庆州,以固根柢。⑤

可见,临近白豹城的大顺城、荔原堡在扼制西夏进攻方面发挥着非常重要的作用。

元丰四年(1081)的五路征讨荡平西夏的目的虽然没有达到,但宋神宗并未放弃军事上的主动态势。对于环庆路的疆土开拓而言,宋军在大举推进中占领了金汤城和安疆寨。元丰五年(1082)五月,鄜延路经略使沈括和副使种谔提出了更为详明的横山攻取计划,并建议将宋朝鄜延路和环庆路沿边划分为三路,向北推进,其中环庆路东部和保安军同属西路。"乞将塞门寨以北石堡、背水、油平、罗帏、盐池一带为中路隶宥州,米脂、浮图、葭芦、义合、吴堡、银州一带为东路隶绥德,以金汤、长城岭、德青(靖)、顺宁寨一带为西路隶保安军。"⑥ 宋神宗时期以鄜延路为重点的横山寨堡进筑战随之拉开序幕。由于白豹城对环庆路东部和保安军西部皆有威胁,在鄜延路筑堡战的带动下,环庆路针对白豹也有所举动。

元丰五年(1082)七月,神宗下诏称鄜延路已近修有六寨,"其长城岭寨以西接连环庆路金汤、白豹,已指挥环庆路差三万人并边照应。若别有兴作,即是虚劳军马。令徐禧、沈括计议,其当进筑城寨处,与曾布议定以闻。"⑦ 八月,环庆路经略使曾布汇报说:"洛原故城可建一城,白豹和市可以建一寨,官马川可以建一堡。"神宗同意,"令李察应

---

① 《宋史》卷二九一《李若谷附孙复圭传》,第9743页。
② 《宋史》卷二九一《李若谷附孙复圭传》,第9743页。
③ 《续资治通鉴长编》卷二一四,熙宁三年五月庚辰,第5220页。
④ 《续资治通鉴长编》卷二一四,熙宁三年五月庚辰,第5220页。
⑤ 《续资治通鉴长编》卷二二五,熙宁四年七月辛亥,第5494页。
⑥ 《续资治通鉴长编》卷三二六,元丰五年五月丙午,第7858页。
⑦ 《续资治通鉴长编》卷三二八,元丰五年七月丙寅,第7905页。

副,候鄜延兵势相接,方兴版筑"①。但永乐城之败使这一计划中止。哲宗即位后,宋朝对夏政策一反熙丰时期,元祐二年(1087),宋朝向西夏归还了米脂、安疆等四寨。

2. 元符时期环庆路横山进筑的过程

元祐六年时,宋朝对夏的政策已有所调整,绍圣以后,鄜延等路的寨堡修筑进度很快,虽然环庆路进展较慢,但在绍圣四年(1097),修筑了安疆寨,在疆土开拓上宋朝洛水上游更推进了一步。

元祐六年(1091)九月,秦凤路经略使吕大忠、环庆路经略使章楶重提横山战略,进"浅攻之计",获得哲宗首肯。② 元祐七年(1092)六月,他给皇帝的奏折中分析说:"向者朝廷令诸路讲浅攻牵制之法,然如昨来举数十万众与泾原对垒,而近边部族皆先起遣深入平夏,盖出师牵制亦有不可用之时。然术固有不杀而能扼贼之咽、不战而能伐贼之谋者,惟择地筑垒,迫近横山,以渐困之,乃今之上策也。"③ 同时,章楶提出要尽快占据归还给夏国的安疆寨。对于安疆寨的军事地位,章楶认为:

> 庆州大顺城北安疆寨,东至保安军德靖寨七十余里,西至庆州东谷寨五十里,南至庆州大顺城三十五里,北至西界白豹镇三十五里。虽是已给赐城寨,缘城形最为利便。我得之,则柔远寨、大顺城、荔原堡一带边面尽在腹里,控金汤、白豹贼马来路。自隆云一带部族不敢宁处。贼得之,则金汤、白豹尽能障蔽,自欢乐峰下窥汉川不踰十里,卒然寇至,脱莫能支,贼马据此以为家计,而数出轻骑以扰吾边,则柔远、大顺、荔原门不敢昼开,是以熙宁中贼筑垒于此,本路三塞枕戈而寝。万一贼复来占据,将见庆州东北百里便是贼巢,不可不虑也。其废安疆寨两面亦是大涧,因险起城,费工极少,城中故井犹在,四面良田仅二千顷。往年未废以前,赡养汉弓箭手千人,尚有余地,其故地虽已废毁,大率版筑处不多,且顺则与之,违则取之,自于朝廷无所不可。④

章楶的建议当时未被采纳。五年后的绍圣三年(1096),环庆路经略安抚使孙路再提出要兴筑安疆寨,哲宗在诏书中督促道"兴工修建,务要神速"⑤。第二年六月,安疆寨筑成。⑥

值得注意的是,绍圣四年(1097)时,宋朝沿边少数军队已能深入到宥州和盐州。四月,环庆路蕃官张存"遣锐兵先入盐州讨杀,燔烧族帐",返回时遭到夏兵追击。⑦ 八月,

---

① 《续资治通鉴长编》卷三二九,元丰五年八月乙亥,第7925页。
② 《续资治通鉴长编》卷四六六,元祐六年九月壬辰,第11132页。
③ 《续资治通鉴长编》卷四七四,元祐七年六月壬寅,第11308页。
④ 《续资治通鉴长编》卷四七四,元祐七年六月壬寅,第11310页。
⑤ 《宋会要辑稿》方域一九之一四,第7632页。
⑥ 《宋会要辑稿》方域一八之一〇,第7614页。
⑦ 《续资治通鉴长编》卷四八六,绍圣四年四月壬寅,第11544页。

鄜延路将官王愍"破荡宥州，并烧毁族帐等不可胜计，斩获五百余级，牛羊以万数"①。

这无疑也给环庆路东部疆土的向北开拓创造了条件。元符元年（1098），环庆路的寨堡进筑的重点转移至定边军西南。元符元年正月，枢密院反映：孙路曾奏说："金汤、白豹据横山之麓，环以良田千顷，请皆建筑城堡。已可其奏"。后孙路"复言定边川、擦移二处，皆占横山美田万顷，请悉建城，据贼必争之地。后朝廷降旨称："如机会可乘，即先要切，以次进筑。"②这样，以定边军、横山寨、金汤城、白豹城为重点目标的寨堡进筑行动很快展开了。对于定边军的意义，孙路有如此论断："鄜延进筑芦关、乌延口，环庆筑擦移、定边，则横山非贼所能有矣！"③环庆经略司孙路言："新筑城寨所据横山地土，才分十之二三，以巡绰所至则几半，若筑之字平、威章巴、定边、萌门四城寨毕，则山界皆为我有。盖谓城寨之外，百余里闲，西人不敢耕种住坐。"④

元符元年三月，环庆路钤辖张存进筑西擦移新寨。在环庆路经略安抚使孙路的劝诱下，西夏监军、西蕃大首领李讹移及手下"投来共二千七十人、牛马羊驼四千五十"。由于李讹移"系蕃中老将，习练边事，素多智计，将全家及部族归汉"，给横山蕃部带来极大震撼，一时间"西界部族见首领归汉不辍，节次投降"。环庆路的走马承受盖横分析说："西贼困敝，上下离心，灭亡不久。"⑤数日后，新寨改名横山寨，李讹移被授"横山寨至宥州一带蕃部都巡检使"⑥。与横山寨进筑同时，宋军还在环庆路修筑了兴平城和通塞堡。⑦宋朝下一步进筑的指向显然是宥州与横山寨之间的蕃部地区，也就是以定边军为中心的洛水上游的诸多河谷区域。元符二年（1099）正月，"令环庆相度进筑定边城。二月二日助以鄜兵，十五日乞进筑，三月七日定边城毕工"⑧。史籍中并无激烈战事的记录，可见横山寨的进筑和李讹移的归附，已经使得洛河上游地区的蕃部失去了抵抗的力量。

定边城在今铁边城镇，遗址尚存。⑨因地处洛水上游干流河谷的腹心，"定边城，比之横山、兴平等处城砦尤深"⑩。但农业和交通条件优越，位置关键，"本城所据川原广阔，土脉饶沃，是旧日西夏储蓄之地"⑪。宋朝占据定边城后，周围蕃部纷纷归附，"新筑

---

① 《续资治通鉴长编》卷四九〇，绍圣四年八月丙戌，第11625页。
② 《续资治通鉴长编》卷四九四，元符元年春正月甲寅，第11727页，
③ 《续资治通鉴长编》卷四九七，元符元年夏四月丙戌，第11818页。
④ 《续资治通鉴长编》卷四九九，元符元年六月癸巳，第11882页，
⑤ 《续资治通鉴长编》卷四九五，元符元年三月戊午，第11784页。
⑥ 《续资治通鉴长编》卷四九五，元符元年三月戊午，第11784页。
⑦ 《续资治通鉴长编》卷四九六，元符元年三月戊辰，第11807页。
⑧ 《续资治通鉴长编》卷五〇五，元符二年春正月辛酉，第12037页，
⑨ 《中国文物地图集·陕西省分册（下）》称：铁边城遗址（铁边城故城）位于铁边城镇，北宋时期遗址，省文物保护单位。城址平面呈不规则长方形，东西长约650米，南北宽约600米。城墙夯筑，残高4～9米，残宽2～9米，夯层厚8～12厘米。东南角有一夯筑方形角楼墩台，底边长6米，残高9米，城内散布大量砖、石、灰布瓦及耀窑系瓷片。第949页。
⑩ 《宋史》卷一〇七，志第一百四十一，兵志一禁军上，第4580页。
⑪ 《续资治通鉴长编》卷五〇九，元符二年四月丁酉，第12125页。

定边城，日有西夏来投蕃部。……今投来之人源源不绝"①。由于地理位置重要，定边城及其附近地区后被改设为军。金汤城、白豹城位于定边城东南方，定边城及其周围的蕃部归附后，宋军加快了对白豹、金汤城的进筑。

元符二年（1099）三月，鄜延路经略安抚使吕惠卿报告称"德靖寨西南旧金汤寨地形险固，三面各有天涧，洛河川水泉可以修充守御城寨，与环庆路声势相接。"至五月六日"金汤城毕工"。② 四月，环庆路"奏乞进筑骆驼巷、萌门、白豹"，诏许"骆驼巷、白豹依奏"。③ 五月丙辰，胡宗回言"进筑白豹、瓦当嘴城寨毕工"，二十八日白豹城赐名。④ 至此，环庆路新辟疆土的三处核心寨堡，定边军、金汤城、白豹城的展筑全部完成。六月，有臣僚提出"环庆筑三城寨，乞赏"，哲宗下诏封赏。⑤

由以上文献中记录的寨堡修筑时间顺序可以推断出，在环庆路军队沿着西谷寨、通塞堡、横山寨一线进入洛水上游后，鄜延路的军队由德靖寨开始，自东向西推进对金汤城进行展筑，鄜延路的军队甚至协助环庆路前往更远的定边军参与筑城，鄜延路统制官韩升，以"应援修筑定边城故"⑥，在三月受到赏赐。之后，环庆路进筑至白豹城。宋朝军队对洛水上游地区的进筑是从西、东、南三面合围推进的。

随着环庆路疆土由泾河流域向洛水流域的扩展，其驻防军队也全面向北推进驻扎。元符二年（1099）七月，环庆路经略司的请求中如此表述这一变化："本路进筑之字平、白豹城、定边、柔远寨了毕，并系扼贼冲要，包占环庆州界旧来边面城寨，名为近里，所有逐处旧城寨驻札将副，各令移于沿边城寨驻札。其合用城守器甲不少，望指挥永兴军等路提刑司于出产材料州军并功造作，仍速般运。"朝廷"从之"。⑦ 随着对白豹城、金汤城和定边军的占领，宋朝基本达到了全面控制盐州、宥州以南横山地区的目的。

结　语

真宗时期，宋朝为抗御西夏由盐州、宥州给环庆路正面带来的压力，以洪德寨、淮安镇为中心，在白豹城以西、以南增扩寨堡，充实环州、庆州外围防御。宋仁宗时期，宋与夏的军事对抗升级，主政环庆路的范仲淹等提出针对白豹城、金汤城和横山为进攻方向的制夏思路，并修建了大顺城。此后，白豹城外围成为宋夏在环庆路经营和争夺的焦点，荔原堡、安疆寨相继被宋朝占据。元符元年，横山浅攻战略全面实施，环庆路对洛水上游流域的攻取方向转移至横山寨。一年后，定边军被宋朝占领，白豹城在成为孤城的情况下，

---

① 《续资治通鉴长编》卷五〇九，元符二年四月丁酉，第12125页。
② 《续资治通鉴长编》卷五〇七，元符二年三月甲寅，第12075页。
③ 《续资治通鉴长编》卷五〇九，元符二年夏四月甲午，第12123页。
④ 《续资治通鉴长编》卷五一〇，元符二年五月丙辰，第12140页。
⑤ 《续资治通鉴长编》卷五一一，元符二年六月戊戌，第12170页。
⑥ 《续资治通鉴长编》卷五〇七，元符二年三月丁巳，第12076页。
⑦ 《续资治通鉴长编》卷五二〇，元符二年秋七月甲辰，第12186页。

落入宋军之手。至此,宋朝在环庆路的横山战略大体上已经实现。

　　[作者单位:湖北师范大学历史文化学院。本文系教育部人文社科规划基金一般项目"北宋西北地区寨堡与军事地理研究"阶段性成果(15YJA770017)]

北宋后期党争与史学
——以神宗评价及哲宗继位问题为中心

梁思乐

自古以来，新王朝替旧王朝编纂史籍，旨在塑造历史，从而树立新政权的合法性，体现史学为政治服务的作用。两宋之际，朝廷先后经历熙丰变法、元祐更化、绍述新政、靖康之难等历史阶段，赵氏帝位仍继续承传，国家方针却变化不定，政治风波此起彼落，直至高宗君臣彻底认同旧党、否定新法为止。在此期间，每逢权力交替，掌权者便借编修国史、实录，重新诠释先朝史事、巩卫己方的政治主张。因此，《神宗实录》《哲宗实录》多次改订，前者编修更达五次之多。在南宋撰成《四朝国史》之前，北宋末年更有《神宗正史》《哲宗正史》成书，修史活动之频繁，实为政治斗争所致。

20世纪60年代，香港学人黄汉超撰成《宋神宗实录前后改修之分析》一文，分上下二篇发表。上篇为《神宗实录之纂修与党争》，讨论《神宗实录》元祐本、绍圣本、绍兴本之修撰经过，并探讨史官如何因权力斗争而被贬责；下篇为《神宗实录钩沉》，从《续资治通鉴长编》注文辑出各本实录的片段，加以比较，指出绍圣本回护王安石、吕惠卿及新法，并归纳绍圣本删改元祐本的原则。[1] 蔡崇榜《宋代修史制度研究》则列举史实，叙述国史、实录等史籍的纂修过程，是迄今研究宋代官方史学必备的专著。作者考证《神宗实录》先后五次修撰，成书四部。[2] 此后尚有专家继续讨论《神宗实录》之改修。[3] 有关《哲宗实录》的专题论文相对较少，其中以日本学者近藤一成、平田茂树的研究较受瞩目。[4]

各本《神宗实录》《哲宗实录》对新法有不同的见解，前人论之已详。然而，笔者认为另有两大重要问题，尚未见前贤论及。其一，实录以皇帝为纲，如何为每位皇帝定位，毋庸忽略。尽管宋代实录早已散佚，李焘在编撰《续资治通鉴长编》时，仍引述实录原文，足见新、旧两党各自按照自己的理念，塑造神宗的形象，从而维护己方的立场。其

---

[1] 黄汉超：《宋神宗实录前后改修之分析》，载《新亚学报》第7卷第1期，1965年，第363－409页；第7卷第2期，1966年，第157－195页。
[2] 蔡崇榜：《宋代修史制度研究》，台湾文津出版社1991年版，第82－98页。
[3] 吴振清：《北宋〈神宗实录〉五修始末》，载《史学史研究》1995年第2期，第31－37页；孔学：《王安石〈日录〉与〈神宗实录〉》，载《史学史研究》2002年第4期，第39－47页。
[4] 〔日〕近藤一成：《"洛蜀党议"与哲宗实录——『宋史』党争纪事初探——》，载早稻田大学文学部东洋史研究室编《中国正史の基础的研究》，日本早稻田大学出版部1984年版，第316－320页；平田茂树：《『哲宗实录』编纂始末考》，载宋代史研究会编《宋代の规范と习俗》，日本汲古书院1995年版，第29－66页。

二，自绍圣年间开始，新党声称旧党曾经企图废黜哲宗，借此逼害旧党，事件更牵连已故的太皇太后高氏，引起轩然大波，亦成为南宋初年重修《哲宗实录》亟须处理的问题。笔者曾撰文铺叙这场政治风波从发生到平反的历程①，本文拟在前作的基础之上，补充若干资料，反映时政记、实录、国史如何表述哲宗继位的问题，揭示政治斗争何以造成徽宗年间编修《哲宗实录》《哲宗国史》的波折，并对个中史实真伪做一论断。

一、神宗评价问题

神宗于元丰八年（1085）驾崩。元祐元年（1086）二月，朝廷着手编纂《神宗实录》时，尽管反变法派官员陆续还朝，但变法派尚未被彻底肃清，得以暂居史职。编修工作由蔡确提举，邓温伯、陆佃为修撰，林希、曾肇为检讨。② 然而，一个月后，蔡确便被贬官，司马光获命提举修史③，其余史职亦渐次落入旧党之手，赵彦若、范祖禹为修撰④，黄庭坚、司马康任检讨。⑤ 变法派遭到排斥，只有陆佃留任。因此，这次修史是由旧党主导的。编修工作历时五年，至元祐六年（1091）书成，由宰臣吕大防上进，⑥ 是为元祐本《神宗实录》。

元祐八年（1093），太皇太后高氏逝世，哲宗亲政，次年改元绍圣。新党不满元祐本《神宗实录》，请求重修。哲宗遂以章惇提举修史⑦，由蔡卞、林希等修撰。⑧ 新本于绍圣三年（1096）编成⑨，"其朱书系新修，黄字系删去，墨字系旧文，其增改删易处则又有签贴"，世称朱墨本。⑩

哲宗逝世后，政局再次波动，促成三修之议。徽宗非嫡非长，全凭向太后支持而得以继位，为了收买人心，巩固帝位，一度响应群情，下令重修《神宗实录》⑪，表现"建中靖国"的意愿。然而，政局安定之后，徽宗重提绍述，再无必要改订朱墨本，修订工作便

---

① 梁思乐：《"女中尧舜"——论高后地位的演变与"宣仁诬谤"》，载许振兴等主编《研宋二集》，香港研宋学会2014年版，第53—116页。
② 〔宋〕李焘撰，上海师范大学古籍整理研究所、华东师范大学古籍整理研究所点校：《续资治通鉴长编》卷三六五，元祐元年二月乙丑，中华书局2004年版，第8755页。
③ 《续资治通鉴长编》卷三一八，元祐元年闰二月庚寅、丙申，第8854、8875页。
④ 《续资治通鉴长编》卷四〇四，元祐二年八月辛丑，第9843页；卷四二六，元祐四年五月辛未，第10297页。
⑤ 《续资治通鉴长编》卷三八九，元祐元年十月丙戌，第9449页；卷四二一，元祐四年正月癸巳，第10193页。
⑥ 《续资治通鉴长编》卷四五六，元祐六年三月癸酉，第10921页。
⑦ 〔元〕脱脱等：《宋史》卷一八《哲宗二》，中华书局1977年版，第340页。
⑧ 〔宋〕陈振孙撰，徐小蛮、顾美华点校：《直斋书录解题》卷四《正史类·神宗实录朱墨本二百卷》，上海古籍出版社1987年版，第130页。
⑨ 《宋史》卷一八《哲宗二》，第345页。
⑩ 《直斋书录解题》卷四《正史类·神宗实录朱墨本二百卷》，第129—130页。
⑪ 〔宋〕宋徽宗：《重修神宗实录诏》，《全宋文》第一六三册，上海辞书出版社、安徽教育出版社2006年版，第240—241页。有关徽宗初政的状况，主要参见张邦炜《关于建中之政》，载《四川师范大学学报（社会科学版）》2002年第6期，第99—108页；张林《向太后揽权及其与徽宗之政争——立足于蔡京去留问题之考察》，载姜锡东、李华瑞主编《宋史研究论丛》第十辑，河北大学出版社2009年版，第37—50页。

无疾而终。

　　直到宋室播迁，高宗君臣追究亡国责任，归咎于王安石、蔡京①，为此再次改写《神宗实录》，由宰相赵鼎提举，元祐史臣范祖禹之子范冲亦参与其中。是次修撰以元祐、绍圣两本为基础，由史官参酌异同，重新编写，至绍兴六年（1136）告终。范冲另撰《神宗实录考异》，罗列其删润之理据。绍兴七年（1137），赵鼎、张浚之间的权力斗争又导致再一次重修，但张浚不久便告罢相，故是次重修并未推翻赵鼎所进《神宗实录》的立场，只对史实略作增补，至绍兴八年（1138）三月完成。②

　　《神宗实录》再三纂修，王安石与新法之评价起伏不定，前人论之已详，毋庸赘言。另一方面，实录为皇帝之史，史官在褒贬王安石的同时，并不可能不为神宗"盖棺定论"。复次，宋朝君臣常以"祖宗家法"为号召，而神宗在驾崩之后，亦成为赵宋王朝列祖列宗之一，可以是后世君主取法的对象③，哲、徽二宗正是以"绍述"为推行新法的理据。因此，修史不但是史学问题，同时也是政治问题，具有指导"国是"的重大意义。元祐史臣可以将王安石定位为奸臣，却不能斥责神宗为昏君，只能避重就轻，偏重于称颂神宗的德行，而回避他主持改革的事实。为了淡化神宗与变法的关系，而只字不提他施行新法的功过。绍圣史官由于政治立场与旧党迥异，主张歌颂神宗推动新政之政绩，于是指责元祐史臣未能直书神宗的功德，并重新评价神宗。

　　《神宗实录》早已散佚，幸而李焘《续资治通鉴长编》屡次征引实录，并在注文标明资料出处。《续资治通鉴长编》在叙述元丰八年（1085）神宗驾崩之后，随即以五百余字总结神宗生前功德。段落冠以"史臣曰"三字，在《续资治通鉴长编》全书鲜见，反映这段文字源自"史臣"，而非李焘自撰。李焘在这段文字之下，注称"绍圣史官签帖云：前史官所记圣德为未尽，臣等掇其大者具于卷末"，其下又引"绍圣本"对神宗之评价，亦五百余字。④ 从上文下理推知，"史臣曰"云云应是元祐本《神宗实录》的内容，"绍圣本"则是朱墨本《神宗实录》，"签帖"则是绍圣史官之删改说明。至于绍兴本情况如何，李焘并未说明，大抵是此本复元祐之旧，并无重大改动所致。这两段文字清楚反映新旧史臣如何塑造神宗的形象，从而支持己方的政治立场，弥足珍贵。

　　神宗毕生致力于推行新法，开疆拓土，但其政治方针并不为旧党认同。旧党在评论神宗时，便避重就轻，注重称扬神宗的德行与才学。在整段文字开首，史臣首先赞赏神宗孝于两宫、友于二弟、齐家有道：

---

① 有关南宋对王安石、蔡京的评价，主要参见近藤一成《南宋初期の王安石评价について》，载《东洋史研究》第 38 卷第 3 号，1979 年，第 26 - 51 页；《王安石变法研究史》，第 4 - 199 页；Charles Hartman, "A Textual History of Cai Jing's Biography in the Songshi," in Patricia Buckley Ebrey and Maggie Bickford (ed), *Emperor Huizong and Late Northern Song China: The Politics of Culture and the Culture of Politics* (Cambridge, Mass. & London: Harvard University Asia Center, 2006), pp. 517 - 564.

② 《宋代修史制度研究》，第 87 - 97 页。

③ 有关宋代祖宗家法，主要参见邓小南《祖宗之法——北宋前期政治述略》，生活·读书·新知三联书店 2006 年版。

④ 《续资治通鉴长编》卷三五三，元丰八年三月戊戌，第 8456 - 8459 页。

上聪明英睿，天性孝友，事两宫竭诚尽力，天下称孝。慈圣光献太后之丧，哀毁过甚，即除丧，思慕不已，岁时酌献，每至继仁殿必哭，哀动群臣。礼遇皇后，宫廷肃正。亲爱二弟，无纤毫之间。终上之世，乃出居外第。待诸公主宗室，恩意笃备。①

继而表扬他的才学：

圣学高远，言必据经，深造道德之蕴，而详于度数。每论经史，多出人意表间。日一御迩英讲读，虽风雨不易。禁中观书，或至夜分。②

此外，又称颂神宗勤政：

励精求治，如恐不及，总览万务，小大必亲。遇休暇，犹间御殿决事，或日昃不暇食，至两宫遣人趣之……每当用兵，或终夜不寝，边奏络绎，手札处画，号令诸将，丁宁详密，授以成算。虽千里外，上自节制……③

另一方面，史臣无论如何隐约含蓄，总不能完全回避神宗的施政。他们一方面承认神宗起用王安石推行新法，并且对外用兵的史实，另一方面强调神宗之"悔意"。例如提及神宗对王安石的态度：

在东宫素闻王安石有重名，熙宁初擢辅政，虚己以听之。安石更定法令，中外争言不便，上亦疑之，而安石坚持之，不肯变。其后天下终以为不便，上亦不专信任。安石不自得，求引去，遂八年不复召，然恩顾不衰。司马光、吕公著虽议论终不合，而极口称其贤。④

如是，王安石仿佛要为变法负上全责，神宗则是虚怀若谷、体察民情的贤君。对于神宗用兵西北，史臣则指出：

欲先取灵、夏，灭西羌，乃图北伐，积粟塞上数千万石，多储兵器以待。及永乐陷没，知用兵之难，于是亦息意征伐矣。⑤

在上述两段引文之中，史臣分别以王安石"八年不复召"、神宗"息意征伐"作结，

---

① 《续资治通鉴长编》卷三五三，元丰八年三月戊戌，第8456–8457页。
② 《续资治通鉴长编》卷三五三，元丰八年三月戊戌，第8457页。
③ 《续资治通鉴长编》卷三五三，元丰八年三月戊戌，第8457页。
④ 《续资治通鉴长编》卷三五三，元丰八年三月戊戌，第8457页。
⑤ 《续资治通鉴长编》卷三五三，元丰八年三月戊戌，第8457页。

表面上称赞神宗知错能改,实则却是借用神宗的"悔意",巧妙道出变法与用兵均不可取,借以警告后世君主。当然,神宗有否对司马光、吕公著"极口称其贤",有否"息意征伐",则大有商榷余地。如李华瑞所言,神宗在永乐城之败后一年,便克服痛苦,积极谋划下一次作战,只因英年早逝,而未付诸实行,绝非旧党所言厌兵。① 元祐史臣的论断,不过是塑造历史的手段,未必合乎史实。这种手法其实早已流露于史官范祖禹的著述之中。

蔡崇榜考证《神宗实录》的修撰官继有邓温伯、陆佃、范祖禹、苏颂、赵彦若诸人,林希、曾肇、黄庭坚、司马康先后担任检讨,秦观、晁补之亦参与编修。② 考诸《续资治通鉴长编》,曾肇、苏轼亦尝获任命为实录院修撰。③ 可是元祐六年(1091)《神宗实录》书成上进,却只有邓温伯、赵彦若、范祖禹、曾肇、林希、陆佃、黄庭坚七人获得加官。④ 除了已经去世的司马康之外,苏轼、苏颂均不获封赏。绍圣年间追究元祐史官之罪,二苏亦未被责罚。孔凡礼也提及苏轼为实录院修撰,同时指出《续资治通鉴长编》未有记载此职罢于何时。⑤ 疑二苏虽获任命,而未尝就职,故赏罚不及。又邓温伯、林希入实录院不久便离任,曾肇、陆佃亦于成书前罢去,最后实录院只有范祖禹、赵彦若、黄庭坚三人。而范祖禹自朝廷罢免蔡确、改以司马光提举修史之时,已担任实录院检讨官。⑥ 其后或因岳父吕公著提举编修《神宗实录》,⑦ 不便升迁为修撰。是时虽已诏修《神宗实录》,但熙丰年间的日历仍然多有阙略,大大妨碍修史工作。范祖禹遂兼任著作郎,负责编修神宗日历。⑧ 至元祐四年(1089),吕公著去世,范祖禹更升迁为实录院修撰,⑨ 直到书成为止。相较于元祐元年(1086)十月就职的黄庭坚、元祐二年(1087)八月赴任的赵彦若,范祖禹任职时间较长,几乎终始在职,贡献最大。《进神宗皇帝实录表》收入范祖禹《范太史集》,应是由他撰写,反映他在史官之中地位较高。进表歌颂神宗:

> 孝行同于舜帝,友道比于文王,极典学之高明,勤治功于旰昃。⑩

这与上引实录对神宗的评价如出一辙。退一步而言,实录的评价即使非范祖禹一人所为,至少应是他与其他史官的共识。

范祖禹早年曾随司马光编修《资治通鉴》。《资治通鉴》将"凡关国家之盛衰,系生

---

① 李华瑞:《宋夏关系史》,河北人民出版社1998年版,第191-193页。
② 《宋代修史制度研究》,第82页。
③ 《续资治通鉴长编》卷三九二,元祐元年十一月戊寅,第9523页;卷四〇四,元祐二年八月辛丑,第9843页。
④ 《续资治通鉴长编》卷三五三,元丰八年三月戊戌,第8457页;卷四五六,元祐六年三月癸酉,第10921页。
⑤ 孔凡礼:《苏轼年谱》,中华书局1998年版,第787页。
⑥ 《续资治通鉴长编》卷三六八,元祐元年闰二月丙申,第8875页。
⑦ 《续资治通鉴长编》卷三五三,元丰八年三月戊戌,第8457页;卷三八九,元祐元年十月壬辰,第9463页。
⑧ 〔清〕徐松辑:《宋会要辑稿》运历一之一六、一七,中华书局1957年版,第2135-2136页。
⑨ 《续资治通鉴长编》卷四二六,元祐四年五月辛未,第10297页。
⑩ 〔宋〕范祖禹:《进神宗皇帝实录表》,《全宋文》第九七册,第266页。

民之休戚，善可为法，恶可为戒，帝王所宜知者"编为一书①，旨在鉴古知今。范祖禹协助编修《资治通鉴》中的《唐纪》②，并且另撰《唐鉴》，于每条史事之下以"臣祖禹曰"的形式作论断，在元祐元年进献给哲宗。与《资治通鉴》相比，其鉴戒意识之强烈，不遑多让。范祖禹自言原欲将《唐鉴》送呈给神宗③，而神宗对唐太宗深感兴趣，尝问王安石"唐太宗何如"④，又曾在吕公著面前提及"唐太宗能以权智御臣下"⑤。因此，范祖禹便悉心塑造唐太宗的形象，以供鉴戒。在《唐鉴》之中，范祖禹不常渲染唐太宗的武功，反而对其征战四方多加批评。⑥ 例如唐太宗征高丽一事：

> 帝以不能成功，深悔之，叹曰："魏征若在，不使我有是行也。"……臣祖禹曰：太宗比擒颉利，西灭高昌，兵威无所不加，四夷震慑，而玩武不已，亲击高丽，以天下之兵众，困于小夷，无功而还……惟不能慎终如始，日新其德，而欲功过五帝，地广三王，是以失之。然见危而思直臣，知过而能自悔，此所以为贤也。⑦

范祖禹一方面抨击唐太宗开疆拓土，好大喜功，另一方面称赞他在兵败之后自省，思念谏臣魏征，追悔自己所为。元祐本实录不直接批判神宗的对外政策，但强调他晚年追悔，其深意实与《唐鉴》相通，也具有指导时政的作用。在太皇太后高氏去世后，范祖禹为免哲宗起用新党，便上《论邪正札子》：

> 熙宁之初，王安石、吕惠卿等造立新法……又启导先帝用兵开边，结怨外域。至熙宁七八年间，天下愁苦，百姓流离。幸赖先帝圣明觉悟，再罢安石，两逐惠卿，终元丰之世不复召用……又言："吕惠卿可诛。"⑧

他将一切罪过归咎于王安石、吕惠卿，而强调神宗"知错能改"，从而向哲宗说教。这种论调仍与史臣对神宗的评价一脉相承。

范祖禹除了编修实录，还长期兼任侍讲，为帝王师。早于元祐三年（1088），范祖禹在修史期间上《劝学札子》，论人君学习之要切：

---

① 《续资治通鉴长编》卷二〇八，治平三年四月辛丑，第5050页。
② 有关《资治通鉴》编者的分工，参看姜鹏《〈资治通鉴〉长编分修再探》，载《复旦学报（社会科学版）》2006年第1期，第10—15页。
③ 〔宋〕范祖禹：《进唐鉴表》，《全宋文》第九八册，第44页。
④ 《王荆公安石传》，载《琬琰集删存》卷三，上海古籍出版社1990年版，第370页。
⑤ 《吕正献公公著传》，载《琬琰集删存》卷三，第353页。
⑥ 参见梁思乐《范祖禹对唐太宗形象的重塑——宋代帝王历史教育一例》，载《中国史研究》第70辑，2011年，第25—45页。有关唐太宗形象在宋代的政治意义，参见方震华《唐宋政治论述中的贞观之政——治国典范的论辩》，载《台大历史学报》第40期，2007年，第34—49页。
⑦ 〔宋〕范祖禹：《唐鉴》（上海图书馆藏宋孝宗朝浙江刻本）卷三，上海古籍出版社1984年版，第11页。
⑧ 〔宋〕范祖禹：《论邪正札子》，《全宋文》第九八册，第191页。

> 自古以来，治日常少，乱日常多，推原其本，由人君不学故也。天下治乱皆系于人君之心；君心正，则朝廷万事无不正……①

继而叙述赵宋历朝祖宗之务学：

> 太祖皇帝以神武定四方，创业垂统，日不暇给，然而晚年尤好读书，尝曰："宰相须用读书人。"……太宗尝谓近臣曰："……朕年老无他欲，但喜读书，用鉴古今成败耳。"真宗之时，益修太宗之业。仁宗在位四十二年，问学未尝少废……英宗、神宗皆遵守仁宗之法，稽古好学……②

借此劝导哲宗勤奋学习。宋代经筵官往往利用讲读的良机，影响皇帝的施政方针，甚至直言时事。③ 因此，皇帝务学，实有利于士大夫影响时政。《神宗实录》于元祐六年（1091）三月成书，同年八月，范祖禹又向哲宗上进《帝学》八卷④，列举历代帝王务学事迹，卷一、二为前朝帝王，卷三为宋太祖、太宗、真宗，卷四至六为在位四十余年的仁宗，卷七为英宗、神宗，卷八为神宗。诚如邓小南所言：

> 《帝学》一书，"本法祖之意以为启迪"，范祖禹或许称得上是合理择取与通盘塑造帝王形象的高手。就政治倾向而言，他显然并不赞成凡事一遵神宗成宪，但在向小皇帝进说时，他却有针对性地拣选出"圣学"一个方面，将神宗树立为"一遵祖宗成宪，以为后世子孙法"的楷模……使我们感悟到所谓"历史记忆"的可塑性之强。⑤

这段议论可谓切中要点。其实，元祐本实录避重就轻，强调神宗之家道与学养，回避变法得失，而聚焦于神宗弃用王安石、后悔用兵西夏，又何尝不是对历史的刻意塑造？

元祐本《神宗实录》不但批判王安石，更重要者是借神宗的"追悔"否定变法与用

---

① 〔宋〕范祖禹：《劝学札子》，《全宋文》第九八册，第 56 页。
② 《劝学札子》，《全宋文》第九八册，第 56—57 页。
③ 参见朱瑞熙《宋朝经筵制度》，载第二届宋史学术研讨会秘书处编《第二届宋史学术研讨会论文集》，台湾中国文化大学史学研究所史学系，1996 年，第 229—264 页；王化雨《宋朝君主的信息渠道研究》，北京大学历史学系 2008 年博士学位论文，第 83—118 页。
④ 李焘认为范祖禹进《帝学》在元祐五年八月，但《范太史集》在《乞进帝学札子》下有题注，反映札子进于元祐六年八月十四日辛丑。按范祖禹在《帝学》中之结衔显示他时为左朝散郎、国史院修撰，考诸《续资治通鉴长编》，知范祖禹于元祐六年三月实录成书前为朝奉郎，书成迁一官，即升为朝散郎，同年六月再任国史院修撰，故当以《范太史集》之题注为是。见《续资治通鉴长编》卷四四七，元祐五年八月，第 10760 页；卷四五六，元祐六年三月癸酉，第 10921 页；卷四五九，元祐六年六月甲辰，第 10989 页；范祖禹：《乞进帝学札子》，《全宋文》第九八册，第 136 页；范祖禹：《帝学》（清乾隆永瑢抄本）卷一，台湾广文书局有限公司 1995 年版，第 1 页。
⑤ 《祖宗之法：北宋前期政治述略》，第 517 页。

兵，使变法派失去绍述新政的理据。因此，绍圣元年，新党还朝，便将重修《神宗实录》视为首要的急务，范祖禹等人遂遭受责罚。绍圣史官指"前史官所记圣德为未尽"，右正言刘拯指责"祖禹等纂修先帝实录，擅敢增损，厚加诬毁，为臣不忠"①，皆认为元祐实录扭曲了神宗的形象。故绍圣实录不但是对新法的平反，更是对神宗形象的重建。绍圣史臣一方面继承元祐本对神宗品德、才学的评价，另一方面推翻元祐本对新旧两党的定位。如元祐本声称神宗对司马光等人"极口称其贤"，绍圣本反唇相稽：

> 当是时，韩琦、富弼、曾公亮、欧阳修、吕公著、司马光、吕晦与苏轼、苏辙之徒，群起而非之，以本业赈贷为取利，以出泉而禄庶人之在官者为横赋，以修泉府之政为侵商贾，以遣使道主意为扰民，以求弊更法为变常，以君臣相与为失威福之柄。上舍己从众，以理反复谕琦等，而光、晦、轼、辙之徒终迷不反，遂疏不用。②

同时，对熙丰年间的政绩大书特书：

> 尝以谓先王之迹息灭，时君世主祖述不及三代，其施为卑陋，不足法。自初嗣服，慨然思以其所学远者大者措之于天下，见历世之弊，欲变通之……立政造令，悉法先王……去壬人而国是定，修政事而财用理，损资格以任贤使能，核名实以彰善瘅恶。天下扩然大变。③

又云：

> 尽复河湟故地。数年间百度修举，吏习而民安之。乃什伍丁壮，教以武事，追比间族党之制；兴置学校，迪以经术，复乡举里选之法。亹亹乎向三代之盛矣。④

新党与神宗理念相近，故在评论神宗之时，不必回避其施政。与元祐本相较，绍圣本的评论显得全面。当然，绍圣本亦不无回护之处，如论神宗与王安石之关系：

> 一见王安石，即知其可用，遂任以政，而不夺于谗邪之口。⑤

此语忽略了神宗两罢王安石的事实。个中原因，固然与王安石首倡变法有关，但修撰

---

① 〔宋〕陈均编，许沛藻等点校：《皇朝编年纲目备要》卷二四，绍圣元年十二月，中华书局2006年版，第590—591页。
② 《续资治通鉴长编》卷三五三，元丰八年三月戊戌，第8458页。
③ 《续资治通鉴长编》卷三五三，元丰八年三月戊戌，第8458页。
④ 《续资治通鉴长编》卷三五三，元丰八年三月戊戌，第8458页。
⑤ 《续资治通鉴长编》卷三五三，元丰八年三月戊戌，第8458页。

官蔡卞的作用亦不容忽视。蔡卞为王安石之婿，自居为其继承人①，故千方百计提升王安石的地位，吹嘘王安石为圣人②，借此增加自己的政治本钱，其党羽林自甚至倡言"神宗知王荆公不尽"③。但在修史之际，蔡卞绝不可能公然抨击神宗，于是以偏概全，只强调神宗初见王安石的观感，塑造出君臣相知、如鱼得水的形象，掩饰王安石遭受冷落的史实。总之，官方修史与权力斗争息息相关，元祐、绍圣两本《神宗实录》皆各有所偏。

二、哲宗继位问题

《神宗实录》再三改修，个中纷争不外乎对神宗、王安石及新法的评价。而《哲宗实录》与《哲宗正史》的编修，最大争议在于哲宗继位问题。神宗驾崩时仅三十八岁，尚值壮年，而其元配向后无子，故一直未立储君。直至元丰八年（1085），神宗病重，方册封哲宗为太子。后来新党为争定策之功，制造种种传言，指责旧党有意废立，事件牵连哲宗之叔吴王赵颢以及太皇太后高氏。《神宗实录》一案使范祖禹、赵彦若、黄庭坚三位史官被流放，哲宗继位问题则牵连更广，自文彦博、司马光、吕公著以下，旧党要员几被一网打尽，是为哲宗、徽宗年间的大事，也影响到徽宗至高宗时期的修史工作。

元丰八年（1085）的时政记，元祐年间的《神宗日历》《神宗实录》，以至绍圣三年（1096）重修完毕的《神宗实录》，均未反映神宗晚年立嗣时有任何争议。元丰八年时政记是较原始的记录。起居注本与时政记同样重要，均是日历的史源。可是宋代起居注有时修撰不及，须后来追补④，令时政记更为举足轻重。元丰改制前，时政记由二府副贰，如参知政事、枢密副使"逐月编修"。改制以后，则由中书侍郎、门下侍郎、同知枢密院事编修，尚书左、右丞递修，所有宣谕必须于当日记录⑤，以确保史料准确。元丰八年，章惇为门下侍郎，撰有时政记，记录神宗驾崩前的情况。元祐时期编修日历与实录，应该参考了这份时政记。靖康年间，群臣奏请改正徽宗年间编修的史籍，亦以时政记为据，⑥但修纂工作尚未开始，开封便告陷落。南渡以后，文献散失，绍兴史官重修神哲两朝实录，也看不到这份时政记。幸而元祐宰相、提举修撰《神宗实录》的吕大防家中仍有保存资料，并为李焘所见。直至绍兴二十九年（1159），时政记方由吕大防曾孙吕宽仁呈交国史院。⑦其内容如下：

---

① 〔宋〕陈瓘：《论蔡卞奏》《又论蔡卞奏》《六论蔡卞奏》，《全宋文》第一二九册，第8、16、21－22页；徐自明撰，王瑞来校补：《宋宰辅编年录校补》卷一一，中华书局1986年版，第666页。
② 《宋宰辅编年录校补》卷一一，第675页。
③ 《续资治通鉴长编》卷四五，绍圣四年四月乙未，第11529页。
④ 《宋代修史制度研究》，第19页。
⑤ 有关宋代时政记，主要参见蔡崇榜《宋修时政记考》，载《史学史研究》1988年第2期，第49－57页；王盛恩：《宋代官方史学研究》，人民出版社2008年版，第194－203页。
⑥ 《续资治通鉴长编》卷三五二，元丰八年三月甲午，第8429、8444、8446页。
⑦ 《续资治通鉴长编》卷三五二，元丰八年三月甲午，第8418页。

二月二十九日癸巳寒节假，三省、枢密院诣内东门进牓子，入问圣体，面奏："去冬曾奉圣旨，皇子延安郡王来春出阁。今来圣体违豫，欲望早建东宫。"凡三奏，上三顾，微肯首而已，时疾势弥留矣。又奏："皇太后权同听政，候康复日依旧。"上亦顾视肯首。既退，即移班东间垂帘，见皇太后，具所奏如前，皇太后辞避。近侍奏云："且以社稷为念，不宜固辞。"至于再三，泣许，退。三月一日甲午寒节假，三省、枢密院诏内东门进牓子，入问圣体。皇太后垂帘，宰臣已下起居，皇太子立于帘外，与王珪等相见。皇太后宣谕珪等："皇太子极是精俊好学，已诵七卷《论语》，略不好弄，止是学书。自皇帝服药，手写佛经二卷祈福。"因出所写经二卷示珪等，书字极端谨。珪等再拜，且谢且贺。退，文武百僚赴文德殿，听宣立皇太子制。未刻，再入问圣体，次进呈立皇太子例合降赦。次进呈皇太后，允之。乃谕珪等："皇太子建立，今来大事已定，天下事更在卿等用心。"珪等奏："朝廷法度纪纲素具，臣等敢不悉心奉行，乞上宽圣虑。"退。①

从时政记可见，宰执大臣眼见神宗病重，呈请册立延安郡王（哲宗）为太子，获神宗首肯，亦得太后支持，并无任何疑似之迹。元祐时期的日历、实录均据时政记编成。到了绍圣年间，章惇还朝拜相，提举重修《神宗实录》，直到成书为止，仍未就这段史事提出异议。

然而，绍圣四年（1097），即章惇上进《神宗实录》之翌年，新党突向旧党发难。是年四月，章惇等人声称元丰八年哲宗登基，范祖禹由洛阳应召入京，司马光送别时言及"主少国疑"，并暗示太皇太后高氏有意效法北齐宣训娄后废孙立子②；又指责王珪在神宗临终前阴怀贰志，勾结高后族叔高遵裕。③ 同年八月，新党又利用故相文彦博之子文及甫，让其指证旧党大臣刘挚、梁焘、王岩叟等人参与废立计划，造成同文馆狱。④ 旧党受到连串指控，死者被追贬，生者被重罚。章惇等人更欲追废高后，但因向太后周全而未能得逞。⑤

问题是，如果上述一切属实，章惇当年与王珪等人共事，理当早已知情。而在绍圣之初，蔡确之母明氏已状告梁焘陷害蔡确，勾结神宗之弟赵颢谋逆。⑥ 当时中书侍郎李清臣认为其言荒谬，封起奏状，但一直为蔡家出谋划策的邢恕大可禀告章惇，让他上报。既然如此，为何章惇不在绍圣之初揭发事件，或在重修《神宗实录》之时提出，以便马上写进史册，反而要待重修完毕之后，方于绍圣四年旧事重提？

---

① 《续资治通鉴长编》卷三五二，元丰八年三月甲午，第8418页。
② 《续资治通鉴长编》卷四八六，绍圣四年四月辛丑，第11539页。
③ 《续资治通鉴长编》卷四八六，绍圣四年四月辛丑，第11538–11540页。
④ 《续资治通鉴长编》卷四九〇，绍圣四年八月丁酉，第11628–11632页。
⑤ 《续资治通鉴长编》卷四九五，元符元年三月戊午，第11774–11775页；〔宋〕朱弁撰，孔凡礼点校：《曲洧旧闻》卷六《邢和叔平地生丘墟》，中华书局2002年版，第165–166页。
⑥ 《续资治通鉴长编》卷四九〇，绍圣四年八月丁酉，第11628页。

笔者认为，个中玄机在于涉事者的去世时间。英宗四子，长子即神宗，次子吴王赵颢，三子润王赵颜，四子益王赵頵。赵颜夭折，赵頵卒于元祐三年（1088），赵颢则活至绍圣年间，贵为皇叔，地位尊崇，而新党并无真凭实据，不宜轻举妄动，胡乱指控。绍圣三年（1096），赵颢去世，章惇等人肆无忌惮，翌年四月便炮制宣训事、王珪事。粉昆事要待数月后爆发，亦非偶然。由于关键人物文及甫之父文彦博为四朝元老，反对新法，且老成持重，不会附会章惇。但他在同年五月逝世，新党遂得以引诱文及甫告发刘挚等人，时人便指出"文彦博在则此事不可诈为，故直待彦博死方起狱乎！"①

新党的片面之词也是破绽百出。例如范祖禹赴京是在元丰七年（1084）而非八年（1085），当时神宗仍然在世，司马光不可能在送别时说出"主少国疑"。总括而言，绍圣初年因为赵颢尚在人世，新党不敢贸然将所谓"储位之争"写进《神宗实录》。绍圣四年（1097），赵颢已卒，元祐党人已被逐离朝堂，有口难辩。最后虽然查无实据，旧党仍被责罚。这次处分无法使人心悦诚服，日后遂有平反的呼声。

徽宗登基，群臣纷纷要求平反同文馆狱，并抨击章惇、蔡卞等人诋毁高后。如上所述，徽宗非嫡非长而得位，必须凝聚人心，故徇众要求贬逐章惇、蔡卞，并为司马光等人平反。② 他又下诏编修《哲宗实录》，而蔡京得到向后支持，独力肩负修撰工作，导致朝论哗然，结果蔡京被罢免。③ 其后继任修撰者，有上官均、曾肇、邓洵武、张商英、蹇序辰、刘逵、林摅、郑居中、刘正夫等人。④ 郑居中是王珪之婿，如果徽宗当时相信章惇等人所言，认为王珪曾经阻挠哲宗继位，岂会容许其婿执笔修纂当年历史？《哲宗实录》于大观四年（1110）成书后，徽宗随即命官编修《哲宗正史》，而郑居中之弟郑久中亦在其中。⑤ 郑氏兄弟参与修史，多少反映时人认为哲宗继位的过程并无问题。

徽宗即位不过两年，随着向后退出政坛，韩忠彦罢相，蔡京还朝秉政，绍述的方针已明确不过。旧党遭到连番打击，已经一蹶不振。此时新旧党争不再是政治纠纷的基调，哲宗继位问题本已不受关注。然而，蔡京与郑居中争权，使哲宗继位之事再成争端。

郑居中自称皇后郑氏从兄弟，颇得徽宗宠信。他在蔡京失势之际，曾经出手相救，协助他重掌朝政，事后却未得到加官晋爵，便怀疑蔡京不感恩图报，对蔡京怀恨在心。徽宗亦不愿蔡京尾大不掉，遂拜郑居中为少保、太宰，让他牵制蔡京⑥，郑居中顿时跃升为蔡京的劲敌。徽宗更于政和七年（1117）御笔肯定王珪在元丰之末"定大策，安宗庙"，⑦巩固其婿郑居中的政治地位，并且间接否定当年究治同文馆狱的蔡京。危难当前，蔡京不

---

① 《续资治通鉴长编》卷四九〇，绍圣四年八月丁酉，第11632页。
② 〔宋〕杨仲良：《皇宋通鉴长编纪事本末》（宛委别藏清抄本）卷一二〇《逐惇卞党人》，收入《续修四库全书》第三八六、三八七册，上海古籍出版社1995年版，第15页。
③ 《向太后揽权及其与徽宗之政争——立足于蔡京去留问题之考察》，第38-49页。
④ 蔡崇榜：《宋代修史制度研究》，台湾文津出版社1991年版，第98-99页。
⑤ 蔡崇榜：《宋代修史制度研究》，台湾文津出版社1991年版，第128页。
⑥ 《宋史》卷三五一《郑居中传》，第11103-11104页。
⑦ 〔宋〕王明清：《挥麈录》余话卷二《王岐公复官》，中华书局1961年版，第311-312页。

得不起而还击，于是向徽宗力荐故相蔡确之子蔡懋，让蔡懋向徽宗重提元丰末年的继位问题，从而打击郑居中，维护自己的权势。① 结果，宣和四年（1122）成书的《哲宗正史》，便具载蔡懋的说法。直至南宋重修《哲宗实录》，复编纂《四朝国史》，才删除蔡京一党的说辞。

《哲宗正史》自大观四年（1110）开始编修，宣和四年成书。但据《皇宋十朝纲要》，在成书之前，徽宗又于宣和二年（1120）二月"手诏别修《哲宗正史》"②。若作另修一部理解，又无证据显示当时存在两部《哲宗正史》。周藤吉之认为宣和二年撰成《哲宗帝纪》，"别修"是指继续编纂志、传③，笔者未敢苟同。蔡崇榜怀疑"当时已成书部分不合徽宗之意，遂命别修"④，虽未提出具体理据，却很有道理。

从时间顺序考察，徽宗因为蔡懋上殿奏事，相信其父蔡确帮助哲宗登基，遂于宣和二年正月追封蔡确为郡王⑤，而"别修《哲宗正史》"的命令在次月下达，两事之间应有关联。大抵是蔡懋上殿言事，使徽宗相信哲宗即位的过程并不寻常，且认为必须将此事写进国史，使之流传后世。然而帝纪已于政和二年（1112）修成⑥，便须"别修"。所谓"别修《哲宗正史》"，应是对已修成之部分再作改订，而非另撰一书。

《皇宋十朝纲要》行文简洁，语焉不详。《皇朝编年纲目备要》提供了有力的佐证：

> 懋诬诋宣仁尤甚，乞改修《哲宗实录》尚未为快，又乞修《哲宗正史》，作《哲宗纪》及列传，皆加以御制之目，使人不得拟议。⑦

此说清楚反映蔡懋与"别修"一事之关系。按徽宗早于大观四年（1110）下诏编修《哲宗正史》，引文称"修《哲宗正史》"，即《皇宋十朝纲要》所谓"别修"。而"别修"的篇章，应是引文所言"《哲宗纪》及列传"。《续资治通鉴长编》注释所引《哲宗帝纪》《宣仁圣烈皇后传》《英宗子颢列传》，均以蔡懋之说为本。以《哲宗帝纪》为例：

> 神宗疾甚，辅臣入问，至紫宸殿，雍王颢邀于廊曰："上疾急，军国事当请皇太后垂帘。"辅臣愕不对。又请留宿侍疾，皇后争，得不宿，然数入禁中弗去，曹王頵屡执臂引出之。右仆射蔡确恐……独约门下侍郎章惇为助，乃顾王珪，珪不语。确

---

① 《皇朝编年纲目备要》卷二六，崇宁元年二月，第659页。
② 〔宋〕李埴撰，燕永成校正：《皇宋十朝纲要校正》卷一八，宣和二年二月甲午，中华书局2013年版，第513页。并参见《宋史》卷二二《徽宗四》，第405页。
③ 〔日〕周藤吉之：《宋朝国史の编纂と国史列传——"宋史"との关联に於いて——》，载氏著《宋代史研究》，日本东洋文库，1969年，第525、526、563页。
④ 蔡崇榜：《宋朝修史制度研究》，台湾文津出版社1991年版，第130–131页。
⑤ 《宋会要辑稿》仪制一二之一八，第2048页。
⑥ 〔宋〕韩淲撰，孙菊园点校：《涧泉日记》卷上，上海古籍出版社1993年版，第3页。
⑦ 《皇朝编年纲目备要》卷二八，政和六年五月，第715页。并参见《续资治通鉴长编》卷三五二，元丰八年三月甲午，第8444页。

曰:"去岁王侍宴,有旨明春出阁,议定,今不言何也?"惇怒曰:"言之是则从,不然皆死。"珪始曰:"上自有子,何议之有?"于是共诣榻前以请者三,神宗首肯亦三……时颢牵幕欲入,颢力挽止之。太子立,皇后谢皇太后,太后抵后胸曰:"事遂矣!"其后数指胸示上曰:"痛犹在!"上泣谢。后确母入禁中,太后示击痕尚存。①

这段文字完全采用蔡懋之说。如果政和二年（1112）修成的《哲宗帝纪》已有上述记载,蔡懋上殿奏事岂非多此一举？这便印证了本文的说法,《哲宗帝纪》在初修之后经过"别修",而列传中的《宣仁圣烈皇后传》《英宗子颢列传》若在宣和二年（1120）前已修成草稿,也必须改订。又上引《皇朝编年纲目备要》提及蔡懋"乞改修《哲宗实录》",今考《续资治通鉴长编》注引南宋范冲的《哲宗实录辩诬》,当中引录了北宋本《哲宗实录》的文字,亦与蔡懋之说一致。② 这是因为大观四年成书的《哲宗实录》已肯定新党与新法,只是有关哲宗继位的情节,尚未如蔡懋之意,故须修订个别记载,而非大幅改写,另作一书。

结 论

北宋后期党争激烈,政治纠纷此起彼落,神哲两朝实录一再改修,直至南宋一切以元祐为是,方成定局。学者讨论此一现象,较重视史实整理,叙述国史、实录的编纂过程,并交代各本实录对王安石及新法的评价。本文在前人基础之上做进一步探索,从神宗评价、哲宗继位两大重要问题入手,反映修史的具体情况。

宋代注重祖宗家法,祖宗是后世君主的榜样。然而,元祐更化旨在废除熙丰变法,违背神宗的既定方针。司马光提出,废除新法是太皇太后"以母改子",而非哲宗"以子改父"③,借此论证旧党的合法性。不过,司马光的说法不无弱点。儒家但云"夫死从子",未闻"以母改子"。而且太后垂帘听政,只是在非常时期代替皇帝行使君权,其本人并不拥有与皇帝同等的地位。因此,司马光日后便被新党批评"废君臣父子之道而专以母子为言"④。即使是南宋的朱熹,亦不认同司马光之说。⑤ 试问哲宗长大亲政,应当延续太皇太后的做法,还是继承父亲的遗志？答案恐怕见仁见智。

有见及此,范祖禹等史官编修《神宗实录》时,便采取另一种手法。他们并未隐瞒神宗起用王安石变法、开疆拓土的事实,但强调他晚年追悔。史臣不但委婉地否定熙丰时期的国策,还"证明"元祐更化合乎神宗晚年的意愿,而非"以母改子"或"以子改父"。

---

① 《续资治通鉴长编》卷三五二,元丰八年三月甲午,第8442－8443页。
② 《续资治通鉴长编》卷三五二,元丰八年三月甲午,第8419－8423页。
③ 《续资治通鉴长编》卷三五五,元丰八年四月庚寅,第8494页。
④ 《皇宋通鉴长编纪事本末》卷一〇一《逐元祐党上》,第12页。
⑤ 〔宋〕黎靖德编,王星贤点校:《朱子语类》卷一二七《本朝四·自熙宁至靖康用人》,中华书局1986年版,第3098页。

新党重掌权力之后，便急于改写《神宗实录》，否定旧党的说法，强调神宗变革之志，从而建构绍述的理据。绍圣本《神宗实录》较忠实地将神宗界定为变法之君，但基于新党的政治立场，亦难免对新法过誉。蔡卞参与修史，更对王安石多所回护。由是观之，在此党祸炽烈的时代，两党各自为了利益而塑造历史，充分体现了史学为政治服务的作用。

绍圣以后，哲宗继位问题成为党争焦点。但从史学角度观察，章惇在元丰末年为门下侍郎，亲历其事，其自撰之时政记并未载及异样。他在绍圣年间提举编修《神宗实录》，亦未提及当年宫闱有变。直至实录编成之翌年，他才就此问题向旧党发难，恐怕是因为徐王赵颢去世，死无对证。章惇一派的说辞破绽百出，到了最后也找不到有力的铁证，疑点重重，只是锻炼成狱。徽宗即位之初尝为此事平反，但崇宁以后，旧党一蹶不振，哲宗继位问题本已失去政治斗争方面的讨论价值，一度被冷待。适逢蔡京与郑居中争权，使这则故事再被重提。结果已编成的《哲宗实录》被窜改，已有部分篇章出炉的《哲宗正史》亦须更订，直至南宋重修实录、国史，这桩公案才有定论。凡此种种，均反映了史学与党争直接挂钩，历史由斗争的胜利者书写。

（作者单位：香港大学中文学院）

宋哲宗即位求言诏探微

高柯立

北宋的变法与党争历来是北宋政治史和制度史研究的焦点问题，从文化史的角度来考察，变法与党争在不同时期的演化也反映了宋代政治文化的特点，是考察宋代政治文化的重要所在。学界对北宋的变法与党争已有深入的研究，成果甚多，是宋史研究成果最为突出的领域，但已有的研究比较集中于各个时期，彼此独立，对不同时段综合的讨论，以及对不同时期政治的转换和联系的研究，还有很大的余地。①

本文试图考察的宋哲宗即位求言诏，即关联熙宁、元丰与元祐两个时段的关节点之一。宋哲宗即位求言诏是司马光在神宗病逝后积极推动的重要举措，且前后颁布两次内容不同的求言诏，围绕着求言诏，司马光等旧法派与蔡确、章惇等新法派展开了一番明争暗斗。对于此诏，罗家祥曾有论及，指出司马光推动开言路、颁布求言诏，其主要动机是"希望通过此途为废罢新法作舆论准备，并聚集起形形色色反对变法的力量，以对付新党新法"②，但对诏书的内容及其影响没有做过多的辨析讨论。③童永昌在讨论元祐时期民情与政策的关联时，对上述求言诏有深入的讨论，强调求言诏的基本意义在于"净通通讯管道"，反映了元祐官僚对于熙丰时期"君主的讯息管道受到蒙蔽、真相不能上达"状况的反思。④这较前人所论又有所推进。但对于前后两份求言诏如何出台，臣民应诏所上封事对当时的新法废罢有何影响，元丰末年政治形势转换之际，新法派占据主导地位的局势如何被打破、旧法派如何占据主导地位⑤，上述研究限于所论主题，还有讨论的余地，这也

---

① 就笔者所见，综合的讨论，比较有代表性的成果有刘子健《王安石、曾布与北宋晚期官僚的类型》（《清华学报》1960 年新二卷一期）、邓广铭《宋朝的家法和北宋的政治改革运动》（《中华文史论丛》1986 年第 3 辑）、罗家祥《朋党之争与北宋政治》（华中师范大学出版社 2002 年版）余英时《朱熹的历史世界：宋代士大夫政治文化的研究》（生活·读书·新知三联书店 2011 年版）、程民生《论宋代士大夫政治对皇权的限制》（《河南大学学报》1999 年第 3 期）、邓小南《祖宗之法：北宋前期政治述略（修订版）》（生活·读书·新知三联书店 2014 年版），最近又有方诚峰的《北宋晚期的政治体制与政治文化》（北京大学出版社 2015 年版）。

② 罗家祥：《朋党之争与北宋政治》，第 90 页。

③ 陈晓俭：《论宋哲宗登基后的两次诏求直言》，载《河北北方学院学报（社会科学版）》2015 年第 6 期。此文认为"宋哲宗的诏求直言是旧党借机废罢新法和攻击新党的工具，同时它也成为新旧两党斗争的牺牲品"，将求言诏看作"反映两党势力此消彼长和斗争日趋激烈的一面镜子"，显然其关注的焦点是新旧两党的政治斗争，对求言诏形成背景和实际作用的分析也着眼于此。但作者对于求言诏与党争关系的认识仍然较为含混、不够清晰。

④ 童永昌：《"志于便民"：北宋熙宁至元祐时期的民情与朝议攻防（1069—1094）》，台湾大学文学院历史学系 2009 年硕士学位论文，第 101 - 109 页。

⑤ 方诚峰对元祐的政治路线、政治体制如何确立有深入的探讨，可参见前引《北宋晚期的政治体制与政治文化》，第 1 - 100 页。

是本文所要着重探讨的问题。

一、求言诏出台的背景

元丰八年（1085）二月癸巳，神宗病危，哲宗已被立为皇太子，皇太后高氏权同处分军国事，开始垂帘听政。① 元丰八年三月戊戌，宋神宗病逝，遗制命哲宗即皇帝位，尊皇太后为太皇太后，"应军国事并太皇太后权同处分，依章献明肃皇后故事"②。当时首相为尚书左仆射兼门下侍郎王珪，次相为尚书右仆射兼中书侍郎蔡确，韩缜知枢密院，安焘同知枢密院事，章惇为守门下侍郎，张璪为参知政事守中书侍郎，李清臣为尚书右丞。③ 毕仲游曾指出"左右侍从、六曹九寺、职司使者十有七八皆荆公之徒"④。可以说新法派大臣占据了朝廷内外大部分要职。但随着神宗病重，已有传闻要重新启用吕公著和司马光，以至于蔡确、章惇要在立哲宗为皇太子的问题上试图占取先机，通过拥立新君的"定策功"来巩固地位。⑤

《续资治通鉴长编》有一段记载，颇耐人寻味：

> 初，司马光四任提举崇福宫既满，不取赴阙，再乞西京留司，御史台或国子监，未报。会神宗崩，光欲入临，又避嫌不敢。已而闻观文殿学士孙固、资政殿学士韩维皆集阙下，时程颢在洛，亦劝光行，乃从之。卫士见光，皆以手加额，曰："此司马相公也。"民争拥光马，呼曰："公无归洛，留相天子，活百姓！"所在数千人聚观之。光惧，会放辞谢，遂径归洛。

据此，神宗去世前后，反新法人士一度会聚开封，司马光也意欲前往试探，并造成了很大的社会影响。

这引起了太皇太后高氏的注意，派遣内侍梁惟简问候司马光，并"问所当先者"。高氏通过内侍直接与司马光联系，此举也值得关注，既反映了她对外朝官员的提防，也说明她与臣僚沟通渠道的不够通畅。司马光随后上了一篇疏，首先指出"初发号令，不可不谨，斯乃治乱之歧途，安危之所分也"，体现了对当时政治局势的敏锐意识，即当时政治局势的走向已经到了分水岭。他接着指出"近年以来，风俗颓弊，士大夫以偷合苟容为智，以危言正论为狂，是致下情壅而不上通，上恩壅而不下达，间阎愁苦，痛心疾首，而

---

① 〔宋〕李焘：《续资治通鉴长编》卷三五一，元丰八年二月癸巳，中华书局2004年版，第8409页。正式垂帘是三月甲午朔日，《续资治通鉴长编》卷三五二，第8417页。
② 《续资治通鉴长编》卷三五三，元丰八年三月戊戌，第8456页。
③ 〔元〕脱脱：《宋史》卷二一一《宰辅表》二，中华书局1985年版，第5493—5495页。
④ 〔宋〕毕仲游：《西台集》卷七，清武英殿聚珍版丛书本。
⑤ 《续资治通鉴长编》卷三五一，元丰八年二月癸巳，第8410—8411页。但其中也包含旧法派对蔡确、章惇等人的污蔑之词，还需辨析。

上不得知,明主忧勤,宵衣旰食,而下无所诉,公私两困,盗贼已繁",这里所强调的上下信息不通畅,主要是指旧法派与神宗之间联系受阻,无法影响神宗的变法决策。所以他提出当下最切要的是"今日所宜先者,莫若明下诏书,广开言路,不以有官无官之人,应有知朝廷阙失及民间疾苦者,并许进实封状,尽情极言",他还具体建议"仍颁下诸路州、军,于所在要闹处出榜晓示,在京则于鼓院、检院投下,委主判官画时进入,在外则于州、军投下,委长吏即日附递奏闻。皆不得取责副本,强有抑退。其百姓无产业人,虑有奸诈,责保知在,奏取指挥,放令逐便"①。这份上疏给高氏指明了方向,为旧法派在新法派占据的朝堂找到了突破口。

与此同时,新法派也采取应对措施。一面对新法实施过程中发现的问题或弊端加以修正、调整,如将因苛刻遭到弹劾的京东路都转运使吴居厚降知庐州,对京东、京西路保甲保马法因地方期限迫急导致骚扰的情形加以诘责约束,讨论修改京东路、京西路保马法,罢在京并京西及泗州所置物货等场。② 一面颁诏规定:"诸官司见行条制,文有未便,于事理应改者,并具其状随事申尚书省、枢密院。即面得旨。若一时处分,应著为法,及应冲改条制者,申中书省、枢密院审奏。传宣或内降,若须索及官司奏请,虽得旨而元无条贯者,并随事申中书省、枢密院覆奏取旨"③,这是要将对新法的调整控制在尚书省、中书省和枢密院手中,并进一步颁诏规定:

> 恭以先皇帝临御四海十有九年,夙夜励精,建立政事,所以惠泽天下,垂之后世。比闻有司奉行法令,往往失当,或过为烦扰,违戾元降诏旨,或苟且文具,不能布宣实惠,或妄意窥测,怠于举职,将恐朝廷成法,因以堕弛。其申谕中外,自今已来,协心循理,奉承诏令,以称先帝更易法度、惠安元元之心,敢有弗钦,必底厥罪。仍仰御史台察访弹劾以闻。④

在这件诏书中,对神宗推行的新法加以肯定,新法在实施中出现"堕弛"(变形走样),是由于有司奉行法令失当、官员渎职造成的,强调要"协心循理,奉承诏令",就是要继续推行新法,由御史台调查弹劾新法实施过程中官员的偏差、失职。⑤ 其后,太府少卿宋彭年上疏论殿前马步军司管军阙官事,诏以管军为朝廷重事,宋彭年上疏是"妄有

---

① 《续资治通鉴长编》卷三五三,元丰八年三月壬戌,第 8465—8466 页。
② 《续资治通鉴长编》卷三五四,元丰八年四月辛未,第 8470—8472 页。其间有的措置不一定是新法派所为,而是出自旧法派之手,颇难辨识,如诏尚书省左右司取在京免行纳支钱寘名取旨,据李焘注引《旧录》云"时先帝崩方逾月,变乱法度由此始,其后事无大小,悉改革,上未亲政也",显然将此举归之于太皇太后高氏等。
③ 《续资治通鉴长编》卷三五四,元丰八年四月辛未,第 8472—8473 页。
④ 《续资治通鉴长编》卷三五四,元丰八年四月甲戌,第 8473—8474 页。
⑤ 据李焘原注引《旧录》云:"时蔡确等虑法浸改废,故降是诏,然卒弗能禁",又引《新录》云:"蔡确知有司奉行新法,例皆失当,过为烦扰,实惠不孚,则不能不更法也。法少更,则身必不安于位,是诏诚确等有以启之矣",虽然新旧实录有不同的立场,但均认为上述诏书是出自蔡确等人之手。

干预",被处罚铜三十斤①;水部员外郎王谔,因为上疏论京东两路保马,乞令有司奉行朝廷元立条限,及乞增置太学《春秋》博士,因为朝廷对保马年限先已有处理办法,《春秋》博士又非本职所当论列,被处以罚铜三十斤。②对宋、王两人的处罚,后来被司马光斥为蒙蔽朝廷耳目之举。③

在新法派试图调整新法、力图控制舆论、掌握各种信息渠道时,太皇太后高氏与司马光等旧法派力量更加感到广开言路的现实迫切性,而不仅仅是对熙丰时期君主信息受到新法派臣僚蒙蔽的历史的反思。④

二、求言诏的出台

(一)五月求言诏的颁布

以司马光为首的旧法派,竭力推动朝廷颁布求言诏,广开言路,意图借此来突破新法派的势力,达到废罢新法,恢复祖宗旧典的目的。

前述元丰八年三月司马光曾上疏太皇太后高氏,求开言路,四月他被任命为陈州知州,再上疏请求高氏"早赐施行"前疏。⑤但求言诏迟迟没有颁布,司马光只好冲锋陷阵,亲自上阵,上疏乞罢保甲、免役、将官三法。⑥此疏开始记述他前面上疏求言的情形说:

> 不意上天降祸,先帝升遐,臣之寸诚无由披露,郁抑愤懑,自谓终天。及奔丧至京,乃蒙太皇太后陛下特降中使,访以得失。是臣积年之志,一朝获伸,感激悲涕,不知所从。顾天下事务至多,臣思虑未熟,不敢轻有条对,但乞下诏使吏民皆得实封上言,庶几民间疾苦无不闻达。既而闻有旨罢修城役夫,撤调逻之卒,止御前造作,京城之人,已自欢跃。及臣归西京之后,继闻斥退近习之无状者,戒饬有司奉法失当、过为烦扰者,罢物货等场及民所养户马,又宽保马年限,四方之人无不鼓舞。圣德传布,一日千里,颂叹之声,如出一口,溢于四表。乃知太皇太后陛下深居禁闼,

---

① 《续资治通鉴长编》卷三五四,元丰八年四月乙亥,第8474页。
② 《续资治通鉴长编》卷三五四,元丰八年四月甲申,第8480页。
③ 《续资治通鉴长编》卷三五六,元丰八年五月乙未,第8510页。司马光行状中说"时太府少卿宋彭年、水部员外郎王谔皆应诏言事,有欲借此二人以惩天下言者,皆以非职而言,赎铜三十斤,公具论其情,改赐诏书行之,天下从之",见《名臣碑传琬琰集》中卷五一。但宋、王二人上疏均在求言诏颁布之前,不存在"应诏言事"之说,行状所述有误。
④ 关于对熙丰时期君主信息渠道受新法派臣僚蒙蔽、真相不能上达的反思,见前述童永昌《"志于便民":北宋熙宁至元祐时期的民情与朝议攻防(1069—1094)》一文。
⑤ 《续资治通鉴长编》卷三五四,元丰八年四月丁丑、甲申。
⑥ 《续资治通鉴长编》卷三五五,元丰八年四月庚寅,第8489-8502页。当时韩维也在开封,虽然没有实际的职事,曾上疏言事,论及新法之弊端,见《续资治通鉴长编》卷三五七,元丰八年六月丙子。

皇帝陛下虽富于春秋，天下之事，靡不周知，民间众情，久在圣度，四海群生，可谓幸甚。凡臣所欲言，陛下略已行之。

据前所述，上述各种调整措置主要是新法派提出的，而司马光将其归功于太皇太后高氏，其意在于否定新法派对新法的调整，抬高高氏，强调广开言路、通下情、了解民间疾苦的重要性。

四月底，在赴陈州之任前，司马光再上疏请开言路，其中说到宋彭年、王谔上疏被罚事，说："今开言路之召，既不闻颁于四方，而太府少卿宋彭年言在京不可不并置三衙管军臣僚，水部员外郎王谔乞令依保马元立条限，均定逐年合买之数，又乞令太学增置《春秋》博士，使诸生肄业。朝廷以非其本职而言，各罚铜三十斤。臣忽闻之，怅然失图，愤悒无已。臣非私于二人，直为朝廷惜治体耳！"他指出宋、王二人以言事获罪，"恐中外闻之，忠臣解体，直士挫气，欲仕者敛冠藏之，欲谏者咋舌相戒"，这会导致"上之聪明犹有所不昭，下之情伪犹有所不达"，上下之情不得相通，最后再次请求下诏，"不以有官无官，当职不当职之人，皆得进言。择其可取者，微加旌赏，使天下之人知朝廷乐闻善言，不恶论事。无可取者，寝而勿问，庶几愿纳忠之人，犹肯源源而来也"。①

至五月丙申（五日），朝廷才颁布了求言诏书。诏书云：

> 盖闻为治之要，纳谏为先。朕思闻谠言，虚已以听，凡内外之臣，有能以正论启沃者，岂特受之而已，固且不爱高爵厚禄，以奖其忠，设其言不当于理，不切于事，虽拂心逆耳，亦将欣然容之，无所拒也。若乃阴有所怀，犯非其分，或扇摇机事之重，或迎合已行之令，上则观望朝廷之意，以徼幸希进，下则衒惑流俗之情，以干取虚誉，审出于此，而不惩艾，必能乱俗害治，然则黜罚之行，是亦不得已也。顾以即政之初，恐群臣未能遍晓，凡列位之士，宜悉此心，务自竭尽朝政阙失，当悉献所闻，以辅不逮。宜令御史台出榜朝堂。

关于此诏，李焘原注云：

> 《旧录》云："上新即位，奸人乘隙诬谤，宰臣蔡确患之，请降是诏，然其后上书诋讪，无复忌惮。"臣等辨曰：哲宗新即位，司马光上言：近年以来风俗颓弊，士大夫以偷合苟容为智，以危言正论为狂，下情蔽而不上通，上泽壅而不下达，请明下诏书，广开言路。从之。时用事之臣方持两端，而草诏者希望风旨，名曰求言而实设六条以拒之。会光入觐，上以诏书示之，光上疏言诏书求谏而逆以六事防之。未几，

---
① 《续资治通鉴长编》卷三五六，元丰八年五月乙未，第8510页。此疏系于五月乙未司马光赴陈州过阙入见条下，李焘原注云："光疏不得实日，因光入见，故附载。《元祐密疏》以为元丰八年四月二十九日奏此。"

果别下诏。今实书其事，自上新即位至无复忌惮三十一字并去之。①

这应该是《新录》的辨析文字。根据所引《旧录》和《新录》所辨，蔡确是因为有"奸人趁隙诬谤"才颁布此诏，盖指司马光前述诸疏。据后来殿中侍御史林旦的访闻，这篇求言诏是蔡确、章惇合谋所为，"其辞乃出惇手"②。此诏名为求谏，但多泛泛之论，不仅如此，求言诏还对上书言事加以警戒。虽然此诏"名曰求言而实设六条以拒之"，不能让司马光等旧法派满意，但如《旧录》所云"其后上书诋讪，无复忌惮"，蔡确想"持两端"，在新法派与旧法派之间寻求沟通、调解的意图难以实现。此诏一颁布，新法派的阵地就被撕开了口子，再也无法阻挡旧法派的步伐。

上述求言诏的颁布，适逢司马光赴陈州过开封，太皇太后高氏召见，高氏首先将此诏赐给司马光阅看，司马光次日即上疏指出"今诏书求谏而逆以六事防之，臣以为人臣惟不上言，上言则皆可以六事罪之矣"，"是诏书始于求谏而终于拒谏也"，他对诏书中的"六事"防谏进行了逐条批驳，谓臣民言事"或于群臣有所褒贬，则可以谓之阴有所怀；本职之外，微有所涉，则可以谓之犯非其分；陈国家安危大计，则可以谓之扇摇机事之重；或与朝旨暗合，则可以谓之迎合已行之令；言新法之不便当改，则可以谓之观望朝廷之意，言民间愁苦可悯，则可以谓之衒惑流俗之情"。同时，他还指出诏书只由御史台出榜朝堂，"自非趋朝之人莫之得见，所询者狭"，要求删去"六事"，颁布天下。这是对新法派求言诏的有力反击。不仅如此，高氏在召见司马光后，改命他为门下侍郎，他辞免了新的任命，请求仍赴陈州之任，并上疏请更张新法，希望哲宗"早发号令"，"复祖宗之令典"，并认为太皇太后高氏"同断国事，舍非而取是，去害而就利，于体甚顺，何为而不可"，支持高氏的听政。高氏赐手诏，"谕令供职"，说："嗣君年德未高，吾当同处万务，所赖方正之士赞佐邦国。窃欲与卿商量政事，卿又何辞"，表达了对司马光的仰赖之意，并表示"再降诏开言路，须卿供职施行"，即明确要修改求言诏。③ 这也透漏出她对蔡确新法派大臣的不满，以及对司马光等旧法派元老重臣的倚重，处在新法派大臣的包围之中，她也号令难出，求言诏的修改需要司马光等入朝占据要位方能奏效。

求言诏出榜朝堂后，时资政殿学士、提举崇福宫韩维也在开封（前述神宗病逝前后韩维等人聚集开封），因而上疏说"臣近者伏睹传录到朝堂所出榜文，开示大信，招来群言，皆前代帝王之高致而方今朝廷之急务，天下幸甚"，说明御史台在朝堂上张贴的求言诏榜文已经流传到朝堂之外了。他同时对求言诏中"若乃阴有所怀"至"不得已也"七十五字（即司马光所论"六事"）提出质疑，认为这是"出于臣下议论"，"违异圣意，巧为辞说，以惧来者，阴成其邪志也"，将矛头指向新法派。同时，他也指出"今则出榜止于朝堂，降诏不及诸道，既乖古义，亦非旧体"，并说"此事若不改正，臣深恐自今圣聪渐成

---

① 《续资治通鉴长编》卷三五六，元丰八年五月乙未，第8508页。参见《宋史》卷一七《哲宗纪一》，第319页。
② 《续资治通鉴长编》卷三七三，元祐元年三月丙戌，第9047页。
③ 《续资治通鉴长编》卷三五六，元丰八年五月戊午，第8521-8523页。

雍蔽",请求"令刊去此七十五字,只以榜前所云,别撰诏文,遍颁天下"。韩维与司马光可谓"英雄所见略同"。

(二)六月求言新诏的颁布

前述五月求言诏出榜朝堂后,虽然司马光和太皇太后高氏已经"商量"要"再降诏开言路",但新的求言诏迟迟没有颁布。这时已经接受门下侍郎职位的司马光又上一札子,再次请求修改求言诏,删去其中"六事"的内容,并认为求言诏"止榜朝堂","所询不广,见者甚少",建议"遍颁天下,在京于尚书省前及马行街出榜,在外诸州府军监各于要闹处晓示,不以有官无官之人,应有知朝政阙失及民间疾苦者,并许进实封状言事,在京则于登闻鼓院、检院投下,委主判官画时进入,在外则于州府军监投下,委长吏即日附递闻奏,不得取责副本,强有抑退,其百姓无家业人,虑有奸诈,即令本州责保知在,奏取指挥,放令逐便"。在此札中,司马光还进一步提出了对应诏所上实封奏状的处理办法(详下文)。根据李焘原注,司马光此札子是六月十四日所上,十八日进呈,到二十五日就颁下了新的求言诏①。

《续资治通鉴长编》所载六月丁亥(二十五日)求言新诏云:

> 朕绍承燕谋,获奉宗庙,初揽庶政,郁于大道,夙夜祗畏,不敢皇宁,惧无以章先帝之休烈,而安辑天下之民。永惟古之王者,即政之始,必明目达聪,以防壅蔽,敷求谠言,以辅不逮。然后物情遍以上闻,利泽得以下究。《诗》不云乎?"访予落止"。此成王所以求助,而群臣所以进戒,上下交儆,以遂文武之功,朕甚慕焉。应中外臣僚及民庶并许实封,直言朝政阙失、民间疾苦,在京于登闻鼓、检院投进,在外于所属州军驿置以闻。朕将亲览,以考求其中而施行之。

李焘《续资治通鉴长编》在此诏后说"司马光凡三奏,乞改前诏,于是始用其言也",其注引《旧录》云:"以资政学士、通议大夫司马光有请。时光欲招其党人,协众议法,以欺帘帷,故降是诏。于是小人乘之,诬诋訾毁纷至矣。"据此,求言新诏的颁布,主要是由于司马光的极力推动,他的目的在于"招其党人,协众议法",就是要振臂一呼,发动、整合反对新法的力量,来批评新法。

比较两件求言诏,可以发现,新诏大部分采纳了司马光的建议,即删去了旧诏中的"六事",上书者不限有官无官(包括中外臣僚和民庶),诏书颁布的范围从朝堂扩大到京城内外,论奏的内容在朝政阙失之外加上了"民间疾苦"。但与司马光此前的上疏相比较,仍有所克制,如没有说明诏书公布的方式(即奏疏中所言"在京于尚书省前及马行街出榜,在外诸州府军监各于要闹处晓示"),没有明确地方长官不得"取责副本,强有抑退"。

---

① 《续资治通鉴长编》卷三五七,元丰八年六月丙子,第8535—8537页。

应该指出的是，求言诏的颁布，既是司马光等人竭力推动的结果，也得到了太皇太后高氏的支持。司马光等人所提出的"防壅蔽"的旗号，反映了他们长期远离朝廷，亟于与皇帝（太皇太后高氏）沟通联系，将反对新法的民意转递给皇帝，同时这也迎合了高氏突破新法派力量包围的迫切心理。

（三）旧法派对台谏官力量的重视与利用

与司马光推动颁布求言诏相呼应的是，吕公著在哲宗即位后逐步培植、利用台谏官的力量，造成一波又一波的舆论攻势，对新法和新法派官员进行口诛笔伐，使得新法派应接不暇，顾此失彼。

吕公著和司马光是哲宗即位后，太皇太后高氏急于顾问、最为倚重的两位元老重臣。神宗病逝时，吕公著远在南方，担任扬州知州。元丰八年四月丁丑，在司马光被任命为陈州知州的同一天，吕公著被任命侍读。① 五月己亥，再诏其乘传赴阙②，丙午再提举中太一宫兼集禧观。③ 六月癸未，吕公著入见，太皇太后高氏派中使"赐食"。这一次入见，他上了一篇《十事疏》，所论皆"修德为治之要"，包括畏天、爱民、修身、讲学、任贤、纳谏、薄敛、省刑、去奢、无逸十条。这篇十事疏内容比较宽泛，与朝政没有直接的关涉，虽然不无影射、暗示，应该是写给年幼的哲宗作为告诫用的，如疏中所言，"皆随事解释，粗成条贯，不为繁辞，以便观览"，希望哲宗"置之御座，朝夕顾省，庶于圣德少助万一"。更重要的是，同一天，他还上了一篇奏疏，云："天下至大，万务至广，方始初清明之际，正是求言纳谏之时"，请求选"忠厚骨鲠之臣，正直敢言之士，遍置左右，使掌谏诤"，"益广言路"，同时建议"尽罢察案（按指御史台六察），只置言事御史四人或六人"，并要求谏官、御史"并须直言无讳，规主上之过失，举时政之疵谬，指群臣之奸党，陈下民之疾苦"。④ 此后数日，就颁布了前述求言新诏。

太皇太后高氏在看过吕公著的《十事疏》后，派亲信宦官梁惟简对吕公著说："览卿所奏，深有开益，备见忠亮，良切嘉称。当此拯民疾苦，更张何者为先，更无灭裂，具悉以闻。"即要听取吕公著对当下时局最紧迫措置的建议。吕公著随即上奏二疏，第一疏对新法之弊端提出更张的初步办法，并认为"更修庶政""莫若任人为急"，再次建议"选置台谏官"，第二疏言"广开言路，登用正人，此最为当今急务"，并推荐秘书少监孙觉可任谏议大夫或给事中，直龙图阁范纯仁可充谏议大夫或户部右曹侍郎，礼部侍郎李常可备御史中丞，吏部郎中刘挚可充侍御史，承议郎苏辙、新授察官王岩叟可充谏官或言事御史。⑤

太皇太后高氏将吕公著的奏疏发给司马光，让他"详所陈更张利害，有无兼济之士，

---

① 《续资治通鉴长编》卷三五四，元丰八年四月丁丑，第8476页。
② 《续资治通鉴长编》卷三五六，元丰八年五月己亥，第8514页。
③ 《续资治通鉴长编》卷三五六，元丰八年五月丙午，第8516页。
④ 《续资治通鉴长编》卷三五七，元丰八年六月癸未，第8538－8547页。
⑤ 《续资治通鉴长编》卷三五七，元丰八年六月庚寅，第8550－8552页。

直书当与未当以闻"。司马光对于吕公著的奏疏积极响应,一方面说"臣自公著到京,止于都堂众中一见,自后未尝私见及有简帖往来",另一方面明确说"公著所陈,与臣所欲言者,正相符合",以此来说明"天下之人,皆欲如此",他和吕公著只是"具众心奏闻耳"①。此外,吕公著所荐诸人,司马光也有过保荐,如他荐刘挚、赵彦若、傅尧俞、范纯仁、唐淑问、范祖禹六人"或处台谏,或侍讲读,必有裨益"②。在此前后,王岩叟、刘挚、苏辙等相继被任命为台谏官,成为旧法派进攻新法派的先锋。

由于新法派占据了朝廷大部分要位,旧法派返回朝廷主要担任侍读、侍讲和台谏官,侍读、侍讲可以接近、影响皇帝,台谏官更是旧法派引导舆论、批评新法和新法派官员的主要力量。在吕公著等人的引导下,旧法派台谏官通过不断论奏、弹劾,使得新法派的大小官员纷纷落马,元祐元年(1086)闰二月,新法派领袖蔡确、章惇相继被论罢,离开朝廷。③ 本文不欲详述台谏官弹劾新法派官员之过程④,只想指出旧法派对台谏官力量的经营、运用,和推动求言诏的颁布两者之间彼此呼应,成为打击新法和新法派官员的主要手段。求言诏的颁布,起到了"招其党人,协众议法"的舆论引导作用,吹响了旧法派进攻的号角,为旧法派提供了大量攻击新法和新法派官员的依据。

三、求言诏与新法的废罢

司马光在哲宗即位之初,就将广开言路、颁布求言诏作为当时的"急务"提出来,并竭力推动求言诏(尤其是求言新诏)的颁行,可见其对求言诏寄予了很高的期望。但求言诏的实际效果如何,颁布后各方的反应如何,对于司马光后来推动废罢新法的举措产生怎样的影响,还需要详加考察。很显然,对于已经推行十多年的新法而言,求言诏不可能一蹴而就。

(一)求言诏所遇阻力的分析

司马光推动颁布求言诏,旨在防壅蔽,使下情得以上达,使居于深宫的太皇太后和皇帝能了解朝政阙失和民间疾苦,从而为废罢新法寻求事实依据和舆论支持。如前所述,他在第一次上疏请求开言路时,曾指出当时"闾阎愁苦,痛心疾首,而上不得知","公私两困,盗贼已繁"⑤,但这只是他的一面之词,不能为新法派所接受。即使蔡确等人承认"有司奉行法令,往往失当,或过为烦扰,违戾元降诏旨,或苟且文具,不能布宣实惠,

---

① 《续资治通鉴长编》卷三五七,元丰八年六月庚寅,第8552-8553页。据李焘注,此疏为七月一日所上。
② 《续资治通鉴长编》卷三五七,元丰八年六月庚寅,第8553页。据李焘注,司马光荐举诸人的奏疏不见于《司马光集》,时间亦未确定,中言吏部郎中刘挚、新监察御史王岩叟等,可以推定与吕公著荐举诸人疏的时间相前后。
③ 《宋史》卷一七《哲宗纪一》,第321页。
④ 参见罗家祥《朋党之争与北宋政治》,第101-105页。
⑤ 《续资治通鉴长编》卷三五三,元丰八年三月壬戌,第8466页。

或妄意窥测,怠于举职",但这是在肯定神宗推行新法的前提下所做出的部分退让。① 因此,面对占据从中央到地方要职的新法派庞大力量,司马光竭力推动颁布的求言诏,四方的最初反应并不算积极,遇到来自新法派的阻力必大。

至七月庚申,司马光在劄子中指出:"臣伏见陛下诏开言路,至今已涉旬月,臣僚民庶上言朝政阙失、民间疾苦奏状必多,未见有付外令三省或枢密院商量施行者。"虽然司马光认为奏状必多,只是没有发出给付三省或枢密院讨论实施,或者是在暗示三省或枢密院对求言诏进行抵制,但实际的情形与司马光的推测有较大差距。

司马光曾批评王安石变法以来的社会风气评:"近年以来,风俗颓弊,士大夫以偷合苟容为智,以危言正论为狂,是致下情蔽而不上通,上恩壅而不下达。"所谓"偷合苟容"是指认可新法、拥护新法,"危言正论"则是对新法的批评抨击,不被新法派所容。这在一定程度上反映了当时社会已经接受新法,习惯于新法的实际状况,反对、批评新法的言论并不占据主流。

求言新诏颁布后,远在西北的知庆州范纯仁上奏说"然中外臣民犹未能深副圣意、极有所陈者",也反映了当时臣民对求言诏比较谨慎、反应并不积极。② 范纯仁这是由于"民庶之愚,虽有疾苦,不能自言,惟举人胥吏有能言者,又以利害不切于己而不言也。臣僚则亦有不能言者,或有所畏避而不言者,有疏远而谨静者矣,有怠于忧国爱人者矣,有昔尝言而今愧于言者矣,如此者皆不言也",即真正能上奏状言朝政阙失、民间疾苦的,还是担任要职的士大夫,他认为"郡邑之弊,守令知之;一路之弊,监司知之;茶盐、利局、民兵、刑法、差役之弊,提其局及受其害者知之;军政之弊,三帅与将领者知之;边防之弊,守边者知之",因此他建议皇帝"深诏执事及群有司,使各罄其所闻,自陈于上",让中央和地方各级官员"各使条陈本职及所经历之利害",否则"圣诏将为空文"。③

应该说范纯仁的分析比较符合实际,即真正了解实情的是那些担任实际职务的官员和在基层参与新法实施的举人胥吏,他们从各自的利益考量,都不愿响应求言诏。因此,他建议让各级官员自陈,与自己的分析自相矛盾,属于"壮士断腕",终是难以施行的。在这个意义上,司马光所推动颁布的求言诏,目的并不在于要既得利益的臣民来批评新法,只能是一种政治策略,要给反对新法的力量以发声的途径,找到反击的契机和口实。

(二) 实封奏状的检出及其施行

前述七月庚申,司马光奏论未见臣民奏状付外令三省或枢密院商量施行,因此,他建议将应诏所上的实封奏状"降付三省,委执政官分取看详","择其可取者,用黄纸签出,

---

① 《续资治通鉴长编》卷三五四,元丰八年四月甲戌,第 8473 – 8474 页。
② 《续资治通鉴长编》系此疏于元丰八年六月庚寅,无法明确时日,在丁亥颁布求言新诏后数日,恐有误。但范纯仁自知庆州除天章阁待制在十月丁丑,兼侍读在丁亥,《续资治通鉴长编》卷三六〇,第 8606 – 8607、8622 页。所以,此疏最迟是在十月以前知庆州期间所上。
③ 《续资治通鉴长编》卷三五七,元丰八年六月庚寅,第 8554 – 8555 页。

再进入，或留置左右，或降付有司"①。这个建议被太皇太后接受。八月己丑，司马光奏言"陛下近诏天下臣民皆得上封事，言朝政阙失、民间疾苦，仍降出令臣与执政看详"，"其第一次降出者三十卷"，经过司马光和执政的"选择"，"其中除无取及冗长之辞外，其可取者已用黄纸签出进入讫"，"其中亦有一事而众人共言者，臣亦重复签出，盖欲陛下知天下所共患，众情所同欲也"。在另一篇奏疏中，他又言："臣伏睹近降农民诉疾苦实封状王嵒等一百五十道，除所诉重复外，俱已签帖进入。"他指出这批实封状"虽其文辞鄙俚，语言丛杂，皆身受实患，直贡其诚，不可忽也"。虽然司马光在奏疏中根据这些农民实封状，论"青苗则强散重敛，给陈纳新，免役则刻剥穷民，收养浮食，保甲则劳于非业之作，保马则困于无益之费"，不忘对新法加以攻击，但有农民诉疾苦实封状应该是存在的。② 监察御史王岩叟也上疏，请求尽早"施行四方所言疾苦事"，一方面说求言新诏颁布后，"四方之人，承诏鼓舞，争以其情赴诉陛下，延望至恩，有逾饥渴"，另一方面有说"陛下不问则已，问之则必行之"，如果因为"事大而未敢决，害小而不足行"，对上书者所言不做回应，就会失信于四方之人。③

十月丙戌，知吉州安福县上官公颖上疏说："伏睹诏书，许中外臣僚实封，直言朝政阙失、民间疾苦。臣先于六月初四日献书，言政令法度施之未得其宜，行之未至于备者，其弊有六，内一件为免役取民之制未完。"据此，在六月丁亥（二十五日）求言新诏颁布前，上官公颖就曾上疏言朝政阙失。这次，他再次上疏，进一步陈述免役法之弊端，指出耆长、户长、壮丁开始是施行雇役，后来施行保甲法，耆长、壮丁由保正、长承担，户长由催税甲头承担，而原来用于支付耆长、户长、壮丁的封桩钱并没有减少，结果是民户既要服役，又要出钱。朝廷在收到上官公颖的奏疏后，下诏令府界、诸路耆长、户长、壮丁之役都施行募充，原来以保正代耆长，催税甲头代户长，承帖人代壮丁，都予以取消，耆、户、壮封桩钱归并到免役钱内，"通宽剩并不得过二分，有剩即行均减"④。同月己丑，枢密院根据"定州新乐县民贾澄进状诉民间疾苦事"内所论保甲监教官等处罚保丁，建议巡教保甲官在处罚保甲前需要请示县、州，朝廷从之。同日下诏罢提举府界、三路保甲官，令以提刑及府界提点司兼领，此诏或与前事有关。⑤ 十二月壬戌，因为楚邱民、胡昌等上书，罢《栽桑物法》，并蠲免民户所欠罚钱。⑥ 以上数例，是笔者所见，应诏上封事后被付诸施行，并对当时的新法产生影响，以至废罢某些新法。虽然前述求言诏颁布后，"其后上书讪讪，无复忌惮"，求言新诏颁布后，"于是小人乘之，诬诋訾毁纷

---

① 《续资治通鉴长编》卷三五八，元丰八年七月庚申，第 8575 页。
② 《续资治通鉴长编》卷三五九，元丰八年八月己丑，第 8588—8591 页。
③ 〔宋〕王岩叟：《上哲宗乞早施行四方所言疾苦事》，《宋朝诸臣奏议》卷一九，上海古籍出版社 1999 年版，第 181 页。此疏不见于《续资治通鉴长编》，时间不能确定，原注王岩叟时为监察御史，当在六月戊寅王岩叟自知定州安喜县改任监察御史（《续资治通鉴长编》卷三五七，第 8537 页）之后所上。
④ 《续资治通鉴长编》卷三六〇，元丰八年十月丙戌，第 8620—8621 页。
⑤ 《续资治通鉴长编》卷三六〇，元丰八年十月己丑，第 8622 页。
⑥ 《续资治通鉴长编》卷三六〇，元丰八年十二月壬戌，第 8656 页。同日，诏罢《太学保任同罪法》，是因有"言者"，但不知是否是应求言诏上封事者，抑或是谏官所为。

至矣",但这都是源自《新录》的评述,求言诏的实际效果有限,降付三省、枢密院并得到施行的封事并不多见。新法派的干将侍御史刘挚在弹劾蔡确时指出:"自今春以来,诏恩屡下,勤息疲民,稍更革法度未便者,此皆确之所不欲,其心忌而耻之者也。然阳为协顺,将一二小事依应增损者,此非真能奉宣圣意也,盖欲以此安其身,为不去之计而已。"① 虽然说蔡确"阳为协顺"是为了安身不去之计,有过分贬抑之处,但指出蔡确等只是在旧法派推动的"一二小事"上加以"增损",则比较符合实际。

(三)围绕免役法的争论

虽然求言诏的实际效果欠佳,新法派所控制的三省枢密院对于应诏封事并不积极,甚或有些抵制,但应诏封事的数量仍颇客观,前述第一次付司马光与执政看详的封事就有三十卷,还有农民诉疾苦封事一百五十道。这些封事为司马光废罢新法提供了机会。元丰八年十二月己丑,他上疏论新法诸措置时说:

> 前此置提举官,散青苗,敛免役钱,点教保甲,置都作院,养马,置将官,市易司,封桩买坊场,增茶盐额,措置河北籴便司,皆为虚设。陛下幸诏臣民,各言疾苦,其已至千有余章,未有不言此数事者,知其为天下公患,众人所共知,非臣一人之私言也。利害著明,皎如日月,何所复疑,而群臣犹习常安故,惮于更张。虽颇加裁损,而监司安堵,将官具存,保甲犹教阅,保马犹养饲,边州屯戍不减,军器造作不休,茶盐新额尚在,差役旧法未复,是用兵虽息而公私劳费犹未息也。

据此,臣民应诏封事已有一千多篇,所论皆新法诸措置,在司马光看来,这些封事反映了"天下公患",而不是他"一人之私言"。但新法派官员"习常安故,惮于更张",只做局部调整,未有根本改变。因此,他建议皇帝"宣谕执政,令因臣民上封事,熟议利害进呈,以圣鉴裁决而行之",就是要借臣民上封事来推动朝廷更张新法。②

在各项新法中,司马光最急于废罢的是免役法。元祐元年正月己酉,司马光以疾谒告,次日即上劄子请罢免役法,改行差役。在详陈免役法五害之后,他强调说"陛下近诏臣民,各上封事,言民间疾苦。所降出者约数千章,无有不言免役钱之害者,足知其为天下之公患无疑也"③,这是以数千章臣民所上封事作为他的重要论据。但他所提出的尽罢免役钱,限期改行差役法,遭到了新法派的抵制与反击。首先,司马光上述罢免役钱劄子是正月己酉(二十二日)奏上,至二月三日降出付三省,四日,蔡确认为"此大事也",

---

① 《续资治通鉴长编》卷三六三,元丰八年十二月戊寅,第8678页。
② 《续资治通鉴长编》卷三六三,元丰八年十二月己丑,第8690-8691页。
③ 《续资治通鉴长编》卷三六五,元祐元年二月乙丑,第8759页。据后来章惇驳议的札子,司马光的奏疏中有关募役多为四方浮浪之人"作公人则恣为奸伪,曲法受赃;主守官物,则侵欺盗用"的论述,是来自降出臣庶所上封章,"往往泛为此说","未必事实",见《续资治通鉴长编》卷三六七,元祐二年二月丁亥,第8823页。

请求与枢密院同进呈①，五日聚厅商量，乙丑（六日）三省、枢密院同进呈该劄子，得旨依奏。② 据此，蔡确曾试图加以阻止。其次，据章惇后来的驳议劄子，在三省与枢密院聚厅时，章惇曾提出该劄子还需要"子细看详三五日"，但韩缜却说："司马光文字岂敢住滞，来日便须进呈"，章惇因为"不曾素与讨论，又不曾细看文字，其间利害，断未敢措词"。后来他在帘前进行了陈述。③ 这也为后来废罢免役法出现波折埋下伏笔。第三，对司马光劄子最犀利的反击恰好来自章惇。经过反复看详，他发现司马光劄子中"甚多疏略""抵牾事节"和言过其实之处，对此本文不欲详述。④ 其中有一点关涉臣庶所上封章，与本文所论相关。针对司马光劄子中所言"臣民封事言民间疾苦，所降出者约数十章⑤，无有不言免役之害，足知其为天下之公患无疑"，章惇指出"臣看详臣民封事降出者，言免役不便者固多，然其间言免役之法为便者，亦自不少。但司马光以其所言异己，不为签出，盖非人人皆言免役为害，事理分明"，他进一步指出"凡言便者，多上等人户；言不便者，多下等人户。大抵封事所言利害，各是偏辞，未可全凭以定虚实当否，惟须详究事实，方可兴利除害"。⑥

章惇的驳议劄子对司马光《乞罢免役行差役事劄子》无疑是尖锐的反击，使得旧法派陷于被动。虽然吕公著、刘挚、苏辙等人上疏，为司马光劄子进行辩护，弥缝其罅漏，皆称其"大意已善"，局部细节有待完善，但旧法派还是被迫同意派专人详定役法。⑦ 尽管如此，免役法被废罢已成定局。其实，在司马光奏罢免役钱改行差役后，苏辙即曾上疏论其"大纲已得允当，然其间不免疏略及小有差误"，并指出朝廷"但备录劄子，前坐光姓名，后坐圣旨依奏"，即揭示行文上的不当和阴谋。⑧ 司马光也必已意识到其劄子的疏漏，在章惇上驳议劄子之前，他即上疏承认免役钱"行之已近二十年，人情习熟，一旦变更，不能不怀异同"，"复行差役之初，州县不能不小有烦扰"，但他依然坚持废罢免役钱，并希望朝廷"执之坚如金石"，"勿以人言，轻坏利民良法"⑨。范纯仁曾劝司马光法"不可暴革"，认为复行差役"但缓行而熟议则不扰，急行而疏略则扰"，遭到拒绝，故称司马光"是又一王介甫矣"⑩。这是因为与司马光重病急治的整体策略并不相符。

至元祐元年闰二月庚寅，遭到台谏官连续数月弹劾的宰相蔡确终于请辞，出知陈州，

---

① 据章惇驳议劄子，蔡确此前并没有和他进行沟通，令人不解，或者是章惇的应对策略，假装不知情，以保留意见，寻机反击。
② 《续资治通鉴长编》卷三六五，元祐元年二月乙丑，第8760-8761页。
③ 《续资治通鉴长编》卷三六七，元祐元年二月丁亥，第8822页。
④ 可参见漆侠《王安石变法》，《漆侠全集》第二卷，河北大学出版社2009年版，第203-204页。
⑤ 前引司马光劄子作"数千章"，应是。
⑥ 据此，章惇也参与了臣民所上封事的看详，对封事的状况颇为熟悉。司马光也曾言及："封事太约一篇止有两幅，吏去其签，子厚（按：即章惇）欲有去取，既难得会议，彼亦有大利害，但请子厚欲去者去之，余令进入，贵早结绝。"见《续资治通鉴长编》卷三六四，元祐元年正月丁巳，第8736页。
⑦ 《续资治通鉴长编》卷三六七，元祐元年二月丁亥，第8837页。吕公著、刘挚、苏辙等人的辩护奏疏见同卷。
⑧ 《续资治通鉴长编》卷三六六，元祐元年二月乙亥，第8788-8789页。
⑨ 《续资治通鉴长编》卷三六六，元祐元年二月丙子，第8797-8798页。
⑩ 《续资治通鉴长编》卷三六七，元祐元年二月丁亥，第8839页。

同日，下诏：

> 已差官详定役法，令诸路且依二月初六日指挥定差。仍令州县及转运司、提举司，各递与限两月体访役法民间的确利害。县具可施行事申州，州为看详保明申转运、提举司，转运、提举司看详保明闻奏。仍令逐州县出榜，许旧来系纳免役钱、今来合差役人户，各具利害实封自陈。①

此诏一出，即遭到刘挚、王岩叟的论奏，认为朝廷罢免役钱复行差役法，应该"力行无疑，勿为异论所动"，此诏"其间命令有未安者"，说明皇帝"似已为异论所摇"。他们耿耿于怀的是诏书中令改行差役的民户上实封论复行差役法利害，认为这是要"竭天下之人，使之实封议法，则求言无乃太广乎！实封之状，州县疲于递送，其达于朝廷者，计须山积，则考阅何时可遍，而所谓差役之法，何年可见其成也"，王岩叟也指出不当令提举司看详保明，因为"提举官多是护持弊法之人"②。显然，这封诏书出自新法派之手，或即为章惇所为，也反映了他对参与详定役法的旧法派官员的不满。诏书发动官民来讨论复行差役的利害，试图利用舆论来影响废罢新法的政策，这与司马光所推动颁布的求言诏可谓异曲同工，是新法派"以其人之道还治其人之身"。虽然此诏的颁布颇令旧法派难堪，但随着蔡确、章惇等人相继被罢，大势已去，旧法派逐渐掌握了朝堂，新法也被一一罢去。

结　语

元丰八年三月神宗病逝以后，司马光从开言路入手，利用求言诏，绕开新法派控制的中央地方势力范围，将对新法不利的臣民封事签出进入，打通拓宽与太皇太后、哲宗皇帝的信息渠道，更为废罢新法提供了契机和论据，营造出批评、否定新法的社会氛围。求言诏颁布的过程曲折，实际上产生的效果有限，这不仅是因为遭到新法派大臣的抵制，也说明司马光等人对熙丰以来新法长期推行的实际状况缺乏全面深入的了解，他们对求言诏所能达到的效果过于一厢情愿。尽管章惇指出司马光在处理臣民应诏封事时有所选择，他在奏疏中引述的臣民封事也有不少泛泛之论，没有事实根据，经不起推敲，但司马光还是极为颟顸地奏罢诸新法，并不与新法派纠缠局部，主导了元祐政治的走势。

可以看到，在处理臣民封事的问题上，蔡确、章惇等人考虑较为周全、决策较为谨慎，苏辙和与司马光亲厚的范纯仁等旧法派官员对于废罢新法也主张采取谨慎、徐徐图之的策略。他们都是熟悉政务的士大夫，更多关注的是政务本身。司马光则从政治着眼，以废罢新法为急务，亟图恢复旧法的秩序。这两种不同的取向在元祐以后的政治进程中纠

---

① 《续资治通鉴长编》卷三六八，元祐元年闰二月庚寅，第 8854－8856 页。
② 《续资治通鉴长编》卷三六八，元祐元年闰二月庚寅，第 8856－8857 页。

缠、博弈，是各种党争的深层次根源所在。新法、旧法本就各有利弊，经过前后的翻覆、争辩，本可取长补短，但两者一旦成为政治标签，合理与否就不再重要了，政务层面的讨论完善被政治层面的一较高低所取代。

尽管围绕求言诏所引发的上述政策辩论，难以改变"元祐更化"的大势，最后被拖入了党争的泥潭，但如果不仅仅将求言诏看作政治斗争的工具，而是具体考察求言诏的颁布过程及其信息处理的程序，以及由之而引发的新法政策的辩论，可以发现当时重视舆论，强调上下信息渠道的通畅，在此基础上经过反复讨论，制定政策，已成为新旧两派的共同选择，这无疑是宋代政治制度演变的重要成果，也反映了宋代政治文化的特色。司马光等旧法派虽然尽罢新法，但这种极端状况只存在了很短的时间，新法很快就有所回复。即使是元祐、绍圣年间激烈党争中的人事倾轧，也无法掩盖宋代尤其是熙丰改革以来所发生的制度和文化方面的变化。君主可以通过人事来控制政治的走向，臣僚也在纷繁的党争中沉浮不定，但政策和制度则渗透在国家和社会的肌理中，并不随着走马灯似的政局变换而变化。

（作者单位：国家图书馆）

蔡元定谪贬道州原因探析

顾宏义

一

南宋庆元二年（1196），"庆元党禁"日趋严酷，"时韩侂胄擅政，设伪学之禁以空善类，台谏承风，专肆排击"。① 是年十月监察御史沈继祖"劾朱熹"，十二月中"诏落熹秘阁修撰，罢宫观，窜处士蔡元定于道州"。② 对此，《宋史·朱熹传》记载颇简："二年，沈继祖为监察御史，诬熹十罪，诏落职罢祠，门人蔡元定亦送道州编管。"③ 而《蔡元定传》亦仅曰"至沈继祖、刘三杰为言官，始连疏诋熹，并及元定。元定简学者刘砺曰：'化性起伪，乌得无罪？'未几果谪道州"。④ 但朱熹作为受攻"主犯"仅得"落……秘阁修撰，罢宫观"的惩罚，而"并及"之"处士"门人蔡元定却遭"窜"而"送道州编管"，显然轻重不伦。其中原因，《宋史》之《朱熹传》《蔡元定传》皆未述及。至于弹劾朱熹"十罪"的监察御史沈继祖的劾章，倒是论及之，其内涉及蔡元定的罪状有两条，略云：

孝宗大行，举国之论，礼合从葬于会稽。熹乃以私意倡为异论，首入奏札，乞召江西、福建草泽，别图改卜。其意盖欲藉此以官其素所厚善之妖人蔡元定，附会赵汝愚改卜他处之说，不顾祖宗之礼典，不恤国家之利害，向非陛下圣明，朝论坚决，几误大事。熹之不忠于国，大罪三也。……

熹既信妖人蔡元定之邪说，谓建阳县学风水有侯王之地，熹欲得之，储用逢迎其意，以县学不可为私家之有，于是以护国寺为县学（原注：恐是政和以县学为护国寺。）以为熹异日可得之地。遂于农月伐山凿石，曹牵伍拽，取捷为路，所过骚动，破坏田亩，运而致之于县下。方且移夫子于释迦之殿，设机造械，用大木巨缆绞缚圣像，撼摇通衢嚣市之内，而手足堕坏，观者惊叹。邑人以夫子为万世仁义礼乐之宗主，忽遭对移之罚，而又重以折肱伤股之患，其为害于风教大矣。熹之大罪六也。……

---

① 〔元〕脱脱等：《宋史》卷四三四《蔡元定传》，中华书局1985年版，第12875页。
② 《宋史》卷三七《宁宗纪一》，第722页。
③ 《宋史》卷四二九《朱熹传》，第12767页。
④ 《宋史》卷四三四《蔡元定传》，第12875页。

臣愚欲望圣慈特赐睿断，将朱熹褫职罢祠，以为欺君罔世之徒、污行盗名者之戒。仍前储用镌官，永不得与亲民差遣。其蔡元定，乞行下建宁府追送别州编管。庶几奸人知惧，王道复明。天下学者，自此以孔孟为师，而金人小夫不敢假托凭借，横行于清明之时，诚非小补。①

对沈继祖此劾章，后人大都以为皆属"诬构"之词，如束景南先生通过逐条辨析沈氏劾章内容，指出此是"一篇代表庆元党禁文化专制时期以捕风捉影、移花接木、颠倒捏造手法加罪杀人的典型诬告文字"。②而蔡铭泽亦云蔡元定"纯是无辜被诬"，其主要原因，一是在"庆元党禁"期间，在"赵汝愚贬死、朱熹褫职罢祠的背景下，作为朱熹理学的主要创建者和坚定维护者的蔡元定受到打击和迫害，也就势所难免"；二是蔡元定"同情和支持赵汝愚和朱熹的主张，间接卷入了与韩侂胄集团的斗争"，故而"蒙受不白之冤"。③然皆未言及蔡元定所受刑罚要重于朱熹的缘故。

对于韩侂胄对朱熹"手下留情"，当时人有两个解释。其一如叶绍翁《四朝闻见录》所载：

先是考亭先生尝劝忠定，既已用韩，当厚礼陈谢之，意欲忠定竢以节钺，居之国门外。忠定犹豫未决而祸作。先生对门人曰："韩，吾乡乳母也，宜早陈谢之。"建俗用乳母乳其子，初不为券，儿去乳，即以首饰羔币厚遣之，故谓之陈谢。韩后闻其说，笑建俗而心肯之，故祸公者差轻。④

其二见叶适所云：有信州弋阳人陈景思，字思诚，与韩侂胄为姻亲，时"攻伪既日峻，士重足不自保，浮薄者以时论相恐喝。思诚每为所亲正说不忌，与朱公书，具言其无他，公答曰：'其然其然。韩丈于我本无怨恶，我于韩丈亦何嫌猜乎！'所亲见之，意大折，道学不遂废，思诚力为多"。⑤联系《宋史·谢深甫传》所云：当时"有余嚞者上书乞斩朱熹，绝伪学，且指蔡元定为伪党。深甫掷其书，语同列曰：'朱元晦、蔡季通不过自相与讲明其学耳，果有何罪乎？余嚞虮虱臣，乃敢狂妄如此，当相与奏知行遣，以厉其余。'"⑥以上所述陈景思、谢深甫之言行，当然与庆元党禁结束、朱熹理学地位确立以后，时势大变，故那些韩侂胄集团中人刻意拉近与朱熹关系有关，却也可由此推知当时韩侂胄确无置朱熹于死地之意，是故朱熹"褫职罢祠"省札虽于庆元三年（1197）正月间

---

① 〔宋〕叶绍翁：《四朝闻见录》丁集《庆元党》，中华书局1989年版，第143-146页。
② 〔宋〕束景南：《朱子大传》第二十二章，福建教育出版社1992年版，第961页。
③ 〔宋〕蔡铭泽：《南宋理学家蔡元定生平考异》，载《暨南学报（哲学社会科学版）》，2006年第5期。
④ 《四朝闻见录》乙集《赵忠定》，第51页。
⑤ 〔宋〕叶适：《叶适集·水心文集》卷一八《朝请大夫主管冲佑观焕章侍郎陈公墓志铭》，中华书局1961年版，第360页。
⑥ 《宋史》卷三九四《谢深甫传》，第12041页。

即已下到，而落秘阁修撰告命却要至庆元四年（1198）春方下①，其原因当亦在此。

至于称蔡元定因与朱熹相处最久，朱熹甚敬佩蔡元定学识，故身罹其祸，此在当时即有其说，如《庆元党禁》有云：

> 熹尝讲《中庸》已发未发之旨，以为人自婴儿至老死，虽语默动静之不同，然大体莫非已发。元定不以为是，独引程氏说，以为"敬而无失，便是喜怒哀乐未发谓之中"。后十年，熹再与元定辨论，始悟其说而悉反之，由是益奇元定。每诸生请疑，必令先质之元定，而后为之折衷，同门寡二。以故小人深嫉之，故是时有朱熹唱伪学，蔡元定实羽翼之之奏也。②

又杜范《蔡元定传》亦称当时"继何澹、刘德秀为言事官，辄上疏诋之，且及其从游最久者"。③然此亦无从解释蔡元定所受刑罚重于朱熹之原因。

二

由于诸方史料皆言朱熹、蔡元定遭受严责乃是因沈继祖所上劾章，而如上所述，沈继祖劾章中涉及蔡元定的罪状有二，其一是绍熙五年（1194）朱熹上疏请将孝宗山陵自会稽改卜武林，其二是庆元二年（1196）朱熹主张迁移建阳县学至护国寺，而"以县学为护国寺"，并声称朱熹如此言行即是其信从"妖人蔡元定之邪说"的结果。两者皆与蔡元定所擅名的风水堪舆之术相关。

朱熹甚为佩服蔡元定的堪舆之学，题名庞元英所撰《谈薮》记曰：

> 蔡元定字季通，博学强记，通术数。游朱晦翁门，极喜之。詹元善尤重之，荐其传康节之学，命使定历。密院札令赴行在，蔡虽不应命，人犹以聘君称之。晦翁以道学不容于时，胡纮章疏并及蔡，谓之妖人，坐谪道州以死。蔡善地理学，每与乡人卜葬，改定其间。④

叶适亦尝云："近时朱公元晦，听蔡季通预卜藏穴，门人裹糗，行绋六日始至。乃知

---

① 参见束景南《朱熹年谱长编》卷下，华东师范大学出版社2001年版，第1280—1282页。案：《朱子大传》（第965页）以为韩侂胄未置朱熹于死地，"只是考虑到他的四方崇仰的一代儒宗盛名，还不敢贸然对他加以杀戮流放"。此说恐不尽然。宋廷不轻杀士大夫，然当时宰相赵汝愚以下多遭贬责流放者，不至于仅因顾忌朱熹"盛名"而"手下留情"。
② 沧洲樵叟：《庆元党禁》，文渊阁四库全书本。
③〔宋〕杜范：《清献集》卷一九《蔡元定传》，文渊阁四库全书本。
④ 题庞元英：《谈薮》，《全宋笔记》（第二编），大象出版社2006年版，第208页。

好奇者固通人大儒之常患也。"① 而叶绍翁《四朝闻见录》载曰：

> 考亭先生得友人蔡元定，而后大明天地之数，精诣钟律之学，又纬之以阴阳风水之书。先生信用蔡说，上书建议，乞以武林山为孝宗皇堂，且谓会稽之穴浅蝍而不利，愿博访草泽以决大议。其后言者谓先生阴授元定，元定亦因是得谪云。②

又《考异》载，当时太常少卿詹体仁元善、国子司业叶适正则谒见丞相留正，"留相出，詹、叶相顾，厉声而前曰：'宜力主张绍兴非其地也。'乃升阶力辩其非地。留相疑之曰：'孰能决此？'二人曰：'此有蔡元定者深于郭氏之学，识见议论无不精到，可决也。'……诸公复白赵汝愚第议之"。故此后沈继祖劾章有"熹乃以私意倡为异论，首入奏札，乞召江西、福建草泽，别图改卜"之词，对此叶绍翁以为：

> 愚谓考亭先生建阜陵之议，本为社稷宗庙万年之计，天地鬼神寔鉴临之，顾岂私于一蔡氏？蔡氏曩以孝宗之召犹不至，亦既罢场屋而甘岩穴。文公尝招之衢而不至，但曰"先生宜早归"。前后名公巨儒所以有考于蔡氏者，至公也。……《朝野杂记》亦谓："阜陵之议，或云晦翁之意似属蔡季通也。"夫或之者，疑之也，秉史笔者其可为疑似之论耶？③

然当时主张迁移阜陵的官员不少，且庆元三年正月朱熹《落职罢宫祠谢表》有"果烦台劾，尽发阴私，上渎宸严，交骇闻听。凡厥大谴大诃之目，已皆不忠不孝之科。至于众恶之交归，亦乃群情之共弃"。④ 其"不忠"，即指移阜陵之议。而庆元四年春朱熹《落秘阁修撰依前官谢表》中有"致烦重劾，尽掎宿愆。谓其习魔外之妖言，履市廛之污行。有母而尝小人之食，可验恩衰；为臣而高不事之心，足明礼阙。以至私故人之财而纳其尼女，规学宫之地而改为僧坊"⑤ 云云，却未再言及"不忠"之议，可见宋廷最终并未以御史劾章中"别图改卜"之名来罪责朱熹，故而"易阜陵之卜"当也非蔡元定所受罪罚重于朱熹之原因。

又，《后村诗话》有称"赵忠定当国，招蔡季通，不至，犹坐赵党，谪死道州"。⑥ 也只是就庆元党禁的大背景而言的。

---

① 《叶适集·水心文集》卷一二《阴阳精义序》，第206页。
② 《四朝闻见录》乙集《武林》，第46页。
③ 《四朝闻见录》丁集《庆元党考异》，第151、152页。
④ 〔宋〕朱熹：《晦庵先生朱文公文集》（以下简称《晦庵文集》）卷八五《落职罢宫祠谢表》，《朱子全书》，上海古籍出版社、安徽教育出版社2002年版，第4015页。
⑤ 《晦庵文集》卷八五《落秘阁修撰依前官谢表》，第4016页。
⑥ 〔宋〕刘克庄：《后村诗话》前集卷二，中华书局1983年版，第35页。

三

对于沈继祖劾章中所言朱熹"信妖人蔡元定之邪说"而迁移建阳县学至护国寺,并"要霸占建阳县学风水宝地为葬地"之事,束景南先生以为此事实"同蔡元定毫无关系,搬迁县学的原因是因为学舍破败,早有搬迁的打算,改护国寺为县学学址,也正是为了以儒学对抗佛学,结果被储用的仇家挟嫌告发"①。此说当出自朱熹给友人郑栗的信中云云,实不确,蔡元定确与迁县学之事有关。朱熹《与郑景实栗》云:

> 储宰既去,为怨家所诬,亦寓公者为之先后。台评所指迁学一事,乃与贱迹相连。士子有初不预谋者,亦被流窜,其事甚可笑。或传不止流窜,于尔又可痛也。盖旧学基不佳,众欲迁之久矣。储宰一日自与邑中士子定议,而某亦预焉。其人则初不及知,而其地亦不堪以葬也。它时经由,当自知之。②

书中所称之"士子""其人",皆指蔡元定。据朱熹上书,并参考其他相关史料,可证:

其一,朱熹《答刘智夫》有云:"但邑中不逞又作诡名,诉储宰迁学于仪曹,叔通亦为所指。邑宰乃不敢唤上词人供对,数日扰扰,未知作何出场。大抵所诉无一词之实,词人乃学长卓定等。彼固非学长,然亦未尝出门也(原注:然官司诸生无一人敢正其妄者,可叹可叹)"③叔通,乃建阳人刘淮字。学长,为县学学官。④而沈继祖奏劾朱熹大罪之六,即知建阳县储用迁县学事,然此书中未及罢斥之命,故推知其时当在沈继祖上劾章之前。又自朱熹《与郑景实栗》书中"储宰既去,为怨家所诬,亦寓公者为之先后"云云可知,庆元二年中,建阳"邑中不逞"因不满知县储用迁移县学,故"诡名"向尚书礼部告发,而因牵涉多人,"邑宰乃不敢唤上词人"学长卓定等"供对",且"官司诸生无一人敢正其妄者",故而"数日扰扰"不定。待储用因此被贬,其仇家遂落井下石,"挟嫌告发",并得到某"寓公"的暗中支持。非是仇家事先挟嫌告发,而使储用遭到贬斥。

其二,朱熹《与郑景实栗》中称"台评所指迁学一事,乃与贱迹相连","储宰一日自与邑中士子定议,而某亦预焉"。而建阳知县储用"亦以劾罢"的原因,即"为其从公(朱熹)命也"。⑤故而储用一旦去官,新县学随即被恢复为寺院:"昨日又闻有毁乡校以还僧坊之请,事亦施行。"⑥"但新学一旦措手而委之庸氓,数日前已互迁象设,令人愤叹

---

① 《朱子大传》第二十二章,第961页。
② 《晦庵文集》续集卷六《与郑景实栗》,第4757页。
③ 《晦庵文集》别集卷二《答刘智夫》,第4869页。
④ 〔宋〕梁克家等:《淳熙三山志》卷九《诸县庙》曰:"崇宁初,行舍法,乃诏学置学长一人、学谕一人,学长掌一学之事,学谕以经术训导诸生。"文渊阁四库全书本。
⑤ 《四朝闻见录》丁集《庆元党》,第147页。
⑥ 《晦庵文集》别集卷二《答祝汝玉》,第4856页。

不能已。而一县下人，若贵若贱，若贤若愚，无有以为意者。"① "然此中近日改移新学复为僧坊，塑象摧毁，要脊断折，令人痛心。"② 徒呼奈何。

其三，针对"台臣"以蔡元定"与公（朱熹）游最久，谓公欲荐草泽易阜陵之卜，诬以为公易置建阳乡校基规为葬地"③，故朱熹《与郑景实栗》中明确指出"而其地亦不堪以葬也。它时经由，当自知之"。而诬称蔡元定欲为朱熹"易置建阳乡校基规为葬地"，既因蔡元定以风水术擅名，又尝为朱熹"预卜葬穴"，同时似也与如下一则传言有关：蔡元定曾说："吾为晦翁卜一地，不过出身后三公。吾家自卜之地，当出生前两府。"④

其四，朱熹对自己虽遭"台评，蒙恩镌免，尚为轻典，感幸深矣。而所连及反罹重坐，令人愧惕"⑤，"第恨诖误旁人及遭重贬耳"⑥，故极力为之辩白，云"迁学一事，乃与贱迹相连。士子有初不预谋者"，又云"储宰一日自与邑中士子定议，而某亦预焉。其人则初不及知，而其地亦不堪以葬也"。然对于沈继祖劾章中指责蔡元定"谓建阳县学风水有侯王之地"之语却避而不论，而据诸相关史料分析，"建阳县学风水有侯王之地"确是建阳县学迁移之动因。而史载"建阳县学在水东之浒，其地湫隘偏仄，迥隔大溪，遇霖潦，浮桥断绝，士子病涉焉。庆元间，邑宰储公谋于识者，以护国寺高明爽垲，移学易之，士子咸悦。未几，伪学之禁兴，水东人修怨于储宰，由是学与寺各仍其旧"。故嘉定八年（1215），刘爚以为"我朝设科取士，建阳为最。呼！不有学校，则士之肄业者无所；不有高明，则士之所趋者卑下。所趋卑下，则不能上达于高明矣。此建阳县学不可以不移焉"，由此"具以本末白宰相，乞复移学。九月蒙准，尚书省札移建，复以护国为学焉"⑦。如此则可知"风水有侯王之地"者乃护国寺址或新建阳县学之地，而非位于"水东之浒"的原县学之地。而此迁移县学以得风水之地的动议，当始自蔡元定，故朱熹在给蔡元定信中通报道：

> 某闻以台察文字，已有褫职罢祠之命。祠禄恰满，余未被受，亦未见章疏云何。储行之书来，说渠亦遭章说移学，切恐亦不能不波及贤者，亦可笑也。⑧

案：庆元二年十二月二十六日，因御史奏劾，朱熹落职罢祠，蔡元定编管道州，知建阳县储用特降两官；三年正月二十七日省札下到。⑨ 而此书中云及"某闻以台察文字，已有褫职罢祠之命。……亦未见章疏云何"，故推知其当撰于三年正月中。同时，此书中又

---

① 《晦庵文集》续集卷六《答储行之》，第4765页。
② 《晦庵文集》卷六〇《答潘子善》，第2907页。
③ 《四朝闻见录》丁集《庆元党》，第147页。
④ 〔元〕陈栎：《定宇集》卷七《答问》，文渊阁四库全书本。
⑤ 《晦庵文集》卷六一《答曾景建》，第2976页。
⑥ 《晦庵文集》别集卷二《答章茂献》，第4856页。
⑦ 〔宋〕刘爚：《云庄集》卷四《重迁建阳县学记》，文渊阁四库全书本。
⑧ 《晦庵文集》别集卷二《答蔡季通》，第4857页。
⑨ 《朱熹年谱长编》卷下，第1273—1276、1280—1283页。

云"储行之书来,说渠亦遭章说移学,切恐亦不能不波及贤者",说明朱熹一听闻御史劾章中论及储用"移学"事,则知必将"波及"蔡元定,可证朱熹所谓"移学"事蔡元定"初不预谋""初不及知"之说,实属掩饰之词。

由此之故,宋、元时人多有云及蔡元定因风水之术而遭谪道州羁管者。如朱熹之婿、门人黄榦在与某人的信中曾曰:"家兄……以为蔡季通信风水邪说,故有身窜子死之祸。惟吕东莱真是大贤,见得明白。"① 元人陈栎也尝记当时有人以为"蔡西山酷喜此(风水)说,舂陵之行卒坐此"。② 是知沈继祖劾章中所言朱熹之"大罪六也",虽有移花接木、不尽不实之词,却亦非全然凭空虚构。

四

蔡元定遭编管道州的原因,自大背景而言,当然属于庆元时期党争激化的结果,但就其具体罪名,当属以风水之由迁移县学之举。故沈继祖在劾章中声言"蔡元定佐熹为妖,送别州编管"。③ 为坐实朱熹、蔡元定"妖言惑众",其还在劾章中攻讦朱熹"剽张载、程颐之余论,寓以吃菜事魔之妖术,以簧鼓后进,张浮驾诞,私立品题,收召四方无行义之徒以益其党伍,相与餐粗食淡,衣褒带博,或会徒于广信鹅湖之寺,或呈身于长沙敬简之堂,潜形匿影,如鬼如魅"。④

在宋代,"食菜事魔""夜聚晓散"往往与"传习妖教"并举。宋廷对此一向加以严惩。如神宗元丰八年(1085),令"传习妖教"等"应配千里以上,并依法配行"。⑤ 又哲宗元祐七年(1092),"刑部言:夜聚晓散传习妖教者,欲令州县以断罪、告赏全条于要会处晓示,监司每季举行。从之"。⑥ 南宋时情况略同。《名公书判清明集》所载蔡久轩《莲堂传习妖教》有云:"按敕:吃菜事魔,夜聚晓散,传习妖教者,绞,从者配三千里,不以赦降原减二等。"有张大用者犯七罪,其一则"传习魔教,诈作诵经,男女混杂",判曰:"张大用系为首人,决脊杖五十,刺面,配二千里州军牢城,照条不以赦原。刘万六系次为首人,决杖三十,不刺面,配一千里州军牢城"云云。⑦ 则蔡元定编管道州,当是比照传习"妖言""妖教"之罪而予刑惩者。

然而,据朱熹所言,蔡元定虽遭编管他州的惩处,但其遭此刑惩的"罪名",宋廷却并未公之于世;与朱熹于庆元三年正月末接省札落职罢祠,而官告却在一年后之庆元四年

---

① 〔宋〕黄榦:《勉斋集》卷四《与某书失名》,文渊阁四库全书本。
② 《定宇集》卷七《答问》。
③ 《庆元党禁》。
④ 《四朝闻见录》丁集《庆元党》,第143页。
⑤ 《续资治通鉴长编》卷三五九,元丰八年九月乙未,中华书局2004年版,第8591页。
⑥ 《续资治通鉴长编》卷四七七,元祐七年九月丙午,第11375页。
⑦ 《名公书判清明集》卷一四《妖教·莲堂传习妖教》,中华书局1987年版,第535–536页。

春间方下到建阳相类。朱熹《答黄子厚铢》有云:"季通只是编置,无他刑名。正缘有司欲秘其事,却致传闻张皇。"① 而所谓"有司欲秘其事",其原因大体有三:一是宋时崇信风水之术的士子甚为普遍,甚至朝廷重臣贵宦也颇有善于此术者,蔡元定不过是其中以擅长此术而闻名于当时而已。二是在宋代,因风水原因影响一地士子科举应试的录取人数而迁易州县官学之址的事例颇多②,士大夫间对此有质疑反对者,然持接受态度者更为普遍,醉心于此的士大夫也不在少数,似乎还包括对当时学校教学围绕科举的情况持批评态度的朱熹本人。三是宋制虽有御史"风闻奏事"之举,但朝廷正式颁行之官告文书如也同样捕风捉影、向壁虚构,显然难以取信于天下。因此,在庆元党禁的大背景下,宋廷虽以所谓"佐熹为妖"的罪名将蔡元定"送别州编管",然却迟迟未告示天下,而"欲秘其事",其苦衷似即在于此。

对于蔡元定罹祸之罪名,"有司欲秘其事",不愿公之于世,而据现见史料,朱熹、蔡元定及其家人、友朋、后学等同样多方回避。如杜范《蔡元定传》云:

> 自韩侂胄专政十余年间,指道学为伪学,引绳排根,以倾善类;然莫敢诵言攻朱熹者。继何澹、刘德秀为言事官,辄上疏诋之,且及其从游最久者。元定知不免,尝简学者刘砺曰:"化性起伪,乌得无罪?"未几命下,谪道州。③

又如高不侔《蔡西山先生祠记》云:

> 未几盗憎主人,群憸侧目,名道学为伪学,指正人为邪人,发言盈庭,翕翕訾訾,于是文公辞归而西山蔡先生(元定)谪居潇水上矣。先生幼而颖悟,长而博洽,从文公游,升堂而入室,由是言者先及之。④

再如真德秀《九峰先生蔡君墓表》亦云:"庆元初,伪学之论兴,文公(朱熹)以党魁绌,聘君(蔡元定)亦远谪舂陵。"⑤ 随着庆元党禁结束,朱熹及理学地位确立,官史以及主要依傍宋朝"国史""实录"编纂而成的诸史籍,如《续宋编年资治通鉴》《两朝纲目备要》《宋史全文》以及元人所纂之《宋史》等,大体皆同此说。

虽然宋代士大夫多有崇信风水之术者,但"子不语乱力怪神",且蔡元定编管别州之

---

① 《晦庵文集》续集卷七《答黄子厚铢》,第4771页。
② 如〔宋〕林季仲《竹轩杂著》卷六《温州乐清县学记》载治平中知县焦千之创建县学,此后学址数迁,其原因即"学自焦君以来,无一登仕版者,人多言其(风水)不利"。《文渊阁四库全书本》。又如韦骧《万载学记》载:袁州万载县在嘉祐中"始建学以聚诸生,后之继者牵于阴阳刑克之说,旋即毁去,且未能改也"。至熙宁四年又"即旧址而一新之,第稍易面势,从众志而厌其惑耳"。载《全宋文》卷一七七九,上海辞书出版社、安徽教育出版社2006年版,第82册,第48页。
③ 《全宋文》卷七三五四,杜范《蔡元定传》,第320册,第275-276页。
④ 《全宋文》卷七九九五,高不侔《蔡西山先生祠记》,第346册,第230页。
⑤ 《全宋文》卷七一九〇,真德秀《九峰先生蔡君墓表》,第313册,第89页。

"罪名"乃在于此,故时人有为诗嘲讽者:"掘尽人间好陇丘,冤魂欲诉更无由。先生若有尧夫术,何不先言去道州?"① 因而诸人皆盛称蔡元定被编管乃因党禁、政敌欲攻讦朱熹而"言者先及之"的缘故,并极力声言蔡元定与建阳"迁学"一事毫无关涉②,或干脆避而不言。由于官私两方面皆有所讳避、掩饰,使得蔡元定于庆元党禁期间被编管别州的"罪名",以及其虽"佐熹为妖",然所受刑罚却重于朱熹的原因,就此云山雾罩而面目难明了。

[作者单位:华东师范大学古籍研究所。本文原载《河北大学学报(哲学社会科学版)》2016年第4期]

---

① 《谈薮》,《全宋笔记》第二编,第208页。
② 如前述朱熹《与郑景实栗》中称"士子有初不预谋者,亦被流窜,其事甚可笑",又称"储宰一日自与邑中士子定议,而某亦预焉。其人则初不及知"。又如朱熹《学古》(《晦庵文集》别集卷三,第4922页)中云:"某忽被镌免之命,想已见报矣。罪大责轻,固无足言。而累及知友,殊使人愧恨。蔡季通……于此事本无所预,殊可念也。"

金代"词赋状元即授应奉翰林文字"制度的形成及其对后世的影响

闫兴潘

翰林制度自唐玄宗正式建立以后,翰林学士院凭借与皇帝之间紧密的关系,在唐宋时期的中枢政治体系中发挥了举足轻重的作用,对当时的内外政治产生了关键性的影响。而到了元明清时期,翰林制度虽然仍旧存在,却已成为一个普通的文翰机构,其在政治事务上发挥的作用非常有限。[1] 明代士人已经认识到翰林制度前后的差异:"自昔翰苑之重,职专代言。至于执笔史馆、劝讲经帷、典教胄监,兼众职以备文儒之任,则今日之制为然。"[2] 学者指出,翰林制度产生的这一重要转折发生在女真人建立的金朝,金朝的翰林学士院已经出现"重文词、远政治"的发展趋势。[3] 在政治制度层面,金代翰林学士院的这种转变趋势一方面体现在新的中枢顾问机构——益政院的出现[4];另一方面则体现在该机构官员选拔制度的新变化。唐宋时期,翰林学士院地位清要,皇帝对其中官员的选拔标准也十分严苛,入院官员不仅绝大多数有进士出身且在文翰方面表现出众,还要首先经过在地方机构中进行政治事务的锻炼,有一定的行政能力,熟悉政事,之后才有机会进入翰林学士院任职。[5] 而金代翰林学士院不同于唐宋时期的官员选拔制度是"词赋状元即授应奉翰林文字"[6],即士人只要在科举考试中拔得头筹就可立即入学士院任职,金代这种选官方式的变化被元、明、清三朝所继承,对后世的翰林制度产生了深远的影响。金代为何产生词赋状元及第即入学士院任官的制度?这一制度体现了女真统治者对学士院怎样的政治态度?这种翰林官员的选拔制度为何会被元、明、清三朝长期继承?对这些问题的探讨,不仅有助于进一步分析翰林制度的发展变迁和中枢权力结构的变化,且通过对翰林制度演变的长时段考察,还有助于认识金代政治制度对后世的影响。故笔者不揣浅陋,在前人研究的基础上对此进行探讨。

---

[1] 杨果:《中国翰林制度研究》,武汉大学出版社1996年版。
[2] 〔明〕王祎:《王忠文公文集》卷一二《礼部尚书除翰林侍讲学士知制诰同修国史同知经筵事兼国子祭酒诰》,北京图书馆古籍珍本丛刊本,第98册,书目文献出版社1988年版,第222页。
[3] 杨果:《中国翰林制度研究》,第217页。
[4] 闫兴潘:《翰林学士院与皇权的距离:金末益政院设立的制度史意义》,载《北方民族大学学报(哲学社会科学版)》2013年第3期。
[5] 杨果:《中国翰林制度研究》第53-63页。
[6] 〔金〕刘祁:《归潜志》卷七,中华书局1983年版,第72页。

一、金代"词赋状元即授应奉翰林文字"制度的形成及其原因

唐宋时期翰林学士院地位显赫,"为世所贵重、不可骤致之选"①,即使在科举考试中独占鳌头者,也必须历经他职的锻炼,积累一定的政治资历和经验,才有机会入院供职。相比较而言,金代"词赋状元即授应奉翰林文字"的授官方式可以说独具特色。金末士人刘祁对这种授官制度曾有言:

> 金朝取士,止以词赋、经义学,士大夫往往局于此,不能多读书。其格法最陋者,词赋状元即授应奉翰林文字,不问其人才何如,故多有不任其事者。或顾问不称上意,被笑哂,出补外官。②

刘祁称"词赋状元即授应奉翰林文字"的授官方式是金代的"格法",说明词赋状元的这种特殊待遇已经形成了明确的制度。士人只要在科举的词赋科考试中拔得头筹,即可获得在京任职翰苑的殊荣,而不用像其他进士那样,从州县僚佐开始一步步漫长的考核升迁,这自然是统治者对词赋状元的一种褒奖。但刘祁同时又称其为"格法最陋者",即这种授官方式存在许多弊端,由此选拔的学士院官多在其位而无能力谋其政,可见他对此制度持不满和批评的态度。那么这种受到当时士人批评的制度是如何产生的?为何其弊端不断而金朝统治者又未对其进行改革呢?

金初的制度有一个逐步建立和完善的过程,由于当时翰林学士院的相关制度也正在形成之中,因而对于翰林官员的选拔也没有一定之规。如韩昉和宇文虚中降金后,都是直接担任知制诰等负责草词的官职。③ 南宋洪皓使金被留,"金主闻其名,欲用为翰林直学士,皓力辞"④。可见在金初制度甫定之时,统治者是根据自身的需要随宜授官的。女真人在灭辽攻宋之时,由于"急欲得汉士以抚辑新附",就已经利用所占领地区的旧制实行科举考试,并因辽宋之制不同而形成"南北选"制度。⑤ 根据皇统年间的规定,词赋和经义进士"第一人皆拟县令",其下的三甲进士均任命为州县的佐贰幕官。⑥ 史料记载,刘彦宗之孙刘仲海皇统九年(1149)"赐进士第,除应奉翰林文字"⑦。他虽非状元,却在获得进

---

① 〔元〕刘将孙:《养吾斋集》卷一二《送阎子济应奉翰林序》,景印文渊阁四库全书本,台湾商务印书馆1986年版,第1199册,第101页。
② 〔金〕刘祁:《归潜志》卷七,第72页。
③ 〔元〕脱脱等:《金史》卷一二五《韩昉传》;卷七九《宇文虚中》,中华书局1975年版,第2714、1791页。
④ 〔宋〕李心传:《建炎以来系年要录》卷一四四,上海古籍出版社1992年版,第3册,第16页。
⑤ 《金史》卷五一《选举一》,第1134页。关于金代前期的"南北选"问题,有学者提出了与《金史》记载不同的观点,参见赵宇《金朝前期的"南北选"问题——兼论金代汉地统治方略及北族政治文化之赓衍》,载《中国社会科学》2016年第4期。
⑥ 《金史》卷五二《选举二》,第1163页。
⑦ 《金史》卷七八《刘仲海》,第1773页。

士出身后直接入翰苑为应奉,可以说是授官的特例。根据相关研究的统计,金初至熙宗皇统末年的历次科举考试中,词赋和经义状元可考者共十三人,① 但并没有哪位士人在状元及第后立刻任职学士院,这说明直至熙宗末年,"词赋状元即授应奉翰林文字"的制度还并未产生。

海陵王时期,金代的政治制度基本定型,形成了"职有定位,员有常数,纪纲明,庶务举,是以终金之世守而不敢变焉"的局面。② 天德三年(1151),海陵王废罢其他诸科,"并南北选为一","专以词赋取士"。③ 此时词赋进士科成为唯一的科举考试科目。根据贞元元年(1153)和正隆元年(1156)词赋进士授官格,词赋进士上、中、下三甲初授职均为州县佐贰官,只是依据名次高低在官职的具体等级和散官的高低上有所区别。④ 但也存在格法之外除授的例子,任忠杰正隆五年(1160)状元及第⑤,"授翰林应奉文字同知制诰"⑥。在海陵朝所知的五位状元中⑦,也是属于制度之外的特殊除授。这说明此时状元授应奉仍是个别的情况,且是与官员的除授制度不相符的。然而,南宋人却记载状元即授应奉制度形成于海陵王时期。《建炎以来系年要录》对海陵时科举制度的记载有"榜首即授奉直大夫、翰林应奉文字"的条文。⑧《大金国志》的记载更具体:"如状元及第,初授承德郎,迨海陵炀王之世,特加一官,授奉直大夫。"⑨ 其实在大定十四年(1174)之前,状元及第授承德郎(正七品),大定十四年对官制有所改革,状元及第虽然即授应奉翰林文字,但其初授散官也还只是从七品的承务郎。⑩ 大定三年(1163),孟宗献乡、府、省、御试皆第一,被授予翰林应奉文字。⑪ 当时号称"孟四元",而制度规定"故事,状元官从七品,阶承务郎,世宗以宗献独异等,与从六品阶,授奉直大夫"⑫。孟宗献由于四元及第,才得到散官超授的特殊待遇。其实,状元及第散官例授奉直大夫是宣宗时期才确定的制度。贞祐三年(1215)四月,宣宗下诏"自今策论词赋进士,第一甲第一人特迁奉直大夫"⑬。因此,宋人对此记载显然有误。词赋状元及第即授应奉翰林文字在海陵时虽有个别例子,但似乎还未形成制度,至于词赋状元散官授奉直大夫,更是金朝后期才出现

---

① 都兴智:《辽金史研究》,人民出版社2004年版,第22-29页。
② 《金史》卷五五《百官一》,第1216页。
③ 《金史》卷五一《选举一》,第1135页。
④ 《金史》卷五二《选举二》,第1160-1161页。
⑤ 《辽金史研究》,第29-32页。
⑥ 〔宋〕徐梦莘:《三朝北盟会编》卷二四五,上海古籍出版社2008年第2版,第1766页。
⑦ 《辽金史研究》,第31页。
⑧ 《建炎以来系年要录》卷一六四,第3册,第304页。
⑨ 旧题〔宋〕宇文懋昭撰、崔文印校证:《大金国志校证》卷三五,中华书局1986年版,第507、510页。《契丹国志》中对辽代制度也有相似的记载,但明显这是元人将金代制度错误抄入其中的结果。参见叶隆礼:《契丹国志》卷二三,中华书局2014年版,第254页。
⑩ 《金史》卷五二《选举二》,第1161页。
⑪ 〔金〕元好问编:《中州集》卷九《孟内翰宗献》,中华书局1959年版,第465页。
⑫ 《金史》卷一二五《杨伯仁传》,第2724页。
⑬ 《金史》卷一四《宣宗上》,第309页。

的规定。而在大定之前真正符合状元即授应奉者,其实只有上面提到的任忠杰一人。

词赋状元即授应奉翰林文字的制度何时确立,金代的史料并没有明确记载。因此只能根据相关材料进行考察。海陵王时期直至金末,金代士人及第后即授应奉翰林文字的例子存有不少,为方便论述,特列表一如下:

表一 金代进士及第即授应奉翰林文字者简表

姓名	及第时间	所试科目	初授官职	材料出处
任忠杰	正隆五年(1160)	词赋进士第一	应奉翰林文字	《三朝北盟会编》卷二四五
孟宗献	大定三年(1163)	词赋进士第一	奉直大夫、应奉翰林文字	《中州集》卷九;《金史》卷一二五
赵承元	大定十三年(1173)	词赋进士第一	应奉翰林文字	《中州集》卷九
张行简	大定十九年(1179)	词赋进士第一	应奉翰林文字	《金史》卷一〇六
王泽	明昌二年(1191)	词赋进士第一	应奉翰林文字	《金文最》卷七六
杨云翼	明昌五年(1194)	经义进士第一,词赋乙科	应奉翰林文字	《金史》卷一一〇
韩玉	明昌五年(1194)	词赋、经义两科进士	应奉翰林文字	《金史》卷一一〇;《滋溪文稿》卷一二
魏抟霄	明昌中	宏词科中选	应奉翰林文字	《中州集》卷四
纳兰胡鲁剌	承安二年(1197)	女真进士第一	应奉翰林文字	《金史》卷一〇三
李著	承安二年(1197)	经义进士第一	在翰林七年(可能为应奉翰林文字)	《中州集》卷九
吕造	承安二年(1197)	词赋进士第一	应奉翰林文字①	《汝南遗事》卷四;《归潜志》卷七
李俊民	承安五年(1200)	经义进士第一	应奉翰林文字	《庄靖集》卷八;《元史》卷一五八

---

① 孙勐:《北京石景山出土金代吕嗣延墓志考释》,载《北方文物》2009年第3期,第80页。

续表一

姓名	及第时间	所试科目	初授官职	材料出处
阎咏	承安五年（1200）	词赋进士第一，经义进士	应奉翰林文字	《中州集》卷九；《庄靖集》卷八
梁持胜	泰和六年（1206）	词赋进士，制策优等，中宏词科	应奉翰林文字	《归潜志》卷五；《中州集》卷五
李演	泰和六年（1206）	词赋进士第一	应奉翰林文字	《金史》卷一二一
李献能	贞祐三年（1216）	特赐词赋进士，宏词科优等	应奉翰林文字	《金史》卷一二六；《中州集》卷六
张仲安	兴定二年（1218）	词赋进士第一	应奉翰林文字	《归潜志》卷五
刘遇	兴定五年（1221）	词赋进士第一	应奉翰林文字	《归潜志》卷五；《淳南遗老集》卷四一
王鹗	正大元年（1224）	词赋进士第一	奉直大夫、应奉翰林文字	《元史》卷一六〇；《元名臣事略》卷一二

由于资料限制，虽然不能确定每位词赋状元及第后都即获得应奉之职。但从上表可以看出，从正隆末年或大定初年开始直至金末，词赋状元及第即授应奉翰林文字基本上已经成为惯例。大定三年（1163），世宗谕词赋状元孟宗献的诏书中说："卿自乡选至于殿陛，四为举首。非材之高、学之博、识之优，何以臻此？今畀以北门应诏之职。朕之待卿不薄，然君子志于远者大者，无以此为自足尔，其勉旃。"① 世宗授予孟宗献的"北门应诏"即应奉翰林文字之职，但孟宗献所受官是援引正隆末任忠杰的先例，还是此时已有制度规定，则不得而知。

大定十五年（1175），世宗"敕状元除应奉，两考依例授六品"②。从这个诏令中可以看出，至晚在此时，词赋状元授应奉在制度上已有了依据。大定十八年（1178）世宗又对宰相言道："文士有偶中魁选，不问操履，而辄授翰苑之职。如赵承元，朕闻其无士行，果败露。自今榜首，先访察其乡行，可取则授以应奉，否则从常调。"③ "偶中魁选……辄授翰苑之职"，也说明词赋状元授应奉已经成为正式的授官制度。而世宗的态度也表明，这种制度形成之初，其弊端就已经显现，但世宗只是增加了考察状元品行的一道程序，并

---

① 〔元〕王恽：《玉堂嘉话》卷一，中华书局2006年版，第46页。
② 《金史》卷五二《选举二》，第1161页。
③ 《金史》卷五一《选举一》，第1135页。

规定"状元行不顾名者与外除"①，而并未改变这种授官规定，这也说明此时词赋状元的授官优待政策也为统治者所认可。大定二十二年（1182），世宗又提出："汉进士魁，例授应奉，若行不副名，不习制诰之文者，即与外除"②。这即是次年所颁布的诏令"今后状元授应奉，一年后所撰文字无过人者与外除。"③ 即在考察入学士院状元道德品行的基础上，又增加了对其草拟诏诰能力的要求。但世宗仍然不得不承认"应奉以授状元，盖循资尔。"④ 这说明至少从世宗中期开始，词赋状元即授应奉翰林文字已有了专门的制度规定。虽然这种授官制度形成之初，就产生了如应奉赵承元品行不端者⑤，以及连最本职的草词职能都不能胜任者的弊端，但世宗对这种授官制度只是略加调整，对其仍是持肯定态度的。而从上表也可以看出，这一授官制度在世宗之后直至金末，不仅基本上得到实施，而且还有扩大适用范围的趋势（大定十三年开策论进士科，大定二十八年恢复经义科⑥）。如上表中杨云翼明昌五年（1194年）经义进士第一，词赋亦中乙科，"特授承务郎，应奉翰林文字"⑦。其后的李著和李俊民也以经义进士第一被授予应奉之职。而词赋、经义两科进士或制科中选者，也有机会直接获得应奉之职，甚至女真进士第一也可享受这一待遇。不过从以上的例子看，杨云翼等人以非词赋进士第一而获得应奉之职，除了因为在科举考试中出类拔萃外，并没有一定的规范，这应是统治者援引词赋状元授官之制给予他们的优待。

以上考察可见，"词赋状元即授应奉翰林文字"的制度大致形成于世宗前中期。世宗在制度上规定词赋状元即授应奉之职，使他们不用从州县僚佐开始仕宦生涯，这自然是对拔得科举头筹者的优待。但正如金末刘祁所言，这些人只是因为在科举中表现出众，基本上没有政治经验；有些中状元者仅埋头科举之业，而"不能多读书"⑧，虽工于科举之文但学问有限，以致任应奉之职后连本职的草词都不能胜任，甚至还出现王泽、吕造这种中状元入翰苑，却不能应制赋诗而成为士林笑柄者。⑨ 金代这种授官制度虽然只是对个别士人的优待，却与唐宋选拔翰林官员之制存在明显不同。这一制度从形成之初就弊端不断，却依然执行到金末。

世宗之所以设立词赋状元即授应奉翰林文字之制，而且在该制产生之初就弊端显现的时候仍不愿改变这种授官制度，是和他对翰林学士院的态度紧密相关的。大定初年，甚得世宗器重的契丹官员移剌道被任命为"翰林直学士，兼修起居注"，世宗却说："（移剌）

---

① 《金史》卷五二《选举二》，第1161页。
② 《金史》卷五一《选举一》，第1135—1136页。
③ 《金史》卷五二《选举二》，第1162页。
④ 《金史》卷五一《选举一》，第1136页。
⑤ 《金史》卷七《世宗中》，第171—172页。
⑥ 《辽金史研究》，第34、36页。
⑦ 《金史》卷一一〇《杨云翼》，第2421页。
⑧ 《归潜志》卷七，第72页。
⑨ 《归潜志》卷七，第72页。

道清廉有干局，翰林文雅之职，不足以尽其才。"① 对世宗而言，学士院既然仅是"文雅之职"，不足以让大臣施展其政治才能，那么将词赋状元拔擢为应奉翰林文字，一方面体现了统治者对科举中出伦人才学识的青睐有加，另一方面也体现了世宗对学士院的政治态度。因为对于他而言，学士院主要是一个收拢文学人才的"文雅"机构。而在其后针对该制弊端的政策调整中，世宗强调的也仅是词赋状元的道德操行和文学能力，这也是与他对学士院"文雅之职"的定位相一致的。到了章宗时期，统治者对翰林学士院的这种定位表现得更加明显②，并为金后期的统治者所继承。因此，金代"词赋状元即授应奉翰林文字"之制的产生，不仅是具体授官制度的变化，它背后所蕴含的是金朝统治者对翰林学士院的自身理解和政治定位，对于女真统治者而言，翰林学士院主要是一个以文翰职能为主的"文雅之职"，而非唐宋之时的重要中枢顾问决策机构。正是因为金朝统治者对翰林学士院有着这样的政治态度和政治定位，"词赋状元即授应奉翰林文字"之制才虽弊端不断，但仍得到实行和延续。

二、金代词赋状元即授应奉翰林文字之制对元明清翰林制度的影响

以上分析可见，金代形成不同于唐宋的"词赋状元即授应奉翰林文字"之制，是与女真统治者将翰林学士院看作以文翰职能为主的机构紧密相关的。如学者所言，金代翰林学士院"重文词、远政治"的发展趋势③，对元明清三朝的翰林制度产生了直接的影响，而金代的这种特殊授官制度也同时为后者所继承，并得到进一步扩展。这一方面显示出金代政治制度对后世的深远影响，同时也说明了金代这种授官制度与翰林机构职能转变之间的紧密关系。元代即沿袭金朝之制，将科举考试第一名直接授予翰林国史院的职务（元代的翰林国史院由翰林学士院与国史院合并而成）。元代科举分左、右榜，左榜和右榜第一人均有及第即授翰林修撰之职者：

表二　元代状元及第即授翰林修撰者简表

姓名	及第时间	科第名次	所授官职	资料出处
宋本	至治元年（1321）	进士第一	翰林修撰	《元史》卷一八二
李黼	泰定四年（1327）	进士第一	翰林修撰	《元史》卷一九四

---

① 《金史》卷八八《移剌道》，第1967页。
② 闫兴潘：《金章宗时期的翰林学士院与应制文学》，载《民族文学研究》2013年第2期。
③ 《中国翰林制度研究》，第217页。

续表二

姓名	及第时间	科第名次	所授官职	资料出处
王文烨	至顺元年（1330）	进士第一	翰林修撰	《元史》卷三四、《（嘉靖）山东通志》卷二九
陈祖仁	至正元年（1341）	进士第一	翰林修撰	《元史》卷一八六
普颜不花	至正五年（1345）	右榜进士第一	翰林修撰	《元史》卷一九六
张士坚	至正五年（1345）	进士第一	翰林修撰	《元史》卷四一、《燕石集》卷一二
文允中	至正十一年（1351）	进士第一	翰林修撰	《（雍正）四川通志》卷一二、《元史》卷四二
魏礼	至正二十年（1360）	进士第一	翰林修撰	《明一统志》卷二

元代恢复科举之初，在考试中拔得头筹者即可直接入职翰苑，这种授官规定明显是受到金代制度的影响。且元代状元所授职事官为从六品的翰林修撰，待遇比金代状元所得应奉翰林文字（从七品）还要优厚。元代科举制度规定，御试"第一名赐进士及第，从六品。"① 这一规定也是直接沿袭金代。金宣宗贞祐三年（1215）四月，诏"自今策论词赋进士，第一甲第一人特迁奉直大夫"②，金代奉直大夫即为从六品。③ 由此可见，金代词赋状元即授应奉翰林文字之职对元代相关制度的直接影响。其实，元代不仅授予状元的翰苑官职比金代优厚，而且科举及第即入翰苑者的范围也进一步扩大。元代现存进士录两种，以下根据萧启庆先生整理的《元统元年进士录》改制的科举及第初授翰苑官职者简表④，做一证明：

表三 元统元年进士及第即授翰林官职者简表

姓名	名次	初授官
寿同海涯	右榜一甲第三名	应奉翰林文字
虎里翰	右榜二甲第一名	应奉翰林文字

---

① 〔明〕宋濂等：《元史》卷八一《选举一》，中华书局1976年版，第2019页。
② 《金史》卷一四《宣宗上》，第309页。
③ 《金史》卷五五《百官一》，第1221页。
④ 萧启庆：《元代进士辑考》，台湾"中研院"史语所2012年版，第51-97页。

续表三

姓名	名次	初授官
乌马儿	右榜二甲第八名	翰林国史院编修官
察伋	右榜三甲第十五名	翰林国史院编修官
廉方	右榜三甲第二十八名	翰林国史院检阅官
和里互达	右榜三甲第二十九名	翰林国史院编修官
李齐	左榜一甲第一名	翰林修撰
李祁	左榜一甲第二名	应奉翰林文字
王明嗣	左榜二甲第四名	翰林国史院编修官
李榖	左榜二甲第八名	翰林国史院检阅官
成遵	左榜三甲第十三名	翰林国史院编修官
程益	左榜三甲第十七名	翰林国史院检阅官
许寅	左榜三甲第二十三名	翰林国史院检阅官
朱彬	左榜三甲第二十四名	翰林国史院典籍官

元代不仅科举第一名可立即任职翰苑，而且第二名及以下也可直接获得应奉翰林文字等翰苑职务。相较于金代，元代每科进士及第后即入翰苑者的数量大大增加，表明后者在沿袭金代这种授官制度的同时，进一步扩展了该制度适用的范围。同时，元代的翰林国史院也继承了金代翰林机构与中央政治日渐疏离的转变趋势，并进一步发展。元代的翰林国史院不仅"列在外廷，非召对不得宴见"①，与皇帝接触的机会非常少，而且统治者在政治上也并不重视翰林机构的作用，元成宗曾公开对大臣言道"集贤、翰林乃养老之地"②。当时的士大夫也将翰林国史院视作"职优而地散，秩崇而望清"的普通机构。③ 这与金代统治者将翰林学士院视作"文雅之职"的态度是相同的。元代沿袭并发展金代状元即授应奉翰林文字之职的制度，也正是因为继承了后者翰林机构文翰职能凸显、政治功能消退的发展趋势。

明朝洪武初年制度甫定之时，"翰林院官皆由荐举，未有以进士入者"④，主要通过荐举进行选拔，没有一定之规。至洪武十八年（1385）则做出明确规定"进士一甲授修撰，二甲以下授编修、检讨……进士之入翰林，自此始也"⑤。科举又与翰林院选官制度再次

---

① 〔元〕虞集：《雍虞先生道园类稿》卷四一《焦文靖公神道碑》，元人文集珍本丛刊本，台湾新文丰出版公司1985年版，第252页。
② 《元史》卷二〇《成宗三》，第431页。
③ 〔元〕吴澄：《吴文正公集》卷一四《送卢廉使还朝为翰林学士序》，元人文集珍本丛刊，台湾新文丰出版公司1985年版，第270页。
④ 〔清〕龙文彬：《明会要》卷三五《翰林院上》，中华书局1956年版，第617页。
⑤ 《明会要》卷三五《翰林院上》，第617-618页。

直接联系起来。依照此规定,明代进士一甲三名均可即获翰林修撰之职,这比元代一甲三名所获官职更为优厚;前者二甲以下进士也可根据此制获得入翰林院任编修、检讨之职,从这种授官规定的内容看,洪武十八年的制度明显是沿袭元代,并将其进一步规范化。事实上,明代不仅继承了元代的这种授官制度,并且还逐渐将其扩展,使翰林院官职的除授与科举考试更为紧密地联系起来。

据学者们的研究,明代前期,翰林院在选拔入院官员方面并不严格限制出身,翰林官员中仍有许多非进士身份者。① 但其后朝廷对入翰林院者的出身越来越看重。大臣李贤就提出"翰林实文学侍从之臣,非杂流可与。"到了英宗天顺二年(1458),李贤借主持重修《寰宇通志》之际,奏请英宗将翰林院中非进士出身的官员全部出补外职,"自是专选进士充翰林院,遂为定制。"② 即在制度上明确规定,任职学士院者必须具有进士出身。明代中期以后,朝廷对翰林官员出身的愈加看重,除了认为翰林院属于"文学侍从之臣"的清望之选的观念外,也与明代翰林院的庶吉士选拔制度密切相关。明初统治者从科场新及第者中选拔部分人入翰林院任庶吉士,是希望新进士以此学习从政能力,锻炼政治人才。③ 庶吉士在翰林院中"三年试之。其留者,二甲授编修,三甲授检讨;不得留者,则为给事中、御史,或出为州县官"④。翰林院庶吉士的选拔方式实际上是对于洪武十八年进士一、二甲授官制度的进一步扩展,从而使更多的新进士直接跻身翰林院,由此庶吉士也逐渐成为入翰苑的必经环节。赵翼曾言明朝"仁宣间三杨当国,衣钵相传,于是翰林之官,无有不由庶吉士起者。"再经过上面提到的英宗时李贤奏请将非进士出身的翰林官员全部出补外官,翰林官员必由进士出身已经形成"资格既定,遂牢不可破"的规范,此后虽有极个别不由科第而入翰林院者,但往往遭到士大夫官员群体的反对。⑤ 如名士文徵明正德末年"以岁贡生诣吏部试,奏授翰林院待诏,"虽然他"侍经筵,岁时颁赐,与诸词臣齿",但"是时专尚科目,徵明意不自得,连岁乞归"⑥。文徵明因出身问题受到翰林院其他官员的歧视和排挤,只能连连祈求卸任归乡。在制度规定和朝廷对翰林官员出身愈加重视之下,更多的新及第进士释褐后便立即进入翰林院任职,翰林官职除授与科举考试之间的关系因此得到进一步的强化。

明代在进一步发展金元两朝进士高科者即授翰林官职制度的同时,也继承了翰林制度文翰职能凸显、疏离中央政治的发展趋势。明初政权初定之时,翰林院一度在当时的中枢政治中发挥了重要的作用。但随着永乐时期新的皇帝侍从机构——内阁的设立,翰林院的政治地位和政治作用日渐削弱。⑦ 虽然明代中后期"非进士不入翰林,非翰林不入内阁"

---

① 《中国翰林制度研究》,第234页。
② 《明会要》卷三六《翰林院下》,第621页。
③ 邹长清:《明代庶吉士制度探微》,载《广西师范大学学报(哲学社会科学版)》,1998年第2期。
④ 〔清〕张廷玉等:《明史》卷七三《职官二》,中华书局1974年版,第1788页。
⑤ 〔清〕赵翼:《陔余丛考》卷二六,中华书局1963年版,第528页。
⑥ 《明史》卷二八七《文徵明传》,第7362页。
⑦ 《中国翰林制度研究》,第236-240页。

已成定制,"通计明一代宰辅一百七十余人,由翰林者十九"①。翰林院的地位看似非常重要,但正如清人所言,明代的翰林院实际上只是"坐耗俸赀,毫无一事,惟以为入阁之阶"②。明代翰林院之于内阁的关系可用以下简图表示:

皇帝 ⇌(政治互动) 内阁 ← (部分官员)翰林院

这正如金末翰林学士院之于益政院的关系③:

皇帝 ⇌(政治互动) 益政院官 ← (部分官员)翰林学士院

即明代翰林院只是官员跻身内阁的一个必要阶梯,而翰林院本身在政治上的作用是非常有限的,而翰林官员如果不入阁,也就很难对政治产生影响;这与金末翰林学士院官员不入益政院,就不能参谋中枢机密如出一辙。明人对当时翰林院的职能有如下总结:"执笔史馆、劝讲经帷、典教胄监,兼众职以备文儒之任。"④ 该机构以承担朝廷的修史、经筵进讲、教育等文化事务为主。明末首辅来宗道曾明言"词林故事,止香茗耳"⑤。明确反对翰林官员参与朝廷政事。明代的翰林院在继承金元以来翰林机构职能转变趋势的基础上,已经发展成为一个承担诸多文化职能的"文儒之任"。而且由于明代内阁宰辅"皆出诸翰林,翰林之官皆出诸首甲、与夫庶吉士之选留者。其选也以诗文,其教也以诗文,而他无事焉"⑥。基本没有经历朝廷内外政事的反复历练,在政治经验方面往往欠缺,导致其"大拜后,不娴政事,动为胥吏所欺"⑦。而个别翰林官员甚至连本职的文章翰墨之事也不能胜任,以至于明后期翰林院成为坊间的笑柄。⑧ 明代翰林院在继承金元翰林机构选官制度和职能转变趋势的同时,也继承了这种制度产生之初在政治人才培养方面的弊病。

清代在翰林官员的选拔方面与明代相似,规定"进士第一甲第一名授翰林院修撰,二名、三名授编修,二甲、三甲钦定庶吉士"⑨。这是对明代制度的继承,仅一甲三名进士的授官与明代制度略有不同。而清代朝廷上下对翰林官员出身的重视程度也和明代相似,"非科甲正途,不为翰、詹及吏、礼二部官"⑩。入翰林院为官者必须有进士出身。那些无

---

① 《明史》卷七〇《选举二》,第 1702 页。
② 〔清〕昭梿:《啸亭杂录》续录卷一,中华书局 1980 年版,第 398 页。
③ 益政院是金末哀宗设立的重要中枢顾问决策机构。参见《翰林学士院与皇权的距离:金末益政院设立的制度史意义》,载《北方民族大学学报(哲学社会科学版)》2013 年第 3 期。
④ 《王忠文公文集》卷一二《礼部尚书除翰林侍讲学士知制诰同修国史同知经筵事兼国子祭酒诰》,北京图书馆古籍珍本丛刊本,第 222 页。
⑤ 《明史》卷三〇六《顾秉谦(附来宗道传)》,第 7847 页。
⑥ 〔明〕高拱:《高文襄公集》卷三一,四库全书存目丛书,集部第 108 册,齐鲁书社 1997 年版,第 414 页。
⑦ 《啸亭杂录》续录卷一,第 398 页。
⑧ 《中国翰林制度研究》,第 249 页。
⑨ 〔清〕允裪等:《钦定大清会典》卷五《吏部》,景印文渊阁四库全书本,台湾商务印书馆 1988 年版,第 619 册,第 64 页。
⑩ 〔清〕赵尔巽等:《清史稿》卷一一〇《选举五》,中华书局 1977 年版,第 3205 页。

进士出身而通过其他途径入院者,即使其学问优异,但因不由"科甲正途"晋身而来,甚至被蔑称为"野翰林"。① 由此可见,当时翰林院对非科举出身者的排斥态度。清代翰林院的职能与明代基本相同,所承担的也主要是撰写册文祭文、编修书史、进读经筵、充当考官和学政之类与文化相关的事务,其与中枢政治的距离已经相当疏远。虽然清代统治者在礼遇上给予翰林院和翰林官员很高的规格,以示对士大夫群体和文儒之士的荣宠,但正如学者所言,清代的翰林院已经是一个"名重实轻"的普通文化机构了。②

通过以上考察可见,金代中期形成的"词赋状元即授应奉翰林文字"之制对元、明、清三朝翰林机构的官员选拔制度有着直接而深远的影响。金代在制度上规定词赋状元即授应奉之职,是对科举高第者的一种优待,而在金代能获此待遇者不过寥寥十余人。与唐宋时期相比,金代这种制度的显著特点是将科举考试与翰林机构授官直接联系起来。元代在继承金代这一制度的基础上,不仅提高了科举第一名所受翰苑之职的品级,而且进一步扩展了每科新及第进士直接进入翰苑任职的数量,使得科举考试与翰林机构选拔官员之间的关系进一步加强。明清两朝不仅继承了元代的科举授官制度,明确规定科举一甲者即可获得的翰苑之职;而且通过庶吉士制度使更多的新及第进士得以直接进入翰林院,从而使科举制度与翰林院授官之间的关系更加紧密,并逐渐形成"非进士不入翰林"的制度规定和政治共识。由此可见,金代词赋状元即授应奉的授官规定对后世翰林制度的深远影响。

这种将科举考试与翰林机构选拔官员直接联系起来的授官制度之所以被元明清诸朝延续和进一步扩展,其背后蕴含的是翰林机构文翰职能不断凸显、与中枢权力逐渐疏远的发展趋势。金世宗时期形成词赋状元即授应奉的制度,正是与他将翰林学士院视为"文雅之职"密切相关的。因此,这一制度虽然在形成之初就弊端不断,引起士大夫的批评,却一直被金朝的统治者所沿袭。至金朝后期,翰林学士院已经成为士大夫眼中的"冷局"③,入翰苑者甚至被称为"投闲置散"④。其与中枢权力的关系已经相当疏远;而翰林官员也将自己视作不与闻国是之人,如著名的翰林官员赵秉文曾和杨云翼诗云:"吾曹安预筹边事,且及新年贺太平。"⑤ 元明清三朝,虽然翰林机构与中枢权力之间的关系略有变化,但翰林(国史)院与中枢政治的日渐疏远是其整体的发展趋势,元明清三朝的统治者和士大夫群体都将翰林视作一个主要承担文化职能的普通机构,也正是其这一发展趋势的表现。金代这一独具特色的授官制度被后世诸朝所继承并不断扩展,并不是偶然的,其背后正是翰林机构文翰职能凸显、政治职能消退的发展实质。

---

① 《清代翰林院制度》,第 100 – 115 页。
② 《中国翰林制度研究》,第 261 – 271 页。
③ 《中州集》卷六《王内翰若虚》,第 286 页。
④ 〔金〕元好问:《遗山先生文集》卷一九《内翰王公墓表》,四部丛刊本。
⑤ 〔金〕赵秉文:《闲闲老人滏水文集》卷七《杨尚书宫直雪诗,拟应制作,某时在暇,闻而和之二首》,丛书集成初编本,商务印书馆 1936 年版,第 111 页。

结　论

　　唐宋两朝翰林学士院"凡制诰草麻外，一切机务，皆与商榷"，其地位"最为高要"①。院中官员虽然也主要由进士出身者构成，但如学者所言，这些进士出身者即使在科举考试中独占鳌头，也必须首先经过在地方和中央多次任职，经历一定的政治能力培养和锻炼，同时在文学才能和学识方面有出众的表现，才有机会进入学士院任职，这种选拔方式是与当时翰林学士院的政治定位和政治职能紧密相关的。翰苑之职不仅是为当时的士大夫所艳羡的有良好政治前途的要害职位，而且也是对士大夫文学和学识才能的一种肯定。②

　　金代翰林学士院在中枢政治中重要性的衰落，虽然与女真贵族集团对朝廷政治的把持有关，但统治者将学士院视作主要以草拟各种朝廷文字为本职的"文雅之职"，其对该机构的认识和定位与唐宋之时有明显的不同。女真统治者对翰林学士院的这种政治态度和政治定位，无疑使这一机构在文学与政治双重职能中明显偏重于文学职能。金代形成"词赋状元即授应奉翰林文字"的授官制度，既是对科举考试优异者的一种优待，也表明了统治者对学士院的政治定位主要是倾向于文翰职能方面。因而，这种授官制度虽然产生之初其弊端就不断显现，但仍旧得到金朝统治者的维护。

　　元代在重启科举之初就沿袭了金代将进士高科及第者直接授予翰苑之职的制度，且在提高进士第一名授官待遇的同时，进一步扩大了授予新及第进士翰苑之职的人员范围，使更多的进士释褐即可入院任职，这种授官制度使得科举考试与翰林机构之间更为直接而紧密地联系起来。元代继承这种为金末士人所诟病的授官制度，实质上继承的是金代以来翰林机构"重文词、远政治"的转变趋势，元代翰林国史院已成为统治者眼中优遇文儒的"养老之地"，其政治重要性进一步下降。

　　明清两朝在继承元代这种授官制度的基础上，在制度中明确规定了进士一甲三人所授翰林院官职的优待政策，并通过庶吉士制度使更多的新及第进士得以立即进入翰林院，这是对元代高科及第即授翰苑之职制度的拓展，从而使科举考试与翰林院之间的紧密关系进一步加强。正因为如此，翰林官员是否为科举正途出身成为朝廷内外所关注的重要问题，而非进士出身的翰林官员则受到士大夫群体的蔑视和排斥。同时，明清时期翰林院的政治职能愈加消退，除了作为官员晋身的必要阶梯之外，该机构主要以承担修史、经筵、教育和科举考试等文化事务为职能，已经成为一个"名重实轻"的普通文化机构。

　　从以上对金代"词赋状元即授应奉翰林文字"授官制度的形成，以及元明清诸朝对该制度的沿袭和进一步扩展的长时段考察可以看出，金代的政治制度对后世诸王朝有着深远

---

① 《啸亭杂录》续录卷一，第398页。
② 《中国翰林制度研究》，第53—79页。

的影响,且这种影响不仅体现在陶晋生先生所言的诸多宏观制度层面①,甚至在具体而微的职官制度上也有体现。而金代"词赋状元即授应奉翰林文字"授官制度的形成,是与女真统治者将翰林学士院主要视作"文雅之职"这一政治定位直接相关,这种定位使学士院形成了学者们所言的"重文词,远政治"的发展趋势。元明清诸朝之所以继承金代这种具有特色的授官制度,实质上是因为它们继承并发展了金代翰林机构的这一重要转变,由此可以看出金代翰林机构形成的独特制度和政治文化对后世翰林制度的深远影响。

[作者单位:安阳师范学院历史与文博学院。本文系教育部人文社会科学研究青年基金项目(17YJC770035)成果]

---

① 陶晋生:《金代女真统治中原对于中国政治制度的影响》,载《边疆史研究集——宋金时期》,台湾商务印书馆1971年版,第111-121页。

宋代枢密院司法事权考述

张 明

枢密院作为宋代最高军事领导机构，掌管兵籍、军队之教阅、招补、拣汰、俸给、升迁、换官及制定有关军事法规和赏功罚过等事①，具有军事司法监督及审判案件的职能。学界关于宋代枢密院问题的探讨，主要集中在枢密院长贰身份的变化、枢密院与宰相机构的关系，以及枢密院在中枢决策体系中权势的演变等方面②，唯有香港学者梁天锡《宋枢密院制度》涉及宋代枢密院的部分司法职能。③本文拟在爬梳宋代枢密院与中央、京畿及地方军事司法机构之间的司法管辖关系及其演进的基础上，考察枢密院司法事权诸层面，并观照宋代统治者在军事司法集权与便宜之间的态度与做法，以期窥知宋代军制设计理念之一端。

一、枢密院的司法部门与人员

宋代枢密院设有专门的司法部门与人员，掌理具体司法事务。宋初，枢密院无刑房。宋神宗熙宁四年（1071），枢密院始置刑房，"选三班内晓法者一人为主事"④。元丰二年（1079），神宗曾手诏大理寺：本寺勘鞫案件"断讫徒以上，旬具犯由申中书、枢密院刑房"。可知，枢密院刑房一度具有审验大理寺狱徒罪以上案件的职责；一年之后，此责方转归纠察在京刑狱司。⑤元丰改制，枢密院又置广西房，"掌行招军捕盗赏罚"⑥。宋孝宗乾道六年（1170），枢密院依旧制并为兵、吏、礼、刑、工五正房。《宋会要辑稿》载有当时枢密院刑房、兵房的具体司法职掌：

---

① 〔元〕脱脱等：《宋史》卷一六二《职官志二·枢密院》，中华书局1985年版，第3797页。
② 参见陈峰《北宋枢密院长贰出身变化与以文驭武方针》，载《历史研究》2001年第2期；傅礼白《宋代枢密院的失势与军事决策权的转移》，载《史学月刊》2004年第2期；黄洁琼《论宋代枢密使之势衰》，载《哈尔滨学院学报》2007年第6期；李全德《唐宋变革期枢密院研究》，国家图书馆出版社2009年版；田志光《试论北宋前期宰辅军事决策机制的演变》，载《史林》2011年第2期；田志光《试论宋仁宗朝宰相兼枢密使之职权》，载《史学集刊》2011年第5期；田志光《北宋中后期"三省—枢密院"运作机制之演变》，载《史学月刊》2012年第3期；等等。
③ 梁天锡：《宋枢密院制度》，台湾黎明文化事业股份有限公司1981年版。该书"职掌篇"第一章《军队之编制与管理》之第九节《刑禁》（第577-588页）论及宋代枢密院的部分司法职能，但囿于论证形式主要以资料罗列为主，加之史料运用有限，所以未能对宋代枢密院司法事权进行系统深入考察。
④ 〔清〕徐松辑：《宋会要辑稿》职官六之五，中华书局1957年版，第2499页。
⑤ 《续资治通鉴长编》卷二九六，元丰二年正月戊子，中华书局2004年版，第7199页。
⑥ 《宋史》卷一六二《职官志二·枢密院》，第3798页。

刑房，应诸军统兵官以下至使臣，并校副、尉、将校、祗应、效用、军兵断案。陕西、河东路蕃官、蕃部犯罪特断。诸路州军，应厢、禁军断案。武臣功赏过赎，两省内臣磨勘、功过、叙用。应诸军官兵叙复官资、牵复职任。诸路招捕盗贼、收捉诸军逃走人。本院人迁补、本院客司迁补、三衙人吏迁补出职、诸路帅司人吏出职补授。诸处关申通知条贯、宣旨库编类本院革弊指挥。①

兵房，……诸军并诸路州军禁军副都头已上功过赏罚……②

据《皇宋中兴两朝圣政》卷五"建炎三年六月癸酉"条记载可知，枢密院一般置检详官2员、编修官4员。③这些属官不仅在院处理司法事务，也会外出调查案件，奉命推勘。如，宋神宗元丰二年（1079），枢密院检详官范育奉神宗皇帝之命，赴环庆路调查岷州团练使高遵裕等人案件，"还具奏其状"，神宗"因命育推勘"。④另据《续资治通鉴长编》卷一八五记载，宋仁宗嘉祐二年（1057），枢密副使田况曾奉命提举修殿前、马、步军司编敕。⑤因而到宋神宗熙宁八年（1075），鉴于"军政事重"，遂依"仁宗时命枢密使田况提举"故事，诏枢密使陈升之提举修马军司敕。⑥又，熙宁九年（1076），因"诏令数易"，诏："自今应删立海行条贯，专委官详定讫，中书、枢密院同进呈取旨，类聚半年一覆奏颁行。事应亟行者，取旨，中书委检正五房并本房检正与制敕库官，枢密院委都副承旨并本房检详提举宣旨库官司详定。"⑦可见，枢密院长贰及属官还有总领三衙编敕、详定海行编敕等司法职责。

为了确保枢密院的司法效能，宋廷对枢密院人吏有试断案或试刑法之制。宋哲宗元祐六年（1091），诏枢密院人吏"并许依旧法，三年一试断案，次第推恩"⑧。元符元年（1098），从刑部言，枢密院吏"三年一次许试刑法"⑨。

枢密院有覆审军人案件的司法权力，下文将予以详论。除此之外，枢密院有时也直接开庭审判军事案件。如，宋真宗咸平六年（1003），西上阁门使、康州刺史、保州威虏静戎军沿边都巡检使李继宣在对辽战役中，"虽日出游骑侦贼势，屡徙寨而未尝出战"，"乃诏还，令枢密院问状"⑩。宋仁宗康定元年（1040），宋廷令御辇院拣下都辇官为禁军。辇官千余人，"携妻子遮宰相、枢密使喧诉"，诏枢密院"推鞫以闻"⑪。宋哲宗元符三年

---

① 《宋会要辑稿》职官六之一五，第2504页。
② 《宋会要辑稿》职官六之一三、一四，第2503页。
③ 佚名：《皇宋中兴两朝圣政》卷五，建炎三年六月癸酉，北京图书馆出版社2007年版，第2册，第29页。
④ 《续资治通鉴长编》卷二九八，元丰二年五月己巳，第7240页。
⑤ 《续资治通鉴长编》卷一八五，嘉祐二年五月癸未，第4478页。
⑥ 《续资治通鉴长编》卷二六〇，熙宁八年二月乙丑，第6331页。
⑦ 《续资治通鉴长编》卷二七六，熙宁九年六月辛亥，第6752页。
⑧ 《续资治通鉴长编》卷四六八，元祐六年十二月丁巳，第11181页。
⑨ 《续资治通鉴长编》卷四九五，元符元年三月壬子，第11766页。
⑩ 《续资治通鉴长编》卷五五，咸平六年六月癸酉，第1202–1203页。
⑪ 《续资治通鉴长编》卷一二七，康定元年五月己未，第3010页。

(1100),潍州团练使王赡"贪功生事,招诱羌酋,收复穷远之地","几陷两路军马",即为枢密院勘罪。① 宋高宗绍兴二年(1132),临安界内有军人强占民舍,宋廷即令临安府收捉,送枢密院从重断遣②。等等。宋真宗大中祥符二年(1009)设置纠察在京刑狱司的诏书中,虽未阐明该司与枢密院之间的司法关系,③ 但据宋仁宗嘉祐四年(1059)七月纠察刑狱刘敞奏言,可知纠察在京刑狱司设立后,枢密院亲自审理的案件也需经其录问。刘敞的上奏,缘于嘉祐四年七月之前,枢密院鞫治案件一度不需报纠察在京刑狱司录问,所谓"近例,凡圣旨、中书门下、枢密院所鞫狱,皆不虑问"。刘敞就此接连论列,认为此乃"废条用例","未见所以尊朝廷,审刑罚",应"自今一准定格"。宋仁宗予以恢复,命"著为令",④ 即枢密院所鞫案件仍需送纠察司审察,方可定判结案。在此需要特别说明的是,枢密院交付纠察在京刑狱司虑问的案件,仅指其开庭审判者,而不包括其覆审案件。

二、枢密院对军人案件的覆审之权

宋代枢密院不仅可以直接开庭审判军事案件,对于军人流、死案件以及疑难案件更有审查覆核之责。

(一) 对军人流罪案件的覆核

在京军人案件,通常归三衙审判,北宋开封府,南宋临安府亦得受理。⑤ 如前所述,宋真宗大中祥符二年(1009)特置纠察在京刑狱司,规定包括三衙、开封府在内的京师刑禁之处,所判决的徒罪以上案件须供报纠察在京刑狱司审查。⑥ 至大中祥符五年(1012),宋廷又"诏法寺,取开封府、殿前、侍卫、军头司等处见用宣敕,凡干配隶罪名,悉送枢密院,详所犯量行宽恤,改易配牢城罪名;内军人须合配者,并降填以次禁军,及本城诸色人情重须配者,量所犯轻重,更不刺面,配定官役年限,令本处使役"⑦。可知,三衙、开封府审理的军人流罪案件,不仅要接受纠察在京刑狱司的监察,还要上呈枢密院覆核定判。也就是说,枢密院对在京军人流罪案件有覆核之责。

---

① 〔宋〕陈均编,许沛藻、金圆、顾吉辰、孙菊园点校:《皇朝编年纲目备要》卷二五《哲宗皇帝》,中华书局2006年版,第626-627页。
② 《宋会要辑稿》刑法二之一〇九,第6550页。
③ 据《宋大诏令集》卷一六一《官制二·置纠察在京刑狱诏》(大中祥符二年七月丁巳。中华书局1962年版,第610页)记载:"其御史台、开封府,在京应有刑禁之处,并得纠举。逐处断徒已上罪,于供报内未尽理及淹延者,并追取案牍,看详驳奏";又据《宋会要辑稿》职官一五之四四(第2719页)记载:大中祥符二年七月十九日,"诏应在京府刑狱司局,每日具已断见禁轻重罪人因由供纠察司。其殿前、马、步军司徒已上亦依此供报。"
④ 《续资治通鉴长编》卷一九〇,嘉祐四年七月庚申,第4581页。
⑤ 参见张明、陈峰《宋代军事审判管辖问题考论》,载《人文杂志》2007年第5期。
⑥ 相关史料见上文,此不赘引。
⑦ 《宋会要辑稿》刑法四之六,第6624页。

在宋真宗至宋仁宗时期，三衙审判管辖权限发生变化，其所判唯军人死刑案须经纠察在京刑狱司、枢密院审核，而流配案已不必再报纠察在京刑狱司、枢密院过问，即可判决。① 因此，在宋神宗熙宁三年（1070）发布的诏令中，仅强调三衙死刑案须"送纠察司录问"②。在此需要说明的是，三衙所判的流罪案虽然判决之前已不需枢密院覆核，但是判决之后应会接受枢密院的事后审验。③

不仅是京城，宋代各地已判流刑的军人犯罪，枢密院也有责覆核审定。宋真宗景德三年（1006），枢密院奏："诸路部送罪人赴阙者，军头司引对，颇为烦碎。望止令本司依例降配。"宋真宗说："朕虑其间或有冤滥及情理可矜者，宜令银台司自今取审状送枢密院进拟，付司施行，其涉屈抑者，即令引见。"④ 可知宋真宗对于地方军人流罪案的态度极为谨慎：在枢密院深感"军头司引对，颇为烦碎"而奏请"望止令本司依例降配"之时，宋真宗明示枢密院必须加强对此类案件的司法监督。之后的宋代统治者，贯彻了这一慎刑态度。如，宋神宗元丰三年（1080），诏："今后应刺面军吏、公人等，并枢密院施行。"⑤ 宋哲宗元符二年（1099），诏："禁军犯罪，除班直外，枢密院批降指挥，移降特配，更不取旨。"⑥

（二）对军人死刑案件的覆奏

宋代对死刑的判决极其审慎。在京军人死刑案件，须经枢密院覆核，上奏皇帝取旨批准之后，方可执行。宋真宗大中祥符二年（1009），诏："自今开封府、殿前、侍卫军司奏断大辟案，经朕裁决后，百姓即付中书，军人付枢密院，更参酌审定进入，俟画出，乃赴本司。其虽已批断，情尚可恕者，亦须覆奏。"⑦ 但是宋仁宗时期，枢密院曾札下开封

---

① 据《续资治通鉴长编》卷六〇，景德二年六月壬寅（第1348页）记载，是日，宋真宗诏三衙："自今除逮捕证佐悉如旧制，军人自犯杖罪以下，本司决遣；至徒者，奏裁。"诏令明确界定了三衙的司法权限，即禁军杖刑以下罪由三衙审决，徒刑以上罪则须上奏朝廷裁断。然据《续资治通鉴长编》卷四三〇，元祐四年七月丁酉（第10405页）记载，殿中侍御史孙升言及三衙审判管辖权："恭惟祖宗深得治军之法，设三卫管军之官，付以流配之权，自非死刑，不付司按覆。"可知三衙有流配之权，惟军人犯罪案须有司覆核。另据《续资治通鉴长编》所载的宋仁宗朝的两则案例，也说明其时三衙确有决配禁军的司法权力：案例一、《续资治通鉴长编》卷一五六，庆历五年闰五月丙戌（第3777页）载，庆历五年（1045），"上祀南郊，有骑卒亡所挟弓"，步军副都指挥使李昭亮以为"宿卫不谨，不可贷"，遂将其配隶下军；案例二、《续资治通鉴长编》卷一九〇，嘉祐四年七月己酉（第4579－4580页）载，嘉祐四年（1059），"有禁卒妻男皆为人所杀"，殿前副都指挥使许怀德"以其夫为不能防闲，谪配下军"。综上可见，三衙的审判管辖权限在宋真宗至宋仁宗时期应该有所变化，即由审决禁军杖以下罪扩大为断决流配之罪。由于相关史料缺知，三衙审判权变动的具体时间已无从可考。
② 据《宋会要辑稿》职官三二之五（第3008页）记载："神宗熙宁三年八月十八日，令殿前、马、步军司，今后大辟罪人并如开封府条例，送纠察司录问。"
③ 这一观点，是笔者根据后文对于枢密院死刑覆奏权的探讨，以及对于宋代军事司法制度特点的了解而做出的谨慎推测。由于相关史料阙如，该观点有待史料进一步的发现和论证。
④ 《续资治通鉴长编》卷六三，景德三年七月丁巳，第1412页。
⑤ 《续资治通鉴长编》卷三〇九，元丰三年闰九月庚戌，第7498页。
⑥ 《续资治通鉴长编》卷五一五，元符二年九月辛丑，第12237页。
⑦ 《宋大诏令集》卷二〇一《刑法中·大辟经裁决后付中书密院参酌诏》，大中祥符二年正月戊辰，第746页。

府,令"军人犯大辟无可疑者,更不以闻",即案情确凿、无疑难的军人死刑案件,无须经枢密院覆奏,便可行刑。宋仁宗得知后,出于"重人命"考虑,于至和元年(1054)九月下诏开封府加以纠正,"自今凡决大辟囚,并覆奏之"①。至是,在京军人死刑案必须覆奏。宋神宗熙宁三年(1070),宋廷又要求殿前、马、步军司,"今后大辟罪人并如开封府条例,送纠察司录问"②。即京师军人死刑案在呈枢密院覆奏之前,还须送纠察在京刑狱司审查。

宋代地方军人死刑案件,在宋真宗大中祥符五年(1012)之前,只录案刑部,不覆奏;在大中祥符五年五月之后,必须上枢密院覆核。该年五月,"诏诸路部署司,科断军人大辟者,承前旨不上奏,止录案申刑部,自今具犯名上枢密院,覆奏以闻"③。据此可作一推断,宋代枢密院覆核军人死刑案,应是由京师推广到诸路。

南宋初年,地方军事司法十分混乱。针对这种形势,宋廷先罢各地诸军淫刑。宋高宗建炎二年(1128),诏:"自今士卒有犯,并依军法,不得剜眼刳心,过为惨酷。"④ 时隔不久,宋廷就着手恢复祖宗旧制,明令非战时军人死刑案件必须经枢密院覆核取旨。建炎三年(1129),诏:"将帅非出师临阵,毋得用刑。即军士罪至死者,申枢密院取旨。"⑤ 通过强化枢密院对军人案件的司法监督,宋廷再度将军队死刑案件的判决执行权收归中央。

(三)对军人疑难案件的覆审

除了军人流罪案外,枢密院对军人流罪以下的疑难案件,亦得覆核。如,宋仁宗天圣七年(1029),御马直于荣"鬻自制紫衫",被开封府"以军号法物定罪"⑥。宋代军法禁止军人典卖军事装备,依开封府的定罪,于荣案应量及杖刑,未至流、死。⑦ 但此案因罪名与实际犯罪情节的名实不符,即"紫衫荣所自制,非官给,难以从军号法物定罪"⑧,遂以疑难案件的形式接受了枢密院的覆核。又如,宋哲宗元祐四年(1089),诏:"禁军公案内流罪以下,情法不相当而无例拟断,合降特旨者,令刑部申枢密院取旨。"⑨ 枢密院通过审核军人重罪、疑难案件,大大加强了对军事审判的监控力度。

---

① 《续资治通鉴长编》卷一七七,至和元年九月丁丑,第4281页。
② 《宋会要辑稿》职官三二之五,第3008页。
③ 《续资治通鉴长编》卷七七,大中祥符五年五月己丑,第1766页。
④ 李心传:《建炎以来系年要录》卷一六,建炎二年七月戊子,第338页。
⑤ 《建炎以来系年要录》卷二二,建炎三年四月己酉,第465页。
⑥ 《续资治通鉴长编》卷一〇八,天圣七年十月丁未,第2525页。
⑦ 据《宋会要辑稿》刑法七之九—十(第6738页)记载,宋仁宗天圣七年(1029),宋廷裁定诸军衣装、军号法物的规格与数量,并立法:"自今诸军兵士将军号法物转卖、典当者,并依至道元年并大中祥符七年六月二十四日敕,从违制本条定罪;若将衣赐制造到随身衣物非时破货典卖,即依天禧四年四月二十五日敕,从不应为重杖八十上定断。"
⑧ 《续资治通鉴长编》卷一〇八,天圣七年十月丁未,第2525页。
⑨ 〔宋〕苏辙:《栾城集》卷四六《论边防军政断案宜令三省枢密院同进呈扎子》,载《苏辙集》,中华书局1990年版,第806—807页。

三、枢密院对军官案件的覆奏之权

宋代军官案件无论大小，各级机构通常无权处置，须具案奏裁。① 根据涉案军官的职务高低及罪情轻重，统治者会将案件交与不同的司法机构受理；但官司审结军官案件之后，必须申报枢密院、三省取旨，方可定判。也就是说，枢密院对军官案件拥有覆奏之权。

宋神宗元丰改制前，文臣等罪案归中书，武臣等罪案归枢密院，所谓"文臣、吏民断罪公案并归中书，武臣、军员、军人并归密院"②。熙宁八年（1075）右侍禁陈吉案审判环节中出现的问题，足以反映出枢密院对于军官案件的覆奏之责。是年，陈吉"押盐纲稽留"，三司不申枢密院听旨，"辄牒发运司依所申及牒三班院照会"。就三司官吏不报枢密院取旨的失当行为，宋廷令开封府劾罪。③ 熙宁十年（1077）的诏令便强调："内外责降官，侍从之臣委中书，宗室委大宗正司，武臣委枢密院，具元犯取旨。"④ 元丰元年（1078）万州刺史全信"乞取本班长行卫旦钱物"案，即是由大理寺审判，经枢密院奏闻，宋神宗圣旨裁定。⑤

有鉴于中书、枢密院"轻重各不相知"，宋神宗元丰五年（1082）改官制时，命"凡断狱公案，并自大理寺、刑部申尚书省，上中书取旨"。即官员案件无论文武，均由三省覆奏。这样，便一度剥夺了枢密院对军官案件的司法知情权和处置权。苏辙盛赞此举"自是断狱轻重比例，始得归一，天下称明焉"⑥。到了宋哲宗元祐时期，宋廷逐步放开了对于枢密院司法事权的限制。元祐五年（1090）七月，枢密院言："诸路主兵官及使臣等犯法，下所属鞫治，及案到大理寺论法，乃上尚书省取旨。虑有元犯情重，或事干边防，合原情定罪者，既元自枢密院行下，当申枢密院取旨。"宋廷从之。⑦ 于是，由枢密院行下的案件，申枢密院取旨。同年十月四日，诏："应官员犯罪公案，事干边防军政，并令刑部定断，申枢密院取旨。"时隔25天，即十月二十九日，宋廷便对十月四日诏令加以补充和限定，诏："应官员犯罪公案，事干边防军政，文臣令刑部定断，申尚书省，武臣申枢密院。"⑧

---

① 据《宋会要辑稿》刑法三之四九（第6602页）记载：宋太宗太平兴国八年（983）八月二十日，"诏今后勘诸司使副、供奉官、殿直等案，内须具出身、入仕、因依。法寺断罪，亦取敕裁。"又据《宋会要辑稿》职官二四之三七（第2910页）记载：宋孝宗淳熙十三年（1186）十月二日，臣僚言及军中行政，"若军人，则多有名目在法，下班祗应（笔者注："应"原作"罪"，按下班祗应为宋代无品武阶官，据改）以上，犯罪不论轻重，必具案闻奏"。守阙进勇副尉、进勇副尉、守阙进义副尉、进义副尉、下班祗应、进义校尉、进武校尉等，是宋高宗绍兴改名后无品武阶官的升迁资级。可知到了南宋时期，即便是无品的小武官犯罪，也必须上奏。
② 《栾城集》卷四六《论边防军政断案宜令三省枢密院同进呈札子》，载《苏辙集》，第806页。又见《续资治通鉴长编》卷四五三，元祐五年十二月丁巳，第10873－10874页。
③ 《续资治通鉴长编》卷二七一，熙宁八年十二月辛卯，第6636页。
④ 《续资治通鉴长编》卷二八六"熙宁十年十二月甲申，第6996页。
⑤ 《续资治通鉴长编》卷二九三，元丰元年十月乙卯，第7153页。
⑥ 《栾城集》卷四六《论边防军政断案宜令三省枢密院同进呈劄子》，载《苏辙集》，第806页。
⑦ 《续资治通鉴长编》卷四四五，元祐五年七月丁卯，第10711页。
⑧ 《栾城集》卷四六《论边防军政断案宜令三省枢密院同进呈劄子》，载《苏辙集》，第807页。

至此，枢密院对于军官案件的司法管辖权，基本恢复到元丰五年（1090）改制之前。

针对宋廷这一系列扩大枢密院司法事权的动作，御史中丞苏辙于元祐五年十一月、十二月先后两次上章论列，认为"刑政大柄，非密院所得专"，"令枢密院得专断官吏，已系侵紊官制"①，且"断狱不归一处，其间必有罪同断异，令四方疑惑"，请求回归宋神宗元丰五年旧制，断罪公案并归三省，其事干边防军政者，令枢密院同进呈取旨，"如此则断狱轻重，事体归一，而兵政大臣，各得其职，方得稳便"②。次年二月，宋廷最终采纳苏辙建议，诏："文武官有犯同案，事干边防军政者，令刑部定断，申尚书省，仍三省、枢密院同取旨。"③ 即在充分贯彻元丰五年旧制核心精神的基础上，折中了元祐五年十月诏令内容，与文官同案且情涉国防的军官奏案，枢密院须与三省协同取旨。元符二年（1099）熙河兰会路、秦凤路文武官"妄增首级，冒受功赏"案，就由枢密院、中书省共同上奏取旨。④

在此，需要厘清枢密院于军官奏案方面司法事权的演变轨迹。元丰改制之前，枢密院拥有独立的军官奏案受理权；元丰五年改官制，完全将枢密院剥离于军官案件上奏程序之外；而到元祐五年十月四日，将事干边防军政的官员案件，统交由枢密院一司负责上奏取旨。至此，枢密院专掌了不仅武臣，甚至包括文臣在内的涉及边防军政案件的审判权。这一权力的赋予，使得枢密院的司法管辖范围触及文臣；单就此方面而言，其时枢密院的司法权能已超过了元丰改制之前。随后，在台谏官的施压下，宋廷于元祐五年十月二十九日、元祐六年二月连颁诏令，旨在限制日益扩大的枢密院司法权力：先是紧急修正了元祐五年十月四日诏令内容，将事关边防军政的文官案件交付尚书省，仅保留了枢密院对于武臣案件的审理权；而后枢密院这一独立司法管辖权也被收回，宋廷在强调枢密院与三省之间沟通与协作的名义下，诏命武官与文官同案案件由二者共同受理，这样便将枢密院该方面司法职能的行使置于三省的制约之下。从元丰五年针对军官案件的司法事权被剥夺，到元丰七年（1084）起的逐渐恢复，再到元祐五年十月四日的反超，其后又有元祐五年十月二十九日的回落、元祐六年二月的限制，十年间枢密院司法管辖权限经历了最为跌宕的调整变动期。

南宋初年，统治者在非常局势之下努力恢复前朝各项制度。随着立国形势的逐渐明朗，以及朝廷地位的日渐稳固，南宋统治者开始逐步控制诸将日益膨胀的权力，其中至关重要的一环便是防止诸将以杀立威，收其"专杀"之权。继建炎三年（1129）责成诸将

---

① 《续资治通鉴长编》卷四五〇，元祐五年十一月乙丑，第10811页。
② 《栾城集》卷四六《论边防军政断案宜令三省枢密院同进呈劄子》，载《苏辙集》，第807页。又见《续资治通鉴长编》卷四五三，元祐五年十二月丁巳，第10873－10874页。
③ 《续资治通鉴长编》卷四五五，元祐六年二月己亥，第10906页。
④ 参见《续资治通鉴长编》卷五〇七，元符二年三月乙丑，第12085－12089页。熙河兰会路、秦凤路文武官冒赏案案情如下：宋哲宗元符元年（1098），熙河兰会路经略判官钟传统领两路大军出界，讨荡白草原，实斩获290首级，却奏斩获3520首级，其中虚报3230首级。

必须将军人死刑案申枢密院取旨①，绍兴五年（1135）又诏命诸路必须将军官案件申枢密院覆奏。② 关于绍兴五年的这条诏令，较之《建炎以来系年要录》，《宋会要辑稿》所载内容更能反映出时局下中央与诸路大将间的微妙关系。诏令中，宋廷先是充分肯定了诸路大将功绩，然后婉转提出朝廷的顾虑，所谓"尚虑本军偏俾将佐不能遵守诸帅约束，非因行军，用刑过当"，遂要求诸将"依条断遣"士卒，"有官人"则须具案情申枢密院处置，"不得故为惨酷，因致杀害"，而又深恐诸将因之多心，不明"朝廷责任事功之意"，于诏令结尾处重申了战时诸将的临机制变之权。③ 对于此诏背后更为深刻的用意，南宋史家李心传一语道破："此指挥虽云为偏裨设，然令径申密院，则是大帅亦不得专杀也。朝廷指挥不得不尔。"④ 该诏令正是以语气委婉、又意旨明确的方式，通过要求军官案件必须报枢密院覆奏定判，再度将军官案件的判决权收归中央。

至宋孝宗淳熙十三年（1186），枢密院适度向大理寺下放了军官案件的部分司法权限。起因在于自淳熙五年（1178）之后，军民纠纷案件由大理寺受理。在审判过程中，百姓立判，"随所抵罪受杖而去"；军人则"犯罪不论轻重，必具案闻奏"，以致结案拖延，"动辄踰月"。故淳熙十三年从臣僚奏请，军官杖一百以下罪，大理寺可在知会枢密院的前提条件下"径行决遣"；军官徒罪以上，仍须按照旧制经枢密院奏案。⑤

四、集权与便宜：枢密院与各级军事司法官司之关系

宋代高度重视中央军事集权，特别是以严控和限制各级官司军事司法管辖权的方式，强化中央对军队的绝对领导与监督。但是值得注意的是，并非所有的军人流、死刑案、军官案件均须枢密院覆核。

在战时及紧急状况下，宋代军事司法官司会被赋予必要的事权。宋制，"大将每出讨，皆给御剑自随，有犯令者，听其专杀；兼置随军赏给库，或付空名宣符，有立功者听大将便宜爵赏，不待中覆"⑥。这类立法与案例不胜枚举，此处试举几例。宋仁宗皇祐四年（1052），广源蛮首领侬智高反宋，仁宗任命狄青为荆湖北路宣抚使、提举广南东西路经制

---

① 《建炎以来系年要录》卷二二，建炎三年四月己酉，中华书局1956年版，第465页。
② 《建炎以来系年要录》卷八五，绍兴五年二月戊子，第1400页；《宋会要辑稿》刑法七之三六至三七，第6751－6752页。
③ 参见《宋会要辑稿》刑法七之三六至三七（第6751－6752页）记载："（笔者注：绍兴）五年二月十四日，诏：朝廷攘却寇盗，皆将帅之力。理须恩威兼济，使人悦服，竭节效命。自顷戎房荐至，赖二三大帅能体德意，抚驭士卒，果获其用。尚虑本军偏俾将佐不能遵守诸帅约束，非因行军，用刑过当。自今本将、本队士卒有犯，依条断遣问当。有官人，具情犯申枢密院量度事因，重行编置。即不得故为惨酷，因致杀害。务要士卒悦服，庶使主帅仰副朝廷责任事功之意。如遇教阅、行军，合依自来条例施行。"
④ 《建炎以来系年要录》卷八五，绍兴五年二月戊子，第1400页。
⑤ 《宋会要辑稿》职官二四之三七，第2910页。
⑥ 《武经总要·前集》卷一四"赏格罚"条，景印文渊阁四库全书本，台湾商务印书馆1986年版，第726册，第451页。

贼盗事，诏"广南将佐皆禀青节制"①。次年，狄青以此权军前斩杀广西钤辖陈曙以下32名败军将校。②宋高宗建炎三年（1129），知枢密院事、宣抚处置使张浚奉命主持川陕战场，宋高宗"许浚便宜黜陟"，并亲作诏赐之。③宋金富平之战后，张浚行便宜之权，斩同州观察使赵哲于邠州，责明州观察使刘锡为海州团练副使，合州安置。④绍兴十年（1040），金军再攻川陕，宋廷诏川陕宣抚副使胡世将依"昨张浚所得指挥"，军前合行便宜黜陟。⑤宋金青溪之战后，胡世将斩统制官曲汲⑥；泾州之战后，胡世将责统制樊彦贷命，追夺其身官爵，统制王喜降十官，皆押赴本军自效。⑦

在日常的军队管理中，宋廷也会针对某种军事犯罪行为颁布诏令，赋予官司死刑执行权。如，宋太宗至道二年（996），诏："自今沿边城寨诸军，内有故自伤残、冀望拣停者，仰便处斩讫奏。"⑧宋真宗咸平五年（1002），诏："陕西振武军士逃亡捕获，曾为盗及情理蠹害罪至徒者，所在处斩讫奏。"⑨宋仁宗庆历三年（1043），诏广南转运司："诸配军有累犯情涉凶恶者，许便宜处斩以闻。"⑩宋神宗元丰五年（1082），诏鄜延路经略司："闻缘边防拓将下士卒颇有逃归者，勘会是实，严行收捕，为首人凌迟处斩，余并斩讫，具人数以闻。"⑪等等。在欧阳修文集中，还载有这样一则案例：

> 右臣访闻岢岚军昨于四月中捉获逃走万胜长行张贵，虎翼张贵、李德等三人，并系禁兵。本军勘正法司检用编敕："禁军料钱满五百文，逃走，捕捉获者，处斩讫奏。"其张贵等，并依法处斩讫。⑫

岢岚军即是依照朝廷法令，对其捉获的逃亡禁军先斩后奏。

此外，对于一些特殊地区，宋廷还会在日常军事审判中授予其便宜之权。如，由于"所部去朝廷远"，川峡地区的钤辖司被获准"事由便宜裁决"⑬，对辖区内的禁军犯罪拥有相对较大的审判管辖权限。宋仁宗皇祐元年（1049），两浙转运司请求"自今杭州专管

---

① 《续资治通鉴长编》卷一七三，皇祐四年九月庚午，第4174页；《续资治通鉴长编》卷一七三，皇祐四年十月辛巳，第4175–4176页。
② 《续资治通鉴长编》卷一七四，皇祐五年正月己酉，第4190页。
③ 《建炎以来系年要录》卷二三，建炎三年五月戊寅，第481页。
④ 《建炎以来系年要录》卷三八，建炎四年十月庚午，第717页。
⑤ 《建炎以来系年要录》卷一三五，绍兴十年四月庚子，第2174页。
⑥ 《建炎以来系年要录》卷一三六，绍兴十年六月甲子，第2185页。
⑦ 《建炎以来系年要录》卷一三六，绍兴十年闰六月甲申，第2191页。
⑧ 《宋会要辑稿》刑法七之一，第6734页。
⑨ 《续资治通鉴长编》卷五三，咸平五年十一月壬子，第1164页。
⑩ 《宋会要辑稿》刑法四之二一，第6632页。
⑪ 《续资治通鉴长编》卷三二三，元丰五年二月庚午，第7788页。
⑫ 《欧阳修全集》卷一一五《乞光濬斩决逃军乞免勘状》，中华书局2001年版，第1742页。
⑬ 〔宋〕文彦博：《潞公文集》卷一九《奏议·乞别定益利钤辖司画一条贯》，景印文渊阁四库全书本，第1100册，第698页。

勾一路兵马钤辖司事，如本路军人犯法，许钤辖司量轻重指挥"，①得到批准。这样，杭州钤辖司亦得便宜审决禁军案件。

要之，作为宋代最高军政领导机构，枢密院虽然拥有对一般军人重罪案件、疑难案件，以及军官案件的覆核、覆奏之权，但各级军事司法官司一旦获得便宜之权，遂不须经由枢密院，即可实现对涉案人员的司法处置。宋代统治者一方面将枢密院对各类军人案件的有效司法监督，作为保障和实现中央军事集权的重要手段；另一方面在战时以及日常军事审判中，又通过赋予前线将帅和各级军事司法官司便宜之权的方式，来确保局部军事刑政的令行禁止。

众所周知，自立国以来，强烈的防弊心理促使宋代统治者不断加强君主专制中央集权，严控军权，赐予各级军事官司的"便宜"之权终究与强化中央军事集权的主旨相抵触，因而在军事司法的集权与便宜之间，统治者一直努力探寻着最稳妥的契合点。宋仁宗天圣五年（1027）四月枢密院的一份上奏，便充分反映了统治者在集权与便宜之间慎重权衡的态度：

> 五年四月，枢密院言："诸归远指挥，系杂犯配军人拣充。先曾密降宣命，如有赌博、吃酒、劫盗、恐喝不受约束者，便行处斩。访闻近日军伍渐有伦序，虑其间有因轻罪配军，今来再犯小过，逐处尽从极断。欲降宣，就粮并屯泊州军，如归远节级、兵士不改前非，再作过犯，先详前犯，如是贷命决配之人又作过者，既依宣命施行；若前罪稍轻、再作过犯者，止依法决断。仍此宣命不得下司，令长吏慎密收掌。"从之。②

由上述史料可知，宋仁宗时期鉴于诸归远指挥"系杂犯配军人拣充"的特殊构成，宋廷曾密降宣命，授予当地军事司法官司便宜处斩之权。其后随着形势的发展，归远指挥"军伍渐有伦序"，枢密院虑及其间会存在配军微罪重罚的情况，遂奏请宋廷区别对待不同性质的犯罪行为，既有依前宣命从重施行者，又有轻犯"止依法决断"，并谨慎强调"此宣命不得下司，令长吏慎密收掌"。枢密院的建议，不仅保持了前宣命"便行处斩"的震慑作用，而且以此宣命维护了日常军事执法慎刑的基本精神，可谓周密细致，用意深远。又，如前所述，川峡地区钤辖司拥有便宜裁决禁军犯罪的司法权力。但是，这种"便宜"之权与夺无常、屡有反复。据《潞公文集》卷一九《乞别定益利钤辖司画一条贯》③以及

---

① 《续资治通鉴长编》卷一六六，皇祐元年正月乙卯，第3982页。
② 《宋会要辑稿》刑法七之九，第6738页。
③ 参见《潞公文集》卷一九《奏议·乞别定益利钤辖司画一条贯》，景印文渊阁四库全书本，第1100册，第698页。记载："庆历六年，臣知益州。时属饥馑，列郡多事，贼盗兴起，刑狱淹延，事稍有疑，例欲奏决。臣勘会得益、利路钤辖司多是承例酌情，便宜区断。寻曾牒辖下州军，今后勘到合行奏听敕旨公案，且先申当司，以凭相度，其间有别无疑虑，或情轻论重，可以末减，情重法轻当从严断者，率皆便宜决遣。内有事状必难裁处，方敢奏闻。兼朝廷不以为非，在川蜀甚以为便。"

《续资治通鉴长编》卷一六六，皇祐元年（1049）正月乙卯条①记载，可知至少在宋仁宗中期，益、利州路钤辖司得便宜从事，可临机处置本路军人犯法。然而，宋神宗熙宁五年（1072）六月利州路发生的一起禁军案件，则说明这一时期"成都便宜行事法"被宋廷收回。是月，神勇兵杨进等"谋夺县尉甲为乱"，钤辖司判"配进等沙门岛及广南"，宋廷却下诏"斩进首送成都府令众，余配沙门岛"。旨意颁降后，宋神宗还对执政道："朝廷改成都便宜行事法，吴中复（笔者注：知成都府）屡乞复行。及杨进结众为变，而中复乃止刺配之，若付以便宜，不过反是，妄配平人为多，有何所补也。"② 同年十月，中书复删定敕文，又一次赋予成都四路③钤辖司断"军人犯罪及边防并机速"④的司法特权。其后，该特权一度又被宋廷夺回。元丰八年（1085），知成都府吕大防奏请予以恢复："川峡军人犯法，百姓犯盗，并申钤辖司酌情断配。"被宋廷采纳。⑤ 透析这一地区钤辖司便宜权往复变动的过程，亦足以窥见宋代统治者在收放军事司法权力时的踌躇与审慎。

  宋代统治者不仅秉持着对于颁降军事司法便宜权的谨严态度，更是从制度层面妥善规范集权与便宜之间的关系。首先，非常形势下各级军事司法官司被暂时赐予的便宜之权，待局势缓解后就会被宋廷及时收回。如，宋神宗熙宁五年（1072），因"疆事渐宁"，诏鄜延路经略使赵卨赴枢密院，"缴纳先许便宜行事剳"⑥。宋高宗建炎四年（1130）七月，诏："诸州守臣自军兴以来得便宜指挥者，并罢。"⑦ 绍兴三年（1133），川陕宣抚处置使张浚还行在，宋廷随即"罢宣抚司便宜黜陟"⑧。其次，宋廷责命各级军事司法官司在临机裁决军人案件之后，必须依法上奏。宋英宗治平三年（1066），同知谏院傅卞言："乞今后惟诸路帅臣受特旨许便宜从事及军前或临贼战斗，其犯罪之人仍须委实情理不可恕者，方得临时裁处，仍限十日内奏闻。"⑨ 可知，至少在这一时期，地方军事司法官司便宜处置军事案件后，必须于10日内向中央上奏案情。再者，宋代统治者高度维护日常军事审判秩序，要求平时军事案件的审理必须严格遵循法定司法程序，对于各级军事官司私自处置部下军兵的行为予以严厉惩治。如，宋太宗太平兴国四年（979），沂州防御使张万友决所部军校郭赟致死，被鞫治。⑩ 宋神宗熙宁九年（1076），殿直、襄、叶、郏县巡检刘永安擅杀"率众卒不推兵器车"士卒年李贵，被大理寺判以死刑，后改为"随军效用，

---

① 参见《续资治通鉴长编》卷一六六，皇祐元年正月乙卯，第3982页，记载："两浙转运司请自今杭州专管勾一路兵马钤辖司事，如本路军人犯法，许钤辖司量轻重指挥。从之。（宋选为两浙宪，奏请置杭州钤辖司比益州，得便宜从事）"
② 《续资治通鉴长编》卷二三四，熙宁五年六月癸酉，第5687页。
③ 成都四路指益、梓、利、夔州路。
④ 《续资治通鉴长编》卷二三九，熙宁五年十月庚子，第5820页。
⑤ 《续资治通鉴长编》卷三六〇元丰八年十月丁亥，第8621页。
⑥ 《宋会要辑稿》兵十四之三一四，第6994页。
⑦ 《建炎以来系年要录》卷三五，建炎四年七月癸卯，第673页。
⑧ 《皇宋中兴两朝圣政》卷一三，绍兴三年五月辛巳，第2册，第372页。
⑨ 《宋会要辑稿》兵一四之三，第6994页。
⑩ 《续资治通鉴长编》卷二〇，太平兴国四年四月戊辰，第449页。

以功赎过"。① 宋高宗建炎三年（1129），武略大夫、统制官王德擅杀军将陈彦章，被除名、郴州编管。② 绍兴七年（1137），武功大夫、凤州团练使、殿前司选锋军统领吉俊杖杀辖下私役军士的修武郎辅于，被降三官。③ 宋宁宗庆元六年（1200），太尉郭杲戮 27 名逃亡戍卒而不敢奏，宋廷得知此事后欲处罚郭杲，然"命未下而杲卒"。④

结　语

　　宋代统治者对于一般刑事案件，除疑难案件外，始终未将地方官司的死刑终审权收归中央⑤，但是对于军人案件的态度却截然不同。中唐以来，节度使的军事司法权力极大，得"总军旅，颛诛杀"⑥。赵宋建国后，立足于矫枉防弊，对武将权力进行层层削夺与限制，其中一个重要的方面就是严控军事司法权。在逐步实现中央、京畿及地方军事司法机构之间权力周密分配的进程中，宋代最终将军人死、流罪案件的审决权收归中央。枢密院与三衙分掌兵权、地位有序，包括三衙在内的在京军事司法机构审理的军人死、流罪案，须由枢密院覆审定判。当此过程，三衙显然处于枢密院覆核结果的执行者之地位。不仅是京畿，宋代各地已判流刑的军人犯罪，枢密院也有责覆核审定；在宋真宗大中祥符五年（1012）之后，地方军人死刑案件同样也必须经枢密院覆核。此外，枢密院还拥有军人疑难案件以及军官案件的覆审、覆奏之权。与此同时，并非所有的军人死刑案均须枢密院覆核，无论在战时还是日常的军事审判中，宋廷会有针对性地赋予各级军事司法官司临机裁决的便宜之权。在集权与便宜之间，宋代统治者不仅有极为谨慎的与夺态度，更有细致稳妥的制度设计；既要维护军事司法活动的正常秩序，又要保证局部军队执法的震慑力与时效性。川峡地区钤辖司便宜权的流变，即体现了宋代统治者探寻这一军事司法权力平衡点的努力。综观宋代枢密院司法事权的演进，统治者正是通过枢密院这些司法事权强化了对军人案件的司法监督，一方面有效地降低了军中冤假错案的出现几率，另一方面则极大地遏制了军官以杀立威的现象，从法制层面切实促进了中央军事集权的效果。

　　[作者单位：西北大学历史学院。本文系陕西省社科基金项目"宋代军事赏罚制度研究"（12H028）、陕西省教育厅专项科研基金项目"军赏与宋代政治研究"（16JK1726）的阶段性成果之一。原载《历史教学》（下半月刊）2017年第2期，现文有增补]

---

① 《续资治通鉴长编》卷二七七，熙宁九年七月癸亥，第 6768－6769 页。
② 《建炎以来系年要录》卷二五，建炎三年七月甲申，第 507 页。
③ 《建炎以来系年要录》卷一一一，绍兴七年六月甲辰，第 1805 页。
④ 《续编两朝纲目备要》卷六，庆元六年十二月，第 107 页。
⑤ 宋代地方一般死刑案件的审理，在元丰改制之前，州级官司即可判决执行；元丰改制后，须报路级提点刑狱司核准才能执行。参见戴建国《宋代刑事审判制度研究》，载氏著《宋代法制初探》，黑龙江人民出版社 2000 年版，第 225－233 页。
⑥ 《新唐书》卷四九《百官志四》，第 1309 页。

宋《天圣令》"因其旧文，参以新制定之"再探

戴建国

宋初制定的《宋刑统》，以唐律为本，附以唐后期至宋初相关的敕令格式，对于唐律中已废弃不用的条款，宋代的立法官既没有予以剔除，也没有从文本中移出单列，而是保留了整部唐律的原貌，也就是说其中不少是具文。至于律中哪些是有效的条款，哪些是失效的，当时的司法官们是不难知晓的，毕竟与《宋刑统》并行的，还有唐以来制定的敕令格式及宋朝的当代法——编敕。编敕起着修正、增补律的作用。自宋真宗修撰《咸平编敕》起，编敕"准律分十二门"，① 与律的门类相对应，方便了法的实施。到了天圣七年（1029）制定《天圣令》时，原先的法典编纂方式发生了变化，"凡取唐令为本，先举见行者，因其旧文，参以新制定之。其今不行者亦随存焉"。② 虽然《天圣令》像《宋刑统》一样仍以唐代的法为母本，但在文本格式上做了调整，将其中失效不用的唐令条款移到在行的宋令之外单列。如此一来，宋令中应不存在具文的整条条款。然而在"因其旧文，参以新制"的宋令条文内部是否还存在具文的内容，学界有不同看法。宋令虽因旧文修订，就某项具体的条款而言，有两种结果：一是唐旧文规定的制度被宋代沿用，二是唐旧文规定的制度在宋代有变化，一部分不再适用，宋沿用旧文，根据变化了的新制对不适用的部分做调整修改，更换成适用的文字规定。因此，承袭唐令而修成的宋令中应该不存在不适用的文字内容。但是《天圣令》在因旧文参以新制方面，确实有疑问，有些宋代新制并没有被反映出来。如学者所言："其被反映的程度因具体条文而异"。③ 其中的缘由值得深入探讨。换言之，《天圣令》有一个如何参修新制的问题需要回答。对此，学术界陆续有学者发表成果，考察宋令如何实现对唐令的改造，提出动态地看待其中的变化，④ 很有启迪意义。关于宋令的具文问题，笔者在另一篇文章中已做了分析论述，⑤ 这里主要以《狱官令》为主，辅以他令，就《天圣令》因唐旧文参修新制的问题再做些探讨。

---

① 〔宋〕王应麟：《玉海》卷六六《咸平新定编敕》，上海书店1987年版，第1256页。
② 〔清〕徐松辑：《宋会要辑稿》刑法一之四，中华书局1957年版，第7册，第6463页。
③ 〔日〕辻正博：《〈天圣令·狱官令〉与宋初司法制度》，载《唐研究》第14卷，北京大学出版社2008年版，第325-344页。
④ 张雨：《唐宋间疑狱集议制度的变革——兼论唐开元〈狱官令〉两条令文的复原》，载《文史》2010年第3辑，第133-144页；牛来颖：《〈天圣令〉唐宋令条关系与编纂特点》，中国社会科学院历史研究所隋唐宋辽金史研究室编：《隋唐辽宋金元史论丛》第1辑，紫禁城出版社2011年版，第104-115页。
⑤ 戴建国：《从〈天圣令〉看唐和北宋的法典制作》，载《文史》二〇一〇年第二辑，第250-252页。

一、更改旧令，参补新制

《天圣令》参修新制，修改唐令方式大体可分成两种，我们先看第一种：更改旧令，参补新制。

（1）《天圣令·狱官令》宋令第1条：

> 诸犯罪，皆于事发处州县推断，在京诸司人事发者，给巡察纠捉到罪人等，并送所属官司推断。在京无所属者，送开封府（原注：虽有所属官司，无决罚例者，准此）。

此条母本唐令当为：

> 凡有犯罪者，皆从所发州、县推而断之；在京诸司，则徒以上送大理，杖以下当司断之；若金吾纠获，亦送大理。①

对照唐宋两令，可以看出，宋令既有沿用唐令的规定，亦含有改动过的新制。改动有两处：一是在京诸司发生的案件，大理寺不再审讯，无论大小案件皆归由诸司的刑狱机构审理。二是不属于京师诸司的犯人，或虽有所属官司，但该司无刑狱机构的，并由开封府审理。开封府替代了原先大理寺的司法审讯职能。宋令是基于宋代变化了的司法制度而改动的。《宋史》卷一六五《职官》"大理寺"条云："建隆二年，以工部尚书窦仪判寺事。凡狱讼之事，随官司决劾，本寺不复听讯，但掌断天下奏狱，送审刑院详讫，同署以上于朝。"② 自宋建立政权的第二年始，大理寺不再掌管京师百司的案件审讯，只负责天下奏报案件的判决。京师发生的案件改由所属官司"决劾"。直到元丰元年（1077），神宗下诏"复置大理狱"③，才恢复旧制，那是后话。然京师发生的案件并不一定都有归宿官司。例如京师之外的人员在京师作案，就无法归类。所以宋代就新增了一个新规，由开封府统一负责审理这些无归宿官司的案件，包括那些官司因无刑狱机构而不能处理的案子。

（2）《狱官令》宋令第2条：

> 诸犯罪，杖【罪？】以下，县决之；徒以上，送州推断。若官人犯罪，具案录奏，下大理寺检断，审刑院详正其罪，议定奏闻，听敕处分。如有不当者，亦随事驳正，其应州断者，从别敕。

---

① 〔唐〕李林甫等：《唐六典》卷六《尚书刑部》"郎中"条，中华书局1992年版，第189页。按，有关《天圣令》所因唐令旧文，本文未采引中国社会科学院历史研究所天圣令整理课题组复原的唐令，而是根据其研究成果，直接引用原始的唐宋文献所载令文。

② 《宋史》卷一六五《职官》，中华书局1977年版，第3899页。

③ 〔宋〕李焘：《续资治通鉴长编》卷二九五，元丰元年十二月戊午，中华书局2004年版，第7186页。

此条唐令为：

> （诸犯罪）杖罪以下，县决之；徒以上，县断定送州。覆审讫，徒罪及流应决杖、笞若应赎者，即决配征赎。其大理寺及京兆、河南府断徒及官人罪，并后有雪减，并申省。省司覆审无失，速即下知。如有不当者，随事驳正。若大理寺及诸州断流以上若除、免、官当者，皆连写案状申省，大理寺及京兆、河南府即封案送。若驾行幸，即准诸州例，案覆理尽申奏。若按覆事有不尽，在外者遣使就覆，在京者追就刑部覆以定之。①

唐规定，徒以上案件县官可以判决，然后送州覆审。宋令改唐制"徒以上，县断定送州"为"徒以上，送州推断"，将徒以上案件的审讯、判决权限收归州一级政府。这是宋代夺县司法权，加强州一级司法权力的制度设置的结果。咸平六年（1003）真宗诏曰："应论诉公事不得蓦越，须先经本县勘问，该徒罪以上，送本州；杖罪以下，在县断遣。……死罪及命官具按闻奏。……州县录此诏当厅悬挂，常切遵禀。"② 真宗诏书明确规定徒罪审判权限归州所有。此外，唐令有关大理寺、京兆府、河南府审讯徒以上案申报审核制，宋也已不行。官员案件改由大理寺负责详断，刑部覆核，审刑院覆议。议定然后奏报皇帝裁决。这一制度源于淳化二年（991）的改革，宋太宗于禁中设立审刑院，夺宰相司法权。史载："凡狱上奏者，先申审刑院印讫，以付大理寺、刑部断覆以闻。乃下审刑院详议，申覆裁决讫，以付中书省，当即下之。其未允者，宰相复以闻，始命论决。"③ 宋令第2条所因唐令规定的司法审判权限制度，宋代仍在行用中，只是部分内容有所变化，《天圣令》据旧文，参新制做了必要修改。

（3）《狱官令》宋令第49条：

> 诸枷，大辟重二十五斤；徒、流二十斤；杖罪一十五斤，各长五尺以上、六尺以下。颊长二尺五寸以上、六寸以下。共阔一尺四寸以上、六寸以下；径三寸以上、四寸以下。仍以干木为之，其长阔、轻重，刻志其上。杻长一尺六寸以上、二尺以下，广三寸，厚一寸。钳重八两以上、一斤以下，长一尺以上、一尺五寸以下。锁长八尺以上、一丈二尺以下。

此条唐令原文为：

> 诸枷长五尺以上、六尺以下，颊长二尺五寸以上、六寸以下，共阔尺四寸以上、

---

① 〔唐〕长孙无忌等：《唐律疏议》卷三〇《断狱律》，中华书局1983年版，第561-562页。按，"若按覆事有不尽，在外者遣使就覆，在京者追就刑部覆以定之"，据《唐六典》卷六《尚书刑部》"郎中"条补，第189页。
② 《宋会要辑稿》刑法三之一一至一二，第7册，第6583页。
③ 〔宋〕杨仲良：《通鉴长编纪事本末》卷一四《太宗皇帝·听断》，黑龙江人民出版社2006年版，第197页。

六寸以下，径三寸以上、四寸以下。杻长（一尺）六寸以上、二尺以下，阔三寸，厚一寸。钳重八两以上、一斤以下，长一尺以上、一尺五寸以下。镰长八尺以上、丈二尺以下①

关于刑具的长短尺寸，宋令沿用了唐制，然唐制并无枷的重量规定，也没有区分杖、徒、流、死刑四等枷的重量。宋令因唐旧文增加了不同刑级枷的重量规定。这些规定源自宋太宗时期制定的制度。淳化二年（991）九月太宗诏令："所置枷，徒、流罪重二十斤，死罪重二十五斤，并用干木，长短阔厚如令。"② 太宗的诏令未涉及杖罪枷的重量，两年后又做了补充规定。《宋会要辑稿》刑法六之七七载："淳化四年十二月二十八日，太常博士、河北提点刑狱陈纲言：'诸州勘事，杖已下，法当令众及抗拒不招，当枷问者，未有定制，自今请置枷，重十五斤。'命法寺参议，如纲奏，从之。"③《天圣令》根据宋制增设了杖、徒、流、死刑枷的重量，并规定"以干木为之，其长阔、轻重，刻志其上"，使刑具制度更为谨严规范。

（4）《杂令》宋令第22条：

> 诸诉田宅、婚姻、债负（原注：于法合理者），起十月一日官司受理，至正月三十日住接词状，至三月三十日断毕。停滞者以状闻。若先有文案，及交相侵夺者，随时受理。

此条唐令原文为：

> 谓（诸）诉田宅、婚姻、债负，起十月一日，至三月三十日检校，以外不合。若先有文案交相侵夺者，不在此例。④

这是为不妨碍农忙季节农业生产而制定的"务限法"。对照两令，可以发现唐令没有另行规定案件收受的截止期，收受截止期与案件的审理截止期是平行的，都是三月三十日。这样做的结果，显然不能保证临近审理截止期收受案件的审理质量。换言之，假定有人于三月二十九日提出诉讼，那么在剩下的一天时间内法官必须审理完毕，否则就违反了令文规定，而一天的时间无疑过于急促。宋令增加了收受诉状的截止期限和对诉状受理的监督措施两项内容。正月三十日后不再收受诉状，法官可以集中精力在接下来的三个月时间内将已收受的案子从容地审理完毕。宋令较之唐令显得更臻完善。

---

① 〔唐〕杜佑：《通典》卷一六八《刑法》，中华书局1988年版，第4350页。按，"杻长（一尺）六寸以上"之"一尺"二字原脱，据《唐六典》卷六《尚书刑部》"郎中"条补。
② 《宋会要辑稿》刑法六之七七，第7册第6732页。
③ 《宋会要辑稿》刑法六之七七，第7册第6732页。
④ 〔宋〕窦仪等：《宋刑统》卷一三《户婚律》，中华书局1984年版，第207页。

宋令这两项修订内容是根据乾德元年（963）制定的《宋刑统》"臣等参详"条增入的。《宋刑统》卷一三《户婚律》载：

> 臣等参详，所有论竞田宅、婚姻、债负之类（原注：债负谓法许征理者），取十月一日以后，许官司受理，至正月三十日住接词状，三月三十日以前断遣须毕。如未毕，具停滞刑狱事由闻奏。如是交相侵夺及诸般词讼，但不干田农人户者，所在官司随时受理断遣，不拘上件月日之限。①

"臣等参详"是《宋刑统》修撰官在修订立法时，遇有"今昔浸异，轻重难同，或则禁约之科，刑名未备"情况时②，根据宋代的实际情况制定的条款，或是沿用周《显德刑统》附在相关律文之后的起请条，共32款。这些条款经皇帝批准后具有法律效力，成为宋代的新制。

（5）《狱官令》宋令第3条：

> 诸在京及诸州见禁囚，每月逐旬录囚姓名，略注犯状及禁时月日、处断刑名，所主官署奏，下刑部审覆。如有不当及稽滞，随即举驳，本部来月一日奏。

此条唐令母本为：

> 凡在京诸司见禁囚，每月二十五日已前，本司录其所犯及禁时日月以报刑部（原注：来月一日以闻）。③

唐制每月二十五日前要向刑部报告一次在押囚犯信息。宋令根据新制改为每十日报告一次。这一制度是据宋太宗雍熙元年（984）三月和五月的两条诏令制定的：

> 令诸州十日一具囚帐及所犯罪系禁日数以闻，刑部专意纠举。④
> 先是，诸州每十日一奏狱状，上阅所奏，有一州禁系至三百人者。五月，乃诏："自今门留寄禁、取保在外，并邸店养疾者，并准禁囚例件析以闻。其鞫狱违限、可断不断、事小而禁系者，有司驳奏之。⑤

（6）《狱官令》宋令第7、第8条：

---

① 《宋刑统》卷一三《户婚律》，第207页。
② 〔宋〕窦仪：《进刑统表》，载《宋刑统》卷首，第6页。
③ 〔唐〕李林甫等：《唐六典》卷六《尚书刑部》"郎中"条，中华书局1992年版，第192页。
④ 《通鉴长编纪事本末》卷一四《太宗皇帝·听断》，第194页。
⑤ 《通鉴长编纪事本末》卷一四《太宗皇帝·听断》，第194页。

> 诸决大辟罪，在京及诸州，遣它官与掌狱官监决。春夏不行斩刑，十恶内，恶逆以上四等罪不拘此令。乾元、长宁、天庆、先天、降圣节各五日（前后各三日），天贶、天祺及元正、冬至、寒食、立春、立夏、太岁、三元、大词、国忌等日，及雨雪未晴，皆不决大辟（长宁节，惟在宁京则禁）。
>
> 诸监决死囚，若囚有称冤者，停决别推。

此两条在唐令本为一条，原文为：

> 诸决大辟罪，官爵五品以上，在京者大理正监决；在外者上佐监决，余并判官监决。从立春至秋分，不得奏决死刑。若犯恶逆以上及奴婢、部曲杀主者，不拘此令。在京决死囚，皆令御史、金吾监决。若囚者冤枉灼然者，停决闻奏。①

宋令对唐旧文改动之处颇多，学者多有论述。但唐令末一句的改动，未有具体解释者。唐令"停决闻奏"意为停止执行，上奏朝廷直至皇帝。宋令第8条改"停决闻奏"为"停决别推"，这是因宋代司法制度变化而导致的结果。唐制，死刑犯的判决和执行都须申报朝廷审批。"凡决死刑皆于中书门下详覆"。"凡决大辟罪，在京者，行决之司五覆奏；在外者，刑部三覆奏。"② 宋太祖建立政权后，规定地方政府有死刑终审权和执行权，而不必事先报送刑部审批。早在建隆三年（962），太祖下令："诸州自今决大辟讫，录案闻奏，委刑部详覆之。"③《宋会要辑稿》职官一五之一载："刑部主覆天下大辟已决公按、旬奏狱状。"④ 刑部只是在死刑执行后对地方奏报的案件进行覆查。这一制度与唐制迥然有别。大中祥符二年（1009），真宗就死刑犯人临刑诉冤的司法覆查程序有过诏令规定。《宋会要辑稿》刑法三之五五载："大中祥符二年七月二十九日，诏大辟罪人案牍已具，临刑而诉冤者，并令不干碍明干官吏覆推。如本州官皆碍，则委转运、提点刑狱司就近差官。时光化军断曹兴，将刑称冤，复命县尉鞫治。刑部上言，县尉是元捕盗官，事正干碍。望颁制以防枉滥故也。"⑤ 宋修订《天圣令》时，根据宋代制度，修改了唐令条文，规定有囚犯临刑称冤，即停止行刑，在当地组织官员另行审讯，无须奏报朝廷覆审，这就是"停决别推"规定的由来。所谓"别推"，就是不再由原先审讯官审讯，而另行委派"不干碍"官员"覆推"。由于这项新制较之唐令变化较大，是以《天圣令》将其从本于唐令修订的宋《狱官令》第3条中分离出来，单独列为一条。上述六条《天圣令》令文据宋代的新制参订，对唐旧文做了必要修改，参修的幅度较为适中，清晰地反映了宋代司法制度的变化。我曾在另一篇文章中论及《天圣令》参修新制，误认为立法官会将编敕内

---

① 《通典》卷一六八《刑法》，第4349页。
② 《唐六典》卷六《尚书刑部》"郎中"条，第188–189页.
③ 《续资治通鉴长编》卷三，建隆三年三月丁卯，第63页。
④ 《宋会要辑稿》职官一五之一，第3册第2698页。
⑤ 《宋会要辑稿》刑法三之五五，第7册，第6605页。

的相关规定"改而入令",移到令中。① 现在来看有必要加以修正,其实相关规定并没有从编敕改而入令,只是立法者考虑到令文涉及的制度的完整性,根据编敕中规定的新制适当地参修入《天圣令》而已,编敕中仍然保留着这些新规。

二、保留旧文,只删不补

接下来我们考察《天圣令》第二种参修新制的方式。这种方式是保留仍在行用的旧文,根据新制,删除其中已不适用的内容,对于宋代新制则不做补充。
(1)《狱官令》宋令第52条:

> 诸狱囚有疾病者,主司陈牒,长官亲验知实,给医药救疗,病重者脱去枷、锁、杻,仍听家内一人入禁看侍(若职事、散官二品以上,听妇女、子孙内二人入侍)。其有死者,亦即同检,若有他故,随状推科。

此条唐令原文为:

> 诸狱囚有疾病,主司陈牒,长官亲验知实,给医药救疗,病重者脱去枷、锁、杻,仍听家内一人入禁看侍(若职事、散官三品以上,听妇女、子孙内二人入侍)。其有死者,亦即同检,若有他故,随状推科。②

此条宋令完全承袭了唐令,未增加新的内容。然而,事实上,宋对其中的病死囚犯的验尸是有新制度规定的。真宗咸平三年(1000)十月诏:

> 今后杀伤公事,在县委尉,在州委司理参军。如阙正官,差以次官,画时部领一行人躬亲检验,委的要害致命去处,或的是病死之人,只仰命官一员画时检验。若是非理致命,及有他故,即检验毕画时申州,差官覆检诣实,方可给与殡埋。其远处县分,先委本县尉检验毕,取邻近相去一程以下县分内,牒请令、尉或主簿;一程以上只关报本县令佐覆检。独员处亦取邻州县最近者覆检诣实,即给尸首殡埋,申报所隶州府,不得推延。③

---

① 戴建国:《从〈天圣令〉看唐和北宋的法典制作》,载《文史》二〇一〇年第二辑,中华书局2010年版,第253页。
② 此条唐令,由天一阁博物馆、中国社科院历史研究所天圣令整理课题组据《宋刑统》卷二九《断狱律》、日本《养老令·狱令》《新唐书》卷五六《刑法志》复原。参见天一阁博物馆、中国社会科学院历史研究所天圣令整理课题组:《天一阁藏明抄本天圣令校证:附唐令复原研究》,中华书局2006年版,第637页。
③ 《宋会要辑稿》刑法六之一,第7册,第6694页。

这一新制非常详细地规定了州县验尸官员的派遣以及验尸的初验和覆验程序，比起唐令来要详备完善得多。但是宋立法官并没有将此新制参修到《天圣令》中，这一新制实际修入了《天圣编敕》。《宋会要辑稿》刑法六之三①载：

> （景祐）五年七月二十一日大理评事林概言："伏睹《编敕》，应杀伤及非理致命公事，在县委尉，在州委司理参军，画时躬亲集众检验，委的要害致命去处，申本属州军，差官覆检，给与埋殡。县尉即检验讫，于最近州县有双员处，请官覆检，受请官不得推避。"……

林概所言《编敕》，当指纂修于景祐之前的《天圣编敕》，其中所载有关检验的敕文内容与上述咸平三年（1000）诏书同，显然是根据诏书修改的。这一敕文后来不断完善，辗转修入南宋时期修纂的《庆元条法事类》：

> 诸验尸，州差司理参军（原注：本院囚别差官，或止有司理一院，准此），县差尉，县尉阙，即以次差簿、丞（原注：县丞不得出本县界）、监当官，皆阙者，县令前去。若过十里，或验本县囚，牒最近县，其郭下县，皆申州。应覆验者，并于差初验官日先次申牒差官。应牒最近县而百里内无县者，听就近牒巡检或都巡检（原注：内覆验应止牒本县官而独员者准此，并谓非见出巡捕者）。②

通过上述考述，不难发现，对于某条宋代仍在行用不变的唐令，即使宋代新制承续补充了唐令旧文中相应的制度，如果当时的《天圣编敕》收入了此条新制，《天圣令》便不再做重复规定，原封不动保留唐令旧文即可。这一参修新制的原则与宋代法典体系有着密切关联。

北宋前期法典体系主要分为律、敕、令、格、式。敕即编敕，是以皇帝的诏敕修纂而成。入宋以后直至天圣七年（1029）修订《天圣令》之前，宋代的立法活动，就普通法而言，主要是修订《宋刑统》和不定期修撰编敕，令、格、式则沿用唐代的，并没有修撰过新的。换言之，凡诏敕规定的制度，属于普通法的，则收入编敕。编敕与令并行不悖，各自承担着不同的规范社会关系的角色。自太祖始，宋每朝皇帝都有修纂编敕的立法活动，③新修编敕毫无例外都是在原旧编敕基础上参修当朝皇帝新颁布的诏敕而成。例如真宗咸平元年（998）修撰的《咸平编敕》，史载：

> （咸平元年）十二月，先是，诏给事中柴成务等重详定《新编敕》。丙午，成务

---

① 《宋会要辑稿》刑法六之三，第 7 册，第 6695 页。
② 〔宋〕谢深甫：《庆元条法事类》卷七五《刑狱门·验尸》，黑龙江人民出版社 2002 年版，第 799 页。
③ 关于宋朝编敕，参见戴建国《宋代编敕初探》，载《文史》第四十二辑，中华书局 1997 年版，第 133–149 页。

等上言曰：自唐开元至周显德，咸有格敕，并著简编。国初重定《刑统》，止行《编敕》四卷。洎方隅平定，文轨大同，太宗临朝，声教弥远，遂增后敕为《太平编敕》十五卷，淳化中又增后敕为《淳化编敕》三十卷。……自淳化以后，宣敕至多。命有司别加删定，取刑部、大理寺、京百司、诸路转运司所受《淳化编敕》及续降宣敕万八千五百五十五道，遍共披阅。凡敕文与《刑统》令式旧条重出者及一时机宜非永制者，并删去之；其条贯禁法当与三司参酌者，委本部编次之，凡取八百五十六道，为《新删定编敕》。①

柴成务等所言"续降宣敕万八千五百五十五道"，就是自先前的《淳化编敕》制定颁布后，宋朝皇帝日常陆续颁布的诏敕累积数。这些诏敕包括了针对宋代司法制度而下达的命令。立法官以《淳化编敕》为基础，对这些诏敕进行整理提炼，将其中适合立为新法的诏敕修成《咸平编敕》。于是宋代的司法新制多半被立法官囊括收入了《咸平编敕》。仁宗天圣七年，参知政事吕夷简等修撰成《天圣编敕》十三卷。《天圣编敕》也是遵循此前编敕修纂原则，在旧法典《大中祥符编敕》基础上参照"续降宣敕"修订而成。值得注意的是，在修纂《天圣编敕》的同时，宋第一次对唐令进行了具有实质意义的修订。《天圣编敕》与《天圣令》都是天圣七年的立法成果，是法典体系重要组成部分。这样就有一个法典职能分工的问题。北宋前期，唐以来的法典体系并没有被打破，即"律以正刑定罪，令以设范立制，格以禁违正邪，式以轨物程事"。②编敕则是格的变通形式，具有优先适用的法律效力。凡是《天圣编敕》已有修纂的法条，《天圣令》便不再重复详细规定。这一职能性分工，势必会影响《天圣令》参修新制的程度。

（2）与《狱官令》第 52 条相同的还有第 44 条：

> 诸鞫狱官与被鞫人有五服内亲，及大功以上婚姻之家，并受业师，经为本部都督、刺史、县令，及有仇嫌者，皆须听换推，经为属佐，于府主亦同。

此条唐令原文为：

> 诸鞫狱官与被鞫人有五服内亲，及大功以上婚姻之家，并受业师，经为本部都督、刺史、县令，及有仇嫌者，皆须听换推。经为府佐，国官于府主，亦同。③

这是关于法官回避制的规定，是司法审讯制度的重要内容。宋令除个别用字外，全部沿用了唐令，没有增加新的内容，据此似乎宋代没有新的制度规定。但实际上，宋代的回

---

① 《续资治通鉴长编》卷四三，咸平元年十二月丙午，第 922 页。
② 《唐六典》卷六《尚书刑部》"郎中""员外郎"条，第 185 页。
③ 《宋刑统》卷二九《断狱》，第 475 页。

避规定较之唐代更为详备。早在景德二年（1005），真宗曾下诏云："应差推勘、录问官，除同年同科目及第依元敕回避外，其同年不同科目者不得更有辞避。"① 从此诏令得知，审讯官与犯人属科举同年同科目及第关系的必须回避。此条规定与宋令第44条所规定的回避制关系密切，却未能入宋令。这需要从宋代法典体系编纂原则去寻找答案。

开宝八年（975）太祖曾命有司制定过审讯专法。《续资治通鉴长编》卷一六载：

> 诏有司重详定《推状条样》，颁于天下，凡三十三条。御史台、开封府、诸路转运司或命官鞫狱，即录一本付之。州府军监长吏及州院、司寇院，悉大字揭于板，置听事之壁。②

太祖要求各级审讯官员必须知晓审讯专法。到了真宗咸平元年（998），判大理寺尹玘奏言："诸州奏案多不圆备，欲别定推勘条式颁下。"真宗采纳了他的奏议，对此审讯专法进行了修订。③《推勘条式》就是上述《推状条样》，在宋代法律体系中属于特别法，④是和编敕、令、式并行的法律。《天圣令》修订时，全部承袭了唐令法官回避规定，几乎没有冲改唐令文字。对于宋代新的法官回避内容，因另有特别法《推勘条式》存在，故没有添入。

从《狱官令》宋令第44条与唐令的承袭关系，以及宋有新制但却没有添入新令的情况来看，我们多少可以参悟出《天圣令》参修新制的原则。

（3）我们再看《狱官令》宋令第47条：

> 诸赦日，主者设金鸡及鼓于宫城门外，勒集囚徒于阙前，挝鼓千声讫，宣制放。其赦书依程颁下。

此条相应的唐令原文为：

> 赦日，武库令设金鸡及鼓于宫城门外之右，勒集囚徒于阙前，挝鼓千声讫，宣制放。其赦书颁诸州，用绢写行下。⑤

这是唐大赦制度的规定，宋令对其做了三处更动：一是将"武库令"改为"主者"；二是增加了"依程颁下"；三是删除了"用绢写"的内容。所谓"程"，是指依路途远近制定的相应的递送时间限制。值得注意的是"用绢写"三字的删除。

---

① 《宋会要辑稿》刑法三之五五，第7册，第6605页。
② 《续资治通鉴长编》卷一六，开宝八年十二月甲子，第355页。
③ 《宋会要辑稿》刑法三之五三，第7册，第6604页。
④ 关于特别法，参见戴建国《宋代刑法史研究》，上海人民出版社2008年版，第40—41页。
⑤ 《通典》卷一六九《刑法》，第4册，第4386页。

唐代虽发明了雕版印刷术，但尚未广泛运用，其赦书还是采用手工抄写方式。入宋后，雕版印刷术逐渐普及开来，当时重要的法律文书以及历史文献都是雕版印制的。宋太祖乾德元年（963）宋代第一部法典《宋刑统》即是"刊板模印"，颁布天下的。① 史载："太宗朝，又摹印司马迁、班固、范晔诸史，与六经皆传。"② 然而，直到真宗景德时期，宋还实行手抄赦书制。《续资治通鉴长编》卷六一"景德二年九月戊午"条云：

> 判刑部慎从吉言："自今遇有赦文颁下，请差三司、馆阁、官告院吏笔札精熟者书写，每本著其姓名，集审刑详议、大理详断官校读，错误者罪之，仍请令中使监莅。"诏可。③

大赦诏书，有着很强的时效性，必须尽快传达到各州府，北宋前期全国共有200多个州，④ 全靠书吏第一时间抄写成，费时费力，效率不高，且容易抄错。为此，寇准曾经尝试改用雕版印制。李焘记载说："国家三年一修郊礼，必有肆赦，寇莱公尝议模印以颁四方，为众所沮，而止。"⑤ 未能形成定制。至天圣二年（1024），判刑部燕肃奏言："旧制，集书吏分录，字多舛误。四方覆奏，或至稽违，因请镂版宣布。"⑥ 宰相王曾"始举寇相之议，令刑部锁宿雕字人模印颁行，……旧每岁募书写人，所费三百千，今模印则三十千"。⑦ 雕版印制不仅效率提高，且制作成本也大幅降低，省时省工。不过仍有人反对说如雕版印刷的话，"版本一误，则误益甚矣"。宰相王曾强调只要加强校对，"勿使一字有误可也"。于是，仁宗下诏规定："自今赦书，令刑部摹印颁行。"自此"遂著于法"⑧。

赦书摹印颁行，这是《天圣令》制定之前的规定，《天圣令》修订时，把已废弃的"用绢写"的唐令文字删去了，但是"摹印颁行"新制却未修入宋令条文中。《天圣令》的修订原则是因唐旧文，参以新制。如果将"绢写"替换成"摹印"，本应顺理成章，然宋令并没有这样做。笔者推测，当初仁宗的诏令不仅仅只有"摹印颁行"寥寥数字规定，一定还有一些具体的诸如校对、管理程序方面的内容。仁宗摹印颁行赦书的诏令颁于天圣二年，这一新制应收入了与《天圣令》同时修纂的《天圣编敕》。《天圣编敕》收录此诏

---

① 《续资治通鉴长编》卷四，乾德元年七月己卯，第99页。
② 〔宋〕程俱：《麟台故事》卷二《修纂》，上海师范大学古籍整理研究所编《全宋笔记》第二编，大象出版社2006年版，第9册第233页。
③ 《续资治通鉴长编》卷六一，景德二年九月戊午，第1366页。
④ 据李昌宪研究，元丰时有256州。据此推算，宋仁宗时期不会少于200州。参见李昌宪《中国行政区划通史》（宋西夏卷），复旦大学出版社2007年版，第94页。
⑤ 《续资治通鉴长编》卷六一，景德二年九月戊午注，第1366页。
⑥ 《续资治通鉴长编》卷一〇二，天圣二年十月辛巳，第2368页。
⑦ 《续资治通鉴长编》卷六一，景德二年九月戊午，第1366页。
⑧ 《续资治通鉴长编》卷一〇二，天圣二年十月辛巳，第2368页。

令后，基于编敕优先适用的原则①，《天圣令》便不再做重复规定。《天圣编敕》和《天圣令》都是在行的法典，只需要其中一个法做作出规定就足够了。《天圣令》删去敕书"用绢写"，《天圣编敕》规定敕书"摹印颁行"，两部法典综合运用，即是宋代实施的整套敕书颁行制度。

（4）与上述令文修订相类似的，还有《丧葬令》宋令第27条：

> 诸身丧户绝者，所有部曲、客女、奴婢、宅店、资财，令近亲（原注：亲依本服，不以出降）转易货卖，将营葬事及量营功德之外，余财并与女（原注：户虽同，资财先别者，亦准此），无女均入以次近亲。无亲戚者，官为检校。若亡人在日，自有遗嘱处分，证验分明者，不用此令。即别敕有制者，从别敕。

此条唐令原文为：

> 诸身丧户绝者，所有部曲、客女、奴婢、店宅、资财，并令近亲（原注：亲依本服，不以出降）转易货卖，将营葬事及量营功德之外，余财并与女（原注：户虽同，资财先别者亦准此）。无女均入以次近亲；无亲戚者，官为检校。若亡人在日，自有遗嘱处分，证验分明者，不用此令。②

唐令文涉及财产继承制度，宋令对唐令没有修改，完全沿用唐令的规定，只在最后加了一句"即别敕有制者，从别敕"。其实宋代的新制与唐比较是有变化的。在宋初制定《宋刑统》时，立法官拟定的相关起请条曰：

> 臣等参详：请今后户绝者，所有店宅、畜产、资财，营葬功德之外，有出嫁女者，三分给与一分，其余并入官。如有庄田，均与近亲承佃。如有出嫁亲女被出，及夫亡无子，并不曾分割得夫家财产入己，还归父母家，后户绝者，并同在室女例，余准令敕处分。③

从此起请条看，宋对户绝继承法有新的规定，出嫁女可分得三分之一财产。但是《天圣令》并没有将此规定收入。史载在此之前，宋曾经专门制定过户绝继承法，谓之"户绝条贯"。《宋会要辑稿》食货六一之五八的一条记载：

> （天圣）四年七月，审刑院言："详定户绝条贯，今后户绝之家，如无在室女，

---

① 关于编敕优先适用的原则，参见戴建国《〈宋刑统〉制定后的变化——兼论北宋中期以后〈宋刑统〉的法律地位》，载《上海师范大学学报》1992年第4期。
② 《宋刑统》卷一二《户婚律》，第198页。
③ 《宋刑统》卷一二《户婚律》，第198页。

有出嫁女者,将资财、庄宅物色除殡葬营斋外,三分与一分,如无出嫁女,即给与出嫁亲姑、姊、妹、侄一分;余二分,若亡人在日,亲属及入舍婿、义男、随母男等,自来同居营业佃莳,至户绝人身亡,及三年已上者,二分店宅、财物、庄田,并给为主;如无出嫁姑、姊、妹、侄,并全与同居之人;若同居未及三年,及户绝之人子然无同居者,并纳官,庄田依令文,均与近亲;如无近亲,即均与从来佃莳或分种之人,承税为主。若亡人遗嘱证验分明,依遗嘱施行。从之。①

《宋刑统》的起请条被吸纳入天圣四年(1026)审刑院详定的户绝条贯,紧接着修进了《天圣编敕》,是以《天圣令》在新定的《丧葬令》添加了一句"即别敕有制者,从别敕",只对令文涉及的编敕有关继承制度作了原则性的处理规定。至于户绝条贯的具体内容不再重复收载。

(5)我们再看《杂令》宋令第23条:

诸家长在,子孙、弟侄等不得辄以奴婢、六畜、田宅及余财物私自质举,及卖田宅(原注:无质而举者亦准此)。其有家长远令卑幼质举、卖者,皆检于官司,得实,然后听之。若不相本问,违而辄与,及买者,物追还主。

此条唐令原文为:

诸家长在(原注:在谓三百里内非隔阂者),而子孙弟侄等不得辄以奴婢、六畜、田宅及余财物私自质举,及卖田宅(原注:无质而举者亦准此)。其有质举卖者,皆得本司文牒,然后听之。若不相本问,违而辄与及买者,物即还主,钱没不追。②

宋令增加了"家长远令卑幼"六个字,这是根据《宋刑统》起请条增入的。《宋刑统》载"臣等参详"曰:

应典卖物业或指名质举,须是家主尊长对钱主,或钱主亲信人当面署押契帖。或妇女难于面对者,须隔帘幕亲闻商量,方成交易。如家主尊长在外,不计远近,并须依此。若隔在化外,及阻隔兵戈,即须州县相度事理,给与凭由,方许商量交易。如是卑幼骨肉蒙昧尊长,专擅典卖、质举、倚当,或伪署尊长姓名,其卑幼及牙保引致人等,并当重断,钱业各还两主。其钱已经卑幼破用,无可征偿者,不在更于家主尊长处征理之限。应田宅、物业虽是骨肉不合有分,辄将典卖者,准盗论,从律处分。③

---

① 《宋会要辑稿》食货六一之五八,第6册,第5902页。
② 《宋刑统》卷一三《户婚律》,第205页。
③ 《宋刑统》卷一三《户婚律》,第205-206页。

不过，起请条大部分内容宋令并未采用。宋令几乎沿用了个整条唐令，只是删去了"钱没不追"的规定，对于交易的钱款还主的新规定没有采纳。其中原因也应是编敕已收载了这些新制。

值得一提的是，立法官在纂成《天圣令》之外，"又案敕文，录制度及罪名轻简者五百余条，依令分门，附逐卷之末"，纂成《附令敕》。① 即把编敕中的一些制度性的新制附在《天圣令》相关的门类后，作为补充。这样做无疑是想解决编敕内的新制碍于法律体系分工，不能直接参入令文的矛盾。遗憾的是，这些《附令敕》并没有随《天圣令》传下来。

以上所举五条《天圣令》，完全保留或基本保留了宋代仍行用的唐令内容，只删去不适用的部分文字。至于相关的具体的宋代新制，由于已经被收入编敕，《天圣令》便不再重复收载。

三、参修新制，必因唐令旧文

以上我们探讨了《天圣令》因唐旧文参修新制的两种情况。须强调的是，《天圣令》修订程序是"凡取唐令为本，先举见行者，因其旧文，参以新制定之"②。就是先把唐令中仍在行用的条文列出来，再根据宋代新制做必要修改。就某项制度而言，虽然宋代新规定并未超出唐令所要规范的范畴，但需要唐令中有相应的可以接续的具体条款，否则不会被修入。例如在《天圣令》修订前，宋代司法制度还出台了不少新规。史载：

（雍熙元年八月）始令诸州笞、杖罪不须证逮者，长吏即决之，勿复付所司。群臣受诏鞫狱，狱既具，骑置来上，有司断讫，复骑置下之。诸州所上疑狱，有司详覆而无可疑之状，官吏并同违制之坐。其当奏疑案，亦骑置以闻。③

（雍熙）三年正月庚戌，令诸镇系囚不得过十日，长吏察举之。从左拾遗张素等奏也。④

（大中祥符）五年四月二十四日诏：比来因公事勘断人，经年遇赦，多诣阙诉枉，自今宜令制勘官，每狱具，则请官录问，得手状伏辨，乃议条决罪。如事有滥枉，许诣录问官陈诉，即选官覆按。如勘官委实偏曲，即劾罪同奏。如录问官不为申举，许诣转运、提刑司，即不得诣阙越诉。⑤

这三项诏令规定的司法新制应该说都属于《狱官令》规定的范畴，是随着宋代社会发

---

① 〔宋〕王应麟：《玉海》卷六六《诏令·天圣新修令》，第1257页。
② 《宋会要辑稿》刑法一之四，中华书局影印本，第7册，第6463页。
③ 《通鉴长编纪事本末》卷一四《太宗皇帝·听断》，第195页。
④ 《通鉴长编纪事本末》卷一四《太宗皇帝·听断》，第195页。
⑤ 《宋会要辑稿》刑法三之一五，第7册，第6585页。

展产生的,丝毫却不见于《天圣令》,其原因在于唐令中没有相对应的旧文条款可以接续修入。这是我们研究《天圣令》和复原唐令不能不注意的。

从这一观察角度出发,我们来探讨学界讨论的两条因参修宋代新制而产生的唐令条文移改问题。先看《丧葬令》宋令第20条:

> 诸内外命妇应得卤簿者,葬亦给之(原注:官无卤簿者,及庶人容车,并以犊车为之)。

此条所言"诸内外命妇应得卤簿者",在《丧葬令》不用唐令第3条亦涉及之:

> 诸五品以上薨卒及葬,应合吊祭者,所须布深衣帻、素三梁六柱舆,皆官借之。其内外命妇应得卤簿者,亦准此。

有学者认为宋令第20条是抽取了唐令第3条的部分内容而形成的,而唐令中的内容是作为不行之令被剔除的,因而"留下了矛盾之处"。[①] 似乎宋令在修纂时由于参新制不当,形成相互抵牾的内容,这关乎《天圣令》的修订方式。然而细绎这两条令文,发现其实彼此并不矛盾。唐令第3条说的是五品以上官员葬及吊祭,可以从官府借衣帽和车舆,享有卤簿的命妇也可以参照此规定办。令文的主旨是规定哪些人享有从官借衣帽和车舆的待遇,其后半句包括了应得卤簿的内外命妇也享有这一待遇,而不是说内外命妇应得卤簿之事。这条令文被《天圣令》舍弃不用,换言之,即五品以上官和应得卤簿的内外命妇葬及吊祭,在宋代不再享有从官府借衣帽和车舆的待遇。此规定与内外命妇应得卤簿的制度本身并无关系。宋令第20条着眼点说的也不是内外命妇应得卤簿本身这件事,而是说其葬时能不能享有卤簿,是从葬制层面所做的规定。基于《天圣令》修纂方式"因其(唐)旧文,参以新制定之",笔者以为,宋令可以拆分或合并唐旧令,但立法官不会"无中生有",在没有旧文接续的基础上,凭空添入宋代新制。这也不符合宋代法典体系中敕、令、格、式的职能性分工原则。宋代葬制的新变化,完全可以通过编敕的形式颁布实施。既然宋令单独将诸内外命妇应得卤簿者之葬制单独立条,那表明原本唐《丧葬令》中应当有其相对应的规定的。宝应元年(762)建卯月(二月)唐规定:

> 婚葬卤簿,据散官封至一品,事职官正员三品并驸马都尉,许随事量给,余一切权停。[②]

---

① 牛来颖:《〈天圣令〉唐宋令条关系与编纂特点》,载中国社会科学院历史研究所隋唐宋辽金元史研究室编《隋唐辽宋金元史论丛》第一辑,紫禁城出版社2001年版,第104–115页。
② 〔宋〕王溥:《唐会要》卷三八《葬》,上海古籍出版社2006年版,第809–810页。

这一规定的着眼点是针对原先婚葬卤簿的规定，修改了享有卤簿的官员等级，除三品官以上及驸马都尉外，其他人员暂且停止享受此待遇。三品以下的内外命妇自然也在"权停"之列。不过这个规定恰好反过来表明，此前开元二十五年（737）制定的唐《丧葬令》是存有内外命妇品高者丧葬给卤簿的内容，宝应元年（762）时只不过做了修改而已。因此，《丧葬令》宋令第 20 条不是从唐令第 3 条中借移过来的。

类似的问题，我们再举另一例子。《狱官令》宋令第 46 条：

> 诸州有疑狱不决者，奏谳刑法之司。仍疑者，亦奏下尚书省议。有众议异常，堪为典则者，录送史馆。

关于此条宋令所因之唐旧令，《新唐书》卷五六《刑法志》载曰：

> 天下疑狱谳大理寺不能决，尚书省众议之，录可为法者送祕书省。①

而与此条末句"录可为法者送祕书省"相似的规定，在《唐六典》卷六《尚书刑部》却是以注文形式附在不同的法律条文后的：

> 凡狱囚应入议、请者，皆申刑部，集诸司七品已上于都座议之（原注：若有别议，所司科简，具状以闻。若众议异常，堪为典则者，录送史馆）。②

有学者对此宋令第 46 条的修订方式做了剖析，认为宋人修《天圣令》时，将"若众议异常，堪为典则者，录送史馆"从原唐令"应入议、请"条移到了宋令第 46 条，理由是，北宋尚书省地位下降，审刑院更多地承担了详覆之职，尚书省集议"在《唐六典》所载详覆刑狱中的作用就大为减轻"，而在诸州"疑狱奏谳方面的作用就凸显起来"。③ 这一理由并不具说服力。宋代尚书省集议与审刑院详覆是中央覆核制中两个不同的覆议程序。较之于审刑院详覆，宋代尚书省集议是更具权威、更高一级的司法审议。事实上审刑院于淳化二年（991）设立后，尚书省集议在详覆刑狱中的作用并未受到削弱，仍发挥着重要角色。仁宗明道二年（1033），殿中侍御史段少连言："国家每有大事，必集议于尚书省，所以博访论议，审决是非。"④《续资治通鉴长编》卷五二"咸平五年五月壬寅"条载：

---

① 《新唐书》卷五六《刑法志》中华书局 1975 年版，第 1411 页。
② 《唐六典》卷六，刑部郎中员外郎，第 191 页。
③ 张雨：《唐宋间疑狱集议制度的变革——兼论唐开元〈狱官令〉两条令文的复原》，载《文史》二〇一〇年第三辑，中华书局 2010 年版，第 137－141 页。
④ 《续资治通鉴长编》卷一一二，明道二年七月己巳，第 2621 页。

国子博士、知荣州褚德臻坐与判官郑蒙共盗官银，德臻杖死，蒙决杖、配流。先是，本州勾押官赵文海、勾有忠知德臻等事，因讽主典曰："官帑之物辄以入己，一旦败露，必累吾辈。"德臻等闻之，即与之银一铤以灭口。至是，事发议罪。判大理寺朱搏言文海等恐喝赃满合处死。审刑院以为蒙盗官银，尚从流配，文海等只因扬言，安可极法！乃下其状尚书都省集议。既而翰林学士承旨宋白等议请如审刑院所定，从之。①

此案是在大理寺、审刑院断覆有争议不能定的情况下，由尚书省集议后才解决问题的。此案例所载尚书省集议，正是后来沿用唐令旧文的宋《狱官令》第37条"诸犯罪，应入议、请者，皆奏。应议者，诸司七品以上并于都座议定，虽非入（八）议，但本罪应奏、处断有疑及经断不伏者，亦众议，量定其罪"规定在宋前期司法实践中的具体运用。从中可看出审刑院设立后尚书省集议在"详覆刑狱中的作用就大为减轻了"的结论经不起推敲。事实上，尚书省集议，无论在"详覆刑狱"，还是在"疑狱奏谳"方面，都发挥着积极作用。因此"若众议异常，堪为典则者，录送史馆"的规定移入宋令第46条的所谓缘由，与之并无内在关联。宋设审刑院详覆刑狱，虽是新制，但《天圣令》参修新制，必有所因之唐令旧文。

《旧五代史》卷一四七《刑法志》："应诸道州府，凡有囚徒，据推勘到案款，一一尽理，子细检律令格敕，其间或有疑者，准令文谳大理寺，亦疑，申尚书省，省寺明有指归，州府然后决遣。"② 其中提到诸州府狱有疑者，"准令文谳大理寺"。所谓"令文"应指当时行用的唐令。③ 也就是说，唐令中原本是有诸州疑狱不决者谳大理寺的规定。这与《新唐书》的记载"天下疑狱谳大理寺"是一致的，可证《新唐书》记载的唐令规定必有依据。《文献通考》所载与之相同："唐制，天下疑狱谳大理寺，不能决，尚书省众议之。录可为法者，送秘书省奏报。诸疑狱，法官执见不同者，得为异议，不得过三。"④ 这条令文存在的另一证据是日本《养老令·狱令》第51条也有与其前半句对应的条款："凡国有疑狱不决者，谳刑部省。若刑部仍疑，申太政官。"⑤ 然而，此条疑狱谳大理寺的唐令在《唐六典》中却无记载。

《天圣令》据新制将唐此条旧文"谳大理寺"改为"奏谳刑法之司"，其中刑法之司包括了审刑院在内，而"有众议异常，堪为典则者，录送史馆"并非新制，应该原本就是

---

① 《续资治通鉴长编》卷五二，咸平五年五月壬寅，第1131页。
② 《旧五代史》卷一四七《刑法志》，第1969页。按，原标点"准令文谳，大理寺亦疑"，疑有未妥，据《新唐书》卷五六《刑法志》改为"准令文谳大理寺，亦疑"。
③ 《五代会要》卷九《定格令》载后周显德四年中书门下奏言曰"朝廷之所行用者，《律》一二卷、《律疏》三〇卷、《式》二〇卷、《令》三〇卷、《开成格》一〇卷、《大中统类》一二卷。"（中华书局影印本1998年版，第113页）这些皆为唐代的法典，表明五代除后梁外，当时行用的正是唐代的法典体系。
④ 〔宋〕马端临：《文献通考》一百六十九《刑考》，中华书局2011年版，第5074页。"奏报"二字原被误删，今补。原标点"准令文谳，大理寺不能决"，亦有改动。
⑤ 〔日〕黑板胜美编辑：《令义解》，《新订增补国史大系》第2部2，日本吉川弘文馆1972年版，第328页。

此条旧文的一部分。

《新唐书》所载"天下疑狱谳大理寺",是指百姓及一般官员案件有疑难,先报大理寺议决,上刑部复核,不能定者,报尚书省,再经中书门下详覆。唐代大理寺职掌为:"凡诸司百官所送犯徒刑已上,九品已上犯除、免、官当,庶人犯流、死已上者,详而质之,以上刑部,仍于中书门下详覆。"① 天下疑狱,如有情轻法重,或情重法轻,大理寺用一般的常法难以判决,故须报尚书省覆议。在此案覆议期间,如有议论具有典型意义,可为以后判案提供案例参考的话,便将其录送史馆,以备今后立法、执法使用,应是题中之义。

"录可为法者"与"堪为典则者"说的是同一个意思,即能为今后司法提供借鉴。《新唐书》说"送秘书省",与《唐六典》云"录送史馆",说法虽不一致,但无实质性差异,目的都是以备今后立法和执法做参考。明人丘濬对此做了很好的注解:"臣按唐制,凡大理寺所不能决之疑狱,尚书省会众议定,录可为法者,送秘书省。秘书省者,文学侍从之臣所聚之处,欲其引古义、质经史以证之。因一时之疑,立百世之法,本一人之事为众人之则。"② 唐秘书省"掌经籍图书,监国史,领著作、太史二局。太极元年,增秘书少监为二员,通判省事。其后国史、太史分为别曹,而秘书省但主书写勘校而已。"③ 录可为法者送秘书省,目的乃论证校勘,使之更臻完善,然后奏报存档。

笔者以为,问题出在《唐六典》。《唐六典》编纂者省略了唐令"天下疑狱谳大理寺"的条款,把其中的末段文字"若众议异常堪为典则者,录送史馆",用小字注形式移附到了"应入议、请者"条款之后,从而给后人留下了一条不实的唐令记录。因此,《狱官令》宋令第46条不存在因宋代司法覆核新制的变化,而从另一条与其不对应的令文中移入部分文字的问题。

结　语

唐令到了宋代,有些因社会变化而被废弃不用,有些依然有效,有的则发生了一些变化。面对这些变化,《天圣令》的修纂者根据宋制适当地做了一些修正。新制通常是以皇帝诏令名义颁布实施的,基于编敕优先编纂、优先适用的原则,这些诏令大都修入了编敕。为避免重复,《天圣令》中新增的宋制内容是有限的,并没有也不可能详细做出规定,只是尽可能地照顾原有的唐令旧文,即唐令旧文中涉及的当时仍然在行的制度,即使宋代编敕中已有新的补充规定,也尽量在新修的宋令中保留,不予删除;如果唐令旧文涉及的制度已被宋代所更改,宋令则稍做相应的改动,不再添加具体的内容,以求与宋代法典体系中敕、令、格、式的职能性分工要求保持一致。从这一修订方式可以看出,《天圣令》

---

① 《唐六典》卷一八"大理寺卿"条,第502页。
② 〔明〕丘濬:《大学衍义补》卷一〇八《治国平天下之要》,景印文渊阁四库全书本,台湾商务印书馆影印本1986年版,第713册,第263页。
③ 《通典》卷二六《职官》,第733页。

在沿用唐代法典修纂方式基础上做了一些更改①，尚不能完全摆脱唐代的影响。真正发生根本性变化的是神宗元丰七年（1084）《元丰敕令格式》的纂修。《天圣令》在唐后期至宋的法制变迁进程中扮演了承上启下的重要角色，是一部起过渡作用的法典。明乎此，我们才能准确把握《天圣令》在中国法制史上的地位，进一步挖掘其价值，以促进唐令研究、宋令研究向纵深发展。

（作者单位：上海师范大学古籍研究所）

---

① 关于唐代法典修纂方式，参见戴建国《唐宋变革时期的法律与社会》，上海古籍出版社 2010 年版，第 98－134 页。

论宋代"审计"的法制内涵

肖建新

在我国法制史,以及审计史上,具有现代含义的审计,首先是在宋代使用的,或者说是宋代人的发明,因为宋代出现了以"审计"命名的审计司、审计院等专门的审计机构。这无论从名称上,还是从审计机构体系完善上讲,都是审计制度史上的重要事件。不过,其中审计司在宋代文献中记载不一,导致它产生的时间一度成为需要澄清的悬案,经学术探究,已经获得基本共识,即是在南宋初建炎元年(1127)为避讳宋高宗赵构之名将诸军诸司专勾司更名为审计司,隶属于太府寺。① 学术界,特别是审计、审计史学界予以高度关注和评价的则是它的意义,如,有学者说:"宋代第一次用'审计'一词命名审计机构,对后世审计组织机构的建设有着深远影响。"② "宋审计司(院)的建立,是我国'审计'的正式命名,从此'审计'一词便成为财政监督的专用名词,对后世中外审计建制具有深远的影响。"③ 从命名和机构上讲,确有划时代意义,因为宋代审计从字意到制度都有很大的发展,尤以制度的完善和成熟而著称。而从审计一词及以审计机构之名对后世审计影响来说,则言过其实了。因为宋代审计实践和后世审计机构直接使用"审计"一词则甚为罕见,也就出现了有的学者在专门探讨宋代与审计相关的法规,以及基本法律《宋刑统》时,没有论及审计一词的法律、法制内涵。④ 其实,宋代在一些审计机构命名时,确实使用了审计一词,南宋吴博古已经指出:"审计非古官也,而原于古。"⑤ 而审计实践及相关法律中,使用了诸如审校、磨勘、勘会、勾稽之类词汇,这与传统审计表达较为接近,内涵没有根本变化。直到近代法制转型之时,出现了审计院(处、部等)和审计法,现代意义的审计,尤其是法律意义的审计一词才普遍出现。为此,根据目前研究的现状,结合自己曾经对宋代审计初步的探讨⑥,进一步从法制史的角度深入思考,以期对宋代审计本质和现代审计转型的认知有所裨益。

---

① 任德起:《宋代审计司考证》,载《审计理论与实践》1994年第3期,第51、52、56页。
② 曹大宽:《宋代审计司、审计院考析》,载《审计研究》1987第4期,第11、14页。
③ 秦荣生:《我国历代审计制度的演变、利弊及其对我国现行审计制度改革的启示》,载《当代财经(江西财经学院学报)》1991年第10期,第1-6页。
④ 方宝璋:《宋代与审计相关的法规》,载《福建审计》2002年第4期,第28-30页。
⑤ 曾枣庄、刘琳主编:《全宋文》卷五四二二《审计院厅壁记》,上海辞书出版社、安徽教育出版社2006年版,第242册,第345页。
⑥ 参见肖建新《宋代审计三论》,载《史学月刊》2002年第1期,第39-46页;《宋朝审计机构的演变》,载《中国史研究》2000年第2期,第112-126页。

一、审计的原旨及宋代的沿用

审计用于审计机构是宋代的发明,而审与计作为一个词很久以前就已经出现了。如《礼记》上说:"审声以知音,审音以知乐,审乐以知政,而治道备矣。"① 这个"审"字应是审核、判断之意,而"博学之,审问之"之"审",则有审慎、严谨之意了。② 这些都不是现代审计的完整含义,但与现代审计之意应有一定的联系。至于"计","八法治官府……八曰官计,以弊邦治。""三岁,则大计群吏之治而诛赏之。"③ 显然,有计算、稽核之意,此"计"应是审计的重要内容,较"审"更具审计之意。我国最早的一部重要字典《说文解字》尚无"审"的解释,对"计"则作"会也,算也"之解,同样较"审"更有审计的内涵。也由此可见,"审计"确与"会计"从词源上讲有不解之缘。而"审计"作为一个完整的词,较"审""计"出现要晚得多,"审计定议而甘心焉"④,"善为天下者,计大而不计小,务德而不务刑,据安念危,值利思害。愿陛下审计之"⑤。显然,这些审计与我们所讲的审计,根本不是一回事,并且使用极为有限,至于《汉书》所说的"愿单于与大臣审计策",⑥ 虽然早了许多,但这是审,不是审计问题,且此审也不含现代审计之意。

检阅我国古代文献上的"审计",则会有一个惊奇的发现,宋代"审计"一词的使用频率与数量,几乎是"空前绝后"的,一般沿用审慎、严谨的传统本意,并且,大多出现在文集中,而正史、政典、法律上的审计多作为审计机构中的审计。这是一个有趣的现象,在文人与官方的话语体系中,审计存在很大的差异。在宋人的文集中,如北宋欧阳修说:"夫用人之术,任之必专,信之必笃,然后能尽其材,而可共成事……信之欲笃,则一切不疑而果于必行,是不审事之可否,不计功之成败也。夫违众举事,又不审计而轻发,其百举百失而及于祸败,此理之宜然也。"⑦ 显然,前一个"审"字有审核之意,而后面"审计"一词则是深思熟虑的意思。王安石在一方墓志铭中也有这类用法,"超(王超)能薄,此重事,愿更审计"⑧。又如曾巩说:"有司建言,请发仓廪与之粟……然有司之所言,特常行之法,非审计终始,见于众人之所未见也。"⑨ 有的材料更为明确,"惟察

---

① 〔元〕陈澔注,金晓东校点:《礼记》卷七《乐记》,上海古籍出版社1987年版,第205页。
② 〔宋〕朱熹:《四书章句集注·中庸章句》,中华书局2011年版,第32页。
③ 〔汉〕郑玄:《周礼》卷一,张元济辑,四部丛刊初编本,上海书店1926年版。
④ 〔后晋〕刘昫等:《旧唐书》卷一九〇《陈子昂传》,中华书局1975年版,第5018页。
⑤ 〔宋〕欧阳修等:《新唐书》卷一〇七《陈子昂传》,中华书局1975年版,第4074页。
⑥ 〔汉〕班固:《汉书》卷七〇《陈汤传》,中华书局1975年版,第3012页。
⑦ 〔宋〕欧阳修:《文忠集》卷一七《为君论上》,景印文渊阁四库全书本,台湾商务印书馆,第1102册,第141－142页。
⑧ 〔宋〕王安石:《临川先生文集》卷九二《户部郎中赠谏议大夫曾公墓志铭》,四部丛刊初编本,张元济辑,上海书店1926年版。
⑨ 〔宋〕曾巩撰,陈杏珍、晁继周点校:《曾巩集》卷九《救灾议》,中华书局1984年版,第150页。

利害而审计之"①。"陛下不得不留神审计，而速断也。"② 而南宋朱熹则将审与计度连起来使用，"欲望圣慈行下详审计度"；"此等事一是要早商量，二是要审计度……"③。又如，"审计度，躬俭勤"。④ 可见，这些审计或审计度，从语法上讲是个动词或短语，而从结构上看是动宾结构，偏正关系，而非名词、并列关系，都与现代审计含义有很大的区别。

同时，还要指出，宋代不只是文集中的审计用原旨，就是具有法律效力的诏书也是如此，宋神宗时，熙宁十年（1077），"委赵卨、李平一、苗时中同共审计确的利害，不得依违顾避，致误朝廷一方大事。"⑤"元丰五年二月庚午，朱崖军生黎户乞归顺，其令张颉审计所宜，不得生事。"⑥ 这说明在宋代法律性文献中，也沿用既往的审计原初含义，而无审计钱物之意。

即使审慎、严谨的审计原旨，在历史上包括宋代占主导或重要的地位，与现代审计概念有很大的差异。然而，其审慎、严谨，以及谨重、熟虑的内涵，如"审计谨重""审计熟虑"之谓⑦，恰恰反映了审计的内在要求和审计的精神追求。显然，这对认识现代审计有启发意义。其实，我们不得不承认，如今在重视审计、强调审计作用时，人们还很难精确而实质地揭示出审计的本质，也无法如人们谈及法律、法制、法治时，就会自然地想到法的公平、公正、正义的实质，这就要求我们循名责实地探究审计的真谛和本质，真正地回答审计是什么。只有做好这种基础性的研究，审计学以及审计法学、审计史学等才有坚实的学理和学术基础。

二、宋代基于机构命名的"审计"

据以往的研究，笔者认为宋代审计机构经历了三个阶段的变化：其一，北宋前期，在二府三司的体制下，中央审计机构由三部勾院、都磨勘司、勾凿司、马步军专勾司、诸司专勾司、三司帐司、会计司等构成，替代了唐朝占审计主导地位的比部，而地方的审计机构逐渐形成，至熙丰成型，以转运司、提刑司为主。其二，北宋元丰更制后，再造三省六部之制，中央的审计机构，由刑部之比部，户部诸司及都拘辖司、催辖司，太府寺之审计（专勾）司组成，前两部分较为重要，而地方审计机构变化不大，但有衰弱的迹象，加强了户部、太府寺的勘当、监督。其三，宋室南渡后，在偏安体制下，为了适应战争和财政之需要，中央、地方审计机构皆有所加强，中央仍由刑部、户部、太府寺下属的相关机构组成，但主要是加强户部的审计，如五司兼领、并领太府寺、设拘催所、提举帐司等，而

---

① 《全宋文》卷五六二《论元昊求和奏》，第26册，第313页。
② 《全宋文》卷九八八《请禁干谒近习女婢奏》，第46册，第78页。
③ 〔宋〕朱熹：《晦庵先生朱文公文集》卷二七《与赵师书》，张元济辑，四部丛刊初编本，上海书店1926年版。
④ 《全宋文》卷七〇三四《处州通判墓志铭》，第308册，第218页。
⑤ 《全宋文》卷二四七六《交贼袭据机榔县令赵卨等同共审计利害闻奏诏》，第115册，第45页。
⑥ 《全宋文》卷二五〇四《张颉审计朱崖军生黎归顺事诏》，第116册，第191页。
⑦ 《全宋文》卷七四三二《论会子札子》，第323册，第372页。

比部、审计司渐趋衰弱；地方审计机构逐步加强，除了完善监司、通判的审计外，还创设审计司（院）、审计院、磨勘司。① 在这些具有专职或兼职审计机构中，除北宋后期太府寺所属的审计（专勾）为历史文献记载的回改外，真正称之为审计司是在南宋时期，而且改专勾司为审计司，完全是出于避讳的需要，绝非基于审计机构、体制发展的需要，可谓纯属偶然，不必夸大其更名的作用。不夸大更名的作用，又不等于否定宋代审计，尤其是与法制密切相关的机构和体制的发展。在此倒有必要将那些专兼职审计机构中以审计命名的机构厘析出来，分别考察，并通过职制、职能揭示其法律属性。

宋代到底有几种审计司（院），一般论述中不是太清楚的，其实，主要有三种：

一是中央的审计司，一般认为，在北宋前期，三司设诸军、诸司专计司，所谓"旧隶三司"②。元丰改制，户部代替三司的基本职能，诸司、诸军专勾司移至太府寺；至南宋初年，因避讳，更名审计司，又前冠以"干办"二字，称之为干办行在诸司、诸军审计司，也有称之为"审计院"③，仍属太府寺。三司的专计（勾）司，为何至熙宁、元丰之后，转移到太府寺，这应是由宋代财政体制变化决定的。在此需要指出，国家财政税收，北宋前期三司"总国计"、④ 元丰改制后户部掌"钱谷之政令""贡赋、征役之事"等，⑤但又有所区别，前者掌收与支，后者执征收，支出则由太府寺负责，"掌邦国财货之政令，及库藏、出纳、商税、平准、贸易之事"⑥。因此，审计司"掌审其给受之数，以法式驱磨"。即驱磨太府寺下属粮料院所颁的"文武百官、诸司、诸军奉料"⑦。这种"奉料"，包括官俸、军俸，尤其兵饷、军费，审计侧重钱物的审计，这是由宋代财政的军事性决定的。据研究，宋朝的疆域和耕地不如唐朝，甚至不及一半，而财政收入中钱币收入则是唐朝的三四倍，南宋初年，高宗绍兴末年的东南地区的岁入就有"六千余万缗"，而唐朝后期宣宗时的岁纳只有"九百二十五万缗"；至于军制，宋代实行募兵制，以财养兵，不是义务性的征兵制，并且数量巨大，宋仁宗时禁军和厢军加起来就有130万，"仰天子衣食"，是要依靠国家财政支持的⑧，以致宋仁宗时富弼说："自来天下财货所入，十中八九赡军"⑨。这就决定了太府寺的审计司承担朝廷或国家的审计重任，尽管它设在财货、钱物的主管机构太府寺内部。当然，这个机构名为审计司，而从事的审计又一般称之为驱磨。

---

① 参见肖建新《宋朝审计机构的演变》，载《中国史研究》2000年第2期，第112－126页。此次引用时，略做修订完善。
② 〔清〕徐松辑：《宋会要辑稿》职官二七之一四，中华书局1957年版，第2943页。
③ 〔宋〕谢维新：《古今合璧事类备要》后集卷四九《审计院》，景印文渊阁四库全书本，台湾商务印书馆1986年版，第940册，第169页。
④ 《宋史》卷一六二《职官二》，中华书局1977年版，第3807页。
⑤ 《宋史》卷一六三《职官三》，中华书局1977年版，第3847页。
⑥ 《宋史》卷一六五《职官五》，中华书局1977年版，第3908页。
⑦ 《宋史》卷一六五《职官五》，中华书局1977年版，第3908页。
⑧ 参见王曾瑜《宋朝军制初探》（增订本）第十一章第六节《浩大的军费开支》，中华书局2011年版。
⑨ 《续资治通鉴长编》卷一二四，宝元二年九月丁巳，中华书局2004年版，第2928页。

二是地方的审计院,南宋初年设立,为地方的监司管辖。宋朝法律上规定:"诸转运司钱物本司应支用者,旁、帖并经所在州县粮、审院勘审。"① 这种地方的审计院或司,在宋代法律上多次出现,如《保明捕获榷货酬赏状》上说:"审计院、磨勘司审磨并同官吏姓名。"② 《仓库令》也规定,"诸上供钱物状,逐州次年正月中旬依式揽送磨勘司、审计院,各限五日磨审讫申转运司覆验"③。《保明磨勘出税租亏失酬赏状》也要求"审计院、磨勘司审磨并同官吏姓名。"④ 这种地方审计院主要是审磨地方的支出和上供,与中央太府寺审计司驱磨给受支出有一定的差异。可见,这是监司、通判以及御史之外的地方审计机构,为地方审计机构体系的重要组成部分,主要审计地方财政的收支与上供。在以往的宋代审计制度研究中,这没有引起足够的重视。

三是军事性的审计司或审计院,为总领所管辖。南宋时期,在长江沿线的军事防区,设置淮东、淮西、湖广、四川四个总领所,保障军事需要和供给,"措置移运应办诸军钱粮","岁较诸州所纳之盈亏,以闻于上而赏罚之"⑤。也有学者指出,这是为分户部财权而设立的,⑥ 同时,也符合宋代分权制约的政治体制。宋代在淮东和淮西总领所设审计司,以通判兼;在湖广和四川总领设审计院,以属官兼,职在帮勘"总领所支遣钱粮"⑦,如绍兴三年(1133)正月诏,都督府属官充"粮院、审计司、监官,都督府管下官兵等帮勘请给等并经由户部、粮审院依条批勘支给"⑧。可见,审计司(院)不是地方审计机构,而是中央的派出审计机构,故又叫分差审计司(院)。审计的是总领所所领钱粮为"朝廷科拨",或"户部拨充"⑨,即是中央或户部财政的支出。这是一种中央或户部的派出审计,审计司(院)也就又要受到户部的监督。孝宗时,户部奏,"淮西总领所通判池州黄尚文兼干办户部分差计司职事",后臣僚又言"印造条册"付粮审院,而"百司关报到请给指挥,并仰置册用印,即时抄录,从本部不测点检"⑩。

此外,在西北边地设宣抚处置使,如"建炎三年五月,以张浚为川陕宣抚处置使,许便宜黜陟"⑪。在宣抚处置使司还设有随军审计司,这从杭州出土的"宣抚处置使司随军审计司印"得到证实,印的背面还刻有"建炎四年二月宣抚处置使行府铸"字样。⑫ 这可能是目前最早的"审计"一词的实物证据,反映宋代军事保障审计的重要。这再次反映了

---

① 〔宋〕谢深甫:《庆元条法事类》卷三七《库务门二·勘给》,黑龙江人民出版社2002年版,第601页。
② 《庆元条法事类》卷二八《榷禁门一·榷货总法》,第385页。
③ 《庆元条法事类》卷三〇《财用门一·上供》,第442页。
④ 《庆元条法事类》卷四八《赋役门二·簿帐欺弊》,第655页。
⑤ 《宋史》卷一六七《职官七》,中华书局1977年版,第3958页。
⑥ 王曾瑜:《宋朝军制初探》(增订本),中华书局2011年版,第428页。
⑦ 《宋会要辑稿》职官四一之四四,第3188页。
⑧ 《宋会要辑稿》职官四一之四五,第3189页。
⑨ 《宋会要辑稿》职官四一之六四、五一,第3198、3192页。
⑩ 《宋会要辑稿》职官二七之五九,第2966页。
⑪ 〔宋〕周密撰,张茂鹏点校:《齐东野语》卷二,中华书局1983年版,第21页。
⑫ 曾广庆:《宋代官印制度略论》,载《中原文物》2000年第5期,第55页。

宋代财政和审计的军事服务性。

总之，在宋代审计机构的名字中，使用"审计"确是历史上独树一帜的，并且是一些法律诏令规定的，形成了从中央到地方的以"审计"命名的机构体系。只是在宋代审计实践中，则用驱磨、勘审、帮勘之类名称，很少直接用"审计"一词，但同样具有合法性。这种现象较为复杂，需要进一步梳理。

三、宋代"审计"相关词语的法制意蕴

我国的审计活动和制度可以上溯至夏、商。《史记》卷二《夏本纪》，《吴越春秋》卷六《越王无余外传》等就有夏禹会计或会稽诸侯的记载。因而，审计早在夏商时已出现，西周也就不是"我国审计有史记载的最早时期"①。当然，夏商的会计是古代考功或考课制度的一个组成部分，其中虽有审核诸侯经济政绩的成分，也即具有审计的初始含义，但还没有直接使用"审计"一词，且与审计的基本含义有很大的差异。这种审计词语使用的间接性实质上影响并决定我国古代传统审计的品性。秦汉时期，有《效律》《上计律》等法律与审计密切相关，上计中的审计含义较前述会计要突出一些，但与审计仍有较大差距，不能等同，更不能混淆。这时经济管理和监督中的"计较"，即审核钱物，倒与审计相似。在《睡虎地秦墓竹简》中，有"计较相胶"，"计脱实及出实多于程律，及不当出而出之"，"计用律不审而赢、不备"等记载。魏晋南北朝时，上计、考课、监察等与前代基本相同，审计概念的进步不大，但有一件值得注意的事情，在刑部下设立比部司，至隋唐演变为重要的中央审计机构，审计法制获得了迅速发展，比部及勾检官的"勾""检""稽""句""句驳""句会""勾覆"等②，日益频繁，古代审计制度走向成熟，而"审计"一词仍然在审计法律和实践没有获得运用。

宋朝发明和使用了"审计"一词，而在法律和审计中继承并发展了历代特别是唐朝勾检之类的审计相关术语，使审计的专指性更为明确，宋代与审计含义接近，甚至吻合的词语很多。根据宋代法律和文献记载，主要有以下几种情况：

一是以"审"字为主或带"审"字的词语，如审、审校、审磨、审复等。如马、步军专勾司（审计司）"审校"粮料院给受之数，以防欺诈。③ 考课审计时，"诸路岁上知县、县令考课优等治状，委主判官审校，取最优者上簿"④。这对后代有一定影响，元朝审计工程建设时，也是如此，"诸造作物料，须选信实通晓造作人员，审校相应，方许申

---

① 杨轶群主编：《审计实务知识》，中国物资出版社 1990 年版，第 6 页。
② 综合参见〔宋〕王溥《唐会要》卷四〇、卷五九，清武英殿聚珍版丛书本；〔唐〕李林甫等《唐六典》卷二二，明刻本；〔宋〕司马光《资治通鉴》卷二一三，中华书局 1956 年版；罗振玉《鸣沙山石室佚书正续编》，国家图书馆出版社 2004 年版。
③ 《宋史》卷一六二《职官二》、卷一六五《职官五》，第 3811、3908 页。
④ 〔宋〕李焘：《续资治通鉴长编》卷二八三，熙宁十年秋七月丁巳，中华书局 2004 年版，第 6936 页。

索。"① 宋朝单独使用"审"字的也有,如"诸转运司审讫计帐,限十二月十日以前申尚书本部。"② 但常与磨、复等连用为审磨、审复,如通判厅"审磨"无额上供钱物帐,"诸州审磨税租簿"③,这类带"审"字的词语在历史上应该最为接近现代审计的内涵;而"计"字就没有以往那么鲜丽了。这类词的本质,主要是审计财政支出、赋税收入等,应该属于国家审计。以下所述,审计名称虽异,而内涵的实质则无根本变化。

二是以"磨"字为主的词语,如磨勘、磨审、驱磨、根磨等,如:"诸官监场务及县镇寨应赴州送纳钱物","岁终缴赴州磨勘"④;"诸上供钱物状,逐州次年正月中旬依式揽送磨勘司、审计院,各限五日磨审讫申转运司覆验"⑤;"诸州常平主管官岁终将诸司公吏借请批券、支过常平等钱别帐申缴户部,委官驱磨,其有过数取予及违戾者,并重置典宪"⑥;"诸根磨出合纳官钱物,候催纳到官,经所属审覆保明,方许推赏。"⑦ 北宋前期就有著名的磨勘(审计)机构,如磨勘司、都磨勘司等。当然,磨勘在宋朝还指考课。这些词汇中,磨勘、驱磨有时又用于考课、文书管理等,而驱磨的记载最为丰富。

三是,磨勘之"勘",本为校定之义,也由此衍生出通勘、勘会、勘勾、勘当等,如勾院通勘"诸州军封椿禁军阙额"⑧。在这些词汇中,通勘、勘当在法律上较为专门,而勘会使用较多,尤其禁榷、财用、赋役等方面法律中,多指审计,但在职制、选举、文书等方面法律中又有一般查实之意,如所谓"勘会到功过事件"⑨。

四是以勾(钩)、考为主的勾、勾磨、勾稽、钩复、勾考、考、考核等,其中勾、考用于审计,历史悠久,使用频繁,宋时仍然使用,熙丰时帐司"勾磨出失陷钱止万缗",金部"勾考平准"。⑩ 不过,主要是在审计实践上,而非法律中,较唐代似有衰弱,也许前述的审、磨、勘与勾相比较,更能全面深刻表达审计的内涵,或者说是从方法、手段的要义上概括,进而揭示审计求实的本质。可见,宋代这些审计词语,不只是比对账与物、方法和形式的概括,而且是审稽账、物的实情,或者合法、效益的状态,显然,审计内涵有了一定实质性进展。

此外,与磨、审密切相关的是,以点、检为主的点检、点磨、检察之类的名称,如金部点磨财政、三司差官点检"场务",六察案"点检诸司库务坊监"等,⑪ 就其内容和实

---

① 方贵龄校注:《通制条格校注》卷三〇《营缮》,中华书局2001年版,第731页。
② 《庆元条法事类》卷七九《蓄产门·官马帐状》,第884页。
③ 《庆元条法事类》卷三二《财用门三·点磨隐陷》,第502页。
④ 《庆元条法事类》卷三六《库务门一·场务》,第541页。
⑤ 《庆元条法事类》卷三〇《财用门一·上供》,第442页。
⑥ 《庆元条法事类》卷七《职制门四·监司巡历》,第127页。
⑦ 《庆元条法事类》卷三二《财用门三·点磨隐陷》,第504页。
⑧ 《宋会要辑稿》食货六四之七三,第6136页。
⑨ 《庆元条法事类》卷六《职制门三·批书》,第85页。
⑩ 《宋史》卷一七九《食货下》,第3850页;参见〔元〕马端临《文献通考》卷五二,景印文渊阁四库全书本,台湾商务印书馆1986年版,第611册。
⑪ 《续资治通鉴长编》卷二九一,元丰元年庚午;卷三〇五,元丰三年六月癸巳,第7126、7415页。

质而言，这些皆属审计行为，其名称是审计方式与本质相结合的概括。

在这些林林总总的称呼中，"审计"一词固然是最合适不过的，但宋人使用最多的不是审计二字，而是审计的近称、异称，并且，这些名称大多是宋代法律使用的词语。如在行政方面的法律，职官、职制的规定上，三部勾院的"勾稽"，都磨勘司的"覆勾"，诸军诸司专勾司的"审校"，帐司的"审复"，会计司的"考校"，比部的"钩考"，户部的"驱磨""比校""勾考"等，这些表述虽形式不同，但内容和本质基本一致。宋朝使用审计及其相关词语，既有对历史继承，又有很大的发展，主要表现在对审计的理解和把握上。众所周知，审计是私有制的产物，也就是说它是在私有制、阶级、政权出现之后才出现的。在阶级社会，一定的阶级、政权占有和控制着社会绝大部分的财富，他们不可能亲自去具体管理，只好委托他人经营和管理，出现了所有权与经营权的分离，因而出现了委托与受托的经济责任关系。在这种两权、两责分离的情况下，必然要加强对受托者的经营状况、经济责任的监督，这主要是通过审计的方式进行的。这反映了一个实质性的问题：只要有经济利益与权力运行的交集，就会有审计，尤其是国家审计。因此，审计不仅是经济监督，而且是权力制约。早在夏商时，"普天之下，莫非王土"，君王虽拥有天下，但不得不依靠各级机构和各种官吏来实施有效统治。审计在此时即已产生，存在于经济监督、官吏考核之中，而机构寄居于相关的经济职能、官吏考核部门，突出的是对经济、财政运行的国家控制，制约的是权力及其腐败。当然，这种机构的寄居性反映传统国家审计的内部性，也是一种权力运行内部的自我调节，宋代继承了这一法制传统。宋太宗就说："周设司会之职，以一岁为准；汉制上计之法，以三年为期。所以详知国用之盈虚，大行群吏之诛赏，斯乃旧典，其可废乎？三司自今每岁具见管金银、钱帛、军储等簿以闻。"[1] 宋代即使设立审计司（院），刑部的比部仍发挥一定审计功能，御史、监司、通判等监察力量参与审计[2]，但是，总的来看，这种审计从本质上讲，还是财政或行政内部的审计监督，也是一种政府以及国家审计，也即宋朝审计机构对相关机构及其官吏——受托者进行监督，考核、鉴证、评价其效率、责任、效益等，如审计"天下所申帐籍""诸司诸军给受"，以及税赋、上供等。为此，宋人对审计作用的认知是有一定深度的，有人认说："四方财赋……非有簿书以勾考之，则乾没差谬，漫不可知"[3]，也有人认为："国家之赋禄，以粮审院为关键。"[4] 可见，宋人重视审计的功能，并从制度设置上进行考量，制约权力的运行。这是宋朝审计法律制度发展的深层次表现，值得我们重视。

为此，宋代在命名某些审计机构时使用"审计"一词，与历代以及宋代使用的一般含义的审计有天壤之别，但是，又不是在宋代审计时运用的基本概念和范畴，而常用的是审校、磨勘、勘会、勾稽等词。这些词语也许有审计对象上微弱差异，没有方法上的根本区别，几乎可以忽略不计。这与近代审计产生以后不同审计方法的表述是有很大差异的。此

---

[1] 《宋史》卷一七九《食货下一》，第4348页。
[2] 参见肖建新《宋朝审计机构的演变》，载《中国史研究》2000年第2期，第112-126页。
[3] 《宋会要辑稿》职官五之二六，第2475页。
[4] 《宋会要辑稿》职官二七之五八，第2965页。

外，值得注意的是，在对宋代"审计"的理解上，它与会计、考课、监察制度既有联系又有区别。

审计与这些制度一样源远流长，越是在古代越与会计等制度密切相关，因为查账是它们的基本手段，所以，直到现在还有人认为，"审计、会计、簿记均为广义审计学之一部分，三者关系密切，唇齿相依，表里一致，即根据会计原理方法，进行审计之职权，检查簿记执行结果；根据簿记资料与审计查核结果，用以证实会计原理之正确"[①]。当然，夏商时的会计制度带有明显的考课、考功诸侯的特点，与后世的审计有很大的差别。秦汉以降的会计"计校"钱物，审计的特征显然要明确一些。宋朝吸取历代审计的经验教训，在会计中，通过"每岁校天下税帐登耗以闻"[②]，通过上账簿，"详知国用之盈虚"，主要是为国家财政的收支、平衡、监督服务的。所以，审计机构也就混合在会计机构或经济管理、司法监督部门之中，没有形成独立的审计机构体系。审计与考课（磨勘）的关系也非常密切，上古的考课也即会计，通过会计的手段"考其治成"。[③]秦汉以后的考课主要由监察官御史、刺史来考核政绩，其中经济方面的业绩如人口、土地、税赋等，则通过审计来判断。北宋初年，文武常参官各以曹务闲剧为月限，考满即迁，考课制度名存实亡。太祖谓此非循名质实之道，罢岁月叙迁之制，后来设立磨勘司、审官院、吏部等，主持考核[④]，内容逐渐丰富。从考课法律法规来看，知州知县考课《四善四最》中的"生齿""民籍""农桑""水利"等，监司考课《十事》或《十五事》中的"财赋""农桑""户口"等[⑤]，这些又都是审计的法律依据。知县知州、监司通判满替及罢任时，都要接受考核（审计），检查支用钱物有无妄作虚破，催收起发有无拖欠违限，似可视古代官吏的离任审计。审计与一般监察的关系同样十分密切。秦汉御史监察制度形成以后，监察范围极其广泛，几无不察，特别秦汉至隋唐，御史机构充当了审计的重要角色。宋代御史、监司、通判等监察官吏进行经济监督以及其他监察时都广泛地采用了审计这一手段，并且事实很多。为此，今天人们在研究古代审计时仍把监察中的审计作为重要内容来对待，因为监察机构具有审计的职能，但是，不能把监察机构与审计机构等同起来。这又是值得注意的一个问题。

总之，宋朝审计及相关概念，主要是官府的财政、财务、财物的审计，实质上是国家审计。从审计演变和法制传统看，尽管宋代"审计"一词的出现，非常凸显，但是，宋代审计的进步，不是"审计"一词本身，而是审计的法制内涵的丰富，展现出国家审计的制

---

① 张永康：《审计学原理与实务》，台湾三民书局有限公司1981年版，第7页。
② 《宋会要辑稿》食货一一一之一一，第4998页。
③ 〔宋〕章如愚：《群书考索》后集卷一五《官制门·考课》，景印文渊阁四库全书本，台湾商务印书馆1986年版，第937册，第196—209页。
④ 〔宋〕谢维新：《古今合璧事类备要》后集卷四九《审计院》，景印文渊阁四库全书本，台湾商务印书馆1986年版，第940册，第169页；《宋史》卷一〇六《选举六》，第3757页。
⑤ 《庆元条法事类》卷五《职制门三·考课》，第66—76页；《群书考索》后集卷一五《官制门·考课》，第937册，第196—209页。

度和机制，从而形成审计的法制传统。这种国家审计的传统，至近代法制转型时，仍然挥之不去。这一点在民国的审计法律，尤其四部重要的《审计法》中有明显的反映，如1914年第一部《审计法》规定的审计内容为："一、总决算；二、各官署每月之收支计算；三、特别会计之收支计算；四、官有物之收支计算；五、由政府发给补助费或特与保证之收支计算；六、法令特定为应经审计院审定之收支计算。"显然，近代转型后的民国审计仍是国家审计。为此，在审计法律传统文化中，我国的国家审计是一脉相承的。这就要求我们在研究近代乃至今天的审计法律时，需要进行长时段的历史审视，在继承中进行创新，真正把握审计的内涵和文脉，以建构具有本土特色的审计法制史。当然，以上对宋代"审计"的法制解读与以往的研究有很大的差异，至于取得多少进展，则有待专家学者批评指正。

（作者单位：南京审计大学博物馆/法学院。本文原载《会计之友》2016年第22期）

宋明时代的"诉讼生态"与社会、家族秩序
——以"莫氏别室子"案的文本演绎为核心的观察

赵 旭

中国律师的鼻祖可以追溯到春秋时代的郑国人邓析,他广收门徒,教导诉讼之学,"操两可之说,设无穷之辞",又批评阻挠子产施政,终被诛杀。子产杀邓析而用其所著之《竹刑》作为司法解释的参考。但自此以后,中国类似于律师的职业生涯就被置于合法与非法之间的灰色地带了。自近代以来,为了对译西文中的 LAWYER 一词,日本人使用了"代言人""辩护士"等语汇,中国人本可以用固有的语汇"讼师"来对译 LAWYER 一词,却生硬地制造出"律师"一词,原因何在呢?因为从社会职能上讲,"讼师"往往与"讼棍"界限不明,若依凭良知办事,"发踪指示"行教导之能者为"讼师";若唯利是图,使用教唆、哄骗及准暴力手段挑起诉讼、离间亲族者即为"讼棍"。①

目前,学界认为"健讼"与中国宋元以来江西地区土地典卖、矿产开发等民事行为关系至切,亦多有论著发覆。② 实则,讼师抑或讼棍都与中国古代的社会生态与家族秩序息息相关。本文试图从宋元之际周密(1232—1298,吴兴人,今浙江湖州人)所著《齐东野语》中《莫氏别室子》的诉讼案件,以及明末凌濛初(1580—1644,乌程人,今浙江湖州吴兴人)在《二刻拍案惊奇》中对该文本的演绎,结合宋明法律,说明诉讼制度与讼棍存在之社会生态对于家族秩序之影响,尤其是"别宅子"法律地位的探讨。在《齐东野语》卷二〇有如下记载:

> 莫氏别室子
> 吴兴富翁莫氏者,暮年忽有婢作娠,翁惧其妪妒,且以年迈惭其子妇若孙,亟遣嫁之。已而得男,翁岁时给钱米缯絮不绝。其夫以鬻粉羹为业,子稍长,诊羹于市,且十余岁。莫翁告殂,里巷群不逞遂指为奇货,悉造婢家唁之。婢方哭,则谓之曰:"汝富贵至矣,何以哭为?"问其说,乃曰:"汝之子,莫氏也。其家田园屋业,汝子皆有分。盍归取之!不听,则讼之可也。"其夫妇皆曰:"吾固知之,奈贫无资何?"曰:"我辈当贷汝。"即为作数百千文约,且曰:"我为汝经营,事济则归我。"然实无一钱,止为作衰服,被其子,使往,且戒曰:"汝至灵帷则大恸,且拜;拜讫,可

---

① 参见郭建《中国讼师小史》,学习出版社 2011 年版,第 3、12、42 页。
② 如龚汝富《江西古代"尚讼"习俗浅析》(《南昌大学学报》2002 年第 2 期)等,可参见日本学者青木敦、小川快之等学者之论著及学术综述,详见朱勇等编《日本学者中国法论著选译》(中国政法大学出版社 2012 年版,第 408 页),兹不赘述。

巫出。人问汝，谨勿应。我辈当伺汝于屋左某家，即当告官可也。"其子谨受教，既入其家，哭且拜，一家骇然辟易。妪骂，欲殴逐（一本作辱）之。莫氏长子函前曰："不可，是将破吾家！"遂抱持之曰："汝非花楼桥卖羹之子乎？"曰："然。"遂引拜其母，曰："此母也。吾乃汝长兄也，汝当拜。"又遍指其家人曰："此为汝长嫂，此为次兄若嫂，汝皆当拜。"又指云："此为汝长侄，此次侄，汝当受拜。"既毕，告去。曰："汝吾弟，当在此抚丧，安得去？"即命栉濯，尽去故衣，使与诸兄弟同寝处。已又呼其所生，喻之以月廪岁衣如翁在日，且戒以非时毋辄至，亦欣然而退。群小方聚委巷茶肆俟之，久不至。既而物色之，乃知已纳，相视大沮，计略不得施。他日，投牒持券，诉其子负贷钱。郡逮莫妪及其子问之，遂备陈首尾。太守唐少尉象叹服曰："其子可谓有高识矣！"于是尽以群小具狱，杖脊编置焉。①

一、故事背后的法律与社会真实

这本笔记小说虽然题目设定为"野语"，但是讲述的却是周密本人的家乡事，其后继的演绎者凌濛初的故里也距离周密的故里不远，所以比较真实可信，且具有一定的社会影响力和文化传播意义，为我们洞悉宋明社会的基层法律生态文化提供了一个可以细致入微的全新视角。更为重要的是，这个案件的文本就有法律制度史意义上的真实性。宋代仁宗年间（据《续资治通鉴长编》可以推知下文事件的发生年代）有案例为证：

> （襄州）富人子张锐，少孤弱，同里车氏规取其财，乃取锐父弃妾他姓子养之。比长，使自诉，阴赇吏为助，州断使归张氏。锐莫敢辨，既同居，逾年，车即导令求析居。（刘）元瑜察知，穷治得奸状，黥车窜之，人伏其明。②

这篇记载的案例见于正史，文字简略，只能使得我们感觉到奸吏受贿舞文的消极作用，而对张锐弃妾之子的养父车某在诉讼中所起到的作用分析不足。第一次是张锐弃妾之子自诉要求归宗，这是古代礼法一直倡导的。《唐律》及《宋刑统》卷一二《户婚律》："诸养子，所养父母无子而舍去者，徒二年；若自生子及本生无子欲还者，听之。疏义曰：依《户令》：无子者听养同宗于昭穆相当者，既蒙收养而辄舍去，徒二年……即养异姓男者徒一年；与者，笞五十；其遗弃小儿年三岁以下，虽异姓听收养，即从其姓。"张锐弃妾之子年幼，若不是车某的策划和唆挑，张锐弃妾之子的诉讼是不能成功的。《唐律》及《宋刑统》卷一二《户婚律》："诸祖父母、父母在而子孙别籍异财者，徒三年。"但是分家的诉求应该在张锐亡故之后进行才合乎法律。由于正史记载的简略，张锐当时是否亡故

---

① 〔宋〕周密：《齐东野语》卷二〇《莫氏别室子》，中华书局1983年版，第365–366页。
② 〔元〕脱脱等：《宋史》卷三〇四《刘元瑜传》，中华书局1985年版，第10072页。

很难判断。从常理推测,车某挑唆诉讼应该在张锐亡故之后,否则车某的行为就显得有悖于当时的法律和常理了。另外,类似的外宅子或私生子归宗的案件也有一个必要的前提,就是其家族的认可,尤其是在父亲去世的情况下,主家妇女对外宅子的认可是其归宗的必要前提,如唐代后期发生的一个案例:

> 张𬘭①尚书典晋州,外贮所爱营妓,生一子,其内苏氏妒忌,不敢取归,乃与所善张处士为子。居江津间,常致书,题问其存亡,资以钱帛。及渐成长,教其读书。有人告以非处士之子,尔父在朝官高,因窃其父与张处士缄札,不告而遁。归京国,𬘭已死,至宅门,僮仆无有识者,但云江淮郎君兄弟,皆愕然。其嫡母苏夫人泣而谓诸子曰:"诚有此子,吾知之矣。我少年无端,致其父子死生永隔。我罪多矣。"家眷众泣,取入宅,齿诸兄之列,名仁龟。有文学修词,应进士举及第,历侍御史,因奉使江浙而死。②

据正史记载,张𬘭,字公表,河间人。会昌四年(844)进士,擢第释褐寿州防御判官……累辟太原掌书记。③尽管正史本传没有记载其"典晋州"并有外宅子的事件,但张𬘭在太原做过重要属官,事件绝非空穴来风,尤其是其所反映的事件也符合当时的法律和社会规范。值得注意的是,张𬘭之妻的故事末尾以一位妇女的口吻对从前自己丈夫在世时的种种妒忌感到自责,彼时夫婿已然亡故,见到其外宅子更是感慨良多,说"我罪多矣",引得其他家眷也随之泣不成声。可见,这家男主人张𬘭是具有相当的人望和威信的,也是凝聚这个家庭的核心人物。凌濛初在《二刻拍案惊奇》卷一○《赵五虎合计挑家衅 莫大郎立地散神奸》一篇的"入话"部分演绎了南宋人洪迈《夷坚志》卷六《叶司法妻》的桥段,以诙谐怪诞之笔写出了某位妇人不满丈夫为传宗接代而纳妾,因妒忌化虎而去的故事,《夷坚志》原文如下,虽为野史故事,但是行文言简意赅、言之凿凿,可见宋代人对该故事所反映理念的认同:

> 台州司法叶荐妻,天性残妒,婢妾稍似人者,必痛挞之,或至于死,叶莫能制。尝以诚告之曰:"吾年且六十,岂复求声色之奉,但老而无子,只欲买一妾为嗣续计,可乎?"妻曰:"更以数年为期,恐吾自有子。"至期,不得已勉徇其请。然常生嫉恨,与之约曰:"为我别筑室,我将修道。"叶喜,即于山后创一室,使处焉。家人辈晓夕问讯,间致酒食,叶以为无复故态,使新妾往省之。抵暮不返,乃策杖自诣其处,见门户扃钥甚固,若无人居。命仆人发关,则妻已化为虎,食妾心腹皆尽,仅余

---

① 原注:原作"扬",据《北梦琐言》作"𬘭"。笔者按,《旧唐书》及四库全书本《北梦琐言》,均作"𬘭",故改为"𬘭"。
② 〔宋〕李昉等:《太平广记》卷二七二《妇人三·张𬘭妻》,中华书局1961年版,第2146页。
③ 〔后晋〕刘昫:《旧唐书》卷一七八《张𬘭传》,中华书局1975年版,第4623页。

头足。急走山下，率众秉炬视之，无所睹。时绍兴十九年。①

在西方中世纪一夫一妻制和禁欲主义为背景的法律体系中，私生子往往饱受歧视，没有财产继承权，在很多经典名著中，私生子往往为谋夺财产而变得不安分。② 中国的私生子在道德上也备受歧视，如《西游记》三十一回《猪八戒义激猴王　孙行者智降妖怪》写到孙悟空绑架了黄袍怪（本为二十八宿的奎木狼下界）和宝象国公主百花羞所生的两个十岁左右的儿子，与百花羞公主交换人质，换出八戒、沙僧后，孙悟空却自食前言，命令八戒、沙僧，把两个孩子拿到宝象国上空，往那白玉阶前掼下，摔成肉泥，以激怒在宝象国假扮驸马的黄袍怪。孙悟空责难百花羞道："你正是个不孝之人。盖'父兮生我，母兮鞠我。哀哀父母，生我劬劳！'故孝者，百行之原，万善之本，却怎么将身陪伴妖精，更不思念父母？岂得不孝之罪，如何？"③ 这实质是《西游记》的作者借孙悟空之口对奎木狼和百花羞公主之间十三年非法婚姻的严厉谴责，甚至在《西游记》的作者看来，非婚生子女应该依礼法诛杀之。但是在传统中国"诸子均分"为大背景的财产继承法体系下，非婚生子（无论是别宅妇人所生，还是弃妾、弃婢甚至娼妓所生）如果得到其宗族或家庭的认可，却往往可以理直气壮地谋得一份抚养费，合理合法地分得与其他儿子同等的财产继承份额。只不过北宋继承了唐代的法律，对别宅私生子的认定往往是一个关键的法理结点。如《宋刑统》卷一二《户婚律》引唐天宝六载（747）敕节文，对于别宅私生子的法律地位给出了模棱两可的界定："百官、百姓身亡殁后，称是别宅异居男女及妻妾等，府县多有前件诉讼。身在纵不同居，亦合收编本籍……或其母先因奸私，或素是出妻弃妾，苟祈侥幸，利彼资财，遂使真伪难分……其百官、百姓身亡之后，称是在外别生男女及妻妾，先不入户籍者，一切禁断。辄经府、县陈诉，不须为理，仍量事科决，勒还本居。"天宝七载（748）敕："其宗子、王公以下，在外处生男女，不收入宅，其无籍书，身亡之后，一切准百官、百姓例处分。"即别宅子的继承权，必须以归宗与合为一族同居为前提，并提供有力的证据。宋哲宗元祐六年（1091）十二月，刑部言："应自陈是别宅所生子，未尝同居，其父已死，无案籍及证验者，不得受理"，哲宗诏准之。④ 所以才有"阴赇吏为助"，张锐之弃妾所生子即以贿赂等不正当手段取得了与其父张锐"同居"的资格，后来不久又提出分家析产，很容易引起知州刘元瑜的怀疑。

此外，由妇女治家理财的例子更多地见于唐代。宋代司马光《温公家范》卷七记载，唐朔方节度使李光进与河东节度使李光颜为兄弟。李光进后娶妇，时母已亡故。妻籍家财，光颜纳管钥于光进妻，不受，曰："娣妇逮事先姑，且受先姑之命，不可改也。"因相执而泣，卒令光颜妻主之矣。对别宅子的接纳与否，国家法律是有规定的，但在家族中，却取决于女主人的态度。这在前述唐代张褐与营妓私生子的案件可以得到很好的印证。

---

① 〔宋〕洪迈：《夷坚志》补卷六《叶司法妻》，中华书局1981年版，第1608页。
② 郭建：《非常读法：趣谈西方文学名著中的法文化》，复旦大学出版社2011年版，第117页。
③ 〔明〕吴承恩：《西游记》第三十一回，长春出版社2008年版，第251、252页。
④ 〔宋〕李焘：《续资治通鉴长编》卷四六八，元祐六年十二月戊午，中华书局2004年版，第11183页。

二、本文演绎的法律史学意义

正如《朱子家训》所劝导的那样"居家戒争讼，讼则终凶"，官员往往在裁断中任意妄为，正如传统民谚所谓"官断十条路，人嘴两张皮"，加之奸吏舞文，讼棍的敲诈与教唆，即便胜诉，也是家财严重耗尽。凌濛初在演绎如"莫氏别室子"案这一故事之前，还讲述了一个与之条件类似但抉择相反的故事，告诫世人嫡庶兄弟之间互相打压，甚至借助官府的势力霸家夺产往往要背负道德的谴责甚至横祸身亡的报应。

《二刻拍案惊奇》里演绎的明朝云南廪生张寅，其父有万贯家财，有妻有妾。张寅为其父嫡妻所生，"学业尽通，考试每列高等，一时称为名士，颇与郡县官长往来"，一时号称"学霸"。其父妾所生子张宾，年纪尚幼，张寅每有驱逐之心。其父亡故之后，乃欺凌庶母幼弟，霸家夺产，虽有宗族调处，也难免争讼：

> 父亲死了，张廪生恐怕分家，反向父妾要索取私藏。父妾回说没有。张廪生罄将房中箱笼搜过，并无踪迹。又道他埋在地下，或是藏在人家。胡猜乱嚷，没个休息。及至父妾要他分家与弟，却又分毫不吐，只推道："你也不拿出来，我也没得与你儿子。"族人各有私厚薄，也有为着哥子的，也有为着兄弟的，没个定论。未免两个搬斗，构出讼事。那张廪生有两子俱已入泮，有财有势，官府情热。眼见得庶弟孤儿寡妇下边没申诉处，只得在杨巡道手里告下一纸状来。

那杨巡道却是一个有黑社会背景的官员，本是四川新都县一乡宦，又是进士甲科及第，"家富心贪，凶暴残忍，居家为一乡之害"。杨巡道当时是以"佥事"身份担任"兵备巡道"，"佥事"是按察使属下的官员，分理各道刑名，统称"分巡道"，简称"巡道"。张廪生为避免家财与庶弟平分，便找到了杨巡道的心腹人，行贿纹银三百两及价值纹银二百两的金银器物，要行贿的中介人（"过龙的"）写了"议单"，又讨了许赎的执照。可见，当时行贿的潜规则十分完备，居然有见诸文字的手续！不料，杨巡道因考课"不谨"，丢官赋闲，张廪生的计谋未能得逞。后来张廪生离乡"考贡"（考取就学于京师国子监的资格），于赴任途中经行成都，贪恋女色、狎娼宿妓，致使川资罄尽，到杨巡道宅邸讨要先前行贿的财物，言语不和，被杨巡道害死，尸首埋葬于种植红花的田地。作者凌濛初以说书人的口吻指出了张廪生（后称张贡生）的所作所为错误有二：

一是贿赂官府，侵夺庶母及庶弟产业，反而是自损而肥人："假如张廪生是个克己之人，不要说平分家事，就是把这一宗五百两东西然与小弟了，也是与了自家骨肉，那小兄弟自然是母子感激的。何故苦苦贪私，思量独吃自屙，反把家里东西送与没些相干之人？"

二是凭借自己"颇与郡县官长往来"，高估自己对官府的了解——有些官僚之家就是黑恶势力："这项银子，是你自己欺心不是处，黑暗里葬送了，还怨怅兀谁？那官员每（"每"通"们"）手里东西，有进无出，老虎喉中讨脆骨，大象口里拔生牙，都不是好惹的，不要思想到手了。况且取得来送与衙衙院人家（指妓院），又是个填不满底雪井。何苦枉用心机，走这道路？不如认个悔气，歇了帐罢！"①

对于兄弟姊妹的争财竞产案件，饱学儒家经典的官员问案会按照敦睦孝友的原则，促成其团结和睦。如宋神宗时期，成都人吕陶，中进士第，调铜梁（今重庆铜梁区）令。"民庞氏姊妹三人冒隐幼弟田，弟壮，愬官不得直，贫至庸奴于人。及是又愬，陶一问，三人服罪，弟泣拜，愿以田半作佛事以报。陶晓之曰：'三姊皆汝同气，方汝幼时，适为汝主之尔；不然，亦为他人所欺。与其捐半供佛，曷若遗姊，复为兄弟，顾不美乎？'弟又拜听命。"② 史料中用"愬"而不用"诉"，其实是很讲究的——"愬说"的"愬"与"诉讼"的"诉"在汉字简化前不能混用。依律，卑幼不可告尊长也，同胞姐姐为期亲尊长。当时的情形应该是"幼弟"多次到衙门去哭愬，却不能得到官府的立案处理，因此不能构成"诉"。也就是说，法律本身也阻塞了争财竞产案件立案的渠道，而敦睦孝友、劝和息讼才是唯一的解决途径。

清初蒲松龄《聊斋志异》里讲述了一桩奇案："青州民某，五旬余，继娶少妇。二子恐其复育，乘父醉，潜割睪丸而药糁之。父觉，讬病不言。久之，创渐平。忽入室，刀缝绽裂，血溢不止，寻毙。妻知其故，讼于官。官械其子，果伏。骇曰：'余今为"单父宰"矣！'并诛之。"③ 在这则故事里，青州民的两个儿子应该是心智成熟的成年人了，他们清楚地知道"诸子均分"的民事传统，所以才丧心病狂地做出了这件大逆不道的案子。"父觉，讬病不言"则反映了一般男人的自尊。另外，这种"恶逆"的犯罪一旦曝光经官，则其儿子必定伏诛。恐怕是无子绝后的恐惧让这位父亲不敢也不愿将案件公开。这桩看似离奇的案件反映了中国古代"诸子均分"的继承法体系下的实际社会生态。比起前述的张寅"张学霸"欺弟夺产的案件，"单父宰"的故事则更是一种兄弟阋墙丑态的极端表现了。

凌濛初在《二刻拍案惊奇》卷一〇《赵五虎合计挑家衅　莫大郎立地散神奸》一篇的主干部分演绎了《齐东野语》中的"莫氏别室子"事。这种演绎当然有为了话本演说而进行的丰实和具体化，比如说"此时莫翁年已望七，莫妈房里有个丫鬟，名唤双荷"，及至双荷与莫翁暗度陈仓，有了身孕，"莫妈也见双荷年长，光景妖娆，也有些不要他在身边了。遂听了媒人之言，嫁出与在城花楼桥卖汤粉的朱三。朱三年纪三十以内，人物尽也济楚……双荷实对他说道：'我此胎实系主翁所有，怕妈妈知觉，故此把我嫁了出来，许下我看管终身的……'"这些情节固然精彩，但是小说更精彩的是展示了讼棍团伙的构成及国家法律对讼棍的惩处以及这种机制下的家族内部关系。

在城有一伙破落户管闲事吃闲饭的没头鬼光棍，一个叫做铁里虫宋礼，一个叫做

---

① 〔明〕凌濛初：《二刻怕案惊奇》卷四《青楼市探人踪　红花场假鬼闹》，人民文学出版社1996年版，第72、73、77、78页。
② 《宋史》卷三四六《吕陶传》，第10977、10978页。
③ 〔清〕蒲松龄《聊斋志异》卷九《单父宰》，长春出版社2010年版，第422页。

钻仓鼠张朝，一个叫做吊睛虎牛三，一个叫得洒墨判官周丙，一个叫得白日鬼王瘪子，还有几个不出名提草鞋的小伙，共是十来个。专一捕风捉影，寻人家闲头脑，挑弄是非，打帮生事。那五个为头，在黑虎玄坛赵元帅庙里歃血为盟，结为兄弟。尽多姓了赵，总叫做"赵家五虎"。不拘那里有事，一个人打听将来，便合着伴去做，得利平分。

在中国古代的基层社会，宗族聚居的情况是主流，如同白居易《朱陈村》的诗歌中描写的徐州古丰县朱陈村的生活："县远官事少，山深人俗淳。有财不行商，有丁不入军。家家守村业，头白不出门……一村唯两姓，世世为婚姻。亲疏居有族，少长游有群。黄鸡与白酒，欢会不隔旬。生者不远别，嫁娶先近邻。死者不远葬，坟墓多绕村"。① 可以想见，"赵家五虎"应该是外乡来的客户和浮浪子弟，姓氏杂驳，必须通过神前盟誓的方式才能结成一个团伙。从绰号上看，这个团伙的主要讼棍成员里有善于打官司、写状子的，如铁里虫宋礼、洒墨判官周丙，还可能有善于鸡鸣狗盗的，如钻仓鼠张朝、白日鬼王瘪子，以及善于充当打手的狠角色吊睛虎牛三，可谓各种角色具备，相互配合，又经常在衙门里走动，明白衙门里的业务流程。他们唆使诉讼的过程是这样的：

> （赵家五虎）平日晓得卖粉朱三家儿子，是莫家骨血，这日见说莫翁死了，众兄弟商量道："一桩好买卖到了。莫家乃巨富之家，老妈妈只生得二子，享用那二三十万不了。我们撺掇朱三家那话儿去告争，分得他一股，最少也有几万之数，我们帮的也有小富贵了。就不然，只要起了官司，我们打点的打点，卖阵的卖阵，这边不着那边着，好歹也有几年缠帐了，也强似在家里嚼本。"……朱三平日卖汤粉，这五虎日日在衙门前后走动，时常买他的点饥，是熟主顾家。朱三见了，拱手道："列位光降，必有见谕。"那吊睛虎道："请你娘子出来，我有一事报他。"朱三道："何事？"白日鬼道："他家莫老儿死了。"双荷在里面听得，哭将出来道："我方才听得街上是这样说，还道未的。而今列位来的，一定真了。"一头哭，一头对朱三说："我与你失了这泰山的靠傍，今生再无好日了。"钻仓鼠便道："怎说这话？如今正是你们的富贵到了。"五人齐声道："我兄弟们特来送这一套横财与你们的。"朱三夫妻多惊疑道："这怎么说？"铁里虫道："你家儿子，乃是莫老儿骨血。而今他家里万万贯家财，田园屋宇，你儿子多该有分，何不到他家去要分他的？他若不肯分，拚与他吃场官司，料不倒断了你们些去。撞住打到底，若你儿子不着，与他滴起血来，怕道不是真的？"(1) 这一股稳稳是了。朱三夫妻道："事到委实如此，我们也晓得。只是轻易起了个头，一时住不得手的。自古道贫莫与富斗，吃官司全得财来使费。我们怎么敌得他过？弄得后边不伶不俐，反为不美。况且我每这样人家，一日不做，一日没得吃的，那里来的人力，那里来的工夫去吃官司？"铁里虫道："这个诚然也要虑到，打官司全

---

① 〔清〕彭定求等编：《全唐诗》卷四三三《朱陈村》，中华书局1960年版，第4780页。

靠使费与那人力两项。而今我和你们熟商量，要人力时，我们几个弟兄相帮你衙门做事尽勾了，只这使费难处，我们也说不得，小钱不去，大钱不来。五个弟兄，一人应出一百两，先将来不本钱，替你使用去。"你写起一千两的借票来，我们收着，直等日后断过家业来到了手，你每照契还我，只近得你每一本一利，也不为多。此外谢我们的，凭你们另商量了。那时是白得来的东西，左右是不费之惠，料然决不怠慢了我们。"朱三夫妻道："若得列位如此相帮，可知道好，只是打从那里做起？"铁里虫道："你只依我们调度，包管停当，且把借票写起来为定。"朱三只得依着写了，押了个字，连儿子也要他画了一个，交与众人。众人道："今日我每弟兄且去，一面收拾银钱停当了，明日再来计较行事。"(2) 朱三夫妻道："全仗列位看顾。"①

赵家五虎唆使诉讼有两个因素：一个是从法律角度，莫家的私生子得到莫家的财产是符合法律规定的；另一个因素，也是赵家五虎的狡黠之处——通过对官府腐败情况的夸大，凭借自己对官府法律流程的熟稔，哄骗朱家说打赢官司要一千两银子的费用，并哄骗朱家及朱家养子（实为莫家私生子）写下"借票"（借据），并且借票上还没有说明白借钱的用途。

"三言二拍"中的故事或者借宋写明，或者直接写明代，但也有一部分脱胎于宋人话本，是可作宋代史料使用的。宋人话本并无原始的宋本传世，现存的多系元明时期刊印，故后人的窜改就势不可免。"《三言》《二拍》中若干取材于宋人话本者，往往成为宋元明三代社会生活和名物制度的杂烩。"② 就本故事而言，乃是明朝话本对宋代笔记小说的演绎，就对社会生态的描摹和法律适用而言，仍然可以作为宋代社会研究的补充资料。但是就法律适用和法律思想而言，还是掺入了明代人制作痕迹的，容待后文详论。

后来，赵家五虎试图唆使朱三养子（即莫家私生子）挑唆诉讼，结果被莫大郎认下兄弟，消弭了可能发生的诉讼。赵家五虎一计不成，又生一计。结果人算不如天算，遇到了清官唐太守，落入法网：

次日，这五虎果然到府里告下一纸状来，告了朱三、莫小三两个名字骗劫千金之事，来到莫家提人。莫大郎、二郎等商量，与兄弟写下一纸诉状，诉出从前情节，就用着两个哥哥为证，竟来府里投到。府里太守姓唐名篆，是个极精明的。一干人提到了，听审时先叫宋礼等上前问道："朱三是何等人？要这许多银子来做甚么用？"宋礼道："他说要与儿子置田买产借了去的。"太守叫朱三问道："你做甚上勾当，借这许多银子？"朱三道："小的是卖粉羹的经纪，不上钱数生意，要这许多做甚？"宋礼道："见有借票，我们五人二百两一个，交付与他及儿子莫小三的。"太守拿上借票来看，问朱三道："可是你写的票？"朱三道："是小的写的票，却不曾有银子的。"宋

---

① 〔明〕凌濛初：《二刻拍案惊奇》卷一〇，第202页。
② 王曾瑜：《开拓宋代史料的视野与〈三言〉〈二拍〉》，载《四川大学学报》2005年第1期。

礼道："票是他写的，银子是莫小三收去的。"太守叫莫小三，那莫家孩子应了一声走上去。太守看见是个十来岁小的，一发奇异，道："这小厮收去这些银子何用？"宋礼争道："是他父亲朱三写了票，拿银子与这莫小三买田的。见今他有许多田在家里。"太守道："父姓朱，怎么儿子姓莫？"朱三道："瞒不得老爷，这小厮原是莫家孽子，他母亲嫁与小的，所以他自姓莫。专为众人要帮他莫家去争产，哄小的写了一票，做争讼的用度。不想一到莫家，他家大娘与两个哥子竟自认了，分与田产。小的与他家没讼得争了，还要借银做甚么用？他而今据了借票生端要这银子，这那里得有？"（1）太守问莫小三，其言也是一般。太守点头道："是了，是了。"就叫莫大郎起来，问道："你当时如何就肯认了？"莫大郎道："在城棍徒无风起浪，无洞掘蟹。亏得当时立地就认了，这些人还道放了空箭，未肯住手，致有今日之告。若当时略有根托，一涉讼端，正是此辈得志之秋。不要说兄弟这千金要被他诈了去，家里所费，又不知几倍了！"太守笑道："妙哉！不惟高义，又见高识。可敬，可敬！我看宋礼等五人，也不象有千金借人的，朱三也不象借人千金的。元来真情如此，实为可恨！若非莫大有见，此辈人人饱满了。"提起笔来到道："千金重利，一纸足凭。乃朱三赤贫，贷则谁与？莫子乳臭，须此何为？细讯其详，始烛其诡。宋礼立裹蹄之约，希蜗角之争。莫大以对床之情，消阋墙之衅。既渔群谋而丧气，犹挟故纸以垂涎。重创其奸，立毁其券！"当时将宋礼等五人，每人三十大板，问拟了"教唆词讼诈害平人"的律，脊杖二十，刺配各远恶军州。（2）吴兴城里去了这五虎，小民多是快活的。做出几句口号来："铁里虫有时至不穿，钻仓鼠有时吃不饱，吊睛老虎没威风，洒墨判官齐跌倒。白日里鬼胡行，这回儿不见了。"（3）唐太守又旌奖莫家，与他一个"孝义之门"的匾额，免其本等差徭。此时莫妈妈才晓得儿子大郎的大见识。世间弟兄不睦，靠着外人相帮起讼者，当以此为鉴。

这是小说的结尾（也基本符合南宋周密《齐东野语》原本故事的结局），往往是读者看得最过瘾的地方，总免不了抱有善恶到头终有报的美好愿景。但是仔细分析，这却是小说演绎成分最多，寄托人们美好畅想最多，也是最不合乎社会实态的地方。赵家五虎既然熟悉衙门里的事务，也熟悉衙门里的官吏，怎么单单对唐太守的明察秋毫、刚直不阿的秉性一无所知，拿着一个无根无由的借票兴起诉讼？在中华法系的传统中，大凡书证，不但都必须要验证其本身的真伪，而且还要经得起情理上的推敲。这一点，我们隔越了千百年的后人都极易知晓，那"赵家五虎"怎么就不清楚呢？

（宋真宗时），（郎简）秘书省著作佐郎知分宜县，徙知窦州。县吏死子幼，赘婿伪为券，冒有其赀。及子长，屡诉不得直。乃讼于朝，下简劾治。简示以旧牍，曰："此尔翁书耶？"曰："然。"又取伪券示之，弗类也，始伏罪。①

---

① 《宋史》卷二九九《郎简传》，第9927页。

按张咏尚书知杭州。先有富民病将死，子方三岁，乃命婿主其资，而与婿遗书云："他日欲分财，即以十之三与子，七与婿"子时长立，以财为讼。婿持书诣府，请如元约。咏阅之，以酒酹地曰："汝之妇翁，智人也。时以子幼，故此嘱汝。不然，子死汝手矣。"乃命以其财三分与婿，七分与子，皆泣谢而去。①

对于类似案件，南宋人郑克认为，应当"谨持法理，深察人情"："悉夺与儿，此之谓法理；三分与婿，此之谓人情。"②

当时，赵家五虎若不是衣食匮乏至极，绝不会利令智昏发起这种索债诉讼的，这也与小说前面叙述的情形矛盾——赵家五虎尚有可以"在家里嚼本"的些许财物；经常在衙门走动，对于官府内的情况特别熟悉。对于赵家五虎而言，更为不明智的是，这种诉讼其实暴露了自己就是挑唆诉讼的团伙，并且先前试图挑起过诉讼。从宋代到明代，对于诬告和挑唆诉讼的处罚有渐趋严厉的趋势。

《唐律》及《宋刑统》卷二三《斗讼律》："诸诬告人者各反坐"（原注：反坐致罪准前人入罪法，至死而前人未决者，听减一等。其本应加杖及赎者，止依杖赎法。）为进一步消弭诉讼，《大明律》对于诬告的处罚要更重，《大明律》卷二二《刑律五·诉讼》"诬告"条（怀效锋点校本，法律出版社1999年版，第176页）："凡诬告人笞罪者，加所诬罪二等；流、徒、杖罪，加所诬罪三等。各罪止杖一百，流三千里。"实则，唐太守之所以将赵家五虎判处脊杖二十，刺配各远恶军州，依据更多的是"教唆词讼诈害平人"的法律，而不是诬告朱家负债于五虎。《唐律》及《宋刑统》卷二四云："诸为人作词牒，加增其状，不如所告者，笞五十；若加增罪重，减诬告一等。"《宋刑统》卷二四引后周广顺二年（952）敕对自诉进行了补充规定："其所陈文状，或自己书，只于状后具言自书；或雇倩人书，亦于状后具写状人姓名、居住去处。"似乎承认了讼师乃是一个合法的行当，只是需要加强管理而已。北宋庆历年间陈襄所撰《州县提纲》卷三："《健讼者独匣》：健讼之人，在外则教唆词讼，在狱若与余囚相近，朝夕私语，必令变乱情状，以至翻异。故健讼者，须独匣，不可与余囚相近。"南宋后期人胡太初所著《昼帘绪论》："县道每有奸狡顽嚚之人，专以教唆词讼、把持公事为业，先当榜文晓谕，使之尽革前非，若有犯到官，定行勘杖刺环，押出县界，必惩无赦。"综上，北宋和南宋对于健讼之人和挑唆诉讼的讼棍的处罚是渐次加重的。胡太初所著《昼帘绪论》乃是官箴典范，对于讼棍的处罚仍然属于地方官的裁量权范畴的，并且必须遵循"教而后诛"的办法，即"先当榜文晓谕，使之尽革前非"。及至明代，国家禁止教唆诉讼的立法变得更加严苛了，《大明律》卷二二《刑律五·诉讼》"教唆词讼"条（怀效锋点校本，法律出版社1999年版，第180页）："凡教唆词讼及为人作词状增减情罪诬告人者，与犯人同罪。若受雇诬告人者，与自诬告同。受财者，计赃以枉法从重论。其见人愚而不能伸冤，教令得实，及为人书写词状

---

① 〔宋〕郑克撰，杨奉琨校释：《折狱龟鉴》卷八《严明》，复旦大学出版社1988年版，第386页。
② 《折狱龟鉴》卷八《严明》，复旦大学出版社1988年版，第386页。

而罪无增减者，勿论。"唐太守之所以从速地判处赵家五虎刺配远恶军州，更是依据了《大明律》卷二二《刑律五·诉讼》"干名犯义"条（怀效锋点校本，法律出版社1999年版，第178页）："凡子孙告祖父母、父母，妻妾告夫及夫之祖父母、父母者，杖一百，徒三年。但诬告者，绞。若告期亲尊长、外祖父母，虽得实，杖一百；大功杖九十，小功杖八十，缌麻杖七十，其被告期亲大功尊长及外祖父母若妻之父母，并同自首免罪。小功缌麻尊长得减本罪三等。若诬告重者，各加所诬罪三等。"赵家五虎挑唆莫家的外宅私生子去诬告其兄其母，这就是干名犯义的重罪，根据大明律的"诬告加重反坐"及打击挑唆词讼的法律，所以唐太守才很从容地判处赵家五虎刺配远恶军州。尽管《齐东野语》的故事原型也写到了"杖脊编置焉"，但很可能是没有刺配的白面编管，刺配并流放远恶军州则是宋代更严苛的处罚。① 另外，对于讼棍的处罚在宋代没有明确而一贯的法律依据，而明代则不然。所以，凌濛初在《二刻拍案惊奇》中对"莫氏别室子"的演绎，更符合明代的法律。

小说的结尾还写到了唐太守惩治了赵家五虎后，百姓十分喜悦，见引文中（3）处。实则，讼棍作为一种社会现象，与失去土地的外乡流民的存在有关，难以一举肃清。这些流民之所以能够以挑唆诉讼作为生业，只因为事一经得手，足够数年生业。正如赵家五虎私下里合计时说："只要起了官司，我们打点的打点，卖阵的卖阵，这边不着那边着，好歹也有几年缠帐了"。不能不说这种畸形的社会生态的存在与官府的腐败贪墨，奸吏的弄法舞文没有关系。尤其是奸吏的舞文弄法，往往可能与讼棍势力结合，形成某地百姓"健讼"的局面，宋代江西地区的"健讼"现象即与此有关。如北宋王安石记载吉州太和县（今属于江西省）常常是"滑吏诱民数百讼庭下，设变诈以动令。如此数日，令厌事，则事常在吏矣"，南宋郑克以为"夫民虽好讼，若非吏与交通，亦焉能独为欺诬劫持之计耶！吏不得其意，则民讼亦少矣。"②

莫大郎的明智不但只是出于他热爱自己的父亲进而爱护庶弟的真挚感情，也源于他对诉讼、讼棍的了解和洞察，对官府腐败的深刻认识以及对"讼则终凶"这一道理的深切领悟。如果没有社会生态的压迫，他根本不会速度到近乎草率的地步就在丧礼的现场、莫家及其亲邻前来吊唁的大庭广众之下，认下当时传闻似乎就是"朱家儿子"的自己的庶弟，这种过度的机警也是一种迫于社会和诉讼生态的本能的反应和直觉判断。吴兴当地的百姓乃至全国各地的百姓也都不喜欢讼棍等浮浪子弟的存在，但是讼棍们的存在又何尝不是社会生态使然，又何尝没有促成甚至维系这种中央朝廷旌表的，地方家族历代习以为然的家族聚居、敬宗收族的社会生态呢？

纵观中国历朝历代，皇帝和政府往往都旌表聚族同居，例如唐高宗赞赏张公艺九世同居，张公艺却献了"百忍图"给皇帝看。又如金华"郑义门"，自南宋至明代中叶，十五世同居共食，明洪武十八年（1385）太祖朱元璋亲赐封"江南第一家"。又如近年进入人

---

① 赵旭：《唐宋法律制度研究》，辽宁大学出版社2006年版，第168页。
② 《折狱龟鉴》卷八《严明》，第399、400页。

们视野的武义诸葛八卦村,也是从唐末五代延续至今的家族聚居状态。学术界在分析这种现象的时候,往往强调这是儒家文化的回归和升华的结果,尤其是宋明理学和家族礼法的促成作用,按照这一思路取得的学术成果比比皆是,恕不赘举。实则造成民间家族的敬宗收族甚至结寨自保这种现象的一个不能忽略的重要因素乃是极其严酷的外部原因和社会生态——如动荡时期的夷狄侵扰、兵乱匪患,也包括今天本文所揭示的在相对和平时期的贪官酷吏和讼棍无赖的侵扰所造成的司法和诉讼不公的社会生态。种种外在因素使得国人认识到"兄弟阋墙,外侮必至"的道理,而家族或家庭中的嫡母与诸妾婢,或者妯娌之间的不睦与倾轧往往会导致家族支脉离析,兄弟子侄发生争讼,因此汉代的《大戴礼记》已然将"妒"作为丈夫可以休妻的七种理由之一写入经典,进而在唐代写入了国家法典《唐律疏议》中。

总之,南宋周密《齐东野语》中的"莫氏别室子"案及明代凌濛初在《二刻拍案惊奇》中对该案件的故事化演绎使得我们得以用全新的视角来看待中国古代的社会与家族生态。

(作者单位:辽宁大学历史学院)

宋代的资本与社会

李华瑞

中国传统经济的评价一直是中国经济史研究中的一个大问题，但是讨论的议题主要是围绕西方学界对中国传统经济的评价而展开的。从18世纪黑格尔以来西方学界对中国历史的主流看法是长期延缓、停滞，20世纪二三十年代中国历史为什么长期延缓停滞成为学界关心的重要议题；"二战"以后国际学界否定中国古代社会长期停滞论。影响较大的有两种观点：一是美国学界费正清认为中国内部不是停滞的，而是有变化的；二是20世纪初日本学者内藤湖南的"宋朝是中国近世开端"的假说即唐宋变革论，经他的后继者和学生宫崎市定等人的发展在国际唐宋史学界产生深远影响。1949年后，我们建立起来的马克思主义的史学体系，在整体看法上和西方的主流观点有相一致的地方，譬如中国封建社会长期延缓停滞仍然是主要论题之一，也有不相一致的，这就是20世纪50年代的"资本主义萌芽"问题成为历史学"五朵金花"之一。20世纪80年代漆侠先生中国古代经济"两个马鞍形"中的宋代经济高峰论，影响甚大。20世纪90年代以后，中国社会科学院经济研究所、美国加州学派反对宋代高峰论，认为清代超过宋代是中国古代经济发展的高峰。但自进入21世纪，日本唐宋变革论、欧美宋代经济革命说引起国内唐宋史学界的高度关注，因而，宋代经济高峰论再度被热议，并且对宋代经济发展的历史走向从商品经济的发展必然导致经济发展和近代化的理论范式给以新的讨论。如果全面评价宋代社会经济的历史走向，恐非本文所能胜任。故选取近年来宋史学界持续推高宋代商品经济和商业发展讨论较集中的问题谈谈自己的一孔之见，不妥之处，敬请大家批评。

一、商业资本和高利贷资本的形成

中国古代的资本主要是商业资本和高利贷资本。伴随唐中叶以来商品经济和城市的快速发展，以及政府财政对货币需求的持续扩大，为商业资本和高利贷资本的形成创造了条件。宋代资本的集中大致有三个途径：一是来自政府机构为权贵高官支付的优厚俸禄，[①]大量的金银铜钱集中到官僚士大夫手中。如宋真宗、仁宗时候的柴宗庆，身为驸马都尉，"所积俸缗数屋，未尝施用"[②]，而那些权臣、贵幸以种种手段进行聚敛，积累了巨亿的金银财宝。如蔡京、童贯、朱勔、秦桧、张俊以及韩侂胄之流，就是其中最为典型的。张俊

---

① 详见〔元〕脱脱等：《宋史》卷一七一、一七二《职官志》奉禄制上下，中华书局1985年版。
② 〔宋〕吴曾：《能改斋漫录》卷一二《柴主与李主角富贵》，上海古籍出版社1979年版，第359页。

在世的时候，"家多银，每以千两铸一毯，目为没奈何"①。就可以知道他们攫占社会财富严重之一斑了。宋高宗绍兴晚年，朝廷上曾经议论，"比年权富之家以积钱相尚，多者至累百巨万，而少者亦不下数十万缗，夺公上之权，而足私家之欲。"② 无怪乎有的诗人写道："多蓄多藏岂足论，有谁还议济王孙……朝争暮竞归何处？尽入权门与幸门。"③

二是凭借土地经营，地主阶级，尤其是其中的大地主，也集中了一笔可观的金银铜钱。前引青州麻氏原是宋真宗时候的官僚地主，因犯罪被抄家，之后又兴发起来，藏储库之钱即有十万贯，就是一例。宋仁宗时，阻击西夏，曾"借（永兴军）大姓李氏钱二十余万贯，后与数人京官名目以偿之，顷岁河东用兵，上等科配一户至有万缗之费"④。宋徽宗借恢复幽云故地而发动对辽战争，大肆搜刮，有所谓的"免夫钱"摊派给各阶层。海州怀仁县杨六秀才妻刘氏，"乞以家财十万缗以免下户之输"⑤。"豪猾兼并之家，居物逐利，多蓄缗钱，至三五十万以上，少者不减三五万。"⑥ 这类所谓的大姓、秀才都是地主阶级中人，他们能够贮积大量货币，显然是与经营商业高利贷有密切关系。每遇战乱之际，这些财主往往把金银缗钱之类埋藏起来。如越人黄汝楫，家颇富饶，宣和中方腊犯境，以"素积金银缗钱（可值 2 万缗）瘗于居室"⑦。后来为了解救被方腊囚禁的一千多人的生命，黄汝楫掘出这批财货，献给方腊，这算是货币的一项特殊的功用。

寺院的僧道，不仅"视钱如蜜"，在其实际活动中也积贮了大批金银缗钱。北宋中叶的夏竦就曾指出："其徒豪右（僧侣上层有财势者），多聚货泉。"⑧ 宋神宗熙宁年间，一个僧人曾"寓钱数万"于刘永一家，僧人死后，刘永一"诣县自言请以钱归其弟子"⑨。许多寺院由于田产财货之多，"甲于一郡"，因而他们也就敢于用上百万到二百万的钱修葺寺阁，备极华奢。⑩

宋代社会上最富的不是富家地主、僧道，而是依靠国家通过超经济强制实现对财富大量占有的权贵官僚。

三是坐商巨贾通过长途贩运货物，从两地间批发商业提取商业利润，并从中形成巨额财富。唐宋以来，在山东、江苏、浙江、福建、广东、广西等沿岸地带，为了获得以香

---

① 〔宋〕洪迈：《夷坚志》卷二三，戊卷四《张拱之银》，中华书局 1981 年版，第 1084 页。
② 〔宋〕李心传：《建炎以来系年要录》卷一八二，绍兴二十九年六月丙申，中华书局 2013 年版，第 3500 页。
③ 〔唐〕徐寅：《徐正字诗赋》卷二《咏钱》，景印文渊阁四库全书本，台湾商务印书馆 1986 年版，第 1084 册，第 315 页。
④ 〔宋〕李焘：《续资治通鉴长编》卷三八八，元祐元年九月丁丑，中华书局 1992 年版，第 9438 页。
⑤ 〔宋〕何薳：《春渚纪闻》卷二《二富室疏财》，中华书局 1983 年版，第 15 页。
⑥ 〔宋〕宋祁：《景文集》卷二八《乞损豪强优力农札子》，载《丛书集成实编》，中华书局 1985 年版，第 1876 册，第 358 页。
⑦ 〔宋〕张淏：《宝庆会稽续志》卷七《玉帝赐黄汝楫五子登科》，载《宋元方志丛刊》，中华书局 1990 年版，第 7 册，第 7170 页。
⑧ 〔宋〕夏竦：《文庄集》卷一五《抑仙释奏》，景印文渊阁四库全书本，台湾商务印书馆 1986 年版，第 1087 册，第 183 页。
⑨ 《宋史》卷四五九《刘永一传》，第 13475 页。
⑩ 〔宋〕范成大：《吴船录》卷上，载《范成大笔记六种》，中华书局 2002 年版，第 197 页。

料、丝绸、陶器之类世界性商品的中转为主的远洋贸易和以沿岸地区之间的特产品交易为媒介的沿岸贸易的所谓两种贸易的转让利润而使输出港湾城市及其后方农村的产业蓬勃兴起。海上贸易商从原来的土地所有者和商人之中大批地涌现出来。巨额资本集聚于奢侈品海外贸易，获取了高额商业利润，资本增殖为国内贸易中其他商人资本所不能企及。如"泉州杨客为海贾十余年，致资二万万"，"度今有四十万缗"①。以牙侩起家转而经商航海的建康巨商杨二郎，"数贩南海，往来十有余年，累资千万"②。海外贸易中的巨额资本，不少掌握在外国商人手中，王安石云，"今蕃户富者，往往有二三十万缗钱"③。蕃商辛押陁罗，更是"家资数百万缗"④。由此可以看出，数十万缗可以视为海上商人资本中单个资本数额的水平。

大批的金银缗钱集中于大商人、大高利贷者的手中，越是在大城市，这种状况越是突出。如北宋时的汴京，"资产百万者至多，十万而上比比皆是"⑤。南宋的杭州也是如此，"今之所谓钱者，富商、巨贾、阉宦、权贵皆盈室以藏之"⑥。就是在一般城市中，也不乏拥有巨资的富商大贾，如京东路兴仁府坊郭户万延嗣，家业钱达 14 万贯⑦"一路为最"，列为"高强出等户"。而从事长途贩运和海外贸易的大商人，积累的货币财富更加惊人。大家知道，《汉书·货殖传·宣曲任氏传》时，所载樊嘉之流仅有 5000 万钱，即被称之为"高赀"而列之于传。而这一类的货币资产，在宋代士大夫看来，"似不足道"，认为"中人之家钱以五万缗计之者多甚，何足传之于史？"⑧。这一史实，深刻地说明了，宋代的商业资本较秦汉有了极为明显的增长。由于大商人拥有雄厚的货币力量，不仅他们个人如"零陵市户吕绚以钱二百万造一大舟"⑨，以此进行各种活动，而在战乱年份，政府财政拮据之时，往往依靠他们的支持，如宋高宗建炎年间，湖州王永从"献钱五万缗，以佐国用"⑩，从而与朝廷、官僚士大夫的联系逐步加强起来，为商业资本高利贷资本的转化创造了条件。

二、商业资本和高利贷资本的活动

先说商业资本。宋代的商业资本是由行商和坐贾中的大商人作为代表的。这类富商大

---

① 《夷坚志》丁支卷六《泉州杨客》，第 588 页。
② 〔宋〕洪迈：《鬼国记》引《说郛》卷一一八下，《说郛三种》，上海古籍出版社 1988 年版，第 5453 页。
③ 《续资治通鉴长编》卷二一三，熙宁三年七月己亥，第 5177 页。
④ 〔宋〕苏辙：《龙川略志》卷五《辨人告户绝事》，中华书局 1982 年版，第 28 页。
⑤ 《续资治通鉴长编》卷八五，大中祥符八年十一月己巳，第 1956 页。
⑥ 《宋史》卷四三三《杨万里传》，第 12866 页。
⑦ 《宋史》卷一七五《食货志上三》"布帛"条，第 4235 页。
⑧ 〔宋〕吴箕：《常谈》，载《丛书集成初编》，中华书局 1985 年版，第 307 册，第 4 页。
⑨ 〔宋〕邹浩：《道乡集》卷一二《吕四》，载《中国古籍珍本丛刊（广东省立中山图书馆卷41）》，国家图书馆出版社 2015 年版，第 113 页。
⑩ 《皇宋中兴两朝圣政》卷四，建炎三年二月辛未，北京图书馆出版社 2007 年版，第 553-554 页。

贾由以下诸类的行铺构成：

交引铺。宋代对茶盐实行专利，以茶引盐钞算请茶盐。交引铺是这类特殊贸易形式的产物，以汴京和临安最为集中。交引铺的出现，是商业资本发展的一个重要表现。

金银彩帛铺。买卖金银以及金银首饰的商铺和买卖绢帛的商铺。穿衣是人们生活的一个基本需要，不论是在墟市、镇市，还是在一般城市以及汴京等大城市中，都有这种交易，而一些大的商铺进行大宗交易。

邸店、"停塌"之家。这是专门为客商贮存各种货物的货栈，在临安城内的"停塌"还贮存保管客商的金银。其中大的邸店、"停塌"之家也属于兼并之类的势力。在汴京、临安以及重要的商业城市，都有这类的商业资本。

商人一个极为重要的特性是贱买贵卖，从这种差额中牟取高额利润。商业资本的一个重要活动，就是垄断城市的市场价格，"兼并之家如茶一行自来有十余户，若客人将茶到京，即先馈献燕设，乞为定价，比十余户所买茶更不敢取利，但得为定高价，即于下户倍取利以偿其费"，这种情况，不是茶行独有的现象，其他的"行户盖皆如此"。① 这是在既有损于贫下行户又有损于外来的行商的情况下，增殖扩大商业资本的。可见商业资本竞争中，也是通过大鱼吃小鱼的办法，使少数大商人暴发起来的。

以交引铺为代表的商业资本，则垄断茶引和盐钞以牟取厚利，使自己增殖起来。宋政府为供应西部和北部边境上的军需，采取了许多措施和办法，其中之一是鼓动商人把粮草或见钱等运至边境，根据其"入中粮草"的数量，而给以报酬。为使商人乐于"入中"，付给的价钱要比市场价格（边境上的价格）高得多，这叫作"虚估"或者"加抬"，以饶润商人。

作为商业资本另一种类型的代表是行商中的大商人。这种商业资本是通过大商人在国内长途贩运和海外贸易而增殖、发展起来的。这是商业资本运动的普遍性的形式。通过对某些地区生产的控制而增殖起来。商业资本的这项活动有两种形式，一是包买所有产品，另一种形式是为取得某项产品而预给定钱。商业资本采取上述形式同生产紧密结合起来，达到自己增殖的目的。大商人主要是通过长途贩运大赚其钱、增殖资本的。长途贩运的一个明显结果是地区差价，这个差价怎么造成的呢？毫无疑问是由运输的船工、车夫等各色劳动者造成的。试看下面的算式：

地区差价总额 =（商品数量 × 每一商品的地区差价）− 运费

地区差价总额同运费的关系不外乎以下三种情况：差价总额小于运费、等于运费和大于运费。如果是前两者，大商人不是无利可图，便是折本，这两者是违背长途贩运的商业经营规律的，因此大商人不肯干。只有第三种情况，差价总额大于运费，大商人才有利可图；差价总额超过运费越多，大商人赚得也就越多。大商人在长途贩运中极力在运费上打主意，尽量减少支出。因此，他们或是由自己的仆人承担运输，或在农闲的时候雇佃客承担，或直接雇人贩运，用这类办法少出运费。

---

① 《续资治通鉴长编》卷二三六，熙宁五年闰七月丙辰，第5738页。

再看高利贷资本。在宋代官私记载中高利贷者与大商人、大地主以及品官形势之家,并列为兼并之家。以长途贩运批发商业为源泉的商业资本家、金融业者在海港城市和地区市场圈中心城市形成了巨大的财产。特别是由金融业进行的利贷资本的积累,是当时商业活动最显著的表现。它以极高的利率贷款给农民、手工业者以及地主、商人和官僚,在短期内获得巨大的财富。由于从事这类典当和借贷的必须有"库"房贮存,所以在宋代又有"库户"的称号。

官员们也纷纷放高利贷。宋太宗秦州长道县酒场官李益,大放高利贷,"民负息钱者数百家,郡为督理如公家租调"①,便是著名的例证。《梦粱录》上说:"又有府第富豪之家质库",府第指的是官宦世家,依此而言,南宋临安官员们开质库的是为数不少的:"城内城外不下数十处,收解以千万计"②。

一般世俗地主之放债取息是极其广泛的,毋庸多说。寺院地主之放高利贷也很普遍,而且这项活动也是由来已久的。"库户""钱民"则以放高利贷为其专门职业。这些人的本性是,如何盘算使高利贷资本增殖和再增值。"钱生儿,绢生孙,金银千万亿化身"③就是最好的写照。到质库或私人借贷钱物,都必须有抵押品,田地是最好的抵押品,因而以田契充当。以田契为抵押为高利贷者兼并土地开了方便之门。

王安石在熙宁年间对高利贷猖獗的情况有如下的评论:"今一州一县,便须有兼并之家,一岁坐收息至数万贯者,此辈除侵牟编户齐民为奢侈外,于国有何功而享以厚俸?""今富者兼并百姓,乃至过于王公,贫者或不免转死沟壑。"④

在两宋三百年间,高利贷利息率具有下降的趋势,也是值得注意的。北宋真宗、仁宗之际,欧阳修举述当时的高利贷率为:"不两倍则三倍"即高达200%~300%。这大概是个别的事例。一般来说,高利贷的利息率是所谓的"倍称之息"即100%的利息率。宋真宗时任河北转运使的李仕衡曾指出:"民乏泉货,每春取绢直于豪力,其息必倍。"⑤ 从宋仁宗到宋神宗初年"民间出举财物,取息重止一倍"⑥。南宋高宗时,依然是"倍称之息":"世俗嗜利子沓贪无艺,以子贷豪取,牟息倍称"⑦。《世范》云"典质之家至有月息什取其一者,江西有借钱约一年偿还而作合子立约者,(小字注:谓借一贯文约还两贯文),衢之开化借一秤禾而取两秤,浙西上户借一石米而收一石八斗"⑧。从上述记载看,

---

① 《宋史》卷二五七《吴廷祚传附元载》,第8949页。
② 〔宋〕吴自牧:《梦粱录》卷十三,《铺席》,巴蜀书社2015年版,第22页。
③ 〔宋〕陶谷:《清异录》卷上《人事·不动尊》,上海古籍出版社2012年版,第19页。
④ 《续资治通鉴长编》卷二四〇,熙宁五年十一月戊午,第5829-5830页。
⑤ 〔宋〕范仲淹:《范文正公全集》卷一一《宋故同州观察使李公神道碑》,《范仲淹全集》,四川大学出版社2002年版,第307页。
⑥ 《宋史》卷三三一《张问传附陈舜俞传》,第10663页。
⑦ 〔宋〕范浚:《香溪集》卷二二《吴子琳墓志铭》,载《丛书集成初编》,中华书局1985年版,第1995册,第209页。
⑧ 〔宋〕袁采:《袁氏世范》卷三《假贷取息贵得中》,载《丛书集成初编》,中华书局1985年版,第974册,第63页。

"倍称之息"在两宋居于支配地位。①

王安石变法期间,以利息率40%的青苗钱抵制100%的倍称之息,无疑是对高利贷的一个抑制,对高利贷率的下降起了明显的作用。在中外历史上,高利贷都受到了社会的广泛谴责。袁采斥责"倍称之息"为"不仁之甚"。

三、集中的资本带动社会发展

货币财富的增长,促使商业资本和高利贷资本的集中。资本集中的过程既造成社会贫富两极分化,同时也带动社会的转型,提高社会富庶指数。宋代经济、社会最发达的都城、江浙地区的发展模式即是显著的例证。但是在宋代自然条件和经济发展起点均远逊于江浙的福建的社会经济和教育文化事业却有较快的发展,南宋时期福建已是仅次于两浙的先进地区,宋代福建的发展不是江浙地区发展的翻版,商业资本和高利贷资本的集中对经济与社会的发展所起的带动作用较之两浙地区要更大。

宋代以来,称为闽商、闽贾、闽船的福建商人们的活动,开始为社会所注目,在商业界越来越显得重要了。他们的活动领域,主要是海陆的贸易商业、运输业、金融业,同时,作为技艺人、僧侣、道士兼营的商业、农民的副业也不可忽视。当时他们主动投身于这些职业,不外是由于人口过剩和耕地寡少,并受到了新的商业营利机会的激发。"凡人情莫不欲富,至于农人商贾百工之家,莫不昼夜营度,以求其利。"② "泉州商人夜以小舟载铜钱十余万缗入洋。"③ 泉州一带"朝为原宪暮陶朱",以经商为重。并且,包括作为士大夫而发迹者的这些出身于福建的人,当向外地扩展势力时,则以牢固的地缘纽带在社会、经济上相互结合起来。

唐以前的福建是因险恶的自然条件阻隔而孤立于中原的化外之地。唐中期以后,这种状况跃然一变,在三四百年间,福建便成了华南重要的文化、经济先进地区。促使这一变化的直接原因,可以归结于长途贩运、海外贸易的刺激和由于中原人口迁居南方而带来的文化、经济方面的开发。海上贸易的影响对于福建商业的发展是很重要的。其中泉州是具有全国影响的大港口,北宋元祐二年(1087),宋政府在泉州设福建市舶司,南宋时期,泉州港发展为我国最大的对外贸易港口,而泉州名副其实地作为南海贸易的中枢港而繁荣起来却是在南宋以后,《梦粱录》载,首都临安,如欲船泛外国买卖,则是泉州便可出洋,即江浙地区出洋亦须到泉州搭船。然而,事实上唐末以来福建沿海的贸易就已经很活跃,五代闽国通过中原王朝朝贡贸易的形式发展了公私贸易。到了宋代,福建为全国海上商业最发达的地区。宋代的沿海城市,北从京东路的密州板桥镇(今山东胶县)南到广南东、

---

① 最新研究认为目前所见城市内部的高利贷的年利率大致是在30%~100%之间。孙竞《北宋城市贫富差距与收入再分配研究》,西南大学2016年博士学位论文,第143-144页。
② 〔宋〕蔡襄:《端明集》卷三四《福州五戒文》,景印文渊阁四库全书本,台湾商务印书馆1986年版,第1090册,第625页。
③ 《建炎以来系年要录》卷一五〇,绍兴十三年十二月,第2842页。

西路的广州、琼州（今海南海口市东南），无不留下了福建海商的足迹。福建海船并溯长江而上到达镇江、扬州、建康府（今南京市）等城市经商。两浙与两淮地区所需的香药、生铁、葛布、荔枝、桂圆、蔗糖、茉莉、素馨等商品，有可能主要是闽商"转海而至"。对外贸易港口众多。交通技术尤其是海运业的形式更加进步。福建的造船技术受到了高度的评价，"海舟以福建船为上"航海技术也很进步。到高丽5～7日乃至20日，至温州、明州所需不过三数日，缩短了与市场的经济距离，形成了经常沟通分散的地方诸市场的交易形态。这样一来，以海上商业为主的长途贩运便繁荣起来了。

福建熙宁十年的商税额约24万贯，比旧税额约13万贯有了显著增加。通常远程贸易所蓄积起来的商业财富使沿海城市和顺着内陆商路的城市富裕起来，促进了城市周边产业的发达。邵武军行商的风气相当浓厚，"家有余夫，则赘健往贾售于他州"。唐中期以后，在经济上由寺院、豪族率先进行了开发，与此同时，政府也从财政方面给予积极的援助，从而使土地、产业、交通路得到了显著的开拓。首先表现在农业发展上，农业多种经营以经济作物和果木种植、沿海渔业为重要，荔枝、桂圆、茶叶、白梅、乌梅、蓝淀、茉莉、素馨、蔗糖为大宗商品，茶叶、蔗糖和水果生产规模很大。建茶生产地建安一带"每岁方春，摘山之夫，十倍耕者"。从《南涧甲乙稿》载："今造茶夫云集，速其将散，富家大室宜招集房，假之以粮。"据宋子安《东溪试茶录》，建安有私人茶叶作坊"茶焙"1300余所，假定一个茶焙有一个作坊主，用3个工人，作坊主或有千余人，雇工当近4000人，这在当时是一个相当大的数字。其次促进商品经济的发展，福建是全国发现宋元窑址最多的省份，以建窑、德化窑和泉州窑最著名。福建是著名的印刷、造纸中心、造船中心；由于产矿丰富，宋政府在建州设丰国监铸铜钱，为宋代四大铜钱监之一。福建是白银的主产地，北宋元丰年间，福建银岁课额69000两，居各路第一。

唐中叶以降，商品经济发展、商业的繁荣，不仅吸引以精力、智慧谋求冒险和发财机会的商人、浮浪民纷纷集中到大中城市。而且也吸引中原大族名士，为追求安定与发展余地而陆续移居到福建，直到南宋，仍持续着这种状况。而且因雄厚的商业资本的增殖需求，又促成文化、教育、娱乐的发展与之相适应。宋代福建的教育事业全面兴起，时人盛称"宋之季，闽之儒风，甲于东南"。① 宋代福建经济的发展，特别是造纸业、印刷业的发达，为文化教育的发展提供了基本条件。大观、政和间，朝廷为海外商人和侨民在泉州建立"番学"。福建兴学的资金有三个渠道，一是学田，二是地方财政，三是商人、富豪捐资。由于经济发展水平高，尚学之风颇盛，加上地方官的鼓励提倡，商人、富豪捐资办学的热情很高。这些土地与资金由各州县学自行管理，或放佃收租，或放贷取息，用以补充教育经费。这一做法在对中国教育史上产生了深远影响。人才辈出、学术隆盛，是文化教育社会发展进步的标识，据不完全统计，两宋近320年间，福建历届进士人数多达6869人，占宋代进士总数35093人的近1/5。其中，官至宰相、执政者，不少于50人，任职于

---

① 〔宋〕吴澄：《送姜曼卿赴泉州路录事序》，《吴文正集》卷二八，景印文渊阁四库全书本，台湾商务印书馆1986年版，第1197册，第300页。

中枢方面或地方者，更不胜枚举。政治家、军事家、科学家、文学家与艺术家，像群峰森列于宋代版图上。就是在思想方面，闽学也领导着南宋的思想界。可以说，宋末福建之儒风甲东南，特别是大商巨贾居住的泉州、福州居于最前列。

四、商业资本和高利贷资本的投资方向

首先，投资的主要对象是田产，即向土地房屋等主要动产方面的投资。当时土地投资的盛行情况，从田价的上涨和田讼的频发也可窥视一斑。拿田价来说，北宋仁宗庆历前后，在河南汜水县李诚庄每亩为五贯，熙宁五年（1072），官田的赤淤地每亩为二贯五百至三贯。花淤地为二贯至二贯五百；熙宁八年（1075）前后，苏州每亩为一贯文（典田）；治平末，长安的上等田每亩为二贯弱；同一时期，明州每亩为一贯文。到南宋，田价暴涨，明州定海县为二三十贯、鄞县为三十二贯；到南宋末期，镇江府溧阳县围田每亩十贯；淳祐前后，广州每亩为十贯。苏州苏辙的别墅卖价为四万四十贯，后来达数百万（数千贯）。即使土地投资不是造成田价上涨的一切因素，但田价确实异常腾贵。

马端临概括宋代的土地兼并时指出："富者有资产可以买田，贵者有力可以占田"[1]，把"有资产可以买田"放在第一位，这可见通过土地的买卖而进行的土地兼并，在宋代具有何等意义了。而"富者有资可以买田"，不言而喻，拥有雄厚货币力量的大商贾当然占有重要位置。高利贷者利用借债而攘夺农民的庄土（自然也有地主的庄土）牲畜向土地方面转化，也是不言自明的。在宋代，商业资本和高利贷资本之间向土地方面转化，对土地所有制形成一个强有力的冲击。袁采在《袁氏世范》中一再提到"贫富无定势"，他强调"世事多变更，乃天理如此"，"大抵天序十年一换甲。则世事一变"，"今不须广论久远，只以乡曲十年以前二十年以前比论目前，其成败兴衰何尝有定势？"[2] 这个有力的冲击使得地主阶级的升降线频频地波动起来，它的升降沉浮更加明显起来。因此在"贫富无定势，田宅无定主，有钱则买，无钱则卖"的情况下，买占土地者主要是形势户、寺院、乡豪等豪右大姓，但工商业者也将其商业财富转换为土地。除了官户、富家、吏人之外，有的商人也购买土地，从而成为外地的地主。一些老牌地主如米信、郭进的后代，也失去了田宅，从地主阶级中跌落下来；而大商人高利贷者摇身一变，变成了地主阶级。货币的力量对社会的变动起了重要作用。

其次，仅次于土地的投资对象是建筑物。例如，明州城外五十里小溪村的富家翁建造了门廊厅级均与大官舍相同的巨宅；丞相崔与之在蜀地建造了壮丽的府第，于是一位豪商也仿盖了一座分毫不差的家宅。又据载，大商家的干仆受托代主人之子经营，利用大商的财富积累了私有财产建造了与主人同样的家具齐全的房子。

"缘京师四方客旅买卖多，遂号富庶。人家有钱本，多是停塌解质，舟船往来兴贩。

---

[1] 〔元〕马端临：《文献通考》卷二《田赋考》，浙江古籍出版社1988年版，第43页。
[2] 《袁氏世范》卷二《世事变更皆天理》，第24页。

岂肯闲着钱，买金在家顿放。"①"富人必居四通五达之都，使其财布于天下，然后以收天下之功。"② 可见，商人的投资是自己聚居于商业活动的中心地，通过对仓库、旅馆业、金融业、运输业、客商的投资而进行的。还有买妾、买婢、买僮等而向买取奢侈奴隶方面的投资。以及用于古代美术、古董的收藏，金银的储藏和购买果园、山林等。

对于商人们来说，土地终究是最永久最安全的投资对象。一般民众也不希望将金银等贵重金属作为财产储蓄，而更希望把它转化为田产。因此，还必须考虑到，这种土地投资本身既是间接商业营利的源泉，同时也包含着以多田为自豪的奢侈投资之一面。

五、地主、官僚、商人三位一体的形成

宋代商业资本和高利贷资本表现了这样一个趋势：同官僚、地主逐步结合，形成官、商、地主的三位一体，在宋代社会结构中形成一股重要势力。

第一，商业资本和高利贷资本的代表人物总是想方设法挤进官僚士大夫群中，借以改变自己的门第，巩固自己的经济地位。科举考试是商人向官僚地主转化的一个桥梁。在宋代，有不少商人是通过科举考试而跻身于士大夫的行列中的。

许骧祖上原是商人，世家蓟州，资产富殖，许骧父亲请当地著名教育家戚同文培育，后考中进士，地位显赫。这个商人家庭就转化为官僚地主了。③ 做了宰相富弼的女婿，并登上参知政事的高位，因外表华丽多彩而博得"金毛鼠"这一绰号的冯京，也是来自商人家庭。商人之向官僚地主转化，首先是"读书为士人"，而后中科举、释褐为官，就转化成功了。

第二，大商贾、高利贷者的又一转化途径是，通过联姻而与官僚士大夫相结合。富商大贾需要的是官僚士大夫的权力、地位。而官僚士大夫则餍羡富商大贾们的钱财，富商大贾与官僚士大夫的结合，乃是权力地位与资财的结合，富商大贾便可因此"比庇门户"，同原来的地位大不同了。这种情况似乎更多一些。婚姻的形式，一是娶官僚贵势之女。真宗时开封尉氏县茶商马季良娶刘皇后之兄外戚刘美之女，获封光禄寺丞。④ 苏州商人朱冲，是徽宗朝朱勔的父亲，其家族内"弟侄数人，皆结姻于帝族，因缘得至显官者甚众"⑤。大名鼎鼎的大桶张氏，在婚姻方面最为突出："近世宗女既多，宗正立官媒数十人掌议婚，初不限阀阅，富室多赂宗室求婚，苟求一官，以庇门户，后相引为亲，京师富人如大桶张家，至有三十余县主。"⑥ 婚姻的另一种形式是把女儿嫁给官僚士大夫，新科进士最受富商大贾们的垂青：

---

① 〔宋〕徐梦莘：《三朝北盟会编》卷二九，靖康元年正月八日，上海古籍出版社2008年版，第214页。
② 《三朝北盟会编》卷一八○，绍兴七年闰十月，第1301页。
③ 《宋史》卷二七七《许骧传》，第9435—9436页。
④ 《续资治通鉴长编》卷九八，乾兴元年夏四月壬寅，第2279页。
⑤ 〔宋〕龚明之：《中吴纪闻》卷六《朱氏盛衰》，上海古籍出版社1986年版，第146页。
⑥ 〔宋〕朱彧：《萍州可谈》卷一《富家赂宗室求婚》，中华书局2007年版，第112页。

本朝贵人家选婿于科场年，择过省士人，不问阴阳吉凶及其家世，谓之"榜下捉婿"。亦有缗钱，谓之"系捉钱"，盖与婿为京索之费。近岁富商庸俗与厚藏者嫁女，亦于榜下捉婿，厚捉钱以饵士人，使之俯就，一婿至千余缗。①

第三，富商大贾高利贷者之向官僚士大夫转化的又一途径是花钱买官。宋仁宗时就开始卖官，到宋徽宗时情况更加严重。宋朝卖官可分为制度性卖官和官员私下卖官两类。进纳授官是宋朝卖官的主要形式，即交纳钱粮买取官爵。但由于宋朝历代对进纳得官者限制很严，所卖之官主要是虚衔，导致进纳人在官场颇受歧视，不过他们有时倚势横行，实力不可低估。而与进纳制度不同，官员的私下纳赂卖官，出售的则是实职的差遣。举凡大臣、宦官、将帅、人事部门官吏等，均不乏私下卖官自肥者，尤其自宋徽宗以降直至宋亡，私下卖官之风日益炽盛，官场腐败实与私下滥卖官衔有莫大干系。宋朝官员的头衔有官、职、差遣、勋、爵、邑等，其中唯有差遣属实职，其他均属虚衔。

宋神宗时，史载："若进纳出身人例除京官，至有经覃恩迁至升朝官者，类多兼并有力之家，皆免州县色役及封赠父母。如京官七品，除衙前外，亦免余色役，尤为侥幸。条例繁杂，无所适从。"②反映了进纳人作为"并兼有力之家"，利用"条例繁杂，无所适从"，照样能钻营为升朝官，而谋取私利。

宋代的官户自然是与民户身份有重大差别，官户"谓品官，其亡殁者有荫同"，"诸称品官之家者，谓品官父、祖、子、孙及同居者"③。但对"进纳买官"者而论，却大大提高了官户的门槛，"系有正法，惟因军功、捕盗，或选人换授，至升朝官，方许作官户"。④升朝官即朝官，在元丰改制后，须至正八品文官通直郎和武官修武郎以上，方能算是官户。

宋徽宗大观时，有人形容进纳人之滥："近年以来颁假将仕郎等告牒，比之往岁不啻数十倍"，一假将仕郎其直止一千余缗，非特富商巨贾，皆有入仕之门，但人有数百千轻货，以转易三路，则千缗之入为有余，人人可以滥纡命服，以齿仕路。遂致此流遍满天下。一州一县，无处无之，已仕者约以千计，见在吏部以待注拟者不下三百人。"人称"方今入仕之门，多流外之员，其冗滥尤在于进纳"⑤。在政治上已产生极坏的影响。到南宋，富室大贾继续纳粟买官，并混入军队。绍兴十七年臣僚奏言称："今日官户不可胜计，而又富商大业之家多以金帛窜名军中，侥幸补官，及假名冒户规免科须这，比比皆是。"⑥

---

① 〔宋〕朱彧：《萍州可谈》卷一《买妾价贵捉婿费多》，第127页。
② 《宋史》卷一七〇《职官志·杂制》，第4091-4092页。
③ 〔宋〕谢深甫：《庆元条法事类》卷四八《支移折变》《科敷》，卷八〇《诸色犯奸》，续修四库全书，上海古籍出版社2002年版，第861册，第515、522、679页。
④ 〔宋〕杨仲良：《续资治通鉴长编纪事本末》卷一三二《讲义司》，北京图书馆出版社2003年版，第4157页。
⑤ 〔清〕徐松辑《宋会要辑稿》职官五五之三九《进纳补官》，大观四年二月二十七日，上海古籍出版社2014年版，第4518页。
⑥ 《宋会要辑稿》食货六之二《限田杂录》，绍兴十七年正月十五日，第6087页。

这一类买来的官，社会上虽也看不起，但毕竟是所谓的"官"，不仅可以在社会上招摇撞骗，而且充作自己的护身符，维护自己的财产。

第四，富商再一个转化途径是向一些有权势的勋贵投靠，以便得到这些人的荫庇。如开封府民刘守谦就是在外戚的庇护下，"冒立券"而得到免役的。宋神宗向后父向泾也"影占行人"，他们可以得到行人的贿赂，而行人则可以减少科敛，免除徭役，各得其所的。

此外，还有一部分商贾则同官府结合起来，逐步向官商方面转化。如有的交钞铺直接属于榷货物、同当权者集团勾结起来，实际上已具有了官商的性质。有的同官府的专利制度结合起来，为官府运输制造盐、矾，从而分沾盐、矾之利。王安石变法期间设市易法，京师的一些行铺直接属于市易务，有优先取得各种商贷的权利，官商的性质更显而易见了。以上各种形式的结合，到后代更加显著，产生了更加严重的影响。①

第五，还有一部分商贾同官府结合起来，逐步向官商方面转化。宋代对重要商品均采取国家专卖制度，在对各项专利的瓜分中，商人同封建国家之间既是利益的相互瓜分者，同时也存在矛盾，如王安石变法期间市易法对把持大中城市垄断市场的大商人势力的打击，北宋晚期蔡京集团当权期间对盐商的打击，就是突出的例证。但，在更长的时期内，帝制国家同大商巨贾则结成亲密的伙伴关系，有的商贾成为政府管理商业机构如市易务的行铺，与官府共同分享商业利润，有的同政府的专利制度相结合，为政府运销盐、矾，分沾盐、矾之利，有的如交引铺同当权者集团、榷货务紧密结合，共同吞噬各项厚利，这样，通过专利制度，一部分大商人同封建国家结合，转化为官商。

当然，也有一批士大夫特别是其中的下层向商人方面转化。宋代官员，不分文武，不分大小，大都同商业有着这样或那样的联系。"今者官大者往往交赂遗、营赀产，以负贪污之毁，官小者贩鬻乞丐无所不为"。营赀产"包括邸店、质库等等，"贩鬻则是到各地贩运买卖。有的武将如张俊，派老兵到海外贸易，大发横财，这是官僚中进行商业活动中出了名的。有的官员如丁谓被贬到崖州，还同贩夫联系，付以数百缗的本钱到处贩卖逐利。真正转化为商人的是下层士大夫。由于参加科举考试的人越来越多，录取的名额不过1/10，绝大多数士人无法登上仕途，挤不进官僚地主的行列，就只有向商业一途发展了。宋代不少的士子刻书印书、开书肆卖书，北宋著名的散文家穆修就曾在大相国寺里摆过书摊；南宋理宗时在临安开书铺的陈起，是当时名声深噪的陈状元。涉商行为不仅有开书铺，几乎各行业都有涉及。陈杰在武宁道中碰上了他的旧相识，这个人已是"负贩中"的人物了："拍天富贵有危机，屠钓逃名未觉非。许靖何尝羞马磨，王章安用泣牛衣。班荆道旧身俱晚，折柳临分意重违。且复斯须相劳苦，明年我亦荷锄归。"② 至于"远僻白屋士人，多是占户为商，趋利过海"③，到海外去一显身手了。

---

① 漆侠：《宋代经济史》，《漆侠全集》第四卷，河北大学出版社 2009 年版，第 1101－1107 页。
② 〔宋〕陈杰：《自堂存稿》卷三《武宁道间遇故旧于负贩中》载《豫章丛书·集倍四》，江西教育出版社 2004 年版，第 681 页。
③ 《宋会要辑稿》刑法二之五七《梦约一》，正和二年六月二十二日，第 8314 页。

通过以上转化途径或渠道，在两宋近320年间，商业资本、高利贷资本不断地向官僚士大夫转化，不断同官僚、贵势等势力相结合，从而逐步形成为官僚、地主和大商贾高利贷者的三位一体，成为帝制统治的一个支柱。明、清两代那些惯于附庸风雅的淮南盐商，蒸龙烹凤，穷奢极欲，就是与帝制国家结合，转化为三位一体的一批官商。在他们把持的盐业中，不但找不到资本主义的因素，而且很难在这个土壤中产生资本主义萌芽。这是漆侠先生通过对宋代经济关系的解剖，揭示了宋代以后至明清社会经济发展过程中难以产生近代工业文明的深层次原因之所在。

[作者单位：首都师范大学历史学院。本文重点参考了漆侠《宋代经济史》（《漆侠全集》第四卷），河北大学出版社2008年版。斯波义信《宋代商业史研究》中译本，庄景辉译，台湾稻禾出版社1997年版。李华瑞《宋代酒的生产和征榷》，河北大学出版社1995年版。高聪明《宋代货币与货币流通研究》，河北大学出版社2000年版。汪圣铎《两宋货币史》，社会科学文献出版社2003年版。姜锡东《宋代商人与商业资本》，中华书局2002年版]

北宋募役法改革前特殊户役探析

吴树国

有宋一代役法颇为复杂。这一方面由于宋代史籍记载中役名丛脞，出现差役、色役、募役、雇役、夫役、义役等多种称谓，致使宋代役法研究存在多重语境，如首起宋人马端临的职役概括，以及现代学者差役、色役的解析[①]；另一方面，宋代役法中差役与雇役的纠结，职吏与职役的混杂，也使宋代役法研究看似名目清晰，实则问题多多。仅就北宋募役法改革前役制而言，一些特殊户的服役现象就值得注意，这些特殊户包括陵户、庙户、柏子户、畦户、俸户、佃种官田户以及家有农师、医人的农户等。它们在《宋史·食货志》中根本不被提及，在《文献通考·职役考》中也仅有农师记载，其他户则湮灭无闻。上述特殊户役在唐代基本上都属于色役范畴，那么，它们在宋代居于何种地位？在宋代职役与夫役的传统役制解释框架下属于什么性质？从宋代特殊户役的存在反观有宋一代役制，是否有必要重新诠释？鉴于上述问题，本文尝试对北宋募役法改革前特殊户役进行深入分析，希望能获得有关宋代役法方面的新知识，并提出新的理论认识。

一、北宋募役法改革前特殊户役的存在

关于宋代役法，《宋史·食货志》"役法上"称：

> 役出于民，州县皆有常数。宋因前代之制，以衙前主官物，以里正、户长、乡书手课督赋税，以耆长、弓手、壮丁逐捕盗贼，以承符、人力、手力、散从官给使令；县曹司至押、录，州曹司至孔目官，下至杂职、虞侯、拣、掏等人，各以乡户等第定差。京百司补吏，须不碍役乃听。[②]

《文献通考》对宋役的概括与此基本相同。从上述记载来看，宋代役的名目较多，有衙前、里正、户长、乡书手、耆长、弓手、壮丁、承符、人力、手力、散从官等，此外，在县曹司至押、录，在州曹司至孔目官，下至杂职、虞侯、拣、掏等。不过，这些役大致都可以归入职役或差役范畴。关于宋代职役或差役的研究状况，已有学者进行了总结。[③]

[①] 聂崇岐：《宋役法述》，载《宋史丛考》上册，中华书局1980年版；漆侠：《关于宋代差役法几个问题》，载《宋史论集》，中州书画社1983年版；王曾瑜：《宋代的差役和形势户》，载《历史学》1979年第1期。
[②] 〔元〕脱脱等：《宋史》卷一七七《食货上五·役法上》，中华书局1977年版，第4295页。
[③] 刁培俊：《20世纪宋代职役制度研究的回顾和展望》，载《宋史研究通讯》2004年第1期。

但宋代役制并非仅此而已,如宋代的夫役、匠役等①。除此之外,还有一些特殊户役也是宋代役法的组成部分。

陵户在宋代特殊户役中比较典型。宋代陵户主要用于陵寝洒扫、看护或种植树木等事宜。庙户与柏子户与其类似,这里一并在陵户下讨论。宋太祖乾德四年(966)十月颁布了《前代帝王置守陵户祭享禁樵采诏》,在该诏书中将前代帝王分为四等。第一等包括三皇五帝陵、夏禹、商汤、周文王、周武王、汉高祖、东汉光武帝、唐高祖、唐太宗,总共一十六帝,各置守陵五户;第二等是商中宗帝太戊、武丁,周成王、康王、汉文帝、宣帝、魏武帝、晋武帝、后周太祖、文帝、隋高祖文帝。以上十帝,置三户;第三等是秦始皇、汉景帝、武帝、后汉明帝、章帝、魏文帝、后魏孝文帝、唐明皇、宪宗、肃宗、宣宗、朱梁太祖、后唐庄宗、明宗、石晋高祖。以上十五帝,各置守陵两户。第四等共计三十八帝陵,不再设陵户。其中,特别规定:"陵户并以陵近小户充,除二税外,免诸杂差徭。"②"陵近小户"应该属于下等户,但此时尚未有户等之分。因为在其后的太平兴国五年(980)二月,京西转运使程能还上言:"诸道州府民事徭役者未尝分等,虑有不均。欲望下诸路转运司差官定为九等,上四等户令充役,下五等户并与免。"③另外,"免诸杂差徭",说明陵户本身就属于差徭的一种,服陵户役与其他役之间为替代关系。宋初,户口未加分等,尚分不清陵户属于何等级以及所服役的类别。但随着户口制度的调整,这一问题逐步清晰。据《宋会要辑稿》载:

> (景祐)四年七月三日,上封者言:"诸陵及会圣宫见占柏子户稍多,并是上等人户,影庇差役,乞行相度减省。"诏三陵柏子户各存留四十人,永定陵五十人,会圣宫一十人,宜令河南府从上等户内减放归农。

> 康定二年七月五日,端明殿学士、翰林侍读学士李淑上言:"昨使永安回,伏见陵邑利害上陈。永安县本巩县之镇,景德四年始建为县,充奉陵邑。其时敕榜,二税不得支拨别处,常服(赋)外仍免雷同差役。自后(不)惟应举(奉)陵宫取索及充柏子户,并匠栽松柏、市苣苋、车材、食羊,皆出本县,惟免支拨、雷同二事。自景祐四年因减定柏子户归农,除存留数外,依旧应副色役。本府误认诏语,遂将本县抽差色役、科折、和买、调率,皆与它邑一例。又应奉陵宫诏葬,凡百费率特倍余处,民力不易,亦有诣阙列诉。欲乞自今一依景德敕榜处分。诸陵柏子户旧额,安陵、永昌陵、永熙陵各八十人,永定陵一百人,会圣宫二十二人。昨景祐四年七月臣僚上言,四陵各减半,会圣宫只留十人。伏缘陵寝地阔,芟治少人,纵有奉先军士,多别系役。臣以谓陵邑充奉,耕除园域,纵以一县奉之亦未为过,但前占多近上户

---

① 参见梁太济《两宋的夫役征发》、包伟民《宋代民匠差雇制度述略》,收录于徐规主编《宋史研究集刊》,浙江古籍出版社1986年版,第1—86页。

② 〔宋〕王明清:《挥麈录·挥麈前录》卷二《祖宗重先代陵寝,诏禁樵采》,上海书店出版社2001年版,第10页。

③ 〔宋〕李焘:《续资治通鉴长编》卷二一,太宗太平兴国五年二月丙午,中华书局1995年版,第472页。

等,遂至人言。欲乞应柏子户并依旧额添足,凡有阙补,只得差第三等已下户。如此,则地芜可以修奉,户豪不能庇役。"诏并从之。①

从仁宗景祐四年(1037)上封者所言,此时诸陵的柏子户多由上等人户充当。根据邢铁先生的研究,九等户向五等户转变在宋代有一个过程,大致从太宗太平兴国五年逐步制定和推广,经历四五十年时间,至真宗天禧、仁宗明道时期才在全国普遍推行。② 故景祐年间已经是五等户制,而上等人户则是五等户中的一、二、三等户。柏子户被上户用来影庇差役,也说明其本身也属于差役之一。康定二年(1041)李淑上言恢复了柏子户的旧额,即安陵、永昌陵、永熙陵各80人,永定陵100人,会圣宫22人。这一旧额在景祐四年被减半。这说明陵户,包括庙户、柏子户都有固定的使役人数。同时,要求以后柏子户有阙补,只能差第三等以下户,这与前面陵户差下等户吻合。

上述陵户和柏子户都在陵寝中设置,会圣宫是北宋皇帝祭陵的行宫,其柏子户也属于陵寝范围。在陵寝之外,太庙、宗庙中也有陵户、柏子户设置。如英宗在治平三年(1066)下诏,为其生父濮安懿王园庙,置柏子户50人。③ 孔庙在熙宁变法前人数也很多,"本庙元差洒扫户五十人、看林户五人"④,熙宁变法时,朝廷裁减役人,为了使募役钱宽剩,遂把洒扫户减作30人,看林户减为3人。到哲宗元祐元年(1086)才又恢复原额。

除陵户外,北宋募役法改革前还有畦户、俸户、佃种官田户以及家有农师、医人的农户等其他特殊户役。

畦户是宋代解盐晒盐户的专称。据《续资治通鉴长编》记载:"引池为盐,曰陕西解州解县、安邑两池。垦地为畦,引池水沃之,水耗盐成。籍州及旁州民给役,谓之畦户,总三百八十户,复其家,户岁出夫二谓之畦夫,岁给户钱四万,日给夫米二升,岁二月垦畦,四月引池为盐,八月而止"⑤。这里畦户"复其家",是蠲免其家的一切赋税和徭役。畦户来源是本州和旁州,宋仁宗嘉祐六年(1061),"两池畦户,岁役解、河中、陕、虢、庆成之民,官司旁缘侵剥,民以为苦,乃诏三岁一代。尝积逋课盐至三百三十七万余席,遂蠲其半。中间以积盐多,特罢种盐一岁或二岁三岁,以宽其力。后又减畦户之半,稍以佣夫代之,五州之民始安。"⑥ 由此可见,畦户除来自解州外,另有河中府、陕、虢、庆成军的百姓。不过,嘉祐五年(1060),张席奏状提到:"臣访闻陕西种盐畦户,岁于河

---

① 〔清〕徐松辑:《宋会要辑稿》礼三七之三一、三二,《缘陵裁制上》,上海古籍出版社2014年版,第1574页。
② 邢铁:《九等户到五等户的转变时间》,载《中国社会经济史研究》1990年第1期,第84—85页。
③ 《宋史》卷一二三《濮安懿王园庙》,中华书局1977年版,第2876页。
④ 《续资治通鉴长编》卷三八九,元祐元年十月丙戌,第9450页。
⑤ 《续资治通鉴长编》卷九七,天禧五年十二月戊子,第2260页。
⑥ 《宋史》卷一八一《食货下三·盐上》,第4419页。

中、庆成、陕、虢、解五州军，河东等三十余县，差人户充应。"① 说明畦户来源还包括河东路的三十多个县。畦户在嘉祐六年"诏三岁一代"，透露出畦户新的服役周期。而在嘉祐六年之前，畦户身份可能是终身的。

俸户是五代后汉及宋初为州县官及部分中级以上官员配置，负责将其俸禄中实物转换为现钱的民户，又称回易料钱户、回易料钱俸户。俸户在北宋存在时间不长，从太祖乾德四年（966）七月到开宝九年（976）十一月，总共存在 10 年。关于俸户的设立，宋朝官府颁布了两个诏书，一个是乾德四年七月的《复置俸户诏》，称："应天下令录簿尉判司等，宜准汉乾祐三年敕，复于中等无色役人户内置俸户。据本处所请料钱，折支物色。每一贯文给与两户货卖，逐户每月输钱五百文。除二税外，与免余役。其所支物色，每岁委官随蚕盐一并给付。如州县阙正员，差人承摄者准此。"② 这里需注意的是，俸户是从中等无色役人户中选取，并免除其他徭役，它意味着俸户与其他色役是并列的地位。另一个诏书是开宝四年（971）十一月的《幕职官置俸户诏》，主要规定："自今诸道州幕职官，并依州县官例置俸户"。③ 由于俸户是每月输钱 500 文，故根据官员料钱规定，固定俸户数量。《宋会要辑稿》详细记载了各个等级官员的俸户数，如"万户以上县令，料钱二十千，四十户；主簿、县尉料钱各十二千，每人二十四户；七千户以上县令，料钱十八千，三十六户；主簿县尉料钱各十千，每人二十户……五万户以上州，司录、录事参军及两京司录，每人料钱二十千，四十户；司户、司法每人料钱十千，各二十户；三万户已上州，司录、录事参军每人料钱十八千，三十六户；司户、司法每人料钱九千，各十八户"④。

佃种官田户在宋初也属于特殊役户。如福建官庄田佃户，《（淳熙）三山志》记载：

> 天禧四年，转运使方仲荀言："福州官庄田自来给与人户主佃，止纳夏秋二税，更不他输物色。（元夏税钱五百二十五贯二百八十一文足，秋税米九千四百九十八石有奇）乡虽经朝省均定，缘百姓私产，并用赀买，既输税，又充色役。佃官庄户乃是请射成熟田地耕作，复免随例差傜，深见亏官。请估价，许元佃者承买，与限二年偿，所得估直度可三十万缗"。不从。……五年，前福建提刑王文震奏："福州佃官田户，虽系屯田名目，只依二税催科。产钱不计少多，例免门役差遣。臣管见屯田户既特免租课，又不追田价，即与平产人户田业无殊。欲乞削去屯田名目，割归税簿催科，止当门役"。省司议，名目依旧，屯田不得充为永业，其差遣宜依平产人例，有旨依。天圣三年，张希颜请"福建七州官庄并各输租，惟福州独依私产，复免差傜，岂非幸民，乞依臣先来均定租米。"胡则奏："当州官田已奉敕均定，与私产雷同，催科已经四十六年。若依张希颜所奏，改纳租米，且官田咸蒸瘠薄者多，肥浓浚壤者

---

① 〔宋〕赵抃：《清献集》卷九《奏劄乞检会张席奏状相度解盐》，景印文渊阁四库全书本，台湾商务印书馆1986年版，第1094册，第876页。
② 《宋大诏令集》卷一七八《复置俸户诏》，中华书局1962年版，第639页。
③ 《宋大诏令集》卷一七八《幕职官置俸户诏》，第639页。
④ 《宋会要辑稿》职官五七之十八，《俸禄杂神妙上》，乾德四年七明有，第4567页。

少。地临巨海，夏秋之间，海潮飓风，漂荡流落，州县难于催督。乞仍纳二税，不输租课。"①

宋初福建官庄的特点是按私产收夏秋税，却免差徭。故从天禧到天圣年间，不断有人主张将官庄卖与百姓，按私产征税派役。从文中来看，福州佃官田户，"系屯田名目"，正因为如此，才有免役的优惠。福州佃种官田并非特例，如孔庙赐田，程颐在哲宗元祐元年（1086）上《修立孔氏条制》，赐田并主张蠲免税赋，"依乡川厚薄召人种佃，其佃户并免差徭、夫役"。②虽然此条出现在募役法改革后，但元祐元年恰是恢复差役制的时期，程颐强调此点应该是遵循了募役法改革前的旧制。

除此之外，宋初特殊户役也包括农师和医人之户。北宋设置农师在宋太宗太平兴国七年（982）闰十二月，在《置农师诏》中称："宜令诸道州府，应部民有乏种及耕具人丁，许众共推择一人，练土地之宜，明种树之法，补为农师。……为农师者，常税外免其他役"③。担任农师的人，常税之外免其他役。北宋时期按户派役，农师免役应是免当户之役。关于医人，北宋翰林医官院或太医局都有一定数量的医人，但这些医人属于中央百司吏的性质。与其相比，州县医人则属于役的形式。如《三山志》载："医人，州三人，县各一人。嘉祐六年，州县号当旬医人者许于郭下轮差，其外县医人听侧近村抽取。各不限主客户，仍不得影占州色役。熙宁四年，本州相度，诸县医人如无愿祗应处，量给佣钱，募人充应。诸县各一人，内七人给雇钱。元祐初，以第四等户轮给，与免身丁。绍圣闽侯官各增一人，今县各一人，余杂职以下悉附见于后"。④

北宋募役法改革前还有两个比较个别的特殊户役，如登州沙门岛土户，因为来回运送东北女真族进贡马匹，因而"应所纳逐年夏秋赋租、麴钱及沿征泛配诸杂名目物色、并州县差徭，今后并与免放。"⑤再者，河东路的义勇指挥使所在户也属于免役户，欧阳修曾指陈其弊端："右臣准中书批下送二状：'河东都转运司准康定九年九月十四日敕节文：'河东路强壮，应见充指挥使，内虽系第一至第三等户者，州县更不得轮次别差色役。'窃缘义勇指挥使，各是乡村第一、第二等力及有家活产业人户，今来一年之内，只是一季上番，多在本家管勾农业。兼当司体量得正副指挥使等，俱是上等人户拣充，最属侥幸。其余等第人户丁数稍多，亦是一半点充义勇只应，仍更不免州县差役"。⑥

上述这些特殊户役都表现出一些共同特征，首先是对其他役的免除。如免杂役差科、杂差徭或者不得在轮差役、色役，甚至复其家等；第二是服役内容的专门性。如前述陵户、庙户、柏子户、畦户、俸户、佃种官田户以及家有农师、医人的农户，也包括登州沙

---

① 〔宋〕梁克家：《（淳熙）三山志》卷一一《官庄田》，景印文渊阁四库全书本，第484册，第213－214页。
② 〔宋〕程颢、程颐：《二程文集》卷九《修立孔氏条制》，景印文渊阁四库全书本，第1345册，第685－686页。
③ 《宋大诏令集》卷一八二《置农师诏》，第659页。
④ 《（淳熙）三山志》卷一四《州县役人》，第229页。
⑤ 《宋大诏令集》卷一八五《矜蠲沙门岛人户赋租诏》，第673－674页。
⑥ 〔明〕黄淮、杨士奇编：《历代名臣奏议》卷二五五，庆历二年，景印文渊阁四库全书本，第440册，第275页。

门岛土户、河东路的义勇指挥使所在户,他们服役内容固定、明确,进而形成某种社会身份;第三是管理机构的特殊性。虽然上述特殊役户都由地方州县管理派役,但在他们身上都或多或少与中央派出机构有关联,如陵户、庙户、柏子户主要服务帝陵、宗庙机构,由与州县平级的陵台或祭祀礼仪机构管理。睢户、佃种官田户、登州沙门岛土户、河东路义勇指挥使所在户的服务管理机构也不是单纯的州县。虽然俸户、农师和医人隶属州县,但俸户属于官吏个人,农师和医人也不是普通的杂徭役。

二、北宋募役法改革前特殊户役的性质

陵户在北宋募役法改革前与其他差役性质相同。如前述仁宗景祐四年(1037)七月三日,上封者言:"诸陵及会圣宫见占柏子户稍多,并是上等人户,影庇差役,乞行相度减省"①。既然上户利用柏子户身份不出差役,说明陵户本身就是差役的一种。作为差役,陵户与其他差役形式相同。充当陵户者一般是下等户,柏子户明确为三等以下户。陵户有固定的使用数量,如康定二年(1041),柏子户恢复旧额,安陵、永昌陵、永熙陵各80人,永定陵100人,会圣宫22人。②英宗在治平三年(1066),濮安懿王园庙,柏子户定额50人。③孔庙在熙宁变法前洒扫户50人,看林户5人。④陵户服役于诸陵或宗庙,其管理机构比较特殊。《宋会要辑稿》职官志下"宗正寺"条记载:"陵台令,以京朝官一员知永安县,兼令事。又诸陵有副使、都监,以内臣充。"⑤这里陵台令与永安县知县的关系值得注意。太祖乾德二年(964),"以巩县令兼安陵台令"⑥,此时永安县仍称巩县,陵寝也只有太祖父亲的安陵,这里安陵台令由巩县县令兼任。但到真宗景德四年(1007),专门下诏,选官充知陵台令兼永安县事,并特别指出:"仍令有司,就陵令公署增修县廨。"⑦可见,陵户服役管理机构虽为永安县,但实际是陵台公署。陵台令兼知永安县,不是专官,但其下有专门的陵台副史和都监。都监管理守陵兵士,实际管理陵户的副史,如景德元年(1004)六月二十一日,"诏永安县诸陵园松柏,宜令守当使臣等督课奉陵柏子户,每年以时收柏子,于滨河隙地布种。俟其滋茂,即移植以补其阙。"⑧这里的守当使臣应该就是副史。对此,景德四年(1007)七月二日诏谈得更为清晰:"访闻诸陵使、副,常遣人出入兆域,芟薙草木,神道贵静,甚非便也。自今令遵典故,每岁春秋二仲巡陵,春除枯朽,秋芟繁芜,自余非时薙剪悉罢之。"⑨

---

① 《宋会要辑稿》礼三七之三一,《缘陵裁制上》,景祐四年七月三日,第1574页。
② 《宋会要辑稿》礼三七之三二,《缘陵裁制上》,康定二年七月五日,第1574页。
③ 《宋史》卷一二三《濮安懿王园庙》,第2876页。
④ 《续资治通鉴长编》卷三八九,元祐元年十月丙戌,第9450页。
⑤ 《宋会要辑稿》职官二十二之一,《宗正寺》,第3563页。
⑥ 《续资治通鉴长编》卷五,乾德二年二月戊辰,第123页。
⑦ 《宋大诏令集》卷一六一《选官充知陵台令兼永安县事诏》,第609页。
⑧ 《宋会要辑稿》礼三七之二八,《缘陵裁制上》,景德元年六月二十一日,第1572页。
⑨ 《宋会要辑稿》礼三七之二九,《缘陵裁制上》,景德四年七月二日,第1572－1573页。

畦户服役于解州解、安邑两池。从嘉祐六年（1061）"诏三岁一代"来看，宋初畦户身份是终身的，到此时才改为三年一代，说明畦户服役有周期。畦户免除其他役，是因为担任畦户本身就是一种役。但畦户"户岁出夫二谓之畦夫，岁给户钱四万，日给夫米二升"①。畦夫有口粮，此外畦户每年还有四万户钱。这笔钱使畦户性质变得复杂起来，因为四万户钱带有雇佣的性质。不过，既然畦户是"籍州及旁州民给役"②或是"差人户充应"③，都有强差的痕迹。故宋初畦户服役性质类似于匠户的差雇。

宋初的俸户制度来自五代，因为官员所发俸钱多数情况下会被折支为物品发放，也就是说官员并未得到实钱。为了弥补这一不足，于是设置俸户。其职责是："本处所请料钱，折支物色。每一贯文给与两户货卖，逐户每月输钱五百文。除二税外，与免余役。"④对于俸户的性质，冻国栋在《中国俸禄制度史》中谈道："这种办法类似于唐前期的公廨本钱之法：由官府出本，以高户主之，月取息以给官俸。显然此时所谓"俸户"制亦沿此。充当俸户之后，可以免除县司的其他差役。"⑤冻先生所言俸户的前身实际上是捉钱户。这些捉钱户在唐代属于色役户，如唐宪宗时曾要求："五坊色役户及中书门下两省纳课陪厨户及捉钱人，并归府县色役"⑥。李春润的研究也认为唐代捉钱户"是色役户，隶名于一定部门，有免徭役和不受州县拘治等特权"⑦。对比唐五代捉钱户与俸户，从制度因袭角度来看，宋初的俸户也具有色役性质。

关于佃种官田户的性质，宋真宗天禧五年（1021），前福建提刑王文震的上奏值得注意："福州佃官田户，虽系屯田名目，只依二税催科。产钱不计少多，例免门役差遣。臣管见屯田户既特免租课，又不追田价，即与平产人户田业无殊。欲乞削去屯田名目，割归税簿催科，止当门役。"结果："省司议，名目依旧，屯田不得充为永业，其差遣宜依平产人例，有旨依。"⑧ 这里指出佃官田户系屯田名目，意思是佃官田户像屯田户的屯丁那样为官府服役。既然属于服役，就应该免除户役和其他差遣。屯田中的屯丁在唐代属于色役，如唐长孺先生曾专门论述唐代屯丁的色役化⑨。那么，宋初与屯田类似的佃种官田户也应该具有独立色役的身份。而且从孔庙赐田，"其佃户并免差徭、夫役"⑩的规定来看，佃种官田户的色役身份比较普遍。唐代屯丁类色役实际从正丁正役转化而来，这种情况并非唐代个案。前述登州沙门岛土户运送女真上贡马，也应属于夫役性质，但他们被固定充役，并免除其他役来看，它也属于色役范畴。

---

① 《续资治通鉴长编》卷九七，天禧五年十二月戊子，第2260页。
② 《续资治通鉴长编》卷九七，天禧五年十二月戊子，第2260页。
③ 赵抃：《清献集》卷九《奏劄乞检会张席奏状相度解盐》，第876页。
④ 《宋大诏令集》卷一七八《复置俸户诏》，第639页。
⑤ 黄慧贤、陈锋主编：《中国俸禄制度史》，武汉大学出版社2005年版，第236页。
⑥ 〔后晋〕刘昫：《旧唐书》卷一四《宪宗上》，中华书局1975年版，第421页。
⑦ 李春润：《唐代的捉钱制》，载《中南民族学院学报》1982年第4期。
⑧ 〔宋〕梁克家《（淳熙）三山志》卷一一《官庄田》，第213—214页。
⑨ 唐长孺：《山居存稿》，中华书局1989年版，第177—179页。
⑩ 〔宋〕程颢、程颐：《二程文集》卷九《修立孔氏条制》，第685—686页。

农师和医人在宋代役制中等同于州县差役。如农师，太平兴国七年（982）诏称："两京诸州，择郡民有练土地之宜、明种树之法者，补为农师，县一人。令相视田亩沃瘠及五种所宜，指言某处土田宜植某物，某家有种，某户有丁男，某人有耕牛。即令乡三老、里胥与农师同劝民分于旷土种莳，俟岁熟共取其利。为农师者，蠲租外，免其他役"①。由此能够看出，农师属于县役，与乡官一起有劝民归农之责。医人在《（淳熙）三山志》中也与解子、杂职、栏头、斗子、盐仓子等同列为县役人，选派医人不能影占州色役，说明医人本身就是色役。由此推之，医人应该有免其他役的权利。哲宗元祐时恢复差役，医人以第四等户轮给，反映出募役法改革前医人的轮差等级。与农师、医人类似，前述义勇指挥使免州县役，它也应该属于州县役人身份。

三、基于募役法前特殊户役对宋初役制的检讨

前面列举了北宋募役法改革前的特殊户役，它们在《宋史·食货志》中根本不被提及，在《文献通考·职役考》中也仅有农师记载，其他户则湮灭无闻。

只能就文献本身属于差役、色役、州县役人等。鉴于募役法前特殊户役存在，有必要对宋初役制进行检讨。

首先，宋初职役结构的认识。关于宋代役法，前引《宋史·食货志》"役法上"称：

> 役出于民，州县皆有常数。宋因前代之制，以衙前主官物，以里正、户长、乡书手课督赋税，以耆长、弓手、壮丁逐捕盗贼，以承符、人力、手力、散从官给使令；县曹司至押、录，州曹司至孔目官，下至杂职、虞候、拣、掏等人，各以乡户等第定差。京百司补吏，须不碍役乃听。②

《文献通考·职役考》关于宋役记载与此基本相同。上述这些役都与地方行政相关，分别被役使于州、县、乡各个层次。也就是说，可以称它们为"州役""县役""乡役"，但它们绝非职役的全部。《（嘉定）赤城志》将"州役""县役""乡役"隶属于"吏役门"下，这实际上透露出这些役仅是与吏相近的吏役。值得注意的是，《（淳熙）三山志》"版籍类"在"州县役人"后附有"海船户"和"炉户"。当然，《（淳熙）三山志》属于南宋地方志，同时，其记载有地方特征。但是，将这些特殊户放在州县役人后并非偶然，反映出两者之间的连带关系。前述特殊户中的陵户、俸户、佃种官田户以及登州沙门岛土户，都与州县役人一样，役职特殊，人数额定，服务于固定部门，它们都属于职役范畴。宋初特殊户役跻身职役行列实际上是唐代职役特征的延续。笔者曾专文谈到唐代色役的职

---

① 《续资治通鉴长编》卷二三，太平兴国七年闰十二月庚戌，第533页。
② 《宋史》卷一七七《食货上五·役法上》，第4295页。

役性质。① 关于唐代色役,唐长孺先生曾指出,"我们认为色役大致包括两大类:一类居于吏与役之间,有如业已确定的掌闲、幕士、门仆,以及可以推知的配给贵族官僚的亲事、帐内、防阁、白直等。这一类在律令上又是杂任或职掌,其渊源是汉代的少吏或小人吏,南北朝的僮幹、吏力、杂任役;另一类是单纯的徭役,其中一部分本是杂徭或正役;一部分是专业性的特殊人户,如乐人、音声人、丁匠,他们不是吏,不能纳入杂任或职掌"②。虽然杂任在明抄本《天圣令》出现后已被确认属于吏而非役。③ 但唐先生关于色役组成的论述无疑是正确的。另外,唐后期按户差科,那些单纯徭役转化而来的色役与专业性的特殊人户逐渐融合成特殊役户。因此,宋初职役并非只有州县乡役人员,也包括具有职役性质的特殊户役。

其次,力役与职役在宋初的演进趋势。从宏观角度考察,中国古代役制始终包含力役和职役两个类别系统。力役是国家、社会层面用役,属于大系统,主体役种是正役和杂徭,这种用役带有公共性,但在皇权专制社会下,都带有"御中发征"④ 的私属色彩;职役是各个官府部门的小系统用役,目标是完成其应承担的行政职能。正常情况下,属于官府部门的工作人员,应该有俸禄,或者说薪酬,但国家财政拿不出那么多钱来,故只能通过强制征用的役形式。从这一角度来说,国家行政人员的役化是中国古代官府解决财政负担的手段,从唐宋以后职役日渐占据征役主体地位来看,这也是中国古代社会后期役制发展的方向。

宋初特殊户役的存在为重新审视宋代役制提供了新的切入点。从制度内容来看,特殊户役在唐宋之际的因循说明唐宋之间役制的承续。不过,特殊户役相对唐前期来说,数量大为减少,整体呈现萎缩趋势。然而,马端临《文献通考·职役考》给人的感觉是宋代职役的增加,特别是乡官向乡役的转变。这实际上是局部现象掩盖了整体面貌。仅职役来说,唐代中央职役占有大量份额,包括众多特殊户役,但中唐以后,原有中央职役转向吏或雇佣,职役向府县色役倾斜,整体职役数量在减少。同时,地方职役中有一部分来自投充和推荐,已经超出役的范畴。故整体上看,职役是呈回缩状态。这种情况在力役中也比较明显。力役在中唐以后逐步雇佣化,同时军队用役的增加,使力役不断缩减,到宋代,主要以河上夫役为主。

再者,宋初役制中的差雇之分与吏役之别。宋代役制有时难以分辨,这是因为各役种都存在区分模糊的问题。相对职役而言,吏与役的区别必须分清楚。如宋初特殊户役中的医人,翰林医官院或太医局也有一定数量的医人,但这些医人属于中央百司吏的性质,相比之下,州县医人则属于役的形式。同时,对《文献通考》中的宋役论述,漆侠先生总结

---

① 吴树国:《唐前期色役性质考辨》,载《陕西师范大学学报》2013年第6期。
② 唐长孺:《山居存稿》,第171页。
③ 黄正建指出杂任并不是番役,也不纳资课;赵璐璐则更详尽地论述了杂任的选补、考课和迁转。参见黄正建《〈天圣令(附唐杂令)〉所涉唐前期诸色人杂考》,载《唐研究》第十二卷,北京大学出版社2006年版,第203-220页;赵璐璐《唐代"杂任"考》,载《唐研究》第十四卷,北京大学出版社2008年版,第495-507页。
④ 《睡虎地秦墓竹简》,载《秦律十八种释文注释》,文物出版社1990年版,第47页。

认为:"宋代的差役,或者如《通考》上所说的职役,大体上可分为四类",第一类是各州县的"吏"或"人吏",第二类是所谓的衙前吏,第三类职役是耆户长、弓手、壮丁等役,第四类职役极为繁杂,其中的承符、散从官、人力、手力等,或为官府"追催公事"或供州县官员"奔走驱使",大都有由第四、五等户承担;这些杂役中还有渡子、斗子、掐子、秤子、拣子、库子、仓子、栏头、轿番等。"① 漆侠先生认为第一、二类属于吏的范畴。但马端临包括宋代一些地方志中往往称之为役或吏役,这反映出宋人在吏与役上认识的模糊。相对力役来说,差与雇也要把握。在宋初特殊户役中,畦户"户岁出夫二谓之畦夫,岁给户钱四万,日给夫米二升"②。畦夫在口粮之外,每年还有四万户钱。按一户两夫来说,每个畦夫每年有20贯报酬,因而畦户有雇佣的性质,不能算作严格的使役。但这种雇佣背后不是自由应役,而带有强制差配,故又带有役的特征。宋人称之为差雇,实道出了其本质。因此,对宋代役制研究,不能拘泥于宋人的役制观,应该把握中国古代役制发展的总体趋势和方向,才能弄清楚宋代役制整体结构以及具体役属性。

[作者单位:黑龙江大学历史系。本文原载《山西大学学报》(哲学社会科学版)2017年第1期]

---

① 漆侠:《关于宋代差役法几个问题》,载《宋史论集》,中州书画社1983年版,第7页。
② 《续资治通鉴长编》卷九七,天禧五年十二月戊子,第2260页。

宋元福建槟榔消费初探

黎志刚

槟榔，又名宾门、仁频、洗瘴丹等，是原产于南洋诸国的一种热带果品，它既可以直接嚼食，也可以入药。李时珍《本草纲目》记载：槟榔"治泻痢后重、心腹诸痛、大小便气秘、痰气喘急，疗诸疟，御瘴疠。"① 由于槟榔重要的药用价值，食用槟榔的记载很早就见于我国史籍。但目前国内对槟榔历史的研究，总的来说主要偏重于风俗介绍和源流考究，在研究地域上主要集中于岭南和台湾，其他方面的深入研究仍不多见。② 本文主要从海上贸易的视角出发，以宋元时期福建地区的槟榔消费为切入点，考察这一时期福建槟榔消费的内容、特点及影响，并从中揭示槟榔这一舶来消费品所反映的宋元海洋贸易的丰富内涵。

虽然中国很早就有消费槟榔的记载，但由于中国并不是槟榔的主要原产地，早期中国内地消费的槟榔主要靠地方上贡或朝贡贸易获得。因此在早期，槟榔在中国主要是作为一种奢侈消费品存在。宋元以后，随着中国与南洋诸国的经济文化交流日益频繁，槟榔开始成为海洋贸易中一种重要的舶来商品和日常消费品。宋元福建地区的槟榔消费，是以当时日益发展的海上贸易为支撑的。但作为一种舶来消费品，槟榔输入福建地区的意义已经远不只是一种普通的商品输入那么简单，而是深入影响到了宋元福建社会的各个方面。考察这样一种舶来商品的消费状况，有助于对宋元海上贸易的发展有进一步的了解。

一、宋元以前中国的槟榔消费概况

槟榔原产于南洋诸国，原是南洋少数民族生活中的一种日常消费品，并由于其大量的种植和消费而在当地形成了一种特殊的礼俗。晋嵇含所撰的《南方草木状》中称：槟榔"味苦涩，剖其皮，鬻其肤，熟如贯之，坚如干枣，以扶留藤、古贲灰并食，则滑美下气

---

① 〔明〕李时珍：《本草纲目》卷三一《果部三·槟榔》，中国中医药出版社1998年版，第777页。
② 目前国内研究槟榔历史的成果，主要有容媛《槟榔的历史》（《民俗》1929年1月第43期）、王四达《闽台槟榔礼俗源流略考》（《东南文化》1998年第2期）、吴长庚《瘴、蛊、槟榔与两广文化》（《上饶师范专科学校学报》1999年第5期）、林富士《槟榔入华考》（台湾《历史学刊》2003年7月号）、刘正刚、刘文霞《槟榔与清代乡村民众生活》（倪根金主编《生物史与农史新探》，台湾万人出版社2005年版）、范玉春《以槟榔为礼：岭南汉族婚俗的文化地理学考察》（《广西民族研究》2005年第2期）、刘正刚、张家玉《清代台湾嚼食槟榔习俗探析》（《西北民族研究》2006年第1期）、司飞《珠江三角洲地区的槟榔礼俗源流考略》（《中国农史》2006年第3期）、宋德剑《岭南婚嫁习俗中槟榔的文化解读》（《汕头大学学报》2010年第2期）、郭联志《闽东南的嚼槟榔习俗》（《闽台文化交流》2006年第1期）。

消穀。出林邑（今越南中南部），彼人以为贵，婚族客必先进，若邂逅不设用，相嫌恨。"① 槟榔最早见于中国史籍应该是汉人所撰的《三辅黄图》，此书中提到汉武帝在元鼎六年（前111）灭南越国（今两广和越南一带）后，移植各种奇花异木到上林苑中新建的"扶荔宫"，其中便有"龙眼、荔枝、槟榔、橄榄、千岁子、柑橘"等，② 同一时代司马相如的《上林赋》中也提到上林苑中有一种叫作"仁频"的植物，这种"仁频"根据后人的考证即槟榔。但这只是一次特殊的移植，槟榔实际上并不能在这么靠北的地方长期生存，古人早就认识到槟榔"其性不耐霜，不得北植"③，甚至直到明代，槟榔还是"越徐闻则不宜"④。而且考虑到这以前的史籍中没有关于岭南人食用槟榔的记载，槟榔很可能在此前还没有传入中国的岭南地区。但随着汉武帝灭南越国和汉在岭南扩展势力并设置交趾、九真各郡，可能槟榔的消费就是从这一时期起逐渐进入中国人的生活的，东汉和帝时的议郎杨孚的《异物志》中就提到："槟榔扶留，可以忘忧。"⑤《南史》中也记载齐武帝时的任昉之父任遥"本性重槟榔，以为常饵"。⑥

但这一时期，岭南以外地区输入的槟榔数目比较少，岭南以外的地区主要是通过地方上贡和朝贡贸易等途径才能够得到，这使得槟榔在此时还十分珍贵，主要是作为一种奢侈品被消费。一般只有皇室贵族和富家大族等社会上层才能够享用，而且得到赏赐或别人赠送槟榔时往往需要特意回信表示谢意。如南朝宋时江夏王刘义恭受皇帝赏赐槟榔，还要写个《谢赐交州槟榔启》："奉赐交州所献槟榔，味殊常品，涂远蒟酱。"⑦ 梁代的沈约也写过《谢赐交州槟榔启》，王僧孺有《谢赐干陀利所献槟榔启》，庾肩吾有《谢赉槟榔启》《谢东宫赉槟榔启》等，南朝齐豫章王萧嶷在临终遗嘱中更是执意交待子孙拜祭他的时候要有槟榔。⑧ 可见，槟榔当时主要还是作为达官贵人的奢侈消费品出现的。甚至到了唐时，食用槟榔的记载仍不多见。

这一段时期也出现了槟榔入药的情况。传为东汉张仲景开的一个药方"退五脏虚热四时加减柴胡饮子方"中，便使用了大腹槟榔四枚。⑨ 当然也有人怀疑这不是张仲景的方子。但东汉葛洪的《肘后备急方》中，有治呕吐、腰痛的四个药方开始明确地用到了槟榔，而南朝陶弘景的《名医别录》中也针对槟榔的药性和功效详加介绍。但总的来说，这一时期槟榔入药的情况并不太多见，这大概还是由于槟榔的稀少和珍贵造成的。

---

① 〔晋〕张华等撰，王根林等校点：《博物志（外七种）·南方草木状》卷下《槟榔》，上海古籍出版社2012年版，第148页。
② 何清谷：《三辅黄图校释》卷三《扶荔宫》，中华书局2005年版，第208页。
③ 缪启愉、缪桂龙：《齐民要术译注》卷一〇《扶留》，上海古籍出版社2006年版，第664页。
④ 〔明〕唐胄编纂：《正德琼台志》卷六《山川下》，海南出版社2006年版，第126页。
⑤ 《异物志》原书已佚，引文保存在贾思勰《齐民要术》卷一〇《扶留》，商务印书馆1939年版，第255页。
⑥ 〔唐〕李延寿：《南史》卷五九《任昉》，中华书局1975年版，第1453页。
⑦ 〔宋〕李昉等：《太平御览》卷九七一《槟榔》，中华书局1960年版，第4305页。
⑧ 林富士：《槟榔入华考》，载《历史月刊》（台湾）2003年7月号，第94–100页。
⑨ 〔汉〕张仲景述，王叔和集：《新编金匮要略方论》卷下《杂疗第二十三》，中华书局1985年版，第84页。

二、宋元时期福建的槟榔输入及消费

唐五代以后，随着中国经济重心的南移、陆上丝绸之路的衰落和海上丝绸之路的兴起，中国与南洋各地之间的经济文化交流日益频繁，沿海的港口如泉州等迅速发展起来。唐中叶时，泉州已经是一个"执玉来朝远，还珠入贡频"[1]的繁荣港口。泉州海外贸易的发展是宋元时期槟榔输入福建的一个重要前提条件，据《景德传灯录》记载，五代时福州林阳山瑞峰院志端禅师在与另一僧"斗机锋"时，便以"泉州砂糖舶上槟榔"发问，可见当时泉州已经有了槟榔的船舶贸易输入[2]、北宋太平兴国七年（982），朝廷下诏取消广南、漳州、泉州等港进口的蕃货禁榷，其中明确有槟榔、木香等项[3]。到了南宋，曾于宝庆年间提举泉州市舶司的赵汝适在《诸蕃志》中称，依靠每年从南洋诸蕃和海南大量输入槟榔，"泉、广税务岁收数万缗"[4]。此后，槟榔贸易一直是宋元海洋贸易中的重要内容。20 世纪 70 年代中期在泉州湾后渚港海滩出土的宋船残骸中，就遗留有槟榔 51 颗，这为宋代泉州与南洋诸国的槟榔贸易提供了实物见证。[5]《诸蕃志》中也说："泉舶以酒、米、麹粉、纱绢、漆器、瓷器等为货，岁杪或正月发舟，五六月间回船；若载鲜槟榔抢先，则四月至。"[6] 可见，泉州商船为了运载槟榔货卖甚至调整回航时间，可知槟榔贸易占据了重要地位。元代，槟榔仍是泉州输入的重要舶来商品，甚至这时连包裹槟榔的蒌叶也从海外进口。元人汪大渊曾两次从泉州搭船前往南洋诸蕃，他在自己所著的《岛夷志略》中，提到"灵山"（在今越南）时称："舶之往复此地，必汲水、采薪以济日用，次得槟榔、蒌叶，余无异物。"[7] 可见，元代福建的槟榔输入规模也同样较大，这充分反映了福建地区槟榔消费的巨大需求。

与以前不同的是，作为一种舶来消费品，宋元福建的槟榔输入已经不再仅仅是作为一种普通的食物或是药物的贸易输入，甚至不能简单地看作只是一种商品的输入。它作为一种舶来消费品，迅速地融入福建人的社会生活，并对福建地区社会生活产生了深远的影响。总的看来，宋元福建地区的槟榔消费大致可以分为以下几个方面：

（一）作为食物的消费

槟榔作为一种传统中药，可以入药，也可以直接食用，有御瘴、化痰、消食、下气等

---

[1] 〔唐〕包何：《送泉州李使君之任》，载《全唐诗》卷二八〇，中华书局 1999 年版，第 2170 页。
[2] 〔宋〕道原著，顾宏义译注：《景德传灯录译注》卷二二《青原行思禅师法嗣（之九）》，上海书店出版社 2010 年版，第 1673 页。
[3] 《宋会要辑稿》职官四四，上海古籍出版社 2014 年版，第 4203 页。
[4] 〔宋〕赵汝适著，杨博文校释：《诸蕃志校释》卷下《志物·槟榔》，中华书局 2000 年版，第 186 页。
[5] 泉州湾宋代海船发掘报告编写组：《泉州湾宋代海船发掘简报》，载《文物》1975 年第 10 期，第 1—8 页。
[6] 〔宋〕赵汝适著，杨博文校译：《诸蕃志校释》卷下《志物·海南》，中华书局 2000 年版，第 217 页。
[7] 〔元〕汪大渊著，苏继庼校释：《岛夷志略校释·灵山》，中华书局 1981 年版，第 223 页。

功效。南洋地区一开始食用槟榔时,主要是用古贲灰(或石灰)、蒌叶包裹后直接嚼食,取其御瘴之功效。只是后来槟榔的消费进入中国内地后,才作为奢侈性的消费食品或入药。到了宋元时期,由于槟榔输入量的增加,槟榔的消费已经成为福建普通人家的日常食物之一。宋时林凤有诗云:"玉腕竹弓弹吉贝,石灰荖叶送槟榔。泉南风物良不恶,只欠龙津稻子香。"① 看样子唻槟榔在此时已经被宋人看作"泉南风物"之一;林亦之也称:"灯火槟榔市,萧茄梅子村。"② 足见当时福建地区的槟榔贸易和槟榔消费之普遍。连当时寓居福建的大学者朱熹,也学会并喜欢上了吃槟榔,并为之赋诗:"忆昔南游日,初尝面发红。药囊知有用,茗盌讵能同。蠲疾收殊效,修真录异功。三彭如不避,糜烂七非中。"又作五绝记之,其中的两首为:

　　暮年药裹关身切,此外翛然百不贪。薏苡载来缘下气,槟榔收得为祛痰。
　　锦文缕切劝加餐,蜃炭扶留共一盘。食罢有时求不得,英雄邂逅亦饥寒。③

入元以后,食用槟榔的记载更加普遍,元代宋褧《福建道中》诗云:"鼻到崇安试苏合,舌过南剑渍槟榔。"④ 龚璛在送友人钱仲昭任福建永春簿时也吟诗称:"瘴乡处处槟榔唾,番市年年翡翠毛。"⑤ 杨维桢《送贡尚书入闽》更是称:"香薰茉莉春酲重,叶卷槟榔晓馔频。"⑥ 可见,当时槟榔已成为当地人甚至外来人口必不可少的一项日常消费品,以至于每天早起后都要嚼食槟榔。"顷刻不可无之,无则口舌无味,气乃秽浊。"⑦ 这是宋元福建槟榔消费的主要部分。

(二)作为香药的消费

作为香药贸易中的一项重要商品,槟榔在这一时期也被广泛地用于制作香药。中国古代社会中一直有薰香和使用香料的习惯,因为这既能体现身份,又有宁神、静心等作用,同时有些香也可以作为药物服用。宋元时期广泛使用的香药中有许多就含有槟榔的成分。以龙涎香为例,根据《陈氏香谱》的记载,其配方就是:"丁香、木香各半两,官桂、白芷、香附子〔咸浸一宿焙〕,槟榔、当归各二钱半,甘松、藿香、零陵香各七钱,右加肉豆蔻一枚,同为细末。炼蜜丸如绿豆大,兼可服。"南蕃龙涎香的配方是:"木香〔怀干〕、丁香各半两,藿香〔晒干〕、零陵香各七钱半,槟榔、香附子〔咸水浸一宿,焙〕、

---

① 〔明〕黄仲昭:《八闽通志》卷二六《食货·物产·泉州》,福建人民出版社2006年版,第541页。
② 〔宋〕林亦之:《网山集》卷二《宜人姚氏》,景印文渊阁四库全书本,台湾商务印书馆1983年版。
③ 〔宋〕朱熹撰:《朱子全书·晦庵先生朱文公全集》卷三《又五绝卒章戏筒及之主簿》,上海古籍出版社、安徽教育出版社2010年版,第344页。
④ 〔元〕宋褧:《燕石集》卷七《律诗·福建道中》,景印文渊阁四库全书本,台湾商务印书馆1983年版。
⑤ 〔元〕龚璛:《存悔斋稿·送钱仲昭任永春簿》,景印文渊阁四库全书本,台湾商务印书馆1983年版。
⑥ 〔元〕杨维桢著,邹志方点校:《杨维桢诗集》,浙江古籍出版社1994年版,第378页。
⑦ 〔宋〕周去非著,杨武泉校注:《岭外代答校注》卷六《食槟榔》,中华书局1999年版,第236页。

白芷、官桂［怀干］各二钱半，肉豆蔻两个，麝香三钱［别本有甘松七钱］，右为末以蜜或皂子水和剂丸如鸡头实大，爇之。"南蕃龙涎香还有一个配方则是："木香、丁香各二钱半，藿香、零陵香各半两，槟榔、香附子、白芷各一钱半，官桂、麝香、沉香、当归各一钱，甘松半两，肉豆蔻一个，右为末炼蜜和匀，用模子脱花或捻饼子，慢火焙稍干，带润入瓷盒，久窨绝妙，兼可服。"① 此外，《陈氏香谱》中还记载了"雪中春信"等多种香药都要用到槟榔。

同时由于槟榔具有消食、下气、化痰、杀虫等功效，成为中药的重要配方。自葛洪《肘后备急方》中使用槟榔后，后世的许多药方中也开始大量用到槟榔。宋元以后，随着槟榔进口量的增加，槟榔入药的情况也更加普遍。宋时成书的《博济方》中就有顺中散、沉香散、大效香砂丸等49味中药处方中用到槟榔，另外，宋时敕编的《圣济总录纂要》中有162处用到槟榔，元代的《世医得效方》106处用到了槟榔。② 福建作为这一时期槟榔的主要的进口地之一，无疑也是槟榔作为香药消费的重要地域。

(三) 槟榔作为礼俗体现的消费

这是宋元时期福建地区槟榔消费最值得注意的部分。槟榔礼俗原本指的是在南洋各国由于长期生产和消费槟榔而形成的以槟榔作为社会交往必需品的一种礼节习俗。汉晋以后，这一习俗由于槟榔种植和消费的发展而传播到了岭南地区。宋元时期又通过海上的槟榔贸易而从南洋诸国传到了福建地区。在槟榔礼俗的形成地区中，福建具有明显的特殊性。它不是槟榔的产地，只是纯粹靠槟榔的消费而支撑起一种社会礼俗的形成，因而值得特别关注。具体说来，槟榔礼俗又可以分为几个方面：

1. 客至以槟榔代茶

周去非称："自福建路下四州（福、兴、漳、泉）与广南西路皆食槟榔者，客至不设茶，唯以槟榔为礼。"③ 宋时郑域咏闽南风物的诗中也称："海角人烟百万家，蛮事未变事堪嗟。果堆羊豕乌青榄，菜饤丁香紫白茄。杨枣实酸薄荷子，山茶无叶木棉花。一般气味真难学，日啖槟榔当啜茶。"④ 可见，槟榔代茶的风气此时已经在福建地区形成。到了元代，沈梦麟的诗中也有："酒熟闽城不用赊，骑驴日造故人家。香传茉莉能留客，叶裹槟榔每当茶"⑤ 之句。宋元时期作为茶叶的重要输出地和产地的福建地区，竟以咀嚼槟榔这种舶来消费品取代了唐代以来中国风行的饮茶习俗，这无疑是值得注意的。

---

① 参见〔宋〕陈敬：《陈氏香谱》卷二"龙涎香""南蕃龙涎香"等条，景印文渊阁四库全书本，台湾商务印书馆1983年版。
② 参见宋代《博济方》《圣济总录纂要》，元代《世医得效方》等相关医书，景印文渊阁四库全书本，台湾商务印书馆1983年版。
③ 〔宋〕周去非著，杨武泉校注：《岭外代答校注》卷六《食槟榔》，中华书局1999年版，第236页。
④ 〔宋〕陈景沂编辑，祝穆订正，程杰、王三毛点校：《全芳备祖》后集卷三一《槟榔》，浙江古籍出版社2014年版，第1331页。
⑤ 〔元〕沈梦麟：《花溪集》卷三《饮别》，景印文渊阁四库全书本，台湾商务印书馆1983年版。

2. 婚娶用槟榔为礼

南宋祝穆的《方舆胜览》中在记载宋代泉州"槟榔代茶"风俗时,在其后注释道:"槟榔消瘴,今宾客相见必设此为重,俗之昏聘亦籍此以赞焉。"① 可见当时已经有了婚娶用槟榔为礼的习惯。郑域在其描述福建风物的诗中也有"槟榔共聘币"之句②,即议婚送槟榔以为聘。刘克庄也讲到福建地区婚娶时"槟榔当委禽"③。正因为槟榔是婚娶时的重要信物,便逐渐具有特殊的文化意义,成为婚姻爱情的重要象征,后世的闺怨诗中也往往可见槟榔的踪迹。元代刘仁本所作《闽中女四首》中就有一首:"海南番舶尽还乡,不见侬家薄幸郎。欲向船头问消息,荔枝树下买槟榔。"④ 明代更有《槟榔曲》:

> 与郎相别时,槟榔高过屋。妾有回文锦字诗,为郎翻作槟榔曲。绿窗沉沉春昼闲,金盘钿合罗两鬟,苦心一寸谁解识,中含血泪红斑斑。昨梦郎归采荛叶,丹髓凝春霞满颊,愿封珠唾寄蛮笺,郎若见时还念妾。⑤

3. 作为迎来送往、社会交际的重要礼品

由于在宋元福建社会中,槟榔已经不仅仅被人们视作一种普通的消费品,也具有某种礼尚的象征,所以送槟榔也成为一种重要的社会交际手段。宋代戴复古的《泉南即事》中即称:"寄迹小园中,自笑客异乡。东家送槟榔,西家送槟榔。咀嚼唇齿赤,亦能醉我肠。南人爱敬客,以此当茶汤。殷勤谢其来,此意不可忘。"⑥ 可见,当时槟榔已经成为邻里朋友间拉近关系、促进交往的重要媒介。甚至连发生纠纷时都可以将槟榔作为调解的良方,这可以从后世的记载中看到。台湾的槟榔消费和礼俗是在明代由福建移民带过去的,因而,大量继承了福建人民的消费习惯。据《台海见闻录》记载:"台地闾里诟谇,辄易构讼。亲到其家送槟榔数口即可消怨释忿,张巡方诗:'睚眦小忿久难忘,牙角频争雀鼠伤。一抹腮红还旧好,解纷惟有送槟榔。'"⑦《明一统志》上记载泉州在长期历史中形成的"槟榔为礼"的民俗时,便具体地注释为"图册里间朋友吉凶庆吊,皆以槟榔为礼"⑧,足见槟榔在福建社会交际中所发挥的重要媒介作用。

三、宋元福建槟榔消费的特点及其影响

总的看来,宋元时期福建的槟榔消费具有以下三个明显的特点:

---

① 〔宋〕祝穆撰,施和金校注:《方舆胜览》卷一二《泉州》,中华书局2010年版,第208页。
② 《广群芳谱》卷九九《药谱·槟榔》引郑域诗句,商务印书馆1935年版。
③ 〔宋〕刘克庄:《后村先生大全集》卷一二《即事十首》,四部丛刊初编本,上海书店1989年版。
④ 〔元〕刘仁本:《羽庭集》卷四《闽中女四首》,景印文渊阁四库全书本,台湾商务印书馆1983年版。
⑤ 〔明〕胡奎:《斗南老人集》卷八《槟榔曲》,景印文渊阁四库全书本,台湾商务印书馆1983年版。
⑥ 吴茂云校注:《戴复古全集校注》,中国文史出版社2008年版,第8页。
⑦ 〔清〕郑方坤:《全闽诗话》卷九《清·张湄》,景印文渊阁四库全书本,台湾商务印书馆1986年版。
⑧ 〔明〕李贤:《大明一统志》卷七五《泉州府》,三秦出版社1996年版,第1157年。

（1）宋元福建的槟榔消费从一开始就不是作为一种必需品而输入的。岭南和南洋各地食用槟榔最初的主要目的是为了抵御瘴气。宋人罗大经言："岭南人以槟榔代茶，且谓可以御瘴。"①《桂海虞衡志》也称："瘴，二广惟桂林无之，自是而南皆瘴乡矣。"② 可见，瘴主要分布在岭南的两广及西南等地，福建并不是瘴的多发区。虽然也有记载称福建有瘴疠，一般只是存在于闽南靠近南岭的山区，泉州地区在唐中叶时已经是一个繁荣的海港，也早已没有所谓的"瘴气"。但福建地区的槟榔消费，却恰恰是从泉州开始的。《方舆胜览》中记载福建风俗时，只是提到了泉州有槟榔代茶的习俗，而福建路其他各州槟榔代茶的风俗在当时却并不见记载，加上泉州是福建地区最早开放的港口之一，并且是当时福建唯一设有市舶司的港口，槟榔主要从这里上岸并运往福建各地应无疑问，而福建的槟榔消费也最先由泉州开始并扩展到其他地区。所以，槟榔其实从一开始输入福建就不是作为必需的消费品，"泉州毕竟不是瘴疠盛行之地，泉人食槟榔毕竟也不是出于驱瘴疠之需，而是出于仿效并相沿成习。"③ 从这个角度来看，此时福建地区的槟榔消费，其实和宋以前社会上层对槟榔的消费一样，或许可以定义成一种嗜好品或是休闲食品的消费。而这种休闲消费品的大规模贸易，应该是在对外贸易有了相当大的发展之后才可能出现的。从这个意义上讲，宋元福建地区的槟榔消费，可以反衬出宋元海洋贸易的巨大发展。

（2）宋元时期的槟榔消费开始由一种奢侈性的消费品向平民的日常消费品转化。前文已经论述过，宋元以前，中国虽然已经有了槟榔消费，但在南岭以北的地区，槟榔主要仍是作为皇室贵族和达官显富等社会上层的一种奢侈性消费品。而宋元以后，槟榔的消费日益趋向平民化，成为布衣百姓都能够承受的一种日常消费品，"不以贫富长幼男女，自朝至暮，宁不饮食，唯嗜槟榔。"④ 对福建社会的各个方面都产生了深远的影响。从这个角度来考察宋元时期海洋贸易的发展，可以得到一个认识：宋元时期海洋贸易的发展，不仅可以在整体上改变贸易商品的比重，使贸易结构中日常消费品的比重增大。也可以使同一种商品的性质发生变化，使一种奢侈品转化为日常嗜好性消费品，比如槟榔。

（3）宋元福建的槟榔消费使槟榔的输入由单纯的商品输入扩展到文化的输入。宋人郑侠说泉州"市廛杂四方之俗"⑤，槟榔礼俗就是外来文化的鲜明反映。槟榔礼俗原是南洋诸国居民在长期种植和食用槟榔的过程中产生的。但是在海洋贸易发展的支撑下，不产槟榔的福建竟也能够形成这一习俗。这一方面说明了宋元海洋贸易的规模之大，也是商品输入伴随着文化交流的一个典型证明。

宋元福建地区槟榔消费的影响：

（1）促进了中国海洋贸易的发展。槟榔是宋元时期舶来商品中的重要一种，宋元福建地区的槟榔消费一方面是这一时期海洋贸易发展的结果，但另一方面又促进了海洋贸易的

---

① 〔宋〕罗大经撰，王瑞来点校：《鹤林玉露》丙编卷一《槟榔》，中华书局1983年版，第247页。
② 〔宋〕范成大撰，孔凡礼点校：《桂海虞衡志·杂志》，中华书局2002年版，第128页。
③ 王四达：《闽台槟榔礼俗源流略考》，载《东南文化》1998年第2期，第56页。
④ 〔宋〕周去非著，杨武泉校注：《岭外代答校注》卷六《食槟榔》，中华书局1999年版，第236页。
⑤ 〔宋〕郑侠：《西塘集》卷七《代太守谢泉州到任》，景印文渊阁四库全书本，台湾商务印书馆1983年版。

发展。宋元福建槟榔消费的状况使得消费需求巨大，从而导致了许多人为逐利而出海贩运，形成一批职业性的海商。正如刘克庄在一首咏槟榔的诗中所说的："海贾垂涎规互市，夷人嚼血赛媒神。"①《石门文字禅》中记载："政和三年十一月十九日，自琼州登迈北渡，将登舟，有两男子来附载。佐舟者识之，曰：'此泉州徐五叔兄弟也，往来廉、广，归宿于琼，以贩槟榔为业，且见之二十年矣。'"② 附舟的徐五叔兄弟就是两个以贩运槟榔为业的泉州海商。前引刘仁本《闽中女四首》之二中所记的薄倖郎也是这样的一位出海贩运槟榔的商人。《诸蕃志》中记载："海南唯槟榔、吉贝独胜，泉商兴贩，大率仰此。"③ 汪大渊《岛夷志略》中记船舶往返灵州，"必汲水采薪以济日用，次得槟榔荖叶。"④ 都证明了槟榔是宋元福建海洋贸易中的重要商品之一，其消费的日益风行无疑促进了海洋贸易的发展。

（2）促进了槟榔在海南岛的种植。现有研究成果普遍认为，槟榔树是中国从南洋引进的树种。⑤ 而槟榔在中国种植面积的扩大，与中国国内的槟榔消费是分不开的，其中福建地区的槟榔消费又是一个不可忽视的推动力量。正因为中国内地消费市场的扩大，才推动了海南岛的槟榔种植。宋以前的文献中提到的槟榔产地，只有南洋诸蕃而没有海南。直到宋代，海南岛才有了关于槟榔的记载：成书于北宋的《元丰九域志》一书开始提到海南的琼州一地有"土贡银一十两，槟榔一千颗"⑥，可见，这时槟榔在海南已有种植，但从数目上看，可能种植的量并不是太大，因为此时占城国向宋朝进贡的槟榔数量为1500斤。⑦ 但到了南宋祝穆所撰的《方舆胜览》中，已经提到琼州"以槟榔为命"，并附注："琼人云云，其产于石山者最良，岁过闽广者不知其几，非槟榔之利不能为此一州也。"⑧ 范成大也称当时的海南岛"漫山皆槟榔、椰子木"，甚至称"鲜槟榔、盐槟榔皆出海南"。⑨ 可见，海南槟榔种植和贸易量已经有了很大增加，已经成为槟榔的主要产地。周去非在《岭外代答》中称："槟榔生海南黎峒，亦产交趾。"⑩ 表明海南作为槟榔产地的地位已经超过交趾。赵汝适在讲到海南的槟榔和吉贝时也称："泉商兴贩，大率仰此。"这印证了福建商人与海南槟榔种植的联系。正如有的学者所指出的，到了宋代，海南发生了"槟榔果从产品到商品的性质转变，大陆市场的热切需求，刺激海南槟榔完成'惊险的一跳'，从此产销两旺。"⑪ 所谓的大陆市场，其中的主要部分之一就是福建。到明代时，海南所产槟榔

---

① 〔宋〕刘克庄：《后村先生大全集》卷三六《次林卿槟榔韵二首》，四部丛刊初编本，上海书店1989年版。
② 〔宋〕释惠洪：《梦徐生序》，载曾枣庄、刘琳主编《全宋文》第140册，卷三〇二四，上海辞书出版社、安徽教育出版社2006年版，第266页。
③ 〔宋〕赵汝适著，杨博文校译：《诸蕃志校释》卷下《志物·槟榔》，中华书局2000年版，第186页。
④ 〔元〕汪大渊著，苏继庼校注：《岛夷志略校释·灵山》，中华书局1981年版，第223页。
⑤ 如李大勤、朱天忠《中药材外来品种的历史沿革及发展前景》（《黑龙江中医药》2005年第3期）、梁志明《东亚文化的基本特征与传播过程中的双向互动性》（《东南亚研究》2006年第6期）等。
⑥ 〔宋〕王存撰，王文楚、魏嵩山点校：《元丰九域志》卷九《广南西路·琼州》，中华书局1984年版，第437页。
⑦ 《宋史》卷四八九《外国五·占城》，中华书局1977年版，第14093页。
⑧ 〔宋〕祝穆撰，施和金校注：《方舆胜览》卷四三《琼州》，中华书局2010年版，第770页。
⑨ 〔宋〕范成大撰，孔凡礼点校：《桂海虞衡志·志蛮》，中华书局2002年版，第158页。
⑩ 〔宋〕周去非著，杨武泉校注：《岭外代答注》卷六《食槟榔》，中华书局1999年版，第236页。
⑪ 陈光良：《海南槟榔经济的历史考察》，载《农业考古》2006年第4期，第186页。

更是"岁售于东西两粤者十之三，于交趾、扶南十之七"①。连作为槟榔原产地的交趾、扶南等都从海南大量进口槟榔，足见槟榔在海南岛种植的数量之多。至于此时海南槟榔的出口地中为什么已经没有福建，则是与这一时期福建的槟榔消费已趋于消亡有关。

（3）促进了中外文化交流。文化的交流是一种双向的互动，其影响也是相互的，它往往是与经济的交流同步进行的。以往在研究中外文化的交流时，学者多是强调中国文化对海外蛮夷之地的影响，而较少关注外来文化对中国的影响。但是在考察宋元福建地区的槟榔消费和槟榔贸易时，我们清晰地发现了一条线索，即伴随着槟榔的消费和槟榔贸易，南洋的槟榔文化逐渐输入福建地区，并对宋元福建社会产生了深远的影响。在大量生产和出口茶叶的福建地区，竟然产生了"槟榔代茶"的文化和槟榔礼俗，甚至与东南亚、南亚的槟榔礼俗形成了一个所谓的"亚洲槟榔文化圈"②。这本身就是文化碰撞和交流的结果，也充分说明了在经济交流频繁的地区，外来文化对当地社会的影响之大。对于这一结论，还可以从福建槟榔文化的消亡一事得到印证：明代漳泉华侨从南洋将烟草引种到闽南后，种植日广，吸烟一时成为一种时尚，敬客亦以烟为礼，福建的槟榔礼俗也逐渐为吸烟所取代，以至于消亡。以外来文化身份而影响福建的槟榔礼俗，最终亦因为外来的烟草嗜好而走向消亡，③ 这是文化交互影响的鲜明例证。同时，宋元福建的槟榔消费，也使福建地区和南洋在生活习俗上渐趋相近。生活习俗的相近使双方的往来甚至定居更为便利。当时泉广商舶即有许多留在南洋诸国而不回，谓之"住蕃"；南洋诸国来华不归者也多，谓之"住唐"。这无疑为当时中外文化的交流提供了一个良好的环境。

结 论

宋元时期是我国海洋贸易大发展的时期。伴随着大规模的海洋贸易，中外间的经济文化交流也更加频繁。作为一种舶来消费品，宋元福建地区的槟榔消费与这一时期海洋贸易的发展密不可分。这一时期槟榔在福建的输入，其意义已经远不止一种普通的商品输入那么简单。伴随着海洋贸易而产生的中外经济文化交流，可以从宋元福建的槟榔消费中得窥一斑。

（作者单位：云南大学中国经济史研究所）

---

① 〔清〕屈大均：《广东新语》卷二五《木语·槟榔》，中华书局1985年版。
② 廖大夏：《亚洲槟榔文化圈探析》，载《东南亚纵横》2011年第3期，第84页。
③ 王四达：《闽台槟榔礼俗源流略考》，载《东南文化》1998年第2期，第52-57页。

论两宋时期禁谶与应谶的矛盾性

赵瑶丹

谶纬之学，具有源远流长的历史。① "谶纬之说，兴于西汉之末，而烂漫于东汉之世"，② 与国家政治联系紧密，从而在两汉政治生活中占有重要地位。汉"光武、显宗以察为明，以谶决事"，以至于"上下恐惧，人怀不安"。到汉章帝即位，"深鉴其失，代之宽厚、恺悌之政，后世称焉"。③ 一度盛行的谶纬之学，到南北朝时的刘宋年间才明令严禁，但在后朝一度反弹。隋唐皆发布禁令加以禁毁，但神秘异言并未因此而消逝，随着社会的发展，反而以更加旺盛的生命力向广阔的社会基层延伸，尤其是当社会不稳定时，更加活跃。"谶纬之学至宋已达千年，由于各代禁谶不力，这时似乎更根深叶茂了。"④ 作为最高统治者，对于危害其统治的谶示言论，必定加以禁止。但值得关注的是，两宋君主一边对谶纬严令禁止，一边又呈现出信谶的矛盾行为，这一矛盾背后蕴含着深层的政治哲学，亦在一定程度上解释了隋唐之后为何禁谶不力。

一、宋廷禁谶的法律规定

谶纬之学如同社会谣言，如果泛滥则会带来社会恐慌，制造不安情绪，扰乱正常社会秩序。诸多对社会具有破坏力、杀伤力的谶说，往往源头难觅，势态难禁，社会危害极大。这自然而然为正常的国家统治所不容。占卜术数被认为是天机展露，如果有人借此评论政事，显然也要危及政权统治，自然为朝廷不允许，明令严加禁绝。

禁谶诏令载入宋朝法典，《庆元条法事类》规定：

《职制敕》：诸私有天象器物、天文图书、谶书、兵书、《太一·雷公式》、星曜、历算、占候、……或私传习者，各流三千里，虽不全成，堪行用者，减三等，不堪行用者，又减三等。（小字注：非天象器物、天文、图谶、兵书而不涉国家休咎及用兵之事者，虽堪行用不坐。）内图书、谶书，许人告。以上因私习经断而复行其术者，

---

① 关于中国古代禁谶问题，陈庆《梁武帝禁谶纬考》（《宗教学研究》2010年第6期）、李功《宋太祖智禁谶书》（《思维与智慧》1995年第6期）有过相关的分析与考述，而对于历代应谶现象的分析，在谶纬、谶言、谶谣的研究中屡有提及。两汉以后，禁谶与应谶同时并存的现象可谓普通，但基于禁谶与应谶的矛盾性问题的探讨，却并不多见。
② 〔宋〕赵明诚撰，金文明校正：《金石录校正》卷二〇《张平子碑》，上海书画出版社1985年版，第375页。
③ 《宋史》卷三三九《苏辙传》，中华书局1977年版，第10834页。
④ 胡学彦：《话说"谶语"》，载《贵州文史丛刊》2002年第2期，第56页。

还依私习之法。

《断狱令》：诸私习天文已精者，未得论决，监送秘书省，耆老不在送限。

诸鞫狱有应禁文书者，知州、通判躬亲实封随案奏。即案虽不应奏，其文书准此。

《赏格·诸色人》：告获私有图书、谶书及传习者：不全成，堪行用，钱五十贯；全成，堪行用，钱一百贯。①

从法律条文上看，宋代对于私习天文，私传文书，私藏谶书的处罚极为严厉，显然是承袭唐制，只是惩戒、处罚的力度不一。② 事实上，从宋代的判例来看，诸条文亦得以不同程度地施行。据《续资治通鉴长编》记载，"除名人宋忠弃市"，"为其弟惟吉所告故也"，其罪名即"私习天文、妖言利害"。③

据《续资治通鉴长编》记载，仁宗宝元二年（1039）戊申，吴育上疏指出图谶对于朝野稳定的危害性，故"诏开封府、御史台觉察以闻"。④ 不仅仁宗朝禁谶，纵观两宋各帝，都在一定程度上对谣谶、图谶发布过禁令。两宋诸多诏令沿袭前朝之制，但各帝王往往根据本朝情况加入新的内容，或重申，或加以修改。

北宋时期，太祖开宝五年九月（972），"禁玄象器物、天文、图谶、七曜历、太一雷公、六壬遁甲等不得藏于私家，有者并送官。"⑤

"艺祖即位，始诏禁谶书，惧其惑民志以繁刑辟。""诸州解到习天文人，以能者补灵台，谬者悉黥流海岛，盖亦障其流，不得不然也。"⑥ 开宝九年（976）十一月庚午，"令诸州大索明知天文术数者传送阙下，敢藏匿者弃市，募告者赏钱三十万。"⑦ 其结果"诸道所送知天文、相术等人，凡三百五十有一。十二月丁巳朔，诏以六十有八隶司天台，余悉黥面流海岛"⑧。

真宗咸平三年（1000）夏四月己巳，"时县民刘用聚徒造符谶，谋作乱，旦知之，尽擒其党，部送至阙下，御史台鞫问得实，故旌赏焉。用等并磔于京城诸门，连逮者杖脊配流远恶处，其亲戚交旧不问。"⑨ 景德元年（1004）正月辛丑，"象纬之书，典法所禁，戒其私习，抑有旧章。近闻士庶之间，显行星算之术，既资奔竞，□□□□特示明文，用惩薄俗。宜令所在告示管内，除先准敕有□阴阳卜筮书外，应元象气物、天文星算、相术图

---

① 谢深甫等修，戴建国点校：《庆元条法事类》卷一七《私有禁书》，载杨一凡、田涛主编《中国珍稀法律典籍续编》，黑龙江人民出版社2002年版，第376－377页。
② 参见王钦若等编《册府元龟》卷六四《帝王部·发号令第三》，中华书局1960年版，第717页。
③ 〔宋〕李焘：《续资治通鉴长编》卷一六，开宝八年九月乙酉，中华书局2004年版，第346页。
④ 《续资治通鉴长编》卷一二三，仁宗宝元二年三月戊申，第2899页。
⑤ 《续资治通鉴长编》卷一三，太祖开宝五年九月，第290页。
⑥ 〔宋〕岳珂著，吴企明点校：《桯史》卷一《艺祖禁谶书》，中华书局1981年版，第2－3页。
⑦ 《续资治通鉴长编》卷一七，开宝九年十一月庚午，第385页。
⑧ 《续资治通鉴长编》卷一八，太平兴国二年十一月己亥，第416页。
⑨ 《续资治通鉴长编》卷四七，咸平三年夏四月己巳，第1013页。

谶、七曜太乙雷公式、六壬遁甲,并先停废诸算历,私家并不得停留。及衷私传习,有者限一月陈首纳官,逐处官吏焚毁讫奏。敢违犯隐藏者,许诸色人论告。其本犯人处死,论告人给赏钱十万,逐处星算技术人,并送赴阙,当议安排。瞽者不在此限。"① 又诏:"民间天象器物谶候禁书,并纳所司焚之,匿不言者死。"② 又诏:"图纬、推步之书,旧章所禁,私习尚多,其申严之。自今民间应有天象器物、谶候禁书,并令首纳,所在焚毁,匿而不言者论以死,募告者赏钱十万,星算技术人并送阙下。"③ 天禧四年(1020),诏:"天下犯十恶、劫杀、谋杀、故杀、斗杀、放火、强劫、正枉法赃、伪造符印、厌魅咒诅、造妖书妖言、传授妖术、合造毒药、禁军诸军逃亡为盗罪至死者,每遇十二月,权住区断,过天庆节即决之。"④ 仁宗宝元二年(1039)三月戊申,对"造作谶忌之语","诏开封府、御史台觉察以闻。"⑤

英宗即位之初,有著作佐郎甄履献《继圣图》,其序大略曰:"昔景德戊申岁(1008),天书降,后二十四年,陛下降生之日,复是天庆节,是天书于二纪已前,为陛下降圣之兆也。又迩来市民染帛,以油渍紫色,谓之油紫,油紫者,犹子也,陛下濮安懿王之子,视仁宗为诸父,此犹子之义也。"又云:"京师自二年来,里巷间多云'着个羊'。陛下生于辛未,羊为未神,此又语瑞也。"又:"以御名拆其点画,使两日相并,为离明继照之义,其言诡诞不经。英宗圣性高明,尤恶谀谄,书奏,怒其妖妄,御批送中书令,削官停任,天下服其神鉴。"⑥

神宗元丰四年(1081)夏四月壬申,越州山阴(今浙江绍兴市)县主簿、太原府教授余行之凌迟处死,其罪名为"妄造符谶,指斥乘舆,言极切害。"⑦

徽宗大观元年(1107)七月十六日,诏:"天文等书,悉已有禁,奉法弛慢,私藏盗习尚有之,一被告讦,诖误抵罪。可令诸路应系禁书,限一季首纳,并与免罪。不首复罪如初。"⑧ 大观三年(1109)八月二十六日,诏:"毁在京淫祀不在祀典者,其假托鬼神以妖言惑众之人,令开封府迹捕科罪,送邻州编管,情重者奏裁。"⑨ 大观四年(1110)六月七日,"上批:访闻日近有诸色人撰造浮言,诳惑群听,乱有传播,赐予差除,以少为多、将无作有之类,可严行禁止。仍于御前降到捉贼赏钱内支一千贯文,开封府门外堆垛,召人告捕。如捉获虚造无根言语情重人,即支充赏钱。"⑩ 政和四年(1114)八月三十日,诏:"河北州县传习妖教甚多,虽加之重辟,终不悛革。闻别有经文,互相传习鼓

---

① 不著撰人:《宋大诏令集》卷一九八《禁习天文星算相术图谶诏》,中华书局1962年版,第733页。
② 《宋史》卷七《真宗本纪二》,第123页。
③ 《续资治通鉴长编》卷五六,景德元年春正月辛丑,第1226页。
④ 《宋史》卷一九九《刑法一》,第4974页。
⑤ 《续资治通鉴长编》卷一二三,宝元二年三月戊申,第2899页。
⑥ 〔宋〕魏泰撰,李裕民点校:《东轩笔录》卷四,中华书局1983年版,第44页。
⑦ 《续资治通鉴长编》卷三一二,元丰四年夏四月壬申,第7565页。
⑧ 〔清〕徐松辑:《宋会要辑稿》刑法二之四六,中华书局1957年版,第6518页。
⑨ 《宋会要辑稿》刑法二之五〇,第6520页。
⑩ 《宋会要辑稿》刑法二之五二,第6521页。

惑致此，虽非天文图谶之书，亦宜立法禁戢。仰所收之家，经州县投纳，守令类聚缴申尚书省，或有印板石刻，并行追取，当官弃毁。应有似此不根经文，非藏经所载。准此。"① 政和、宣和间，"妖言至多。"② 宣和七年（1125）十二月，"有天神降坤宁殿、修神保观。神保观者，乃二郎神也，都人素畏之。自春及夏，倾城男女，皆负土以献神，谓之'献土'。又有村落人，妆作鬼使，巡门催纳土者，人物络绎于道。徽宗乘舆往观之。蔡京奏道：'献土、纳土，皆非好话头。'数日，降圣旨禁绝。"③

南宋时期，高宗绍兴元年（1131）十二月，"越州连火，民讹言相惊，月几望当再火。枢密院以军法禁之，乃定。"④ 宁宗嘉泰二年（1202）六月，"故循王张俊家火。后旬日，市井讹言相惊，绛衣妇人为火殃下坠。都民徙避，昼夜弗宁，禁之，后亦不火。"⑤ 嘉定三年（1208），"都城市井作歌词，末句皆曰：'东君去后花无主。'朝廷恶而禁之。未几，（景献）太子询薨。"⑥

禁谶措施多由大臣上奏而得以推行，因而除了从禁谶的诏令可见朝廷的禁谶举措之外，从奏议中亦可略见一二。兹举几例：

宝元二年三月戊申，吴育言："近年以来，多有造作谶忌之语，疑似之文。或不显姓名，暗贴文字，恣行毁谤，以害雠嫌。或密闻朝廷，自谓赤忠。若真是公直无隐，何不指事明言？若凭虚造作，必蕴邪谋，更与隐秘姓名，正使奸人得计。臣恐自今忠良立身，易为倾陷，国家举事，便欲摇动。惑君害时，无大于此。在古之法，皆杀无赦。虽陛下聪明，必不荧惑，亦不可使圣朝长此风俗。"⑦

熙宁八年三月丙申，中书言："沂州（引者按：今山东临沂、枣庄、新泰一带）鞫李逢等反逆，结构有端，而本路提点刑狱王庭筠等先奏逢无大逆谋，告人妄希赏，显不当。""诏并劾庭筠，先冲替；见鞫李逢等，更切研穷，旋具情节奏知，仍速具告发当酬奖人数以闻。庭筠自缢而死，捕世居及医官刘育，系御史台狱。诏御史台差官同中使即世居及育家索图谶、书简等。"⑧

熙宁八年夏四月庚辰，权御史中丞邓绾："乞下诸路，晓告收传图谶文书者立烧毁，或首纳入官，官为焚弃，过两月许人告，重赏之，犯人处死。""诏送编敕所立法以闻。其后立法：私有图谶及私传习者，听人告，赏钱百千。从之。"邓绾又言："世居纳匪人，论兵挟谶，访天文变异，伺国家休咎，出处架结，累年于兹，宗正不察，

---

① 《宋会要辑稿》刑法二之六三，第6527页。
② 〔宋〕陆游著，李剑雄、刘德权点校：《老学庵笔记》卷九，中华书局1979年版，第120页。
③ 撰人不详：《宣和遗事》前集，中华书局1985年版，第18－19页。
④ 《宋史》卷六六《五行志四》，第1449页。
⑤ 《宋史》卷六六《五行志四》，第1449页。
⑥ 《宋史》卷六六《五行志四》，第1448页；
⑦ 《续资治通鉴长编》卷一二三，宝元二年三月戊申，第2899页。
⑧ 《续资治通鉴长编》卷二六一，熙宁八年三月丙申，第6356页。

教官无状，其罪不可不治。"①

元祐初，颜复召为太常博士："又请考正祀典，凡干谶纬曲学、污条陋制、道流醮谢、术家厌胜之法，一切芟去。"后"迁礼部员外郎。……朝廷多从之。"②

大观三年四月二十二日，臣僚言："访闻近因上殿论事，而好事之人，因缘传会，造为语言，事出不根，喧播中外，动摇上下，因以胁持言语，显其震怒。亦恐奸人伺间肆为异谋，浸淫成风，为患不细。伏望特降睿旨，令开封府出榜禁绝施行。奉诏仰开封府严行禁止，仍令刑部立法开奏。其后刑部修立到条目，臣僚上殿论事，而因缘传会、兴造语言、喧播中外、动摇上下者，以违制论。"从之。③

政和四年十一月二十五日，臣僚言："窃见民间尚有师巫作为淫祀，假托神语，鼓惑愚众。二广之民，信向尤甚，恐非一道德、同风俗之意也。臣愚，欲乞申严法禁以止绝之。若师巫假托神语，欺愚惑众，徒二年。许人告，赏钱一百贯文。"④

宣和六年二月四日，臣僚言："比者纷然传出一种邪说，或曰《五公符》，或曰《五符经》，言辞诡诞不经，甚大可畏。臣窃意以谓其书不可留在人间。奉圣旨令刑部遍下诸路州军多出文榜，分明晓谕。应有《五公符》，自今降指挥，到限一季，于所在官司首纳，当时即时焚毁，特与免罪。如限满不首，并依条断罪施行。仍仰州县官严切觉察。诏限一季首纳，限满不首，依谶书法断罪，许人告，赏钱一百贯。余依已降指挥。"⑤

嘉泰元年二月十七日，臣僚言："迩来奸人往往藏形匿影，缘饰语言，或密榜通衢，或潜投讼牒，用以动摇州县，诬蔑善良。大抵守令行法奉公，群小类多不悦，按察之官，设或先有憎恶，误采其说，必致守令枉罹罪谴，奸人因得武断一方。其风始于州县，浸滛入于都城，甚至诋诽朝臣，讥讪时政，其迹若近于公，而其心实根于摇撼。此风渐长，非国之福。乞颁诏旨，严戒诸路按察官，不许采听暗昧，不根匿名文书。有如民间冤抑，自当明著年月，指陈实事，亲经所属陈诉，即为施行。其有上书陈说利害，即委之纳言之官，择其果忠于为国、不涉私邪者，即为敷纳于上。"⑥

通过对两宋禁谶诏令的罗列以及对大臣奏议的解读不难发现，北宋与南宋禁令中包含的内容显然有所差异。北宋各朝基本针对前朝的谶纬之书，所捕的是私习天文之人，而从北宋末年徽宗朝开始，打击的是被冠之为"讹言""妖言""邪说"之类的现世言论。因而从其诏令内容的解读可见，针对现行政权的社会舆论纷起，折射出政局的不稳以及最高统治者的不安。从表面看，政令发布更为密集，惩戒更为严厉，代表行政的加强，因而从

---

① 《续资治通鉴长编》卷二六二，熙宁八年夏四月庚辰，第6403页。
② 《宋史》卷三四七《颜复传》，第11009页。
③ 《宋会要辑稿》刑法二之四九，第6520页。
④ 《宋会要辑稿》刑法二之四六，第6527页。
⑤ 《宋会要辑稿》刑法二之八九，第6540页。
⑥ 《宋会要辑稿》刑法二之一三一，第6561页。

政令文献上看宋廷对舆论的控制是呈现加强的态势,而从历史现实的角度而论,实际上是处于更为放松的状态。

到南宋时期,不再有诸如北宋年间发布的禁谶诏令,更多的是针对社会流言,进行一定的社会舆论控制。事实上,南宋年间亦是各类变怪谶应异常活跃的时期,而谶应的关注点更多集中于内政,诸如百姓的日常生活,官员的品评等;或由灾异引发,或是寄予人们的期望,诸如关于科举谶的大量涌现。而诸多关涉个体价值追求的谶应,以科举谶为典型,并不构成对政权的直接威胁,显然不在朝廷严禁的范围之列。

朝廷的诏令与政策,目的是防患社会问题于未然,落实治国理念,构建统治机制,同时包括诸多基于社会现实基础上的对策性举措以维持统治秩序。两宋时期各君主对于社会舆论进行控制的诏令与举措,各官员针对社会舆论控制的奏议,无疑可视为当下社会舆论的一种映衬。时局的动荡,民心的波动,诉诸社会舆论的风起云涌,这迫使统治者采取行政手段加以控制,而惩戒式的行政控制却难以从根本上扼制社会舆论的生发、传播、接受。时局动荡,社会舆论活跃,行政控制加强三者在无形中构成步调较为一致的态势,从而使社会舆论成为探究基层社会与国家控制,现实时局和政策诏令之关系的一类媒介。

二、两宋君主的信谶行为

通过列举诏令可见,各位宋朝君主对图谶、占卜、妖言之类进行禁绝与打击,但与此矛盾的是,两宋君主在现实行为中又多表现为对占卜术数的信奉。赵宋王朝在禁止符谶之类的同时,并不排除"继续宣扬以符谶、灾祥等形式表现出来的'天命'思想,因为这仍然为赵宋王朝所需要"。[①] 赵宋王朝禁谶与信谶这一矛盾对立现象的背后,隐含着现实政治的需要。

对占卜术数的推崇,与君主的佛道信仰有很大关系。据《林间录》记载:

> 又记周世宗悉毁铜像铸钱,谓宰相曰:"佛教以为头目髓脑有利于众生,尚无所惜,宁复以铜像爱乎?镇州大悲甚灵应,当击毁。"以斧击其胸,镬破之。太祖亲见其事。后世宗北征,病疽发胸间,咸谓其报应。太祖因信重释教。[②]

太祖信佛,一方面是个人的精神寄托,另一方面与佛教对现实政治的适应也有很大关系。《归田录》记载:"太祖皇帝初幸相国寺,至佛像前烧香,问当拜与不拜,僧录赞宁奏曰:'不拜。'问其何故,对曰:'见在佛不拜过去佛。'"其语"适会上(太祖)意",此"遂以为定制"。[③] 佛教主动让位于王权政治,获得世俗世界的庇护,因而能得到现实

---

① 姚瀛艇:《论唐宋之际的天命与反天命思想》,载邓广铭、郦家驹等主编《宋史研究论文集:1982年年会编刊》,河南人民出版社1984年版,第381页。
② 〔宋〕慧洪:《林间录》卷上,景印文渊阁四库全书本,第1052册,第796–797页。
③ 〔宋〕欧阳修著,李伟国点校:《归田录》卷一,中华书局1981年版,第1页。

王权的认可和提倡。太祖与赞宁的历史性对话可谓是解决了一直悬而未决的政界与佛教的关系问题。① 在中国,皇(王)权与教权的力量与地位相当悬殊,佛教主动让位于皇权便是适应生存与发展的需要,而政权亦顺理成章地将宗教纳入统治范畴。

另外,天人感应思想仍得到大力提倡。据《续资治通鉴长编》记载:

> 上(宋太祖)既即位,欲阴察群情向背,颇为微行。或谏曰:"陛下新得天下,人心未安,今数轻出,万一有不虞之变,其可悔乎!"上笑曰:"帝王之兴,自有天命,求之亦不可得,拒之亦不能止。周世宗见诸将方面大耳者皆杀之,然我终日侍侧,不能害我。若应为天下主,谁能图之,不应为天下主,虽闭户深居何益。"既而微行愈数,曰:"有天命者,任自为之,我不汝禁也。"②

太祖明确地在宣扬自己的帝王天命论。又据《石林燕语》记载:

> (宋)太祖皇帝微时,尝被酒入南京高辛庙。香案有竹桮筊,因取以占己之名位。俗以一俯一仰为圣筊。自小校而上至节度使,一一掷之,皆不应。忽曰:"过是则为天子乎?"一掷而得圣筊。天命岂不素定矣哉!③

又有史料载太祖曾闻道士醉歌云:"金猴虎头四,真龙得其位。"

> 祖宗潜耀日,尝与一道士游于关河,无定姓名,自曰混沌,或又曰真无。每有乏则探囊金,愈探愈出。三人每剧饮烂醉。生善歌《步虚》为戏,能引其喉于杳冥间作清徵之声,时或一二句,随天风飘下,惟祖宗闻之,曰:"金猴虎头四,真龙得真位。"至醒诘之,则曰:"醉梦语,岂足凭耶?"至膺图受禅之日,乃庚申正月初四日也。自御极不再见,下诏草泽遍访之,或见于轘辕道中,或嵩、洛间。④

此条材料很难排除是太祖为自己皇位的取得而有意制造的言论,借助道士醉后吐真言的方式,增加神秘感。而且,其受禅日的确定也是为应谶。

对于为赵宋代周,赵匡胤黄袍加身的合法性制造的社会舆论,宋廷自然是大力提倡和褒扬。因而,入宋以后,出现诸多附会之说,从各方面寻找契机和着眼点附会当朝政权,亦不足为怪,从而为神秘之说提供了良好的滋生土壤。《宣和遗事》记载:

---

① 刘长东:《宋代佛教政策论稿》(巴蜀书社2005年版)从宋代甚为流行的有关太祖受禅的佛教谶言或性质相似的传说入手,揭示在宋初良性政教关系的重建中,太祖受禅的佛教谶言起了特殊的纽带作用。
② 《续资治通鉴长编》卷一,建隆元年十二月,第30页。
③ 〔宋〕叶梦得著,徐时仪整理:《石林燕语》卷一,《全宋笔记》第二编(十),大象出版社2006年版,第6页。
④ 〔宋〕文莹:《续湘山野录》,郑世刚、杨立扬点校,中华书局1984年版,第74页。

当初只为五代时分，天下荒荒离乱，朝属梁而暮属晋，干戈不息；更兼连岁灾蝗，万民遭涂炭之灾，百姓受倒悬之苦。为此，后唐明宗夜夜焚香告天，祝曰："我乃胡人，不能整治天下。愿天早生圣人，抚安黎庶！"此上感得火德星君霹雳火仙下界降生。于西京洛阳县夹马营赵洪恩宅，生下个孩儿。当诞生时分，红光满室，紫气盈轩。赵洪恩唤生下孩儿名做匡胤。幼与小童戏于街槛，好布阵，行伍肃然，人见而异之。及年当弱冠，有大志，少游关西，行到处除凶去恶；长治华夷，民安国泰。自陈桥兵变，柴皇让位，在位一十七年，天下太平，消熔军器为农器，毁折征旗作酒旗。①

从这样的论说中看，赵匡胤自出生就被赋予要拯救天下苍生于水火的历史使命。从对后唐明宗焚香祷告之辞可见，对少数民族政权的贬抑，寄予早日结束纷乱的割据状态、统一天下的愿望，伪造之痕迹显而易见。这一言论的感情色彩，与赵宋政权面临少数民族政权的严重威胁不无关系。对于此类宣扬赵宋政权合法性的附会之说，关于太祖"天授神权"之类的谶言，宋廷显然不仅不会加以抑制，相反还会推波助澜，借题发挥。

赵宋初立，关于宋太祖立国及其合法性的诸多谶示，显然不被列入禁绝范围，而且还会极力加以提倡，并无形中促使产生更多相似的言论。据《孙公谈圃》记载："隋开汴河，其势正冲今南京，至城外，迁其势以避之。古老相传，为留赵湾。至艺祖以宋州节度使即帝位，乃其谶也。"②《神仙传》云："初兵纷时，太祖之母，挑太祖、太宗于篮以避乱。陈抟遇之，即吟曰：'莫道当今无天子，都将天子上担挑。'"③《东轩笔录》记载："一日，（陈抟）乘驴游华阴，市人相语曰：'赵点检作官家。'抟惊喜大笑，人问其故，又笑曰：'天下这回定迭也。'"④《曲洧旧闻》曰："五代割据，干戈相侵，不胜其苦。有一僧虽佯狂，而言多奇中。尝谓人曰：'汝等望太平甚切，若要太平，须待定光佛出世始得。'至太祖一天下，皆以为定光佛后身者，盖用此僧之语也。"⑤可见，伴随着一系列的天意垂示，谶言、传说相互交织，太祖作天子的定数获得不断的注解与升华。

太祖极力宣扬天命观，而太宗亦笃信占卜、术数。道士陈抟得势，太宗欲定京都，闻其"预知未来之事，宣至殿下"，"太宗与论治道，留之数日"，并问其"立国以来，将来运祚如何？"陈抟献语："宋朝以仁得天下，以义结人心，不患不久长。"但卜都之地，"一汴、二杭、三闽、四广"，"后高宗中兴，定都杭州，盖符前定之数"。⑥据《湘山野录》记载：

---

① 《宣和遗事》前集，第4页。
② 〔宋〕孙升著，赵维国整理：《孙公谈圃》卷中，《全宋笔记》第二编（一），大象出版社2006年版，第152页。
③ 参见《绣像列仙传》卷三，中华书局1958年版，第812页；胡道静、陈耀庭、林万清：《藏外道书》第三十一册，巴蜀书社1994年版，第695页。
④ 《东轩笔录》卷一，第2页。
⑤ 〔宋〕朱弁著，张剑光整理：《曲洧旧闻》卷一，《全宋笔记》第三编（七），大象出版社2008年版，第6页。
⑥ 《宣和遗事》前集，第4—5页。

太宗善望气。一岁春晚，幸金明，回跸至州北合欢拱圣营，雨大下。时有司供拟无雨仗，因驻跸辕门以避之，谓左右曰："此营他日当出节度使二人。"盖二夏昆仲守恩、守赟在营方屮，后侍真庙于藩邸，当龙飞，二公俱崇高。后守恩为节度使，守赟知枢密院事，终于宣徽南、北院使。①

显然，太宗善于观天象、定时事的超乎寻常的功能被重彩渲染。宋太宗在确立继承人的问题上似乎原本也寄希望于术数。据载，当太宗正为立太子之事犹豫不定时："帝以其（陈抟）善相人也，遣诣南衙见真宗。及门亟还，问其故，曰：'王门厮役皆将相也，何必见王？'建储之议遂定。"②

宋真宗尊崇术数在两宋帝王中首屈一指，他笃信道教，并制造"降天书"之类的闹剧。对于天人感应的学说自然是推崇备至，一旦天有异象，便以"大赦""加官"之类的方式恩惠于世。据《湘山野录》记载：

> 景德四年，司天判监史序奏："今年今岁丁未六月二十五日，五星当聚周分。"既而重奏："臣寻推得五星自闰五月二十五日近太阳行度。按《甘氏星经》曰：'五星近太阳而辄见者，如君臣齐明，下侵上之道也；若伏而不见，即臣让明于君。'此百千载未有也，但恐今夜五星皆伏。"真宗亲御禁台以候之，果达旦不见。大赦天下，加序一官，群臣表贺。③

同样在真宗执政时期：

> 有卜者上封事，言干宫禁。上怒，令捕之，系狱，坐以法。因籍其家，得朝士往还书尺。上曰："此人狂妄，果臣僚与之过从，尽可付御史狱案劾。"王文正公旦得之以归。翌日，独对曰："臣看卜者家藏文字，皆与之算命，选日草本，即无言及朝廷事。臣托往来，亦曾令推步星辰，其状尚存。"因出以奏曰："果行，乞以臣此状同问。"上曰："卿意如何？"公曰："臣不欲因此卜祝贱流，累及朝廷。"上乃解。公至政府，即时焚去。继有大臣力言乞行，欲因而挤之，上令中使再取其状。公曰："得旨已寝焚去之。"④

此段材料的具体细节未必是真，但足以表明真宗本人笃信术数，与此同时，又对触犯自身"上封事"之卜者，令"捕之，系狱，坐以法"，进行不遗余力地严厉打击。

宋廷虽然在法律上严令禁谶，但精于图谶之人往往又得以重用，其荣辱亦与之紧密相

---

① 《湘山野录》卷中，第32页。
② 〔宋〕邵伯温著，李剑雄、刘德权点校：《邵氏闻见录》卷七，中华书局1983年版，第69页。
③ 《湘山野录》卷上，第8页。
④ 〔宋〕赵善璙编：《自警编》卷八《辩诬》，景印文渊阁四库全书本，第875册，第431页上。

连。以精于数术的周克明为例:"克明精于数术,凡律历、天官、五行、谶纬及三式、风云、龟筮之书,靡不究其指要。开宝中授司天六壬,改台主簿,转监丞,五迁春官正。克明颇修词藻,喜藏书。景德初,尝献所著文十编,召试中书,赐同进士出身。三年,有大星出氐西,众莫能辨;或言国皇妖星,为兵凶之兆。克明时使岭表,及还,亟请对,言:'臣按《天文录》、《荆州占》,其星名曰周伯,其色黄,其光煌煌然,所见之国大昌,是德星也。臣在涂闻中外之人颇惑其事,愿许文武称庆,以安天下心。'上嘉之,即从其请。拜太子洗马、殿中丞,皆兼翰林天文,又权判监事。属修两朝国史,其天文律历事,命克明参之。大中祥符九年,坐本监择日差互,例降为洗马。"① 以操术数为个人生计,人生起浮往往掌握在君主手中,稍有不慎,牵动国之大计,触犯龙颜则生死、荣辱未卜,周克明的沉浮便是生动的例证。显然,无论是开宝时期的太祖,还是景德、大中祥符时期的真宗,对于天文、历法、五行、谶纬皆十分重视。

在大宋皇权的庇佑之下,宗教生生不息得以发展,并在三教融合的发展趋势中,影响着社会各阶层,其中自然包括对最高统治者的影响。尤其是当政权运作或皇权统治遇到危机,统治者内心的无助感牵动着其试图寻找统治机制外的力量来化解危机,寻找寄托,这样的需求往往给术士以可乘之机。

宋仁宗亦对术数情有独钟。苏辙指出:"庆历中,西羌方炽,天下骚动,仁宗忧之。余杭徐复者,高人也,博通数术。有旨召之,上亲临问焉。"② 但高宗则是明确表示:"近代献书者,时有怪诞祥瑞之说,此兴讹之渐,不可长也。前代往往喜闻图谶,朕所不取。"③ 高宗表达了对图谶的具体态度,禁而不信,不但不信,似乎态度坚决。当然,单从高宗的表态自然不能证实高宗对谶说、谶应的真实态度。

众所周知,在太祖代周之前,京城盛传"点检作天子"这一谶语,从而为北宋代周制造了强有力的民间舆论。太祖自身是借助于谶言预示的形式登上皇位的,故对于谶言的巨大作用心知肚明。在新朝初定,百废待兴之时,也是其统治基础较为薄弱之时,为了防止其他人故伎重演,从法律上、政令上对此类形式加以禁绝,无疑是巩固政权的一种防护措施。因此,从维护政权稳定的角度显然可以较清晰地理解宋统治者对于谶既利用又禁绝的矛盾行为和复杂心理。而太宗一朝相比于太祖时期对谶的态度则要严厉得多,明令禁谶的同时严防民间私习天文,一方面是对太祖之制的遵从,另一方面则与他帝位取得的玄机和谜案有很大关系。众所周知,围绕太宗继位问题留下了"斧声烛影"案和"金匮之盟"等史传,学界对于太宗的继位问题提出了不少疑义。太宗继位后,一方面是尽搜天下知天文术数之人加以流放,一方面是"尽取天文、占候、谶纬、方术等言五千一十二卷,悉藏阁上"。④ 太宗对谶纬术数者制造不利于自身统治言论的防范,恰恰折射出他对继位问题的担忧心理。这种担忧反而提示人们思考太宗为什么要极力禁谶,同时也表明谶纬对于政

---

① 《宋史》卷四六一《周克明传》,第13504页。
② 〔宋〕苏辙著,俞宗宪点校:《龙川别志》卷下,中华书局1982年版,第98页。
③ 〔宋〕李心传:《建炎以来系年要录》卷一四八,绍兴十有三年二月癸亥,中华书局1985年版,第2378页。
④ 〔宋〕江少虞:《宋朝事实类苑》卷三一《词翰书籍》(十),上海古籍出版社1981年版,第394页。

权的稳定起着不可小视的舆论压力,牵动着其敏感的神经,成为最高统治者关心的重大问题。而宋廷对谶言、术数禁绝的同时,并不表明最高统治者对其内涵的不信奉,事实却恰恰相反。因而,各位君主看似矛盾的思想与行为之背后,却隐含着深层次的具体历史因由,蕴含着深层的统治哲学。

三、国家事务中的应谶举措

宋朝历代君主虽然对谶纬之学屡次明令禁止,但诸多年号经宋人解释与附会却与谶示有内在的关联。张端义《贵耳集》总结道:

> 本朝年号,或者皆曰"有谶讳于其间":"太平"有"一人六十","卒"字,太宗五十九而止。仁宗刘后并政,"天圣"曰"二圣人";"明道"曰"日月同道";徽宗"崇宁"钱上字,蔡京书"崇"字自"山"字一笔,下"宁"字去"心",当时有云"有意破宗,无心宁国。""靖康"曰"十二月立康王";"嘉泰"曰"士大夫皆小人,有力者喜。"①

《玉海》载:"宣和为'一家有二日',靖康为'立十二月康',建炎为'两火',此离合之谶也。"②又云:"隆兴近正隆,纯熙旁作'屯',而孝宗更之。治平或谓火德,不宜用水。康定、靖康或谓其如谥法。天圣于文为'二人',明道于文为'日月',并盖以母后之临朝也。乾道九年而改,谓'用九之数已极'。纯熙之易为'淳',避'告成大武'之语。发号告元其谨始如此。"③ 确立年号乃国家社稷之大事,或寄托当朝治国理想,或喻示一朝形势走向。宋人通过拆字、组字等方式,联系对应年号下发生的重大政治事件或现象,赋予诸年号以谶示。

对人物进行褒贬的谶语,一经传播,往往影响人物评价,进而影响其命运转迁。历史发展到宋朝,由于行政运行的制衡机制加强,谶语的影响力度、强度明显不如前朝,但是其影响力却普遍存在,但凡遇到恰当的时机,仍对人物的荣辱,尤其是官员的升黜起着关键作用。有史料记载:

> 真宗问王文正曰:"祖宗时有秘谶,云'南人不可作宰相',此岂立贤无方之义乎?"文正对曰:"立贤虽曰无方,要之贤然后可。"是时方大用王文穆,或以此为言,而不知此谶乃验于近世,而不在文穆也。"④

---

① 〔宋〕张端义:《贵耳集》卷中,中华书局1985年版,第24页。
② 〔宋〕王应麟:《玉海》卷一三《总论改元》,江苏古籍出版社、上海书店1987年版,第240页上。
③ 《玉海》卷一三《总论改元》,第240页。
④ 《曲洧旧闻》卷一,《全宋笔记》第三编(七),第7-8页。

祖宗秘谶预示对南人的防范,如若真宗严格遵从,显然要左右其用人政策。

宋仁宗的武功乏善可陈,然而他对言论的态度,卓然出乎众帝王之上,深得苏辙的赞赏。据载,仁宗庆历四年(1044):

> 及(晏)殊作相,八王疾革,上亲往问。王曰:"叔久不见官家,不知今谁作相?"上曰:"晏殊也。"王曰:"此人名在图谶,胡为用之?"上归阅图谶,得成败之语,并记(引者按:章懿)志文事①,欲重黜之。宋祁为学士,当草白麻,争之。乃降二官知颍州(引者按:今安徽阜阳市),词曰"广营产以殖赀,多役兵而规利",以它罪罗织锦之。殊免深谴,祁之力也。②

仁宗对晏殊的旧恨加之以姓名应图谶为借口,晏殊的仕途遭遇了一段险境。在晏殊任用问题上,谶言的影响成为不可忽视的因素,要不是宋祁的力争,其命运不得而知。

在诸多祈雨仪式中,朝廷往往专门制作祈雨谣,并通过小儿传唱,因而,祈雨谣的产生与传播成为政府行为。统治者对谶谣的预言性寄托热望,希望以谶谣的方式喻示天意,寄予着统治者对其灵验的企盼心理。而祈雨是农耕社会地方行政事务中的重要部分,显然与三令五申的禁谶行为构成一种矛盾。

虽然国家明令禁谶,但无论是民间还是在朝官员、王公贵族中笃信者亦不少。神宗时期有位擅长制造谶语的李士宁"周游四方及京师,公卿贵人多重之"③,即使像王安石这样的无神论者对道士李士宁亦"尤信重之"。

天目山(位于今浙江临安)有谶记曰:"天目山垂两乳长,龙骞凤舞到钱塘。山明水秀无人会,五百年间出帝王。"因而,"钱氏有国,世臣事中朝,不欲其语之闻,因更其末章三字曰'异姓王',以迁就之,谶实不然也。……绍兴间,望气者以为有郁葱之符,秦桧颛国,心利之,请以为赐第。其东偏即桧家庙,而西则一德格天阁之故基也。非望挺凶,鬼瞰其室,桧薨于位,熺犹恋恋,不能决去,请以其侄常州通判焴为光禄丞,留莅家

---

① 章懿志文一事见苏辙《龙川别志》卷上(参见第79页)记载:章懿之崩,李淑护葬,晏殊撰志文,只言生女一人,早卒,无子。仁宗恨之,及亲政,内出志文,以示宰相曰:"先后诞育朕躬,殊为侍从,安得不知?乃言生一公主,又不育,此何意也?"吕文靖曰:"殊固有罪,然宫省事秘,臣备位宰相,是时虽略知之而不得其详,殊之不审,理容有之。然方章献临御,若明言先后实生圣躬,事得安否?"上默然良久,命出殊守金陵。明日,以为远,改守南都。

② 《龙川别志》卷上,第79-80页。《四库全书》本对此作了按语:元俨以此年正月十二日乙亥薨,殊以九月十二日庚午罢,自春初至秋末,凡半载有余,乃罢殊相,此盖妄云。然诸书亦多有是说,今并不取。

③ 〔宋〕司马光著,邓广铭、张希清整理:《涑水纪闻》卷一六,《全宋笔记》第一编(七),大象出版社2003年版,第207页。《续资治通鉴长编》卷二五九,熙宁八年春正月(参见第6318页)有类似记载,同时转引其他文献对李士宁的评述,《哲宗旧录·塞周辅传》云:会有上变,告余姚主簿李逢谋为不道。捕系沂狱,部使者请并告人按之,谓逢语意虽悖,无实状。上疑之,遣周辅往。至则悉得逢奸状,且连逮宗室子世居。诏御史府集台谏官杂治,于中参验,卒无异辞,神宗益知其精敏可属以事,即擢开封府推官。《邵氏见闻录》云:"吕惠卿起李逢狱,事连李士宁。士宁有道术,王安石居丧江陵,与之同处数年,惠卿意欲并中安石也。"

庙，以为复居之萌芽"①。钱氏的应谶行为，秦桧的不轨，都说明此谶产生的强大社会影响力。天目出帝王之谶的影响一直从钱镠时期持续到南宋。此处虽未道明南宋定都是否直接与此谶有关，但秦桧以为"心利之"，秦熺对此地恋恋不舍，并请秦烜"留莅家庙，以为复居之萌芽"，众人的趋之若鹜，可见此谶所具有的内在魅力。结果"言者风闻，遂请罢烜，并迁庙主于建康，遂空其居"。此谶背后隐含的是一朝社稷之大事，高宗在其地"筑新宫，赐名德寿居之，以应膺天下之养者"，后"重华继御，更慈福、寿慈，凡四侈鸿名，宫室实皆无所更"，②显然，宫室更名背后隐含着应谶以享帝王之命的寄托。

  作为宋廷最高统治者，对于危害政权及社会稳定的谶纬之说采取的是严令禁绝的态度，而对于关涉人物命运尤其是当朝官员的谶言则是宁可信其有而不信其无，从而影响其在官场的沉浮。但值得关注的是，在禁谶的同时，又利用谶为其统治服务，对在年号确立此类大事上又以谶寄予治国理想。对谶的禁绝与应谶决定大到关乎国家命祚，小到官员升黜诸类事务，看似矛盾，其实不然，归根结底说明最高统治层内心深处对谶语之神秘性的信任与推崇。

  宋廷一方面通过严刑峻法来禁止民间图谶、天文术数的流传，另一方面又以符谶、灾祥来宣扬自己的天命观，尽管两宋以法律条文明确禁行谶应，但这并不影响最高当局对谶言的信奉与利用。从太祖、太宗，历真宗、仁宗、神宗、哲宗、徽宗、高宗，至宁宗、理宗，宋廷对禁谶一直如同祖宗家法似地沿承禁止、长抓不懈，但是这种禁止收效甚微。正如钱钟书所云："则乃祖固信图谶者，其孙禁之，亦恐'人有悖心'尔，而禁之严适由于其信之深焉。"③

  一旦遇上对统治有利，歌功颂德之类的谶言，统治者没有不大力褒扬的。这种心理，老百姓却能以独特的眼光观察到，因而也就难免助推产生更多符合统治意愿的谶示。例如："太平兴国四年九月，夹江县（引者按：今属四川乐山市）民王诣得黑石二，皆丹文，其一云'君王万岁'，其二云'赵二十一帝'，缄其石来献。"④王诣献上标示、预示大宋兴旺的符瑞，自然得到嘉奖，此时正值赵氏宋王朝开国不久。而诸如此类的怪事，不胜枚举。政策禁得住民间符谶、术数形式上的流传，却禁不住人们心理上对谶的接受。法律上严禁私藏天文图谶之书，却禁不住自由而且隐蔽的谶语表达。统治者坚信"辨风正俗，为政之要"，并在民风民俗与官方施政发生冲突时，进一步表现为朝廷对民众"异端""不轨"的严查禁毁。"防民之口，甚于防川"，无论朝廷如何明令禁止，谶纬之说始终在民间继续传唱，传达着民众的爱憎，评说人间世事。

  从中国历史发展脉络来看，历朝历代从未中止对社会舆论的控制和引导。一方面下诏，勒令不得"造谣惑众"，以至于在宋以前就出现多次大力度的禁谶风波；另一方面，在无可奈何的情况下，为了控制舆论使之为己所用，统治者便主动散布，扰乱视听，达到

---

① 《桯史》卷二《行都南北内》，第13页。
② 《桯史》卷二《行都南北内》，第13页。
③ 钱钟书：《管锥编》第二册《太平广记二一五则之六十》卷一六三《推背图》，中华书局1979年版，第694页。
④ 《宋史》卷六六《五行志四》，第1435页。

以假乱真的目的；与此同时，将有利于王朝统治的舆论纳入正常的管理体制，从而保证政治统治不受影响，甚至为粉饰政权，为增强统治者的合法性制造声势。这成为中国古代舆论传播与控制的常态。而在民间舆论与政权控制相互较量，或是互为沉浮的过程中，充分感受到政治因素在民间舆论传播中所起的作用以及影响力。在讨论民间舆论传播现象时，除了社会经济、文化政策、地域差异、空间分布等因素的影响，政治因素的分量显然亦不容忽视，民间舆论问题并非可以脱离政治而自成一体。从正史记载的史料看，两宋谶言舆论相对于唐以前而言在国家政治事务中的社会影响力、渗透力逐渐淡去，但这一转变现象并非就说明其作用力的消逝；从文人笔记看，谶言舆论在两宋民间社会趋向繁荣，在相对宽松的社会舆论氛围中盛行，但王权统治并非放任其自由传播。民间舆论的发展并非独立于王权政治之外，政治统治之得与失、成与败、明与暗为其创作内容，国家的政策和统治措施在不同程度上影响着民间舆论的传播效果，甚或间接影响其发展态势。当然，这种影响并非单向度的，因为谶言作为民间舆论的一种，本身存在诸多舆论特性，并不会因为政府的严禁而销声匿迹，有时还会愈禁愈烈，亦不会因为大力提倡而异彩纷呈，虽然禁止与倡导的不同政策导向会在一定程度上影响其发展面貌，但并不会轻易改变其本质特性。谶言舆论传播过程中呈现出的现象和问题，正提示着我们：民间舆论问题的探讨并非独立于王权政治之外，政治在民间舆论传播中的这种影响力值得关注，亦符合中国古代的历史传统。

（作者单位：浙江师范大学人文学院。本文原载《浙江学刊》2016年第5期）

汉仪昭彰：南宋女装"大袖"形制特征及符号价值考

张 玲

　　服饰是文化的表征，观念的载体，它所蕴藏的深厚的人文精神内涵及独特的社会符号学意义，使其成为不同领域内学术研究的交汇点。宋代服饰文化的专题研究肇始于20世纪80年代，最初以历史学学者撰文为多，自21世纪伊始，参与人数逐年增多，身份构成渐趋多元，来自历史学、考古学、艺术学、文学等领域的专家学者从各自的视角给予不同程度的观照，其中一些研究成果颇具启迪意义。宋代服饰专题研究以期刊论文为多，专著则较少。其学术研究的重心主要集中于：宋代服饰风尚的形成及影响、宋代服饰艺术特征（形制、色彩、材质、纹样）、唐宋服饰文化风格比较、宋代类型服饰探究、宋代图像服饰文物考等。

　　纵观近四十年宋代服饰的研究现状，可以看出，随着时代的变迁，研究的视域不断得以拓展，呈现出多学科交叉融合的趋势。但还应看到，由于深受军事政治观念的影响，"积弱积贫"一度成为对宋王朝的传统印象，加之对程朱理学思想影响的过度评估，宋代服饰长期以来被冠以"拘谨、保守"之说，与世人眼中绚丽的唐装相比，似乎乏善可陈。中国人民大学包伟民教授在《视角、史料与方法：关于宋代研究中的"问题"》一文中犀利地指出："如果我们转换视角，不再局限于唐、宋间服饰特征的这种简单对比，而是将目光稍放长远一点、宽一点，就会发现这种将服饰之袒露与内敛等同于文化的开放与保守的简单的思维方式，距离历史真实颇远。至于将服饰'保守'归因于理学的影响，更是出于想当然。"考古学领域新材料的不断发现与拓展，为宋代服饰文化研究向多维度、深层次发展提供了有力的支撑。注重学术研究的理论创新和方法创新，逐步摆脱长期形成的观念壁垒，成为新时期宋代服饰文化研究的突出命题。因此，笔者认为，除了观念上的更新和与时俱进的思想外，在具体立论角度、探索深度上应给予如下拓展：宋代服饰研究的时间坐标确需细化；宋代服饰研究的区域地缘特色亟须加强；宋代女性服饰的文化研究尚需开拓；宋代服饰形制风格的探究尤须加强；宋代服饰研究中对"身体的转向"应需关注。

　　本文则针对一直以来学界较少涉及的宋代服饰形制文化加以探讨，以南宋为时间轴线，将女性的类型服饰——"大袖"作为学术考察的中心，侧重其形制特征及文化内涵的深入剖析，希望结合历史文献与考古发掘的多重证据，力图还原女装"大袖"在南宋女性生活中的真实样貌及其所承载的深层文化符号价值。希望本文的探讨对宋代服饰文化研究的纵深发展有所助益。

一、"大袖"称谓与适用等级

  大袖是南宋女性衣装生活中较为重要的服饰品类,轻盈纱罗质地,造型雍容典丽却不失飘逸洒脱之美,独具艺术特色。为直领对襟、垂胡阔袖,衣长及膝下,腋下开长衩,领口、衣襟处多有装饰,上至后妃、命妇下及士庶女子均有所服用。宋代赐有封号、待遇优渥的妇女称命妇。命妇有内外之别,内命妇在帝后之下,包括妃嫔和女官两大等级。外命妇有两类:一类是公主、郡主等皇室的亲戚,另一类是中高级官员的母亲和妻子,依子、夫等级授予封号。① 《宋史·舆服三》载,南宋乾道七年(1171)所定,"其服,后惟备袆衣、礼衣,妃备褕翟,凡三等。其常服,后妃大袖,生色领,长裙,霞帔,玉坠子;背子、生色领皆用绛罗,盖与臣下不异"②,不难看出南宋时期后妃服饰除有袆衣、礼衣,褕翟等礼服外,常服类有大袖和背子。而《建炎以来朝野杂记》载,中宫常服有真红罗大袖、真红罗长裙、真红罗霞帔、真红罗背子、黄纱或粉红纱衫子、熟白纱裆裤、白绢衬衣、明黄纱裙子、粉红纱抹胸、真红罗裹肚、粉红纱短衫子等③,进一步明确了大袖作为南宋时期后妃常服的事实。《宋史·嘉礼六》记载,徽宗亲制冠礼制度,规定公主笄礼需依次穿戴"裙背""大袖长裙""褕翟之衣"三等服饰。④ 与后妃相仿,大袖长裙、裙背为公主常服,褕翟为公主礼服,可见,在北宋晚期,大袖作为公主常服,亦为礼制所规定。周密在《武林旧事》中记述了南宋理宗朝周汉国公主⑤的隆重陪嫁(房奁)中有褕翟衣、真珠大衣、背子等服饰的事实。⑥ 将其与北宋徽宗时期公主笄礼所服衣饰相比对,褕翟、背子两相吻合,可推断南宋公主陪嫁的"大衣"与北宋公主笄礼所服的"大袖"当为同一事物,"大袖"与"大衣"只是在称谓上有所变通而已。大袖为后妃、公主常服但对下级品官命妇而言则上升为隆重的礼服。⑦《宋史·舆服五》载:"淳熙中,朱熹又定祭祀、冠婚之服,特颁行之。凡士大夫家祭祀、冠婚,则具盛服……,妇人则假髻、大衣、长裙。女子在室者冠子、背子。"⑧ 可以显见南宋士大夫之家的女眷参加祭祀和冠婚活动的盛服(礼服)——大衣即为大袖衣,其形制风格当与后妃常服大袖类同,只是由于等级地位的不同在材质用料、装饰手段上有所差异。作为后妃常服的大袖为后妃燕居时服用;而作为外命妇礼服的大袖则在祭祀、婚嫁时服用,二者因服用者身份地位的差异,而有了应用等级的分化。非命妇亦可服用大袖,⑨ 但仅作为士庶阶层婚礼盛服使用。女装大袖渗

---

① 朱瑞熙等:《宋辽西夏金社会生活史》,中国社会科学出版社1998年版,第105、106页。
② 〔元〕脱脱等:《宋史》卷一五一,志第一百四十《舆服三》,中华书局1997年版,第927页。
③ 〔元〕陶宗仪:《说郛》卷四《建炎以来朝野杂记》,中国书店1986年版(涵芬楼影印版),第28页。
④ 《宋史》卷一一五,志第六十九《礼十八·嘉礼六》,中华书局1997年版,第724页。
⑤ 周汉国公主是宋理宗赵昀的独生女,宋代公主特见爱重者多封两国,此即封周、汉二国,故称"周汉国公主"。
⑥ 〔宋〕周密:《武林旧事》,中华书局2007年版,第40页。
⑦ 周锡保:《中国古代服饰史》,中国戏剧出版社1984年版,第289页。
⑧ 《宋史》卷一五三,志第一百六十《舆服五》,中华书局1997年版,第938页。
⑨ 〔宋〕黎靖德:《朱子语类》第六册,中华书局1986年版,第2327页。

入社会各阶层的衣装生活，尤其在中上阶层使用的频度最高，体现了服饰等级秩序自上而下的规约特性。大袖并非独立穿着，而是与长裙、帔程式化搭配组合，构成一套完整的服饰穿戴系统。大袖的服用等级通过服装质料以及帔的形制等级加以区分。在宋代社会主流意识形态中，霞帔只有受封命妇方可使用，据北宋高承所撰《事物纪原》记述："今代帔有二等，霞帔非恩赐不得服用，为妇人之命服；而直帔通用于民间也"。①《朱子语类》又载《苍梧杂志》曰"命妇只有横帔、直帔之异别"②，可见，南宋时期命妇的霞帔亦可为世人称为横帔，命妇可使用横帔或直帔，而士庶女子只能使用较次等的直帔。但在实际生活中，这种官方的规约与限定多有所打破。南宋梁克家所撰《淳熙三山志》记闽地三十年以前的风俗，"妇人非命妇不敢用霞帔，非大姓不敢戴冠用背子"，而"三十年后渐失等威，近岁尤甚。农贩、细民至用道服、背子、紫衫者；其妇女至用背子、霞帔"。③ 霞帔被泛滥使用的同时，大袖想必亦在所难免。这种在南宋早期孝宗朝就大量存在的服饰僭越行为，客观上促进了上层服饰向社会底层的流动与传播，亦促进了大袖的社会化普及度。

大袖源于唐代襦裙大袖礼衣，④盛行于两宋，后在大明王朝得以再度复兴，《明史·舆服二》载："皇后常服。（洪武）四年再定，龙凤珠翠冠，真红大袖衣霞帔，红罗长裙，红褙子"，其中又规定了皇妃、皇嫔及三品以上内命妇常服为真红大袖衣，霞帔，红罗裙，褙子；真红大袖衣、珠翠蹙金霞帔则升级为品官外命妇的礼服。⑤ 大袖在明代虽称谓改为"大袖衣"或"大袖衫"，但其造型风格与宋代大袖极为相似，这在明代帝后画像中均有所显见。大明王朝力图匡复汉仪，着力恢复元朝政权割裂下的汉文化衣冠制度。但随着清朝政权的后继崛起，独具特色的女装大袖衣最终退出了历史的舞台。

二、"大袖"形制特征考释

北宋沈括在《梦溪笔谈·辩证》中记述："凡说武人，多言'衣短后衣'，不知短后衣做何形制"⑥；北宋孔平仲于《续世说·伏侈》有言："宋谢灵运性豪奢，车服鲜丽，衣服多改旧形制"，从中不难看出"形制"一词指代服装的"款型、式样"已为宋人所习用。本节所讨论的南宋女装大袖之形制亦集中于大袖的款型特征、式样风格的展开。对于大袖形制特征的考证除依托必要的典籍史料外，还将充分利用宋代服饰实物、绘画图像等资料加以综合比对、分析求证，以期获得较为全面的观点。

---

① 〔宋〕高承：《事物纪原》，中华书局1989年版，第150页。
② 〔宋〕黎靖德：《朱子语类》第六册，中华书局1986年版，第2325页。
③ 中华书局编辑部：《淳熙三山志》卷四〇《岁时·序拜》，《宋元方志丛册》（第八册），中华书局1990年版，第8247页。
④ 〔宋〕高承：《事物纪原》，中华书局1989年版，第149页。
⑤ 〔清〕张廷玉等：《明史》卷六六，志第四十二《舆服二》，中华书局1997年版，第444页、第445页、第449页。
⑥ 〔宋〕沈括著，金良年、胡小静译：《梦溪笔谈全译》，上海古籍出版社2013年版，第271页。

首先借助宋代存世画像可以构建起对大袖形制特征的初步印象。从南薰殿旧藏宋宣祖后坐像图中可以窥见女装大袖、霞帔及长裙的搭配组合样式。宋宣祖后身着对襟广袖大衣，后身处沿背缝开叉，下摆呈拖裾式披拂于地；袖口广博，近乎垂地。长裙异常宽大，亦成铺陈之势。经颈部两侧用以压衬大衣的凤鸟花卉云纹霞帔格外华美艳丽，其下雕镂精美的白玉帔坠彰显出服用者优渥的身份地位①（见图一）。在敦煌榆林三八窟宋代"嫁娶图"中雍容新妇身着盛服大袖嫁衣的形象亦鲜活可辨（见图二）。而福州南宋黄昇墓、德安南宋周氏墓、福州北郊茶园村宋墓以及南京高淳花山墓出土的诸多精美服饰，为深入研究南宋女装大袖的形制特征和风格特色提供了更为翔实的一手资料。这批考古"真实服装"的出土使宋代诸多文本典籍中关于大袖的"书写服装"由抽象变得直观而具体。② 四座宋墓所出土的广袖袍、广袖衫③就形制而言代表了南宋女装大袖的典型特色，将其加以类比研究发现，大袖形制特征可概括为以下两点：

图一　故宫南薰殿旧藏《宋宣祖后坐像轴》

图二　敦煌榆林三八窟宋代"嫁娶图"

---

　　① 依身份等级不同，霞帔坠子材质依次为玉、金、镀金、银，玉坠子为帝后、一品命妇服用。
　　② 法国著名学者和思想家罗兰·巴特在《流行体系》一书中认为，每一个特定的服装都具有三种不同的逻辑结构：技术的真实服装、肖像的意向服装、文字的书写服装。如此我们对历史服饰的认知也可以从真实服装（文物服饰）、图像服装（文物图像）、书写服装（历史文献）三个维度来把握其本质。
　　③ 此处所言及的"广袖袍""广袖衫"为发掘报告或相关研究资料上使用的名称。

（一）大袖主体造型的恒定性

据考古发掘报告及墓葬服饰相关资料显示，上述四座南宋墓葬有明确纪年的三座，年代分别为南宋端平二年（1235）福州北郊茶园村宋墓、淳祐三年（1243）福州南宋黄昇墓、咸淳十年（1274）德安南宋周氏墓，南京高淳花山墓其年代不详，但据其衣饰风格大致可推测为南宋中晚期。有明确纪年的三座墓葬为南宋中晚期墓葬，横跨理宗和度宗两朝。三座墓葬的时间间隔分别为 8 年、39 年。

福州北郊茶园村宋墓出土男女服饰 400 余件，该墓出土的"金黄色平纹广袖袍"的形制特征与大袖相同，直领对襟、袖口疏阔、衣身前短后长，落差显著，前衣身下摆平直，后衣身下摆翻转呈尖角状，衣身两侧有开叉，素纱质地，轻盈飘逸①（见图三）。同墓出土有银鎏金"转官"霞帔坠子，为女装大袖重要的装饰构成要素。据福州南宋黄昇墓发掘报告显示，墓主人黄昇为南宋宗室贵妇，所陪葬的服饰品计 150 余件，其中广袖袍 5 件，形制风格相同，均为直领对襟，袖口疏阔，侧缝开叉，下摆平齐，前后等长，身长过膝，襟上无纽袢或系带。为罗制，领、襟、袖缘及下摆缘都缝花边一道，②黄昇的 5 件广袖袍均吻合大袖形制的典型特征（见图四）。江西德安周氏墓墓主人为品官命妇，其陪葬服饰品共 90 余件，据发掘报告显示，该墓出土广袖袍 2 件，为直领对襟，衣身前后等长，下摆平直，两袖宽大下垂呈袋状，均罗制，对襟和贴边为黄金色绢，③亦可看出，周氏的广袖袍当归属为南宋时期重要的服饰品类——大袖（见图五）。据顾苏宁先生所撰《高淳花山宋墓出土丝绸服饰的初步认识》一文可知，南京高淳花山墓共出土 52 件（套）丝绸服装，其中一件"芙蓉牡丹纹罗大袖衫"为大袖形制，直领对襟侧开叉，袖口异常宽大。在衣领的两侧分别有两个纽结，在前襟的左右下摆处也分别有两个纽结，当为方便霞帔的系挂。④从《故都神韵——南京市博物馆文物精粹》一书所提供的这件"芙蓉牡丹纹罗大袖衫"实物来看，其表现出与福州北郊茶园村宋墓出土的"金黄色平纹广袖袍"相近似的形制特征，即后衣身明显长于前衣身，呈后拖裾状，但程度较前者为弱⑤（见图六）。从四座墓葬随大袖出土霞帔及坠子的事实可以断定，大袖当为墓主人的礼用服装，即祭祀、婚姻等礼仪场合所着的盛服。下面将结合宋墓出土服饰造型结构的相关数据资料，对南宋大袖的形制特征做出进一步的研究探讨，具体数据参见表一所示。

---

① 福州市文物管理局：《福州文物集萃》，福建人民出版社 1999 年版，第 108 页。
② 福建省博物馆编：《福州南宋黄昇墓》，文物出版社 1982 年版，第 9 页。
③ 周迪人、周旸、杨明：《德安南宋周氏墓》，江西人民出版社 1999 年版，第 5 页。
④ 南京市博物馆：《学耕文获集——南京市博物馆论文选》，江苏人民出版社 2008 年版，第 52 页。
⑤ 南京市博物馆：《故都神韵——南京市博物馆文物精华》，文物出版社 2013 年版，第 142 页。

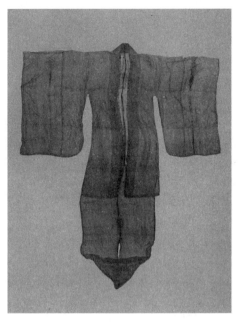

图三 金黄色平纹广袖袍（福州市博物馆藏）

图四 褐黄色罗镶花边广袖袍（福建博物院藏）

图五 罗质广袖袍（江西省德安县博物馆藏）

图六 芙蓉牡丹纹罗大袖衫（南京博物院藏）

表一　南宋大袖形制尺寸特征　　　　　　　　　　　单位：厘米

墓葬名称	年代	大袖名称	前身长	后身长	袖展	腰宽	摆宽	袖宽	袖口宽
福州茶园村宋墓	端平二年（1235）	金黄色平纹广袖袍	106	175	150	46	56	31	74
福州南宋黄昇墓	淳祐三年（1243）	褐黄色罗镶花边广袖袍	120	121	182	55	67	32	68
江西德安周氏墓	咸淳十年（1273）	罗质广袖袍	122	122	170	61	72	35	73
南京高淳花山墓	南宋中晚期	芙蓉牡丹纹罗大袖衫	115	168	220	54	63	35	73

从定性和定量两个层面加以分析，可以看出南宋女装大袖在领、袖等主体结构部位保持了造型风格的恒定性。其标志性的造型要素直领对襟、疏阔宽袖、过膝衣长构成服装形制语言中最稳固的基石。这种恒定性通过大袖衣身横向和纵向的结构比例加以体现：四款大袖下摆宽与腰宽的比值趋同，均约为1∶2，每一件大袖虽细部尺寸不同，但由于衣身宽度比例的恒定，而使大袖保持经典的小A造型；四款大袖的袖口宽与袖宽的比值分别为2∶4、2∶1、2∶1、2∶1，大袖在袖型结构上亦体现出稳定的趋同性。

（二）大袖局部造型的异变性

南宋女装大袖在保持领、袖等主体造型风格恒定的前提下，其局部造型的异变性主要表现为衣身下摆的结构变化。其中包括前后衣身长短的错落变化以及衣身下摆的形态变化。这种局部结构形态的差异化特征当与所处时代、地域、习尚等多元文化因素的影响息息相关，其造就了南宋女装大袖在形制风格上"和而不同"的艺术特色。从上述四座墓葬出土的服装实物来看，福州南宋黄昇墓和江西德安周氏墓出土大袖为前后衣摆等长的情况，从造型设计的角度可称其为"衣裾等长式"；而福州茶园村宋墓和南京高淳花山墓出土大袖则呈现出衣摆前短后长的风格，可称其为"衣裾错落式"，其中后衣长比前衣长超出者，最大可达69厘米，形成垂地拖曳的雍容之势。这种衣裾前短后长的造型在五代时期后蜀国的出土女俑中多有所见，女俑体态纤丽，外罩窄袖对襟长衫，内衬抹胸，下配长裙，其中对襟长衫及裙的下摆处均呈现清晰的前短后长风格（见图七）。后蜀国为大宋王朝所剿灭，北宋初年女装大袖衫呈现相似的衣裾错落式样，想必与蜀地文化的影响不无关联。大袖除上述裾式长短的变化外，其下摆还存在着形态上的异变性，例如福州茶园村宋墓出土的"金黄色平纹广袖袍"，该大袖前衣摆平直，而后衣摆为新奇的三角造型，从结构分析的视角出发，后衣身为一块整幅面料不裁断，以180度"U"形回转折叠，在后衣

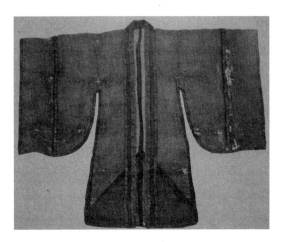

图八　浅褐色罗镶花边广袖袍（福建博物院藏）

图七　后蜀彩绘陶伎乐俑（四川博物院藏）

摆处形成 90 度夹角的尖锐造型。南京高淳花山墓所出大袖虽同属"衣裾错落式"，但衣摆皆为水平状，与上述尖角造型有所差异。

大袖局部造型的异变性还表现在衣身后背的特色结构上。福州南宋黄昇墓出土的 5 件广袖袍与江西德安周氏墓出土的 2 件广袖袍在其后衣身近下摆处均有一个角形的缀片①，其与大袖后身重叠形成双层结构②（见图八）。此独特造型当为霞帔而设定，具有隐藏和固定霞帔末端的实用功能。从出土的服饰来看，后身存在三角形缀片的大袖一般为"衣裾等长式"，而"衣裾错落式"大袖则不具有此种结构。出土"衣裾等长式"大袖的黄昇墓和周氏墓的年代相对偏后，分别为淳祐三年（1243）和咸淳十年（1274），且墓主身份等级较高，黄昇为宋太祖赵匡胤第九世孙赵师恕之孙媳，为宗室贵妇；周氏为从七品"安人"身份，属品官命妇。黄昇所带霞帔坠子为纯金质，周氏所带霞帔坠子为鎏金银质，与所处身份等级相一致。可见这种具有三角形缀片结构的大袖在淳祐后期应较为流行，并影

---

① 福建省博物馆编：《福州南宋黄昇墓》，文物出版社 1982 年版，第 10 页；周迪人、周旸、杨明：《德安南宋周氏墓》，江西人民出版社 1999 年版，第 6 页。

② 根据笔者分析，此三角形结构的产生当为后衣身下摆先裁成等边尖角状，后按一定程度将其向上翻折，将夹角顶点缝纫固定在后背中缝处，两侧留口不缝纫。翻折的程度有两种，一种如江西德安周氏墓大袖其翻折线恰好在等边尖角的末端。另一种情况是翻折程度更大，后衣身下摆部分亦参与翻折，如福州南宋黄昇墓的大袖即为此种情况。

响至明代大袖衣。① 福州茶园村宋墓出土的"衣裾错落式"大袖存在年代较黄昇墓为早，为端平二年（1235），这种造型式样在南薰殿旧藏宋宣祖后坐像图亦有所显见。画像中宋宣祖后在椅子上正襟端坐，其所服大袖霞帔的后衣曳地，且后背中缝近下摆处开叉呈敞开状。这种在北宋早期便已存在的风格范式，为茶园村宋墓大袖的形制风格找到了源头。福州茶园村宋墓墓主人为抗元将军之妻，从其霞帔坠子镀金的质地来看，应不超过五品命妇的等级地位，亦属于上层妇女。"衣裾错落式"大袖由北宋初年历经两百余年传至南宋中晚期而表现出的服装形制语言上的共性与个性化特征是服饰文化的继承性与异变性的辩证的统一。或许可以得出这样的推测，"衣裾错落式"大袖从北宋初年传承至南宋中晚期后逐渐产生了局部造型风格的异变和转向：后身下摆变短，逐渐与前衣身趋于等长，且继而依托"短后衣"而衍生出三角形缀片结构。这种转变当发生在南宋端平至淳祐的过渡时段。如此大致可对南京高淳花山墓出土的"衣裾错落式"大袖的相关年代做出推测，当最迟不晚于淳祐年间。此外四座宋墓出土服饰集中在福州、南京和江西三处，福州居于南宋南部沿海地区，南京居于北部沿海地区，江西德安居于南宋中部地区，从以上分析可见，地域差别对南宋大袖形制风格的影响多表现在局部细节的变化上，南京高淳花山墓大袖与福州茶园村宋墓大袖虽同为"衣裾错落式"，但后身下摆却存在着"平"与"尖"的造型变化。江西德安周氏墓大袖与福州黄昇墓大袖后身角形缀片的向上翻折程度亦有所不同。与大袖时间轴向上形制风格的异变相比较，地域性的异变程度则相对较小。

（三）大袖与帔、长裙的礼仪组合

大袖与帔、长裙组合构成完整的服饰搭配系统。如宋史中所言及的"大袖长裙"即指明了这种组合关系。帔为丝质佩带的总称，依据妇女等级地位的不同，帔的刺绣花纹与装饰手段有所差异，如前所述，帔按等级分为霞帔（横帔）和直帔两种。帔为狭长的窄带，其形制为双带的一端相连成"V"形，并系挂表示身份等级的坠子。南京高淳花山墓出土一件长250厘米、宽10厘米的"卍字菱纹格罗绶带"，为霞帔无疑，其勾挂在大袖的领侧部，帔带上的两个带绊与衣领上左右两个纽结扣系固定。② 福州黄昇墓出土帔2件，均素罗地单面绣花（见图九）。其中一件长213厘米，宽6.2厘米，尖端系挂扁圆形浮雕双凤金帔坠，与墓主身穿的褐色罗镶花边广袖袍搭配组合，清晰地呈现出大袖与霞帔的完整组合状态。③ 江西德安周氏墓出土帔一件，金褐色罗制成，一端平齐，一端尖斜，长220厘米，宽7.5厘米，尖端系挂心形鎏金寿字花卉纹佩坠（见图十），此霞帔与黄褐色罗袍搭配组成墓主周氏的礼服系统。④

---

① 南昌明代宁靖王夫人吴氏墓出土的一件素缎大衫，当为大袖形制，直领对襟，宽摆大袖，衣身背后亦有三角形衣缀一片，专用于藏霞帔的尾端。吴氏生于明正统四年（1439），后嫁朱权世孙奠培（宁靖王），殁于弘治十五年（1502）。可见在明中期，后背有三角形缀片的大袖仍存世流行。
② 南京市博物馆：《学耕文获集——南京市博物馆论文选》，江苏人民出版社2008年版，第52页。
③ 福建省博物馆编：《福州南宋黄昇墓》，文物出版社1982年版，第16页。
④ 周迪人、周旸、杨明：《德安南宋周氏墓》，江西人民出版社1999年版，第4页，第11页。

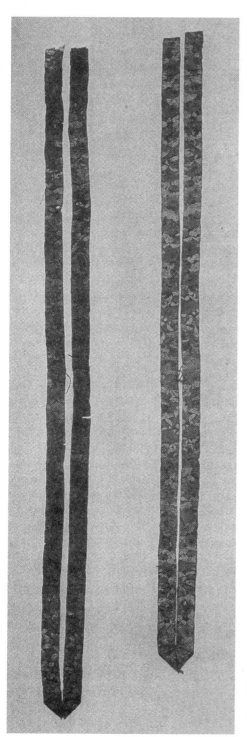

图九 古铜色罗绣花佩绶（福建博物院藏）

图十 金褐色素罗佩绶（江西省德安县博物馆藏）

帔作为女装大袖重要的装饰语言，其与大袖的固定点主要在大袖衣领旁侧及前衣襟的左右下摆处，大袖之纽与帔带之袢，两者勾挂固定。《宋宣祖后坐像轴》提供了霞帔佩戴方式的直观形象，可为参考。另根据福州黄昇墓出土霞帔的形制特点，发现在"V"形帔带中部内侧有小丝带缝缀牵连，这进一步增强了帔带的稳固性。此外，"V"形帔带尾端为两条平头平行垂带，其与后身有角形缀片结构的大袖搭配使用时，其末端插入其内，加以隐藏固定；而帔在与拖裾式大袖搭配使用时，因衣身后背不具有可供固定的部件，帔带尾端或许呈自由垂坠之势。与之配套的帔带长度明显增加，以适合后衣身下摆纤长的特点。如高淳花山墓较之黄昇墓和德安周氏墓，其所出帔带长度超出后者30厘米之多，帔带长度的设计充分体现了配饰与主体衣装长度比例上的协调关系。此外，在浙江龙游出土南宋花卉纹金帔坠、浙江湖州三天门出土南宋金帔坠、浙江庆元会溪南宋胡纮妻吴氏墓出土金帔坠，虽未见具体衣物，但大量帔坠的出土则在一定程度上证明了南宋时期大袖帔坠制度的普及性。

与大袖搭配的当为褶裥裙，在南宋黄昇墓发掘报告中提供了相关的信息，墓主人最外层上身着"褐色罗镶花边广袖袍"，下身着"烟色罗洒金双凤穿牡丹褶裥裙"，上衣大袖搭叠在褶裥裙之上，衣长过膝约 20 厘米，裙长 87 厘米，呈露足之势。① 同墓还出土另一件造型相似的褶裥裙，保存较好（见图十一）。耀目的罗裙搭配雍容典雅的大袖，辅之

图十一　褐色罗印花褶裥裙（福建博物院藏）

以精工巧绣的霞帔，构成了南宋上层妇女绚丽的衣装世界。再以江西德安周氏墓为例，其出土的 15 件女裙中驼色如意珊瑚纹罗褶裥裙仅为一件，造型上窄下宽，裙摆宽大，犹如扇形，造型典雅舒丽，以黄昇墓为参考，这款裙当为与"罗质广袖袍"（大袖）搭配穿着的礼用长裙。宋宣祖后坐像图中大袖遮掩下的长裙亦具有丰富的褶裥结构，当为又一佐证。

三、"大袖"形制语言的文化符号价值

大袖的流行横跨南北两宋，至南宋中晚期大袖在形制风格上虽有所异变，但主体结构始终保持了疏阔宽袖、直领对襟、衣长逾膝的造型特征，这成为宋代女装大袖最显著的形制语言，尤其是疏阔宽博的袖式最大限度地保留了汉人衣冠制度的文化特色。在南宋上层女性服饰系统中，就袖型结构而言，主要有疏阔宽袖式和紧狭窄袖式两种风格范式。帝后、内外命妇的礼服和常服大袖为疏阔宽袖式，而常服背子则属于紧狭窄袖式。品官外命妇阶层的妇女礼服大袖为疏阔宽袖式，常服背子为紧狭窄袖式。此外，士庶阶层妇女的盛服大袖亦为疏阔宽袖式，常服背子、襦裙为紧狭窄袖式。从四座墓葬出土服饰可以显见，上层妇女礼服中袖口最大者可达 74 厘米，而常服中袖口最小者仅为 9 厘米。南宋女性衣装系统中这种在造型风格上疏阔与紧狭"共生"的格局，体现了文化多中心时代南宋汉政权在周边少数民族政权林立的复杂政治格局中，面对文化上的交融与渗透，所采取的一种折中化的应对态度：一方面在礼仪服饰上着力恪守和捍卫汉人衣冠制度的固有传统，另一

---

① 福建省博物馆编：《福州南宋黄昇墓》，文物出版社 1982 年版，第 7 页。

方面在日常服饰上则逐渐认可和接受了少数民族服饰文化所带来的渗透和影响，利身便事的功能化趋势愈加明显。对于帝后、内外命妇等社会上层女性而言，这种代表汉民族的文化符号——宽袖造型不仅应用于隆重礼服中，更是以高频度的方式出现在生活常服（大袖）中。这种符号象征意义同样存在于男装服饰系统中的祭服和朝服中。以窄袖式为造型特征的南宋上层女性的另一类常服（背子）则更大程度上日趋"胡化"，重实用功能，体现了超越政治壁垒的世俗化的风尚趣味。同样男装中的常服公服亦具有利身便事的功能化特色。政治象征性与世俗实用性的杂糅并举成为南宋服饰文化系统的显著特征。

　　在古代等级社会中，服饰制度是国家政治制度的一部分，具有构建礼仪秩序和教化社会人伦的政治功效。赵宋王朝执政于少数民族政权崛起的时代，北宋与辽，南宋与金、元形成对峙割据之势，在复杂的民族矛盾的激烈交锋中，有宋一代通过大力匡复汉仪、恢复古礼而使汉政权形象得以确立和巩固。《宋史·舆服一》载："宋自神宗以降，锐意稽古，礼文之事，招延儒士，折中同异。元丰有详定礼文所，徽宗大观间有议礼局，政和又有礼制局"。① 北宋沈括在其晚年著作《梦溪笔谈》中谈到宋人服饰在唐制基础上力图汉化的事实："中国衣冠，自北齐以来乃全用胡服。窄袖绯绿短衣、长靿靴，有蹀躞带，皆胡服也……唐武德、贞观时犹尔，开元后虽仍旧俗，而稍褒博矣，然带钩尚穿带本为孔，本朝加顺折，茂人文也"。② 在服饰制度上，有宋一代稽考古礼，从太祖建隆元年始经历朝的充实与完善在统治阶层内部逐步建立起一整套谨严详备的衣冠礼仪制度，尤其看重服饰文化所承载的政治功用。疏阔宽博的大袖作为帝后、皇家内外命妇的常服，品官外命妇、士庶阶层的礼服具有广泛的社会应用空间，成为具有儒家汉文化象征意义的皇家高级礼服应用场域外的有益补充。对于帝后、皇家内外命妇而言，除了助祭、受册、朝会等场合适用礼服外，其在燕居时的大部分时间以常服大袖为主要服饰，体现了符号"所指"从礼仪场合向日常生活的渗入与强化。品官外命妇祭祀、冠婚以及士庶女子冠婚亦着大袖礼服，可见通过社会礼仪场合的着装实践，大袖形制语言所承载的深层政治文化寓意得以在社会群体的视觉观照中广泛传播。

　　服装形制语言中领、袖结构是华夷之辨的显著标志。汉民族传统领型为交领右衽或直领对襟，袖型则为疏阔宽袖式；少数民族服饰领型为上领（盘领）或翻领，袖型为紧狭窄袖式。朱熹曾言，"唐初年服袖甚窄，全是胡服"，"今上领衫与靴皆胡服"，③ 可见，在南宋士人的心中仍是以交领右衽（或直领对襟）、疏阔宽袖作为汉民族的显著标志，与窄袖紧身的胡服加以区隔。褒衣博带、疏阔宽袖乃是汉文化所推崇的服饰审美特色，清人王夫之曾在《周易外传》中论及古代服饰的精神，"宽博，以示无虔骛也"，④ 以服装的宽博示以"具武备而不害""文质彬彬"的君子之德，这明显有别于以"窄衣文化"为特征的骁勇善战的少数民族政权。南宋统治者自是清醒地意识到服装形制语言背后的政治文化深

---

① 《宋史》卷一四九志第一百二十《舆服一》，第913页。
② 〔宋〕沈括著，金良年、胡小静译：《梦溪笔谈全译》，第4页。
③ 〔宋〕黎靖德：《朱子语类》第六册，第2328页。
④ 〔清〕王夫之：《周易外传》，中华书局1977年版，第211页。

意，不仅在高级别的服饰系统（无论男装或女装）中严格恪守汉民族宽衣文化的风格特色，而且在下层民众服饰中亦强化汉民族服装形制的符号价值，特别允许士庶阶层女性的婚礼服（盛服）借用大袖形制，与之相对应，男子则采用儒雅十足的皂衫衣、折上巾。[①] 不仅如此，为了强调华夷之辨，在胡汉文化日趋交融渗透的现实语境下，宋统治者不断加强对士庶阶层日常服饰的胡化管制，"庆历八年，诏禁士庶傚契丹服及乘骑鞍辔，妇人衣铜绿兔褐之类"，"又诏敢为契丹服若毡笠、钓墪之类者，以违御笔论"。[②] 南宋宁宗朝法令汇编《庆元条法事类》列出了"告获服饰辄傚四夷者"可得政府奖赏的条款。[③] 可以想见，从北宋到南宋统治者对服装形制上"华夷之辨"的政治管控仍根植于国家主体意识形态之中，即便到了南宋社会士庶阶层服饰胡化程度日益加剧、服饰等级日趋混淆，但就统治阶级的意志而言这种以服饰疏内外、别上下的政治欲求从未改变。南宋社会女装大袖在各阶层范围内被不同程度地加以使用，尤其是统治阶级内部的积极穿着实践，使得这一文化符号具有更为显著的政治教化意义。

结　语

　　大袖作为南宋女性服饰系统中的重要品类，与长裙、帔的程式化组合构成了汉民族宽衣文化的特色服饰语汇，为社会各阶层女性所使用。其直领对襟、疏阔宽袖、衣长逾膝的形制基因跨越两宋三百年而具有恒定的遗传特质。大袖局部造型结构的异变随时间的更迭虽有发生，但直至南宋中晚期始产生较大的突破，大袖下摆造型由"高低错落"向"平直均一"转向。在女装大袖的风格流变中，无论细节如何表现，其作为汉文化显著标志的宽衣本质从未改变。在与辽、金、元等少数民族政权先后对峙的复杂格局中，在异质文化的激烈冲突与交汇中，宋统治者强烈意识到汉民族固有的宽衣文化传统对自身政权形象的确立与巩固所具有的特殊政治意义，"服周之冕，观古之象，愿复先王之制，祖宗之法"[④] 成为宋廷"衣冠立国"思想的着力点。南宋社会女装大袖广泛的穿着实践正是这一思想的积极外化和生动体现。

　　[作者单位：中国传媒大学戏剧影视学院艺术学部。本文为"中国传统服饰的抢救、传承与设计创新"国家特殊需求博士人才培养项目的阶段性成果（NHFZ2016041）]

---

① 《宋史》卷一一五，志第六十八《礼十八》，第727页。
② 《宋史》卷一五三，志第一百六十《舆服五》，第937、938页。
③ 《庆元条法事类》卷三（按：卷名缺）有关服饰器物的记载，南京大学图书馆藏本，中华民国三十七年十月印行，第10页。
④ 《宋史》卷一一五，志第六十八《礼十八》，中华书局1997年版，第925页。

宋代水上信仰的神灵体系及其新变

黄纯艳

宋代内河和海上航运空前繁荣,航行于水上的各种群体数量剧增。而行走于水上世界的人们认知自然的角度和心理与陆上脚踏实地的人们有很大的区别。他们所信仰的神灵与陆上信仰既有交叉,又成相对独立的体系,有其独立的特点。本文所言水上信仰是指人们在水上活动中尊奉的神灵信仰。学界对海神信仰、圣妃(天妃)信仰、长江水府神等水上信仰已多有研究,对民间信仰和国家礼制的相关研究中也论及水上神灵信仰。① 本文主要考察现有研究未系统关注的宋代水上信仰神灵体系的构成及其新变化。

一、宋代水上神灵系统的构成

在中国古代的神灵系统中,水上世界的江河湖海自有其神灵体系。宋代的山川祭祀,即"岳镇海渎之祀"中,水上的神灵有海、渎之祀。所谓海,即"四海",包括东海、南海、西海、北海。所谓渎,即"四渎",包括江渎、淮渎、河渎、济渎。宋朝平定四方以后,逐步建立岳镇海渎的常祀,废除分裂政权时期的所谓伪号,重新赐封,建立宋朝皇帝与岳镇海渎神灵的统辖关系,以昭显"天子之命,非但行于明也,亦行乎幽。朝廷之事,非但百官受职也,百神亦受其职"②。海、渎之祀,立春日祀东海于莱州,淮渎于唐州;立夏日祀南海于广州,江渎于成都府;立秋日祀西海、河渎并于河中府,西海就河渎庙望祭;立冬祀祭北海、济渎并于孟州,北海就济渎庙望祭。"各祭于所隶之州,长吏以次为献官","各以本县令兼庙令,尉兼庙丞,专掌祀事"③。这是国家最高层次的水上神灵祭祀。

在"四海"中,东海和南海是有实指的海域,东海神和南海神有明确的管辖区域。宋人所言东海包括渤海、黄海和今东海,甚至南及福建。北宋时,东海神本庙设于莱州,

---

① 古林广森研究了宋代东海神和南海神信仰,以及宋代长江水神信仰(主要是水府信仰);王元林考察了南海神信仰和水府信仰的发展源流;李伯重等学者考察了妈祖信仰的功能和演变。这些学者的研究内容直接与本文论题相关。朱溢对宋代吉礼的研究、贾二强对唐宋民间信仰的研究、皮庆生对宋代祠神信仰的研究等也涉及本论题的内容。以上学者的研究我们将随文讨论,此不罗列。

② 〔宋〕郑刚中:《北山集》卷一四《枢密行府祭江神文》《宣谕祭江神文》,景印文渊阁四库全书本,台湾商务印书馆1990年版,第1138册,第154页。

③ 《宋史》卷一〇二《礼五》,中华书局1977年版,第2485页。

"东海神庙在莱州府东门外十五里,下瞰海咫尺"①。莱州在渤海湾内。北宋初,东海神封爵为广德王,曾遣官于莱州本庙祭祀。政和《五礼新仪》规定的岳镇海渎祭祀中东海神祭于莱州。②登州和密州板桥皆有海神广德王庙,应是东海神行祠。③康定元年(1040)东海神加封为渊圣广德王。元丰元年(1078)安焘奉使高丽,顺利完成使命,在其建议下于明州定海、昌国两县之间建东海神行祠,并"往来商旅听助营葺"。大观四年(1110)及宣和五年(1123)又因高丽使回,奏请加封"助顺"和"显灵"四字。建炎四年(1130),因宋高宗从海道成功脱险,下旨改封东海神为"助顺佑圣渊德显灵王"。④乾道五年(1169)因该封号内有二字犯钦宗皇帝讳,改封为"助顺孚圣广德威济王"。⑤

南宋初,仍以莱州东海庙为东海神本庙。但莱州已入金朝境,故绍兴十三年(1143)祭岳镇海渎时,莱州东海助顺渊圣广德王仍作为"道路未通去处",在南宋控制疆域之外,实行望祭。而"路通去处"的海、渎神只有广州南海洪圣广利昭顺威显王和益州南渎大江广源王,由朝廷差使臣前去与所在州县排办祭告。⑥乾道五年(1169),宋孝宗采纳了太常少卿林栗的建议,参照广州祭南海礼例,在明州设东海神庙祭祀。⑦次年(乾道六年,1170)祭五岳四海四渎时,已将明州东海助顺孚圣广德威济王与广州南海洪圣广利昭顺威显王和益州南渎大江昭灵孚应威烈广源王一起作为道路可通去处。⑧此后南宋在明州定海县设东海神本庙,其庙在定海县城东北五里,所封八字王改为助顺孚圣广德威济王。"岁度道士,俾主香火"。宝庆三年(1225)以朝廷所降祠牒,郡增给缗钱及士夫民旅捐助重新修缮。⑨说明东海神在官民商旅生活中有十分重要的意义。

南海神祭于广州,唐代已封广利王,庙在"广州之东南海道八十里,扶胥之口,黄木之湾"⑩。宋太祖平广南后,即"遣司农少卿李继芳祭南海。刘鋹先尊南海神为昭明帝,庙为聪正宫,其衣饰以龙凤。诏削其号及宫名,易以一品之服"⑪。降低了南海神的封爵,也是为了与东海神等同。康定元年(1040)加封南海神为洪圣广利王。皇祐五年(1053)

---

① 〔宋〕朱彧著,李国强点校:《萍洲可谈》卷二,《全宋笔记》第二编第六册,大象出版社2013年版,第159页。
② 〔宋〕马端临:《文献通考》卷八三《郊社考十六》,中华书局2011年版,第2551页。
③ 〔宋〕苏轼:《苏轼全集·诗集》卷二六《登州海市并叙》、卷三六《顷年杨康功使高丽还,奏乞立海神庙于板桥……》,河北人民出版社2010年版,第2915、4113页。
④ 〔宋〕罗浚等:《宝庆四明志》卷一九《定海第二·神庙》,《宋元方志丛刊》本,中华书局1990年版,第5238页。
⑤ 〔清〕徐松辑,刘琳等校点:《宋会要辑稿》礼二一,上海古籍出版社2014年版,第1085页。
⑥ 《宋会要辑稿》礼二,第525页。
⑦ 《文献通考》卷八三《郊社考十六》,第2560页。
⑧ 〔宋〕周必大:《文忠集》卷一一七《郊祀大礼礼毕祭谢五岳四海四渎祝文》,景印文渊阁四库全书,台湾商务印书馆1990年版,第1148册,第298页。
⑨ 《宝庆四明志》卷一九《定海县志第二·神庙》,第5239页。
⑩ 佚名:《锦绣万花谷》前集卷六《海神庙》,景印文渊阁四库全书,台湾商务印书馆1990年版,第924册,第77页。
⑪ 《文献通考》卷八三《郊社考十六》,第2556页。

以侬智高遁,加封南海神为洪圣广利招顺王。① 绍兴七年(1137)加封南海神为洪圣广利昭顺威显王。② 关于南海的范围,宋人洪迈解释四海:"北至于青、沧,则云北海。南至于交、广,则云南海。东渐吴、越,则云东海,无由有所谓西海者。"③ 宋人所言的南海就是广南和交趾以外的海域,包括今天整个南中国海,有时甚至将东南亚以西也泛称南海。即周去非所言"三佛齐国在南海之中,诸蕃水道之要冲也"。④

但洪迈所言"四海",显然不符合上文宋人对东海的界定,也与北宋在孟州望祭北海之举不符。开宝五年(972)令地方官员负责祭祀海、渎神的诏书中也未言西海和北海:"自今岳、渎并东海、南海庙各以本县令兼庙令,尉兼庙丞,专掌祀事","本州长吏,每月一诣庙察举"。⑤ 西海和北海并无实指海域,如上文所引,宋人解释"其西、北海远在夷貊,独即方州行二时望祭之礼"。也就是宋朝封域之内并无西海和北海。政和三年(1115)《五礼新仪》所定诸岳镇海渎祭祀,祭"西海、西渎大河于河中府界","北海、北渎大济于孟州界"。⑥ 西海神和北海神分别在西渎庙和北渎庙望祭。南宋时,西海和北海更只能望祭。绍兴十三年(1143)及此后,祭岳镇海渎时,西海通圣广润王和北海冲圣广泽王都实行望祭。⑦

内河最高层次的水上神灵是四渎神。四渎分别为江、河、淮、济。宋太祖朝定祭祀之制:立春日祀淮渎(东渎)于唐州;立夏日祀江渎(南渎)于成都府;立秋日祀河渎(西渎)于河中府;立冬祀济渎(北渎)于孟州。⑧ 开宝五年(972)三月有诏令四渎神庙所在"本县令兼庙令,尉兼庙丞。祀事一以委之"。"逐处长吏每月亲自检视"。⑨ 康定元年(1040)诏封江渎为广源王,河渎为显圣灵源王,淮渎为长源王,济渎为清源王。⑩ 江渎神本庙在成都,自隋开皇二年(582)建。清前期,庙在城内南门西。⑪ 李顺之乱时,知蜀州杨怀忠率军攻成都,与李顺军战于成都城外的江渎庙前。⑫ 可见宋代庙还在城外。五代时四川为前、后蜀割据,后周曾在扬州扬子江口祭祀江渎神。乾德六年(966)才令

---

① 《宋史》卷一○二《礼志五》,第2488页。
② 〔宋〕李心传:《建炎以来系年要录》卷一一四,绍兴七年九月戊子,中华书局2013年版,第2141页。
③ 〔宋〕洪迈撰,孔凡礼点校:《容斋随笔》卷三《四海一也》,中华书局2005年版,第33页。
④ 〔宋〕周去非著,杨武泉校注:《岭外代答校注》卷二《三佛齐国》,中华书局1999年版,第86页。
⑤ 《文献通考》卷八三《郊社考十六》,第2556页。
⑥ 《文献通考》卷八三《郊社考十六》,第2559页。
⑦ 《宋会要辑稿》礼二,第525页;〔宋〕周必大:《文忠集》卷一一七《郊祀大礼礼毕祭谢五岳四海四渎祝文》,景印文渊阁四库全书,第1148册,第298页。
⑧ 《宋史》卷一○二《礼志五》,第2486页。
⑨ 《宋大诏令集》卷一三七《五岳四渎庙长吏每月点检令兼庙令尉兼庙丞诏(开宝五年三月壬辰)》,中华书局1962年版,第483页。
⑩ 《宋史》卷一○二《礼志五》,第2488页。
⑪ 〔清〕黄廷桂等修纂:雍正重修《四川通志》卷二八上《祠庙·成都府》,景印文渊阁四库全书,台湾商务印书馆1990年版,第560册,第527页。
⑫ 《续资治通鉴长编》卷四六,咸平三年正月乙未,中华书局2004年版,第989-990页。

复祭于成都府。① 开宝六年（973）宋太祖下令修葺，庆历七年（1047）、淳熙三年（1176）、庆元五年（1119）又几次修缮。

江渎本就称为"四渎之首"。② 南宋江防成为边防要务，江渎地位显著提高。绍兴三十一年（1161）因采石之战胜利，江渎神从广源王特增六字，封昭灵孚应威烈广源王，赐庙额曰佑德。③ 按照宋朝制定，"诸神祠加封，无爵号者赐庙额，已赐庙额者加封爵。初封侯，再封公，次封王。先有爵位者从其本号。妇人之神封夫人，再封妃。其封号者初二字，再加四字。神仙封号，初真人，次真君。如此，则锡命驭神，恩礼有序"。④ 正常每次加封二字，所以一次加六字实属特例。所以奏请加封的太常寺称这是本系二字，"特增加六字，作八字"。这次加封赐额的是建康（今南京）的行祠（庙在建康城西清凉寺东），而"广源王本庙系在成都府"，"令本庙一体称呼"。⑤ 江渎神行祠不仅南京有，三峡和沙市亦有。陆游过三峡，曾游新滩两岸的江渎北庙和南庙，过沙市时还特"祭江渎庙，用壶酒、特豕"。而范成大曾"宿江渎庙前"。⑥

淮渎、河渎和济渎南宋时都已在金朝版图。北宋时还遣官到淮渎求雨，并曾修葺庙宇，增补祭器，百姓祭祀者也多，⑦ 而南宋则只能望祭。济渎的祭祀在北宋也只是例行仪式，并无特别重视。三渎神中因黄河事关开封的安危和汴河供水，北宋朝廷除了河中府本庙的例行祭祀，每年还在汴口祭祀河渎神。宋真宗曾先后于大中祥符元年（1008）和四年（1011）亲至澶州河渎庙和河中府河渎神本庙祭祀。⑧ 但河中府南宋已入金朝疆域，只有江渎神本庙及行祠在南宋境内，因而江渎神获得了其他三渎都没有的八字王的封爵。

宋朝沿袭了隋唐三祀制度。隋朝始立三祀制度，规定"昊天上帝、五方上帝、日月、皇地祇、神州社稷、宗庙等为大祀，星辰、五祀、四望等为中祀，司中、司命、风师、雨师及诸星、诸山川等为小祀"⑨。唐承隋制，而祭祀对象略有变化，但四海四渎始终为中祀，而风师、雨师、山林、川泽、五龙祠、州县社稷及诸神祠等为小祀。⑩ 宋代水上神灵祭祀中地位最高的海、渎在北宋前期（宋太祖至宋英宗朝）列入中祀，川泽诸神列入小祀。宋神宗熙宁年间海、渎、川、泽、风、雨等由州县主持的神灵都退出太常寺主持的中祀和小祀，只是参照太常寺中祀和小祀的标准，到元丰年间才重新恢复海、渎的中祀地

---

① 《文献通考》卷八三《郊社考十六》，第2556页。
② 〔宋〕陆游：《渭南文集》卷一六《成都府江渎庙碑（淳熙四年五月一日）》，景印文渊阁四库全书，台湾商务印书馆1990年版，第1163册，第427页。
③ 《建炎以来系年要录》卷一九四，绍兴三十一年十一月甲午，第3810页。
④ 《宋会要辑稿》礼二十一，第1081页。
⑤ 〔宋〕周应合：《景定建康志》卷四四《祠祀志一》，《宋元方志丛刊》本，中华书局1990年版，第2050页。
⑥ 〔宋〕陆游撰，李昌宪整理：《入蜀记》卷五、卷六，《全宋笔记》第五编第八册，大象出版社2012年版，第207、214页；〔宋〕范成大撰，方健整理：《吴船录》卷下，《全宋笔记》第五编第七册，大象出版社2012年版，第81页。
⑦ 《续资治通鉴长编》卷八三，大中祥符七年十一月庚戌；卷四四九，元祐五年冬十月己亥，第1904、10791页。
⑧ 〔宋〕王应麟：《玉海》卷一○二《宋朝山川祠》，广陵书社2003年版，第1879页。
⑨ 《隋书》卷六《礼仪一》，中华书局1973年版，第117页。
⑩ 朱溢：《事邦国之神祇：唐至北宋吉礼变迁研究》，上海古籍出版社2014年版，第57页。

位。政和新礼规定海、渎为中祀,川、泽诸神为小祀。风、雨神则有太常寺祭祀(为中祀)和州县祭祀(为小祀)之别。[①] 马端临列举了若干"杂祠、淫祠"。其中杂祠基本上属于小祀。他所举杂祠中水上神灵有长江三水府神、杭州吴山庙涛神、广济王李冰、南康军郏亭庙神、顺济龙王等,以及虽是山神却在江中护佑航船的镇江焦山神等。这一类水上神灵难以枚举。如《咸淳临安志》记载,地方祭祀中"若土域、山、海、湖、江之神,若先贤往哲、有道有德之祭,若御灾捍患以死勤事之族,率皆锡之爵命,被之宠光,或岁时荐飨,间遣有司行事"[②]。沿海及内河沿线有大量上述各类神灵。

而且神灵的构成是不断变动的。皮庆生指出,宋代祠神信仰中正祀只占一小部分,大部分是待消灭的淫祀,以及介于正祀和淫祀之间的中间地带的民众祠神信仰。不少起自民间自发的信仰,最初未入正祀,甚至为"淫祀",逐步得到官方承认,被纳入国家祀典,成为正祀。[③] 宋朝规定"神祠不在祀典者毁之","禁军民擅立神祠"。但不在祀典的淫祠数量还是很大。政和元年(1111),仅开封一地"凡毁一千三十八区"。直到南宋,臣僚仍说国家"禁止淫祠,不为不至,而愚民无知,至于杀人以祭巫鬼,笃信不疑,湖、广、夔、峡自昔为甚。近岁此风又寖行于他路","浙东又有杀人而祭海神者"。绍兴二十三年(1153),又一次"毁撤巫鬼淫祠"。[④] 陆游在沙市江渎庙看到"两庑淫祠尤多,盖荆楚旧俗也"[⑤]。南宋末,陈淳仍说"南人好尚淫祀","自城邑至村墟,淫鬼之名号者至不一,而所以为庙宇者亦何啻数百所"[⑥]。可见,淫祠不仅未能消除,而且大量存在。这些淫祠一小部分会被毁灭,而大部分以中间状态存在或升入正祀。

除了上述所示宋代水上神灵体系从层次最高的列入中祀的四海、四渎,到属于小祀的各种江神、涛神、潮神、水府神,以及各种杂祀,再到未入祀典的淫祠及中间地带的民间信仰等三个垂直层次构成以外,该体系内的神灵与诸行祠间又构成空间上的子系统,如下文所述圣妃信仰。而一些本非川泽神灵的神灵因航行者的崇拜而被新赋予护佑航行的职能,从而成为水上神灵信仰体系的组成部分,如下文所述曹娥信仰。宋代水上神灵信仰构成一个纵横交错的神灵体系。

二、原有水上信仰神灵在宋代的新变化

四海神信仰除了上述在宋神宗朝出现的中祀地位变化外,南宋时在背海立国的环境下又发生了显著的新变化。一是东海神本庙移驻明州,二是海神祭祀升格为大祀。古林广森

---

① 皮庆生:《宋代民众祠神信仰研究》,上海古籍出版社2008年版,第58、67-84页。
② 〔宋〕潜说友:《咸淳临安志》卷七一《祠祀一》,《宋元方志丛刊》本,中华书局1990年版,第3994页。
③ 皮庆生:《宋代民众祠神信仰研究》,上海古籍出版社2008年版,第294页。
④ 《文献通考》卷九〇《郊社考二十三》,第2772-2773页。
⑤ 〔宋〕陆游撰,李昌宪整理:《入蜀记》卷五,《全宋笔记》第五编第八册,大象出版社2012年版,第207页。
⑥ 〔宋〕陈淳:《北溪大全集》卷四三《上赵寺丞论淫祀》,景印文渊阁四库全书,台湾商务印书馆1990年版,第1168册,第851页。

对宋代东海神和南海神信仰的研究主要关注了神庙的赐封和修葺，东海神和南海神的功能，没有注意东海神和南海神信仰在南宋的变化。王元林对南海神的研究也是如此。① 乾道五年（1169），太常少卿林栗奏请："国家驻跸东南，东海、南海实在封域之内。检照国朝祀仪，立春祭东海于莱州，立夏祭南海于广州，其西、北海远在夷貊，独即方州行二时望祭之礼。自渡江以后，惟南海广利王庙岁时降御书祝文，令广州行礼，并绍兴七年（1137），加封至八字王爵，如东海之祠。但以莱州隔绝，不曾令沿海官司致其时祭，殊不知通、泰、明、越、温、台、泉、福，皆东海分界也"。绍兴三十一年（1161），胶西海战"神灵助顺，则东海之神于国为有功矣"。且元丰时已建东海神庙于明州定海县，所以"东海之祠，本朝累加崇奉，皆在明州，不必泥于莱州矣"。宋孝宗根据他的建议在明州设东海神本庙祭祀。② 这是东海神信仰在南宋的一大新变。

这一方面是海防对于南宋国家安全的重要性显著提高，如林栗所言胶西之战的胜利被理解为东海神相助。南宋定都临安，在江阴、许浦、金山、定海一线及长江口北的通州料角等建立水军据点，构建海防体系，这是宋人理解的东海界内，需用东海神的护佑。另一方面东海神的祭祀涉及与金朝的正统之争。在林栗上奏的前五年，即金大定四年（1164），金朝制定了祭祀岳镇海渎仪制。其仪制包括岳镇海渎"以四立、土王日就本庙致祭，其在他界者遥祀"。立春祭东海于莱州，东渎大淮于唐州；立夏望祭南海、南渎大江于莱州；立秋祭望祭西海、西渎于河中府；立冬祭望祭北海、北渎大济于孟州。"其封爵并仍唐、宋之旧"。而且金朝使用的就是宋朝的《五礼新仪》。③ 对四海神的祭祀具有重要的政治意义，如宋朝在祭祀西海和北海神的乐章里所言，祭祀的目的是显示宋朝"布润施泽，功均迩遐。我秩祀典，四海一家"，"一视同仁，我心则怡"。④ 南宋朝廷将东海神本庙移驻明州，不言望祭，而实行与南海神一样的祭祀礼，还具有与金朝争夺正统地位的重要意义。在南宋建国四十余年后，时间又在金朝颁行岳镇海渎祭祀仪制五年后，这一变化显然是应对金朝的重要举措。

北宋建国以来本沿袭唐代，将岳镇海渎置于中祀，低于天、地、宗庙、五帝等大祀，而高于山、川、风、雨等小祀。这一制度一直延续至南宋中期。淳祐十二年（1246）宋理宗下旨，称"中兴以来依海建都，宜以海神为大祀"，并"诏海神为大祀"，在临安建海神坛，令太常议礼，马光祖建殿望祭，自宝祐元年（1253）施行。⑤ 并在杭州东青门外太平桥东设海神坛，"祭江海神，为太祀，以春秋二仲遣从官行望祭礼"⑥。宋代的大、中、

---

① 〔日〕古林广森：《中国宋代の社会と经济》第一部第六章《宋代海神庙的考察》，日本国书刊行会1995年版，第112-136页；王元林：《国家祭祀与海上丝路遗迹——广州南海神庙研究》，中华书局2006年版，第98-216页。
② 《文献通考》卷八三《郊社考十六》，第2560-2561页。
③ 《金史》卷三四《礼七》，中华书局1975年版，第810页；《大金集礼》卷三四《岳镇海渎》，景印文渊阁四库全书，台湾商务印书馆1990年版，第648册，第259页。
④ 《宋史》卷一三六《乐志十一》，第3202页。
⑤ 〔宋〕潜说友：《咸淳临安志》卷三《海神坛》，第3379页；《宋史》卷四三《理宗三》，第847页。
⑥ 〔宋〕吴自牧：《梦粱录》卷一四《祠祭》，浙江人民出版社1980年版，第123页。

小祀继承了唐制。唐朝礼制规定"凡国有大祀、中祀、小祀。昊天上帝、五方上帝、皇地祇、神州宗庙皆为大祀"。① 《政和五礼新仪》即承袭了这一制度,做了更具体的说明。② 升为大祀之列的海神在国家祭祀体系中地位超过了内河的四渎之神,与天地宗庙神灵同列,居于水上神灵体系中的最高位。此外,我们还可以看到,南海神地位在宋代,相对于前代大幅增重。唐封南海神为广利王,宋朝经开宝四年(971)、康定元年(1040)、皇祐五年(1053)和绍兴七年(1137)四次加封,晋封为八字王。宋徽宗朝还封南海神妻为显仁妃,长子封辅灵侯,次子封赞宁侯,女封惠佑夫人。③

不论东海神还是南海神地位的增重,都与宋代,特别是南宋官民与海洋关系更加密切有关。一方面海神与渎神,以及其他诸多神灵信仰一样,有护佑一方百姓,免灾祈福的功能,人们也希望海神保佑一方百姓风调雨顺,无灾无疾。④ 这是诸多神灵都可以寄托的功能,但东海神和南海神地位凸显,不仅超过其他地方神灵,也超过西海神和北海神,即因东海和南海是宋人日益频繁的海洋活动场所。宋人祭祀南海的歌词有"南溟浮天,旁通百蛮。风樯迅疾,琛舶来还。民商永赖,坐消寇奸。荐兹嘉觞,弭矣惊澜"。⑤ 南海神是保护商人百姓航行安全的神灵。宋人还祈望海神帮助讨灭海盗,"鲸波浩渺,实为危道,非神力助顺,岂能必济"⑥。洪适在《谢舶船风便文》中表达的完全是海神对商船的护佑之恩:"大贾乘巨舸,往来蛟龙沧溟之中,一瞬千里,风稍失便,则沦溺破碎,不可救,非神相之,安能布帆无恙。今也归樯泊步,人免鱼腹之患,而珍宝杂袭,所以富国甚腆,则报可忘乎。"⑦ 即如叶适所说,是希望"江海之间,风波不耸"⑧。

长江水路原有神灵信仰的空前繁荣,也是宋代社会经济新发展在水上信仰方面折射的一大变化。宋代南方经济繁荣,经济重心南移,以及当时经济最繁荣的四川与东南地区间联系的日益密切,使长江水上活动空前频繁。江渎地位的增重即为一例。另一个代表性变化就是水府神信仰的上升,即古代构想的一个水下神灵世界,其主宰者是龙王,即"水府

---

① 〔唐〕萧嵩等:《大唐开元礼》卷一《序例上》,景印文渊阁四库全书,台湾商务印书馆1990年版,第646册,第39页。
② 〔宋〕郑居中等:《政和五礼新仪》卷一《序例》,景印文渊阁四库全书,台湾商务印书馆1990年版,第647册,第134页。
③ 《宋会要辑稿》礼二一,第1085页。王元林对宋代赐封南海神亦有探讨,参见王元林《国家祭祀与海上丝路遗迹——广州南海神庙研究》,第183-196页。
④ 〔宋〕真德秀:《西山文集》卷五四《海神祝文》,景印文渊阁四库全书,台湾商务印书馆1990年版,第1174册,第858页。
⑤ 《宋史》卷一三六《乐志十一》,第3202页。
⑥ 〔宋〕真德秀:《西山文集》卷五四《海神祝文》,第858页。
⑦ 〔宋〕洪适:《盘洲文集》卷七一《谢舶船风便文》,景印文渊阁四库全书,台湾商务印书馆1990年版,第1158册,第723页。
⑧ 〔宋〕叶适著,刘公纯等点校:《叶适集·水心文集》卷二六《修海神庙疏文》,中华书局1961年版,第534页。

龙王"①"金焦之间，龙君水府所宫"②。且有一套神灵官僚，"下盘鱼龙之宫，神灵之府"③，有"群真下集水仙府"④。"温太真然犀照牛渚，见朱衣车马一一如人间"，就是世间所称水府官。⑤饶州人齐琚死前梦人持文书至。曰："某王请秀才为水府判官。"⑥ 就是水府中的官职。这些官员被置籍管理。唐代象山县童翁浦孔氏死后托梦与人，称"上帝录吾生平之善，命为此境神，姓名已籍于水府"。⑦可知人们想象中的水府是一个水下的神灵体系。古林广森对水府信仰的起源，赐封，功能做了较系统的讨论，王元林除讨论了唐宋水府信仰外，对宋代以后水府信仰的演变略做了讨论。⑧ 本文主要考察宋代水府信仰相对于唐代和五代的新发展。

唐代已有颇多水府的记载。如王勃在马当遇中元水府君相助，一夕船至洪州，作滕王阁序。⑨ 雷满凿深池于府中，称"蛟龙水怪皆窟于此，盖水府也"⑩。《太平广记》记载的唐代下第秀才白幽求入海底见水府真君。郑德璘江上遇水府君。周邯昆仑奴探汴州八角井，"此井乃龙神所处，水府灵司"。而最著名的水府故事莫如柳毅往水府龙宫为龙王之女传送书信。⑪ 唐朝还曾"以瞿塘为水府，春秋祭之"⑫。唐代随着道教的盛行，水府与天、地并称三官，成为与天、地并列的三元世界，举行投龙仪式，祈雨求福。⑬ 但唐代尚未给水府神颁赐封爵。

最早封赐水府的是五代杨吴政权的杨溥于乾贞二年（928）封马当上水府为宁江王，采石中水府为定江王，金山下水府为镇江王。⑭ 南唐保大年间加封马当上水府为广佑宁江王，采石中水府为济远定江王，金山下水府为灵肃镇江王。⑮ 水府赐封王爵是一大提升，但杨吴和南唐只是割据政权，所封长江三水府反映了其政权的地域特点。

---

① 〔宋〕潜说友：《咸淳临安志》卷七一《祠祀一》，第3998页。
② 〔元〕脱因修，俞希鲁纂：《至顺镇江志》卷八《神庙》，《宋元方志丛刊》本，中华书局1990年版，第2730页。
③ 〔宋〕祝穆撰，施金和点校：《方舆胜览》卷三《镇江府》，中华书局2003年版，第57页。
④ 〔宋〕张镃：《南湖集》卷二《马当山水府庙》，景印文渊阁四库全书，台湾商务印书馆1990年版，第1164册，第551页。
⑤ 〔宋〕黄震：《黄氏日抄》卷八六《玉皇殿记》，景印文渊阁四库全书，台湾商务印书馆1990年版，第708册，第895页。
⑥ 〔宋〕洪迈撰，何卓点校：《夷坚甲志》卷四《水府判官》，中华书局1981年版，第32页。
⑦ 〔宋〕方万里、罗浚纂：《宝庆四明志》卷一九《定海县志第二神庙》，第5239页。
⑧ 〔日〕古林广森：《中国宋代の社会と经济》第一部第五章《宋代长江流域的水神信仰》，第86-108页；王元林、钱逢顺：《长江三水府信仰源流考》，载《安徽史学》2014年第4期。
⑨ 〔宋〕祝穆：《古今事文类聚》前集卷一一《作滕王阁记》，景印文渊阁四库全书，台湾商务印书馆1990年版，第925册，第177页。
⑩ 《新五代史》卷四一《雷满传》，中华书局1974年版，第445页。
⑪ 〔宋〕李昉等编：《太平广记》卷四一《神仙四十一》、卷四六《神仙四十六》、卷一五二《郑德璘》、卷二三二《周邯》、卷四一九《柳毅》，中华书局1961年版，第257、285、1089、1780、3410页。
⑫ 〔宋〕孙光宪撰，俞钢整理：《北梦琐言》卷七《李学士赋谶刘昌美勾伟附》，《全宋笔记》第一编第一册，大象出版社2014年版，第89页。
⑬ 张泽洪：《唐代道教的投龙仪式》，载《陕西师范大学学报》2007年第1期。
⑭ 《新五代史》卷六一《吴世家一》，第758页。
⑮ 《宋会要辑稿》礼二一，第1081页。

宋代仍依道家观念将天、地、水府称为三官，如杭州承天灵应观"旧为天、地、水府三官堂"。① 宋朝廷也每岁投龙简。天圣年间将岁投龙简减少为二十处洞府，包括江州马当山上水府、太平州中水府、润州金山下水府、杭州钱唐江水府、河阳济渎北海水府、凤翔府圣湫仙游潭、河中府百丈泓龙潭、杭州天目山龙潭、华州车箱潭等水府。② 宋代长江航行的政权疆界限制消除，且由于商品贸易和官方漕运的需求，长江航运重要性更甚五代，长江三元水府神信仰达于高峰，不仅较前代有大的发展，明清时期水府信仰相较于宋代还出现了衰退。③

史载三水府庙的位置，"上、中、下三水府，上居江州马当，中居太平州采石，下居润州金山"。下元水府庙最初附于金山龙游寺。元丰初，佛印禅师了元见"民间祈祷，病涉又多，割牲享祭，深叹其非"，经州请于朝廷，迁之江南岸处水陆要津之西津。④ 水府庙就在西津渡口。建炎三年（1129）宋高宗从扬州南逃，渡江，"至西津口，坐于水府庙中"⑤。魏良臣、王绘出使金国，从西津渡江，至江口，遇"风色暴猛，渡江不得。绘只得在水府庙以俟"⑥。中水府庙在太平州之采石矶。⑦ "过采石矶望夫山，其下即中水府也"⑧，有中元水府庙。⑨ 上元水府庙在江州彭泽县境之马当山，山上"上元水府庙，楼阁华焕"。⑩ 位于池州东流县与江州彭泽县交界处。过东流县，"至马当，所谓下元水府"⑪。

大中祥符二年（1009）废去南唐的封号，重新赐封三元水府。江州马当上水府广佑宁江王改封福善安江王；太平州采石中水府济远定江王改封顺圣平江王；润州金山下水府虚肃镇江王改封昭信泰江王。即"旧封江南保大中伪号，至是始易之"⑫。按宋朝对诸神加封"初封侯，再封公，次封王"的制度，宋朝改封时沿用了原有爵位，直接封王，给予很高的礼遇。同时，宋代也明确了三元水府神地位在江渎神之下。绍兴末，宋军在采石水战中击败金军，在镇江对峙中使金军不战而退，认为是水府神阴佑，有人奏请给水府神加封帝号。礼部、太常寺讨论后认为"四渎止封王，水府不应在四渎上"，未予封帝。⑬ 当时的江渎神封号是"昭灵孚应威烈广源王"，虽然地位被认为低于江渎神，但因为三水府地处南宋江防最重要的江段，也是拱卫临安的正面防线，所以与江渎神一样获封八字王，于

---

① 〔宋〕潜说友：《咸淳临安志》卷七五《寺观一》，第 4030 页。
② 〔宋〕周辉撰，刘永翔校注：《清波杂志校注》卷九《洞府投简》，中华书局 1994 年版，第 376 页。
③ 王元林、钱逢顺：《长江三水府信仰源流考》，载《安徽史学》2014 年第 4 期。
④ 〔元〕脱因修，俞希鲁纂：《至顺镇江志》卷八《神庙》，第 2731 页。
⑤ 〔宋〕徐梦莘：《三朝北盟会编》卷一二〇，建炎三年二月三日壬子，上海古籍出版社 1987 年版，第 880 页。
⑥ 《三朝北盟会编》卷一六二，绍兴四年九月十九日，第 1169 页。
⑦ 〔宋〕周必大：《文忠集》卷一八三《记太平州牛渚矶》，景印文渊阁四库全书本，第 1149 册第 64 页。
⑧ 〔宋〕张舜民：《画墁集》卷七《郴行录》，景印文渊阁四库全书本，台湾商务印书馆 1990 年版，第 1117 册第 45 页。
⑨ 〔宋〕祝穆：《方舆胜览》卷一五《太平州》，第 264 页。
⑩ 〔宋〕周必大：《文忠集》卷一六七《泛舟游山录》，景印文渊阁四库全书本，第 1148 册第 801 页。
⑪ 〔宋〕陆游：《入蜀记》卷三，第 184–185 页。
⑫ 《宋会要辑稿》礼二一，第 1107 页。
⑬ 〔宋〕陆游：《入蜀记》卷一，第 165 页。

绍兴十四年（1144）加封为八字王，即"顺济英惠昭信泰江王"。①

人们希望水府神"有难即除，无厄不解"。② 水府神被赋予的具体职责一是保护舟楫航行，二是祈降雨雪。建炎四年（1130），宋军在长江击败金军，"战无不克，赖神阴相"。绍兴十四年（1144），宋徽宗梓宫过江"无巨浪风帆之警"，也被认为是下元水府神庇佑。③ 因为水府神掌管江上风浪，所以在三元水府地界航行的船只都拜谒水府庙。如李流谦诗所言"大小孤山专绝险，上中水府柄幽权。行人股栗船头拜，小艇横江来觅钱"。④ 陆游和周必大经镇江都曾祭祀下元水府。"以一豨壶酒，谒英灵助顺王祠，所谓下元水府也。""祠属金山寺，寺常以二僧守之，无他祝史。然牓云'赛祭猪头，例归本庙'，观者无不笑"⑤。中元水府和上元水府也是舟人必须祭祀之所。⑥

治平四年（1067）诏"差朝臣五岳四渎诸水府祈雨"。⑦ 水府的职责有"相上帝而泽下民"。"若冬又无雪，则无麦；春又无雨，则无禾"。地方官遇无雪雨有至采石祈求水府神者。⑧ 祈雨最灵验的是中元水府神，"神之能以云雨出灵者，惟中元最闻"⑨。而且中元水府神"每感必应，无隐不周"。⑩ 郑刚中曾被旨"祷雨中元水府"，"奉祝出闱阖，祷雨祠中元"。⑪ 李曾伯也曾因江浙大旱，田稼槁枯，行舟莫通，受命向采石中元水府祈雨。⑫ 下元水府也有此功能。江淮一带大旱，真德秀曾受命向下元水府祈雨。⑬

综上可见，三元水府信仰在宋代得到很大发展，发生若干变化。不仅被封以前所未有的八字王爵，升至很高的地位，而且赋予保佑航行和祈降雨雪的使命，官民的祭祀活动更是大为频繁。这是长江航运和江防重要性空前增加的结果。

宋代长江水上信仰的另一显著变化是小龙信仰的发展。"凡江行，有水族登舟，舟人

---

① 〔元〕脱因修，俞希鲁纂：《至顺镇江志》卷八《神庙》，第2731页。
② 〔宋〕阳枋：《字溪集》卷九《祭水府文》，景印文渊阁四库全书，台湾商务印书馆1990年版，第1183册，第389页。
③ 〔元〕脱因修，俞希鲁纂：《至顺镇江志》卷八《神庙》，第2731页。
④ 〔宋〕李流谦：《澹斋集》卷八《舟中》，景印文渊阁四库全书，台湾商务印书馆1990年版，第1133册，第658页。
⑤ 〔宋〕陆游：《入蜀记》卷一，第165页。
⑥ 〔宋〕杨杰撰，曹小云校笺：《无为集校笺》卷四《牛渚矶修水府祠并序》，黄山书社2014年版，第125页；〔宋〕张镃：《南湖集》卷二《马当山水府庙》，景印文渊阁四库全书，台湾商务印书馆1990年版，第1164册，第551页。
⑦ 《宋会要辑稿》礼一八，第955页。
⑧ 〔宋〕真德秀：《西山文集》卷五二《中元水府庙祝文》，第825页。
⑨ 〔宋〕郑刚中：《北山集》卷一四《祭中元水府文》，景印文渊阁四库全书，台湾商务印书馆1990年版，第1138册，第153页。
⑩ 〔宋〕李之仪：《姑溪居士前集》卷四四《路西政和圩共修青山中元水府行宫》，景印文渊阁四库全书本，台湾商务印书馆1990年版，第1120册，第599页。
⑪ 〔宋〕郑刚中：《北山集》卷一二《丁巳年七月二十一日祷雨中元水府……》，景印文渊阁四库全书本，台湾商务印书馆1990年版，第1138册，第130页。
⑫ 〔宋〕李曾伯：《可斋杂稿》卷二四《采石水府庙祈雨》，景印文渊阁四库全书，台湾商务印书馆1990年版，第1179册，第428页。
⑬ 〔宋〕真德秀：《西山文集》卷四八《下元水府祈雨青词》，第767页。

以为神见"，① 都会被视为神灵现身。宋人将航行中见到的蜥蜴或小蛇视为龙的具象，称为小龙，加以崇拜。崇宁中，淮河汴口一艘船上有"小龙者出连纲之舟尾"，"缘柁而上"，"有柁工之妇不识也，谓是蜥蜴"。该小龙被宋徽宗迎入宫中，"为具酒核以祝之。龙辄跃出盒，两爪据金杯，饮几釂"，有爪，显然非蛇，而是蜥蜴。也有以蛇为小龙的具象的。"此龙常游舟楫间，与常蛇无辨，但蛇行必蜿蜒，而此乃直行，江人常以此辨之"。② 熙宁中，宋朝征交趾，运输军杖的数十艘船泛江而南，"自离真州，即有一小蛇登船，船师识之，曰此彭蠡小龙也"。③ 小龙祭祀的本庙设于鄱阳湖边的洪州，故称彭蠡小龙。彭蠡小龙一再获得赐封。大中祥符六年（1013），封顺济侯，即彭蠡小龙："顺济侯俗曰小龙。"④ 熙宁九年（1076），封顺济王，徽宗崇宁三年（1104），封英灵顺济王，四年诏加灵顺昭应安济王，宣和二年（1122），封为"灵顺昭应安济惠泽王"，⑤ 晋封为八字王。因而小龙又称顺济龙王。

"彭蠡小龙"的辖区被认为西起淮泗与运河交界的汴口，东到洞庭湖。苏轼称"顺济王之威灵，南放于洞庭，北被于淮泗"。⑥ 熙宁时宋军运输船队在真州见有一小蛇登船，即彭蠡小龙现异。小龙即小蛇随船队至洞庭，"附一商人船回南康。世传其封域止于洞庭，未尝逾洞庭而南也"。⑦ 小龙的活动区域即"小龙所隶南北当江湖间，素不至二浙"，即只在江东、江西及湖南、湖北一带，而不到两浙路。但特殊情况下，其活动范围可到杭州和江陵。汴口小龙因受过蔡京之恩，大观末蔡京赴东南，舟行至汴口，见小龙出迎。政和间，蔡京在杭州，小龙出现于其家中。靖康初，蔡京被贬岭外，行至江陵，小龙复出见。⑧ 非特殊情况下，小龙的辖域东起淮河汴口，沿扬楚运河和长江，西到江陵，而向南，东段不入两浙，西段不入洞庭，实即管理长江中下游航行的神灵。

"彭蠡小龙"的主要职能就是保护长江上行船的安全。熙宁中，宋军船队从真州到洞庭湖"船乘便风，日棹数百里，未尝有波涛之恐"，就是因为彭蠡小龙"来护军杖"，"主典者以洁器荐之，蛇伏其中"，一路护佑。林希受宋神宗之命，前往敕封彭蠡小龙，小龙即"一蛇坠祝肩上，祝曰龙君至矣"。使者船还时，"蛇在船后送之，逾彭蠡而回"。护送使者船。而且"彭蠡小龙，显异至多，人人能道之"⑨，即如此之类的显异事颇多。

---

① 〔宋〕曾敏行撰，朱杰人整理：《独醒杂志》卷五，《全宋笔记》第四编第五册，大象出版社2008年版，第153页。
② 〔宋〕蔡絛撰，李国强整理：《铁围山丛谈》卷六，《全宋笔记》第三编第九册，大象出版社2008年版，第254页。
③ 〔宋〕沈括撰，胡静宜整理：《梦溪笔谈》卷二〇《神奇》，《全宋笔记》第二编第三册，大象出版社2013年版，第151页。
④ 《续资治通鉴长编》卷二七七，熙宁九年七月丙寅，第6770页。
⑤ 《宋会要辑稿》礼二一，第1082页。
⑥ 〔宋〕苏轼：《苏轼全集校注·文集》卷一二《顺济王庙新获石砮记》，第1280页。
⑦ 〔宋〕沈括撰，胡静宜整理：《梦溪笔谈》卷二〇《神奇》，第151页。
⑧ 〔宋〕蔡絛撰，李国强整理：《铁围山丛谈》卷六，第254页。
⑨ 〔宋〕沈括：《梦溪笔谈》卷二〇《神奇》，第150–151页。

人们相信行船者恭敬侍奉，小龙即给护佑和回报。苏轼从海南岛北归，舣舟于顺济龙王祠下，"进谒而还，逍遥江上"①。大观三年（1109）陆端藻过舣舟南康之顺济祠，顺济龙王托其作祠记，并许顺风相送。后又任南康丞，有"蜿蜒之物见于桥者三日"，即小龙也。②范成大船行于江州境泊波斯夹，"船人相云小龙见于岸侧，竞往观"③。小龙信仰在船人中十分盛行，小龙十分受尊崇。周必大航行于鄱阳湖，"至邬子寨，谒庙毕，令寨兵前导入湖"，"有小蛇昂首引舟，抵岸乃回"。周必大作诗称"却是江神不世情"。④若对其不恭，则会招祸。真州的小龙行祠"有小龙盘旋几案上"，"稍怒则摇撼坤关，翻海摧岳而后已。所以舣舟而祷者，袂相属焉"⑤。如崇宁间在汴口，柁工之妇不识小龙，误以为蜥蜴，"举火柴击其首。随击，霹雳大震一声，而汴口所积舟不问官私舟柁与士大夫家所座船七百只，举自相撞击俱碎，死数十百人"⑥。一姓朱之教授航行于长江，"舟人忽报小龙见，请祷之。朱出视之，小蛇也"。朱"以箸夹入沸汤中，蛇跃出，自投于江"，片刻雷声大作，烟雾蔽舟，朱毙于舟中。⑦

将水上蛇或蜥蜴视为小龙并非仅长江中游有之。宋仁宗朝皇宫中"一宫婢汲井，有小龙缠其汲绠而出"。⑧仙居县有曹潭，淳熙十四年（1186）令苏光庭祷，出一黑一黄二小龙。⑨海中也有小龙显异。宣和五年（1124）徐兢使团出使高丽，在定海县祭东海神，见"神物出现，状如蜥蜴，实东海龙君也"。⑩但彭蠡小龙最为重要，信仰者最多，显异最频，且如此之盛为前代所未曾见。

在宋代，一些原本与航行无关的神灵被新增护佑航行的职能，也是水上信仰的一个新变化。田相公信仰被长江航行者信奉就是一例。文天祥从镇江逃往真州，沿途皆元军战船和巡船，急往顺风。"舟子拜且祷云'江南田相公'。即得顺风，各稽首以更生贺"。⑪江南田相公应是指兴起于江南西路的田相公信仰，所奉者为唐大中间任吉州刺史的田阳，在任"留心抚恤，物阜民和，卒于官"。临终曰"吾死不忘护吉州之民"。死后立祠祀之，

---

① 〔宋〕苏轼：《苏轼全集校注·文集》卷一二《顺济王庙新获石砮记》，第1279页。
② 〔宋〕洪迈撰，何卓点校：《夷坚支志丁》卷一《南康神惠庙碑》，中华书局1981年版，第968页。
③ 〔宋〕范成大撰，方健整理：《吴船录》卷下，《全宋笔记》第五编第七册，大象出版社2012年版，第88页。
④ 〔宋〕周必大：《文忠集》卷一七一《乾道壬辰南归录》，景印文渊阁四库全书本，台湾商务印书馆1990年版，第1148册，第879页。
⑤ 《锦绣万花谷》前集卷四〇《记录》，第509页。
⑥ 〔宋〕蔡絛撰，李国强整理：《铁围山丛谈》卷六，《全宋笔记》第三编第九册，大象出版社2008年版，第254页。
⑦ 〔宋〕周密撰，张茂鹏点校：《齐东野语》卷一一《朱芮杀龙》，中华书局1983年版，第208页。
⑧ 〔宋〕欧阳修著、李逸安点校：《欧阳修全集》卷一一九《又三事》，中华书局2001年版，1841页。
⑨ 〔宋〕陈耆卿：《嘉定赤城志》卷二五《山水门七》，《宋元方志丛刊》本，中华书局1990年版，第7466页。
⑩ 〔宋〕徐兢撰，虞云国、孙旭整理：《宣和奉使高丽图经》卷三四《海道一》，《全宋笔记》第三编第八册，大象出版社2008年版，第131页。
⑪ 〔宋〕文天祥撰，焦飞等校点：《文天祥全集》卷一七《纪年录》，江西人民出版社1987年版，第698页。

有田相公庙。① 原本是地方护佑神，宋代为其新增护佑航行的功能。另如福建连江昭利庙所祀唐代福建观察使陈岩之长子，本为连江县区域神灵，未见与航海有关。到宣和二年（1120）"始降于州，民遂置祠"。即北宋末才从连江县扩及福州。此举应与福建商人信仰之有关。宣和五年（1124）路允迪使高丽，在海上遇风祷而获平安。"归以闻，诏赐庙额昭利"。这个信仰由此传播到明州。因路允迪的奏请，宣和五年（1124）在明州也建了昭利庙。②

会稽县有昭顺灵孝夫人庙，所祀曹娥在宋代从此前的孝女到航行之神的转变也很有代表性。曹娥本汉代蹈水救父视死如归的孝女，立庙于曹娥镇江岸。其父溺水而死。按照明代人的说法，其"父以溺死，则水府乃其深仇"。③ 直到北宋中期，曹娥仍然只是一个孝女形象，治平二年（1065），还以孝女朱娥立像配食于曹娥庙。因曹娥镇位于曹娥江和浙东运河的交汇处，是明州与杭州间官私航运的要冲。宋徽宗朝曹娥神被赋予了保护运河航行的职责。政和五年（1115）十一月，"高丽遣使入贡经从，适值小汛，严祭借潮，即获感应"。因高丽使节之请，加封灵孝昭顺夫人。此后经运河过曹娥镇者多祭祀之。淳熙中皇子魏王判明州经过曹娥镇，"亦值小汛，祈祷借潮，感应"。④ 家在明州的史浩多次往返于明州和杭州，也拜谒曹娥庙。他称"某自罢相东归，几十五年，每过祠下，非拥旌麾，即趋召节，圣恩深厚，皆神力有以佽助"。⑤ 实际上，自宋徽宗以后曹娥已经成为浙东运河和曹娥江江神。明人将蒲田林氏和会稽曹娥并称为"江、海二神"。⑥

三、宋代新创护航神灵

宋代因航行所需而新创了诸多护佑航行的神灵信仰，本文略举其要。其中最著名的莫过于妈祖信仰，宋代所封最高爵为妃，尊称圣妃，可用圣妃信仰指称宋代的妈祖信仰。贾二强指出，天妃（圣妃）信仰代表着宋代海神信仰出现向人格神的大转折。⑦ 圣妃信仰最早兴起于福建莆田民间信仰。圣妃神是有具体原型的，本"莆阳湄州林氏女"。湄洲为莆田海上岛屿。圣妃"少能言人祸福"，"室居三十岁而卒"，"殁，庙祀之，号通贤神女，

---

① 〔清〕谢旻等监修：《江西通志》卷六一《名宦五》，景印文渊阁四库全书本，台湾商务印书馆1990年版，第515册，第141页。
② 〔宋〕梁克家：《淳熙三山志》卷八《祠庙》，《宋元方志丛刊》本，中华书局1990年版，第7864页；〔宋〕方万里、罗濬纂：《宝庆四明志》卷一九《定海县志第二神庙》，《宋元方志丛刊》本，中华书局1990年版，第5239页。
③ 〔明〕沈德符：《万历野获编》卷一四《女神名号》，中华书局1959年版，第357页。
④ 〔宋〕张淏纂修：《宝庆会稽续志》卷三《祠庙》，《宋元方志丛刊》本，中华书局1990年版，第7130页；施宿等：《嘉泰会稽志》卷六《祠庙》，《宋元方志丛刊》本，中华书局1990年版，第6805页。
⑤ 〔宋〕史浩：《鄮峰真隐漫录》卷四二《谒曹娥庙祝文》，景印文渊阁四库全书本，台湾商务印书馆1990年版，第1141册，第858页。
⑥ 〔明〕沈德符：《万历野获编》卷一四《女神名号》，第358页。
⑦ 贾二强：《唐宋民间信仰》，福建人民出版社2002年版，第143页。另，该书讨论宋代妈祖信仰时以元代以后称呼，用"天妃"一词，未妥。

或曰龙女也"。"数著灵异",即多次显灵救难。圣妃信仰始于莆田民间信仰,即所以淫祀,而后纳入祀典。所以陈淳说"所谓圣妃者,莆鬼也"①,"莆人户祠之,若乡若里,悉有祠。所谓湄州、圣堆、白湖、江口特其大者耳"。圣堆为莆田之一岛,圣堆祠最早,元祐间为民间所建。应即《方舆胜览》所言"圣妃庙,在海岛上,舟人皆敬事之"②。

宣和间官方赐庙额曰"顺济",列入国家祀典。宣和五年(1124),路允迪出使高丽,船队遇风浪,路允迪船因"神降于樯,获安济"。次年奏于朝,赐庙额曰顺济。这与福建航海人的信仰密切相关。因该使团雇用了六艘闽浙"客舟"即商船,使团"挟闽商以往,中流适有风涛之变,因商之言,赖神以免难"。③ 福建航海人有遇海难时祈祷林氏的信仰,使团幸免于海难因而被认为得到林氏的庇佑。此后圣妃信仰不断兴盛。绍兴间又于莆田之江口立祠,不久丞相陈俊卿立祠于莆田之白湖。且"神之祠不独盛于莆,闽、广、江、浙、淮甸皆祠也"。杭州建有顺济圣妃庙,在艮山门外,开禧、宝庆一再创建。又有别祠在候潮门外萧公桥。④ 镇江之丹徒县有圣妃庙,"在竖士山东。旧在潮闸之西,宋淳祐间贡士翁戴翼迁创于此"⑤。建康之卢龙山与马鞍山之间也有圣妃庙。⑥ 广州有圣妃庙。刘克庄在广东看到"广人事妃无异于莆。盖妃之威灵远矣"。刘克庄作为福建人,在广州多次拜谒圣妃庙。⑦ 宋代在莆田、明州、临安、泉州、南雄州、梧州、镇江丹徒县、兴化军仙溪县、漳州等地共有十处圣妃行祠。⑧ 封号也不断增加。绍兴二十六年(1156)以郊典,封灵惠夫人。后多次有去疫、平盗、救旱等功,加赐庙额。绍熙三年(1192)改封灵惠妃,庆元四年(1195)加助顺,嘉熙间加封为灵惠助顺嘉应英烈妃。元朝至元十八年(1281)封护国明著天妃。⑨ 按照宋朝制度,"妇人之神封夫人,再封妃。其封号者初二字,再加四字"⑩。封八字妃已到最高荣宠。

圣妃信仰的兴起和传播主要是海上航行商人的信奉。⑪ 圣妃的职能之一就是护佑航海。吴自牧说"妃之灵者,多于海洋之中佑护船舶,其功甚大"⑫。所以,"凡航海之人仰恃以

---

① 〔宋〕陈淳:《北溪大全集》卷四三《上赵寺丞论淫祀》,第851页。
② 〔宋〕祝穆:《方舆胜览》卷一三《兴化军》,第220页。
③ 〔明〕邱濬:《重编琼台稿》卷一七《天妃宫碑》,景印文渊阁四库全书本,台湾商务印书馆1990年版,第1248册,第342页。
④ 〔宋〕潜说友:《咸淳临安志》卷七三《祠祀三》,第4014、4015页。
⑤ 〔元〕脱因修,俞希鲁纂:《至顺镇江志》卷八《神庙》,第2730页。
⑥ 〔宋〕周应合:《景定建康志》卷一七《山川志一》,第1562页。
⑦ 〔宋〕刘克庄:《后村集》卷三六《圣妃庙(广东作)》,景印文渊阁四库全书本,台湾商务印书馆1990年版,第1180册,第391页。
⑧ 皮庆生:《宋代民众祠神信仰研究》,上海古籍出版社2008年版,第352—353页。
⑨ 〔元〕脱因修,俞希鲁纂:《至顺镇江志》卷八《神庙》,第2730页;〔宋〕潜说友:《咸淳临安志》卷七三《祠祀三》,第4014页。
⑩ 《宋会要辑稿》礼二一,第1081页。
⑪ 〔美〕韩森著,包伟民译:《变迁之神:南宋时期的民间信仰》,浙江人民出版社1999年版,第146页。
⑫ 〔宋〕吴自牧:《梦粱录》卷一四《外郡行祠》,第130页。

为司命"①,"贾客入海,必致祷祠下"②,也即《方舆胜览》所称"舟人皆敬事之"。其首次被朝廷赐封的原因就是宣和五年(1124)护佑宋朝出使高丽的使船,即"护鸡林之使"③。在莆田,圣妃也有护航的功绩,当广南粮船北来时却遇"朔风弥旬,南舟不至,神为反风,人免艰食"④。正是商人将圣妃信仰传播到浙、淮、广南等地。除了保护航行,圣妃还是承担多方面职能的乡土之神。⑤"灵惠妃宅于白湖,福此闽粤,雨旸稍愆,靡所不应",管理水旱。惠安县发生旱灾,曾祈雨于圣妃宫。圣妃还帮助福建沿海平定海盗。莆田海寇入境,"神(圣妃)为胶舟,悉就擒获"⑥。真德秀在福州任官,屡有海盗"方舟南下,所至剽夺,重为民旅之害"。官兵多次平寇,都寄功于圣妃护佑。⑦圣妃还为国抵御外敌。开禧年间,金军犯淮南,宋朝"遣戍兵,载神(即圣妃)香火以行。一战花黡镇,再战紫金山,三战解合肥之围,神以身现云中",护佑宋军得胜。人们对圣妃的期望随着圣妃信仰的兴盛而增多:"神虽莆神,所福遍宇内。故凡潮迎汐送,以神为心;回南簸北,以神为信;边防里捍,以神为命。商贩者不问食货之低昂,惟神之听。"⑧国家乡里安危、水旱灾害,从陆到海,圣妃无所不管。

明人邱濬评价圣妃信仰产生的意义:"宋以前四海之神各封以王爵,然所祀者海也,而未有专神。"⑨圣妃是宋代大航海的背景下新产生的海洋专神,因为福建商人的传播而扩及沿海各地,被纳入国家祀典,不断加封。尽管四海神在国家祭祀中地位高于圣妃,但对于航海人而言,宋代以后圣妃信仰已逐步成为沿海地区最重要的水上信仰。元代封天妃,清代加天后,并播及海外。

除圣妃信仰以外,宋代还新创了诸多航行护佑神。嵊县崿浦有显应庙,就是宋代完全新创的信仰,所祀神名陈廓,宋代睦州青溪县人,尝为台州永安(仙居)县令,经此,"忽舟覆,遂溺死。自尔灵显。民遂祠之",称陈长官庙,庆元元年(1192)赐额。⑩澉浦有显应侯庙,始于建炎二年(1128),宝庆三年(1225)赐庙额,敕封显应侯,"初无姓名来历,今里人俗呼为黄道大王","庙中有神曰'杨太尉',尤为灵异。凡客舟渡海祈祷,感应如响"⑪,是宋代新出现的区域性航海保护神。台州有黄山庙,乾道八年(1172)

---

① 〔宋〕真德秀:《西山文集》卷五四《圣妃宫祝文》,第858页。
② 〔宋〕洪迈撰,何卓点校:《夷坚支志景》卷九《林夫人庙》,中华书局2013年版,第950-951页。
③ 〔宋〕楼钥:《攻媿集》卷三四《兴化军莆田县顺济庙灵惠昭应崇福善利夫人封灵惠妃》,文源阁四库全书影印本,台湾商务印书馆1990年版,第1152册,第615页。
④ 〔宋〕潜说友:《咸淳临安志》卷七三《祠祀三》,第4015页。
⑤ 李伯重:《"乡土之神"、"公务之神"与"海商之神"——简论妈祖形象的演变》,载《中国社会经济史研究》1997年第2期。
⑥ 〔宋〕潜说友:《咸淳临安志》卷七三《祠祀三》,第4015页。
⑦ 〔宋〕真德秀:《西山文集》卷五四《圣妃宫祝文》《圣妃祝文》,第858、864页。
⑧ 〔宋〕潜说友:《咸淳临安志》卷七三《祠祀三》,第4015页。
⑨ 〔明〕邱濬:《重编琼台稿》卷一七《天妃宫碑》,景印文渊阁四库全书本,台湾商务印书馆1990年版,第1248册,第342页。
⑩ 〔宋〕张淏纂修:《宝庆会稽续志》卷三《祠庙》,第7130页。
⑪ 〔宋〕常棠:《澉水志》卷上《寺庙门》,《宋元方志丛刊》本,中华书局1990年版,第4665页。

建,"庙有石,穿如牛鼻,父老云昔海船系缆处"①。后获封"护国感应显庆王"。该庙并非异地神灵的行祠,而是因航海人泊船而新生的信仰。

金山顺济庙所祀英烈钱侯也是宋代新创的航海护佑神。神本为福建商人,即"家阀氏钱,行位居七,航海而商,舶帆轻从","起身七闽,浮舶而商"。死后获祭于金山,祠祀尤严。每年"季夏之月廿一日,维侯生辰,沿海祭祠,在在加谨","常岁是日,盐商海估(贾)、寨伍亭丁,社鼓喧迎,香花罗供"。最初只是民间祭祀,即"前无位号,未应国经,仗队弓刀,遥称太尉,殆几野庙,殊阙声猷"。因"青齐向化之年,金人犹竞,东鄙兴师,侯能助顺",而得朝廷封赐。②

杭州也有顺济庙,所祀之神"姓冯讳俊,字德明,世钱塘人,生于熙宁甲寅六月十四日","幼孤,事母孝,年十有八梦帝遣神,易其肺腑,云将有徽命……有扣以祸福莫不前知"。生前即受尊奉。自称"上帝命司江涛事","足未尝履阈,人或遇之江海上。元祐年中,一日有舟渡江,值大风涛,分必死,公即现形其间,自言名氏,叱咤之顷,骇浪恬息"。大观三年(1109),年三十六而卒。除元祐年中护佑航行的功绩外,浙江中有沙碛为舟害,"有司致祷,其沙即平"。其神力又不止于管理江海航行,"不惟商贾舟舶之所依怙,而环王畿千里之内水旱有扣,亟蒙丕答"。绍兴三十年(1160)赐顺济庙额,绍定间封英烈王。③

唐代宰相李德裕在宋代首次被赋予了海神的身份。宋代温州人陆维则撰有《海神灵应录》一书,记载一个故事:"元祐中,太守直龙图阁范峋,梦海神曰'吾唐李德裕也'。郡城东北隅海仙坛之上有庙,初不知其为何代人。峋明日往谒其像,即梦中所见。自是多响应。然封爵训词惟曰海神而已。"④南宋温州人薛季宣写有《拟祭海神英烈忠亮李公(德裕)文》,说李德裕对百姓的祈祷"无言不酬,无求不获",称其"混洧沧溟,允宜配食"。⑤可知宋代温州一带确把李德裕奉为海神。

结 论

从国家政策来看,宋代水上神灵形成了高与低、正式与非正式的体系。四海四渎处于水上神灵体系的最高层,北宋基本上将其列入中祀,而南宋将其升入大祀。川泽神则入小祀,风雨神则有太常寺主持祭祀(中祀)和州县主持祭祀(小祀)之别。正祀之外还存在大量未纳入国家祀典的民间信仰,或为淫祀,或出于淫祀与正祀的中间地带。除了上述

---

① 〔宋〕陈耆卿:《嘉定赤城志》卷三一《祠庙门》,第7523页。
② 〔宋〕赵孟坚:《彝斋文编》卷四《金山顺济庙英烈钱侯碑文》,景印文渊阁四库全书本,台湾商务印书馆1990年版,第1181册,第362、363页。
③ 〔宋〕潜说友:《咸淳临安志》卷七一《祠祀一》,第3998页。
④ 〔宋〕马端临:《文献通考》卷一九九《经籍考二十六》,第5727页。
⑤ 〔宋〕薛季宣:《浪语集》卷一五《拟祭海神英烈忠亮李公(德裕)文》,景印文渊阁四库全书本,台湾商务印书馆1990年版,第1159册,第271页。

的垂直体系外，水上神灵与其行祠也构成若干子系统，还有诸多本非川泽神灵而被赋予护佑航行的神灵也被纳入水上神灵信仰体系，共同构成了交错复杂的体系。

宋代水上神灵信仰的新变主要表现在两个方面：一是原有信仰的新变化。首先表现在神灵原有功能的增强和地位的提高，其次是给原本与航行无关的旧有神灵新增护佑航行的职能若干。二是宋代因航行所需而新创的神灵信仰。宋代水上神灵信仰的新变化是宋代历史发展新特点的直接反映。宋代是水上航行大发展的时代。宋代由于商品经济发展，海上贸易繁荣，以及官方漕运规模庞大等因素，水上航行空前频繁，水上航行人数急剧增长，水上信仰有了巨大发展。水上航行国家财政供给、社会经济运行，以及百姓生活的联系空前密切，民间和国家对水上信仰十分重视，是催生水上信仰出现若干新变的深层原因。

（作者单位：云南大学历史与档案学院）

五代沙陀贵族婚姻探析

刘广丰

家庭的构成，首先是婚姻的缔结，这是一种民族文化——各民族的婚姻形式不尽相同，同时也决定了家庭成员的结构以及社会关系。经两千多年的发展，至唐末五代，中原民族已形成"明媒正娶""门当户对"等婚姻观念。虽然唐末之时，世家大族已经衰落，以门第观念为主体的婚姻价值观已经有所改变，但一些基本的婚姻礼仪及观念依旧是不变的。[①]

然而，北方民族对于家庭中的女性却有不同的态度。五代时期的沙陀族，正是脱胎于北方游牧民族，他们曾经长期生活在西域，即便进入中原后，某些生活习性与家庭观念依旧没有改变，故他们不但在婚姻形式上与汉族不同，而且在对待家庭女性的态度以及一些人伦观念上，也与汉族有很大的差异。由于资料缺如，一般沙陀平民的婚姻已很难考证，但沙陀贵族的婚姻，同样能够在某种程度上反映沙陀人的婚姻习俗，以及当中所缔结的人伦与社会关系。此外，一些沙陀贵族本身就是从军队底层走上政治舞台的，对他们早期婚姻的记载，也可以反映底层沙陀将士的婚姻状况。[②] 要指出的是，本文涉及的沙陀贵族妇女本身未必是沙陀人，她们有可能来自汉族或其他北方民族，但既然与沙陀男性贵族发生婚姻关系，在她们身上发生的故事，也应该可以体现沙陀人对待妇女的习俗。

一、沙陀贵族的婚姻

沙陀作为北方游牧民族的一员，在婚姻形式上与汉民族存在着差别。尽管进入中原地

[①] 参见张邦炜《中国封建婚姻制度的不平等性》，载氏著《宋代婚姻家族史论》，人民出版社2003年版，第1－38页；张邦炜《试论宋代"婚姻不问阀阅"》，载氏著《宋代婚姻家族史论》，第39－61页。

[②] 笔者所见，涉及沙陀贵族婚姻的论文有：王义康《沙陀汉化问题再评价》，载《陕西师范大学学报》1995年第4期，第132－137页；任崇岳《试论五代十国时期中原地区的民族融合及其措施》，载《郑州大学学报（哲学社会科学版）》2006年第1期，第133－137页；王旭送《沙陀汉化之过程》，载《西域研究》2010年第3期，第14－22页；王旭送《论沙陀的汉化》，载《三峡大学学报（人文社会科学版）》2011年第1期，第103－108页；胡耀飞《后蜀孟氏婚姻研究——兼论家族史视野下的民族融合》，载《民族史研究》第11辑，中央民族大学出版社2014年版，第75－100页。但这些论文中除胡耀飞之文外，其余的主旨均在于汉化，且把与汉族通婚作为沙陀汉化的一个指标。而胡文虽指出沙陀族人的婚姻不能成为汉化的标志，但其主旨在于考证后蜀孟氏之婚姻，故缺乏对沙陀族人婚姻形态的总体探讨。此外，专门论述沙陀妇女的文章有：赵雨乐《藩妇与后妃：唐宋之际宫廷权力的解说》，载氏著《从宫廷到战场：中国中古与近world诸考察》，香港中华书局2007年版，第231－264页；穆静《论五代军将女眷对军政与时局的影响》，载《浙江学刊》2010年第3期，第55－62页。

区后，他们大量接受汉文化，与汉人通婚，在婚姻礼仪上也采取汉人的形式，但他们的一些特殊婚姻形式，依然偶尔出现在历史的记载中。

第一种形式是抢婚，这是北方游牧民族经常发生的一种婚姻形式，与其游牧文化有关。沙陀人的抢婚往往发生在战争中，如李克用击败李匡俦后，即掠得其妻张氏，且对其"嬖幸无双"①。再如庄宗与梁军作战时，曾掳得符道昭之妻侯氏，入汴后，即大肆抢掠后梁的贵族妇女②。当然，最明显的应当是明宗宫人魏氏③，她本是镇州平山人，嫁王氏。唐景福年间（892—893），李嗣源为李克用手下骑将，在镇州作战，"略地至平山，遇魏氏，掳之"。④ 随意掳掠地方妇女，正是游牧民族的文化，或者说是作战方式。早在唐朝初年，沙陀李氏的祖先处月部人，即曾"与高昌攻陷焉耆五城，掠男女一千五百人，焚其庐舍而去"⑤，而在李克用时代，"亲军皆沙陀杂虏，喜侵暴良民，河东甚苦之"，李克用对此也无可奈何，曰："此辈从吾攻战数十年，比者帑藏空虚，诸军卖马以自给；今四方诸侯皆重赏以募士，我若急之，则彼皆散去矣，吾安与同保此乎！"⑥ 从李嗣源的行为看，沙陀军士所掠夺的不只是财富，还有女人，而且这不是个例。另一个例子是后汉高祖刘知远的皇后李氏。她本是太原农家妇女，"高祖微时，尝牧马于晋阳别墅，因夜入其家，劫而取之。"⑦ 除庄宗掳掠后梁宫人外，其他两位皇帝均在身份卑微时掳掠良家妇女，由此可见，沙陀人的这种抢婚行为，在下层军士中非常常见。

第二种是收继婚，这也是北方民族比较常见的一种婚姻形式。据《汉书·匈奴传》记载，匈奴人"父死，妻其后母；兄弟死，皆取其妻妻之"。而《周书·突厥传》也记载："父［兄］伯叔死者，子弟及侄等妻其后母、世叔母及嫂，唯尊者不得下淫。"延至唐代，唐玄宗开元年间，以慕容嘉宾之女为燕郡公主，和亲于契丹首领李郁于，郁于死后，其弟吐于继统，"复以燕郡公主为妻"⑧。由此可见，收继婚并非限于某个北方民族的习俗，而是北方游牧民族的普遍现象。这种现象的成因，或许源于游牧民族习俗中，寡妻对于已故

---

① 这是《旧五代史》的说法，然而根据《北梦琐言》的记载，张氏应早为其夫李匡俦所杀。当然，李匡俦在杀一张氏后，也可能另娶一张氏。见〔宋〕薛居正等《旧五代史》卷四九《贞简皇后曹氏传》，中华书局1976年版，第671页；〔宋〕孙光宪《北梦琐言》卷一三《李全忠生三节》，中华书局2012年版，第275页。
② 参见欧阳修《新五代史》卷一三《梁末帝次妃郭氏传》，卷一四《庄宗皇后刘氏传》，中华书局1974年版，第131页，第143页。
③ 魏氏乃废帝李从珂的生母，故在清泰年间被追封为皇后，但事实上，明宗生前，她只是鲁国夫人而已。见王溥：《五代会要》卷一《皇后》，上海古籍出版社1978年版，第13页；《新五代史》卷一五《明宗皇后魏氏传》，第158页。
④ 参见《旧五代史》卷四六《末帝纪上》，第625页；《新五代史》卷一五《明宗皇后魏氏传》，第158页。
⑤ ［后晋］刘昫等：《旧唐书》卷一九八《焉耆国传》，中华书局1975年版，第5301—5302页。
⑥ 〔宋〕司马光等：《资治通鉴》卷二六三，天复二年三月壬戌，中华书局2013年版，第8692页。
⑦ 《旧五代史》卷一○四《后汉高祖李皇后传》，第1381页。
⑧ 以上例子，参见〔汉〕班固《汉书》卷九四上《匈奴传上》，中华书局1964年版，第3743页；〔唐〕令狐德棻等：《周书》卷五〇《突厥传》，中华书局1974年版，第910页；《旧唐书》卷一九九下《契丹传》，第5352页。

丈夫财产的处理权——当她改嫁时，她有可能把亡夫的财产带入新的夫家。① 收继婚的目的是让本家男性对于孀居的女性有优先配偶权，以防财产流入其他家族。当然，这反映的是游牧民族财产的不固定性，而处于农耕文明的汉民族早已对此有完整的制度②，故所谓收继婚，在汉人看来，是一种乱伦的行为。关于沙陀人收继婚的记载，笔者仅见一例，乃后晋出帝石重贵与其皇后冯氏的婚姻。据《新五代史》记载：

> 高祖（石敬瑭）留守邺都，得（冯）濛欢甚，乃为重胤娶濛女，后封吴国夫人。重胤早卒，后寡居，有色，出帝悦之。高祖崩，梓宫在殡，出帝居丧中，纳之以为后。是日，以六军仗卫，太常鼓吹，命后至西御庄，见于高祖影殿。群臣皆贺。帝顾谓冯道等曰："皇太后之命，与卿等不任大庆。"群臣出，帝与皇后酣饮歌舞，过梓宫前，醉而告曰："皇太后之命，与先帝不任大庆。"左右皆失笑，帝亦自绝倒，顾谓左右曰："我今日作新女婿，何似生？"后与左右皆大笑，声闻于外。③

石重胤者，乃石敬瑭的弟弟，因"高祖爱之，养以为子，故于名加'重'而下齿诸子"④，故按辈分论，他应该是石重贵的叔父，而冯氏作为石重胤的孀妻，则应算是石重贵的叔母。从《新五代史》的文本描述看，石重贵在娶冯氏时，虽有意缩减规模，但亦可见其过分轻佻。他声称"皇太后之命"，似乎此事得到太后的认同，但实际是，"太后虽恚，而无如之何"⑤。由此可见，李太后即便同意，也是表面上的。但问题是，李太后因何"无如之何"呢？难道纯粹出于对绝对皇权的敬畏？这当中恐怕还有民族文化上的原因。其原因有二，其一，即是游牧民族收继婚的习俗，虽然后来契丹人也指责石重贵"纳叔母于中宫，乱人伦之大典"⑥，但这只是从中原汉人的角度出发，削弱石重贵的统治合法性而已，实际上，北方民族对收继婚并不会太过在意。然而，石重贵居然在先帝丧事期间行婚嫁之事，这起码违背了汉人的礼法。据《唐律疏议》，"居父母及夫丧而嫁娶者，徒三年"，理由是："父母之丧，终身忧戚，三年从吉，自为达礼"。⑦ 石重贵虽然只是石敬瑭的侄子，却以养子的身份继承大位，故当然也应该像对待生父葬礼一样对待高祖的丧

---

① 在古希腊荷马史诗《奥德赛》中，主人公奥德修斯由于长期漂泊在外，希腊其他城邦的国王不断向其妻子帕涅罗帕求婚，他们的目的或者也在于后者的美貌，但更重要的是，通过婚姻，他们可以获得奥德修斯的财产以及他在伊萨卡的所有权力。事实上，游牧民族女子不但能够分享丈夫的权力，而且对于家庭财产的处置也有非常大的权力。这些现象也同样发生在沙陀贵族女性身上，关于此点，笔者将另文详述。
② 《宋刑统》对唐代户绝之家的财产分配做出了总结，当中有针对女性继承家庭财产的条文。总体而言，当家庭中的男性主人去世后，首要的财产继承人是男性子嗣，而非其妻子或女儿。见〔宋〕窦仪《宋刑统》卷一二《户婚律·户绝资产》，中华书局1984年版，第198页。
③ 《新五代史》卷一七《出帝皇后冯氏传》，第180页。
④ 参见《新五代史》卷一七《晋家人传》，第181页。
⑤ 参见《资治通鉴》卷二八三，天福八年十月戊申，第9383页。
⑥ 《新五代史》卷一七《出帝皇后冯氏传》，第181页。
⑦ 〔唐〕长孙无忌等：《唐律疏议》卷一三《户婚》，中华书局1983年版，第257页。

事。故此，当胡三省评论此事时，也认为："斩焉衰绖之中，触情纵欲以乱大伦，又从而狎侮其先，何以能久！"① 但这些都是中原礼法，汉人眼光。在北方民族看来，却未必如是，突厥人即有在丧葬中寻找配偶的习俗。《周书·突厥传》记载："是日也（指丧葬之日），男女咸盛服饰，会于葬所。男有悦爱于女者，归即遣人娉问，其父母多不违也。"② 这种习俗，应该就是李太后不能诘责的第二个原因。然而，沙陀人进入中原已经很长时间，在某种程度上也被视作汉人，故石重贵的这种行为也不能容于中原汉文化，他此举可谓相当任性。而也正如胡耀飞先生所言，他娶冯氏为后，并非出于家族的责任，而单纯是好色而已。③ 但即便如此，石重贵的行为及李太后的反应，也足见这种婚姻模式在沙陀人中的合法性。

　　第三种是赏赐婚。当然，这种婚姻现象并不单单发生在沙陀族或北方游牧民族，即便汉族，也常常会有君主或贵族把女子赏赐给他人的现象。这并非传统意义的赐婚，而是把女性作为物品赏赐给有功劳或有地位的男性，这是男权社会中对女性的一种迫害，因为她们并没有被看作人，而仅仅被视为物品。笔者搜集到沙陀人的赏赐婚有四例，第一例是唐昭宗对李克用的赏赐。李克用有妃曰陈氏，封魏国夫人，她本是唐昭宗的宫嫔，乾宁二年（895）当李克用讨伐王行瑜时，昭宗"降朱书御扎，出陈氏及内妓四人以赐武皇"。据记载，陈氏"素知书，有才貌"④，她在昭宗宫中，应该也是得宠之人。而她被赠予李克用，也可以看出中国古代男权社会中女性的不幸与无奈——她们无法掌握自己的命运。不过幸运的是，她在李克用的家庭中地位并不算低，而且深得李克用的宠爱。第二例则是庄宗刘皇后。她本是魏州成安（今河北成安县）人，李克用在魏州作战时由其部将袁建丰掳掠所得，当时刘氏只有五六岁，故被送入晋阳，成为李克用侧室曹氏的婢女。刘氏长大后，"甚有色，庄宗见而悦之"，于是在他成为晋王后，曹氏即将刘氏赐给他。⑤ 曹氏把刘氏赐给庄宗时，估计也是把她看作一个赏赐品而已，而李克用早就为李存勖娶唐朝旧族韩恽之妹为妻，当庄宗即位之时，韩氏本当为皇后。而事实上，就连曹太后也不太喜欢刘氏，但庄宗依然任性地把她立为皇后。⑥

　　除接受别人赏赐外，沙陀君主也会把一些女性赏赐给他人。据《新五代史》记载：

　　　　庄宗有爱姬，甚有色而生子，后心患之。庄宗燕居宫中，元行钦侍侧，庄宗问曰："尔新丧妇，其复娶乎？吾助尔聘。"后指爱姬请曰："帝怜行钦，何不赐之？"庄宗不得已，阳诺之。后趣行钦拜谢，行钦再拜，起顾爱姬，肩舆已出宫矣。庄宗不

---

① 《资治通鉴》卷二八三，天福八年十月戊申注，第9383页。
② 《周书》卷五〇《突厥传》，第910页。
③ 参见胡耀飞《后蜀孟氏婚姻研究——兼论家族史视野下的民族融合》。
④ 《旧五代史》卷四九《魏国夫人陈氏传》，第673页。
⑤ 《新五代史》卷一四《庄宗刘皇后传》，第143页。
⑥ 《资治通鉴》卷二七三，同光二年二月癸未，第9039页；《新五代史》卷一四《庄宗皇后刘氏传》，第144页。当然，庄宗立刘氏为后，还有另外一个原因，就是她为庄宗生了三个儿子，尤其是长子李继岌，详见后文讨论。

乐，称疾不食者累日。①

显然，这宗赏赐并非庄宗所愿，乃是刘皇后有心谋之，但必须注意的是，这位爱姬并非赏赐给元行钦为妾，而是"复娶"，即为正妻，有皇帝及皇后的赐婚，想必她在元家地位不低。类似的事情也发生在明宗朝，当时庄宗后宫嫔御虢国夫人夏氏无所归，被赐给投奔后唐的契丹皇子李赞华，而其行文用"嫁"，可知也是让夏氏成为李赞华在中原的正妻。②汉人族群中被用作赏赐的女性往往只能成为媵妾，甚至成为家妓。但这种现象在沙陀人的族群中却有所不同，虽然并不是每个被用于赏赐的妇女都能在新家庭中获得较高的地位，但从上述四个例子，我们可以看到她们依旧有机会摆脱低微的身份，成为沙陀或其他在沙陀统治下的家庭中正式的一员。

沙陀男性的配偶来自各个不同的社会阶层，她们可以来自贵族或官僚家庭，如庄宗的韩淑妃、伊德妃，闵帝皇后孔氏，石敬瑭的妻子李氏等；也可以是平民，如李克用次妃曹氏、刘知远的皇后李氏，甚至可以是曾经的婢女，如庄宗皇后刘氏、明宗皇后夏氏以及淑妃王氏。③而从她们自身的经历看，有些妇女是已婚，但改嫁给沙陀人（或沙陀集团中人）的也不在少数。根据《新五代史》各《家人传》统计，五代沙陀皇族后妃中，曾经改嫁的有庄宗宫人夏氏（改嫁李赞华）、柴氏、明宗皇后魏氏、淑妃王氏，出帝皇后冯氏，④可见当中也有人成为皇后。事实上，五代沙陀集团内部改嫁之风并不止于此，如慕容彦超乃刘知远的同产弟，他不姓刘而姓慕容，且其族属为吐谷浑，由此可知，他们的母亲安氏应该曾经改嫁。⑤再如后周太祖郭威的皇后柴氏，本身也是庄宗宫人，庄宗死后，明宗遣散宫人，她在路上遇到郭威，"异其人，欲嫁之"。⑥后周世宗的皇后符氏，其先符存审曾经作为李克用的义子，而其父符彦卿，也是沙陀集团中的名将，故符氏虽为汉人，但也可算是沙陀集团中的妇女。而在嫁给柴荣之前，她已曾嫁给李守贞之子李崇训。⑦沙

---

① 《新五代史》卷一四《庄宗皇后刘氏传》，第145页。
② 《新五代史》卷一四《庄宗皇后刘氏传》，第146页。
③ 夏氏乃因子而被明宗追封为皇后的，但在她生前，曾有记载说她服侍明宗洗漱，言语间忤逆明宗，"大为明宗榎楚"，所谓"榎楚"乃是中国古代家庭中的一种肉刑，可以理解为鞭打之意，而夏氏一来服侍洗漱，再被鞭打，断不像妻妾等正式配偶，她当时的身份应该是婢女。淑妃王氏出自邠州一个卖饼的家庭，被卖到梁将刘鄩家中为婢，刘鄩死后，辗转进入明宗家庭，当然，她是以"别室"，亦即妾的身份进入李嗣源家的。见《旧五代史》卷七一《周玄豹传》，第946页；《新五代史》卷一五《明宗淑妃王氏传》，第158页。
④ 《新五代史》卷一四《庄宗皇后刘氏传》，第146页；卷一五《明宗皇后魏氏传》，第158页；《明宗淑妃王氏传》，第158页；卷一七《出帝皇后冯氏传》，第180页。
⑤ 《旧五代史》卷九九《后汉高祖纪上》，第1321页；卷一三〇《慕容彦超传》，第1716页；《新五代史》卷五三《慕容彦超传》，第607页。
⑥ 事实上，郭威的淑妃杨氏、贵妃张氏以及德妃董氏均是改嫁的，郭威虽是汉人，却也是出身于沙陀集团，长年侍奉于李存勖、石敬瑭、刘知远等沙陀君主麾下，故某种程度上也沾染了沙陀习性。见〔宋〕王称《东都事略》（景印文渊阁四库全书本）卷二一《张永德传》，台湾商务印书馆1986年版，第5页；《旧五代史》卷一一〇《周太祖纪一》，第1448－1450页；〔宋〕欧阳修：《新五代史》卷一九《周太祖家人传》，第197－199页。
⑦ 〔宋〕薛居正等《旧五代史》卷五六《符存审传》，第755页；卷一二一《周世宗皇后符氏传》，第1603页；〔元〕脱脱：《宋史》卷二五一《符彦卿传》，中华书局1985年版，第8837－8838页。

陀共同体盛行改嫁之风，有两个原因。从现实看，沙陀集团以军人为主，而且大部分是底层军人，他们过着刀头舔血、四海为家的生活，故他们需要的妇女是能够随行军旅，甚至可以为他们出谋划策之人，对于汉人儒家提倡的贞节观，他们并不一定十分看重。而对于那些妇女而言，她们的丈夫很可能在战斗中死亡，改嫁也许是她们在这个乱世中比较好的归宿了。第二个原因则是文化方面的，既然沙陀人能够接受收继婚，也就说明他们能够接受妇女改嫁。而改嫁妇女的地位，则取决于她们丈夫或儿子的地位，以及她们跟丈夫之间的感情。

在五代沙陀集团的婚姻中，有一个比较奇特的现象，那就是某些妇女在婚姻中的自主性，最明显的是庄宗的两位宫人：夏氏与柴氏。夏氏在明宗朝被赏赐给李赞华为妻，但由于李赞华生性残酷，"喜杀人，婢妾微过，常加剖灼"，她甚为恐惧，于是要求离婚，最终削发为尼。[1] 与之相反的是柴氏，当她从后唐宫中离开，与父母一起回乡时，遇上郭威，尽管她十分愿意嫁给后者，但其父母却认为："汝帝左右人，归当嫁节度使，奈何欲嫁此人？"但柴氏之心已决，与父母分配行李后，即与郭威成婚。[2] 这两个例子，一个是违背君命，坚决离婚，甚至不惜出家为尼；而另一个则有违中国古代婚姻中"父母之命，媒妁之言"的理念。这两宗婚姻都发生在沙陀人统治中原期间，而当中主导的又都是女性，虽然我们不能就此判定沙陀人对女性比较宽容，但也可以看到她们在婚姻中有一定的自主性。当然，这种自主性是有条件、有限度的，郭威与柴氏的例子，是因为他们当时都处于社会的中下层，并没有给整个统治结构造成太大影响。但夏氏与李赞华离婚，则是付出终生为尼的代价，而这也是因为明宗相对开明，而且当时后唐相对契丹处于强势地位。贵族女性在婚姻中的自主性依旧是有限的，因为她们往往被利用为家族联姻、世代交好的工具。如后晋时契丹进犯京师，以燕王赵延寿为前锋，其时赵延寿之妻、明宗之女燕国长公主已死，于是契丹主耶律德光为他娶明宗幼女永安公主为妻。[3] 其时许王李从益只有十七岁，而永安公主为从益之妹，也就是十七岁还不到，她没有权利追求自己的幸福，而只能成为政治的牺牲品。还有一种情况是沙陀妇女不能自主的，那就是已婚妇女与他人相奸，或血亲相奸。根据沙陀律法，"奸有夫妇人，无问强、和，男女并死"，这一点与后梁甚为不同。[4] 李嗣源之侄李从璋的儿子李重俊，即因与亲妹相奸，并强奸已婚妇人而被出帝赐死，虽然我们不知牵涉其中的两位女性结局如何，但准沙陀律法，应该并不甚好。[5] 另一个例子是沙陀名将安审琦的死。他的小妾跟别人通奸，两人害怕安审琦追究，处死他们，

---

[1] 《新五代史》卷一四《庄宗皇后刘氏传》，第146页。
[2] 《东都事略》卷二一《张永德传》，第5页。
[3] 《新五代史》卷一五《明宗淑妃王氏传》，第160页。
[4] 据说后梁敬翔之妻，就常与朱温私通，而张全义也以自己的妻女侍奉朱温，《旧五代史》评论曰："当时贵达之家，从而效之，败俗之甚也。"参见《旧五代史》卷一八《敬翔传》，第250页；〔宋〕王禹偁：《五代史阙文·张全义》，杭州出版社2004年版，第2453页；《资治通鉴》卷二九〇，广顺元年正月丁卯，第9581页。
[5] 李重俊为李太后族人，故之前多受太后回护，这次被处死，应该是已经触及沙陀人的文化及道德底线。见《旧五代史》卷八四《少帝纪四》，第1117页；《新五代史》卷一五《李从温传》，第168页。

于是伙同他人把他谋害了。安审琦死于后周，这是汉人郭威建立的王朝，在建国之初，郭威已经把沙陀人各种残酷的律法废除了，当中即包括通奸男女并死的条文。而此时小妾与奸夫尚且害怕被安审琦诛杀，可见沙陀人军中依然存在这种严酷的律法。①

二、沙陀贵族与汉族通婚考

一个民族迁入一个新的地区后，与当地人通婚是不可避免的事情，这一方面有利于他们融入当地的生活，另一方面也会在血缘上加快他们与当地人的融合。沙陀族当然也不例外，迁入中原后，他们也跟汉人通婚。最早与汉人通婚的朱邪沙陀部人，也许可以追溯到朱邪执宜，他的妻子姓崔；而李国昌的夫人，亦即李克用的生母姓秦。② 当然，由于年代久远，她们是否汉人已经不可考证，因为沙陀族建立政权之后，以胡人冒汉姓的现象是大量存在的。李国昌一脉最早可以考证的汉族姻亲，当是定州王处存家族，而他们可谓是三代姻好。早在黄巢攻陷京师长安之时，王处存即"前后遣使十辈迎李克用，既奕世姻好，特相款昵"。而《通鉴》则谓"王处存与克用世为婚姻"③。从这两则文献看，最早在中和二年（882）时，李、王二家起码有两代姻亲，否则难以被称为"奕世"或"世为"。然而，此时李家中究竟是谁与王家联姻，则不太清楚。诚如胡三省所言，王处存"世籍神策军，……为天下高赀。李国昌父子必利其富而与为婚姻也。"④ 这些早期的婚姻应该发生在朱邪沙陀稳扎于代北，尤其是朱邪赤心因讨庞勋有功而受册封之后。对于进入中原的沙陀人而言，能够攀上京兆万年的大族王家，不但可以获得足够的财富支持，也可借以提升自身的社会地位；而对于王家而言，与李国昌父子姻好，不但可以获得强悍的同盟，而且李氏父子被编入属籍，也算是皇亲，对王家同样有利。王处存死后，其子王郜袭爵继位，成为义武节度使，后为朱温所破，投奔晋阳。与王郜同时投奔晋阳的还有他的弟弟王邺与堂弟王郁（王处直之子），李克用均"以女妻之"。王邺后来在天祐年间死于大同军防御使任上，而王郁则与其父勾结，奔赴契丹借兵，欲图谋当时率兵攻打镇州的李存勖，后来留在契丹，成为阿保机的义子。⑤ 王处直的阴谋并没有得逞，他最终被其养子王都杀害，

---

① 《旧五代史》对安审琦的评价是"严而不残，威而不暴"，并非随意杀伐之人，而小妾依然惧怕"事泄见诛"，恐怕这种通奸之事，乃沙陀人在婚姻中的底线。但必须注意的是，沙陀人并不认为掳掠而来的妇女是通奸或强奸，因为这是他们在战争中的战利品，也算是婚姻形式中的"抢婚"，此点前文已述。此外，有学者认为庄宗李存勖也曾与朱汉宾之妻通奸，或者说是朱汉宾用妻子来讨好李存勖。然而，两《五代史》对此事均含糊其辞，只是说朱汉宾妻为庄宗进食、奏歌舞而已，很难作为实据。见《旧五代史》卷六四《朱汉宾传》，第 856 – 857 页；卷一二三《安审琦传》，第 1615 – 1616 页；《新五代史》卷四五《朱汉宾传》，第 496 页；《资治通鉴》卷二九〇，广顺元年正月丁卯，第 9581 页；穆静《论五代军将女眷对军政与时局的影响》。
② 《旧五代史》卷二九《庄宗纪三》，第 404 页。
③ 《旧唐书》卷一八二《王处存传》，第 4700 页；《资治通鉴》卷二五五，中和二年十月癸丑，第 8398 页。
④ 《资治通鉴》卷二五五，中和二年十月癸丑注，第 8398 页。
⑤ 《旧唐书》卷一八二《王处存传》，第 4701 页；〔元〕脱脱等：《辽史》卷七五《王郁传》，中华书局 1974 年版，第 1241 页。

而李存勖因利益与王都结盟，并为其子李继岌娶王都之女。① 王邺与王郁的婚姻，可以说是李克用的义气之举，目的是要保护故人之后。而李存勖与王都结姻亲，则是属于利益结盟，因为此举直接把定州纳入了他的势力范围。

朱邪李氏与汉人联姻的例子还有很多。如李克用的妃子曹氏，乃太原人，"以良家子嫔于武皇"，应该是汉人。② 李存勖的正妻韩氏及次妃伊氏均为汉人，她们分别是韩恽之妹与伊广之女。韩恽乃太原世族，是河东地区汉人世家的代表；伊广乃唐宪宗朝右仆射伊慎之后，投靠李克用之时为忻州刺史，亦可以算是河东地区的官宦之家。李克用为其子娶二人之女（妹），实际上有拉拢汉人、扩大势力的意思。③ 然而，韩、伊二女最后均没有成为皇后，因为李存勖更加喜欢来自魏州的刘氏，她并非大族出身，而只是当地一名医者的女儿，后来成为曹太后的侍婢，不过她汉人的身份应该不存在疑问。④ 此外，李克用之弟李克宁所娶孟氏，乃孟知祥的妹妹；而李克让的女儿则嫁给了孟知祥。由此可知，孟家乃李家的第二大姻亲。⑤ 此外，李克用的女儿瑶英公主嫁给了张延钊，儿子李存霸娶张敬询之女，李存乂则娶郭崇韬之女；他还有一个女儿嫁给了任圜的弟弟任团，另一个女儿则嫁给王重荣的儿子王珂；庄宗女儿义宁公主，则下嫁宋廷浩，他们均是汉人。⑥

后唐明宗有皇后三人，其中夏氏本身只是明宗的婢女，后因生子而为妾，且早已身故，只因她是皇子从荣、从厚的生母而被追封为皇后，从其姓氏看，应该是汉人；魏氏乃末帝李从珂的生母，乃明宗掠于镇州地区，亦为汉人；此外，王淑妃乃"邠州饼家子"，应该也是汉人。⑦ 明宗在生的长子秦王李从荣娶鄘州节度使刘仲殷之女，次子闵帝李从厚则娶枢密使孔循之女，她们均是汉人；而末帝李从珂在血统上本身就是汉人，其夫人刘氏乃应州人，应该也是汉人。⑧ 其他皇子，如李从温之妻关氏，从姓氏看，也应该是汉人。⑨

---

① 《旧五代史》卷五四《王都传》，第 732 页。
② 河东及代北地区的曹姓，很难判断是汉人还是胡人，因为曹姓本身也是昭武九姓之一，如下文将提到的明宗曹皇后，则很有可能是胡人。不过李克用的曹氏既然是太原良家子，应该是汉人无疑。参见《旧五代史》卷四九《贞简皇后曹氏传》，第 671 页。
③ 《旧五代史》卷五五《伊广传》，第 746 页；卷九二《韩恽传》，第 1223 页。
④ 《新五代史》卷一四《庄宗皇后刘氏传》，第 143 页。
⑤ 《旧五代史》卷五〇《李克宁传》，第 687 页；《新五代史》卷六四《孟知祥传》，第 797、802 页；胡耀飞：《后蜀孟氏婚姻研究——兼论家族史视野下的民族融合》。
⑥ 《旧庄宗纪》云义宁公主乃庄宗之姑，即李克用之妹；但据王禹偁所撰《宋公（偓）神道碑》，宋偓"于后唐为外孙"，而《宋史·宋偓传》也说他的父亲宋廷浩"尚唐庄宗女义宁公主"，今取之。参见《旧五代史》卷一四《王珂传》，第 199 页；卷三三《庄宗纪七》，第 461 页；卷五一《唐宗室传三·李存乂》，第 690 页；卷五二《李嗣昭传》，第 701 页；卷六一《张敬询传》，第 821 页；卷六七《任圜传》，第 894 页；《宋史》卷二五五《宋偓传》，第 8905 页；[宋] 王禹偁：《小畜集》（四部丛刊本）卷二八《右卫上将军赠侍中宋公神道碑》，商务印书馆 1929 年版，第 1 页；[元] 马端临：《文献通考》卷二五八《帝系九》，中华书局 2003 年版，第 2048 页上。
⑦ 《新五代史》卷一五《唐明宗家人传》，第 157-158 页。
⑧ 《旧五代史》卷三八《明宗纪四》，第 526 页；《新五代史》卷一五《闵帝孔皇后传》，第 161 页；卷一六《废帝刘皇后传》，第 171 页。
⑨ 《新五代史》卷六《明宗本纪》，第 59 页；卷一五《李从温传》，第 168 页；《资治通鉴》卷二七八，长兴四年十一月壬辰，第 9220 页。

此外，明宗的女儿兴平公主与永安公主先后嫁给幽州节度使赵德钧的儿子赵延寿，尽管赵氏父子长据幽州，后来更投降契丹，但他们却都是汉人。①

后晋与后汉皇室，也有与汉人联姻者。后晋出帝石重贵的皇后冯氏乃定州人，从其出身及姓氏看，应该是汉人，她原来是石重胤的妻子，也就是石重贵的叔母。② 皇子方面，石敬瑭的三子石重乂，娶汾州刺史李玘之女为妻，而孙子石延熙，则娶赵在礼之女。③ 公主方面，石敬瑭的妹妹宋国大长公主嫁大将杜重威为妻。④ 后汉高祖刘知远的妻子李氏，乃晋阳农家女子，被年少时的刘知远掠为妻子，故应该是当地汉人；而刘知远的女儿永宁公主，则嫁给了庄宗的外孙宋偓；其子刘承祐（即隐帝），则娶张彦成的女儿为妻。⑤

从上述举例看，沙陀贵族与汉族的联姻是非常广泛的，这确实有利于促进沙陀人的汉化。然而，有学者认为这是沙陀人刻意为之，且是沙陀汉化的标志之一，这一点很值得商榷。⑥ 必须注意的是，沙陀贵族不但与汉人通婚，有大量的例子说明，他们也跟其他民族联姻。李克用的正妻刘氏乃代北人，但从其乡里看，很难判断她是汉人还是胡人，因刘姓虽然为汉族大姓，但非汉族独有。然而，从其行为看，自李克用于代北起兵，她即一路跟随，而且"常教其侍妾骑射"，显然精通武技及作战之术，这些均非寻常汉人女子所能及。因此，笔者更偏向于她是北方民族女子。⑦ 明宗李嗣源的正室曹皇后也是这种情况，她的身世来历不明，但却一直跟着明宗在军中，而从其姓氏看，应该属于昭武九姓胡人。⑧ 明宗的长女永宁公主嫁给石敬瑭，成为后晋的开国皇后，他们可以说是沙陀族最典型的族内婚配。⑨ 事实上，后晋皇室跟北方民族婚配的例子比较多，如石敬瑭的弟弟石敬儒之妻安

---

① 赵延寿乃赵德钧养子，镇州人，本姓刘，应该是汉人。参见《旧五代史》卷九八《赵德钧传附赵延寿传》，第1311页；《新五代史》卷一五《明宗淑妃王氏传》，第160页。

② 《新五代史》卷一七《晋出帝皇后冯氏传》，第180页。

③ 《旧五代史》卷八七《石重乂传》，第1141页；《新五代史》卷一七《晋家人传》，第186页。

④ 《旧五代史》卷一〇九《杜重威传》，第1433页。

⑤ 按照父系血统而论，宋偓乃宋廷浩之子，当为汉人；但他的母亲乃庄宗义宁公主，换言之，他有一半沙陀人的血统。参见《旧五代史》卷一八《汉高祖李皇后传》，第191页；卷一二三《张彦成传》，第1621页；《宋史》卷二五五《宋偓传》，第8906页。

⑥ 参见任崇岳《史论五代十国时期中原地区的民族融合及其措施》。任先生在该文中最大的失误，是把史匡翰与杨承祚这两位典型的沙陀人误认为汉人，而以白奉进为汉人，笔者认为也是值得商榷的。如此一来，后晋与后唐贵族婚配的特点就不能有所区分了。

⑦ 《新五代史》卷一四《唐太祖家人传·刘皇后》，第141页。

⑧ 《新五代史》卷一五《后唐明宗家人传》，第157页；《资治通鉴》卷二六八，乾化三年三月戊辰注，第8890 - 8891页。

⑨ 《五代会要》卷二《公主》，第22页。

氏乃代北人，生出帝石重贵，故安氏后来被封为太妃，从其姓氏看，应该是昭武九姓胡人[1]；出帝石重贵第一位妻子张氏，乃张从训之女，是回鹘人。[2] 皇子方面，李皇后的亲生儿子，石敬瑭的次子石重信娶白奉进之女为妃，而白奉进乃云州清寨军人。云州曾经是吐谷浑人的地盘，而白姓又是吐谷浑的大姓，如唐代之白义诚、后晋之白承福等，再加上其父名为"达子"，似非汉名，故白奉进应该是吐谷浑人。[3] 石敬瑭的妹妹鲁国长公主嫁史匡翰，是沙陀人；长女长安公主则嫁杨光远之子杨承祚，也是沙陀人。[4]

从上述例子中可以看出，沙陀统治者对于皇室的婚配对象并未拘泥于汉族或北方民族，这与北魏孝文帝时期强行为鲜卑贵族婚配汉人的做法是大不相同的。由于沙陀政权的传承并非一姓贯之，故对他们的婚配可以分两种情况分析。其一，即微时婚配。未曾建立政权的沙陀贵族，他们婚配时一般不会从政权利益的角度去考虑婚配对象，故这时候的婚配也有两种情形。第一种是自主择偶，如李克用娶刘氏、曹氏，李嗣源娶曹氏、夏氏、魏氏、王氏，李从珂娶刘氏，石敬儒娶安氏，刘知远娶李氏等，均属此类。由于他们成亲时并未考虑到日后成为皇帝的可能，而他们又都是武将出身，故不一定选择世家大族作为自己的婚配对象，反而会选择自己喜欢的女子，当中有汉人，也有北方民族女子。第二种乃因份属同僚，进而因利益而结合，前述朱邪李氏与京兆万年王氏最初的联姻就是如此。此外，李克用为李存霸娶张敬询女，也有这方面的倾向。[5] 庄宗时，李存乂娶郭崇韬之女为妻，也是属于普通皇室成员与大臣的利益结合。[6] 同样，明宗李嗣源把长女嫁给石敬瑭也是这种情况，当时石敬瑭乃李嗣源手下猛将，联姻的目的当然在于拉拢。石敬瑭在太原时为石重贵娶张从训之女，也是一种利益结合，张从训虽非名将显宦，但他的父亲李存信，

---

[1] 明宗曹皇后、晋高祖李皇后及出帝生母安太妃有一个共同点，就是用火来结束自己的生命。前者是兵败后随李从珂自焚而死，后两者则是在死后火葬。笔者认为，火葬是北方民族的一种葬俗，关于此点，将另文详述。而沙陀贵族妇女中，除这三位外，笔者不再见其他用火结束生命者，哪怕跟李皇后、安太妃等一起被劫去契丹的出帝冯皇后，及后晋建立之初即被掳掠到契丹的庄宗德妃伊氏，也不见用火葬。新近出土的伊德妃墓，也正说明她是用土葬的，她是汉人，由此可以反推，采用火葬的安太妃应该是北方民族女子。而明宗曹皇后采取自焚的方式自杀，应该也是北方民族的一种习惯。见《新五代史》卷一五《明宗淑妃王氏传》，第 159 页；卷一七《高祖皇后李氏传》，第 179 页；《安太妃传》，第 180 页；《出帝皇后冯氏传》，第 181 页；赤峰市博物馆等：《内蒙古巴林左旗盘羊沟辽代墓葬》，载《文物》2016 年第 3 期，第 30－44 页。

[2] 《旧五代史》卷九一《张从训传》，第 1204－1205 页；《新五代史》卷一七《安太妃传》，第 180 页。

[3] 《旧五代史》卷九五《白奉进传》，第 1263－1264 页。

[4] 旧五代史》卷八八《史匡翰传》，第 1151 页；卷九七《杨光远传》，第 1291 页。

[5] 张敬询乃胜州金河人，父子两代俱侍李克用帐下，敬询本人"专掌甲坊十五年"，属于较早融入沙陀集团的汉人。见《旧五代史》卷六一《张敬询传》，第 821 页。

[6] 李存乂在李克用有正式记录的诸子中排名第六，属于比较年幼的皇子，估计李克用去世之时，存乂仍未成年，且当时郭崇韬并未显贵，李克用为存乂聘其女为妻的可能性并不大。至于庄宗时，郭崇韬贵为李存勖手下第一谋士，庄宗为拉拢他，让李存乂娶他的女儿为妻的可能性是存在的。但李存乂作为庄宗的异母弟，似乎并非最合适的人选。再者，从后来庄宗杀李存乂的事实看，他们兄弟之间的关系并不算太好，否则不会因伶人的一句谣言而诛杀亲弟。相反，郭崇韬被庄宗诛杀后，李存乂竟敢公开为岳父抱不平，除了缺乏必要的政治智慧外，他与岳父的关系是不容忽视的。故此笔者推断，李存乂娶郭崇韬女，乃双方基于相互的地位及所可以带来的利益而进行的联姻。见《五代会要》卷二《诸王》，第 19 页；《新五代史》卷一四《李存乂传》，第 151 页；《北梦琐言》卷一八《杨千郎》，第 329 页。

则是后唐的开国功臣，也是李克用的义子之一。① 此外，石敬瑭为其弟石重胤娶冯氏也是属于利益结合，不过这次相反，冯氏之父冯濛当时是石敬瑭在邺都的副手，对石敬瑭多番巴结，故两家才联姻，由此看来，这更符合冯濛的利益。②

　　第二种情况则是在政权建立之后，出于统治利益而达成的联姻，而在这种情况下，无论是汉人还是北方民族，只要有利于政权利益，都有可能成为沙陀贵族的婚配对象。李克用为李存勖娶韩氏、伊氏，明显是为了拉拢河东地区的汉人大族，以巩固沙陀人在该地区的统治基础。此外，与任圜家族的联姻，目的也是一样的。③ 李克用为李克宁娶孟知祥之妹，又把李克让之女嫁给孟知祥，也是为了拉拢孟家，因为孟知祥的两位叔父分别是昭义节度使孟方立及洺州刺史孟迁，孟方立虽然为李克用所败，但孟迁却是以邢、洺、磁三州投降了的。④ 与王珂的联姻也是属于这种情况。王珂乃原河中节度使王重荣的侄子，后过继给重荣为嗣。王重荣死后，他与王珙争河中帅位，而李克用与其联姻，乃想通过他把河中地区变成自己的势力范围。⑤ 李存勖嫁义宁公主于宋廷浩，乃因为其父宋瑶是天德军节度使兼中书令。⑥ 李嗣源为李从荣娶刘氏时，其父刘仲殷为鄜州节度使，乃地方节镇；为李从厚娶孔氏时，其父孔循正是当时的枢密使；而把女儿嫁给赵延寿，也因为延寿的养父赵德钧是北方大藩幽州节度使。

　　与朝廷重臣联姻，应该是沙陀统治者巩固统治基础的一种方式。从上述分析看，无论出于何种原因，后唐皇室与汉人联姻的比率非常高，究其原因，主要是朱邪李氏与李嗣源一系在沙陀族军中的威信较高，不必刻意通过联姻来加强他们与北方民族将领的关系。相反，汉族士大夫或地方藩镇的关系，对他们来说更为重要，因为作为异族入主中原的统治者，他们亟须得到汉人的承认。与重臣联姻在后晋体现得更为明显，但他们的婚配对象更倾向于胡人将领。石敬瑭创立后晋，可以说是篡位，而他之所以能够成为皇帝，离不开沙陀共同体内各部族的支持，故此可以看到，后晋皇室与北方民族联姻的比例，比后唐与后汉高得多。这种联姻，一方面可以巩固石晋皇室的统治，另一方面也是与其他各部族共享统治的体现。最值得分析的是高祖次子石重信的妻子。石重信乃明宗的外孙，李皇后的亲生儿子，如果不是被张从宾所杀的话，他应该最有资格成为石晋皇位的继承人。故此，石敬瑭为他选妃时，应该考虑到这位王妃将来有可能成为皇后。重信的岳父白奉进出身虽然不高，但资历却很老，自李克用为河东节度使之时已经跟随沙陀族作战，至唐闵帝时被封

---

① 《旧五代史》卷九一《张从训传》，第1204-1205页。
② 《新五代史》卷一七《晋出帝皇后冯氏传》，第180页。
③ 任圜家族乃京兆名族，父亲任茂弘避祸于太原，故而效力于李克用。任茂弘有五个儿子，"风采俱异"，故李克用选其一为婿。见《旧五代史》卷六七《任圜传》，第894页。
④ 《旧五代史》卷六二《孟方立传》，第827-828页；〔宋〕欧阳修、宋祁等：《新唐书》卷一八七《孟方立传》，中华书局1975年版，第5448-5450页；《新五代史》卷六四《孟知祥传》，第797页。
⑤ 《旧五代史》卷一四《王珂传》，第198-199页。
⑥ 更往上溯，宋廷浩乃唐玄宗朝名相宋璟之后，如此，则其可谓出身名门大族，与其联姻，一来有助于提升汉族士对后唐政权的认受性，二来也符合庄宗当时起用唐朝名族的政策。见《宋史》卷二五五《宋偓传》，第8905页；《小畜集》卷二八《右卫上将军赠侍中宋公神道碑》，第2页。

为"忠顺保义功臣",可以说是几朝元老,影响力甚大,且他吐谷浑人的身份,也有利于该部支持皇室。故以其女为皇子妃,甚至将来为后,确实有利于将来石晋的统治。① 可惜的是,无论是石重信还是白奉进,均在范延光之乱中被杀。此外,两位与沙陀人婚配的公主也是出于这种目的。鲁国长公主的丈夫史匡翰世袭九府都督,其祖史敬思、其父史建瑭均是后唐的开国功臣,在沙陀共同体中有非常大的影响力②;长安公主的丈夫杨承祚,乃后晋权势最大的将领杨光远之子。③ 出帝时皇子石延熙的妻子乃汉人赵在礼之女,不过出帝做出如此婚配的决定,也是出于统治利益的需要,据说当时藩镇均大肆聚敛,其中以赵在礼家财最多,"出帝利其赀,乃以延熙娶在礼女",而据赵在礼后来所言,"吾此一婚,其费十万",可以说是被出帝狠狠地敲诈了一笔。④ 此外,后汉刘知远把女儿永宁公主嫁给宋偓同样是出于统治利益的考虑:因为宋偓是后唐庄宗的外孙,这是与前朝皇族联姻。尽管从父系血缘的角度看,宋偓应该是汉人,但作为庄宗的外孙,他又具有沙陀人的血统。

尽管在建立或夺取政权后,沙陀贵族的婚姻多出于政治利益的考虑,然而,也有在位皇帝凭自己的意愿选取皇后的,那就是后唐庄宗李存勖和后晋出帝石重贵。但此两人都过于任性,前者废去原配韩氏的正室之位,辜负了父亲的一番心意;而后者则娶叔母为妻,有乖汉族人伦。这两位皇帝最终都被推翻,而他们的失败,多多少少与他们的婚姻有关。尽管他们的皇后都是汉人,但他们在择后中的行为,却又是游牧民族文化的反映。

三、母凭子贵:沙陀皇后的选择

沙陀人虽然在婚姻习俗上与汉人有所区别,但也遵循中国古代男权社会的习惯,实行一夫多偶制。在汉族社会,家庭中妻与妾往往争风呷醋,若提升到皇室家庭,更会惹来腥风血雨,这在汉、唐时期皆有先例。然而,在沙陀人的宫廷中,却很少争宠之事。⑤ 相反,后唐两位皇帝家中女性的和谐程度,可谓超出常人想象。首先是武皇李克用的两位配偶,正室刘氏与次妃曹氏。据史料记载,刘夫人"性贤不妒忌",而曹夫人"亦自谦退",故

---

① 《旧五代史》卷九五《白奉进传》,第 1263－1264 页。
② 有学者认为,史匡翰家族乃是昭武九姓胡人,非沙陀人,笔者认为这种可能是存在的,但昭武九姓胡人大多已经融入沙陀共同体中,甚至以沙陀族自称,而他们的史传也没有突出他们的种族,说明他们的种族界线已不太明显,史敬思也是从李克用入关破黄巢的将领,故以民族文化认同而论,认为他们是沙陀人并无不妥。参见《旧五代史》卷五五,《史建瑭传》,第 740 页;卷八八《史匡翰传》,第 1151 页;王义康:《后唐、后晋、后汉王朝的昭武九姓》,载《西北民族研究》1997 年第 2 期,第 106－113 页。
③ 杨光远乃是后晋的开国功臣,因为是他与安审琦杀了废帝派来镇压石敬瑭的张敬达,才促成石敬瑭取唐代立的。而在后晋一朝,他又镇压了范延光的叛乱,可以说是居功至伟。后来他被封为东平王,又被封为寿王,可以说是位极人臣。但他于出帝时拥兵反叛,最后兵败被杀。然而在石敬瑭看来,他的确是最值得拉拢招揽的沙陀将领。见《旧五代史》卷九七《杨光远传》,第 1290－1293 页。
④ 《新五代史》卷一七《石延熙及石延宝传》,第 186 页。
⑤ 笔者检视《新五代史》各《家人传》,唯庄宗刘皇后曾与宫中诸夫人争宠,后来更把庄宗宠姬强行嫁予元行钦。见《新五代史》卷一四《庄宗刘皇后传》,第 143、145 页。

二人"相得甚欢"。庄宗即位后,册封其生母曹夫人为太后,而正室刘氏仅为太妃,这若放在中原汉人王朝中,必然会引起一场风波,然而,正当曹太后暗自不安时,刘太妃主动为她化解了这场尴尬。此外,刘夫人无子,而在李克用生之时,她亲自抚养诸姬所生之子,史言"夫人教养,悉如所生"。刘太妃死后,曹太后闷闷不乐,不久也随之逝去。①类似的情况也发生在明宗李嗣源的家庭中。李嗣源的正妻乃曹氏。据《废帝实录》记载,明宗在平山掳得魏氏夫人,"时明宗为裨将,性阔达不能治生,曹后亦疏于画略,生计所资,惟宣宪(魏夫人)而已。曹后未有胎胤,干家宜室。帝(李从珂)与部曲王建立、皇甫立,代北往来供馈,曹后怜之,不异所生。"② 所谓"干家宜室",意指主持家务,夫妻和睦。从记载中看,曹氏与魏氏的关系甚好,而且能够善待其子,尽管这只是明宗的养子。除魏氏外,与曹氏关系更好的是明宗淑妃王氏。当明宗即位之后,朝廷议立皇后,其时王氏得宠,曹氏于是推让王氏为后,但王氏不但没有接受,反而非常恭谨地侍奉曹氏③。太祖刘夫人、明宗曹皇后及王淑妃,均非平凡之辈,她们或为丈夫出谋划策,或在危机之时有所担当,又或曾把持朝政,但在后宫权力方面却相当恬退忍让,实为难得。这种后位的推让,在某种程度上,也与沙陀的人伦文化有关。

  沙陀人在后位的选择上显然与中原汉人不同,在汉人王朝中,皇帝即位前的正妻,必定是皇后,即便已经逝世,通常也会受到追封——当然,也有不封而让后位空缺的。④ 但沙陀君主的正妻,却未必能够成为皇后或太后,这种情况在后唐尤为明显。开先例的是庄宗李存勖,同光元年(923)四月当他即位之际,马上封其生母为皇太后,而封李克用正妻刘氏为皇太妃。⑤ 显然,宋代汉人对此是不以为然的,欧阳修在编《新五代史》时,即把刘氏与曹氏之传列为"正室刘氏"与"次妃曹氏",且顺序上也是以刘氏为先。此外,在述及册封曹氏为太后时,欧阳修用"以嫡母刘氏为皇太妃"来描述,强调刘氏乃李克用之正室,于李存勖为嫡母。⑥ 在汉人看来,以嫡母为太妃,是扰乱家庭伦常的行为。李存勖的想法是母凭子贵,既然儿子当了皇帝,那亲生母亲理所当然要成为太后。事实上,母亲对于游牧民族来说是非常重要的,因为他们早期的社会尚未进化,甚至仍处于母系社会。如《周书·突厥传》即云:"讷都六有十妻,所生子皆以母族为姓。"⑦ 虽然到唐、五代时期,北方游牧民族因长期与中原汉民族接触,社会结构早已进化至父系社会,且一些习惯也有所改变,但一些风俗也得以保留。故至唐代中期,安禄山依然说:"臣是蕃人,

---

  ① 参见《新五代史》卷一四《唐太祖正室刘氏及次妃曹氏传》,第142页;《资治通鉴》卷二六三,天复二年三月壬戌,第8693页。
  ② 《资治通鉴》卷二六八,乾化三年三月戊辰注,第8890页。
  ③ 《新五代史》卷一五《明宗淑妃王氏传》,第158页。
  ④ 如唐宪宗正妻乃郭子仪之孙,但宪宗担心册后之后"不容嬖幸",故终生未曾册后。事实上,唐朝中晚期,皇帝不册后的现象甚为普遍。参见《旧唐书》卷五二《郭皇后传》,第2196页。
  ⑤ 《五代会要》卷一《皇后》,第12页;《内职》,第15页。
  ⑥ 《新五代史》卷一四《后唐太祖正室刘氏及次妃曹氏传》,第141-142页。
  ⑦ 《周书》卷五〇《突厥传》,第908页。

蕃人先母而后父。"① 而与沙陀同时的契丹,即便发展到宋代时期,也保留着所谓的"宜子制度",即皇后必须生育皇子,否则必然要被废去。② 当然,李存勖的做法在汉人王朝并非没有先例,唐代中后期帝位传承相当混乱,一些皇帝即位之后,就立即册封自己的生母为皇太后,但必须注意的是,他们的父亲大都没有正式册封过皇后,而他们自己也基本不会把已经被册封过的太后废为太妃。③ 同光三年(925),刘太妃与曹太后相继逝世,后者得到风光大葬,但前者却是葬于魏县,且无谥号。④ 欧阳修在《新五代史·本纪》结束处评论曰:"太妃薨而辍朝,立刘氏、冯氏为皇后,则夫妇之义几何其不乖而不至于禽兽矣。""太妃薨而辍朝",指的是同光三年(925)五月刘太妃逝世时,庄宗为之废朝五日。⑤ 这本来是儿子对嫡母必尽之礼,但问题还是在于刘氏"太妃"的头衔,此举有乖夫妇之义。

欧阳修在鞭笞沙陀君主有乖夫妇之义上,列举了三个例证,其中有两个是属于庄宗的。若说庄宗以嫡母为太妃,乃想尊礼生母,尚属孝义之举,则立刘氏为皇后,在汉人眼中更可谓丧心病狂。如前所述,刘氏本乃曹太后身边侍婢而已,后被赠与庄宗。庄宗对她可谓宠爱有加,即位之后,便想立她为后。但问题是,李克用早前已为庄宗娶韩恽之妹为正妻,而后者乃是河东大族,军人世家。故若立刘氏为后,则是废嫡立妾,且韩氏并无罪过,故这在中原汉人眼中,是有乖伦常之事,若况于唐朝民间,则是犯罪。⑥ 可想而知,庄宗当时的压力有多大,庄宗正妻韩氏、次室伊氏即"以故难其事",而她们确实是有理有据的。后来枢密使郭崇韬"上章言刘氏当立",才促成立后之事。为何庄宗坚决要立刘氏为后,从而不惜对抗汉人礼法呢?其答案还是在于儿子。刘皇后虽有姿色,但庄宗真正

---

① 《旧唐书》卷二〇〇上《安禄山传》,第5368页。
② 孟凡云:《论辽代后权的双重性及齐天太后失败之原因》,载《内蒙古社会科学》1997年第7期,第51-56页。
③ 唯一例外的是肃宗张皇后,她当时欲废太子李豫而立越王李係,结果图谋失败,李豫即位后,即把她幽禁于别殿。《新唐书》谓代宗把张皇后废为庶人,但《旧唐书》却无此记载。但不管如何,这个例子与庄宗废嫡母为太妃之事没有可比性,因为代宗所为事出有因,而庄宗却没有受到过刘太妃的迫害。见《旧唐书》卷五二《后妃下》,第2188-2203页,尤其是《张皇后传》,第2186页;《新唐书》卷七七《张皇后传》,第3498-3499页。
④ 令人费解的是,刘太妃乃死于晋阳,按道理就就近祔葬于李克用在代州的陵墓,但其遗体却被送到南方更远的魏县安葬。刘太妃生前曾有言曰:"使吾没获于地以从先君,幸矣。"但显然,李存勖并没有满足她的愿望。曹太后也没有祔葬于代州武皇墓,而是葬在洛阳近郊的坤陵。有记载说,庄宗本来是想祔葬曹太后于代州太祖园陵的,但因大臣反对,认为"洛阳是帝王之宅,四时朝拜,理须便近,不能远辛代州",故此作罢。或许李存勖认为,既然生母不能祔葬于太祖陵,就更加不能让刘氏祔葬了。参见《新五代史》卷一四《后唐太祖正室刘氏及次室曹氏传》,第142页;《五代会要》卷四《皇后陵》,第60页。
⑤ 事实上,曹太后去世之时,庄宗为之废朝七日,规格比刘太妃要高。参见《新五代史》卷一二《周恭帝纪》,第125页;《旧五代史》卷三二《庄宗纪六》,第448页;卷三三《庄宗纪七》,第453页。
⑥ 准唐律,"诸以妻为妾,以婢为妻者,徒二年。以妾及客女为妻,以婢为妾者,徒一年半。各还正之。"理由是"妻者,齐也,秦晋为匹。妾通买卖,等数悬殊。婢乃贱流,非本俦类。若以妻为妾,以婢为妻,违别议约,便亏夫妇之正道,黩人伦之彝则,颠倒冠履,紊乱礼经"。李存勖以正妻为妃,乃属于以妻为妾,而刘氏最开始只是婢女而已,因有子而事庄宗,最多只是妾的身份,而立她为后,则是以妾为妻。参见《唐律疏议》卷一三《户婚》,第256页。

喜欢她的原因是"刘氏生子继岌，庄宗以为类己，爱之，由是刘氏宠益尊"。① 李继岌乃庄宗的长子，庄宗去世时，他是父亲唯一成年的儿子②，若非发生魏州兵变导致庄宗败亡，他很可能成为父亲的继承人。庄宗作为李克用的继承人，可以以生母为太后，他当然也希望自己继承人的母亲也成为皇后，亦即将来的太后。无独有偶，因儿子得宠的女性并不止刘皇后一人，李克用次妃曹氏也因生庄宗，"太祖奇之，曹氏由是专宠"，只不过李克用没有把她提升为正室而已。不独李克用，即便是他的正室刘夫人，也曾对他说："曹氏相当生贵子，宜善待之。"③ 由此可见，宜子的观念并非沙陀男性所独有，沙陀女性对这种观念也深感认同，而在这种文化观念之前，汉人的礼法相对来说，就不那么重要了。刘皇后作为这种观念的受益者，当然也极力遏制其他可能受益的宫人，故当她得宠之后，"其他嫔御莫得进见"，而当后宫有女性为李存勖生子，她立即把这名宫人赏赐给元行钦，因为她觉得自己的地位有可能受到威胁。此外，有记载说，当魏州兵乱发生时，宰臣要求庄宗出内府钱赏犒军士，刘皇后带着皇子满哥等三人出见外臣，以作推搪。④ 庄宗连李继岌一共有五个儿子，此时刘皇后随意带出三人，可见她已经掌控了宫中对皇子的抚养权。

沙陀人的宜子观念并非个案，除李克用与庄宗外，明宗也发生过因皇子而追封皇后之事。长兴三年（932）二月，朝廷突然下诏，"制晋国夫人夏氏追册为皇后"，但正式的追册仪式一直到第二年的三月才正式完成，而此前，曹夫人已于长兴元年（930）被册封为皇后。⑤ 历史上追封皇后的事时有发生，通常有两种情况，其一，是正妻在皇帝即位前去世，皇帝即位后追封，如唐中宗赵皇后；其二，是受皇帝宠幸的妃子去世，皇帝追封其皇后的尊号，如唐玄宗武惠妃。⑥ 然而，夏氏生前曾经只是一名侍婢而已，不存在正妻追封，而从明宗曾经鞭打她的记载看，她并不为明宗所喜。事实上，她之所以被追封为皇后，依然是因为子嗣。明宗驾崩前，只有三名亲生儿子，即秦王从荣、宋王从厚及许王从益，成年的只有前两者，而夏氏正是从荣、从厚的生母。长兴四年（933）已经是明宗统治的最后一年，显然，他的继承人只能是从荣或从厚，而无论哪个成为皇帝，按照沙陀人宜子的观念，夏氏均应成为太后。事实上，明宗追册夏氏，确实是"以秦、宋二王位望既隆，因思从贵之义"，而在册后诏中，也有"予当预极，子并为王，有鹊巢之高，无翟衣之贵，贞魂永逝，懿范常存"之语。⑦

从庄宗与明宗的事例可见，沙陀人与契丹人一样，皇后应该宜子，如果没有儿子，即

---

① 《新五代史》卷一四《庄宗刘皇后传》，第143、144页。
② 虽然我们无法得知李继岌的出生年份，但同光三年（925）他作为主帅出征前蜀，年龄起码成年（即十五岁以上），由此反推，他出生之年最晚不过天祐八年（911），而庄宗得到刘氏乃在天祐五年（908）成为晋王之后，两者在时间上刚好吻合。换言之，刘氏跟随庄宗不久后即有胎胤。
③ 《新五代史》卷一四《后唐太祖正室刘氏及次妃曹氏传》，第142页。
④ 《旧五代史》卷三四《庄宗纪八》，第475页；《新五代史》卷一四《庄宗皇后刘氏传》，第143、145页。
⑤ 《旧五代史》卷四一《明宗纪七》，第561、565页；卷四三《明宗纪九》，第588页；卷四四《明宗纪十》，第603－604页。
⑥ 《旧唐书》卷五一《和思赵皇后传》，第2171页；《贞顺武皇后传》，第2177－2178页。
⑦ 《旧五代史》卷四九《昭懿皇后夏氏传》，第676页。

便是正妻，地位也是岌岌可危的。这也就能够理解，为何在明宗与朝廷议册皇后时，其正妻曹氏主动推让王淑妃（其时为德妃），因为曹氏只有一个女儿，没有亲生儿子，虽然他视李从珂"不异所生"，但李从珂毕竟只是明宗养子，不太可能成为他的继承人。相对而言，王淑妃虽然也没有儿子，但正当时得宠，要在后宫中抚养一个儿子也很容易，① 而当有了儿子，她就成为后位的有力竞争者。

后晋与后汉的情况虽与后唐有所不同，但也是大同小异。晋高祖石敬瑭的情况是比较特殊的，他的妻子是明宗的公主，这在某种程度上是他能够成为皇帝最重要的政治资源之一，故他不可能因子嗣问题而换一个皇后。而事实上，李皇后还是有所出的，她为晋高祖生下楚王石重信，而这也是石敬瑭众多儿子中最优秀的一个，史称他"为人敏悟多智而好礼"，为河阳三城节度使时"有善政"，且已生皇孙二人，若非在范延光之叛中不幸被杀，凭借他母亲的地位以及他的才干，他是最有可能成为后晋继承人的。② 不过有趣的是，李氏虽被立为皇后，但终石敬瑭之世，并未对其册封，一直到出帝继位，才正式把她册尊为皇太后。③ 出帝乃石敬瑭的侄子，其生母曰安太妃。按道理，他应该封生母为太后，但他乃以高祖之子的身份继位，故连自己的父亲都不敢相认，而只"追封皇伯敬儒为宋王"，更遑论封自己的生母为太后。为此，欧阳修对他大肆鞭笞，认为他有乖父子伦常。④ 他的皇后乃是冯氏，但冯氏是否有子嗣，不得而知。⑤ 汉高祖刘知远的皇后李氏，既为高祖正妻，也育有子嗣，她正是隐帝刘承祐的生母，故被立为皇后，理所当然。⑥

结　语

综上所述，虽然沙陀人在五代之时已基本接受汉族文化，但北方胡人的游牧文化在他们心中依然根深蒂固，这在他们的婚姻上是有所反映的。在形式上，尽管大多数沙陀贵族都接受"明媒正娶"的观念，但特殊的婚姻形式，如抢婚、收继婚等，依然被有限度地保

---

① 事实上，许王李从益正是由王淑妃抚养的，而此举也是出于明宗之意。参见《新五代史》卷一五《王淑妃传》，第159页。

② 石敬瑭还有重英、重进、重乂、重睿、重杲等儿子，但均不知生母是谁。而据《五代会要》，晋高祖后宫除李皇后外，只有颍川郡夫人蔡氏一人，但此人并未见记于其他史料，应该并不受宠。参见《旧五代史》卷八七《石重信传》，第1139－1140页；《新五代史》卷一七《晋家人传》，第184－186页；《五代会要》卷一《内职》，第16页。

③ 石敬瑭的理由是"宗庙未立，谦抑未皇"。参见《新五代史》卷一七《晋高祖皇后李氏传》，第175页；《资治通鉴》卷二八〇，天福元年十一月己亥，第9282页。

④《新五代史》卷九《晋出帝纪》，第92、97－98页。

⑤ 据《五代会要》记载，石重贵有幼子延煦、延宝，但据实录，"皆帝之从子，养为己子"。而《新五代史》也认为延煦、延宝为石敬瑭"诸孙"。石重信有二子一直养于晋宫中，数目刚好吻合，不知是否就是延煦、延宝。都兴智先生据《石延煦墓志铭》推断其出生时间，从而认为延煦、延宝均非石重贵子嗣，也非石重信子嗣，而应该是与他们二人同辈，且认为他们的父亲最可能是石敬瑭本人。参见《五代会要》卷二《诸王》，第20页；《旧五代史》卷八七《石重信传》，第1140页；《新五代史》卷一七《石延煦及石延宝传》，第186页；都兴智：《后晋石重贵石延煦墓志铭考》，载《文物》2004年第11期，第87－95页。

⑥《旧五代史》卷一〇一《隐帝纪上》，第1343页。

留下来。此外，沙陀贵族的婚姻对象除自主择偶外，更多是倾向于缔结一种有利于维持部族稳定及巩固自身势力的婚姻关系，故此，基层官僚及统军武将往往能与沙陀皇室联姻，这一点与唐代皇室致力于跟世家大族联姻的现象有所不同，尽管沙陀皇族也有与唐朝旧族联姻者。相反，北宋时期赵宋皇室与武将"约为婚姻"的现象，应该是传承了沙陀贵族的这种婚姻关系。[1] 同时，沙陀贵族的婚配对象不一定是汉人或北方胡人，而是兼而有之，这也在某种程度上反映他们入主中原之后所采取的民族包容政策。这一点，既与北魏孝文帝刻意与汉族通婚不同，也跟后来清朝贵族不与汉人通婚大不一样。[2] 此外，沙陀君主在选择皇后时，基本没有脱离"宜子"的观念，而以后唐表现尤为明显——即便是正妻，也不一定能成为皇后。当然，所谓正妻，或者只是修史者站在汉人的角度做出的判断，而并不是沙陀人本身的观念，如此，他们或许就不存在"以妻为妾"的说法了。[3]

（作者单位：湖北大学历史文化学院）

---

[1] 北宋皇室与武将"约为婚姻"，缘于宋太祖的"杯酒释兵权"，虽然其目的在于削夺武将的权力，但赵氏父子本身出自沙陀集团，能用这种办法来笼络武将，不得不说是受沙陀人的影响。与武将"约为婚姻"似乎也成了北宋皇室不成文的规矩，很多皇后出自武将之家，如宋太宗符皇后、宋真宗潘皇后、李皇后、宋仁宗郭皇后、曹皇后、宋英宗高皇后等，有趣的是，太祖宋皇后、仁宗郭皇后还有沙陀人的血统。此外，皇室中皇子、公主也多有与武将联姻者，而大多数外戚，也往往被委以武职。参见司马光《涑水纪闻》卷一《杯酒释兵权》，中华书局 2012 年版，第 11－12 页；《宋史》卷二四二《后妃上》，第 8605－8627 页；卷二四八《公主传》，第 8771－8782 页；张邦炜：《宋朝的"待外戚之法"》，载氏著《宋代婚姻家族史论》，第 439－460 页；何冠环：《北宋外戚将门陈州宛丘符氏考论》，载《中国文化研究所学报》第 47 期（2007 年），第 13－50 页；《北宋外戚将门开封浚仪石氏第三代传人石元孙事迹考述》，载《新亚学报》第 30 卷（2012 年），第 99－162 页；《北宋保州保塞外戚将门刘氏事迹考》，载《新亚学报》第 31 卷下篇（2013 年），第 249－312 页。

[2] 滕绍箴：《清代满汉通婚及有关政策》，载《民族研究》1991 年第 1 期，第 83－91 页。

[3] 笔者怀疑，若非成为中原君主，需册封皇后，沙陀人本身是否有正妻的说法，又或者说，是否只有一个正妻。据《周书·突厥传》记载，突厥人的先祖泥师都曾"娶二妻"，而讷都六更是"有十妻，所生子皆以母族为姓"，可见早期的北方民族仍处于母系社会，故无所谓妻、妾之分。而在唐朝时期，突厥分支突骑施苏禄可汗，就曾立三位可敦，这是一个先例。而此后，蒙元宫廷中，也有多位皇后共存的状况。换言之，在一些北方民族中，并没有一夫一妻的观念，而把多个配偶作为妻子。如果这个怀疑成立的话，起码能够解释李存勖封生母为太后，以嫡母为太妃的行为，因为李克用死前一直没有称帝，在这种观念下，谁是正妻，谁是侧室，就难以判断了。当然，这仅仅是笔者的一种怀疑，是否成立，还有待材料进一步的发掘及论证。参见《周书》卷五〇《突厥传》，第 908 页；《旧唐书》卷一九四下《突厥下》，第 5192 页；宋濂：《元史》卷一〇六《后妃表》，中华书局 1976 年版，第 2693－2702 页。

宋代敕榜研究

杨 芹

中国古代很早就形成用文书来处理国家事务的制度和传统。降及宋代，随着机构职能的建设和信息渠道的发展，文书种类丰富，功能齐全突出，文书制度在既有体制框架下已臻于完善。然对于今天研究而言，仍有一些宋代文书类型有待准确地复原、认知，敕榜即为其中之一。

作为"命令之体"之一，宋代敕榜乃戒励百官、晓谕军民所用之皇帝诏令文书（"王言"文书），为向官员、民众传达政令资讯之重要载体。"王言"文书历来是古代官文书的重要组成部分，宋代之"命令之体""王言"文书亦有其制度特点、功能影响，并关乎王朝统治、君相权力等现实状况。较之于制书、诰命等其他宋代"王言"文书，敕榜仍缺乏切实、专门之考察，亟须推进。[①] 本文拟对宋代敕榜，包括其概念用途、相关制度、实际效应等问题进行系统探讨，填补宋代"王言"文书研究之空白，并在一定程度上反映皇帝、臣僚、民众等力量与文书制度之间的互动关系。

一、敕榜之定义及功能解析

（一）敕榜之定义及功能

宋代关于敕榜之定义，主要出现在"命令之体""中书省"之相关表述中。《宋史·职官一·中书省》载：

> 凡命令之体有七：曰册书，立后妃，封亲王、皇子、大长公主，拜三师、三公、三省长官，则用之。曰制书，处分军国大事，颁赦宥德音，命尚书左右仆射、开府仪同三司、节度使，凡告廷除授，则用之。曰诰命，应文武官迁改职秩、内外命妇除授及封叙、赠典，应合命词，则用之。曰诏书，赐待制、大卿监、中大夫、观察使以

[①] 目前尚未见到以敕榜为对象的专题研究，有法律史学者研究唐宋榜文时介绍过敕榜，但尚显简单，缺乏凿实的结论［见徐燕斌《唐宋榜文考》，载《长江大学学报（社会科学版）》2015 年第 4 期；《宋明榜文类别述考》，《兴义民族师范学院学报》2015 年第 1 期］。有学者研究宋代地方州县官府榜谕的形成和运作过程，以此考察地方官府与民户之间的互动关系，但不涉及敕榜（见高柯立《宋代的粉壁与榜谕：以州县官府的政令发布为中心》，载邓小南主编《政绩考察与信息渠道：以宋代为重心》，北京大学出版社 2008 年版）。张祎《制诏敕札与北宋的政令颁行》（北京大学 2009 年博士学位论文）亦仅在探讨诏敕体式、用途的同时略谈及敕榜，但未展开。

上,则用之。曰敕书,赐少卿监、中散大夫、防御使以下,则用之。曰御札,布告登封、郊祀、宗祀及大号令,则用之。曰敕榜,赐酺及戒励百官、晓谕军民,则用之。皆承制画旨以授门下省。①

类似的文字表述还见于《文献通考》卷五一《职官考五·中书省》及南宋陈均的《皇朝编年纲目备要》(亦名《九朝编年备要》)卷二一。《宋史》《文献通考》之记载均系于"中书省"下,《皇朝编年纲目备要》则明确地将其隶于元丰五年(1082)四月"官制成"之条。这些记载解说的应是神宗元丰改制后中书省的职掌及"命令之体"相关的诏令文书制度,"敕榜"位列其中第七。

与上述诸书表述相近,《宋会要辑稿》职官三之三引《神宗正史·职官志》云:

> 中书省掌承天子之诏旨及中外取旨之事……立后妃,封亲王、皇子、公主,拜三师、三公、侍中、中书、尚书令则用册;颁赦降德音,命尚书左右仆射、开府仪同三司、节度使则用制;应迁改官职,命词则用诰;非命词则用敕牒;赐中大夫、观察以上则用诏;布告大号令则用御札;赐酺及戒励百官、晓谕军民则用敕榜。②

上文罗列出七种命令文书之类型,描述内容亦基本一致。"敕榜"仍为"赐酺及戒励百官、晓谕军民"所用文书。

宋代"敕榜"之涵义,又见于"学士院""翰林学士"之职能解说中。

《宋史·职官二·学士院》称:

> (学士院)掌制、诰、诏、令撰述之事。凡立后妃,封亲王,拜宰相、枢密使、三公、三少,除开府仪同三司、节度使,加封,加检校官,并用制;赐大臣太中大夫、观察使以上,用批答及诏书;余官用敕书;布大号令用御札;戒励百官、晓谕军民用敕榜;遣使劳问臣下,口宣。③

这段文字是从学士院翰林学士所掌文书种类出发,然记载形成时间应偏后。材料中提到"三公""三少",史载徽宗政和二年(1112)九月才设少师、少傅、少保为"三少",并为宰相之任,宣和七年(1125)复为阶官。则这段文字至早也必须形成于政和二年之

---

① 〔元〕脱脱等:《宋史》卷一六一《职官志一·中书省》,中华书局1985年版,第3783页;〔元〕马端临:《文献通考》卷五一《职官考·中书省》,中华书局1986年版,第463页;〔宋〕陈均编:《皇朝编年纲目备要》卷二一,元丰五年四月"官制成"条,中华书局2006年版,第504页。
② 〔清〕徐松辑:《宋会要辑稿》职官三之三,中华书局1957年版,第2399页。
③ 《宋史》卷一六二《职官志二·学士院》,第3811页。按龚延明《宋史职官志补正》(浙江古籍出版社1991年版,第73页),"翰林学士院"系"学士院"之误。宋代"翰林院"与"学士院"为两个不同机构,此处"翰林"二字可省。

后。再者，史料中列"枢密使"，按神宗元丰五年（1082）废枢密使、副，只称知枢密院事、同知枢密院事，直到高宗绍兴七年（1137）复置使、副，迄南宋亡。若严格按此，则可推知其成文于南宋高宗绍兴七年以后。其中，"戒励百官、晓谕军民"仍列入"敕榜"文书功能之中，"赐酺"一项则已消失。

上引诸种关于敕榜概念的表述基本一致，均指出宋代敕榜为"戒励百官、晓谕军民"所用之诏令文书。然"戒励百官、晓谕军民"，指代仍较为宽泛。具体在什么情况下可颁降敕榜，仍有待厘清。事实上，敕榜之适用情形及对象范围在宋人的史事记述中已有所反映，常见表达为"以敕榜""降敕榜""赍敕榜""揭敕榜"等，敕榜之文书功能大体有以下几类。

第一类亦即最常见之功能，为招安、招降叛军、夷狄。如史载：庆历四年（1044）八月，"降敕榜招安保州叛军"①；熙宁六年（1073）五月，"诏降敕榜付察访熊本晓谕夷界，除元谋作过首领及手杀命官将校不赦外，余人如能自首归，并免罪"②；又如元丰四年（1081）《招谕夏国敕榜》有云"其先在夏国主左右、并鬼名诸部、同心之人，并许军前拔身自归。及其余首领，能相率效顺，共诛国仇，随功大小，爵禄赏赐"③，等等。

宋朝统治者在平息以民变和军乱为主的"内患"时，虽也剿、抚并用，但与前代相比，却更多地采取以招安为主的策略。或是临以重兵而后招之；或是以招安为手段，期冀其达到"以盗平盗"的目的。上述所举，显示敕榜乃招安之策实施之主要文书载体，朝廷对变乱的态度和想法通过敕榜传达给相关人群，以期其能接受朝廷之处置而免于军事上再动干戈。

第二类功能为晓谕军民，特别是遭遇兵祸、天灾等地区的军队百姓，内容则主要是税收、徭役等民生问题，以宣示德意。如天圣六年（1028）四月，"遣开封府推官监察御史王沿、左侍禁阁门祗候郭立往河北灾伤州军体量安抚。降敕榜逃户归业者免今年田税，官为贷种食，县乡毋得追扰"；④元丰五年二月（1082），敕榜晓谕陕西百姓等"访闻昨经西讨调发丁夫，随军极为不易，尔后边事更不差夫出界，令各安农业"；⑤绍兴三十一年（1161）九月，"诏以金人背盟，降敕榜招谕中原军民"⑥。这些敕榜，将朝廷安抚灾患、与民休息的政策发布于地方，"以示兼爱生灵之德意可耳"⑦。

第三类用途则乃戒励百官、士人，往往是针对某些重大时政或官员问题所发之警示，以达到引导、控制朝论之目的。如嘉祐三年（1058）五月十三日，三司盐铁副使、右司员

---

① 〔宋〕李焘：《续资治通鉴长编》卷一五一，庆历四年八月壬寅，中华书局2004年版，第3683页。
② 《续资治通鉴长编》卷二四五，熙宁六年五月丙辰，第5953页。
③ 佚名编：《宋大诏令集》卷二三五《政事八八·四裔八》，中华书局1962年版，第917页。
④ 《续资治通鉴长编》卷一〇六，天圣六年四月丁丑，第2470页。
⑤ 《续资治通鉴长编》卷三二三，元丰五年二月丁巳，第7781页。
⑥ 《宋史》卷三二《高宗纪九》，第603页。
⑦ 〔宋〕徐梦莘：《三朝北盟会编》卷一七五，绍兴七年正月十五日丁丑，上海古籍出版社1987年版，第1268页。

外郎郭申锡降知滁州。敕榜朝堂曰:"申锡官职事守不为轻矣,所宜慎其所举以道吾民者。属与李参相视决河,论议之异,遂成私忿,章奏屡上,辨诉纷然,敢为诋欺,处之自若。以至兴起大狱,置对逾旬,参验所陈,无一实者。士人之行乃至是乎!使吾细民何所视效"①。政和二年(1112)正月,以张商英罢相,敕榜曰:"商英昨以颇僻之学,肤险之论,鼓惑众听,呼吸群邪,天下之士汩于流俗者,咸仰之为宗。近来敕榜戒告,庶几士知所向矣。"②戒谕士子勿倾摇国是。

此外,敕榜有时还用于一些特殊情形下需要朝臣或百姓周知的事情。崇宁元年(1102)正月,"诏三省籍记苏辙而下五十有四人,不得与在京差遣。仍敕榜朝堂,应元祐并元符末今来责降人,除韩忠彦曾任宰臣,安焘依前任执政官,王觌、丰稷见在侍从外,苏辙、范纯礼、刘奉世、刘安世等,令三省籍记姓名,更不得与在京差遣。"③建炎三年(1129)二月十六日,户部尚书叶梦得言:"车驾驻跸杭州,所有邻近州军地理险阻控扼去处,备御之策,合博采众议,并召募土豪,集召人兵。亦恐有情愿效力之人,不能自达,望出敕榜,应士庶限五日,有能通知道路、措置备御等事,并令实封或彩画地图,诣都省陈献。"从之。④

综上,这些不同时期的史籍记载所反映的史实,基本上代表了两宋对于敕榜之运用情况(南宋有其特别之处,详见下文)。然前引敕榜之定义表述中还提及"赐酺"。《宋史》云"赐酺","自秦始,秦法,三人以上会饮则罚金,故因事赐酺,吏民会饮,过则禁之。唐尝一再举行。太宗雍熙元年十二月,诏曰:'王者赐酺推恩,与众共乐,所以表升平之盛事,契亿兆之欢心。累朝以来,此事久废,盖逢多故,莫举旧章。今四海混同,万民康泰,严禋始毕,庆泽均行。宜令士庶之情,共庆休明之运。可赐酺三日'。"⑤可见"赐酺"应为古代帝王推恩于天下所允许的一种宴饮庆祝活动。宋代君主亦尝下诏赐"天下大酺",则在活动举行之前,或将皇帝旨意用敕榜明谕士庶。不过,赐酺内容之敕榜篇章,今尚未见,无法坐实;而且南宋之后,敕榜似未再用于赐酺。

事实上,榜是古代重要的官方信息传播媒介,于宋代运用广泛。所谓"榜",是指公开张贴的手写或雕印的文告,系传播朝旨的媒介,也是推行政令的工具,具有行政约束效力。⑥宋代帝王、中央百司至地方官府,均可"揭榜"即发布文告。宋代榜因发布机关、传播对象的不同,榜所张挂的空间分布及其传播内容各有其差异性。而敕榜则属于必须张贴公示之君主诏令。它与宋代其他榜文类型的区别在于,作为"命令之体"之一,敕榜的发布主体须是皇帝,直接以皇帝的名义制作和发布。

---

① 《宋会要辑稿》职官六五之一七至一八,第3855页。
② 徐自明撰,王瑞来校补:《宋宰辅编年录校补》卷一二"(政和元年)八月丁巳,张商英罢右仆射",中华书局1986年版,第761页。
③ 《宋宰辅编年录校补》卷一一"(崇宁元年)正月庚申,韩忠彦罢左仆射",第691-692页。
④ 《宋会要辑稿》兵二九之三一,第7308页。
⑤ 《宋史》卷一一三《礼志一六·赐酺》,第2699页。
⑥ 龚延明:《宋代官制辞典》,中华书局1997年版,第625页。

（二）与诏书之关系

若从敕榜之"戒励百官、晓谕军民"功能来看，它与宋代之诏书亦颇有重合之处。宋代所谓"诏书"（简称"诏"），亦在"命令之体"的表述之中，有云"曰诏书，赐待制、大卿监、中大夫、观察使以上，则用之"①，多半是对官员之赏赐、褒恤、戒励，如《赐正议大夫知枢密院事安焘生日诏》②；或是对官员致仕、辞免官职等申请所下的答复，如《赐观文殿学士、刑部尚书知亳州欧阳修乞致仕不允诏》③《赐三司使韩绛乞外郡不允诏》④。

然宋代诏书在很大程度上亦是"诫谕风俗或百官之类"所用文书⑤，凡举行朝廷内外大事，颁奖谕、诫谕、抚谕等，均可用诏。如《戒中外臣僚各专职守诏》《原贷盗贼许以自新各令复业诏》等。内容丰富，使用频繁而且诏书所下亦不单是对一定级别的官员个人，对中外文武臣僚、官僚机构以及普通民众的告谕，同样适用。

因此，"戒励百官、晓谕军民"之敕榜，在某种程度上与"诫谕风俗或百官之类"的诏书（包括诏书最高等级之手诏）功能是一致的，文字方面亦有相似之处。二者最主要的区别，或在于敕榜在其形成文字之后，必须以榜的形式张贴公示，张榜是其应有之义；诏书则视情况而定，非必须公示。

二者关系亦有例子可证，如《宋代诏令集》中所收《敕榜朝堂诏》，明确为"诏"，但须张榜；抑或一些诏文，如《诫士人恪守名节诏》（大观三年五月二日）结尾云"可敕榜朝堂，咸使知之"⑥，《晓谕东京官吏将校僧道军民诏》结尾云"今特命给事中吕祐之赍敕榜抚谕，西京亦依此降下"⑦，《诫谕不更改政事手诏》（政和六年七月九日）云"仍榜朝堂"⑧，等等。这些情况下的诏书大抵等同于敕榜，但严格论之，其文书载体形式仍是诏书。

尽管有如此关系，若就同一事件而言，敕榜之影响力当在诏书之上，史载，"枢密院奏事，曾布曰：'窃闻沈铢近以缴吴居厚词得罪。'上曰：'止罚金。'布曰：'又闻有敕榜。'上曰：'止降诏。'"⑨ 言下之意，降诏而不榜告，不及敕榜告谕上下来得严重。

---

① 《宋史》卷一六一《职官一·中书省》，第3783页。
② 〔宋〕苏颂：《苏魏公文集》卷二二《内制·诏书》，中华书局1988年版，第294页。
③ 〔宋〕郑獬：《郧溪集》卷九，文渊阁四库全书本，1097册，第183页。
④ 〔宋〕王珪：《华阳集》卷一八，丛书集成初编本，1912册，第200－201页。
⑤ 〔宋〕王应麟：《玉海》卷二〇二《辞学指南》，江苏古籍出版社1987年版，第3699页。中云："周官御史掌赞书注云若今尚书作诏文，秦改令为诏，汉下书有四，三曰诏书（其文曰告某官），四曰诫敕（其文曰有诏敕某官）。唐贞观末，张昌龄召见，试息兵诏，此试诏之始也。其后学士试批答，皇朝西掖初除试诏。绍圣试格止曰'诫谕'，如近体诫谕风俗或百官之类。绍兴改为诏。"
⑥ 《宋大诏令集》卷一九六《政事四九·戒饬七》，第723页。
⑦ 《宋大诏令集》卷一八七《政事四〇·慰抚上》，第685页。
⑧ 《宋大诏令集》卷一九七《政事五〇·戒饬八》，第727页。
⑨ 《续资治通鉴长编》卷四八八，绍圣四年五月辛未，第11579页。

(三）与"黄榜"之异同

值得注意的是，史籍中另有"黄榜"一词，也常指用于招安变乱军士、民众之诏令，尤其出现在南宋史事之记载中，似有以"黄榜"代"敕榜"称呼之意。对此，《建炎以来系年要录》有载：

> （建炎元年八月）庚辰，诏赐杭州黄榜，招谕作过军民，若能率众归降，当赦其罪，一切不问。仍审量事状情理，命以官资。若敢抗拒，仍旧为恶，则掩杀正贼外，父母妻子并行处斩。如大兵会合，已到城下，即令来改过出降，放罪推赏指挥更不施行。仍令监司召募土豪，自率乡兵，会合讨荡。亦许先次借补官职。建炎后以黄榜招安叛兵自此始。①

所谓"建炎后以黄榜招安叛兵自此始"，也就是说，南宋时期，专门以"黄榜"（突出用黄纸制作）这一形制之文书行朝廷招安之令。② 在这个意义上，"黄榜"即为"敕榜"。而翻阅南宋时期史事记载，"黄榜"一词出现的频率远高于"敕榜"，如：

> （绍兴四年十一月）癸亥，刘光世遣统制王德击金人于滁州之桑根，败之。揭黄榜招谕湖贼。③
> （淳祐二年六月）丁巳，诏以余玠为四川宣谕使，事干机速，许同制臣共议措置，先行后奏，仍给金字符、黄榜各十，以备招抚。④
> （张）守与显谟阁待制新知广州张致远皆乞黄榜以招安南诸盗，许之。⑤
> （绍兴元年十月）二十二日乙亥，王德赍黄榜招降，邵青不从。⑥
> 省吏刘应韶即以黄榜自窗槛中递出张挂，慰谕一行将士，谓罪止诛其首。⑦

诸如此类表述并非少数，表明南宋时确常行"黄榜"招安、招降，"示以朝廷恩

---

① 〔宋〕李心传：《建炎以来系年要录》卷八，建炎元年八月庚辰，中华书局1956年版，第206页。
② 南宋时行招安之令时亦常见"旗榜"，指标有名号的旗子和榜文，如史载"金统制王镇、统领崔庆……皆密受（岳）飞旗榜，自北方来降"（《宋史》卷三六五《岳飞传》，第11390页），等等。然"旗榜"一则与"敕榜""黄榜"形制不同。二则非皆为南宋朝廷所颁，如史载刘豫"遣沂州举人刘偲持旗榜招（赵）立"（《建炎以来系年要录》卷三三，建炎四年五月乙丑，第651页）；又，"金立招降旗榜"（《建炎以来系年要录》卷四三，绍兴元年三月丙午，第779页），等等。三则其榜文亦非直接以皇帝名义所发，如"保和州陈康伯等依旨撰到招安旗榜"（《三朝北盟会编》卷二四七，绍兴三十一年十二月十五日癸丑，第1776页）。
③ 《宋史》卷二七《高宗纪四》，第513页。
④ 《宋史》卷四二《理宗纪二》，第823-824页。
⑤ 《建炎以来系年要录》卷一二三，绍兴八年十一月戊申，第2000页。
⑥ 《三朝北盟会编》卷一四九，绍兴元年十月二十二日乙亥，第1082页。
⑦ 〔宋〕周密：《癸辛杂识》前集《施行韩震》，中华书局1988年版，第53页。

意"①。不过,南宋之"黄榜",似仍不限于招安之令,诏谕将士、百姓等亦会用之。例如,绍兴三十一年(1161),"三省、枢密院上《将士战死推恩格》,横行遥郡九资、横行遥刺八资、遥郡七资、遥刺正使、横行副使皆六资,副使五资,大使臣三资,小使臣二资,校副尉及兵级皆一资。诏以黄榜晓谕诸军。"②又,"宋朝行都于杭,若军若民,生者死者,皆蒙雨露之恩,但霈泽常颁,难以枚举,姑述其一二焉。遇朝省祈晴、请雨、祷雪、求瑞,或降生及圣节、日食、淫雨、雪寒,居民不易,或遇庆典大礼明堂,皆颁降黄榜,给赐军民各关会二十万贯文。盖杭郡乃驻跸之所,故有此恩例耳。"③

有鉴于此,加之南宋时"敕榜"一称确有减少之趋势,"黄榜"有替代北宋"敕榜"之意。不过,宋代"黄榜"有时还指发布殿试中式名单的公告,即俗称"金榜题名"。如苏轼《与潘彦明》云"不见黄榜,未敢驰贺,想必高捷也"等,④但为数不多。简言之,宋代之敕榜,包括南宋时期大量出现的黄榜,均为张贴发布的、用以"戒励百官、晓谕军民"之皇帝诏令文书,且较多地用于招安变乱、抚慰灾患等情形。

值得注意的是,"敕榜"作为一文书类型,在宋代史籍中频繁出现,宋之前后朝代的史事记载中,"敕榜"一称出现次数则极少。笔者所见,仅寥寥几处,且须辨析。如《南史》载"元嘉四年,大使巡行天下,散骑常侍袁愉表其淳行,文帝嘉之,敕榜表门闾,蠲其租调,改所居独枫里为孝行焉。"⑤然此处"敕"与"榜"似更应断开,为"敕"而"榜表门闾"之说。

又如明代徐师曾论"敕"时曰:"宋亦有敕,或用之于奖谕,岂敕之初意哉?其词有散文,有四六,故今分古、俗二体而列之。宋制戒励百官,晓谕军民,别有敕榜,故矣附焉。今制,诸臣差遣,多予敕行事。"⑥按徐氏之意,宋"别有敕榜"而明代则无;今人研究亦无提及敕榜者。⑦至于"黄榜",在明、清时出现稍多,然亦多指发布殿试中式名单的公告。因此可以推见,"敕榜"作为古代一种诏令文书类型,宋代使用的更多。

二、敕榜之相关制度

相对于其他"王言"文字如制、诰、诏等,明确以"敕榜"为题的文书篇章,几乎不见存留于宋人文集中。目前所见,仅王安石《临川文集》中《敕榜交趾》(又名《讨交趾敕榜》)一篇,而完整、明确的敕榜文主要集中于《宋大诏令集》里,但篇数亦不多,

---

① 《建炎以来系年要录》卷二三,建炎三年五月己丑,第485页。
② 《建炎以来系年要录》卷一九四,绍兴三十一年十一月庚辰,第3270页。
③ 〔宋〕吴自牧:《梦粱录》卷一八《恩霈军民》,丛书集成初编本,第3221册,第171页。
④ 〔宋〕苏轼:《苏轼文集》卷五三《与潘彦明十首》,中华书局1986年版,第1583页。
⑤ 〔唐〕李延寿:《南史》卷七三《郭世通传》,中华书局1975年版,第1800页。
⑥ 〔明〕徐师曾:《文体明辨序说·敕》,《文章辨体序说 文体明辨序说》,人民文学出版社1962年版,第113页。今天看来,徐氏对宋代"敕"之解说实更适用于"诏"。
⑦ 如陈时龙《明代诏令的类型及举例》,万明《明代诏令文书研究——以洪武朝为中心的初步考察》,二者均载《明史研究论丛(第八辑)——明代诏令文书研究专辑》,紫禁城出版社2010年版。

如《赐潭州造茶人户敕榜》《赐通州煎盐亭户敕榜》①《诫饬在位敕榜》② 等 16 篇。鉴于前述敕榜与诏书之关系,再加上一些虽未以"敕榜"为题,但文末提到"可敕榜朝堂""宜令出榜朝堂""仍榜朝堂"的诏书等,则共有 30 篇。而且可以想见,仍有一定数量的诏书是须榜示朝堂的,尽管诏文中并未直接言明。

作为"命令之体"之一种,敕榜须以皇帝之口吻发文,"朕"乃文中的第一人称。从文献中著录的敕榜文来看,其文辞一是以"敕某某"开头,表示告谕对象,如《宋大诏令集》所收《开封府管内许人户从便输纳敕榜》称"敕开封府管内乡村人户等"③;《招谕江州敕榜》称"敕江州管内县镇乡村人户等"④ 之类;文末以"故兹榜示,想宜知悉"或"故兹榜示,各令知委"等形式结束。此类敕榜多为颁下地方者。

出榜朝堂的敕榜则常直接以事开篇,如英宗《敕榜朝堂诏》开篇云"朕近奉太后慈旨,濮安懿王,令朕称亲,仍有追崇之命"⑤;绍圣元年(1094)七月戊午《敕榜朝堂诏》首云"送往事居,是必责全于臣子;藏怒宿怨,岂宜上及于君亲"等。⑥ 此类敕榜结尾亦常重申张榜之范围及途径,如"宜令中书门下御史台出榜朝堂,及进奏院遍牒告示,庶知朕意"⑦;"宜令御史台出榜朝廷,进奏院遍榜"之类。⑧

作为公开的王命旨令,敕榜之行文用语,亦须准确、庄重,体现王者意志。然考虑到阅读敕榜的某些特殊对象,有时又不可过于深奥、生僻。熙宁九年(1076)七月,皇帝诏郭逵等审议邕、钦二州溪峒事宜,郭逵等言:"看详朝廷前降敕榜,窃虑边人不晓,文告之辞须至画一,直说事理,所贵人人易晓。"⑨ 绍兴三年(1133)七月,宰执进呈抚谕韩世忠军士敕榜条目,高宗曰:"卿等更加改定,又不可太文,使三军通晓。春秋时,楚围萧,萧溃,申公巫臣请楚庄王曰:'师人多寒,王巡三军,拊而勉之,三军之士皆如挟纩。'言之感人深也。如是,今抚勉世忠军士宜仿此。"⑩ 所谓"虽武夫远人晓然知上意所在云"⑪,尔后能受其感化。

如上引高宗、郭逵等,宋朝君臣对于敕榜文字亦不时加以关注审读,指出不妥之处。如建炎初,敕榜东京,东京留守宗泽见词,乃具奏曰:"臣于二月十八日祗受朝廷降到黄榜诏敕,云'遂假勤王之名,公为聚寇之患',如是勤王之人皆解体矣"⑫,等等。当然,

---

① 以上两篇均在《宋大诏令集》卷一八三《政事三六·赋敛》,第 663 页。
② 《宋大诏令集》卷一九五《政事四八·戒饬六》,第 717 页。
③ 《宋大诏令集》卷一八三《政事三六·赋敛》,第 662 页。
④ 《宋大诏令集》卷二二五《政事七八·伪国上》,第 877 页。
⑤ 《宋大诏令集》卷一九四《政事四七·戒饬五》,第 713 页。
⑥ 《宋大诏令集》卷一九五《政事四八·戒饬六》,第 717 页。
⑦ 《宋大诏令集》卷一九四《政事四七·戒饬五》,第 713 页。
⑧ 《宋大诏令集》卷一九五《政事四八·戒饬六》,第 717 页。
⑨ 《续资治通鉴长编》卷二七七,熙宁九年七月己未,第 6767 页。
⑩ 《宋会要辑稿》职官四二之七二,第 3270 页。
⑪ 《宋史》卷三七八《綦崇礼传》,第 11683 页。
⑫ 《建炎以来系年要录》卷一四,建炎二年三月丙戌,第 296 页;《三朝北盟会编》卷一一五《东京留守宗泽奏对论正月丁未诏书乞车驾回京师》,第 843 页。

一如制诰诏令等，敕榜文字在遣词造句、引经据典之间，仍一定程度地反映出作者的文学造诣和词章水平。王安石《讨交趾敕榜》中有"天示助顺，已兆布新之祥"一句，言"彗星见而出师"①，"《行年河洛记》王世充《假隋恭帝禅位策文》云'海飞群水，天出长星，除旧之征克著，布新之祥允集'。荆公用旧意为新语也。"②

前文述及敕榜概念时，曾引史籍中关于中书省、学士院职能及所掌文辞之相关表述。事实上，尽管以皇帝的口吻发文，但宋朝之敕榜文字应主要出自学士院、中书省文字官员之手，即由内、外制之臣负责起草。如史载熙宁十年（1077）七月，中书拟敕榜："廖恩本南剑州大姓，昨因吴笋寇略，与族人承禹等同力讨除，本路奏功不实，以至恩赏不均。今乃啸聚徒众，敢行剽劫，屠害官兵，已令本路进兵，及选差兵官前去翦除。况恩等本是平民，有劳未奖，陷于大戮，宜开一面，使得自新"③；又元丰四年（1081）八月一日，"诏学士院降敕榜付林广晓谕，许乞弟出降，当免罪。如乞弟迷执如故，即行诛杀"④，等等。

至于敕榜什么情况由内制起草，何时为外制掌词，史书并未明载该分工原则，然仍应以内制为主。《宋会要辑稿》在言及"起居注"时曾提到，"翰林麻制、德音、诏书、敕榜该沿革制置者，门下中书省封册、诰命，进奏院四方官吏、风俗、善恶、祥瑞、孝子顺孙、义夫节妇殊异之事，礼宾院诸蕃职贡、宴劳、赐赉之事，并十日一报"⑤。敕榜隶于翰林，或为旁证。

亦有个别例外。史载熙宁八年（1075），交趾入寇，"所破城邑，即为露布揭之衢路，言所部之民亡叛入中国者，官吏容受庇匿，我遣使诉于桂管，不报，又遣使泛海诉于广州，亦不报，故我帅兵追捕亡叛者。又言桂管点阅峒丁，明言欲见讨伐。又言中国作青苗、助役之法，穷困生民。我今出兵欲相拯济"⑥。宰相王安石"怒，自草敕榜诋之"⑦。

因交趾文书中说及中原兴青苗、助役法，使百姓穷困，有"新法扰民"之意，宰执王安石亲自捉刀，自草敕榜，对交趾加以申讨。这一事件，在《宋史》《续资治通及长编》《涑水纪闻》均有提及，但都没有正面批评王安石越俎代庖；唯《黄氏日抄》言"公已不当内制之职矣，敕榜乃其所自为。盖公侵官以行私"⑧，有侵越内制职分之嫌。

---

① 《宋大诏令集》卷二三八《政事九一·四裔一一》，第932页；〔宋〕司马光：《涑水纪闻》卷一三，中华书局1989年版，第250页。
② 〔宋〕王铚：《四六话》卷上，丛书集成初编，第2615册，第7页。
③ 《续资治通鉴长编》卷二八三，熙宁十年七月壬子，第6931页。
④ 《宋会要辑稿》蕃夷五之二八至二九，第7780-7781页。
⑤ 《宋会要辑稿》职官二之一一，第2377页。
⑥ 《续资治通鉴长编》卷二七一，熙宁八年十二月癸丑，第6650-6651页。此事又见于司马光《涑水纪闻》卷一三。然《续资治通鉴长编》按语，"此据司马光《记闻》并鲜于绰《传信录》。按敕榜以八年十二月二十五日下，张守节败在九年正月四日，而《纪闻》乃云'交人露布云张守节等辄相邀遮，士众奋击，应时授首'，盖误也。今削去此段。或交人露布不一，守节败后复有之，但不应在敕榜先耳。王安石亲作敕榜，当时因露布言及苗、役故也。"
⑦ 《宋史》卷三二七《王安石传》，第10549页。
⑧ 〔宋〕黄震：《黄氏日抄》卷六四《王荆公·内制》，文渊阁四库全书，第708册，第573页。

《宋会要辑稿》还提到：

> （大中祥符）六年八月，学士院谘报："准诏减定书诏用纸，今定文武官待制、大卿监、观察使以上用白诏纸，三司副使、閤门使、少卿监、刺史以上用黄诏纸，自余非巡幸、大礼赦书、敕榜外，并用黄表纸。"从之。①

高承《事物纪原》亦说："唐高宗上元二年，以制敕施行既为永式，用白纸多为虫蛀，自今已后，尚书省颁下诸州、诸县，并用黄纸。敕用黄纸，自高宗始也。"② 所谓黄纸，即经过染潢，能较好防蛀的纸。宋制，"诸翻录制敕、赦书、德音，其纸用黄（须无粉药者）"③ 敕榜可纯用黄纸誊写、张贴，所谓"以为黄纸敕榜，尚书省之出也"，④ 因之亦有"黄榜"之称。至于敕榜所钤玺印，应为"书诏之宝"。据《文献通考》记载：

> 禁中所用，别有三印：一曰天下合同之印，中书奏覆状、流内铨历任三代状用之；二曰御前之印，枢密院宣命及诸司奏状用之；三曰书诏之印，翰林诏书、敕、别录、敕榜用之。皆铸以金，又以鍮石各铸其一。雍熙三年并改为宝，别铸以金。旧者六印皆毁之。⑤

北宋末，皇帝玺印大多沦没于金，南宋高宗时又重置御宝，其中有"书诏之宝"，仍用于"印诏书"。按宋代制度，敕榜之上是钤盖"书诏之宝"用作凭信的。

宋代敕榜就其公布张示的范围来说，大致有两类：一是在中央朝廷公布的榜谕，所谓"出榜朝堂""敕榜朝堂""榜示朝堂"，故"自非趋朝之人莫之得见"⑥。至于敕榜具体张挂于朝堂哪个位置，史籍并未明确指出，然无疑应是百官出入必经之所，亦为能停留阅读之位置。而这其中，常提及御史台，有所谓"令御史台于朝堂出榜晓示"⑦"宜令中书门下俾御史台出榜朝堂"⑧ 之提法。可见，宋代御史台或负责将敕榜张贴、公示于朝堂之上，并定时收回。以御史台纠察百官、肃正朝纪之职，出榜之举或增加榜文的震慑性。史籍记载中曾提及绍圣四年（1097）"诏吏部侍郎安惇、刑部侍郎周之道，同勘开封府见勘御史台知班李奇擅收敕榜，及取合干官吏，具案以闻"⑨；同时，侍御史董敦逸"不觉台

---

① 《宋会要辑稿》职官六之四八至四九，第 2520－2521 页。
② 〔宋〕高承：《事物纪原》卷二《黄敕》，中华书局 1989 年版，第 57 页。
③ 〔宋〕谢深甫：《庆元条法事类》卷一六《文书门》，续修四库全书，第 861 册，第 293 页。
④ 〔明〕黄淮、杨士奇编：《历代名臣奏议》卷一九八《谨名器》，上海古籍出版社 1989 年版，第 2593 页。
⑤ 《文献通考》卷一一五《王礼考十·圭璧符节玺印》，第 1039 页；《玉海》卷八四《太宗皇帝承天受命宝　雍熙书诏宝　真宗皇帝恭膺天命宝》，第 1556 页。
⑥ 〔宋〕司马光：《传家集》卷四七《乞改求谏诏书札子》，文渊阁四库全书，第 1094 册，第 442 页。
⑦ 《宋大诏令集》卷一九二《责孔道辅等令御史台敕榜朝堂敕》，第 706 页。
⑧ 《续资治通鉴长编》卷二○七，治平三年三月辛未，第 5044 页。
⑨ 《续资治通鉴长编》卷四九二，绍圣四年十月癸未，第 11676 页。

吏擅收敕榜","降一官,知兴国军"。① "李奇擅收敕榜"事,语焉不详,而董敦逸之牵连被逐亦有其特殊缘由。不管怎样,可见出榜和收榜均非随意之举,御史台尤其承担着一定的干系。

地方州县或特定区域公布的榜谕,如有"凡军政申明约束及更改法制者数十条,皆用敕榜揭于通衢"②;"仍乞逐州县明挂敕榜,晓示诸邑人户"③;"降敕榜于夷人出入要路,及遣招安将等深入夷界晓告之"④;等等。当然,在此之前,仍通过进奏院"遍牒"相关层级、机构或个人照会。

关于宋代地方官府公布的榜谕,有学者已进行过较详尽的考察,并指出地方官府的榜谕一般先在衙署门前公布,然后多选择人群集中、流动的场所如通衢、津渡等来张贴传布。⑤ 此研究虽未论及中央朝廷的政令在地方之榜谕,然可以想见,包括敕榜在内的来自中央之诏令榜谕,应不脱这些传布地点及场所。

因传布范围、传播对象之需要,敕榜亦有数量上之要求,如景德四年(1007)八月,令曹利用追捕柳州叛贼时,"乃降敕榜四十付利用等,遣赍示贼众,及揭于要路,冀其归顺,免于屠戮"⑥;元丰四年(1081)九月,"降敕榜二十道付熙河都大经制司,令广募闲人,传示贼界"⑦。诸如"四十""二十"道之类,均显示朝廷希望敕榜信息传布之广泛。

另外,敕榜下至地方,常需专人或专使赍送,尤其是诏谕于作乱地区或为乱分子之情形。如前引降敕榜四十道付曹利用等,须"遣人赍示贼众及揭于要路,冀其悛革归顺,免于屠戮"⑧;前引熙宁六年(1073),"降敕榜付察访熊本晓谕夷界"⑨;又有"遣内侍以敕榜招安贝贼"⑩"新知州事通直郎方承赍敕榜谕叛卒"之载;⑪ 等等。专人赍送并宣谕敕榜,一则显示中央王朝之权威,亦使对方真正知晓敕榜的内容及朝廷之意旨,以便更好地发挥敕榜之功能。

三、敕榜之影响及实际效能

宋代敕榜利用张榜的形式,公布皇帝意旨,传布政令,与官员士大夫及不同阶层的民

---

① 《续资治通鉴长编》卷四九三,绍圣四年十二月乙酉,第11711页。
② 《三朝北盟会编》卷一〇九,绍兴八年六月二十八日丙戌,第802页。
③ 〔宋〕赵汝愚编:《宋朝诸臣奏议》卷一〇五《上真宗乞授陈靖劝农使谕民耕田旷土(盛梁)》,上海古籍出版社1999年版,第1126页。
④ 《宋会要辑稿》蕃夷五之二七,第7780页。
⑤ 参见高柯立《宋代的粉壁与榜谕:以州县官府的政令传布为中心》,收入邓小南主编《政绩考察与信息渠道:以宋代为重心》,北京大学出版社2008年版,第446页。
⑥ 《宋会要辑稿》兵一〇之一三,第6925页。
⑦ 《续资治通鉴长编》卷三一六,元丰四年九月甲申,第7637页。
⑧ 《续资治通鉴长编》卷六六,景德四年九月丁丑,第1488页。
⑨ 《续资治通鉴长编》卷二四五,熙宁六年五月丙辰,第5953页。
⑩ 《宋史》卷一一《仁宗纪三》,第224页。
⑪ 《建炎以来系年要录》卷一五,建炎二年五月乙未,第322页。

众发生联系,具有一定意义。"揭于朝堂"之敕榜自然毋庸多说,乃直接将圣意传于百官,反映一时之政治风向。

如治平四年(1067)初,作为濮议之争的余波,御史中丞彭思永、殿中侍御史蒋之奇"承流言劾奏"司马光"私于子妇",宋神宗诏诘问彭思永、蒋之奇此事来龙去脉,结果他们理屈辞穷,无言以对,故都被贬斥。于此同时,敕榜朝堂,略曰:"偶因燕申之言,遂腾空造之语,丑诋近列,中外骇然。以其乞正典刑,故须阅实其事,有一于此,朕亦不敢以法私人。及辨章之屡闻,皆懑谰而无考,反云其事暗昧,不切审实。"又曰:"苟无根之毁是听,则谩欺之路大开。上自迩僚,下逮庶尹,闺门之内,咸不自安。"① 用此敕榜宣上意,导朝论。

一些散布地方的抚慰、诏谕内容的敕榜,"明言出自圣意,令所在雕印,散榜乡村。人非木石,宁不感动,一饮一食,皆诵圣恩"②,起到感化、收拾人心之效果。

绍兴七年(1137)正月,宰制李邴奏上时势"措画之方",其五曰"降敕榜"③,并言"何谓降敕榜?古语曰:'明其为贼,敌乃可服。'刘豫父子僭叛,理必灭亡,然犹外假兵威,倔强岁月。昔汉高祖数项羽十罪,唐高祖亦暴王世充之恶,伪齐固不足比数,然兵家有所谓伐谋伐交者,臣谓宜降敕榜,明著豫僭逆之罪,晓谕江北士民,使知天地之大,不容僭逆,与敌国共事者必速灭亡。吾民晓然,知豫之不足恃也,则回心易虑者多矣。或恐敕榜太重,有伤国体,则止命大将为檄书,朝廷定本颁下而用之。"④ 李邴所论,敕榜对于一些变乱地区百姓或边疆不同族群等,更是起了人心向背、绥化怀柔之舆论导向作用,此亦不假。

前已述及,宋代敕榜多用于招安之举。作为宋廷招安政策的主要文书载体,敕榜之先行发布,无疑有助于朝廷实施招安手段,在避免军事冲突情况下,不使变乱往更大规模的方向演变,又使百姓的生命得到保障,财产减少损失,从而有利于社会的稳定和发展。⑤ 不惟招安,朝廷对地方基层的一些精神如轻徭薄赋等,也常通过敕榜予以传达及贯彻,从而起到减轻人民负担、稳定地方社会之作用。

当然,敕榜所述,主要宣示朝廷态度,内容有时较为笼统,特别是招安、招抚敕榜,大抵"先行告谕之文,俾识怀柔之意"⑥,为了达到平息叛乱、收复夷族的成效,还须其他规定、举措配合施行。至于一些减赋、免税之敕榜,则需要州县长官结合地方实际,具体措置。

---

① 《涑水纪闻》卷一六,第318-319页。
② 《苏轼文集》卷二六《论河北京东盗贼状》,第755页。
③ 《三朝北盟会编》卷一七三,绍兴七年正月十五日丁丑,第1250页。
④ 《三朝北盟会编》卷一七四,绍兴七年正月十五日丁丑,第1253页。
⑤ 关于宋朝特别是南宋招安策略之利弊,已有研究进行过论述,如何忠礼:《论宋朝政府对民变的非军事对抗性策略》,《浙江大学学报(人文社会科学版)》2014年第3期。此处由于敕榜仅为招安政策之发布载体,故对招安之法的评价亦不予以展开。
⑥ 《宋大诏令集》卷二二六《政事七九·伪国中》,第876页。

例如，元丰三年（1080）六月，神宗批付韩存宝，指示在进讨泸州夷族时，"凡敕榜招安村囤，并择有功首领质其骨肉于泸州。或外寨仍且留守兵，然后责令点集族下胜兵丁壮为大军先驱。明与要约，若讨贼斩首有功，依汉军赏。如不用命，持意两端，身并同属皆斩。"①即所谓"且招且捕""恩威并济"，以期平乱。

绍圣四年（1097），西夏右厢一带有依敕榜"愿举族归汉"者，朝廷一面差人"多方收接"出汉之人；一面明确下诏"速相度合补名目，书填空名宣札，并合赐物当官给付。或合补大使臣已上，亦仰具合补职名，奏降恩命。若带到人户并地土归降，即令依旧住坐，仍留至亲骨肉为质，厚加存恤。如此是拔身投汉，或将带到家属，合给与田土，即委官躬亲标拨地土住坐，及常切安存，无令失所，及不可迁延疑贰，阻其向化之意"，将敕榜"朝廷补官、赐予金帛招抚之意"真正贯彻到实处。②

尽管如此，敕榜之实际作用多大，士庶、军民对于敕榜的反应如何，仍应该谨慎考察揭示。例如虽有敕榜招安，亦有叛降不定者。如绍兴元年（1131）邵青反复为乱，先是同意王德乞敕榜招安；后"德遣使持榜示青，榜中有云：'官军昼夜攻打，青等城上乞降。'青见之，大怒"，即不接受敕榜招安。后又因副统制单德忠之故，又"受招安"。③

由于形势变化，朝廷有时也会中途撤榜，停止政令之执行。元丰四年（1081）九月，都大经制泸州蛮贼林广言乞弟送降状，"前后反覆，必无降意，但欲迁延月日，以款师期。令相度降去敕榜如未可分付，更不须赍送，速进兵平荡"。④

戒励百官之敕榜，也会遭到抵制。景祐三年（1036）五月，范仲淹因指责宰相吕夷简把持朝政，遭吕夷简反击而被贬饶州。时"敕榜朝堂，戒百官为朋党"。⑤该敕榜全文今可见，中云"范仲淹比缘奖擢，骤委剧烦。罔畏官守之艰，专为矫厉之趣。奏述狂肆，疑骇众多。既安露于荐称，仍密行于离间。本于躁率，但恣诋欺"；诫百官"勿舍己以营他，勿背公而稔衅。排根引重，奰习多岐。炫直奸私，宁或取悔。勉思中正之言，靡蹈谕薄之尤。咸自敦修，以称朕意"等。⑥

范吕之争，牵连颇广。秘书丞余靖上书请求修改范仲淹诏命；太子中允尹洙上疏自讼和范仲淹是师友关系，愿一起降官贬黜；馆阁校勘欧阳修责备高若讷身为谏官，对范仲淹被贬之事一言不发，写有著名的《与高司谏书》。高若讷却坚持认为，范仲淹被贬"与敕榜中意颇同"⑦。这些行径在一定程度上可视作以欧阳修为代表的、支持范氏的官员对于敕榜内容的不予认同、辩驳以至公开反抗。尽管斗争非一纸敕榜所引发与涵容，但从文书的角度，亦可看出宋代士大夫官僚与皇权、相权之间博弈之一斑。

---

① 《续资治通鉴长编》卷三〇五，元丰三年六月壬子，第7428页；《宋会要辑稿》蕃夷五之二七，第7780页。
② 《续资治通鉴长编》卷四八五，绍圣四年四月丙申，第11533页。
③ 《建炎以来系年要录》卷四八，绍兴元年十月己巳，第858页。
④ 《续资治通鉴长编》卷三一六，元丰四年九月己酉，第7652页。
⑤ 《宋史》卷二九五《尹洙传》，第9831页。
⑥ 《宋大诏令集》卷一九二《政事四五·戒饬三》，第706页。
⑦ 《续资治通鉴长编》卷一一八，景祐三年五月戊戌，第2787页。

除了敕榜对象之态度，敕榜之实际颁行过程有时亦存在问题，影响敕榜的真实效用。首先，朝令夕改，敕榜"失信于民"。治平元年（1064）十一月，知谏院司马光曾上奏提及，朝廷"昔康定、庆历之间，籍陕西之民为乡弓手，始者明出敕榜云使之守护乡里，必不刺充正军屯戍边境。榜犹未收，而朝廷尽刺充保捷指挥，令于边州屯戍"，以致民户纷纷逃避于外。如此，"朝廷号令失信，前后已多，虽州县之吏遍至民家，面加晓谕，亦终不肯信"①。同月，朝廷下诏招陕西义勇20万，民情惊骇扰乱，害怕重蹈覆辙；司马光也就庆历年间乡兵招成为保捷军之事，与韩琦辩论，指出朝廷曾经失信于民，百姓不敢轻信，即使是他本人也不能不怀疑。后不到十年，事情果如司马光所料。②

其次，官员之执行与敕榜主旨违戾。庆历四年（1044）八月，由于时任定州路节度使、中山知府李昭亮管理不善，其下属不法军官克扣粮饷、鞭挞士兵的恶行得不到惩处，而且愈演愈烈，最终导致保州云翼军兵变。朝廷围剿数日无果，遂采用欧阳修招安建议，然敕榜所下，叛军不予理睬，声称必须李昭亮亲自诏安才开门纳降。后李昭亮前去招安，在其"尔辈第来降，我保其无虞也"的承诺下，③叛军投降，但李昭亮又违背承诺私开杀戒，下令坑杀部分降卒，在欧阳修的保护下，余下的降兵叛卒被遣送到河北的各州县服苦役。又如元丰年间，大将林广"为将持重，善驭众，士卒乐为之用。然在泸南，以敕榜招蛮出降而杀之，及卒，颈遂断，人以为杀降之报云"。④李昭亮、林广之行为，显然与敕榜招降之主旨有所背离，给敕榜打上了"失信"之烙印，影响了朝廷之威信。

宋代士大夫亦不时对敕榜的实际效能及信用非议、讥弹。如绍圣三年（1096），殿中侍御史陈次升《上哲宗论敕榜当取信天下》有言：

> 《传》曰："王言如丝，其出如纶；王言如纶，其出如綍。"言其已行而不可反也。况夫揭榜朝堂，遍牒中外，明示臣庶，俾怀俊革自新之心。行之未几，今乃录下（汪）浃等得罪之由又如此。臣恐亏朝廷号令之信，有伤国体。伏望睿旨检会前件敕榜，宣示大臣，自今以始，同共遵守。庶使人无反侧之心，亦所以彰朝廷忠厚之德。⑤

鉴于"王言"之效应，身居要位的人们不可讲浮言、空话。作为"王言"文书载体，敕榜亦不能仿若虚文。钦宗时，杨时"乞谨号令"云：

> 《书》曰："慎乃出令，令出惟行，弗惟反欲，令之不反。当谨其始，始之不谨而轻以示人，虽欲不反，不可得也。"比见敕榜索金银于士庶之家，不纳者许人告诉，既而不行，未一二日义复前诏。崇宁以来，令有朝下而夕改者，故宽恤之诏，季一举

---

① 《续资治通鉴长编》卷二〇三，治平元年十一月乙亥，第4916—4917页。
② 《宋史》卷三三六《司马光传》，第10761—10762页。
③ 《宋史》卷四六四《李昭亮传》，第13563页。
④ 《续资治通鉴长编》卷三二八，元丰五年七月己丑，第7897页。
⑤ 《宋朝诸臣奏议》卷二二《上哲宗论敕榜当取信天下（陈次升）》，第220页。

之,徒挂墙壁而已,而民不信。今陛下即位之初,一言而臣下禀令,四海观听,尤不可不谨,不宜复蹈前辙也。"①

诸如此类上言,尽管有其具体背景缘由,但亦揭出敕榜存在"徒挂墙壁""殆成虚文"之现象,直接影响王威帝献之效力。

不过,总的说来,敕榜所下,王令所出,众目所瞻,仍是不容草草者。对于敕榜之认真执行,确保了敕榜实际效能之发挥,从而有助于王朝之管理。元符二年(1099)六月三日,鄜延路经略使吕惠卿言:"诏降羌弃石悖七补东头供奉官,仍赐银绢缗钱各三百。检准敕榜,伪(天)〔大〕使之类与崇班,仍赐银、绢各百,石悖七系西界业令吴箇官,与伪(天)〔大〕使一般,本司已支银绢缗线各五百,仍给公据,许奏补内殿崇班。若降等,(卢)〔虑〕无以取信。诏从之,今后有名目与敕榜不同人,并奏听朝旨,毋得一面支赐,先许官职。诸路准此。"② 针对具体情况而动,确保了招安后形势之稳定发展,也使敕榜的影响深入人心。

结　语

在某种程度上,本文研究仍从文书制度的解读和讨论开始,然亦明白,必须在梳理典章的基础上,更加注重其动态的实施方式与实际的功能效用,以对特定文书能有更全面之诠释。

在宋代"命令之体""王言"文书中,敕榜乃戒励百官、晓谕军民而榜示之皇帝诏令文书,主要用于招安变乱、安抚灾患、引导朝论等处,皆旨在宣示王朝权威,实施有效统治。宋代敕榜在功能方面与诏书、黄榜等文书有一定关联,较之前后朝,宋代敕榜亦使用最频繁。在王朝政务处理和资讯网络中,敕榜作为"榜"之一种,亦为朝廷向官员、民众传达政令信息之重要渠道,为维持内外秩序发挥了一定作用。

文书研究历来是宋代政治史研究的重要组成部分,亦是把握宋代君主官僚政治的一个关键。在敕榜的实际颁行过程中,朝令夕改、官员执行等因素,时常对敕榜的真实效用产生影响。当然,这亦非敕榜独有之现象,其他政令文书之执行不力,都削弱了皇权的公信力及政策的严肃性。而士庶、军民对于敕榜之态度及应对,又体现了王朝统治在现实中所遭遇的互动与挑战,体现了皇帝、臣僚、民众等力量在制度框架内的能力与博弈。

(作者单位:广东省社会科学院历史与孙中山研究所。本文原载《中华文史论丛》2017 年第 3 期)

---

① 〔宋〕杨时:《龟山集》卷一《上钦宗皇帝其一》,文渊阁四库全书,第 1125 册,第 113 页。
② 《宋会要辑稿》兵一七之六,第 7040 页;《续资治通鉴长编》卷五一一,元符二年六月甲戌,第 12154 - 12155 页。

《劝学诗》的形成过程及作伪原因考述

廖 寅

中国历史上出现过不计其数的劝学诗、劝学文，其中传诵最广、影响最大的当数署名宋真宗赵恒的《劝学诗》。"流传至久，比户吟哦，信如蓍龟。凡父兄之教其子弟，师友之相为劝勉者，率不外是。"① 宋真宗《劝学诗》，或称为《劝学文》《劝学歌》《勉学歌》②，元朝初期蒙学读本《古文真宝大全》将其置于开篇第一文。其文如下：

> 富家不用买良田，书中自有千钟粟。
> 安居不用架高堂，书中自有黄金屋。
> 出门莫恨无人随，书中车马多如簇。
> 娶妻莫恨无良媒，书中有女颜如玉。
> 男儿欲遂平生志，六经勤向窗前读。③

此诗深刻影响了自宋以降一代一代的读书人，尤其是下层读书人，宋元以来戏曲、小说中的读书人形象，无论是出于励志，还是出于批判，著者多喜引这首诗以为读书人之警戒。但事实上，这首诗并非宋真宗的作品。早在1979年，著名戏曲史家钱南扬先生在对南戏《张协状元》作校注时，就断定《勉学歌》绝非赵恒所作④，但囿于校注的体例，钱氏并未对此结论作详细的申述。正因为只是小小的一个注，钱氏的结论未能得到学术界的广泛关注和认可。到1990年，李启明先生发表专文《宋真宗〈劝学诗〉新论》，分析了这首诗所体现的深刻社会变革，阐述了这首诗的积极社会作用，但没有丝毫怀疑这首诗的真伪性，显然是没有注意到钱氏的论断。⑤ 时至今日，绝大多数人仍然认为《劝学诗》是宋真宗的佳作，各大网络百科，如百度百科、搜狗百科、互动百科等，无一例外地秉持这一观点。即使是学术界，大多数的学者也同样相信这首诗出自宋真宗之手，并以之来透视宋代社会。如，在分析宋代教育的发达时，有学者说道，宋真宗《劝学诗》"虽然粗俗，

---

① 〔明〕沈鲤：《亦玉堂稿》卷六《沈氏家训序》，文渊阁四库全书，台湾商务印书馆1969年版，第1288册，第287页。
② 历史上有很多《劝学诗》《劝学文》，本文专指宋真宗《劝学诗》《劝学文》，不再加限定语。
③ 黄坚选编：《详说古文真宝大全》前集卷一《真宗皇帝劝学》，湖南人民出版社2007年版，第14页。
④ 钱南扬：《永乐大典戏文三种校注》，中华书局1979年版，第117页。
⑤ 李启明：《宋真宗〈劝学诗〉新论》，载《广西师范大学学报（哲学社会科学版）》1990年第2期，第58－64页。

并且赤裸裸地诱人以功利,却很明白地反映了宋代的一种观念,即一个人的社会地位、经济地位是可以通过读书而获得的","科举鼓励了读书求学的社会风气,读书求学的社会需求又推动了宋代教育的发展",并言"这首诗后来演变成了民谣:'书中自有黄金屋,书中自有颜如玉。'"① 还有学者说道,当时社会上出现了许多《劝学诗》《劝学文》和《劝学歌》,"其中最有影响的应数宋真宗为了鼓励士人读书,以举业为目标,亲自写的一首《劝学诗》","宋真宗将人生的功名利禄全部贯穿在读书应举之中,这对世人不可能不产生巨大的影响"②。次如,在分析宋代文化的普及时,著名宋史专家何忠礼先生说道,"作为一个最高统治者,率先赤裸裸地将利禄作为劝学手段的人,则是北宋真宗皇帝赵恒",他曾公开地向士人鼓吹《劝学诗》,"至此,科举已成为封建社会里对士人影响最大和最具吸引力的事业,由此直接推动了两宋文化的大普及"③。再如,在分析科举制度的影响时,著名旅日华人学者王瑞来先生说道,科举规模的扩大与科举制度的公平机制让宋真宗的《劝学诗》成为人们真切的感受。④

用宋真宗的金口玉言来透视宋代社会,其说服力无疑会很强,但如果是假托宋真宗,其说服力则会大打折扣。基于宋真宗《劝学诗》的巨大影响,有必要对这首诗的形成过程和作伪原因作深入探究,以消除学术界对该诗的误引、误用。

一、《劝学诗》绝非宋真宗作品

如上所述,钱南扬先生在对南戏《张协状元》作校注时,断定《勉学歌》绝非赵恒所作,他最主要的依据就是李之彦《东谷所见》对《劝学文》持批判性的态度。因为,如果《勉学歌》真是出自赵恒之手,作为臣子,"李氏就不敢这样严厉地批判了"⑤。不过,他断定《东谷所见》的作者李之彦是南宋初人,从而推断《勉学歌》"出自北宋人手"则是误推。此点,下文再作说明,兹先从价值观的角度对钱氏论断稍作补论。

宋真宗本人确实写过劝学方面的诗。天禧三年(1019),昇王(即后来的仁宗)被立为皇太子,宋真宗先后作《学书歌》和《劝学吟》赐予皇太子⑥,惜未流传下来,但其基本旨趣却有记载。在作《劝学吟》之前,宋真宗专门为皇太子写过《元良述》,全文有324字,载于《玉海》⑦,其略曰:"欲全其德,在修其身;欲修其身,在勤于学。所以勤于学者,必首及于读《易》、诵《书》、阅《诗》、观《礼》,而遗编旧史则次之。"因为

---

① 丁建军、金之易:《宋代教育发达原因探析》,载《河北大学学报(哲学社会科学版)》2007年第4期,第77页。
② 郭娅:《宋代童蒙教育的主要特点》,载《史学月刊》2001年第5期,第50–51页。
③ 何忠礼:《科举制度与宋代文化》,载《历史研究》1990年第5期,第124页。
④ 王瑞来:《金榜题名后:"破白"与"合尖"——宋元变革论实证研究举隅之一》,载《国际社会科学》2009年第3期,第81页。
⑤ 《永乐大典戏文三种校注》,第117页。
⑥ 《续资治通鉴长编》卷九三,天禧三年二月丁未,中华书局2004年版,第2138页。
⑦ 〔宋〕王应麟:《玉海》卷一二九《天禧赐皇太子元良述》,文渊阁四库全书,第946册,第427页。

当时皇太子不到九岁，宋真宗特意将《元良述》的大意写成诗歌——《劝学吟》，以便皇太子理解和记忆。① 因此，《劝学吟》与《元良述》的基本价值取向当是一致的，旨在教导皇太子勤学、修身、养性。

反观伪系于宋真宗的《劝学诗》，其价值取向则是完全相反的。《劝学诗》前四联充分渲染读书的目的和效果，第五联则是实现目的和途径。读书可以极大地获得物质财富（千钟粟、黄金屋）、妻妾美女（颜如玉）、高官荣华（如簇之车马）。《劝学诗》可以说是语言俚俗，"见识浅鄙"，"明明以富贵诱人"②，社会导向性极坏，"当儿童时讽诵鄙俚语如'千钟粟'、'高堂屋'，借此觰悦鼓舞，遂泌入骨髓"③，"由斯以往，何所不至"④。给读书人从小如此强烈而又低俗的心理暗示，在这种价值取向下培养出的人才，无非是贪官、色官、钻营躁进之官，"只说道'书中自有千钟粟，书中自有黄金屋，书中自有颜如玉'，却不肯说道'书中自有太平策，书中自有擎天笔，书中自有安边术'，所以做官时不过是'害民贼'三字"⑤。

宋真宗是宋朝的第三位皇帝，也是"第一位正常继统的皇帝"⑥，其时代最显著的特点就是由开拓进取转向因循保守。宋真宗的基本价值取向是自然和清静无为，表现在诗歌上就是"疾奔竞之诗"⑦，而"喜恬退之诗"，他曾作诗"驰骛苟进何可取"⑧ 以示群臣。作为一个崇尚清静无为，喜欢因循保守的君主，宋真宗是绝不可能写出如此低级价值取向的诗来引领天下读书人的。

《劝学诗》对社会的负面导向作用无疑会相当深刻，因此，自宋以来，士人社会，尤其是上层士人，历来对其持严厉批判的态度。兹略举一二。

（一）《劝学诗》"蠹国害民"

最早对《劝学诗》进行批判的是南宋末年士人李之彦。他在《东谷所见》中说："《劝学文》曰：'书中自有黄金屋'。又曰：'卖金买书读，读书买金易。'自斯言一入于胸中，未得志之时已萌贪饕；既得志之后，恣其掊克，惟以金多为荣，不以行秽为辱，屡玷白简，恬然自如，虽有清议，置之不恤。然司白简持清议者，又未必非若人也。毋怪乎玩视典宪为具文，一切置廉耻于扫地，气习日胜，若根天真，惟知肥家庇族而已，亦不知其为蠹国害民也，得非蔽锢于劝学文而然耶？是固不可不深责贪饕之徒，亦不可不归咎于

---

① 〔宋〕陈模：《东宫备览》卷二，文渊阁四库全书，第709册，第301页。
② 〔宋〕叶良仪：《余年闲话》卷一，《四库未收书辑刊》第10辑，第11册，北京出版社1997年版，第9页。
③ 〔明〕张鼐：《宝日堂初集》卷六《与郡中友人论文书》，《四库禁毁书丛刊》集部，北京出版社1997年版，第76册，第130页。
④ 〔明〕沈鲤：《亦玉堂稿》卷六《沈氏家训序》，文渊阁四库全书，第1288册，第287页。
⑤ 〔明〕周清原：《西湖二集》卷一七《刘伯温荐贤平浙中》，人民文学出版社1989年版，第277页。
⑥ 王瑞来：《宰相故事：士大夫政治下的权力场》，中华书局2010年版，第4—5页。
⑦ 〔宋〕林駉：《古今源流至论》前集卷八《士风》，文渊阁四库全书，第942册，第117页。
⑧ 《古今源流至论》后集卷八《抑奔竞》，文渊阁四库全书，第942册，第284页。

劝学文有以误之也。"①

明朝名臣高拱亦持相同观点。高拱偶过一学究家,见其壁上有宋真宗《劝学诗》,随即取笔书其后云:"诚如此训,则其所养成者,固皆淫泆骄侈、残民蠹国之人。使在位皆若人,丧无日矣。而乃以为帝王之劝学,悲夫!"②

(二)《劝学诗》乱心术而坏士风

明朝名臣戚继光对蒙学教材将《劝学诗》置于篇首深恶痛绝,他说:"不知所编者何意?开端即劝学文数首,其一曰:'富家不用买良田,书中自有千钟粟。安居不用架高堂,书中自有黄金屋。娶妻莫恨无良媒,书中有女颜如玉。出门莫恨无人随,书中车马多如簇。'呜呼!捍外诱而全真纯大易,独于蒙时加省焉。童蒙之年,正善恶未定之闲,何等时也,便教之以淫、以利、以势。此等言语一入胸中,便是沦洽骨髓的病痛。一味只于声色势利上钻求之,而望其壮长学做圣贤,吁!亦难矣!心术之坏,莫非此篇为之作俑也。"③ 作为蒙学课文,"士子自蒙时多读之",对青少年的心灵毒害是显而易见的。

清代名臣陈宏谋亦持相同观点。陈宏谋在《养正遗规》中引用了明末清初理学家陆陇其对《劝学诗》的批判语言,并点评道:"乡塾中多以此为读书人佳话者,学术既非,仕风安得不坏,有心者所宜唤醒而切戒也。"④

(三)《劝学诗》亡身灭国

这是最匪夷所思的批判,即将国家灭亡归罪于《劝学诗》。"追论宋室变华为夷,皆学之罪;坏万世人心道术,由宋真宗劝学之歌",将宋朝的灭亡"径归罪于宋宗之歌《劝学》"⑤。明朝灭亡亦然,明朝遗臣金堡曰:"古之《劝学文》,云有千钟粟。玉女颜如花,贮之黄金屋。父兄教子弟,见闻缠积毒。以此失人理,亡身终灭国。"⑥

二、《劝学诗》的形成过程

天禧三年(1019),宋真宗先后作《学书歌》和《劝学吟》赐予皇太子,李启明直接将《劝学诗》等同于《劝学吟》,说"真宗的劝学诗,是在改革大业基本就绪的天禧年间

---

① 〔宋〕李之彦:《东谷所见》,见陶宗仪编《说郛》卷七三下,文渊阁四库全书,第880册,第151页。
② 〔明〕高拱:《高文襄公集》卷三一《本语》,《四库全书存目丛书》集部,齐鲁书社1997年版,第108册,第423页。
③ 〔明〕戚继光:《止止堂集·愚愚稿》卷上《大学经解》,中华书局2001年版,第261页。
④ 转引自〔清〕平步青《霞外攟屑》卷三《劝学文》,上海古籍出版社1982年版,第180页。陆陇其语原载陆氏《三鱼堂文集》,但今本《三鱼堂文集》已无。
⑤ 〔清〕杨光先:《不得已》卷上《尊圣学疏》,黄山书社2000年版,第50页。标点符号略有修改。
⑥ 〔清〕金堡:《徧行堂集》卷三〇《癸巳六月六日灯下作诗示世镐诵》,《四库禁毁书丛刊》集部第127册,第639页。

写就的"①。这是完全错误的。宋真宗即使想写《劝学诗》以劝天下士子,也绝不可能写这种诗以劝皇太子。无论是千钟粟、黄金屋,还是颜如玉、如簇之车马,对皇太子来说,完全不值一提。况且,当时作为皇太子的仁宗不到九岁,宋真宗绝无可能用这样的语言来激励一个小太子。反过来,假设《劝学诗》确实出自宋真宗,以《劝学诗》的意境来看,宋真宗当是写给天下读书人看的,而不是给某位读书人说的悄悄话,以宋真宗的身份地位和《劝学诗》的巨大社会影响,宋代官方文书和上层士人文集当有很多记载,但事实是未见有任何记载,连元明清官方史书和上层士人文集亦很少有记载,即使有,也多是持批判态度。那么,《劝学诗》的真实形成状况是怎样的呢?

（一）《劝学诗》出自下层士人,体现下层士人的理想

无论是从《劝学诗》的价值取向、风格,还是从官方和上层士人对《劝学诗》的记载和态度来看,《劝学诗》既不会出自皇帝,也不会出自上层士人,而是出自下层士人,体现下层士人的理想。自宋以来,引用《劝学诗》最多的就是反映下层士人生活的戏曲、小说。宋代戏曲、小说喜欢"喧发迹话,使寒门发愤"②,《劝学诗》所反映的寒门子弟科举佳话就是宋代戏曲、小说"发迹话"的主要素材之一。③ 第二多的则是蒙学教材,但主要流行于低级别的乡塾、村塾。"乡塾中多以此为读书人佳话者"④,清人叶良仪"常入乡塾",经常见塾生读宋真宗劝学文。⑤ 收录《劝学诗》的《古文真宝》前集,据王重民先生的分析,"必出于宋代相传一俗本"⑥,其编者黄坚,"老学究"⑦,本身也来自下层士人。

《劝学诗》在被坐实到宋真宗之后,基于宋真宗的皇帝身份,也有替其辩护者,"古人为下下人立言,自不作上上人语",《劝学诗》乃"权教"也,'若訾其以黩货训,则旨反晦而人益迂阔视矣'"⑧。从辩护词来看,意思也是说《劝学诗》的对象主要是下层读书人（"为下下人立言"）,是"权宜之教",对上层读书人则完全不相合（"不作上上人

---

① 李启明:《宋真宗〈劝学诗〉新论》,载《广西师范大学学报（哲学社会科学版）》1990年第2期,第63页。
② 〔宋〕罗烨:《醉翁谈录》甲集卷一《小说开辟》,古典文学出版社1957年版,第5页。
③ 宋代很多劝学名句皆出自戏曲、小说,反映下层士人的理想,除宋真宗《劝学诗》外,如"万般皆下品,惟有读书高""朝为田舍郎,暮登天子堂"最早都出自南戏,参九山书会编《张协状元》,见钱南扬校注:《永乐大典戏文三种校注》,第2、129页;高明著,钱南扬校注:《元本琵琶记校注》卷上,上海古籍出版社1980年版,第58、63页。与《劝学诗》一样,这些名句原本无具体的作者,但明代有人将这些名句结集成册,命名为《神童诗》,并伪附于宋代所谓神童、观文殿大学士汪洙,其实,汪洙只作过品阶最低的州助教,只是一个普普通通的士人,并非神童,也并没有写过神童诗,参汪圣铎:《汪洙及〈神童诗〉考辨》,《中国典籍与文化》,2003年第2期。或许,明人是将汪洙与汪洋弄混,汪洋又名汪应辰（1118—1176）,神童,"五岁知读书,属对应声语惊人,多识奇字","十岁能诗,游乡校",十八岁状元及第,官至端明殿学士,参《宋史》卷三八七《汪应辰传》,中华书局1995年版,第11875 - 11882页。
④ 〔清〕平步青:《霞外攟屑》卷三《劝学文》,上海古籍出版社1982年版,第180页。
⑤ 〔清〕叶良仪:《余年闲话》卷一,《四库未收书辑刊》第10辑,第11册,第9页。
⑥ 王重民:《中国善本书提要》,上海古籍出版社1983年版,第443页。
⑦ 〔明〕刘若愚:《酌中志》卷一八,北京古籍出版社1994年版,第158页。
⑧ 〔明〕沈长卿:《沈氏日旦》卷一一,《四库禁毁书丛刊》子部第12册,第365页。

语")。

在署名宋真宗的《劝学诗》盛传的同时,还有四首拆分《劝学诗》的《勉学歌》亦在流行,从中可更直观地看出《劝学诗》的对象是下层读书人。史载如下:

> 旧传《勉学歌》四章,惜不载谁作。其一云:"君不见东邻一出骑青骢,笑我徒步真孤穷。读书一旦登枢要,前遮后拥如云从。昔时孑身今富足,大纛高牙导前陆。始信出门莫恨无人随,书中车马多如簇。"其二云:"君不见西邻美妇巧画眉,笑我无妻谁娶之。读书一旦主高及第,豪门争许成婚期。昔时孤房今花烛,孔雀屏开忻中目。始信娶妻莫恨无良媒,书中有女颜如玉。"其三云:"君不见南邻万顷业有余,笑我饥寒苦读书。读书一旦登云路,腰间紫袋悬金鱼。昔时箪瓢今梁肉,更是全家食天禄。始信富家不用买良田,书中自有千钟粟。"其四云:"君不见北邻飞宇耸云端,笑我屋漏门无关。读书一旦居相府,便有广厦千万间。昔时苇檐今梁木,画栋雕甍成突兀。始信安居不用架高堂,书中自有黄金屋。"①

其一中的"笑我徒步真孤穷","昔时孑身";其二中的"笑我无妻谁娶之","昔时孤房";其三中的"笑我饥寒苦读书","昔时箪瓢";其四中的"笑我屋漏门无关","昔时苇檐"。《勉学歌》四章,每一章都说的是下层读书人。将这四章《勉学歌》的最后一联组合起来,刚好就是《劝学诗》的前四联。

综上所述,《劝学诗》当出自下层读书人,或者出自反映下层读书人生活的戏曲、小说,体现的是下层士人的理想。

(二)《劝学诗》的形成是一个层累的过程

《劝学诗》首次完整出现,并首次归附于宋真宗是在元朝初期,成书于1310年前后②的《古文真宝》开篇第一首就是署名宋真宗的《劝学诗》。但据南宋末年李之彦《东谷所见》记载,"《劝学文》曰:'书中自有黄金屋'。又曰:'卖金买书读,读书买金易。'"③引文有七字一句的,也有五字一句的,不可能组成一首诗。因此,如果将《古文真宝》所收《劝学诗》看作完全定型的文本,则《劝学诗》定型前当经历了一个长期的层累的演变过程。

尽管《劝学诗》并非宋真宗所作,但又确与宋真宗有着密切的关系。宋真宗朝奠定了《劝学诗》赖以存在的社会基础,使得《劝学诗》所呈现的下层读书人的理想图景能够成为现实(此点,下文还将作详细论证)。也就是说,从宋真宗朝开始,《劝学诗》的部分意境,或全部图景,随时都可以以文学艺术的形式表现出来。

---

① 〔清〕褚人获:《坚瓠集》戊集卷一《勉学歌》,浙江人民出版社1986年版,第2册,第1页。
② 熊礼汇:《〈古文真宝〉的编者、版本演变及其在韩国、日本的传播》,见《详说古文真宝大全》前言,第6页。
③ 《东谷所见》,见陶宗仪编《说郛》卷七三下,文渊阁四库全书,第880册,第151页。

事实上，在文学艺术上，《劝学诗》的全部图景大致经历了一个从片断到整体的层累过程。关于《劝学诗》的片断图景，目前所见最早的记载是在北宋中期，佚名《和别驾萧世范赠玉岩诗四首》中的第三、四首与《劝学诗》的意境有着密切关联。兹录如下：

> 堪笑先生四壁无，寒窗剩有五车书。一童只许长须伴，半世长同只影居。白屋不嫌藜藿少，朱门却厌稻粱余。枕流漱石多佳趣，不羡人间驷马车。
>
> 富贵须论命有无，谋身只是半行书。饥肠不羡千钟粟，广厦何如一亩居。世路茫茫终偃蹇，生涯处处是赢余。萧条此道谁为助，掩卷时过长者车。①

尽管两首诗的作者不详，但诗中提到的萧世范却有较清晰的记载。萧世范，浙江龙泉人，仁宗嘉祐八年（1063）进士，曾任虔州、广州通判（别驾），广西转运判官。② 这两首诗的意境与《劝学诗》相反，尽管也是谈读书（"寒窗剩有五车书"），但却不必去羡慕"驷马车""广厦"（"黄金屋"）、"千钟粟""富贵"，富家也可买良田（"广厦何如一亩居"）。尽管是相反的意境，但呈现的图景却与《劝学诗》有很多近似之处。而且，一般来说，是先有正，后有反，因此，在这两首诗之前，应该已经存在正面描绘《劝学诗》片断图景的诗文。

不过，就现存史料来看，尚无法确定北宋时期是否已经形成了《劝学诗》中的某些句子，钱南扬先生断定《勉学歌》"出自北宋人手"，是因为他断错了《东谷所见》作者的生存年代。《东谷所见》序言明确说道："咸淳戊辰小春永嘉东谷李之彦自序。"③ 则李之彦必为南宋末年人，而钱南扬先生却将其断为南宋初年人。④

到南宋，随着南戏的兴盛，读书人题材成为南戏主要题材之一，《劝学诗》的某些片断图景逐渐以诗文的形式渗透进南戏之中。宋代南戏剧本基本散佚殆尽，现今唯一保存完整的是成戏于"戏文初期"⑤ 的《张协状元》。《张协状元》大概是宋光宗、宁宗时期的作品，由温州九山书会集体创作，"写书生张协赴考遇盗，得贫女相救，后结为夫妇。张协中状元后，虽拒绝枢密使王德用的招赘，但贫女寻夫至京，嫌她'貌陋身卑，家贫世薄'，不肯相认，竟于赴任路上剑劈贫女。后贫女为王德用收为义女，终于重圆。"⑥《张协状元》中有三处出现了与《劝学诗》相关的诗文。第一处是在第二十一出，王德用女儿一心想要选个读书人为夫，于时出现了"读书可用觅良媒，书中有女颜如玉"⑦。第二

---

① 〔元〕陈世隆编：《宋诗拾遗》卷一一，辽宁教育出版社2000年版，第181页。
② 〔清〕查慎行：《苏诗补注》卷四四，文渊阁四库全书，第1111册，第859页。
③ 《东谷所见》，见陶宗仪编《说郛》卷七三下，文渊阁四库全书，第880册，第148页。
④ 钱南扬先生有此失误，当因其未仔细比较《东谷所见》的各种版本。《东谷所见》的所有版本中，仅《说郛》本明确记载了该书的成书时间。
⑤ 《永乐大典戏文三种校注》前言，第1页。
⑥ 中国大百科全书编辑部：《中国大百科全书》（简明版），中国大百科全书出版社1996年版，第6069页。
⑦ 《张协状元》，见《永乐大典戏文三种校注》，第113页。

处是在第二十七出,写张协高中状元后,"公相当朝"争相嫁女,于是出现了"状元何用觅良媒,书中有女颜如玉"①。第三次是在第三十一出,张协折桂后平步青云,衣锦还乡,荣华富贵全都有了,于是出现了"书中果有黄金屋,书中果有千钟粟。书中果有福如山,书中果有女如玉"②。《张协状元》所引诗句表明,至少在南宋中期,《劝学诗》中的某些句子已经成型,但与定型后的《劝学诗》仍有着较大出入。或许是民间打油诗的缘故,在不同的传唱者口中,存在着不同的版本。

大约比《张协状元》稍早,还有一部著名南戏作品,即《赵贞女蔡二郎》,"写蔡伯喈上京应举,贪恋富贵功名,长期不归,赵五娘独立支撑门户,在蔡家父母死后到京师寻访伯喈,伯喈不认,最后以马踩赵五娘,雷轰蔡伯喈结束。"③《赵贞女蔡二郎》号称"戏文之首",实为"里俗妄作"④,"其曲则宋人词而益以里巷歌谣,不叶宫调,故士夫罕有留意者",但在民间却流传甚广,故陆游有"死后是非谁管得,满村听说蔡中郎"⑤ 之句。《赵贞女蔡二郎》剧本已佚,但其改编本——《琵琶记》却成为戏曲中的经典名著,并保存至今。清代学者翟灏在对"书中自有黄金屋"这一俗语作考源时,推论出《劝学文》出自宋以前,但"未考何人作",并指出,"高则诚(即高明)《琵琶曲(记)》'喜书中今日,有女如玉','男儿有书须勤读,书中自有黄金屋也,自有千钟粟',全用其文。"⑥翟灏说《琵琶记》引用的是宋以前的《劝学文》,这是有道理的。"高明改编《琵琶记》是保留其前半部分故事的主要情节而改变了故事的悲剧结局"⑦,也就是说《琵琶记》前半部分以沿袭《赵贞女蔡二郎》为主,后半部分则改动较多。元本《琵琶记》上、下两卷,共四十二出,上卷二十出,下卷二十二出,"喜书中今日,有女如玉","男儿有书须勤读,书中自有黄金屋也,自有千钟粟"全部出自《琵琶记》第十八出⑧,属于前半部分,当在《赵贞女蔡二郎》中已被引用。引文明显是"文",而不是诗,表明在《劝学诗》定型之前,当有真正散文性的《劝学文》存在。

从北宋中期到南宋中期,《劝学诗》的某些片断逐渐以诗或文的形式出现,但从未见有人冠之以《劝学诗》或《劝学文》。第一次明确将《劝学诗》中提到的相关内容记载为《劝学文》的是成书于宋度宗咸淳四年(1268)的《东谷所见》。其文如下:

《劝学文》曰:"书中自有黄金屋";又曰:"卖金买书读,读书买金易。"自斯言一入于胸中,未得志之时已萌贪饕;既得志之后,恣其掊克,惟以金多为荣,不以行

---

① 《张协状元》,见《永乐大典戏文三种校注》,第134页。
② 《张协状元》,见《永乐大典戏文三种校注》,第150页。
③ 游国恩等主编:《中国文学史》(三),人民文学出版社1985年版,第285页。
④ 〔明〕徐渭著,李复波、熊澄宇注释:《南词叙录注释》,中国戏曲出版社1989年版,第131页。
⑤ 〔宋〕陆游著,钱仲联校注:《剑南诗稿校注》卷三三《小舟游近村舍舟步归》,上海古籍出版社1985年版,第2193页。
⑥ 〔清〕翟灏:《通俗编》卷七,商务印书馆1958年版,第134页。
⑦ 李昕:《从〈赵贞女〉到〈琵琶记〉》,载《济南大学学报》1990年创刊号,第56页。
⑧ 《元本琵琶记校注》卷上,第112、114页。

秽为辱，屡玷白简，恬然自如，虽有清议，置之不恤。然司白简持清议者，又未必非若而人也。毋怪乎玩视典宪为具文，一切置廉耻于扫地，气习日胜，若根天真，惟知肥家庇族而已，亦不知其为蠹国害民也，得非蔽锢于《劝学文》而然耶？是固不可不深责贪饕之徒，亦不可不归咎于《劝学文》有以误之也。①

《东谷所见》，作者李之彦，号东谷，浙江永嘉人，"老塾师"，"游湖海四五十年，教公卿大夫之子孙屡矣，教寻常白屋之类亦多矣"②。永嘉是南戏的发祥地，"南戏始于宋光宗朝，永嘉人所作《赵贞女》《王魁》二种实首之"，"宣和间已滥觞，其盛行则自南渡，号曰永嘉杂剧"③。《劝学文》能首次见于记载与李之彦对《劝学文》的深切感悟密切相关。李之彦本人为"塾师"，在四五十年的教学活动中，应该经常给学生，尤其是"寻常白屋"（下层读书人）之学生讲授《劝学文》；加之永嘉为南戏发祥地，《赵贞女》《王魁》等读书人故事可谓妇孺皆知，其中所引《劝学文》相关句子作为"里巷歌谣"，亦当街知巷闻，李之彦当感受至深。李之彦所录《劝学文》再次表明在南宋当有真正的散文性的《劝学文》存在，同时也直接否定了《劝学文》的作者为宋真宗的可能性，"否则李氏就不敢这样严厉地批判了"④。

有宋一代没有《劝学诗》与宋真宗有关联的任何记载，但宋亡不久，《劝学诗（文）》却莫名其妙地被归到了宋真宗名下。根据现存史料，表面上最早将《劝学诗》归于宋真宗的是黄仲元。他在至元二十年（1283），即宋亡十七后写的《学稼轩记》中说，"不倡书中有粟之高谈"，后有一小注："'书中自有千钟粟'，真宗《劝学歌》"⑤。但此则史料容易误导人，黄仲元的《学稼轩记》本无注，小注乃其后人黄敬甫（号木斋）所增入⑥。黄敬甫乃明朝人，其时，《劝学诗》早已归到宋真宗名下，所以才作此小注。目前所见，《劝学诗》首次完整出现，并首次真正归到宋真宗名下的乃黄坚选编的《古文真宝》。据熊礼汇先生的考证，《古文真宝》编辑当在宋元之际，或始于宋末而成于元初⑦，而据姜赞洙的研究，《古文真宝》的初编时间很可能是在南宋，因为现存元刻本有避宋讳的情形。⑧笔者觉得《古文真宝》编辑于元初比较可信，该书开篇第一首就是署名宋真宗的《劝学诗》，不可能编于南宋，至于避宋讳的问题，编者作为南宋遗民，避宋讳是情感之中的事。

大约在《古文真宝》成书的同时，著名戏曲家马致远所作《半夜雷轰荐福碑》也引

---

① 《东谷所见》，见陶宗仪编《说郛》卷七三下，文渊阁四库全书，第880册，第151页。
② 《东谷所见》，见陶宗仪编《说郛》卷七三下，文渊阁四库全书，第880册，第151页。
③ 《南词叙录注释》，第5页。
④ 《永乐大典戏文三种校注》，第117页。
⑤ 〔宋〕黄仲元：《四如集》卷一《学稼轩记》，文渊阁四库全书，第1188册，第597页。
⑥ 傅增湘：《藏园群书题记》卷一五《明嘉靖刊本黄四如集跋》，上海古籍出版社1989年版，第759页。
⑦ 熊礼汇：《〈古文真宝〉的编者、版本演变及其在韩国、日本的传播》，见《详说古文真宝大全》前言，第4页。
⑧ 姜赞洙：《中国刻本〈古文真宝〉的文献学研究》，复旦大学2005年博士学位论文，第122页。

用了《劝学诗》中的诗句，文字几乎与《古文真宝》所收一样。引文如下：

> 【范仲淹云】兄弟也，你是看书的人，便好道："富家不用买良田，书中自有千钟粟；安居不用架高堂，书中自有黄金屋；出门莫恨无人随，书中车马多如簇；娶妻莫恨无良媒，书中有女颜如玉。"前贤遗语道的不差也。①

与《劝学诗》相比，《半夜雷轰荐福碑》所引仅少第五联，其余的完全相同，这也再次证明了《劝学诗》在元初确已定型。但引文笼统地说所引诗句为"前贤遗语"，并未提宋真宗，表明当时《劝学诗》还没有完全被坐实到宋真宗名下。

然而，《古文真宝》深刻影响了以后蒙学教科书的编撰，卷首收录劝学文成为惯例，而署名宋真宗的《劝学诗》往往是必收课文，如明人编辑的《古文大全》，"士子自蒙时多读之"，"开端即劝学文数首"，其一就是宋真宗的《劝学诗》②。随着系列教科书的拓展，《劝学诗》的作者乃宋真宗遂成为定案。

三、《劝学诗》伪托于宋真宗的原因

《劝学诗》为下层读书人描绘了一幅美好的未来图景，但要实现此图景，必须满足两个基本条件：一是科举取士的规模要足够大；二是科举取士的标准是一切以知识为准则，也就是王瑞来先生所说的"公平机制"③。

第一个基本条件实现于宋太宗时期。科举制度创立于隋朝，但自隋历唐至宋太祖，科举取士的规模都很小，科举入仕的官员在整个官员群体中所占的比例很小。这种局面到宋太宗时期发生了根本性改观，宋太宗共开科 8 次，录取进士 1487 人，平均每科 186 人，平均每年也有 71 人；录取诸科 4315 人，平均每科 539 人，平均每年也有 205 人。④ 只有科举入仕的官员在数量上和地位上大大地超出恩荫入仕的官员，科举所引领的读书做官才能吸引天下的读书人，尤其是使下层读书人争相往之，因此，《劝学诗》不会出现在宋太宗之前，因为当时不具备其存在的社会基础。

第二个基本条件实现于宋真宗时期。宋太宗虽然急剧扩大了取士规模，但却并存着两种取士规则，一种是显规则，一种是潜规则。显规则是台面上的科举考试，如进士科，试诗、赋、论各一道，理论上以知识为判定高下的准则。潜规则则是考试背后庞大的人情关系网，又分为非法的和合法的两种。非法的潜规则，即权贵阶层凭借手中的权力和庞大的

---

① 〔元〕马致远：《半夜雷轰荐福碑》，载臧晋叔编《元曲选》，中华书局 1989 年版，第 579 页。
② 《止止堂集·愚愚稿》卷上《大学经解》，第 261 页。
③ 王瑞来：《金榜题名后："破白"与"合尖"——宋元变革论实证研究举隅之一》，载《国际社会科学》2009 年第 3 期，第 81 页。
④ 何忠礼：《科举与宋代社会》，商务印书馆 2006 年版，第 116 页。

人情关系网左右考试结果，如开宝六年（973），李昉知贡举，"用情，取舍非当"①，将才质最陋的同乡武济川录取为进士。合法的潜规则即通过公开的行卷建立起庞大的人情关系网。所谓行卷，就是在科举考试之前，将自己的诗文投献给有关官员和社会名流，求得他们的称誉，从而提高自己的声望，以便顺利登科。②献—纳双方往往结成门生—座主的关系，其实质是非权贵者与权贵阶层结成同盟，借用权贵阶层的人情关系网以通过科举考试。无论是合法的潜规则，还是非法的潜规则，都是维系权贵阶层的利益，这对下层读书人是极不公平的，也就大大降低了科举对下层读书人的吸引力。

这种局面在宋真宗朝发生了根本改观。为排除一切潜规则，宋真宗创立了两项极具针对性的制度，即糊名制和誊录制，合称为糊名誊录制。糊名制，由封印院将写有考生姓名的卷首封印起来，再送给考官考校，目的在于"设关防"以"杜绝请托"③。但糊名不足以排除一切潜规则，考官仍然可以通过字迹和暗号而暗箱操作，如景德二年（1005）殿试，考官陈尧咨等就教唆刘几道"于卷中密为识号"④；胆子大者，甚至有直接拆开弥封卷首，"择有名者居上"⑤。有鉴于此，宋真宗再创誊录制，封印官将封印好的试卷转付给誊录院，由专人负责誊写，誊录好后，原件送还封印院，誊录的副本送与考官考校。自此之后，至少在制度上，科举考试排除了一切潜规则，实现了以知识为唯一的准则，正如陆游所说，"本朝进士，初亦如唐制，兼采时望。真庙时，周安惠公起，始建糊名法，一切以程文为去留"⑥。盛行几百年的行卷亦由此而衰，"自唐以来，礼部采名誉，观素学，故预投公卷；今有封弥、誊录法，一切考诸试篇，则公卷可罢"，"自是不复有公卷"⑦。糊名誊录制创立之后，《劝学诗》所描绘的读书人的美好图景完全有可能成为现实，从而激励天下读书人心向往之，当时人就有诗云："惟有糊名公道在，孤寒宜向此中求。"⑧因此，《劝学诗》只可能产生于宋真宗朝以后。

那么，后人为什么要将《劝学诗》伪托于宋真宗呢？

第一，伪托名人之风。正如王重民先生所说："凡传诵极广之诗篇，未必尽出于大名人之手，而结果必附大名人以传，此定数也。"《古文真宝》前集卷一载《劝学文》9篇，据王重民先生的分析，其中至少有两篇系伪作，司马光《劝学歌》、白居易《劝学文》"望而知为后人所作"。司马光《劝学歌》，"今不知谁人所作，然宋吴枋《宜斋野乘》已引之。枋自序署甲申，当为元世祖至元二十一年（1284），是元初已附之司马氏。"⑨宋元易代之际，南宋遗臣似乎喜欢将一些佚名而又传诵极广之诗篇伪附于宋时之名人，《劝学

---

① 《续资治通鉴长编》卷一四，开宝六年三月辛酉，第297页。
② 祝尚书：《论宋初的进士行卷与文学》，载氏著《宋代科举与文学考论》，大象出版社2006年版，第340页。
③ 《续资治通鉴长编》卷六七，景德四年十月，第1497页。
④ 《续资治通鉴长编》卷五九，景德二年四月丁酉，第1328页。
⑤ 《宋史》卷二九四《胥偃传》，第9817页。
⑥ 〔宋〕陆游：《老学庵笔记》卷五，中华书局2005年版，第69页。
⑦ 《宋史》卷一五五《选举》，第3612页。
⑧ 〔宋〕熊克：《中兴小纪》卷二八，中华书局1985年版，第326页。
⑨ 《中国善本书提要》，第443页。

诗》伪附于宋真宗大约与司马光《劝学歌》的情形类似。

第二，宋真宗确实写过劝学方面的诗，但没有流传下来，将《劝学诗》嫁接到宋真宗显得比较自然。

第三，将《劝学诗》伪系于宋真宗可以掩饰下层读书人的低级理想和庸俗价值观。不可否认，《劝学诗》所反映的下层读书人的理想和价值观是极低级和庸俗的，甚至是腐朽的，这也是宋代上层士人对其漠视、明清上层士人对其批判的重要原因。但如果伪系于宋真宗，那就成了金口玉言，立马有了存在的合理性。

第四，更重要的是，将《劝学诗》伪系于宋真宗具有极大的象征意义。"真宗朝的最大意义，就在于完成了士大夫政治的奠基"，"科举入仕的知识精英完整地承担了一个王朝的全部担当"，"士大夫终于史无前例地成了政治主宰"①。宋真宗时期是《劝学诗》所呈现的图景能够成为现实的初始时期，也是唐宋科举制度和士人社会变革的关键时期，具有划时代的意义，如果《劝学诗》出自最高统治者宋真宗之金口，无异于诏告天下，其说服力和影响力都是其他人难以企及的，可以说是新时代的最强音。

结　语

《劝学诗》不是由某一位作者一次性单独完成的，而是由很多人长时期共同完成的。《劝学诗》定型前，《劝学诗》中的某些句子先已各自形成，并各自在民间传播。而且，传播的各种版本中，既有"诗"的形式，也有"文"的形式，这也是明明是《劝学诗》，同时又称为《劝学诗》的原因。因为所有这些句子都是讲述同一个主题，即下层读书人通过科举考试追求荣华富贵，在长期的流传中，这些句子逐渐整合起来，大致在宋末元初才形成完整的《劝学诗》，并归附于宋真宗。我们不能说宋真宗的《劝学文》激励着天下的庶民和士人去读书应举，从而推动了宋代教育的发展和文化的普及，同时演变出了"书中自有黄金屋，书中自有颜如玉"等民谣。真实的逻辑是相反的：宋真宗所推行的科举改革使得《劝学诗》所呈现的图景成为现实，这些图景自然会成为士人，尤其是下层士人的真切感受，② 于是逐渐产生了描写《劝学诗》某些片断图景的诗文和民谣，这些诗文和民谣在长期的流传中逐渐整合，最终汇聚成了《劝学诗》这样一幅完整的下层士人梦想图；因为宋真宗的独特身份和对于科举制度的独特贡献，这一由许许多多无名士人集体创作的作品，其作者的"最佳人选"无疑是宋真宗。

（作者单位：河北大学宋史研究中心）

---

① 王瑞来：《宰相故事：士大夫政治下的权力场》，中华书局 2010 年版，第 289 – 291 页。
② 王瑞来先生亦点明了此点，参见《金榜题名后："破白"与"合尖"——宋元变革论实证研究举隅之一》，载《国际社会科学》2009 年第 3 期，第 81 页。

题材与体裁所见北宋前期的物类书写

吴雅婷

一、问题脉络

宋代士人被认为是当时能左右各方发展的精英,亦同时为绝大多数现存文献的执笔者。对他们的关注,历来多着眼于出身经历、群体活动,或试图指出仕宦与国家政治、社会结构之间的关系。然而近来,士人常态性宦游生活的移动性得到了一些体察。① 辅以对10—14世纪中国社会、经济诸层面的了解,我们大概难再以固定的场景、稳定的作息,去理解当时人们的生活。

移动力对于世界的影响,由当今世界的态势看来自不在话下。那么向前追溯至11世纪,其时行旅的条件已较前充足,并有更多人得以实践,新的移动力在当时的世界中,也可能形成某些影响力。在这段进展过程中,人面对世界的态度与认知是否也随之得到不同既往的能量,又如何因应由旅行而来,甚至基于动态社会形成,而陆续输入个人眼界耳畔心像的新的见闻、体验、讯息、知识。

宋元时期的书写、出版活动,其实一定程度上为我们提供这方面的线索。旅行记、日记、方志、谱录、笔记等书写样式在宋代出现重要的发展。② 最显而易见的是,它们在数量上产生了不可忽视的提升。主题的广度、内容的复杂亦皆有值得深究之处。书写文本一方面是承载见闻经验的容器;另一方面,加载的过程中,又经过人之诸方考虑裁剪、整理,因此,其中或许便藏有解开一时代之人、经验与潜藏的态度、认知、结构关系的钥匙。

---

① 吴雅婷:《北宋士大夫的宦游生活——苏轼个案研究》,台湾清华大学历史研究所1999年硕士学位论文。吴雅婷:《移动的风貌:宋代旅行活动的社会文化内涵》,台湾大学历史学研究所2007年博士学位论文。Zhang, Cong Ellen, *Transformative Journeys*: *Travel and Culture in Song China*. Honolulu: University of Hawaii Press, 2010. 另外,甘怀真曾经研究唐代官人宦游,主要以京师为考虑,见《唐代官人的宦游生活:以经济生活为中心》,收录于中国唐代学会编《第二届唐代文化研讨会论文集》(台湾学生书局1995年版),第39-60页。以及他的学生胡云薇由其硕士学位论文改写发表的《千里宦游成底事,每年风景是他乡——试论唐代的宦游与家庭》,载《台大历史学报》41(台北,2008.6),第65-107页。

② 依类且举数例,如:James M. Hargett, *On the Road in Twelfth Century China*: *The Travel Diaries of Fan Chengda (1126-1193)*, Stuttgart: Steiner Verlag Wiesbaden, 1989. James M. Hargett, "The Travel Records (Yu-chi) of Su Shih (1037-1101)",《汉学研究》8:2(台北,1990.12),第369-396页。冈本不二明《宋代日记の成立とその背景——欧阳修"于役志"と黄庭坚"宜州家乘"を手がかりに〉,《冈山大学文学部纪要》18(冈山,1992),第144-156页。陈左高《中国日记史略》(上海翻译出版社1990年版),《第二章 宋代日记的兴起和元代日记的衰落》,第7-30页。平田茂树《宋代政治史料解析法——"时政记"と"日记"を手挂かりとして—〉,《东洋史研究》59:4.

这些写作体裁中，汇整物之信息、知识的"谱录"可能涉及经验、听闻、阅读，是十分多层次的文本，过去的研究多将其视为梳理相关物品社会史的材料。①近年我已尝试梳理 10～14 世纪的"谱录"书写状态，并对其书写活动脉络、原理进行一些讨论。②因为当移动力提高，无论是人至新地方接触新的物种、物品，或是他地之物随人之旅行被携至另一地，皆会生成新的物质经验，如此的"物"经验，正是人周遭世界改变的十分直接的反映。入宋以后谱录数量的相对大幅增加，及这类书写与"物"的关联皆暗示我们一些关于人与世界之间的关系已在变化；也意味着文字或行为的背后，隐含着人们对于事物的理解和态度正有所调整。这些变化—调整将以"知识"呈现，也与"知识"互生影响。"谱录"这类书籍极可能是一批信息、经验、知识、认知正在结构深层碰撞、反应的表象。

本文希望借由宋人"物"的经验与对于"物"的理解，趋近宋人知识、认知的内涵。讨论循"书写"的概念延展。"谱录"既是最为显著的物之专门书写体裁/出版品，其实已经是专项物类相当有系统的文字知识；但是谱录作者们的数据有限，以致其系统知识的形成轨迹混沌难明。因此，接下来的研究希望能突破"谱录"本身的分析，转而考察进入专书化之前的物类写作。这些写作当然较谱录为零散，然而透过了解宋代掌握书写能力的人们——文士缘何于生活中动笔写物，如何写物，或者能使因谱录作者们数据有限而显得混沌未明的系统知识的形成轨迹更为明晰一些。

考察先试以 10 世纪后半叶至 12 世纪初期的北宋为范围，主要的讨论时段落在 11 世纪，检视——进而析论这段时期文集中以物为主题的书写，亦考虑写作背后的历史现象。

二、文学史传统中的"咏物"与知识之路上的"写物"

文学史将物的专题写作称为"咏物"。文学史家们认为这种写作型态（genre）很早就

（京都，2001），第 137-171 页。平田茂树《〈王安石日录〉研究——〈四明尊尧集〉を手挂かりとして一》，《大阪市立大学东洋史论丛》12（大阪，2002），第 13-28 页。须江隆《〈吴郡图经续记．〉の编纂と史料性——宋代の地方志に关する一考察》，《东方学》116（2008.7），第 109-126 页。小二田章《〈咸淳临安志〉の位置：南宋末期杭州の地方志编纂》，《中国：社会と文化》28（2013.7），第 118-138 页。吴雅婷：《南宋中叶の知识ネットワーク——"谱录"の类目の成立から》，收入宋史研究会编《中国传统社会への视角》"宋代史研究会研究报告"第十集（东京：汲古书院，2015），第 235-266 页。Hilde de Weerdt, *Information, Territory, and Networks: The Crisis and Maintenance of Empire in Song China*, ch. 6, "The Notebook Phenomenon". Cambridge (Mass.) and London: Harvard University Press, 2015.

①且以茶、香为例，如康才媛《唐代文人饮茶文化——以[（唐）陆羽著]《茶经·四之器》为探讨对象》，载《淡江史学》24：2012（2012.9），第 97-122 页。刘静敏《宋洪刍及其〈香谱〉研究》，载《逢甲人文社会学报》12（2006.6），第 59-102 页。另外，艺术史在文物方面亦有相关研究，可见陈芳妹《青铜器与宋代文化史》，台湾大学出版中心 2016 年版。Ya-hwei Hsu, *Reshaping Chinese Material Culture: The Revival of Antiquity in the Era of Print, 960—1279*. PhD diss., Yale University, 2010.

②吴雅婷：《南宋中叶の知识ネットワーク——"谱录"の类目の成立から》。

已形成，可上溯至《诗经》，而以屈原《橘颂》为首篇成熟的咏物之作。① 此后随着历史的发展，由汉、魏晋、南北朝，到唐、宋，一路得到持续的发展。这五个时段之中，皆有不少研究，学者们也为各自所着墨的时代提出咏物写作兴盛的论证。② 不过，在如此研究趋势之中，宋代咏物写作的研究基本上是少于魏晋南北朝与唐代的。

就个别议论观察，文学史多以文体为或明或暗的前提，咏物赋、咏物诗最常被论及，研究宋金元时期的学者也提出了咏物词的讨论。③ 再进一步才是考虑题材的意义。也许是因为祖述诗三百与楚辞，故在"诗言志""赋比兴"，以及《文心雕龙》所谓"诗人比兴，触物圆览"与"铺采摛文，体物写志"的框架之下，无论是禽鸟、植物或用品，在今日咏物文学的研究者眼中，往往成为作者们托寓、借喻、象征批判、时事、志向的媒介。④

本文的论述选择由"物"进入，主要考虑物品与书写者的联结，试图究明书写的缘起与脉络。因为所冀望了解的是一时期具象的物质经验与知识结构的关联，故采取了异于上述思维的径路，这或许也正显示出社会文化史与文学史建构论述的差异。

想在宋代文集中翻检关于"物"的写作，并非难事，常可见宋代文人的诗文涉及某些物品。比如梅尧臣（字圣俞，1002—1060）在洛阳一带任县主簿时曾有《尹阳尉耿传惠新栗》，顾名思义，作诗乃因尹阳县尉耿传赠送了新获秋栗。如果《宛陵集》的诗作是依时序排列，那么，梅尧臣也曾于早先的三月三日上巳节为捕得两条鳜鱼作一首五言律诗。若因为想读这两首诗而翻开《宛陵先生集》，完全不会有大海捞针的苦恼，因为它们双双就

---

① 文学史家们的措辞有：类型、门类、文类、诗类等。赵红菊：《古代咏物诗探源》，载《语文学刊》2008：11A（2008.11），第63-65页。于志鹏：《屈原：中国古代咏物诗的开山之祖》，载《中国石油大学学报（社会科学版）》22：3（2006.6），第85-88页。

② 如：吴从祥《从情与物之关系看汉代咏物赋的嬗变》，载《青海民族大学学报（社会科学版）》，31：3（2005.7），第117-120页。于志鹏《齐梁咏物诗特征探析》，载《西南交通大学学报（社会科学版）》8：5（2007.10），第49-52页。钟国本《南朝咏物诗的审美价值》，载《聊城大学学报（社会科学版）》2006：5（2006.10），第74-75页。蔡妙真《柳宗元咏物赋研究》，《中华学苑》52（台北，1999.2），第113-130页。黄子馨《诚斋咏物诗的师古新变》，《新竹教育大学人文社会学报》6：1（新竹，2013.3），第49-90页。

③ 前注所引论文也可看出如此倾向，其他如：廖国栋《魏晋咏物赋研究》，台湾文史哲出版社1990年版。路成文《宋代咏物词史论》，商务印书馆2005年版。郑琇文《金元咏梅词研究》，台湾花木兰出版社2014年版。赵桂芬《元代咏物词研究》，台湾花木兰出版社2012年版。

④〔南朝〕刘勰：《诠赋第八》《比兴第三十六》，载氏著，黄叔琳注、李详补注，杨明照校注拾遗《增订文心雕龙校注》，中华书局2012年版，2：95、8：453。如：钟晓峰《政治托喻与禽鸟诗——以元和诗人之贬谪创作为探究中心》，载《中正大学中文学术年刊》12（嘉义，2008.12），第89-119页。祁立峰《论南朝"咏物题材"诗赋的文化脉络——以"梧桐""舞马"与"烛"为例》，载《兴大中文学报》32（台中，2012.12），第51-74页。程杰：《梅花的习性、色香、枝干、品格与德性——魏晋南北朝隋唐两宋咏梅文学对梅花美的抉发与演绎》，载《成大中文学报》9（台南，2001.9），第191-206页。林天祥《论北宋咏物赋的借物言理》，载《北京化工大学学报（社会科学版）》3（北京，2004.9），第33-39页。颜智英《论东坡咏物词意象之开拓——以咏梅、咏荔枝为例》，载《师大学报》56：2（台北，2011.9），第67-94页。

在卷一的起始几页。① 两首诗的内容分别为：

> 上巳日午桥石濑中得双鳜鱼
> 修禊洛之滨，湍流得素鳞。多惭折腰吏，来作食鱼人。
> 水发粘篙绿，溪毛映渚春。风沙暂时元，紫线忆江莼。
> 尹阳尉耿传惠新栗
> 金行气已劲，霜实躲林梢。尺素走下隶，一苞来元郊。
> 中黄比玉质，外刺同芡苞。野人寒斋会，山炉夜火炮。
> 黎惭小儿嗜，茗忆粗官抛。此焉真可贶，遽尔及衡茅。

栗与鳜显然是两首诗的主角，然而相较二位主角，梅尧臣更着墨于时节、景观、感受等环绕于周遭的时、空、人之情境；至于诗题，则反映出牵连于物品背后的"事件性"。如此的写法与以物品自身为写作对象，形成篇章主体的"写物"，其实是有差别的。

同样再读梅尧臣的作品：

> 灼灼有芳艳，本生江汉滨。临风轻笑久，隔浦淡妆新。
> 白鹭烟中客，红蕖水上邻。无香结珠穗，秋露浥罗巾。②

诗题为"水葓"。水葓为红蓼别名。"白鹭烟中客，红蕖水上邻。"应当是梅尧臣见到这植物的情景。可以想见水岸边但见水雾中白鹭的身影，而同为红色系的蓼花、荷花缀于白鹭与雾气营造的淡墨色景色中。除了场景（同时也是生长环境）之外，花色、形貌、姿态、原生地、节令也都在这首诗中得到了处理。另一首诗《锦竹此草也，似竹而斑》写一种名为"锦竹"的植物：

> 虽作湘竹纹，还非楚筠质。化龙徒有期，待凤曾无实。本与凡草俱，偶亲君子室。③

透过诗句以及诗题自注，读者可以了解：锦竹虽以竹为名，然实为草本，而其身有似湘竹的斑纹。诗除了以此物为描写对象，诗句本身更道出、传达了对这种植物的所知。

就诗题来看，新栗、双鳜与锦竹、水葓的表现方式已有不同。而透过上述分析大抵能

---

① 〔宋〕梅尧臣：《宛陵先生集》卷一《上巳日午桥石濑中得双鳜鱼》《尹阳尉耿传惠新栗》，四部丛刊景上海涵芬楼藏万历间梅氏祠堂刊本，第1页下-2页上、4页上。《尹阳尉耿传惠新栗》，据夏敬观（1875—1953）所作梅诗注，尹阳当为伊阳（今河南洛阳市嵩县旧县镇），耿传当为耿傅（字公弼，？—1041）。梅尧臣著，夏敬观、赵熙原著，曾克耑纂集：《梅宛陵诗评注》卷一《尹阳尉耿传惠新栗》，台湾商务印书馆1983年版，第6页下-7页上。
② 〔宋〕梅尧臣：《宛陵先生集》卷一《水葓》，第13页上。
③ 〔宋〕梅尧臣：《宛陵先生集》卷一《锦竹此草也，似竹而斑》，第9页。

够看出，梅尧臣写新栗、双鳜的写法与写锦竹、水苈亦不同。眼下尚难以论断，梅尧臣写作时对于其间的差异是否有意识，并刻意做出选择。不过梅尧臣这几例，提醒了我们，物的书写是多层次的。前二者展现的是，人如何在生活中有机会接触到特定的物，偏向经验累积的一面；后二者则显然更接近已具备的知识或知识逐步形成的那一面。二者的差异或者也可视为一种程序上的关系。细致地了解、区别这些层次的重点与意涵，或将为我们铺开人与物关系的网络。

三、写作题材与情境——以宋祁为主的讨论

上节梅尧臣四诗，以书写专物为讨论核心衡量之，当以锦竹、水苈这一类写作为首要对象。然而，新栗、双鳜这一类型诗文却也在宋人文集中应制、奏表等公文书外的篇幅中俯拾即是。

如果以知识性与知识形成取向的物类书写为主要考虑，如前述梅尧臣事例所显示的，即使不计算也可察知，书写的物类当以植物的数量为最多。且大多时被书写的植物是书写者观赏——乃至于观察的对象。透过文集的阅读可知，非观赏情境的植物，以茶的写作最为突出。"茶"在文士们的笔下，与其说是植物的一种，还不如理解为饮食原料——食材更为适切，且于10世纪后半叶已时常成为写作题材。植物以外，次则文房用具为多。随着时代推进，书画等收藏品愈形显著。11世纪前后物类书写的类别倾向大体如此。前节所举的梅尧臣新栗、双鳜、锦竹、水苈四诗，加上前文未引为讨论材料的白鸡、茶灶，是《宛陵集》中写物的首见几篇。① 这六首诗的书写对象恰好都不是此时期文人写物常见的题材，正好让我们得以一窥题材的多样。

除了梅尧臣提供的一点视野，以下想另借宋祁（字子京，998—1061）《景文集》入手，展示宋人物类书写涉及的题材。选择宋祁，乃因以目前宋祁留存的文字看来，写物是他书写活动的重要成分。宋祁与兄宋庠（字公序，996—1066）以"二宋"齐名天下，助欧阳修修撰《唐书》可能是他最为著名的事迹，《宋史》编者称其"尤能文，善议论"。②

（一）个别书写对象：牡丹之例

宋祁的物类写作正如笔者所指出的整体倾向，以植物为多。牡丹、蒲桃、石楠、菊、竹，与非植物之古瓦砚、蚴蟧（蟪蛄，蝉的一种）各有长赋一篇。首先，可留意《景文集》《上苑牡丹赋并序》。这篇牡丹赋作于仁宗天圣七年（1029），时任国子监直讲。这一年三月，内苑牡丹同时盛开了三种异于常态的花朵："其一，双头并干；其二，千叶一房；其三，二花攒萼。"宋祁在序中说明了，当时皇帝（或者应将之理解为主政的刘太后）将

---

① 〔宋〕梅尧臣：《宛陵先生集》卷一《伤白鸡》《茶灶》，第3页、9页下。
② 〔元〕脱脱等：《宋史》卷二八四《宋祁传》，中华书局1977年版，第9593—9599页。

如此情景视为天瑞，下诏诸臣"俾陈篇良"，故有此作。① 将牡丹花开的异象视为祥瑞，即使是宋代，仁宗也并非第一人。《宋史·五行志》专列祥瑞植物的《芝草》篇，记载雍熙二年（985）八月"刑部尚书宋琪（字俶宝，917—0996）家牡丹三华"。② 真宗亦曾于宴会之后"出牡丹百余盘，千叶者惟十余蒂，以赐宰臣、亲王。"③ "千叶者惟十余蒂"恰可证"千叶一房"之少有，且自然是好东西才会作为赏赐的礼物。其实天圣四年内廷便曾"出后苑双头牡丹、芍药花图以示辅臣"，并"（仍）令馆阁官为诗以献"。④ 由于天圣七年这次宫中异花开的记载，并未留存于现有的史书或官方档案中，可以推想，这类事件应要较留下的纪录更为常见。

遇到花草出现如此难得的样貌时，宋代君主是习惯于要求臣下写作，并绘制图画，以存姿态。因这类缘由所作成的文字，屡屡可见于文集中。宋祁兄庠的文集中如《玉宸殿并三枝牡丹歌》《安福殿千叶双头并枝白牡丹歌》《从幸化诚殿观芝草奏御》《奉诏赋后苑诸殿牡丹》《清辉殿双头牡丹》《瑶津亭同棐双头牡丹》诸篇恐怕都是因此而作。⑤ 而欧阳修（字永叔，1007—1072）几乎就在宋祁写作《上苑牡丹赋》同一时期，写成了广为人知的《洛阳牡丹记》。他在《花释名》与《风俗记》二章述及此时的牡丹园艺技术，以及育成花种。⑥ 其中，至少"魏家花""细叶、麄叶寿安"皆为千叶红花，符合宋赋序中"千叶一房""葩色正红"的描述。⑦ 因此，这些在诸臣笔下谓之为瑞草的花朵之生成，其实与成熟的园艺技术有直接的关系。由于欧阳修的笔下描述了一种带有大众流行文化气氛的牡丹知识，而且他也并非宋代第一位为牡丹立谱的作者。因此，君主见花心喜的实情很可能也是因稀见花种养成而引起的兴奋感。⑧

然而，这类奉诏所为的作品仍然多以"瑞象"诠释这些实由人力致成的自然景观。由这些作品的不断出现与流通看来，皇帝应该也是接受的。它们多以丰美祥和的文辞描写瑞草之姿与天地顺洽。以宋庠作品的书写结构来看，他可能也对这类命令发展出了一套应对

---

① 〔宋〕宋祁：《景文集》卷一《上苑牡丹赋并序》，清武英殿聚珍版丛书本，第8页下-9页上。
② 《宋史·五行志》卷六三《芝草》，第1387页。
③ 〔宋〕李焘：《续资治通鉴长编》卷九二，天禧二年十一月己未，中华书局2004年版，第2128页。
④ 《续资治通鉴长编》卷一〇四，天圣四年四月乙卯，第2405页。
⑤ 〔宋〕宋庠：《元宪集》卷二《玉宸殿并三枝牡丹歌》，清武英殿聚珍版丛书本，第21页下-22页上；卷二《安福殿千叶雙头并枝白牡丹歌》，第22页上-22页下；卷七《幸化诚殿观芝草奏御》，第9页上；卷七《奉诏赋后苑诸殿牡丹》，第9页下；卷九《清辉殿双头牡丹》，第6页下；卷九《瑶津亭同棐双头牡丹》，第6页下-7页上。
⑥ 〔宋〕欧阳修：《洛阳牡丹记》，百部丛书收陶氏涉园百川学海本，《花释名》《风俗记》，第3页上-6页上、第6页上-7页上。
⑦ 〔宋〕欧阳修：《洛阳牡丹记·花释名》，第3页下-4页上。
⑧ Ronald Egan 曾在他北宋士大夫美感的研究中讨论牡丹。他由几篇牡丹书写（最主要为谱录）析论，认为由唐至宋，有一段士人对牡丹由反感走向欣赏的过程。而接枝等植栽技术的发展，也迫使士人不得不对"人工"这一回事有所反应与反省。这些讨论提供我一些重要的信息与启发，但牡丹在政治文化场域的情形，及其相关认识的形成，Professor Egan 并未讨论。参见艾朗诺（Ronald Egan）著，杜斐然、刘鹏、潘玉涛译：《美的焦虑：北宋士大夫的审美思想与追求》（The Problem of Beauty: Aesthetic Thought and Pursuits in Northern Song Dynasty China）《第三章 牡丹的诱惑：有关植物的写作以及花卉的美》，上海古籍出版社2013年版，第81-119页。

的格套。不过，宋祁的牡丹赋却选择了不同的写作策略。

或许是因为采用了赋体，宋祁这篇与多数应诏颂瑞诗不同之处，在于他虽然还是使用了赞颂的笔调，但对牡丹姿态的描写相当细腻精致；此外，亦道出了由上古至当朝牡丹在人们身边的角色递变。这显示宋祁意识到，牡丹与人的关系乃随时变化，并非绝对。而他之所以能理解如此的变化，则是秉于对历代牡丹知识的知晓。陈述之中，宋祁提及了隋代的种艺之书、北齐杨子华的牡丹画，并于宫中"铺观往图"。由此我们可以得见宋祁知识的立基何在。他可能直接读过《新唐书·艺文志》著录的隋诸葛颖《种植法》，亦有可能是透过《太平广记》的记载所知。前者今已不存，推测为植栽专门书；后者则是成于宋初的笔记小说类书。甚或应该考虑，宋祁阅读的是《太平广记》这段文字所本的《尚书故实》与《酉阳杂俎》。① 此外，或宫中，或私会，看来也时有观赏牡丹图的机会。

值得注意的是，于赋文中展现了牡丹历史知识并加以客观描述的宋祁，对于理性知识与祥瑞吉兆的悖离并非没有意识。故他在由花朵姿态、历史发展、宫廷活动一路铺陈之下，将笔锋急转设问：为何是这般特异的花朵生于京师？既不能解释，便只有"占之天意"。而随着卜出吉象，异样的牡丹得以培育成功，便仍归之于天，圆满地回到瑞草的传统论述脉络。且由于卦应于人德，作为物瑞的花朵也就不是最重要的角色，"则是花也，聊可玩于耳目"②。

宋祁对牡丹的了解并不限于宫廷、首都的生活场景，他还曾在另一篇"赞"中描述一种"倒仙牡丹"：

> 花跗芬侈，丛刺于梗，不可把玩，艳以妍整。花出彭州（治九龙，今四川成都市彭州市），其枝一似蔷薇，有刺，不可玩，故以别他牡丹云。③

宋祁这十六字赞言，与其说是褒赞，毋宁说是更接近于谱录的一项条文。宋祁物类写作中使用赞体的情形容后再论，此处先关注他与四川彭州牡丹如何产生关联。事实上，宋祁知益州（治成都）时曾作《益部方物略记》，其中载录着一种名为"锦被堆"的花，其描述与倒仙牡丹几乎相同。这两则文字乃指同一物应该没有问题。宋祁在此书自序中提及著作缘由：

---

① 〔宋〕欧阳修、宋祁等：《新唐书》卷五九《艺文志》，中华书局1975年版，第1538页，《上苑牡丹赋》中先提"隋种艺之书"（《种植法》），再提"子华绘素之笔"（杨子华）的写作结构，与《太平广记·草木》中的"叙牡丹"条一致。见李昉等编《太平广记·草木》卷四〇九，《木花》"叙牡丹"条，中华书局1961年版，第3313–3314页。两则典故分别出自《尚书故实》与《酉阳杂俎》，因此严格说来尚须考虑这三部书在北宋时作为读物的状态。《太平广记》的编辑刊刻可参见刘静贞《宋代における社会文化的氛囲気を捉えて—〈太平广记·妇人部〉の编集を中心に》，《人文研究——大阪市立大学文学研究科纪要》61（大阪，2010.3），第47–61页。

② 〔宋〕宋祁：《景文集》卷一《上苑牡丹赋并序》，第9页上–10页下。

③ 〔宋〕宋祁：《景文集》卷四七《倒仙牡丹赞》，第13页上。

予来领州，得东阳沈立所录剑南阳物二十八种。按名索实，尚未之尽，故遍询西人，又益数十物。列而图之物，为之赞。图视状，赞言生之所以然。更名《益部方物略记》。凡东方所无，及有而自异，皆取之。①

我们或者可以由此勾勒出一段宋祁得到牡丹新知的过程——也是他认识物类知识的管道之一。嘉祐二年（1057）——此时距他应诏写成《上苑牡丹赋》已近三十年，出身河南的宋祁至益州担任父母官，找来了曾经佥判益州的沈立〔字立之，天圣元年（1023）进士〕所著之方物志阅读。他的这项阅读活动显然是为了要掌握辖区——同时也是未来几年生活区域的资源。按名索实也意味着这不只是单纯兴趣或乐趣上的阅读。他对沈立所作的方物志并不满意，于是，自己采集数据，增录了川外（东方）所没有或样态不同之物。宋祁应该就在这段亲历远地风土、踏查知识的经验中认识了出于彭州的"锦被堆"。《益部方物略记》有不少条目见于《景文集》卷四十七。虽然目前还没有办法确认，这二部书现今留存版本编辑上的相互关系。较合理的推测可能是《益部方物略记》的部分条目被收入后来编辑的文集。也就是说，宋祁原来在他的四川经验中所识得似蔷薇、仅知其俗名的彭州"锦被堆"，日后被修正成"倒仙牡丹"；即改变了对这种植物的认知、归类。尽管没有线索得知详细的经过，但这不啻为一段获取与调整（牡丹）知识的过程。②

在宋祁的物类书写中，牡丹是值得留意的个别书写对象。然在咏物范畴中十分受到注意的梅，却未能于《景文集》中找到对应程度的书写。令人惊讶地，宋祁虽然不乏述及梅的作品，但梅总是作为情境的一部分被描写，以梅为主题的，严格说来实在少之又少。③竹和菊的状况则与梅不同，它们已经较常成为宋祁注目的对象和写作的题材。文集中常见为应诏所作的牡丹文字、绘画及其瑞草意象，反映了时人对于牡丹的关注与兴趣并非仅限于欧阳修笔下那样的庶民性。除了能借以观察到相关的流行、风气，亦透露出当时植栽园艺、物类知识、观赏活动、宫廷—政治文化彼此之间复杂的牵连。另一方面，宋祁牡丹知识的累积亦有其非天子脚下的地方经验管道。他多年以后编纂《益部方物略记》，其实也正与他赋文所流露出的物类知识背景相互呼应，展现了他颇有兴趣由此角度认识、理解。

（二）系列式书写：《益部方物略记》

在一种又一种难以数尽的个别物类书写对象之外，另外引起笔者注意的是宋代文士对于物类系列式的书写形态。这些写作个别看来是针对某物而作的单篇诗文，但它们显露的主题、情境，甚或序列形式，让人不得不意识到它们其实是一个群组，乃至构成了一套有

---

① 〔宋〕宋祁：《益部方物略记·宋祁自序》，》文渊阁四库全书本，第1页下。
② 倒仙牡丹也是宋代锦缎织纹的一种。参见〔清〕徐松辑《宋会要辑稿》礼六二之一二，台湾新文丰1976年影印民国廿四年上海大东书局景国立北平图书馆徐氏原稿本，第1686、1687页。〔元〕陶宗仪：《南村辍耕录》卷二三，唐贞观开元间，四部丛刊影上海涵芬楼景吴氏滂熹斋藏元刊本，第1页下－2页上。
③ 可能只有两首诗。宋祁：《景文集》卷二〇《南方未腊梅花已开北土虽春未有秀者因怀昔时赏玩成忆梅咏》，第10页；卷二四《雪里寻梅》，第11页下。

机的文本。《景文集》中即有两组这样的写作,可供切入、析论。

"草木杂咏五首"是以楠、藤、"木绿"、海樱、枇杷组成的植物主题诗组。① 五首诗皆着重于描述所写对象的样态。透过阅读,读者可以对这五种植物形式一定的认识。如第四首《海樱》:

哆炽风叶张,困皱雨皮厚。丛櫄列盖端,攒旄注旗首。物以希见珍,材绿怪志丑。

由于宋祁只写植物本身,故诗文并不提供情境信息,如诗组作于何时、在什么样的情况下被组成。不过,除了"木绿"这种植物不能确定②,楠、藤、海樱、枇杷都是生长于淮河以南的南方物种。从"木绿"的描述看来,它可能也不是寒地之物。更重要的线索是,这五种植物中,楠、海樱皆于《益部方物略记》中存有条目,而且《方物志》中的"娑罗花"条提到其"类枇杷"。③《枇杷》一诗又有"有果产西裔"之句。加以这几种植物在现存的宋祁文字中都只见于《景文集》中的"草木杂咏五首"和卷四十七(赞之卷),以及《益部方物略记》,所以,我们大可推测,这组诗其实就成于宋祁知益州任内。这类诗作也许是宋祁得知新物类信息后,沿袭文人见景物而吟咏的习惯所写;但其实具有借以实时处理信息的意义,成了一种类似于《益部方物略记》前身的材料。当然,这也可能是,宋祁希望为自己在生活经验上的新知留下不同于方物志书写的样貌,故另外赋诗。然而,即便是第二种解释,五首诗一致的知识性都令人难以忽视。

"草木杂咏五首"透露了宋祁书写新知物类与其四川经验的关系,也暗示了在宋祁的写作中,诗组、方物志、物赞三者间存有潜在的关系。在与《益部方物略记》对照过后,原来阅读起来一篇篇独立,只是在文集中被编排在同一卷的物赞也必须转换以系列书写的逻辑理解之。《益部方物略记·自序》曾提及撰写的体例,所谓"图视状,赞言生之所以然。"这里值得留意的是宋祁自己明言此书原本图、文并列(今存版本已无图),他认为图能够帮助读者直接了解该物的样貌形状,文字则用以说明生长条件、情态。后者正是光看形貌无法得知的知识。明人吴讷(1372—1457)于其《文章辨体》中以"赞"为"赞美之辞"。虽然从《文心雕龙》而下至吴讷,都不是以知识性的说明文字来理解"赞"这种体裁的。④ 但宋祁确实将《益部方物略记》中的这类文字名之为"赞"。这也是文集卷四十七中出现大量物赞的缘由。

《益部方物略记》每一条目基本上以"4×4=16"字的正文(亦有少数至4×6者)、

---

① 〔宋〕宋祁:《景文集》卷五《草木杂咏五首》,第11页。
② "木绿"或为橼字之误。指枸橼。诗中描写其四时开花、枝条细软、具香气,几项特征皆与枸橼相合。参见郭天池《中国的枸橼》,《中国柑桔》22:4(重庆,1993),第3—6页。然目前尚不能确认,姑存之。
③ 〔宋〕宋祁:《益部方物略记》,"海樱"条,第1页上;"楠"条,第1页;"娑罗花"条,第7页上。
④ 《文心雕龙·颂赞》述"赞"由唱拜之辞发展为褒贬之文。(刘勰著,黄叔琳注,李详补注,杨明照校注拾遗,《增订文心雕龙校注·颂赞第九》2:第107—109页)

物种名与小字注说明三部分构成。如前节所提及"锦被堆"条即为：

> 花跗芬侈，丛刺于梗，不可把玩，艳以妍整。
>
> 右锦被堆。花出彭州，其色一似蔷薇，有刺，不可玩。俗谓蔷薇为锦被堆花。①

虽然正文符合韵体赞的体式，但若未读自序，恐怕难以意识到它们是一篇篇的"赞"。"锦被堆"条收入文集卷四十七后，标题成了《倒仙牡丹赞》，除了物种名称改变之外，也明确定为"赞"。这一卷所收全为"赞"，其中绝大多数为物赞，仅两篇史赞与少数的人赞。其中大多数的物赞即出于《益部方物略记》。然而，情况也并非"文集卷四十七＝《益部方物略记》"那样简单。两份文本载录的物种互有出入。《益部方物略记》共录 65 条，文集卷四十七为 53 条。《益部方物略记》有而文集无者 17 条，情况相反者 5 条。它们各自经过什么样的缘由形成今日的模样，目前尚难以追究。但是比对的结果，起码提醒我们：宋祁对四川物类的搜集至少达到 70 项。其中，如，"绿萝卜"只见于《景文集》，"绿蒲萄"只见于《益部方物略记》。《绿萝卜赞》全文为：

> 类则温菘，根端绿色。纤长不圆，脆滓甘液。在萝卜类中尤爽洁甘滋，以子种于东方则变，殆土所宜云。②

"绿蒲萄"条则为：

> 西南所宜，柔蔓纷衍。缥穗绿实，其甘可荐。
> 右绿蒲萄。北方蒲萄熟则色紫，今此色正绿云。③

这两则在各自文本中的位置其实很相近。不过，怎么读，根据文意，萝卜都是萝卜，蒲萄也还是蒲萄，应当没有混淆。《绿萝卜赞》"以子种于东方则变"的说法，看来也是《益部方物略记》的立场和口吻。因此以《益部方物略记》来说，若不是现今传本不完整，就是宋祁当时写下的稿本并未全部收进刊刻本。至于前文所引"锦被堆"修正为"倒仙牡丹"之例，就正文看，两方皆同，但为赞文做了进一步解释的小字注，却有差别。而此差异，即为解释的修正，或可说是对该物的理解有所调整。无论如何，这些都提醒我们，当时知识流传过程的不稳定，以及因此所产生的知识本身的浮动性。

至目前为止，本文论及的物类书写题材皆为植物。这自然非为全貌。植物虽占多数，然仍可见动物书写。只是动物书写显得更为零散。而且以动物为题的书写有相当一部分其

---

① 〔宋〕宋祁：《益部方物略记》，"锦被堆"条，第 3 页下。
② 〔宋〕宋祁：《景文集》卷四七《绿萝卜赞》，第 12 页下。
③ 〔宋〕宋祁：《益部方物略记》，"绿蒲萄"条，第 3 页上。

实是以物拟人的寓言，往往暗合于时事局势，以资批判或自况。例如，王禹偁（字符之，954—1001）为太宗身边的忠犬作赋，回顾了那犬在主人生活中的情况，文末即写："聊作赋以自伤，寄毫端而雪泣"。他亦曾为"竹𪖴"（一种生于商山竹林中的鼠类）写五言长诗。开始虽就它们的生长环境、形貌、生活习惯、族群状态一一详述，然而一旦进入后半部，笔锋便急转至这种原与人为世界无涉的小动物如何遭遇人祸，甚至出现了"吁嗟狡小人，乘时窃君禄"如此明确的批判性字句。① 虽然读者确实能够借前半首诗了解竹𪖴，不过这些竹𪖴知识性的铺陈，恐怕都还是为了带出后半部分的借喻与批判。

纯粹不涉及暗喻的动物书写，概观而言，被公认为鲜美食材的蟹可能是其中最为集中者。鱼也时而得见，不过不同于蟹之鲜少指明品种，作者通常是因为某种鱼为特别品种而兴起描写的念头。王禹偁另有一首诗，即写一种特别的水中生物"江豚"：

江豚江豚尔何物？吐浪喷波身突兀。依凭风水恣豨豪，吞啖鱼虾颇肥腯。肉腥骨硬难登俎，虽有网罗嫌不取。江云漠漠江雨来，天意为霖不干汝。俗云豚出则有风。②

现今的生物分类中，"江豚"隶属于海豚科江豚属。外貌似海豚而无背鳍。主要分布于亚洲沿海、海湾，也可见于中国某些淡水水域，如洞庭湖。其实仅凭如上的描写，难以断定此"江豚"即今"江豚"。姑且不论物种本身的考证，王禹偁写作这首《江豚歌》确实是从"这'吐浪喷波身突兀'的怪异生物是什么？"——生物知识的向度问起。整首歌就是以自身的见闻回答自己的疑问。"吐浪喷波"至"颇肥腯"为对实物的观察；"肉腥骨硬"以下则当来自询问听闻。其中，"肉腥骨硬难登俎，虽有网罗嫌不取"仍是关于其生物体的知识；"江云漠漠"以至诗末小注所描述的，便由习性延伸出有关江豚与大自然关联的理解，甚至可视为当地人们日常生活知识的一环。另一点值得注意的是，王禹偁选择了较为轻松自由的歌行体，可能也体现他书写时对此物的好奇心大于琢磨韵体文学性的意念。

回到宋祁《益部方物略记》的系列书写。《益部方物略记》自第 51 项以后的 15 条皆为动物，包含鱼类 6 种、鸟类 5 种、猿猴类 2 种、羊和虫各 1 种。稍微观察宋祁写作的视角与形式，可以发现，每项名目之下的小注，都以散文更清晰地说明宋祁所留意侧重的该种动物特色。以桐花凤、红铜嘴、荏雀、护花鸟、百舌鸟五种鸟禽为例，宋祁的陈述确实能够帮助读者从中认知它们的样貌、习性等生物性知识，但若再加斟酌，便会发觉这些文字的背后隐含着饲养珍鸟的意图。例如"桐花凤"：

二月桐花始开，是鸟翱翔其间。丹碧成文，纤嘴长尾。仰露以饮，至花落辄去。

---

① 〔宋〕王禹偁：《小畜集》卷一《园陵犬赋》，四部丛刊正编景上海涵芬楼借常熟瞿氏铁琴铜剑楼藏宋刊配吕无党钞本，第 4 页上－5 页上；卷三《竹𪖴》，第 10 页下。
② 〔宋〕王禹偁：《小畜集》卷一三《江豚歌》，第 7 页。

蜀人珍之，故号为凤。或为人捕，置樊间，饮以蜜浆，哺以炊粟，可以阅岁。……①

在蜀人眼中，桐花凤无疑是一种外形美丽，习气特殊的珍鸟。以"凤"为名，传达了最鲜明的评价。乐史（字子正，930—1007）所著《太平寰宇记》中，益州的"桐花"条描述几乎都在桐花凤身上。宋祁于嘉祐二年（1057）二月知益州到任，②乐史得到的数据至少早于宋祁大半个世纪。他记载中的桐花凤：只生于桐花中，只饮花蜜，花谢即死。除了自然死亡，非常难以借人力延其寿，且稍被碰触即死。③ 我们知道乐史出身抚州（治临川，今江西抚州市），为南唐进士，但不确知乐史是否曾亲眼见过桐花凤。在他的记述之中，这种鸟类显得更为神秘，它们的生命带着戏剧性。相形之下，大半世纪以后，至益州任官的宋祁关于这项生物的记述较为平实，对其捉拿与喂食之法的记录也较为理性（或有进展？），如此可人的小鸟可能已在人们身边驯养一段时间。

动物中数量最多的鱼类，共采录了：鮂鱼、嘉鱼、鲦鱼、黑头鱼、沙绿鱼、石鳖鱼。④ 宋祁之所以记写它们，可食用性可能是最重要的指标。嘉鱼"鲤质鳟鳞，为味珍腴"。鲦鱼"以鲙诸庖，无异隽永"。沙绿鱼"美味，蜀人珍之"。石鳖鱼"以味见录，虽细犹捕"。这四种鱼以不同的风味、口感，受到宋祁的注目。未被视为食材的鮂鱼和黑头鱼则以其各有特异之处而被收录。鮂鱼有足，声如儿啼，恐怕即为俗名娃娃鱼的中国大鲵。每年二月仅现身于郭璞台前的黑头鱼，则在民众之间流传着"鱼吞其墨，故首黑"的传说。⑤ 余下四种动物，狑、龙羊、金虫都能作为服带上的装饰品；貜则被视为美食。⑥

目前得见的《益部方物略记》未分部门，内文直接为一项项的条目。但全书内容皆为生物，并大致呈现了植物于前、动物在后的结构。透过观察其中的动物条目，可析得宋祁对动物们形貌、习性的描述背后，主要还隐含了驯养、食用、使用三种视线。这样的逻辑一方面透露了这些动物在当时蜀人生活中的角色，一方面也揭明了这个时期构成动物知识的元素。于宋祁笔下，它们除了是某些存在于天地间、活动于人周遭的物类，也与当时人建立起各种以人的需求为主的"用"的关系。不可忽略的，宋祁文字所承载的信息，应有

---

① 〔宋〕宋祁：《益部方物略记》，"桐花凤"条，第10页上。
② 〔宋〕宋祁：《景文集》卷三八《益州谢上表》，第7页下-8页下。
③ 《太平寰宇记》对"桐花"的记述为："桐花。色白。至大。有小鸟燺红翠碧相间，毛羽可爱，生于花中。唯饮其汁，不食他物，花落遂死。人以蜜水饮之，或得三四日。性乱跳踯，多抵触便死。土人画桐花凤扇，即此类也。"见〔宋〕乐史《太平寰宇记》卷七二《剑南西道·益州·土产》，中国基本古籍库收文渊阁四库全书补配古逸丛书景宋本，第9页下-10页上。
④ 〔宋〕宋祁：《益部方物略记》，"鮂鱼"条、"嘉鱼"条、"鲦鱼"条、"黑头鱼"条、"沙绿鱼"条、"石鳖鱼"条，第11页下-12页上。
⑤ 〔宋〕苏辙《初发嘉州》："……云有古郭生，此地苦笺注。区区辨虫鱼，尔雅细分缕。洗砚去残墨，遍水如黑雾。至今江上鱼，顶有遗墨处。"或许也是这种黑头鱼。苏辙著，陈宏天、高秀芳点校：《苏辙集·栾城集》卷一，中华书局1990年版，第2页。
⑥ 〔宋〕宋祁：《益部方物略记》，"狑"条，第11页上；"龙羊"条，第11页上；"金虫"，第12页下；"貜"条，第11页下。

相当一部分来自于蜀人根据自身经验、所知的转达。

《益部方物略记》与南宋范成大(字致能,1126—1193)更为知名的《桂海虞衡志》属于同一性质。乾道八年至淳熙二年(1172—1175)年苏州人范成大至桂林任父母官,雍丘人宋祁则于嘉祐二至四年(1057—1059)知益州。宋祁于任上著述,范成大在离任旅途中追记。在一处天候、地理皆与故里迥异之地出任父母官,他们都既有掌握辖区资源信息的需求,也在任内得到了不同于以往的空间与物质经验。大量崭新的经验与信息或许就是促使他们从事书写的原因。然而,反过来说,我们亦不应该不意识到,他们二位各有其愿意提笔的个别能动性。可以看到,120 年后,《桂海虞衡志》较《益部方物略记》更具规模,所含括的物类范围也更广。同时,若以包含《景文集》卷四十七的《益部方物略记》系列书写考虑之,则会看到《益部方物略记》以文体为逻辑,被重新安置于文集中。亦即宋祁所选择的赞体,使得这些条目即便脱离方物志的结构,也能够独立存在,不致成为失去脉络便令人全然无法理解的断简残编。这类书写样式的发展,自非简单以这两部书为端点连成一线便可解明。但是它们作为同类型的出版品样态,在相隔百年的同异之间,仍然提供了探究其书写活动的线索。

结　　语

本文尝试梳理与探查物类书写,主要是希望能够究明知识——乃至世界认识是如何形成其被表现的样貌。以谱录为代表,于 10 世纪中叶以降,开始大量出现的系统化物质知识书写,它们所承载的那些获得共识的、具结构性的知识,其前身为何?经由什么样的机缘、情境生成,并一步步被收束规整。

本文的讨论立基于泛览博收作者各类著作的文集。一者,确实能够辨析出某些写作专注于写物,展现出鲜明的知识性。也就是说,被书写的"物"并非咏叹情绪的媒介或譬喻的象征物,该物本身的信息即为重点。次则明显能够察觉,记述物品知识或认识的物类书写之中,以植物为题材的数量最为突出。这正反映于上文切入的问题与借以论证的材料上。

谱录的记述揭开了北宋时牡丹赏玩与栽种的风行情形,但臣僚们应诏而作的咏牡丹诗赋,则打开了另一扇窗口,使我们对于牡丹赏玩文化的评估必须扩展至宫廷与政治文化的范畴中。身为本文讨论重要的引介人,宋祁在牡丹的书写方面,做了一番努力,保持物赋的知识史成分,使其文不全然缩限于历来习惯的瑞应。如此的书写特质,其实也透露出宋祁个人对物类知识的兴趣。相对于牡丹的都会性与宫廷性,宋祁知益州时对川西一带物类的访查、整理与写作则呈现出地域性。现今仍有机会被阅读的 70 条生物记录的内容,信息来源主要为"蜀人"。虽然显露出作者"外来者/他者"的立场,可是那种外人猎奇的视线并不强烈,更多的倒是"物种"与"人类"的对比分界。

随着阅读的累积,也逐渐意识到,某些特定的文体与物类书写可能具有密切的关联,如，赋、赞、铭。① 谱录、方物志这类单行刊刻的出版品，虽然首先让人理解到是部书籍，但其实它们都具备某些标志性的格式和结构，可以说是"文体"概念的延伸。本文借着宋祁笔下《益部方物略志》"方物志"与《景文集》"赞"这两组文本，初步推测、梳理了编纂过程、写作逻辑等书籍史角度的议题。至于在书籍与单篇诗文两种形态之间，尚有群组式的物类书写，这类书写本身如何选取、结成对物类的认识，其与人的实质互动关系，除了本文已尝试的初步分析，仍有相当追究、分析的空间。

(作者单位：暨南国际大学历史学系)

---

① 用于写物数量最多的文体无疑为"诗"。不过诗与物不具独特的对应性。诗是一种任何情绪、题材、情境都适用的文体，使用相当宽泛，也可说是带有便利性的文体。

既葬之后：从李纲《钱勰墓志》
看宋人墓志书写的时点与理念

刘静贞

周密（1232—1298）在《癸辛杂识》中曾引述赵松雪（1254—1322）的一段话，称：

> 赵松雪云："北方多唐以前古冢，所谓墓志者，皆在墓中，正方而上有盖，盖丰下杀上，上书某朝某官某人墓志，此所谓书盖者。盖底两段用铁局拘之。后人立碑于墓道，其上篆额，止谓之额，后讹为盖，非也。今世岁月，志乃其家子孙为之，非所谓墓碑也。古者初无岁月志之石。"①

这段话中所谓北方唐以前古冢墓志"皆在墓中"的说法，颇引人疑惑，难道周密身处的南宋末年，南方的墓志并不在墓中？可以与此并观的，是费衮在其《梁溪漫志》引司马光论碑志之语，所谓"碑犹立于墓道，人得见之；志乃藏于圹中，自非开发，莫之睹也。"②

费衮所引司马光之语，并不见于今日司马光所留存的文字中，唯这种强调碑、志有别，且与其所在位置相关的想法，为明初的吴讷（1372—1457）所继承，并且与文章体例相联结。吴讷在所著《文章辨体序说》中论说碑碣与志铭必须有别的根据是："凡碑碣表于外者，文则稍详。志铭埋于圹者，文则严谨。其书法则惟书其学行大节，其小善寸长则皆弗录。"他并批评说："近世弗知者至将墓志亦刻墓前，斯失之矣。"③

这三位观察当代的思考，基本上是从墓志摆放的空间位置出发，且牵连到作者的任务与读者的设定，而其背后则关系到宋人如何认知墓志制作这种社会书写活动的目的与意义。但本文拟讨论的，并不是宋人如何看待墓志当摆放在墓内还是墓外的空间/位置问题，而是想由此转而探问墓志书写的时间，借以理解宋人对于墓志并铭制作一事的认识，也呈现作为社会书写活动一环的宋人墓志书写实际状况。

---

① 〔宋〕周密：《癸辛杂识·续集》卷上《碑盖》，中华书局1988年版，第160页。
② 〔宋〕费衮：《梁溪漫志》（知不足斋丛书本）卷六《温公论碑志》，（上海）古书流通处1921年版，第3页上。
③ 〔明〕吴讷：《文章辨体序说》，人民文学出版社1962年版，第53页。

一、追作铭章,置于幽宫

问题的发现,起因于李纲(1083—1140)所写的几篇墓志,尤其是为钱勰所写者。李纲身处南北宋之际,一般所熟知的自是他在靖康、建炎间两度拜相与抗金等军政方面的事迹表现。但除了政、军方面的实迹,李纲其实有一支健笔,现存一百八十卷的文集,至少先从量的方面说明了他的能写善文。虽然赵铁寒对《靖康传信录》的考证与析辨,让我们对李纲笔下的历史记录究竟有几分真实,产生了不小的怀疑。但美国学者 John Winthrop Haeger 却提醒读者,在当时帝制专政的政治生态中,以及期许实践儒家文化理想的思想氛围内,李纲身为异议分子,是如何采取以退为进的论说方式,宣言他自身的位置与保国、卫国的理念的。而其间,也有李纲如何面对当保朝廷,抑或忠君的两难。[1]

无论如何,李纲的著作量十分惊人。在其弟李纶所写的行状末尾,提到他的著作,还特地对其写作速度做出了解释,谓李纲"每有奏议,下笔数千言俄顷而就。盖公平日以爱君忧国为心,筹划计策,胸中素定,故遇事成章如是之易也。"大概说来,李纲著有《易传》内篇十卷、外篇十二卷,《论语详说》十卷,至于文章歌诗奏议则百有余卷。另外,李纲对于自己在政府主事期间,亦有记录,如《靖康传信录》《奉迎录》《建炎时政记》《建炎进退志》《建炎制诏表札集》《宣抚荆广记》《制置江右录》。唯在如此大量的著作中,与本文相关的碑志仅5卷,计有神道碑1篇、墓志10篇。表一为11篇碑志的基本资料,备注则特别标记其写作相关时间:[2]

表一 李纲所撰碑志

篇名	姓名	卒年	葬年	备注
宋故龙图合直学士许公神道碑	许份	绍兴三年(1133)十月	绍兴四年(1134)十一月	"临其丧,哭之为恸,诸孤状公行事乞文于碑以告神道。"
宋故朝请郎朱公墓志铭	朱蒙正	政和八年(1118)七月	宣和元年(1119)十一月	"先期,公之弟朝请郎绍状公行义,使纲为之铭。"

---

[1] 赵铁寒:《由宋史李纲传论信史之难》,载《大陆杂志》第 8 卷第 11 期,1954 年 6 月,第 18—21 页。John Winthrop Haeger, "1126-27: Political Crisis and the Integrity of Culture," in Haeger, ed., *Crisis and Prosperity in Sung China* (Tuscon, Arizona: The University of Arizona Press, 1975), pp. 143-161, and Haeger, "Li Kang and the Loss of K'ai-feng: the Concept and Practice of Political Dissent in Mid-Sung," *Journal of Asian History* 12.1 (1978): 31-57.

[2] 〔宋〕李纲:《梁溪先生全集》卷一六六至一七〇,宋名家集汇刊影"国立中央"图书馆藏清道光间刊本,台湾汉华 1970 年版。按:北京线装书局的《宋集珍本丛刊》选用傅增湘校定清道光刻本,系同一底本,但翻印时漏页不止一处。

续表一

篇名	姓名	卒年	葬年	备注
宋故追复龙图阁直学士赠少师钱公墓志铭	钱勰	绍圣四年（1094）十一月	绍圣五年（1095）二月 建炎元年（1127）某月	绍圣五年二月"诸孤奉公之柩葬于开封府开封县汴阳乡中邨村将相里祖太尉公之域。……公之葬开封也，方在谪籍中，不克铭于墓。建炎元年某月诸子迁奉公及三世之丧，葬于镇江府金坛县。……以状来请铭。"
故秘书省秘书郎黄公墓志铭	黄伯思	政和二年（1112）二月	某年月日	"某年月日葬公于镇江府丹徒县招隐山之麓。距今盖十有七年（时约建炎三年1129）。方葬时，（子）诏、䚮尚幼，不克铭于墓，大惧湮没先德，乃状公平生行事来请铭。" "铭曰：……既安宅兆，十有七年，星流电扫，子孙方兴，天有显报，追作铭诗，万世之告。"
宋故左中奉大夫直秘阁张公墓志铭	张植	绍兴二年（1132）十一月	绍兴四年（1134）二月	"其孤将……奉公之柩，与令人周氏合葬于（德兴）县银山乡水西之原。先期，以状来请铭。"
宋故朝请郎主管南京鸿庆宫张公墓志铭	张端礼	绍兴二年（1132）七月	绍兴二年（1132）九月	"诸孤……葬君于（龙泉）县之剑池乡秦溪祖茔之侧……诸甥以状来请铭。"
故南昌县丞吴公墓志铭	吴彦申	宣和四年（1122）十二月	宣和五年（1123）十一月	（次子）士宽"葬君于松源石龙山之阳。既葬，以状来请铭于某。"
宋故安人刘氏墓志铭	刘安人	宣和三年（1121）一月	宣和五年（1123）二月	"祔葬于常州宜兴县永丰乡铜坑之原……既葬之十年（绍兴三年），其（次）子棆以状来请铭，且曰：'先夫人淑德懿范，宜有以传后，而孤露以来，遭时多故，避地奔走之不暇，未有辞刻石置于幽室，敢以为请。'"
宋故袁州士曹掾周君墓志铭	周棫	宣和六年（1124）四月	宣和七年（1125）二月	"卒之明年二月晦，葬于常州宜兴县永丰乡铜坑之原，先茔之别垄。后十一年，岁次丙辰（绍兴六年），其弟棆以毗陵邹柄状叙君行事来请铭。"
乐全居士墓志铭	邓密	绍兴二年（1132）十月	某年月日	"葬居士于沙阳官塘奉直公茔之右……以余与居士游从之旧，先期以状来请铭。"

续表一

篇名	姓名	卒年	葬年	备注
宋故龙图张公夫人黄氏墓志铭	黄夫人	宣和二年（1120）闰五月	宣和5年（1123）十一月	"合葬于德兴县吴园王舅通直公之茔左。先期以状来请铭。"

和其他文集的墓志资料相比，李纲撰写的墓志数量不可谓多。其原由此处未能深究，而这一篇神道碑与十篇墓志中，却有四篇明白写着是"既葬"之后所作。

这四篇墓主都与李纲有亲族关系，事实上，李纲所写墓志的墓主，除了许份、张植、邓密为其自身相交游者，钱勰乃透过其侄孙钱申伯的关系，其余皆与李纲有亲戚关系（参见附表）。

由于李纲书写的墓志几乎有四成写于既葬之后，且皆为其亲族，故我们首先想问，这是否与李纲个人所处时局或地域有关，抑或是当时普遍的现象。若以黄伯思与安人刘氏的状况来看，他们未能于入葬当时置入墓志，已显示了两种不同的缘由。如黄伯思是因其二子当时年幼，故迟至十七年后，始因"大惧湮没先德"，而来求铭。而安人刘氏之子之所以于既葬之十年后，始因考虑"先夫人淑德懿范，宜有以传后"，而请李纲撰铭，则是因为"遭时多故，避地奔走之不暇，未有辞刻石置于幽室"。前者明显是出于个人情由（"尚幼"），而后者之"遭时多故"，虽然就时间上看的确与方腊之乱及靖康之难相关，可惜并无进一步的资料显示，其更直接的原因是缘于时代动荡或是家族际遇。唯无论如何，在一旦力有所及之时，他们都竭尽所能，以期为先人留下贤德之迹。

不只是李纲的委托者们，期待死者可因墓志而得不朽。李纲所书写的墓主亦执着于此。如《故南昌县丞吴公墓志铭》的墓主吴彦申，便特别于自己的父、母死后，分别"乞铭故给事中同郡龚公原"，"铭属故右司谏议大夫延平陈公瓘"。并且表示："吾之所以托我亲于不朽者，徒以二公故也。"① 而李纲既然将这两件事写入吴彦申的墓志铭中，或可显示他也同意墓志制作活动确有其重要意义。

因此，李纲在为周梾所写的《宋故袁州士曹掾周君墓志铭》中，特别强调"夫以成就长养之难者如彼，而弃置困抑之易者如此"，并感叹"虽高才硕学，名字不传与草木俱腐"之可哀。② 至于安人刘氏，因为"事父母以孝闻，事舅姑以顺闻，承夫以礼，教子以义"，故"其于为人女，为人妇，为人妻，为人母之道备矣。"虽然说"君子偕老，不为不寿。疏封显号，不为不荣。子孙诜诜，其兴未艾。女子处世，如夫人者，亦可以无憾矣。"却亦仍待"追作铭章，置于幽宫"，"以诏无穷"。③

对于李纲而言，为这些"既葬"多年之后，始克铭墓者撰写墓铭，应该是颇有感触

---

① 《梁溪先生全集》卷一六九《故南昌县丞吴公墓志铭》，第 4845 – 4846 页。
② 《梁溪先生全集》卷一六九《宋故袁州士曹掾周君墓志铭》，第 4858 页。
③ 《梁溪先生全集》卷一七〇《宋故安人刘氏墓志铭》，第 4855 页。

吧。因为他自己的母亲也是在建中靖国元年（1101）下葬后，积二十有余年，才求得杨时为其撰写墓志。杨时在《令人吴氏墓志铭》中说：

> 宣和四年余过锡山，（李纲）以其舅从政郎爽侯（吴）彦申之状属余铭，且谓余曰："吾母之亡，先子方趋朝而诸孤皆稚弱，不克铭以葬。夫铭所以论譔先美而明着之后世也，无美而称之，是诬也；有而弗知，不明也；知而弗传，不仁也。三者有一焉，人子之罪大矣。今吾母之德善可考不诬，如此而积二十有余年，幽堂无辞以纪，诸孤不仁之罪，宜无以自逭，愿得铭以补前过，庶几发扬幽光为存没之慰。①

人子的"不仁之罪"，只能靠"铭"的文字"发扬幽光"，才能补过；则墓志的制作，的确不只是关系着墓主个人之是否得以留名，亦牵连着周边相关人等的人生操守是否得以完满。故墓志的写作的确不只是关系着撰写者与墓主二人，而是一种相关人等皆牵连其中的书写活动。②

李纲在周楙葬后十一年所写的"铭"文，以"安于幽宫，以利其后人"为结语。所谓"利其后人"，可说是墓志铭的格套语。可能是后人因完成了"论譔先美而明着之后世"的任务而得以安心之"利"，也可能是时人相信的某些具体之"利"，而成为当时制作墓志铭文的目的之一。问题是，这些葬后补写的墓志铭文，虽然说将"安于幽宫"，却未见其在墓志文中记写任何迁葬或重新修墓以便置放墓志的事实，则墓志写成之后，如何置于墓中，尚待追究。而相较于孤子稚弱、遭时多故的具体缘由，李纲为舅舅所写的《故南昌县丞吴公墓志铭》并未交代任何理由，只说其次子士宽"葬君于松源石龙山之阳。既葬，以状来请铭于某"。

二、《钱勰墓志》诸疑点

既葬之后始撰写的墓志，除了前述四篇，其实还有钱勰墓志，但这并未明见于志文。墓志序文中提到钱家子孙求铭的原委，是因为钱勰初葬于开封时，因政治问题而不克铭，故于建炎元年迁葬时始来求铭。李纲在《宋故追复龙图阁直学士赠少师钱公墓志铭》的序文中写道：

> 公之葬开封也，方在谪籍中，不克铭于墓。建炎元年某月诸子迁奉公及三世之丧，葬于镇江府金坛县某乡之原。方朝廷大除党籍之禁而收录其子孙，旌别淑慝，焕然明白，乃论譔公平生行事，以状来请铭。余雅闻公之贤德，其敢以固陋辞。

---

① 〔宋〕杨时：《杨龟山先生全集》卷三二《令人吴氏墓志铭》，台湾学生书局影光绪癸未（九年）延平守张国正重刊本，1974年，第1237-1238页。

② 将墓志书写视为一种社会活动，参见刘静贞《北宋前期墓志书写活动初探》，载《东吴历史学报》第11期，2004年6月，第59-82页。

表面看来，所谓"方朝廷大除党籍之禁而收录其子孙，旌别淑慝，焕然明白，乃论譔公平生行事，以状来请铭"，以及李纲撰写墓志，似乎就在迁葬的建炎元年。但真是如此吗？

钱家向李纲求铭之事，现存李纲文集中，另有一篇《答钱巽叔①侍郎书》，是李纲当时与钱勰之子钱伯言讨论墓志当如何写作的书信。信中重点有三，说明他对承应书写该篇墓志的想法与困难。

（1）正如李纲一向面对墓志书写的看法，他指出：墓志对于墓主及撰写者而言，都是得以不朽的机会，而孝子慈孙亦必完成其事而能无愧于心：

> 自昔瑰伟卓荦之士，其名德既足以显白震耀于一时，及其终也，孝子慈孙必求世之能文而言足以取信于天下者，俾之譔次事实，作为铭志，以昭告后世，乃无歉于其心。而世之能文者，亦愿得夫瑰伟卓荦之士而铭之，无饰说，无愧辞，因以自托于不朽。二者常相资也。

（2）就李纲看来，钱勰个人本是"政事文章，独步当世。高明大节，耸动远夷。自结主知，致位严近"。可惜因为"谗说困于生前，党议起于身后"，也就是因牵连新旧党争而未能制作墓志并铭。而今因钦宗即位，撤销元祐党籍，所谓"大明方升，公论获伸"，自然要为钱勰找寻能"以铭付之"的"能文及言足以取信于天下者"，以求"铺张伟绩，发挥幽光。"

（3）对于钱氏子孙委托书写墓志之事，李纲先引蔡邕、韩愈的故事，表示为人写作墓志而无谀墓之讥的困难，又说自己"忧患之余，意气荒落，笔砚芜废，大惧文辞之不工，而言语不足见信于世人"。但是既然对方一再相邀，也就不好以己身之"固陋"推辞，最后才表示因为"年来衰病相仍，习成懒惰"，希望"稍宽其期"。信的最后，李纲再次解释，"辱书贶之后，即欲修答"，之所以迟至"春寒"时分始复回函，是因为听说钱氏一族"欲徙居闽中"，故因循未果。他在信末再次向钱伯言确认"闽中之行果否"。②

从上述两种资料（墓志序文、书信）看来，钱勰的墓志是因牵涉新旧党争的政治事件而致延期书写，又逢迁葬，故于重葬之时向李纲求铭。但若细究李纲与钱伯言在此前后的经历，这篇墓志的书写时间及其内容其实颇有可议之处。

根据赵效宣所作李纲《年谱》，靖康元年（1126），李纲先于十月初回到梁溪（今江苏无锡）家中，十一月初又因责授建昌军（今江西南城）安置之命而启程，但他到建昌后，才知已有临江（今四川奉节）之谪，于是又转往长沙，以赴川峡。直到次年三月初，李纲才得到朝廷要他复官的消息。四月，得知徽、钦二帝已被掳往北方的李纲，于岳阳

---

① 王明清论钱氏家族富贵文物，提到钱伯言时称"逊叔"，参见《挥麈前录》卷二，大象出版社2013年版，第27页。

② 《梁溪先生全集》卷一二一《答钱巽叔侍郎书》，第3549–3552页。

（岳州别名，治巴陵，今湖南省岳阳市）登舟，顺流东向，前往设于相州（治安阳，今河南安阳县）的元帅府谒见康王赵构（1107—1187，1127—1162 在位）。在已改元为建炎元年（1127）的六月初一，李纲抵达应天府（今河南商丘），再次执政。但八月十八日即罢为观文殿大学士，提举杭州洞霄宫，回返梁溪。十一月因命鄂州居住而再次启程，但他走得很慢，二年八月才到湖北省境的通城。随即，李纲又被移置澧州（今湖南澧县），继贬万安军（今海南万宁）。他在路上走了几乎一年，三年底终于到了琼州，又接到许自便居住的诏命，而开始北归的旅程。四年八月，他与家人在妻子的家乡江西德兴会合，然后移居闽地，落脚长乐（今福建福州），直到绍兴二年（1128），才再得起用为荆湖广南路宣抚使兼知潭州（治长沙，今湖南长沙）。① 如此颠沛的人生，的确堪称"忧患之余"。

另一方面，靖康之难或许不如我们一般想象的那样裂解了所有人的日常，但钱家的确卷入其中，使得他们生活出现了极大的变动。至少他们离开了原本已居住数代的开封向南移徙。而主持葬事的钱伯言，从原本落职提举亳州明道宫的闲差，于建炎元年六月，成为高宗新政府中的开封府尹。②

钱家当然不曾因此而留在开封，七月，钱伯言试尚书吏部侍郎，八月又为龙图阁直学士知杭州。③ 但这项知杭州的任命遭到许景衡等人的反对，因为依"祖宗防微之意"，吴越钱氏降宋一百六十余年，子孙未曾有出守杭州者，于是十月间，钱伯言改知镇江。④ 到镇江才两个月，钱伯言便于建炎二年（1128）正月间碰上了张遇来犯，他弃城而去，直至王渊招降张遇，才回到镇江府城收拾残局。但因为他"当残破之后，到官未久，大盗遽至"，又"不出府界，保聚军民"，故次月论罪仅量贬二秩。⑤

建炎三年（1129）二月，金人破扬州，高宗过镇江，南下之前，升钱伯言为枢密直学士，充巡幸提点钱粮顿递。不过，到了三月，杭州发生苗刘之变，高宗退位，孟太后垂帘，钱伯言弃守镇江的旧事经言官们追论，乃责军器少监分司，澧州居住。继又责海州团

---

① 李纲的行程请参考：赵效宣《李纲年谱长编》，台湾商务印书馆 1980 年版，第 73－153 页；吴雅婷《靖康前后日常秩序的变调——李纲行迹及其视角》，载《台湾大学历史学报》第 59 期，2017 年 6 月，第 1－48 页。
② 徽宗宣和七年四月二十一日钱伯言落职提举亳州明道宫，见〔清〕徐松辑《宋会要辑稿》职官六九之一七，台湾世界书局 1977 年版，第 3938 页。钱伯言派任开封府尹事见《建炎以来系年要录》卷六，建炎元年六月壬戌，中华书局 2013 年版，第 167 页。
③ 《建炎以来系年要录》卷七，建炎元年七月己酉，第 213 页；卷八，建炎元年八月丁丑，第 233 页。
④ 〔宋〕许景衡：《横塘集》（文渊阁四库全书）卷一一《乞罢钱伯言知杭州札子》，台湾商务印书馆 1983 年版，第 266 页。《建炎以来系年要录》卷一〇，建炎元年十月甲子，第 266 页。又，〔宋〕潜说友《咸淳临安志》卷四七《秩官》五，小字注称："旧志以钱伯言为中兴牧，二年戊申守之首。今考《系年录》建炎元年八月戊午，杭卒陈通作乱，因守臣叶梦得。丁丑，伯言以尚书吏部侍郎为龙图阁直学士知杭州，本路军马并听节制。十月甲子伯言移知镇江府。按是年九月丁未，（侍其）傅已授杭州之命，是时杭卒未定，伯言当未到郡，故今不得而书，考吏部题名，径书伯言为左选侍郎除显谟直学士知镇江府。尤为可据。"
⑤ 《建炎以来系年要录》卷一二，建炎二年正月庚子、辛亥，第 312、318 页；卷一三，建炎二年二月戊寅，第 335 页。

练副使,永州安置。① 绍兴二年(1132),钱伯言乞宫祠,绍兴八年,他以徽猷阁待制提举江州太平观之衔卒于严州。死前的四个月,他为父亲钱勰请得"文肃"之谥。②

对照钱伯言这段时间的经历看来,其知镇江的任命乃是缘于有人反对他知杭州,则钱勰等三世迁葬镇江之事,究竟是原本就有的打算,还是因着时局变化不得不有的应对呢?此事除了墓志中所言,并无其他具体记述,但钱家另一支系的动态或可以作为参考。钱勰—钱伯言为吴越钱家钱俅一系,至于钱俶—钱惟演一系,其时尚仁宗女秦鲁国大长公主的钱景臻一家也避难在镇江,钱景臻死于汴京陷落前夕,钱氏诸子奉母以及景臻灵逃至镇江,并葬景臻于镇江。张遇之乱,钱景臻之次子右金吾卫将军钱愕,为贼军所杀,其妻李氏在乱军之中与亲人走散,为贼所掳,幸得助逃归。钱景臻之妾、钱恺之生母田氏,亦走失于乱军中,多年后钱恺才于淮南访求得之。建炎二年(1128)十月十日,大长公主曾朝觐高宗于扬州,之后,大长公主在诸子陪侍下,继续往南避难,移徙于福建、台州等地。直至绍兴七年(1137),高宗赐第于台州临海县白云山下,才算是定居下来。③

并观上述资料,李纲撰写钱勰墓志的时间及内容出现了一些疑点。首先,钱伯言于建炎元年七月试尚书吏部侍郎,李纲书信中以"宫使侍郎阁下"相称,又说时正春寒,则写信的时间点不可能是建炎元年的春天。其次,志文中,钱伯言的系衔为"左太中大夫提举江州太平观"。"太中大夫"分左、右,始于南宋绍兴元年。④ 至于"提举江州太平观",应该是绍兴二年钱伯言乞宫祠的结果。所以志文的书写时间不可能早于绍兴二年二月。若志文中所谓"诸子迁奉公及三世之丧,葬于镇江府金坛县某乡之原",系年于"建炎元年某月"无误,则无论是否与钱景臻的葬事一起举行,志铭撰写的时间都在既葬之后。

另一个可供考论的时间点,是钱勰之子钱伯牛的入仕。志文中,钱勰有十二子,除二人早夭外,只有钱伯牛未仕。钱勰卒于绍圣四年(1097)十一月,绍圣五年二月于开封入葬。李纲所谓"方在谪籍中,不克铭于墓",是因为他曾"草右丞郑雍乞出批答谕书","批答中有群邪交攻之语",台臣论其为附会元祐,乃罢而出知池州。但元符三年(1110)春,徽宗即位时,已追复钱勰为龙图阁学士,且官其子三人。由于李纲在墓志中明白写出,杲卿、东美、朝隐、鲁望等四人皆进士及第出身,德舆、伯言二人为太学上舍出身,则所官三子应即为端已、延硕、君鱼。"次年虽兴党论,欲寝前命,伯言上书论列,得不追降"。唯崇宁元年(1102)仍以党籍刻诸石。虽然李纲在志文中写着:"大观二年再看

---

① 《建炎以来系年要录》卷二〇,建炎三年二月壬子、癸丑,第454—457页;卷二一,建炎三年三月乙未,第510页。
② 钱伯言于绍兴二年二月上乞宫祠状,见《建炎以来系年要录》卷二〇,建炎三年二月癸丑注文,第457页;卷二一,建炎三年三月乙未注文,第510页。钱勰得谥事见卷一二一,绍兴八年八月戊午,第2261页;钱伯言卒,见卷一二四,绍兴八年十二月乙丑,第2332页。
③ 参考郑铭德《忠孝世家:吴越钱氏家族研究》,台湾清华大学历史研究所2000年硕士学位论文,第20—30页。
④ 据《建炎以来系年要录》卷四七,绍兴元年九月己亥,"诏文臣寄禄官依元祐法分'左'、'右'二字。"第987页。但李埴《宋十朝纲要》则记在十二月乙酉,见卷二一,绍兴元年十二月乙酉条,台湾文海出版社1980年版,第535页。《宋史·宰辅表》卷二百十三,"绍兴二年壬子"条下,亦记"(绍兴)元年十二月,诏文阶系衔复分左右。"中华书局1977年版,第5552页。

详公等出籍者十数人,三年,伯言以公在翰苑所草潜藩加恩制进呈,有诏特赠正议大夫。"但看来钱伯牛并未因此而得出仕。

绍兴四年（1134）,钱伯牛"乞依元祐党籍人子孙例,除授差遣"。五月二十六日,"诏登仕郎钱伯牛依例令吏部先次与合入差遣。"① 事实上,高宗登基后,即刻宣布"还元祐党籍及上书人恩数",建炎四年八月又"申命元祐党人子孙,经所在自陈,尽还应得恩数。"但可能因"时方多故",其实并未完全施行。② 绍兴元年冬十月吏部还因为"渡江籍记各已散失",请令"逐家子孙各各告敕、干照自陈"。③ 绍兴四年二月乙未,因有左朝请郎致仕翁升者,"自言元符末上书入籍",而特迁一官,吏部侍郎陈与义又再次提醒高宗,仍有"姓名不熟于人,而多故之后,无籍以考","望再行搜访"。④ 钱伯牛为何拖延至绍兴四年才提出申请,自然没有更清楚的史料可为依据。不过,李纲既然在墓志中写他未仕,所言"方朝廷大除党籍之禁而收录其子孙"的时点,亦不可能晚过绍兴四年五月吧。唯此在钱勰墓被发掘之前,恐怕很难有确切的答案。

三、政治抑或文化

钱勰墓志撰写于既葬之后,表面上看是牵连了元祐党禁的政治问题,就像李纲自身也是直到秦桧在绍兴廿五年（1155）病逝后,才由其弟李纶在绍兴廿六年时写了行状,向"大君子"求铭。李纶写道：

> 惟公勋在王室,德在生民,至忠大节,孝诚友爱,罔不具备。虽身或不用,用或不久,其光明杰出,故已如此。而薨谢有年,未克铭诸幽宫,是敢辄状公之行事,有求于大君子,惟其文辞鄙拙,无叙次之能,不足以发扬公之盛德,不胜愧惧,谨状。

钱勰、李纲在死后、葬后多年才得求铭,自然与政治因素有关。但是,若与李纲其他写于既葬之后的墓志一并考虑,则错过葬事时点,也要为先人留下铭德之记的坚持,无法全以政治因素为解,故亦涉及时人对于墓志以及"铭"文的认知变化。

墓志铭文作于既葬之后,显示了人们对于铭墓以彰先德的重视,却也与志铭埋于墓中的既有规矩相违背。为了完成某种人生目的而违背既有的某些规矩,既需要从权的说法,

---

① 《宋会要辑稿》选举三二之二一,绍兴四年五月二十六日条,第4753页。伯牛陈乞称"父勰,元丰七年蒙神宗皇帝擢为中书舍人。绍圣元年哲宗皇帝擢为翰林学士,两使绝域,四尹天口。后在元祐刻石党籍,责守池州,在任身亡。迎侍老母,徙居江浙,贫穷失所,日不聊生,乞依元祐党籍人子孙例,除授差遣。"据李纲所写墓志,钱勰"娶吕氏,故相文穆公蒙正之孙,龙图阁学士居简之女,封东平郡君,赠越国太夫人。先公五年卒。"则伯牛奉养的老母应是其生母。见《梁溪先生全集》卷一七〇,第4794－4795页。
② 《宋史·高宗本纪》卷二四,建炎元年六月辛未,第446页。《建炎以来系年要录》卷三五,建炎四年七月丁巳,第799－800页。
③ 《建炎以来系年要录》卷四八,绍兴元年冬十月丁卯,第1004页。
④ 《建炎以来系年要录》卷七三,绍兴四年二月乙未,第1400页。

也需要替代的物品。

南宋时期大量出现的圹志写作或可与此现象并观。圹志主要由亲族执笔，并每每于文末交代，这是不及求当代鸿硕、文人君子"铭"墓作志而纳诸圹的不得已。这种近乎自觉地交代书写形式，似乎是想要以"铭"之有无，刻意与墓志相区别。

当然，这样的分类原则并非绝对，因为我们立刻会想到唐代的韩愈（768—824）曾有《女挐圹铭》。挐为韩愈第四女，韩愈贬官潮州时，死于商南层峰驿，并就近葬在道南山下。待韩愈复官京兆，才发棺重葬于河阳韩氏墓。韩愈为她写了《女挐圹铭》这篇迁葬文，文末有铭，"铭曰：汝宗葬于是，汝安归之。惟永宁。"① 然题虽称"铭"，内容却只有祝祷死后安宁；且也不符合《文心雕龙》"铭者，名也"，"铭兼褒赞"的文体分类原则。为何如此命名，此处尚无适当的解释，亟盼方家赐教。

而若再检视出土材料，至少在南宋时期，圹志、墓志的分别亦非绝然。《丽水宋元墓志集录》所收的"宋故制干林公墓志"，由其子元龙"泣血谨志"，然其并非迫于葬期，而是"自惟不肖，不敢谒铭显人"。至于这篇墓志的墓主则曾在生前以"宋故县尉林公圹志"为题，为父亲撰写墓志，篇末同样称"不敢谒铭显人"②。当然，这两篇皆有志而无铭。

相对于"葬日迫""不及铭"的不得已，既葬以后，家属央告鸿学硕儒为死者写作志铭的实例不只有钱鍑、李纲。淳熙元年（1174），吕祖谦为泉溪同乡刘邦翰之妻郭宜人（1107—1170）写了一篇墓志铭。吕祖谦在志文中让刘邦翰自己述说，作为丈夫的他，在妻子死后四年，葬后两年，因为实际生活中亲力操持家务的繁难，而感念起妻子四十年辛苦，遂请吕祖谦为妻子留下墓志，以为纪念。③ 淳熙九年（1182），叶适答应为包履常的父亲"铭其圹"，结果，他三年后才交稿，"圹阂不可铭，乃刻记其墓上"，而以"墓记"题名。④

叶适以刻记墓上而以墓记题名，吕祖谦却直以墓志铭名篇，这是他写作之时自己的定义，还是文集编者因类命名，目前没有进一步的资料可供查考。但这却让我们想起欧阳修与曾巩对墓志的想法，他们都认为刻石志记，是为将墓主的功德传之久远，故墓志铭文写成之后，不能只"存于墓"，还当"纳于庙"，甚至应该描摹遗赠他人，以广流传。⑤

墓志为文的重要性若在于书写生平，论说功德，且当广为流传，则即使不及入藏于

---

① 〔唐〕韩愈：《韩愈全集校注》，四川大学出版社1996年版，第2568页。
② 郑嘉励、梁晓华编：《丽水宋元墓志集录》，浙江古籍出版社2013年版，第36、34页。撰写时间分别是嘉定十四年（1221）；绍熙三年（1192）。
③ 〔宋〕吕祖谦：《吕祖谦全集·东莱吕太史文集》卷一〇《郭宜人墓志铭》，浙江古籍出版社2008年版，第157-158页。文中称"既葬二年，户部以书来谂曰……"，又说"宜人卒以干道六年十一月七日，享年六十有四，……归葬以干道八年十月某日……"。
④ 〔宋〕叶适：《水心集》（《四部备要》）卷二三《包颙叟墓记》，"包君年五十，淳熙九年十月某日卒，十一月某日葬永嘉县塘下原。君之子履常思其父之久而存，谓有以铭其圹者以为请。十二年八月丙辰始克文之，而圹阂不可铭，乃刻记其墓上。"中华书局1936年版，第13页下-14页上。
⑤ 欧阳修与曾巩曾在书信中与友人讨论墓志书写的价值意义，参见刘静贞《北宋前期墓志书写活动初探》，载《东吴历史学报》第11期，2004年6月，第67、68、72页。

圹,甚至事后请铭,就也都是可以进行甚至应该进行的书写活动。类似的事亦见于晁说之(1059—1129)为从兄晁进道所作墓志铭,文称:"谨于兄墓作铭于葬后之七年。"①

写《文心雕龙》的刘勰,曾因为"悼亡""铭德"有别,而计较着"挽""诔"之不同。若人之功德不得至于铭箴,则有诔碑,否则只能以哀辞遣悲。从表面上看,刘勰的考虑是缘于文体,但其背后的思考,实出于当如何评价在世为人的意义,攸关了人一生的价值。这种依"德""位"以辨识志、铭之不同而设立的写作规矩,其实有着与之相应的礼制概念在背后。然而随着时代改变,原本并非出自礼经的石志,在唐代已是"贵贱通为之耳",而且可称家之有无,既志且铭。② 及至五代,有经济能力制作墓志,却无文化能力辨识墓志文字差误的庶民基本上是有志而无铭。③

结　语

对宋人而言,什么是墓志铭,怎么样才算墓志铭,墓志铭是通称,又或有其不可更替的特定内外在组件? 既葬之后,求志铭墓现象的出现,或许显示了部分宋人视所谓墓志铭的"铭"墓意义大过"志"墓作用的认知思考。但面对过去既有的传统,宋人又是如何衡量两者轻重,是任其自然地在现实生活中逐渐泯灭,抑或需要某种说法撑持。宋人赵令畤(1061—1134)曾经很干脆地说:"然孝子无以扬先人之德,刻石纪功亦不必纯用古制也。"④ 但正如篇首引明人吴讷提出的批评,若以墓志为名者当埋于墓中,则既葬之后的从权,与圹志名称的出现,也显示了宋人面对"古制",或主张继承,或有所转折的分歧。正如任何道德理想皆能在现实中找到有所为或有所不为的人事例证,不同的宋人在自身所处的不同情境中也有他们自己作为的理路与方式。

附表　李纲与墓主交往关系

篇名	墓主	交往情状	身份关系
宋故龙图合直学士许公神道碑	许份	"某大观中,识公于京师。宣和末复相遇于维扬。迨靖康秋自枢庭乞郡,实与公为代,然犹未款也。绍兴初,来寓长乐,遂得与公游,从陪杖屦山林间,从容燕笑,情好甚笃,常窃叹其真天下长者。"	交游者

---

① 《全宋文》卷二八二〇《晁进道墓志铭》,注一称"此篇原接《苏叔党墓志铭》后,缺前幅。据残文,知墓主为说之从兄晁进道,惟'进道'乃其字,名则俟考。"上海辞书出版社、安徽教育出版社2006年版,第130册第342 – 343页。
② 〔唐〕封演:《封氏闻见记》卷六《石志》;刘静贞:《宋人墓志知识试探——关于墓志制作史的认知》(未刊稿)
③ 刘静贞:《文物·文本·脉络——五代北宋期における墓志资料的性质とその捉え方——》,《大阪市立大学东洋史论丛》别册特集号"文献资料学の新たな可能性",2006年5月,第79 – 94页。
④ 〔宋〕赵令畤:《侯鲭录》卷六《石志起颜延之王球石志》,中华书局2002年版,第153页。

续表

篇名	墓主	交往情状	身份关系
宋故朝请郎朱公墓志铭	朱蒙正	"（李）纲视公为外叔父"	李纲之外叔父
宋故追复龙图阁直学士赠少师钱公墓志铭	钱勰	"诸子迁奉公及三世之丧，葬于镇江府金坛县某乡之原。方朝廷大除党籍之禁而收录其子孙，旌别淑慝，焕然明白，乃论譔公平生行事以状来请铭。余雅闻公之贤德，其敢以固陋辞。" "去冬承书贶，辞意郑重，以先内翰墓铭见委，宠示行状及千照文字一帙，且使令侄申伯垂谕再三。"《答钱巽叔侍郎书》	李纲相交游者为墓主之孙
故秘书省秘书郎黄公墓志铭	黄伯思	"故右文殿修撰赠太师李公，会稽公之甥也，于公为外伯父。"	李纲父为墓主祖父之甥。墓主与李纲皆娶鄱阳张根之女 李纲次女嫁墓主次子右宣教郎前福建路转运司主管文字黄訢
宋故左中奉大夫直秘阁张公墓志铭	张植	"建炎初，余自湖湘趋行在所，与公邂逅江上，相与论世故，慷慨奋厉，其言亹亹可听。窃叹其才高而徘徊之久，方欲荐用，而余罢政。未几，公亦就闲。其后归自海上，见公于德兴，把酒道平生。"	（疑为李纲岳父张根之亲族）
宋故朝请郎主管南京鸿庆宫张公墓志铭	张端礼	"君娶故中大夫右文殿修撰赠太师李公之次女。某之女弟也。女二人，长适某之子右承奉郎监潭州南岳庙宗之，次适某之犹子琳之。"	李纲妹婿，女为李纲子宗之之妻
故南昌县丞吴公墓志铭	吴彦申	"惟先妣卫国太夫人之姊也。君少从先公太师学，而某自幼得从容侍君左右。"	李纲母吴氏之弟
宋故安人刘氏墓志铭	刘安人	"子男三人，楘，迪功郎袁州士曹掾，后夫人三年卒……某以姻娅尝拜夫人于堂，与其子友善。"	子周楘为李纲之妹婿

续表

篇名	墓主	交往情状	身份关系
宋故袁州士曹掾周君墓志铭	周㭿	"前娶叶氏，再娶李氏，余之女弟也。……女二人，长适进士张津，次尚幼，许妻余之子昂之，皆李出也。"	李纲妹婿。其次女虽幼，时已许配李纲子昂之。杨时所作李纲父母之墓志皆作"周琳"。（《龟山集》《李修撰墓志铭》《令人吴氏墓志铭》）
乐全居士墓志铭	邓密	"余宣和初谪官沙阳，一见相契，每与居士游燕（乐全）圃中……别去一纪，复来，则沙阳为盗所扰，居士避地长乐之甘蔗洲……行次长乐，居士相访，虽年齿已高而气貌不衰，所造益以深远，尝窃叹其真有德者。余被命宣抚荆广，辟其子文饶为属官以行。"	交游者
宋故龙图张公夫人黄氏墓志铭	黄夫人	"女七人……长适秘书郎黄伯思，次适某。""纲前年自左史谪官沙阳。既得归，迂路抵龙图公第拜夫人于堂，留十余日，听其议论亹亹，令人忘倦。所见超卓，虽老于禅学者弗能及也。"	李纲岳母

（作者单位：成功大学历史学系）

陈亮"六达帝廷"说试考
——兼论《永乐大典》所载《元一统志·陈亮传》的真实性

王 宇

陈亮在光宗绍熙四年(1193)中状元后所撰的《谢留丞相启》称:"六达帝廷,上恢复中原之策;两讯宰相,无辅佐上圣之能。荷寿皇之兼容,恢汉光之大度。"① 即先后六次上书皇帝,上书的对象一般被认为是孝宗,此点在南宋就已经形成共识。淳熙十一年(1184)六月壬戌,校书郎奚商衡奏请"制科取士,勿拘三岁之制。"孝宗表示首肯,命令"有合召试人,举官即以名闻。"《宋史全文》编者即于其下引"《大事记》曰":"国家以科举(取)士,而魏掞之以布衣召对。……故陈亮以布衣六达帝廷上书,敢于论恢复、论宰相,而人才奋矣。"② 李幼武《宋名臣言行录》也称:"孝宗朝,六达帝庭上书,论恢复大计,又伏阙论宰相非才,无以系天下之望。"③ 可见南宋人都根据《谢留丞相启》将"六达帝廷"的上书对象认定为孝宗。

但是到底是哪六次上书,却存在很多问题。现在能够确认时间和内容的五次上书是,乾道五年(1169)上《中兴五论》,淳熙五年(1178)正月、二月间的三次上书和淳熙十五年(1188)八月的上书。④ 还有一次上书长期无法确认,陈亮所自称的"六达帝廷"说便成了一个疑问。

1996年,邓广铭先生发表《〈永乐大典〉所载〈元一统志·陈亮传〉考释》一文⑤,对《永乐大典》卷三一五六陈字韵下引《元一统志·婺州路》中节录的陈亮传进行了详细考释,并认为此传中提到的陈亮"当乾道中,首上书",上书的内容和情节都迥异于已知的五次上书,其时间在虞允文独相的乾道七年(1171),构成了第六次上书。⑥ 束景南先生则认为,《中兴五论》的五篇,陈亮是分成两次进献的,第一次进献《中兴论》,第

---

① 〔宋〕陈亮撰,邓广铭编校:《陈亮集》(增订本)卷二六《谢留丞相启》,河北教育出版社2003年版,第230页。
② 佚名:《宋史全文》卷二七上,黑龙江人民出版社2004年版,第1892页。
③ 〔宋〕李幼武纂集:《宋名臣言行录外集》卷一六《龙川先生陈文毅公亮》,哈佛大学燕京图书馆藏顺治十八年(1661)林云铭刻本,第1页。
④ 〔宋〕刘时举:《续宋编年资治通鉴》卷一〇将"陈亮上万言书"系于淳熙十五年八月甲午朔日有食之"条下,中华书局2014年版,第237页。
⑤ 《北京大学学报(哲学社会科学版)》1996年第2期,后收入《陈亮集(增订本)附录》。
⑥ 邓广铭:《永乐大典所载元一统志·陈亮传考释》,《陈亮集(增订本)附录》,第430-431页。

二次进献《论开诚之道》以下四篇和《元一统志》所载的上书。① 两位先生都认为《元一统志·陈亮传》中"当乾道中，首上书"是陈亮平生第二次上书。同时，《元一统志·陈亮传》还引述了淳熙五年（1178）陈亮上书的某些内容，系今本淳熙五年《三上孝宗皇帝书》所未见，邓先生认为这些片段出自淳熙四年太学私试时所发的"狂论"，并非淳熙五年的上书内容。

然而，正如邓先生考证指出的那样，《元一统志·陈亮传》所记内容不实错讹之处甚多。该传共分六段，其中第四段关于淳熙五年上书内容的记述，完全不见于今本淳熙五年三次《上孝宗皇帝书》，邓先生考证认为是误植了淳熙四年太学私试时陈亮的狂论，第五段关于陈亮得罪王淮的细节、陈亮遭遇冤狱的细节的记载都是不实的，第六段关于陈亮光宗绍熙四年（1193）登第中状元的记载，则脱漏甚多，尤其是丢失了陈亮于绍熙元年（1190）参加省试不中的内容。从邓先生的这些辨误考证已经可以看出，《元一统志·陈亮传》的史料来源庞杂，总体可信度不高。

本文从《元一统志·陈亮传》记载的总体特点出发，基于此传所记内容的历史真实性，拟对陈亮所谓"六达帝廷"问题进行考证，试图澄清由于该传所引起的关于陈亮上书皇帝的某些误解。

一、《元一统志·陈亮传》所谓"当乾道中首上书"不能成立

首先，《元一统志·陈亮传》记载的"当乾道中首上书"的细节、上书内容，都不见于叶适的《陈同甫王道甫墓志铭》、李幼武的《宋名臣言行外录》外集卷十六《陈亮》《宋史·陈亮传》等传记资料。

其次，在《元一统志·陈亮传》所谓"当乾道中首上书"的记载中，引述的陈亮上虞允文书的内容存在疑点。根据这段记载，陈亮在"乾道中"上书孝宗同时，又上书宰相虞允文，信中提到："老将在淮上惟李显忠，又多疾。"考南宋有两李显忠②，与陈亮同时代者，当系《宋史》卷三六七的传主李显忠（？—1177），其自隆兴北伐失败后，便责授果州团练副使、潭州安置，后量移抚州："乾道改元，乃还会稽。"③ 李显忠在整个乾道年间至淳熙元年去世一直处于奉祠闲废的状态，不可能在"乾道中"任职于"淮上"，陈亮也不可能在乾道七年致虞允文的信中写下这样明显违反常识的话，足证《元一统志·陈亮传》相关记载的可信度值得怀疑。

---

① 束景南：《陈亮生平若干重要问题新考》，载卢敦基、陈永革主编《陈亮研究》，上海古籍出版社2005年版，第147–148页。

② 〔清〕赵翼：《廿二史札记》卷二四《宋史各传错谬处》（中国书店1987年版，影印世界书局1939年标点本，第317页）指出《宋史》卷三六七有传的李显忠外，南宋还有一个李显忠，今人考证此李显忠也是高级将领，理宗朝任职于四川地区，若《元一统志·陈亮传》指此李显忠，则伪误更甚。参见陈显远《南宋两个李显忠》，载《人文杂志》1984年第6期，第32页。此点承何忠礼教授在评议本文时提示，谨致谢忱。

③ 《宋史》卷三六七《李显忠传》，中华书局1977年版，第11433页。

"当乾道中首上书"所引述的陈亮上书皇帝内容,则问题更多,下文将详加考证,以证明该传的第一段、第二段所记载的"当乾道中,首上书"出于虚构。

(一)"当乾道中首上书"的基本内容出于拼凑

《元一统志·陈亮传》关于陈亮"乾道中"上书的记载分成两个部分,第一部分是关于陈亮上孝宗书的内容,第二部分则是孝宗、虞允文、梁克家对陈亮上书的反应。

首先看第一部分,《元一统志·陈亮传》这样概括陈亮上孝宗皇帝书的内容:

> 请迁都金陵,以系中原之望。凡钱塘一切浮靡之习,尽洗清之。君臣上下作朴实工夫,以恢复为重。若安于海隅,使士大夫溺湖山歌舞之娱,非一祖八宗所望于今日。况有大纲大领,又非纸笔所能尽。宜谕宰臣,呼臣至都堂,应所以问。

陈亮又声称要害的问题在于"大纲大领,又非纸笔所能尽",请求宰相接见,面陈一切。同时他致书虞允文,希望其承担起主持"恢复"的历史责任来。① 孝宗看到了这次上书,命令虞允文在都堂接见陈亮,征询其在上书中秘而不发的"大纲大领",陈亮对虞允文说:"先罢科举百余年,朝廷内外,专以厉兵秣马为务,以实心实意行实事,庶几良机至而可为。秀才徒能多言,无补于事。"虞允文"壮其言",但在场参与接见的参知政事梁克家是状元出身,感觉陈亮的话十分刺耳。第二天,虞允文、梁克家面见孝宗,孝宗询问陈亮所陈之策,梁克家未等虞允文开口就抢先说:"不过秀才说话耳。"② 孝宗默然,陈亮的这次上书也就无疾而终了。如果将这些内容与淳熙年间《四上孝宗皇帝书》相比较的话,能发现很多雷同的地方,令人怀疑这些内容是根据淳熙《四上孝宗皇帝书》和其他材料抄撮剪辑而成的。

第一,《元一统志·陈亮传》"当乾道中首上书"要求迁都金陵,而抛弃"钱塘一切浮靡之习","以系中原之望",以便把宋廷君臣的作风一齐振作起来。邓先生认为,这段文字不是描述《中兴五论》的内容,理由是《中兴五论》中对"迁都建业"只是一笔带过,没有提及迁都的理由。但《中兴五论·中兴论》第一段就提出了"以系中原之望"的观点,因此这段话主旨没有超出《中兴五论》的范围。而且,"迁都金陵(建业)"的思想也贯穿于淳熙年间四次上孝宗皇帝书之中,《元一统志·陈亮传》实本于此。

第二,《元一统志·陈亮传》称:"况有大纲大目,又非纸笔所能尽,宜谕宰臣,呼臣至都堂,应所以问。"这一情节与淳熙五年(1178)上孝宗皇帝第三书的措辞非常近似,在此文中,陈亮自称有"变通之道三",但是"臣不敢泄于大臣之前,而大臣拱手称旨以问,臣亦姑取其大体之可言者三事以答之,而草茅亦不自知其开口触讳也。"而"二

---

① 邓广铭:《〈永乐大典〉所载〈元一统志·陈亮传〉考释》,《陈亮集增订本·附录》,第430页。
② 转引自邓广铭《〈永乐大典〉所载〈元一统志·陈亮传〉考释》,《陈亮集·附录》,第430页。

三大臣已相顾骇然,而臣亦惶恐而退。疏远草茅,宁复有路以望清光乎?"① 在《复何叔厚》一文中陈亮也说自己"遂触赵同知之怒"。② 总之,陈亮一心想把自己的构思直接面告皇帝,而不愿意告诉宰执大臣,最终却没能见到孝宗,《元一统志·陈亮传》即将此情节植入"当乾道中,首上书"。

第三,《元一统志·陈亮传》又称虞允文、梁克家觐见孝宗皇帝时,孝宗询问对陈亮的看法,未及允文开口,"克家遽言:'不过秀才说耳。'上默然。"这一情节在叶绍翁《四朝闻见录》中,抢先发言的大臣是王淮:"翌日上问以亮所欲言者,王对上曰:'秀才说话耳。'上方鄙远俗儒,遂不复召见。"③

可见,《元一统志·陈亮传》"当乾道中,首上书"的情节各有所本,拼凑痕迹十分明显。

(二) 从《中兴五论·跋尾》看陈亮不可能于乾道七年上书

《元一统志·陈亮传》声称"当乾道中,首上书",所谓"首"即第一次,可是公认乾道年间陈亮第一次上书是乾道五年的《中兴五论》,《元一统志·陈亮传》却完全没有提及《中兴五论》。最重要的是,《中兴五论》进献于乾道五年,陈亮于乾道八年(1172)又撰写了《中兴五论·跋尾》,云:

> 此己丑岁(按:乾道五年)余所上之论也。距今能几时?发故箧读之,已如隔世。追思十八九岁时,慨然有经略四方之志,酒酣语及陈元龙、周公瑾事,则抵掌叫呼以为乐。间关世途,毁誉率过其实,虽或悔恨,而胸中耿耿者终未下脐也。一日读杨龟山《语录》谓:"人住得然后可以有为。才智之士,非有学力,却住不得。"不觉怳然自失。然犹上此论,无所遇,而杜门之计始决。于是首尾盖十年矣。虚气之不易平也如此。孟子曰:"诡遇而得禽,虽若丘陵弗为。"自视其几矣。又曰:"五谷者,种之美者也,苟为不熟,不如荑稗。"岂不为大忧乎?引笔识之,掩卷兀坐者良久。壬辰(按:乾道八年)重午前二日书。④

长久以来,学术界对《跋尾》所谓"于是首尾盖十年矣"的起止时间存在争议。《宋史·陈亮传》就指:"隆兴初,与金人约和,天下忻然,幸得苏息,独亮持不可。婺州方以解头荐,因上《中兴五论》,奏入,不报。已而退修于家,学者归之,盖力学著书者十年。先是,亮尝环视钱塘,慨然叹曰:城可灌耳。盖以地下于西湖也。至是,当淳熙五年,孝宗即位盖十七年矣,亮更名同,诣阙上书曰……"⑤ 这样一来,"首尾十年"是指

---

① 《陈亮集》卷一,第10页、第11页。
② 《陈亮集》卷二七《复何叔厚》,第260页。
③ 〔宋〕叶绍翁:《四朝闻见录》乙集《钱唐》,中华书局1989年版,第47页。
④ 《陈亮集》卷二,第24页。
⑤ 《宋史》卷四三六,第12929-12930页。

乾道五年（1169）进《中兴五论》到淳熙五年（1178）上孝宗皇帝书，一共十年。① 如果此说成立，那么《中兴五论·跋尾》的纪年"壬辰"便是误记。这种说法的问题在于，《跋尾》的"壬辰重午"是乾道八年，淳熙五年则是戊戌年，《跋尾》还说："此已丑岁余所上之论也。距今能几时？发故箧读之，已如隔世。"如果此跋成于乾道五年后的第十年（淳熙五年），就不可能是"距今能几时"，而乾道八年距进献才三年，更合乎常理，因此，《跋尾》的"壬辰"纪年（乾道八年，1172）并非误记。

在《跋尾》中陈亮非常清晰地指出，《中兴五论》反映了他"追思十八九岁时，慨然有经略四方之志"的主张，即绍兴三十二年（1162）、隆兴元年（1163）前后，这也是《中兴五论》形成观点的时间。这一时期的陈亮正是参知政事周葵的门客，而周葵自始至终参与了隆兴和议，故叶适说："隆兴再约和，天下欣然幸复苏息，独同甫持不可。"② "隆兴再约和"在时间上紧接着"追思十八九岁时"。陈亮在淳熙五年《上孝宗皇帝第一书》中说："臣不佞，自少有驱驰四方之志，常欲求天下豪杰之士，而与之论今日之大计。盖尝数至行都，而人物如林，其论皆不足以起人意。臣是以知陛下大有为之志孤矣。"③ 所谓"常欲求天下豪杰之士"云云，是指隆兴年间陈亮在临安周葵幕中，和当时士大夫就"和""战"抉择而广泛交流的情形，《中兴五论》的一些观点就是受到了这些士大夫的影响。所谓"而人物如林，其论皆不足以起人意"，指陈亮发现自己已经不能认同士大夫群体对南宋政权的前途问题的主流意见。因此，陈亮说："辛卯（乾道七年）、壬辰（乾道八年）之间，始退而穷天地造化之初，考古今沿革之变，以推极皇帝王伯之道，而得汉魏晋唐长短之由，天人之际，昭昭然可察而知也。"④ 乾道七年（辛卯）陈亮解试失利，次年壬辰又撰写了《中兴五论·跋尾》，表现出"悔其少作"的反思，这表明陈亮在乾道七年、八年间发生了重大的思想转折。

《跋尾》还说："一日读杨龟山《语录》……不觉怳然自失。然犹上此论，无所遇，而杜门之计始决。于是首尾盖十年矣。虚气之不易平也如此。"所谓"然犹上此论"，说明陈亮尽管已经意识到《中兴五论》初稿的很多观点已经落伍，是年少"虚气"的产物，但仍在某种侥幸心理的驱动下，对《中兴五论》进行了修改，新撰了《中兴五论·序》，然后进献给朝廷，最终没有得到朝廷理会（"无所遇"），乃彻底绝望，决意杜门读书。

那么，为什么陈亮会在乾道五年产生侥幸心理呢？因为在这一年，有臣僚奏称指出，孝宗即位以来上书言事者虽多，但朝廷没有认真对待，请求朝廷效法司马光，对各类上书精心审读："求其理道切审，各以贴黄节出，更以圣意择其善者施行，仍籍记姓名。遇有重难，委以干办，果有功效，仍加进用。"⑤ 孝宗遂于五月八日"诏后省官置籍看详臣僚

---

① 夷门：《关于陈亮上中兴五论的年代》，载《河南师范大学学报》1980年第5期，第36页。
② 《叶适集·水心文集》卷二四《陈同甫王道甫墓志铭》，中华书局1977年版，第483页。陈亮和周葵的关系，参何勇强《周葵与陈亮》，收入《陈亮研究》第179—188页。
③ 《陈亮集》卷一，第7页。
④ 《陈亮集》卷一，第7页。
⑤ 《宋会要辑稿》仪制七之三二，中华书局1957年版。

士庶言事，详择其可行者条上。"① 七月，根据宰执的请求，朝廷决定将"上书论边事者悉送两编修官，择其可行者与可去者，或可留存者，各以其类相从，置簿抄上，以备他日采择之用。"② 朝廷在乾道五年显示出的重视上书言事，尤其是上书言边事的姿态，无疑激励了陈亮上《中兴五论》。

因此，从乾道八年的《跋尾》的叙述看，陈亮自乾道五年上《中兴五论》后"无所遇，而杜门之计已决"，以迄乾道八年，他决不可能在此期间赴临安上书，并见到虞允文、梁克家等人。

二、《元一统志·陈亮传》所述淳熙五年上书内容的疑点

《元一统志·陈亮传》的第四段叙述了陈亮淳熙五年上书之事："淳熙戊戌，亮又上书曰：自故相虞允文再抚西师，风饕雪虐，经理兵事，不幸而薨于汉中。相曾怀，怀以理财进；相叶衡，衡以诞谩进；相史浩，浩主和议犹若也；相赵雄，能如虞允文以恢复为念否？"③

这些话全不见于今本《陈亮集》的《上孝宗皇帝第一书》，邓先生考证认为这段文字与《上孝宗皇帝第一书》无涉，而出自淳熙四年（1178）丁酉在太学应试时所发的一番议论。陈亮在《上孝宗皇帝第三书》中承认自己"去年一发其狂论于小试之间"，但是，没有文献可以反映这些"狂论"的具体内容。④

假设这段文字是陈亮于淳熙四年太学所发的"狂论"，那就无法解释一个重大纰漏，因为文中提到："相史浩，浩主和议犹若也；相赵雄，能如虞允文以恢复为念否？"⑤ 据《宋史·宰辅表》，赵雄拜相在淳熙五年十一月，陈亮不可能在淳熙四年说史浩、赵雄二人拜相。⑥

那么，是不是存在这样的可能：讽刺四位宰相的内容原见于淳熙五年《上孝宗皇帝书》中，而被陈亮之子陈沆编辑陈亮文集时删去，但幸运地被《元一统志·陈亮传》保留下来呢？⑦ 由于陈亮本人对淳熙五年三次上书的时间有明确的记载，故可据以断定这种可能性是不存在的。淳熙十五年（1188）《戊申再上孝宗皇帝书》称："臣于戊戌之春正月丁巳，尝极论宗庙大计……"⑧ 淳熙五年（戊戌）正月丙申朔，丁巳即正月二十二日，陈亮于本日进献第一书，第一书进献后八日，陈亮没有得到任何反应："然八日待命未有

---

① 《宋会要辑稿》仪制七之三二。《宋史全文》卷二五上，中华书局1957年版，第2072页。
② 《宋史全文》卷二五上，第2073页。
③ 《陈亮集》附录，第432页。
④ 《陈亮集》附录，第433－434页。
⑤ 《陈亮集》附录，第432页。
⑥ 《宋史》卷二一三，第5582页。
⑦ 束景南主此说，见《陈亮研究》第148页。
⑧ 《陈亮集》卷一，第15页

闻焉。"① 《第二书》进呈后过了几天，孝宗命宰相执政召陈亮至都堂审查，审查时陈亮与大臣们发生冲突，在都堂审查后第十天，陈亮乃上《第三书》："然审查十日而不得自便之命"②。可见，第一书与第二书间隔八天，第二书进献后到都堂审查之间应该也有数天的间隔，第三书与第二书之间至少十天的间隔，假设第二书进献后到都堂审查之间间隔了十二天之久（但这一可能性极小），那么第三次上书的时间也只是二月二十二日而已。

再考《宋史》卷二一三《宰辅表四》及徐自明《宋宰辅编年录》③，正月二十二日至二月二十二日期间，朝廷恰恰没有宰相，而只有三位执政：李彦颖、赵雄、王淮；直到淳熙五年三月十八日（壬子），史浩拜相，这时朝廷才有了宰相。即便第三次上书迟至史浩拜相的三月十八日，陈亮也不可能在拜相当日便预见到史浩"主和议犹若也"，更不可能预见到本年十一月赵雄将会拜相。何况，陈亮自己在提到淳熙五年都堂与他对话的高官重臣时，也只说"遂触赵同知之怒"④，或"二三大臣已相顾骇然"⑤，叶适所撰《墓志铭》也明确说："执政尤不乐。"⑥ 都没有提到当时有宰相在场。而李幼武《宋名臣言行外录》《宋史·陈亮传》却说陈亮在淳熙五年上书期间触怒了"宰相"，是不准确的。⑦

总之，陈亮不可能在淳熙五年三次上书中说出"相史浩，浩主和议犹若也；相赵雄，能如虞允文以恢复为念否"这样的话，《元一统志·陈亮传》所述淳熙五年上书内容既不是淳熙四年太学私试的"狂论"，也不是原本淳熙五年《三上孝宗皇帝书》被陈沆删掉的片段，可能另有来源，也可能出于一种水平不高的编造。

这里可以提出一个疑点，刘时举《续宋中兴编年资治通鉴》称淳熙十五年八月"陈亮上万言书，略曰……"⑧，接着所引用的片段全部出自于今本《戊申再上孝宗皇帝书》，但今本此书全文仅2950字，远非"万言书"，这便产生两种可能：第一，今本《戊申再上孝宗皇帝书》在原本基础上有极大的删节，那么《元一统志·陈亮传》所述淳熙五年上书中讥刺四位宰相的内容有可能原属于淳熙十五年的上书，而被陈沆删除了；第二，淳熙五年《三上孝宗皇帝书》和淳熙十五的四篇上书合计万言有余，而这四篇上书在陈亮去世前已经合刻单行流传："同甫文字行于世者，……《上皇帝四书》最著者也。"⑨ 刘时举未暇深考，统归之于《戊申再上孝宗皇帝书》，也是有可能的。

---

① 《陈亮集》卷一，第9页。
② 《陈亮集》卷一，第12页。
③ 《宋史》卷二一三，第5582页；徐自明撰，王瑞来校补：《宋宰辅编年录校补》卷一八，中华书局1986年版，第1233页。
④ 《陈亮集》卷二七《复何叔厚》，第260页。
⑤ 《陈亮集》卷一《上孝宗皇帝第三书》，第11页。
⑥ 《叶适集·水心文集》卷二四《陈同甫王道甫墓志铭》，第483页。
⑦ 《宋史》卷四三六，第12939页。
⑧ 〔宋〕刘时举：《续宋编年资治通鉴》卷一〇，将"陈亮上万言书"系在淳熙十五年八月甲午朔日有食之"条下，第237页。
⑨ 〔宋〕叶适：《水心文集》卷一二《龙川集序》，载《叶适集》，第207页。

三、"六达帝廷"的未解之疑

如果《元一统志·陈亮传》所述"当乾道中首上书"不能成立，那么"六达帝廷"就成了一个悬案。假设"帝廷"不是特指孝宗而包括光宗的话，那么陈亮于光宗绍熙四年（1193）的廷对策，也可以算作一次"达于帝廷"，光宗受禅之初，陈亮还曾进献《鉴成赋》①，这样就不止"六达帝廷"了。然而，从陈亮《谢留丞相启》的上下文看，还是本文开头所引用的南宋人的理解，"六达帝廷"的对象都只能是孝宗。

但是如果不特指"书"这一文体的话，情况就更加复杂：陈亮在孝宗朝还进献了其他文章。李幼武《宋名臣言行录》外集卷一六《陈亮》称其："垂拱殿成，进赋以颂德，又进《郊祀庆成赋》。光宗即位，伏阙上《鉴成箴》，又不报。"然而，进献孝宗的《垂拱殿》《郊祀庆成赋》都不见于今本《陈亮集》，辛更儒先生考证，孝宗淳熙六年（1179）垂拱殿后殿落成（据《咸淳临安志》卷一），淳熙十二年（1185）朝廷举行南郊大礼②，如果陈亮曾进此二赋的话，当在淳熙六年、淳熙十二年。

还要考虑到，所谓"六达帝廷"到底是指六次上书行为，还是六篇文字，这一点陈亮自己未必考虑得那么清楚。《龙川文集》将淳熙十五年上书称之为"戊申再上"，"再"只能理解为第二次，那么第一次上书只能是淳熙五年，可见陈沆（甚至可能是陈亮本人）将淳熙五年三次上书合计为一次，淳熙十五年为第二次。

因此，目前所掌握的史料文献确实无法凑足六次，到底是陈亮本人的误记，还是存在着另一次上书，尚有待进一步的研究发现。

附表　"六达帝廷"相关事件年表

时间	所上文字	资料出处
乾道五年（1169）	《中兴五论》	陈亮《中兴五论序》，包括《序》《中兴论》《论开诚之道》等四篇
乾道八年（1172）五月初三	《中兴五论·跋尾》	《中兴五论·跋尾》："后无所遇，而杜门之计始决。"
淳熙五年（1178）正月二十二日	上孝宗皇帝第一书	《上孝宗皇帝第二书》："择今者丁巳而献之阙下。"
淳熙五年二月初二日	上孝宗皇帝第二书	《上孝宗皇帝第二书》："择今者丁巳而献之阙下……然八日待命未有闻焉。"

---

① 《陈亮集》卷一〇《上光宗皇帝鉴成箴》，第86—87页。
② 辛更儒：《陈亮传》，参见辛更儒主编《宋才子传笺证·南宋前期卷》，辽海出版社2011年版，第663—664页。

续表

时间	所上文字	资料出处
淳熙五年二月某日	召赴都堂审查	《上孝宗皇帝第三书》《复何叔厚》
淳熙五年二月某日（都堂审查后第十日）	上孝宗皇帝第三书	《上孝宗皇帝第三书》："然审查十日而不得自便之命……臣今更待罪三日而后渡江。"
淳熙六年（1179）	上《垂拱殿成赋》	李幼武《宋名臣言行外录》卷一六《陈亮》
淳熙十二年（1185）	上《郊祀庆成赋》	李幼武《宋名臣言行录外集》卷一六《陈亮》
淳熙十五年（1188）八月	戊申再上孝宗皇帝书	《戊申再上孝宗皇帝书》；年月据刘时举《续宋中兴编年资治通鉴》
淳熙十六年（1189）上半年	上光宗皇帝鉴成赋	光宗受禅于此年二月二日（未改元），上此赋时间不早于此日。
绍熙四年（1193）五月	殿试对策	陈亮《廷对》

（作者单位：浙江省社会科学院哲学研究所）

《说郛》本王易《燕北录》名实问题发覆

苗润博

一、问题缘起：作者出使时间与文本记载时间的矛盾

陶宗仪《说郛》收录《重编燕北录》一部，题原本三卷，宋王易著。[1] 此本凡十三条，一直以来被视作王氏《燕北录》存世的最主要版本，其中有关契丹礼仪、法制、风俗等多方面的珍贵材料受到相关研究者的高度重视，特别是书中描摹的六个契丹字，更是传世文献中关于该文字仅有的直接记录[2]，每每为治契丹语文学者所称引。然而，与其中史料被大加利用形成鲜明对比的是，学界对于《说郛》所收《燕北录》这部文献本身的来历却鲜有关注，以至于许多本应在使用之前先予厘清的重要问题遭到了忽视。本文的研究就是着眼于此的一点尝试，它将证明这十三条广为征引的珍贵记载或许与王易《燕北录》并无关涉。

让我们从前人对王易及其《燕北录》的认识说起。关于王易其人，大部分研究者或避而不谈，或称生平未详。只有少数学者曾对此做过切实而有益的探索，这些成果由于关注点的不同，明显分为两途。第一种意见的代表是《契丹小字研究》小组，他们注意到《说郛》本《燕北录》首条有如下记载："清宁四年戊戌岁十月二十三日，戎主一行起离靴甸，往西北约二百七十余里，地名永兴甸，行柴册之礼。"根据其中的明确系年，研究小组认为王易当在辽道宗清宁四年（宋仁宗嘉祐三年，1058）出使辽朝，并写下了《燕北录》一书。又因刘挚《忠肃集·宫苑使合门通事舍人王公墓志铭》记载传主王易（1004—1081）曾出使辽朝，而将二者比定为一人，考证出其籍贯生平。[3] 另一种观点则是李裕民先生提出的，他注意到南宋中前期学者程大昌（1123—1195）曾在《演繁露》中征引此书，且云"国初有王易者，著《燕北录》"，并根据《续资治通鉴长编》中庆历二年（1042）八月王易奉命出使契丹的记载，将《燕北录》的创作时间断在庆历二年末

---

[1] 〔元〕陶宗仪：《说郛》卷三八，中国书店1986年版（影印涵芬楼本），页16a（以下所引《说郛》皆以此为底本，参校他书，详见附录）。宛委山堂重编本无"重编"二字，当系后人妄删，已非陶氏之书原貌；《四库全书》所收《说郛》将此书全部删去。

[2] 〔元〕陶宗仪：《书史会要》卷八"辽"有类似记载，当亦据此转录。

[3] 清格尔泰、刘凤翥等：《契丹小字研究》，中国社会科学出版社1985年版，第628页。

或三年初。① 两种观点各有发明，使我们基本可以确定，《燕北录》的作者应该就是出使辽朝的王易，但二者又都未能综合所有材料进行考察，前者并未注意到程大昌的引文及《续资治通鉴长编》的记载，后者则对《说郛》所收之本未加考虑，而若将这两种大相径庭的意见放在一起，问题就马上显现出来：庆历二年（1042）出使辽朝的王易怎么会记载嘉祐三年之事？

对于这一问题，刘浦江先生实际上已经多少有所察觉。他注意到《续资治通鉴长编》记载王易曾于庆历二年和皇祐四年（1052）两次以贺正旦副使的身份出使辽朝，而嘉祐三年（1058）并无其出使的记载，且刘挚所写王易墓志记载其充当契丹国信副使当在庆历末至皇祐初，与嘉祐三年不符。但刘先生对此所做的解释是，《说郛》本《燕北录》首条所记柴册仪时间与《辽史·道宗纪》仅相差数日，② 可见前者所记十分可信，估计王易嘉祐三年可能也曾出使辽朝，而墓志行文稍有差池。③ 刘先生注意到了作者出使时间与文本记载时间的龃龉，但仅从记载的可靠性出发为之弥缝，而未及查考更多相关材料，从文献源流的角度加以深究。

笔者认为，这一明显的矛盾不能简单归咎于《续资治通鉴长编》或墓志的漏记、误记。关于王易的两次出使，《续资治通鉴长编》记载明确，卷一三七"庆历二年八月壬辰"条云："盐铁判官兵部员外郎方偕为国主正旦使，礼宾副使王易副之。"卷一七三皇祐四年八月癸巳云："太常博士、直集贤院、同修起居注、判盐铁勾院韩绛为契丹正旦使，东头供奉官、合门祗候王易副之。"④ 王易墓志称其于庆历末至皇祐初"迁西头供奉官，再任，俄充契丹国信副使"⑤，应该是指皇祐四年（1052）这次出使，惟《续资治通鉴长编》中的东头供奉在墓志中作西头供奉。明确了以上基本事实，我们再从两个层次来排除王氏曾于嘉祐三年第三次出使的可能。其一，宋辽交聘，制度谨严，除个别突发情况外，每年仅有贺正旦、贺生辰使节，新皇登基又有贺登位、祭奠使、吊慰使等。宋朝官方有着严密健全的档案、修史机制，对于所有赴辽使者都有详细记录，它们通过李焘《续资治通鉴长编》《宋会要辑稿》《宋史》等书所抄录的《实录》《国史》文字保留至今。特别是《续资治通鉴长编》，逐年系事，每年的出使情况靡有遗漏，而《续资治通鉴长编》仁宗朝的记载并无阙佚，因此基本可以排除如下可能：嘉祐三年曾有过一次完全不见于任何记载的出使活动。其次，嘉祐三年遣使赴辽只有正月、八月两次，遣使理由及所有十二位正副使节皆详见于《续资治通鉴长编》，傅乐焕《宋辽聘使表稿》逐一列出，根本不存在漏

---

① 李裕民：《宋高丽关系史编年（续五）》，载《城市研究》1998 年第 4 期。如下文所示，王氏实际上曾两度出使契丹，《燕北录》究竟作于哪次出使之后尚不得而知。
② 《辽史》卷二一《道宗纪一》系此事于清宁四年十一月六日癸酉（中华书局 2003 年版，第 257 页），《说郛》本《燕北录》则系于是年十月二十三日。
③ 刘浦江：《契丹族的历史记忆——以"青牛白马"说为中心》，原载《漆侠先生纪念文集》，河北大学出版社 2002 年版，此据氏著《松漠之间——辽金契丹女真史研究》，中华书局 2008 年版，第 111 页。
④ 〔宋〕李焘：《续资治通鉴长编》，中华书局 2004 年版，第 3289、4169 页。
⑤ 〔宋〕刘挚著，裴汝诚、陈小平点校：《忠肃集》卷一二《宫苑使合门通事舍人王公墓志铭》，中华书局 2002 年版，第 258 页。

记的可能。① 可以断定，王易除庆历二年及皇祐四年外，并未在嘉祐三年第三次出使契丹。既然如此，我们就不得不对这一不可调和的矛盾进行新的审视：作者出使与文本记载在时间上的抵牾是否存在其他解释？如果将视野放宽，对《说郛》本《燕北录》的内容与其他类似记载进行比较，我们就会发现，这可能会牵扯到一桩"张冠李戴"的文献学公案。

二、局部雷同：武珪《燕北杂录》的对比与启示

在宋人记载辽朝风物的众多著述中，有一部书与《燕北录》仅有一字之差，名唤《燕北杂录》（又名《燕北杂记》），作者武珪。此书今亦无传本，学界通常所知者，仅见曾慥《类说》引十九条，陈元靓《岁时广记》引十一条。② 引起笔者注意的是，《类说》所引《燕北杂记》有一条记载与《说郛》本《燕北录》高度雷同。

《说郛》本《燕北录》第四条云："戎主及契丹臣庶等如见旋风时，便合眼，用鞭子空中打四十九下，口道坤不克七声（原注：汉语魂风也）以禳厌。"③ 与之极其相似的记载见于《类说》卷四引《燕北杂记》："旋风契丹见旋风合眼，用鞭望空打四十九下，口道坤不克七声。"④ 两相比较，主体记事完全相同，而在具体文字稍有参差，前者详而后者略。对比《类说》与《岁时广记》所引《燕北杂录》，《岁时广记》引十一条中有十条见于《类说》，但同一记载《岁时广记》所引文字往往加详，二者显然并非传抄关系，当属同源异流，《类说》所引多有删节，⑤ 上引"旋风"一条较《说郛》本《燕北录》文字稍略，想必也是同样的情况。两段史料所述契丹风俗，不见于其他任何记载，二者显然同出一源。如此罕见而相似的记载出现在两部作者迥异的著作之中，而两书的题名又恰恰仅有一字之差，怎能不令人心生疑窦？要解决此问题，就必须对这两部书做一对比研究，以弄清二者究竟有何关联，而这实际上也正是上节所示矛盾的症结所在。

我们先来看看武珪《燕北杂录（记）》的基本情况。对于此书，宋人曾有过零星的记载。《直斋书录解题》著录云："《燕北杂录》五卷《西征寨地图》附，思卿武珪记，嘉祐六年（1061）宫苑使、知雄州赵（某）进于朝，珪（亦）自契丹逃归，事见《国史传》。"⑥ 其中称进书人姓赵而名脱一字，据《续资治通鉴长编》有关此时知雄州人选的记

---

① 收入氏著《辽史丛考》，中华书局1984年版，第209页。嘉祐三年出使之人：正月朱处约、潘若冲为祭奠使副，李中师、雍规为吊慰使副，八月王鼎、王咸有为国母生辰使副，李及之、王希甫为国主生辰使副，朱寿隆、王知和为国母正旦使副，祖无择、王怀玉为国主正旦使副。

② 涵芬楼本《说郛》卷四引《燕北杂记》五条，皆见于《类说》，且文字基本相同，当自《类说》转引。其余宋元文献如《契丹国志》《海录碎事》《敬斋古今黈》等亦有零星引用，皆未出《岁时广记》及《类说》之范围。

③ 〔元〕陶宗仪：《说郛》卷三八，页18a。

④ 〔宋〕曾慥编：《类说》卷五，明天启六年刻本，页3a。《岁时广记》未引此条。

⑤ 《四库全书总目》已指出《岁时广记》引用材料"备录原文，详记所出"（卷六七"史部·时令类"《岁时广记》，中华书局2008年影印浙本，第592页）。

⑥ 〔宋〕陈振孙著，徐小蛮、顾美华点校：《直斋书录解题》卷五伪史类，上海古籍出版社2006年版，第139页。括号内为《文献通考·经籍考》之异文。

载可以考知，此人当即赵滋。① 又郑樵《通志》有"《燕北杂记》三卷"，② 当系郑氏据所见书目转抄。《宋史·艺文志》则著录为"《燕北杂录》一卷"，"不知作者"。③ 关于武珪其人其书，学界以往讨论不多，所知亦多仅止于以上著录。④ 其实，在传世典籍中还可以找到其他一些重要信息。据《宋会要辑稿》记载，嘉祐六年三月，"以北人武珪为下班殿侍，以上所画《契丹广平淀受礼图》。武珪本镇州（人），陷虏多年，颇知虏中之事，为沿边安抚使指使，至是因献图特录之"。⑤《续资治通鉴长编》卷一九三"嘉祐六年三月戊戌"条也有类似的记载："契丹归明人武珪为下班殿侍、河北沿边安抚司指使。武珪本镇州人，陷敌岁久，颇知敌事，至是，上所画《契丹广平淀受礼图》，特录之。"⑥ 从这些记载我们可以看出，武珪确于嘉祐六年回到宋朝，为宋廷提供了许多关于契丹的情报，其中就包括由他记录、赵滋进呈的《燕北杂录》一书，还因此得到了官职。

另外一则关于《燕北杂录》的重要线索见于程大昌《演繁露》卷三"北虏于达鲁河钩鱼"条：

> 《燕北杂录》载契丹兴宗重熙年间衣制、仪卫、打围、射鹿、钩鱼等事，于景祐五年十月撰进，不书撰人姓名，而著其所从闻曰：思乡人武珪在虏十余年，以善歌隶帐下，故能习虏事详悉。凡其所录，皆珪语也。达鲁河钩牛鱼，北方盛礼，意慕中国赏花钩鱼，然非钩也，钩也。此之所记于虏为道宗清宁四年，其甲子则戊戌正月也。达鲁河东与海接，岁正月方冻，至四月而泮，其钩是鱼也。虏主与其母皆设次冰上，先使人于河上下十里间，以毛网截鱼，令不得散逸，又从而驱之，使集冰帐。其床前预开冰窍四，名为冰眼，中眼透水，旁三眼环之不透，第斫减令薄而已，薄者所以候鱼，而透者将以施钩也。鱼虽水中之物，若久闭于冰，遇可出水之处，亦必伸首吐气，故透水一眼，必可以致鱼，而薄不透水者，将以伺视也。鱼之将至，伺者以告，虏主即遂于斫透眼中用绳钩掷之，无不中者。既中，遂纵绳令去，久，鱼倦，即曳绳出之，谓之得头鱼。头鱼既得，遂相与出冰帐，于别帐作乐上寿。⑦

---

① 参见《续资治通鉴长编》卷一九三，嘉祐六年五月庚戌，"宫苑使、忠州刺史赵滋知雄州"云云（第8册，第4671—4672页）。
② 〔宋〕郑樵：《通志》卷六六《艺文略四》"蛮夷"，王树民点校《通志二十略》，中华书局2009年版，上册，第1586页。
③ 《宋史》卷二〇三《艺文志二》，中华书局1995年版，第15册，第5123页。
④ 〔明〕陈第：《世善堂藏书目录》卷上"偏据伪史"著录"《燕北杂录》五卷（武珪）"（《丛书集成初编》本，中华书局1985年版，第25页），或以此谓武氏之书至明末尚有全本。按陈第此目传世之本疑点众多，王重民、顾颉刚早已论及（王重民《中国目录学史料》（四），吉林省图书馆学会会刊，1981年第5期；参见《耄学丛记》，收入《顾颉刚读书笔记》卷一四，中华书局2010年版，第171—172页），此条记载亦不可轻信。
⑤ 《宋会要辑稿》蕃夷二之五七，中华书局2012年版，第8册，第7701页。
⑥ 《续资治通鉴长编》，第8册，第4663页。此记载中之"敌"字，原皆当作"虏"（见《宋会要辑稿》），系四库馆臣所改。
⑦ 许沛藻、刘宇点校：《全宋笔记》第四编，大象出版社2008年版，第8册，第179—180页。此记载之标题系笔者据《续古逸丛书·子部》影印宋刻本校改（题作《程氏演蕃露》，江苏古籍出版社2001年版，第593页）。

在这段记载中，程氏简要介绍了其所见《燕北杂录》的情况，称此书乃"景祐五年十月撰进"，与前引《宋会要辑稿》《续资治通鉴长编》《书录解题》三书所述"嘉祐六年"皆不合，恐有讹误。但程氏的记载却让我们得知了关于武珪其人其书的许多重要信息：首先，武珪在契丹的时间和身份。文中称武珪"在虏十余年"，以其归宋之嘉祐六年逆推，则其最晚在皇祐四年（1052）以前即已入辽，且"以善歌隶帐下"，即于辽廷任职。也就是说，他有机会亲历并记录下这十余年间（即兴宗后期至道宗初期）辽朝所发生之事。① 其次，程氏还征引了一段不见于《类说》及《岁时广记》的《燕北杂录》佚文。这段佚文明确提到了时间是辽道宗清宁四年（嘉祐三年），与本文开首所说《说郛》本《燕北录》首条有明确纪年者可谓若合符契，一为是年正月之钩鱼，一为十月之柴册仪，且二者记载的细密程度亦十分相像。②

　　行文至此，有必要停下来稍加梳理。我们首先发现，王易出使的时间与《说郛》本《燕北录》首条记载的时间不合，换句话说，1042年、1052年两度出使辽朝的王易恐怕无法详细记录1058年才发生的契丹柴册仪。其次，本节开首所举《燕北录》与武珪《燕北杂录》的雷同文字，让我们将这两部书名极为类似的文献联系在一起。再加上程大昌《演繁露》所记武珪之书的具体时间和记述风格又恰恰与《说郛》本《燕北录》首条记载相当接近。有此三点，至少可以做出如下推论：《说郛》本《燕北录》开首那段关于1058年契丹柴册仪的记载，很可能是武珪《燕北杂录》的内容，而与王易《燕北录》无涉。

三、张冠李戴：《燕北杂录》与《说郛》本《燕北录》关系探微

　　有了上文对于《说郛》本《燕北录》首条的明确判断，加上"旋风"一条的高度雷同，我们自然可以循着这一思路进一步追问：《说郛》所收《燕北录》，究竟是偶尔混入了武珪《燕北杂录》的零星记载，还是全部来自武氏之书？要回答这一问题，就有必要对此本所收十三条内容做一通体考察。

　　《说郛》本王易《燕北录》所收十三条（可参见本文附录），除第一条记载1058年柴册仪外，第二条记载契丹皇后及普通妇女的生育习俗；第三条记载契丹帝后臣僚应对降雪、月蚀、日蚀等气候天象变化的习俗；第四条即上引又见于《燕北杂录》的鞭打旋风；第五条记载辽朝军队的汉名和契丹名；第六至八条则是对于契丹银牌、长牌、木牌的记载，其中皆附图，且描摹契丹文字，三条可视作一整体；第九至十二条是对契丹刑法的记载，涉及铁瓜、沙袋的形制及其使用范围，行文相互关联，亦可视为一个整体；第十三条记载契丹四时捺钵的地点。

---

① 程氏称《燕北杂录》"载兴宗重熙年间"事，而其后所引又为辽道宗初年事，可知此书内容以兴宗朝事为主，而兼及道宗朝事。又上引《书录解题》称"思卿武珪"，论者多因此称武珪字"思卿"，然程大昌此处记作"思乡人武珪"，似更近情理，疑《书录解题》"卿"乃"乡"形近之误。

② 除此条外，《演繁露》卷一尚引《燕北杂礼》一则，不著撰人，所记乃辽兴宗、道宗间衣服制度之事。按："燕北杂礼"一名不见他书，疑此亦当为《燕北杂录》佚文，惟书名末字误作"礼"。

首先需要指出的是，没有任何迹象表明，《说郛》本《燕北录》首条与其余诸条有何不同，更不能视其为混入之文。相反，它们在内容、行文方面的诸多一致之处倒是很容易找到。如首条首句称"清宁四年戊戌岁十月二十三日戎主一行起离靴甸"，同条下文又称"五日却来靴甸，受南朝礼物"，而第十三条记载冬捺钵之具体地点正为"靴甸"，按"靴甸"即广平淀，当时又有藕丝淀、大平地、中会川、长宁淀等多种异称，① 其中称"靴甸"者并不多见，而上述三条却一致记作此名，显然存在紧密的内在关联。再如，首条记载契丹军旗"旗上错成番书归字（汉语正军字）"，而第六、七、八三条皆有"上是番书某字"的记载，行文风格如此一致，很难想象出于不同作者之手。如此看来，将《说郛》本《燕北录》视作一个整体，能够得到更多的证据支持。换句话说，着眼于文献内在的统一性可以提出如下猜想：《说郛》本《燕北录》其余诸条可能与其首条记载一样，亦出自武珪《燕北杂录》。

接下来，从王易《燕北录》与武珪《燕北杂录》的差异上来进一步论证上述观点。

（1）文体和内容的差别。我们知道，宋人关于辽、金等周边少数民族政权内部的实时消息一般有两大来源，由此也形成了两类内容、风格差异较大的文体。一种是出使归来的使臣所写的报告，即通常所说的语录或行程录；另一种则是归明人、归正人以及因故羁留北地的使臣返回宋朝后的回忆和追述。前者以使者的时间、行程为主线，穿插叙述在北地的所见所闻，因而其所记多一时一地发生之事，叙述亦相对表浅，如王曾《上契丹事》、陈襄《使辽语录》、楼钥《北行日录》等；② 而后者则通常是基于长年留居当地的经历而形成的更为系统、翔实的记录，史料价值往往远高于前者，如赵志忠《虏廷杂记》、洪皓《松漠纪闻》、张棣《金虏图经》等。

以上述二分的视角来审视《燕北录》，很容易看出其中存在的明显问题。王易两次出使皆为正旦使，依惯例，八月任命，准备一两月，提前一月出发，大概于十二月至辽，一月返回，③ 其所著《燕北录》应该是一部典型的行程录，所记当为沿途见闻之事。程大昌《演繁露》引此书两条，皆不见于《说郛》本，如"幞头垂脚不垂脚"条云："国初有王易者，著《燕北录》，载契丹受诸国聘觐，皆绘画其人物冠服，惟新罗使人公服幞头略同唐装，其正使着窄袖短公服横乌，正与唐制同，其上节亦服紫同正使，惟幞头则垂

---

① 参见傅乐焕《辽代四时捺钵考五篇》之《广平淀考》《广平淀续考》，载氏著《辽史丛考》，第 63 - 75、173 - 178 页。

② 参见傅乐焕《宋人使辽语录行程考》，原载《国学季刊》5 卷 4 号，此据氏著《辽史丛考》，第 1 - 28 页；刘浦江《宋代使臣语录考》，张希清主编《10—13 世纪中国文化的碰撞与融合》，上海人民出版社 2006 年版，第 253 - 296 页。

③ 据《辽史》卷一九《兴宗纪二》，王易庆历二年（辽重熙十一年）首次出使，当在是年十二月己未至辽（第228 页）；而对王氏第二次出使，则《辽史》则无相关记载。有关北宋中期以后正旦使赴辽的一般行程推算，参见傅乐焕《宋辽聘使表稿》附《辽帝后生辰改期受贺考》，原载《"中央研究院"历史语言研究所集刊》14 本，1949 年 12 月，此据氏著《辽史丛考》，第 241 页。

脚……"①同书卷一三"牛鱼"条引王易《燕北录》云:"牛鱼嘴长鳞硬,头有脆骨,重百斤,即南方鳢鱼也。"② 以上引文也是除《说郛》本外《燕北录》一书现今仅存的内容,衡以上文关于王易之书的判断,尽相符合。前者自然是王氏在辽廷朝觐时所见,而后者则是因其出使时正值岁末,刚好得以观摩辽帝冬捺钵钩牛鱼,遂有此记录。

与程氏引文明显不同的是,《说郛》所收《燕北录》的记载涉及契丹社会的方方面面,且所记事情发生的时间往往跨度较大,绝不是王易一两次出使所能亲历的。如此本第三条云:"戎主及契丹臣庶每年取祈降雪,戎主、太后嚏喷时,但是近位番汉臣僚等并齐道'治兜离',汉语万岁也。契丹如见月蚀,当夜备酒馔相贺,戎主次日亦有宴会。如日蚀,即尽望日唾之,仍背日坐。戎主及契丹臣庶,每闻霹雳声,各相钩中指,只作唤雀声,以为禳厌也。"王易使辽皆在冬季,发生霹雳这样气象的几率微乎其微,而要在两次短暂的出使中,碰巧遇到祈降雪的活动及月蚀、日蚀、霹雳所有这些天象气候,更是难上加难。又如此本第十三条云:"四时捺钵,春捺钵多于长春州东北三千里就烁甸住坐,夏捺钵多于永安山住坐,秋捺钵无定止,冬捺钵多在靴甸住坐。所谓捺钵者,戎主所至处也。"其中春捺钵、冬捺钵具体到了某一个甸,且冬捺钵地靴甸与此本首条所见两处"靴甸"完全一致,当为作者亲历,而两次出使皆在年末的王易显然不可能如此具体而微地记录下一年四季的捺钵之地。其余记载多与此类似,特别是大量关于契丹语言、文字的记录,以及各阶层妇人生产习俗、戎主太后寝帐内事及日常法律等情况的翔实描述,若无长期深入的留心观察,断不可能完成。寻常使者如王易,所记见闻中有个别内容并非亲历,道听途说,自然不难理解,但此书中如此众多乃至几乎所有的记载皆得自传闻,所记之事却又如此翔实、可靠,就不得不令人生疑了。

如果以同样的二分视角来考察武珪《燕北杂录》一书,恰恰可以得到完全不同的印象。前文已述,武珪在辽为官、生活十余年,这样的条件使得他完全有机会、有能力完成上述系统而精微的记载。更重要的是,《说郛》本《燕北录》的许多内容,与《类说》《岁时广记》所引《燕北杂录》在记录风格和行文用字上颇有类似之处,其中最为显著的例子莫过于对契丹语言、文字的使用和记录——这背后所反映的契丹语能力,无疑是武珪、王易二人在写作方面存在的最大差别。

(2) 作者契丹语能力的差异。据《类说》《岁时广记》所引,武珪《燕北杂录》在记录契丹风物时,常常会在描述中加上契丹本民族语言对此事物的称呼。如《岁时广记》卷七"奶捏离"条引武珪《燕北杂录》云:"每正月一日,戎主以糯米饭、白羊髓相和为团,如拳大,于逐帐内各散四十九个。候五更三点,戎主等各于本帐内窗中掷米团在帐外,如得双数,当夜动蕃乐,饮宴;如得只数,更不作乐,便令师巫十二人,外边绕帐撼铃执箭唱叫,于帐内诸火炉内爆盐,并烧地拍鼠,谓之'惊鬼'。本帐人第七日方出,乃

---

① 〔宋〕程大昌:《演繁露》卷一二,《全宋笔记》第四编第9册,大象出版社2008年版,第100页。其中称王易为"国初"之人,这在今天看来或许不够准确,但可能恰恰反映了当时人对于本朝历史分期的看法。

② 〔宋〕程大昌:《演繁露》卷一三,《全宋笔记》第四编第9册,第109页。

襄度之法，番呼此谓之'奶捏离'。汉人译曰：'奶'是'丁'，'捏离'是'日'。"① 同书卷二三"讨赛离"引《燕北杂录》云："五月五日午时，采艾叶与绵相和，絮衣七事，戎主着之，番汉臣僚各赐艾衣三事。戎主及臣僚饮宴，渤海厨子进艾糕，各点大黄汤下，番呼此节为'讨赛离'。"② 在介绍完契丹风俗时，加上一句"番呼"云云，来标注其契丹语名，这样的行文习惯在《类说》《岁时广记》的征引中随处可见。而类似的文字在《说郛》本《燕北录》中也不难找到踪迹，此本第九条云："铁瓜（番呼鬘睹）以熟铁打作八片，虚合成，用柳木作柄，约长三尺，两头铁裹，打数不过七下。"第十条："沙袋（番呼郭不离）以牛皮夹缝，如鞋底，内盛沙半升以来，柄以柳木作，胎亦用牛皮裹，长二尺，打数不过五百。"与上引《燕北杂录》的行文习惯完全吻合，《说郛》本《燕北录》频频出现的"番书"（即契丹文字，见第一、七、八、九条），以及其他契丹语词（如第三条之"治兜离"、第五条之"蕃珂忍"），想来也与此行文习惯及语言能力有莫大的关联。显然，掌握这些契丹文字，得益于武珪长期在契丹生活的耳濡目染，某种程度上可以说是其生存、为官的必备技能之一，这才使得他在归宋之后能够将其如实地记录下来。相比之下，宋人派往辽朝的使者，除余靖这样的个例外，通晓契丹语者极少，各种外交活动尚且需要通事从中传话、转译③，又怎么可能不厌其烦而且准确切实地记下如此多的契丹语言、文字？我想这正是契丹文字的真实模样不见于其他宋人记载的根本原因，同时也构成了武珪《燕北杂录》最大的特色、价值所在。

以上的分析基本涵盖了《说郛》本《燕北录》的全部十三条记载，可以看出，它们的确是一个内部统一、联系紧密、特点鲜明的整体，其中的内容很可能完全出自武珪《燕北杂录》。我们不得不承认，《说郛》所收所谓"王易《燕北录》"恐怕是一部彻头彻尾的名实不符之书。

那么，这一情况究竟是如何产生的呢？如前所述，王易《燕北录》在宋代鲜见于诸家书目著录，现存文献仅有程大昌一家征引，足见其在当时传本已稀。④ 今存《说郛》本称其所收乃"重编《燕北录》"，其实本身就透露出并非原本的信息。据笔者推测，此书在南宋以后或已亡佚，后人仅知其名而未得其实，有藏家获武珪《燕北杂录》一本，未题撰人，而书名又恰好在流传过程中脱一"杂"字，遂误以为王氏之书，进而对该书加以重新编排并补题作者。⑤ 这一重编后的本子在元末明初为陶宗仪所得，收入《说郛》，遂成

---

① 〔宋〕陈元靓：《岁时广记》卷七"奶捏离"，《丛书集成初编》本，中华书局1985年版，第76页。又见《类说》卷五，所引多有节略。
② 《岁时广记》卷二三"讨赛离"，第278页。又见《类说》卷五，所引稍有节略。
③ 参见仝相卿《宋朝对辽外交活动中的"翻译"初探》，载《史学月刊》2013年第8期，第119－124页。
④ 按〔宋〕尤袤《遂初堂书目》"地理类"著录《燕北录》一部（《丛书集成初编》本，中华书局1985年版，第16页），未题作者、卷数，或即此书。
⑤ 前引〔宋〕郑樵《通志》记《燕北杂录》有三卷本，而此所谓重编《燕北录》又恰是三卷，或亦可为上述推测之一助。

为后世所传王易《燕北录》的唯一版本①。以上或许就是这桩"张冠李戴"案的真相。

本文意在论证《说郛》本《燕北录》的名实不符，但这绝不是要否定其中内容的史料价值。恰恰相反，如若以上论断无误，这十三条记载果真出于在辽为官多年、通晓契丹语文的武珪之手，那么，它们的史料价值不仅不会有丝毫折损，反而会显得更加珍贵。传世文献关于契丹字形貌仅有的直接记录当归于武氏《燕北杂录》，现存宋人记载中保留契丹语材料最集中者亦非它莫属，而《说郛》中这十三条近两千字的内容则是此书最大宗的遗文。② 以往治辽史及契丹语文学者利用此书，时因不明来历而心怀疑虑，倘借此小文而有所纾解，则亦笔者之幸也。

附录：武珪《燕北杂录》佚文辑校③

（1）清宁四年戊戌岁十月二十三日，戎主一行起离靴甸，往西北约二百七十④余里，地名永兴甸，行柴册之礼。于十一月一日先到小禁围内宿泊，二日先于契丹官内拣选九人与戎主身材一般大小者，各赐戎主所著衣服一套，令结束。九人假作戎主，不许别人知觉，于当夜子时与戎主共十人，相离出小禁围，入大禁围内。分头各入一帐，每帐内只有蜡烛一条、椅子一只，并无一人。于三日辰时，每帐前有契丹大人一员，各自入账列何骨腾⑤（汉语捉认天子也⑥），若捉认得戎主者，宣赐牛羊驼马各一千。当日，宋国大王（戎主亲弟）于第八帐内捉认得戎主，番仪须得言道：我不是的皇帝，其宋国大王却言道：你的是皇帝。如此往来番语三遍，戎主方始言是，便出帐来，着箱内番仪衣服毕，次第行礼。先望日四拜，次拜七祖殿、木叶山神，次拜金神，次拜太后，次拜赤娘子，次拜七祖眷属，次上柴笼受册，次入黑龙殿受贺。当日行礼罢，与太后、太叔同出大禁围，却入小禁门内，与近上番仪臣僚夜宴，至三更退。四日歇泊。五日却来靴甸，受南朝礼物。小禁围在大禁围外东北角，内有毡帐二三座，大禁围每一面长一百一十步，有毡帐十座，黑毡兵幪七座。大小禁围外有契丹兵甲一万人，各执鎗刀、旗鼓、弓箭等，旗上错成番书归字（汉语正军字）。七祖者，太祖、太宗、世宗、穆宗、景宗、圣宗、兴宗也。赤娘子者，番语谓之"掠胡奥"，俗传是阴山七骑所得黄河中流下一妇人，因生其族类，其形木雕彩装，

---

① 陶宗仪作《说郛》时似乎并未看到武珪《燕北杂录》的传本，只是从《类说》中转引了五条，自然也无法发现所谓"王易《重编燕北录》"与武氏之书的关系。
② 按《类说》引《燕北杂录》十九条约七百字，《岁时广记》引十一条约一千余字，而《说郛》卷三十八所引十三条则多达一千八百余字。三者所引契丹语文材料删父重复共得二十七则。
③ 附录中"（）"内为原本小注，"【】"内为笔者按语。底本无误者概不出校。
④〔清〕厉鹗：《辽史拾遗》（《中华再造善本》，国家图书馆出版社 2009 年版）引"王易燕北录"同，宛委山堂重编本（以下简称宛委本，见《说郛三种》影印本，上海古籍出版社 2012 年版，第 5 册，第 2583－2586 页）作"二百八十"。
⑤ 列何骨腾"何"，《辽史拾遗》所引同，宛委本作"阿"，未知孰是。
⑥ 捉认天子"子"，原作"时"，与上下文义不谐。《辽史拾遗》引此句作"捉认天子"；宛委本作"题认大字"，虽误甚，然亦可佐证末字当作"子"。今据改。

常时于木叶山庙内安置,每一新戎主行柴册礼时,于庙内取来作仪注,第三日送归本庙。七祖眷属七人俱是木人,着红锦衣,亦于木叶山庙内取到。柴笼之制,① 高三十二尺,② 用带皮榆柴叠就,上安黑漆木坛三层,坛上安御帐,当日戎主坐其中,下有契丹臣僚三百余人。【涵芬楼本《说郛》卷三八,以下至第13条皆出于此】

（2）皇后生产,如过八月,先起建无量寿道场,逐日行香礼拜一月,与戎主各帐寝。预先造团白毡帐四十九座,内一座最大,径围七十二尺。皇后欲觉产时,于道场内先烧香,望日番拜八拜,便入最大者帐内。其四十八座小帐于大帐周围放卓,每帐各用有角羊一口,以一人纽羊角,候皇后欲产时,令诸小帐内人等,一时用力纽羊角,其声俱发,内外人语不辨,番云：此羊代皇后忍痛之声也。仍以契丹翰林院使抹却眼,抱皇后胸,稳婆是燕京高夫人,其皇后用甘草苗代杆草卧之。若生儿时,方产了,戎主着红衣服,于前帐内动番乐,与近上契丹臣僚饮酒,皇后即服酥调杏油半盏。③ 如生女时,戎主着皂衣,动汉乐,与近上汉儿臣僚饮酒,皇后即服黑豆汤调盐三分。④ 其用羊差人牧放,不得宰杀,直至自毙。皇后至第九日却归戎主帐。其余契丹妇人产时,亦望日番拜八拜,候入账内,以手帕子抹却契丹医人眼,抱妇人胸,卧甘草苗。若生儿时,其夫面涂蓬子胭脂,产母亦服酥调杏油⑤（其蓬子八月收,以粗布绞汁,用时浸布水涂面,番妇人时常亦用作妆饰）。或生女时,面涂炭墨,⑥ 产母亦服黑豆汤调盐。⑦ 番言用此二物涂面,时宜男女。贫者不具此仪。

（3）戎主及契丹臣庶每年取祈降雪,戎主、太后嚏喷时,但是近位番汉臣僚等并齐道"治兜离",⑧ 汉语万岁也。契丹如见月蚀,当夜备酒馔相贺,戎主次日亦有宴会。如日蚀,即尽望日唾之,仍背日坐。戎主及契丹臣庶,每闻霹雳声,各相钩中指,只作唤雀声,以为禳厌也。

（4）戎主及契丹臣庶等如见旋风时,便合眼,用鞭子空中打四十九下,口道"坤不克"七声⑨（汉语溾风也⑩）,以禳厌之。⑪【此条又见《类说》,文字稍略。】

（5）凡兵马,应是汉兵,多以"得胜"或"必胜"二字为号,诸番兵以蕃珂忍号,⑫ 汉语龙虎二字也。

---

① 柴笼之制"笼",原误作"龙",据上文改。
② 三十二尺《辽史拾遗》所引同,宛委本作"三十三尺"。
③ 酥调杏油原作"调酥杏油",据本段下文及宛委本乙正。
④ 调盐三分宛委本作"调盐三钱",疑是。
⑤ 酥调杏油"油"字原脱,据本段上文及宛委本补。
⑥ 面涂炭墨宛委本此句上有"其夫"二字。
⑦ 黑豆汤调盐"盐"字原脱,据本段上文及宛委本补。
⑧ 治兜离宛委本作"治夔离",厉鹗《辽史拾遗》引"燕北录"同。
⑨ 坤不克"坤"原作"神",据宛委本及《类说》改。
⑩ 汉语溾风也"溾",《辽史拾遗》引作"魂",似皆不通,宛委本作"鬼",疑是。
⑪ 以禳厌之"之"字原脱,据宛委本补。
⑫ 蕃珂忍宛委本作"萎珂忍",《辽史拾遗》引作"萎珍思"。

（6）银牌有三道（上是番书"朕"字），用金镀银成，见在内侍左丞宣宋璘处收掌，①用黑漆匣盛。每日于戎主前呈封一遍，或有紧急事宜，用此牌带在项上，走马于南北大王处抽发兵马，余事即不用也。

（7）长牌有七十二道（上是番书"敕走马"字），用金镀银成，见在南内司收掌。每遇下五京诸处取索物色及进南朝野味鹿茸果子，用此牌信，带在腰间。左边走马。【图略】

（8）木刻牌子约有一十二道（上是番书"急"字②），左面刻作七刻，取本国已历之世也。右面刻作一刻，旁是番书"永"字，其字只是用金镀银叶陷成，长一尺二寸已来。每遇往女真、达靼国取要物色、抽发兵马，用此牌信带在腰间。左边走马，其二国验认为信。【图略】

（9）铁瓜（番呼鬃睹）以熟铁打作八片，虚合成，用柳木作柄，约长三尺，两头铁裹，打数不过七下。【图略】

（10）沙袋（番呼郭不离）以牛皮夹缝，如鞋底，内盛沙半升以来，③柄以柳木作，胎亦用牛皮裹，长二尺，打数不过五百。【图略】

（11）戎主、太后寝帐内事不论大小，若传播出外，捉获者，其元传播人处死，接声传人决沙袋五百。

（12）契丹盗衣服钱绢诸物等捉获，赃重或累倍估计价，每五贯文决沙袋一下，累至一百五十文决沙袋五百，配役五年。若更有钱时，十贯文打骨𣓴一下，至骨𣓴五十已上更有钱时处死。

（13）四时捺钵，春捺钵多于长春州东北三十里就泺甸住坐，④夏捺钵多于永安山住坐，秋捺钵无定止，冬捺钵多在靴甸住坐。⑤所谓捺钵者，戎主所至处也。

（14）每正月一日，戎主以糯米饭、白羊髓相和为团，如拳大，于逐帐内各散四十九个。候五更三点，戎主等各于本帐内窗中掷米团在帐外，如得双数，当夜动蕃乐，饮宴；如得只数，更不作乐，便令师巫十二人，外边绕帐撼铃执箭唱叫，于帐内诸火炉内爆盐，并烧地拍鼠，谓之"惊鬼"。本帐人第七日方出，乃禳度之法，番呼此谓之"妳捏离"。汉人译曰"妳"是"丁"，"捏离"是"日"。⑥【《岁时广记》卷七"妳捏离"；略见《契丹国志》卷二七"正旦"；《类说》卷五"压禳法"引此条多有节略。】

（15）二月一日，番中姓萧者并请耶律姓者于本家筵席，番呼此节为"瞎里尰"。汉

---

① 左丞宣宋璘《辽史拾遗》所引同，宛委本作"右丞宣朱麟"。按辽代文献未见有名"朱麟"者，《高丽史》卷七文宗元年（1047，辽重熙十六年）九月壬午有"契丹遣福州管内观察使宋璘来册王"，或即此人，惟左、右丞宣未知孰是。

② 番书急字"急"，原作"鱼"，据宛委本改。

③ 内盛沙半升以来"升"字原脱，宛委本同，《辽史拾遗》引作"内盛沙半升"，据补。"以来"，与上文第8条"长一尺二寸已来"用法同，表约数之意。

④ 春捺钵多于长春州东北三十里就泺甸住坐"春捺钵"三字原脱，"三十"原作"三千"，据宛委本改补；"泺"原作"烁"，宛委本作"乐"，据《辽史拾遗》引文改。

⑤ 秋捺钵无定止冬捺钵多在靴甸住坐"无定止冬捺钵"六字原脱，据宛委本补。

⑥ 番呼此妳捏离及捏离是日二"捏"字，《契丹国志》同，《类说》皆作"担"。

人译云"瞎里"是"请","旿"是"时"。【同上卷一三"瞎里旿";又略见《类说》卷五"耶律请萧姓"、《契丹国志》卷二七"中和"。】

（16）三月三日，戎人以木雕为兔，分两朋走马射之。先中者胜，其负朋下马，跪奉胜朋人酒，胜朋于马上接杯饮之，番呼此节为"淘里化"。汉人译云"淘里"是"兔"，"化"是"射"。【同上卷一八"淘里化";又略见《类说》卷五"木兔"、《契丹国志》卷二七"上巳"。】

（17）四月八日，京府及诸州各用木雕悉达太子一尊，城上舁行，放僧尼、道士、庶民行城一日为乐。【同上卷二〇"雕悉达";又见《契丹国志》卷二七"佛诞日"，《类说》无此条。】

（18）五月五日午时，采艾叶与绵相和，絮衣七事，戎主着之，番汉臣僚各赐艾衣三事。戎主及臣僚饮宴，渤海厨子进艾糕，各点大黄汤下，番呼此节为"讨赛离"。【同上卷二三"讨赛离";又略见《契丹国志》卷二七"端五";《类说》卷五"艾衣"所引多有删节。】

（19）七月十三日夜，戎主离行宫，向西三十里卓帐宿，先于彼处造酒食。至十四日，应随从诸军并随部落动番乐设宴，至暮，戎主却归行宫，谓之迎节。十五日动汉乐大宴，十六日早却往西方，令随行军兵大嗷三声，谓之"送节"，番呼此节为"赛离舍"。汉人译云："赛离"是"月"，"舍"是"好"，谓月好也。【同上卷三一"赛离舍";又见《契丹国志》卷二七"中元";《类说》卷五"三节"所引多有删节。】

（20）八月八日，戎主杀白犬，于寝帐前七步埋其头，露其嘴。后七日移寝帐于埋狗头地上，番呼此节为"担褐奶"①。汉人译云："担褐"是"狗"，"奶"为"头"。【同上卷三三"担褐妳";又见《类说》卷五"埋狗"、《契丹国志》卷二七"中秋"。】

（21）戎主九月九日打围斗射虎，少者输重九一筵席。射罢，于高地处卓帐，与番臣汉臣登高，饮菊花酒，出兔肝切生，② 以鹿舌酱拌食之。番呼此节为"必里迟离"，汉人译云九月九日也。【同上卷三六"必里迟";又见《契丹国志》卷二七"重九";此条《类说》卷五"打围斗射虎"所引颇有异同：九月九日打围斗射虎，少者输重九一筵席。射罢，于地高处卓帐，饮菊花酒，出兔肝切生，以鹿舌酱拌食之，呼此节为一十赛（一十是九，赛是九）。】

（22）十月内，五京进纸造小衣甲枪并刀器械各一万副。十五日一时堆垛，戎主与押番臣僚望木叶山，莫酒拜，用番字书状一纸，同焚烧奏木叶山神，③云"寄库"，番呼此为"戴辣"。汉人译云"戴"是"烧"，"辣"是"甲"。【同上卷三七"戴辣时";又见《契丹国志》卷二七"小春";《类说》卷五"木叶山"所引节略颇多。】

---

① 番呼此节为担褐奶及担褐是狗二"担"字，《类似》同，《契丹国志》皆作"揹"。
② 出兔肝切生"出"字原脱，据《类说》《契丹国志》补。
③ 同焚烧奏木叶山神"奏"字原阙，据《契丹国志》补。

（23）戎人冬至日杀白马、白羊、白雁，① 各取其生血代酒，② 戎主北望拜黑山，莫祭山神。言契丹死，魂为黑山神所管。又彼人传云：凡死人悉属此山神。【同上卷三八"莫黑山"；亦见《契丹国志》卷二七"冬至"；《类说》卷五"莫黑山"所引文字稍略。】

（24）腊日，戎主带甲戎装，应番汉臣诸司使已上并戎装。五更三点坐朝，动乐饮酒罢，各等第赐御甲、羊马，番呼此节为粆离盱。汉人译云："粆离"是"战"，"盱"是"时"，谓战时也。【卷三九"粆离盱"；又见《契丹国志》卷二七"腊月"；《类说》卷五"戎装饮"所引文字稍略。】

（25）六月十八日，耶律姓却请萧姓者，亦名瞎里盱。【《类说》卷五，天启六年刻本。以下至第32条皆出于此。】

（26）番呼种田为提烈。

（27）正月十三日，放契丹做贼三日，如盗及十贯以上，依法行遣，呼为鹘吕盱（鹘吕是偷，③ 盱是时）。【此条亦见《契丹国志》卷二七"治盗"。】

（28）戎主别有鼓十六面，发更时擂动，至二点住，三更再擂，呼为"倍其不离鼓"（是惊鬼）。

（29）契丹富豪民要裹头巾者，纳牛、驼七十头，马百疋，并给契丹名目，谓之"舍利"。【此条亦见《契丹国志》卷二七"舍利"。】

（30）契丹行军不择日，用艾和马粪，于白羊琵琶骨上灸，灸破便出行，不破即不出。

（31）番兵每遇午日，如不逢兵，亦须排阵望西大喊七声，言午是番家大王之日。【此条亦见《契丹国志》卷二七"午日"。】

（32）北界汉儿方为契丹凌辱，骂作十里鼻。十里鼻，奴婢也。

（33）《燕北杂录》载契丹兴宗重熙年间衣制、仪卫、打围、射鹿、钩鱼等事，于景祐五年十月撰进，不书撰人姓名，而著其所从闻曰：思乡人武珪在虏十余年，以善歌隶帐下，故能习虏事详悉。凡其所录，皆珪语也。达鲁河钩牛鱼，北方盛礼，意慕中国赏花钩鱼，然非钩也，钩也。此之所记于虏为道宗清宁四年，其甲子则戊戌正月也。达鲁河东与海接，岁正月方冻，至四月而泮，其钩是鱼也。虏主与其母皆设次冰上，先使人于河上下十里间，以毛网截鱼，令不得散逸，又从而驱之，使集冰帐。其床前预开冰窍四，名为冰眼，中眼透水，旁三眼环之不透，第研减令薄而已，薄者所以候鱼，而透者将以施钩也。鱼虽水中之物，若久闭于冰，遇可出水之处，亦必伸首吐气，故透水一眼，必可以致鱼，而薄不透水者，将以伺视也。鱼之将至，伺者以告，虏主即遂于研透眼中用绳钩掷之，无不中者。既中，遂纵绳令去，久，鱼倦，即曳绳出之，谓之得头鱼。头鱼既得，遂相与出冰帐，于别帐作乐上寿。【程大昌：《演繁露》卷三"北虏于达鲁河钩鱼"条，许沛藻、刘宇点校，《全宋笔记》第四编，大象出版社2008年版，第8册，第179－180页；标题

---

① 白马、白羊、白雁《类说》《契丹国志》皆作"白羊、白马、白雁"。
② 生血代酒"代"，《类说》《契丹国志》皆作"和"，于义更胜。
③ 呼为鹘吕盱鹘吕是偷二"吕"字，《契丹国志》皆作"里"。

据《续古逸丛书·子部》影印宋刻本校改，南京：江苏古籍出版社，2001，第593页。】

（34）今使北者，其礼例中所得有韦而红，光滑可鉴。问其名则徐吕皮也，问其何以名之，则曰：徐氏、吕氏二氏，实工为此也。此说出于虏传，信否殊未可知矣。予案《燕北杂礼》所载虏事曰："契丹兴宗尝禁国人服金玉犀带及黑斜喝里皮，并红虎皮靴。及道宗及位，以为靴带也者，用之可以华国，遂弛其禁，再许服用此，即靴带之制矣。及问徐吕皮所自出，则曰：黑斜喝里皮，谓回纥野马皮也，用以为靴，骑而越水，水不透里，故可贵也。红虎皮者，回纥獐皮也，揉以硇砂，须其輀熟，用以为靴也。"本此而言，则知徐吕皮也者，斜喝里声之转者也。然斜喝里之色黑，而徐吕之色红，恐是野马难得，而硇砂熟韦可以常致，故染而红之，以当獐皮也，为欲高其名品，遂借斜喝里以为名呼也。【同上"徐吕皮"条，第146页；个别文字据《续古逸丛书》影印宋刻本第578－579页校改。其中所谓"燕北杂礼"者，未见他处，疑"礼"为"录"或"记"之误，《辽史拾遗》卷一五"仪卫志二"引此条即作《燕北杂记》。】

（作者单位：北京大学中国古代史研究中心。本文原载《文史》2017年第3期）

编 后 记

依照惯例，年会结束之后，须从参会论文中选编论文，予以结集出版，广州年会亦不能例外。年会于 2016 年 8 月 20 和 21 日在中山大学广州南校区举行，之后，便由包伟民、曹家齐、戴建国、范立舟、黄纯艳、王善军、余蔚、赵冬梅等（按姓氏拼音排序）理事会成员组成编委会。其方案是根据编委会成员研究专长进行分工，按照一定比例，从二百余篇参会论文中初选出较有质量和水准者，再最终酌定入选论文集之篇目。此做法较往届年会为简便，本来是为提高论文集编选效率，却不意事与愿违，仍是一再迁延。其中虽有家齐行事拖沓之故，却亦和当下学术评价体制颇有关联。近二十年来，中国大陆之学术评价，唯以发表刊物级别衡定文章之水准和价值，而弃论文集于不顾，致使不少学者不情愿文章刊于论文集上。论文集若要刊载有质量之文章，迫于无奈，只能等待文章在杂志发表后再行收录。本论文集之编选、出版拖延至今，多是出于这一考虑。然年会论文发表状况不一，论文集若待全部发表后再行收录，亦断不可成，故仍须与作者沟通，收录不曾发表者。在此，不仅要感谢每一位论文作者，愿意将论文编入论文集，并付出辛勤劳动按论文集格式要求对论文进行整理、校订；而且特别要感谢对论文集没有嫌弃，慷慨应允文章在论文集首发的作者们。正是由于各位作者的支持，年会论文集才能保质保量地编选和出版。

本论文集能够顺利出版，还要感谢中山大学中文系的辜梦子博士以及中山大学出版社的徐劲、吕肖剑先生和王延红等编辑。论文集篇目选定后，辜梦子博士帮忙进行了初步编排；徐劲和吕肖剑两位先生给予了无比的关照和支持，王延红等编辑则对本书进行了认真的编辑与校对。

编委会
2017 年 12 月